René Wellek/Austin Warren

Theorie der Literatur

Beltz Athenäum
Studienbücher
Literaturwissenschaft

René Wellek/Austin Warren

Theorie der Literatur

durchgesehene Neuauflage

Mit einer Einführung von Heinz Ickstadt

BELTZ
Athenäum

durchgesehene Neuauflage 1995, Beltz Athenäum Verlag, Weinheim

Umschlaggestaltung: Bayerl & Ost, Frankfurt/Main
Druck und Bindung: Druckhaus Thomas Müntzer, Bad Langensalza
Printed in Germany
ISBN 3-89547-034-1

EINFÜHRUNG

Theory of Literature, nur wenige Jahre nach Ende des Zweiten Weltkriegs veröffentlicht, ist ein Meilenstein in der Geschichte nicht nur der amerikanischen Literaturwissenschaft. Die Verfasser, René Wellek und Austin Warren, wollten mit ihrer Reflexion über Voraussetzungen und Grundfragen literaturwissenschaftlicher Forschung terminologische und methodische Verwirrung klären, aber mehr noch kritische Standards setzen, ein Bewußtsein für die Notwendigkeit von Theorie schaffen, der Beschäftigung mit Literatur eine wissenschaftliche Begründung geben, kurz: Literaturwissenschaft vor allem als Literaturkritik verstanden wissen. Sie reagierten damit gewiß zunächst auf die unbefriedigende (weil ausschließlich philosophisch und historisch ausgerichtete) Praxis des Literaturunterrichts an den English Departments amerikanischer Universitäten, aber auch auf den Trümmerberg obsoleter Werte und Gewißheiten, den die Katastrophe des Krieges hinterlassen hatte. Insofern markiert Welleks und Warrens Buch einen Neuanfang, der sich freilich auf die lange Geschichte abendländischer Literaturbetrachtung stützt und aus der Kenntnis der verschiedenen Positionen zeitgenössischer Literaturdiskussion den eigenen kritischen Standpunkt konturiert. Und doch ist *Theory of Literature* zwar ein gelehrtes, aber auch ein bewundernswert übersichtliches und bemerkenswert klar geschriebenes Buch. Es verbindet durch die unterschiedliche biographische und akademische Herkunft seiner Verfasser auf ideale Weise die Vorzüge der europäischen mit denen der angelsächsischen Wissenschaftstradition. René Wellek, 1903 in Wien geboren, 1926 an der Universität Prag promoviert (und dort einige Jahre später mit einer Studie über *Kant in England* auch habilitiert), wanderte 1939 nach der Besetzung der Tschechoslowakei durch Hitler in die USA aus, wo er zunächst an der University of Iowa Tschechische Sprache und Literatur, später in Princeton und Yale Vergleichende Literaturwissenschaft unterrichtete. Er brachte nicht nur die Kenntnis europäischer Philosophie- und Geistesgeschichte in das kooperative Unternehmen der *Theory of Literature* ein, sondern auch die des russischen Formalismus und der Phänomenologie Roman Ingardens. Dazu kamen die linguistische Ausbildung und die theoretischen Interessen des Prager Strukturalismus, dessen Kreis er kurz angehörte (ohne freilich, wie er später ausführte, sich mit dieser oder irgendeiner anderen Schule je zu identifizieren). Der 1899 geborene Austin Warren hatte 1926 an der Princeton University mit einer Arbeit über Alexander Pope promoviert und sich, ähnlich wie Wellek, zunächst als Literaturhistoriker einen Namen gemacht, bevor er sich mit der 1947 publizierten Essaysammlung *Rage for Order* mit den ästhetischen Positionen der Moderne identifizierte und sich in seinen Analysen den Auffassungen und Verfahrensweisen des New Criticism zumindest annäherte. Was sie zusammenführte, war das gemeinsame Interesse an einer »intrinsischen« Literaturwissenschaft, d.h. an einer Disziplin, die ihre Wissenschaftlichkeit nicht von anderen Wissenschaften herleitete, sondern sie – über die Frage nach der spezifischen Qualität des Literarischen – aus ihrem Gegenstand selbst begründen konnte. Sie standen damit gewiß den theoretischen Positionen des Formalismus nahe, gaben diesem jedoch in ihrer grundsätzlichen Reflexion über Wesen und Funktion der Literatur sowie über Sinn und Zweck einer wissenschaftlichen Beschäftigung mit ihr eine breite philosophische und geisteswissenschaftliche Fundierung.

Die Wirkung des Buches war nachhaltig, – nicht nur im Hinblick auf den spezifisch amerikanischen Kontext, wo es, in Allianz mit der Bewegung des New Criticism, den wissenschaftlichen Anspruch und den Status der Literaturwissenschaft an den Graduate Schools der amerikanischen Universitäten verstärkte. Obwohl nicht als Textbuch geplant, wurde es – zusammen mit dem einige Jahre früher erschienenen *Understanding Poetry* der Neukritiker Cleanth Brooks und Robert Penn Warren – zur Bibel einer primär ästhetisch ausgerichteten Literaturwissenschaft. Aber es wurde wohl auch deshalb in zweiundzwanzig Sprachen übersetzt, weil seine Autoren mit ihrer kühlen und souveränen Bestandsaufnahme einer chronisch an ihrer wissenschaftlichen Legitimation zweifelnden (und gelegentlich auch verzweifelnden) Disziplin nachdrücklich bewußt machten, daß Wissenschaft ohne die theoretische Hinterfragung ihrer Grundlagen und ohne die theoretische Begründung ihrer Fragestellungen in der Tat nicht möglich sei. Insofern liegt der Wert dieses Buches vor allem darin, daß es die Literaturwissenschaft mit sich selber konfrontiert.

Daran ändert auch nicht, daß sich die Theoriediskussion der letzten Jahrzehnte – zuerst im Umkreis einer neomarxistischen Attacke auf die Prinzipien des Formalismus, danach (und nachhaltiger) im Zuge poststrukturalistischen Zweifels an den Werten der Aufklärung und den Kriterien der Objektivität – von den Prämissen Welleks und Warrens wegbewegt hat. Diese jüngere Diskussion hat den Begriff des Autors ebenso in Frage gestellt wie den des Werks und des ästhetischen Werts, – Begriffe, die für Wellek und Warren alle fraglos und unverzichtbar waren. Kurz, sie hat all jene Grundgewißheiten unterlaufen, auf welchen die

Autoren der *Theory of Literature* die Wissenschaftlichkeit der Literaturwissenschaft begründet hatten: nämlich die Möglichkeit und Notwendigkeit der Kanonbildung ebenso wie der Unterscheidung zwischen hoher und trivialer Literatur und damit der Bestimmung des Ästhetischen als Wert und als Instrument kritischer Wertung. Entsprechend heftig hat sich Wellek in späteren Jahren gegen jene neuen Theorien zur Wehr gesetzt, die dem kritischen Text den Status des künstlerischen, dem wissenschaftlichen den des fiktionalen geben wollten und die auf diese Weise das Arbiträre zur Tugend machten. Dennoch sind weder Wellek noch Warren Dogmatiker. Wellek nannte im Rückblick die *Theory of Literature* ein offenes Buch, das viele unterschiedliche Theorien nebeneinanderstellt und gelten läßt. Seine Auseinandersetzung mit der jüngeren Kritik ist daher auch selten polemisch und dokumentiert – aus seiner überlegenen Kenntnis der Geschichte der Literaturkritik – eher Gelassenheit. Freilich auch die Festigkeit und Integrität seiner Überzeugungen: daß das literarische Kunstwerk, obwohl Sprachkonstrukt, dennoch auf eine Welt jenseits der Sprache verweise; daß das Werk zu einem Verstehen herausfordere, das nicht der Beliebigkeit des Interpreten überlassen bleibe; und schließlich, daß Analyse, Interpretation und Wertung verschiedene Aspekte des gleichen Verfahrens seien.

Es wäre daher kurzsichtig, wenn nicht gar falsch, die Neuauflage der *Theory of Literature* als konservative Geste zu verstehen. Zu einem Zeitpunkt, da sich der Poststrukturalismus an seinen Erfolgen zu erschöpfen droht und sich selber zur Routine wird, ist es durchaus angebracht, sich wieder an dieses Buch zu erinnern. Nicht weil es zeitlose Wahrheiten verkündete, sondern weil es unwahrscheinlich ist, daß die zeitgenössische Theorie literaturwissenschaftliche Probleme und Positionen der Vergangenheit ein für allemal überwunden haben könnte. Die Geschichte der modernen Literaturkritik, meint Wellek, sei ein Prozeß der Wiederentdekkung alter Fragen. Man muß dies nicht als ein Bekenntnis zum Universalismus verstehen (obwohl Wellek sicher Universalismus jedem Relativismus vorzieht), sondern eher als Einsicht, daß Probleme des Ästhetischen (der ästhetischen Erfahrung, der ästhetischen Funktion, des ästhetischen Werts) auch dann nicht obsolet sind, wenn die zeitgenössische Diskussion sie umgeht oder sie als obsolet betrachtet. Denn eine Literaturwissenschaft, die diesen Namen verdient, wird sich den grundlegenden Fragen, die dieses Buch stellt, auf Dauer nicht entziehen können. Sie wird sie freilich modifizieren und differenzieren, und somit werden auch ihre Antworten andere sein. Insofern müßte nicht nur die Literaturgeschichte, sondern auch die Theorie der Literatur von jeder Generation neu geschrieben werden. Welleks und Warrens bahnbrechende *Theory of Literature* ist in diesem Sinne zugleich eindrucksvolles Vorbild und unverzichtbare Herausforderung.

Heinz Ickstadt, Kennedy Institut für Amerikastudien,
Freie Universität Berlin

VORWORT DER VERFASSER

Die Benennung dieses Buches war schwieriger als es im allgemeinen üblich ist. Selbst ein dem Inhalt angemessener »Kurztitel«, »Theorie der Literatur und Methodologie der Literaturwissenschaft«, wäre zu umständlich. Vor dem neunzehnten Jahrhundert wäre es leichter gewesen, da dann ein ausführlicher, analytischer Titel auf dem Titelblatt hätte erscheinen können, während der Buchrücken die Inschrift »Literatur« tragen konnte.

Dem vorliegenden Buch fehlt es unseres Wissens an irgendeiner engeren Parallele. Es ist weder ein Lehrbuch, das junge Menschen in das Literaturstudium einführt, noch (wie Morizes *Aims and Methods*) ein Überblick über die in der wissenschaftlichen Forschung angewandten Techniken. Es hat eine gewisse Übereinstimmung mit Poetiken und Rhetoriken (von Aristoteles bis hin zu Blair, Campbell und Kames), mit systematischen Abhandlungen über die Gattungen der schönen Literatur, mit der Stilistik oder mit Werken, die sich unter dem Namen »Prinzipien der literarischen Kritik« zusammenfassen lassen. Doch haben wir versucht, »Poetik« (oder Literaturtheorie) und »Kritik« (Bewertung der Literatur) mit »Wissenschaft« (Forschung) und »Literaturgeschichte« (der »Dynamik« der Literatur, im Gegensatz zur »Statik« der Theorie und Kritik) zu vereinigen. Etwas näher steht unser Buch einigen deutschen und russischen Werken, Walzels *Gehalt und Gestalt,* Julius Petersens *Die Wissenschaft von der Dichtung* oder Tomaschewskijs *Literaturtheorie.* Im Gegensatz zu den deutschen Büchern haben wir jedoch die bloße Wiedergabe der Ansichten anderer vermieden und, obschon wir andere Perspektiven und Methoden berücksichtigen, von einem einheitlichen Standpunkt aus geschrieben. Im Gegensatz zu Tomaschewskij geben wir keine elementare Einführung in Gegenstände wie z. B. die Prosodie. Wir sind weder eklektisch wie die deutschen, noch doktrinär wie die russischen Werke.

Nach dem Maßstab der älteren amerikanischen Wissenschaft läge etwas Ausschweifendes und sogar »Unwissenschaftliches« in dem Versuch, die Voraussetzungen zu formulieren, auf Grund derer die

Literaturwissenschaft betrieben wird (etwas tun, was über die bloßen »Fakten« hinausgeht), und etwas Anmaßendes in unserer Bemühung, noch spezialisierte Untersuchungen zusammenzufassen und zu bewerten. Jeder Spezialist muß notwendig mit unserem Bericht über seine »Spezialität« unzufrieden sein. Eine ins einzelne gehende Vollständigkeit war jedoch nicht unser Ziel. Die angeführten literarischen Beispiele sind immer nur Beispiele, nicht »Beweis«. Die Bibliographien folgen dem Auswahlprinzip. Wir haben es auch nicht unternommen, alle von uns aufgeworfenen Fragen zu beantworten. Wir sahen es als das Wichtigste für uns und andere an, in unserem wissenschaftlichen Horizont international zu sein, die rechten Fragen zu stellen, ein *Organon* der Methode vorzulegen.

Die Verfasser dieses Buches, die einander zum erstenmal 1939 an der Universität von Iowa begegneten, wurden sich sofort ihrer weitgehenden Übereinstimmung in bezug auf Fragen der literarischen Theorie und Methode bewußt.

Obschon aus verschiedener Umgebung stammend und mit verschiedener Ausbildung, hatten beide eine ähnliche Entwicklung durchgemacht. Von historischer Forschung und Arbeit auf dem Gebiet der »Geistesgeschichte« ausgehend, waren sie zu der Überzeugung gelangt, daß die Literaturwissenschaft im eigentlichen Sinne literarisch sein müsse. Beide glaubten, daß »Wissenschaft« und »Kritik« sich miteinander vereinigen ließen; beide wollten keine Unterscheidung zwischen sogenannter moderner und vergangener Literatur gelten lassen.

Im Jahre 1941 steuerten sie Kapitel über »Geschichte« und »Kritik« zu einem Band, *Literary Scholarship*, bei, der von Norman Foerster angeregt und herausgegeben wurde, einem Manne, dessen Denken und Ermutigungen sie viel verdanken. (Ihm würden sie dieses Buch widmen, gäbe dies nicht einen irreführenden Eindruck von Foersters eigener Lehre.)

Die Kapitel des vorliegenden Buches wurden auf Grund vorhandener Interessen aufgeteilt. René Wellek ist vor allem für Kapitel 1–2, 4–7, 9–14 und 19 verantwortlich und Austin Warren für Kapitel 3, 8 und 15–18. Doch ist das Buch ein echtes Beispiel einer Zusammenarbeit, bei der der Autor die Übereinstimmung zwischen zwei Verfassern ist. In Terminologie, Ton und Betonung sind zweifellos geringfügige Abweichungen zwischen den Verfassern zu bemerken; doch hoffen diese, daß sich dafür eine Entschädigung in dem Sinne bietet, daß zwei verschiedene Geister zu einer so weitgehenden Übereinstimmung gelangten.

Die zweite Auflage ist im wesentlichen ein Wiederabdruck der ersten (1949). Nur haben wir im Text einige Verbesserungen und Klärungen vorgenommen und haben einige Glieder in den Beweisführungen hinzugefügt sowie neue Entwicklungen in der literarischen Theorie dargestellt. Wir haben uns jedoch dazu entschlossen, das letzte Kapitel der ersten Auflage (»Das Literaturstudium in der Graduate School«) fallenzulassen. Es erscheint uns heute, zehn Jahre nach seiner Veröffentlichung (1946), als veraltet, zum Teil deshalb, weil manche der dort angeregten Neuerungen inzwischen an vielen Orten durchgeführt worden sind. Ferner haben wir die Bibliographie überarbeitet. Unwichtigere oder schwer zugängliche Erscheinungen wurden ausgeschlossen und durch eine kleine Auswahl aus der ungeheuren Zahl der zu diesen Fragen in den letzten acht Jahren erschienenen Schriften ersetzt.

New Haven, Connecticut, Weihnachten 1955

René Wellek
Austin Warren

VORWORT DER ÜBERSETZER

Den Auftrag, dieses bereits in vielen Sprachen erschienene Buch ins Deutsche zu übersetzen, haben wir mit besonderer Freude übernommen; denn wir erhoffen uns von diesem Werk neue Anregungen für die deutsche literarische Situation, insbesondere für die literaturwissenschaftliche Kritik, deren Methoden gegenwärtig noch eine auffallende Unsicherheit oder starre Subjektivität verraten.

Wir haben eine Übersetzung der fremdsprachigen lyrischen Zitate nur dann gegeben, wenn eine dem Original nahekommende Entsprechung gefunden oder von uns hergestellt werden konnte. Gelegentlich wurden Beispiele oder Hinweise, die sich fast ausschließlich auf Verhältnisse in anderen Literaturen bezogen, durch deutsche Beispiele erweitert oder ersetzt.

Das gesamte deutsche Manuskript wurde von Professor Wellek gelesen und mit Verbesserungen versehen. Für seine Hilfe und Mühe sei ihm an dieser Stelle noch einmal aufrichtig gedankt. Ferner gilt unser Dank Miss Doris Starr, M. A., für ihre Mitarbeit bei der Anfertigung des Registers.

New York University, im Mai 1958

E. und M. Lohner

I. DEFINITIONEN UND UNTERSCHEIDUNGEN

1. Literatur und Literaturwissenschaft

Man sollte zunächst einmal zwischen Literatur und Literaturwissenschaft unterscheiden. Beide sind verschiedene Betätigungen: die eine ist schöpferisch, also Kunst; die andere ist, wenn auch keine exakte Wissenschaft, so doch eine Art des Wissens oder der Gelehrsamkeit. Natürlich hat es nicht an Versuchen gefehlt, diese Unterscheidung zu verwischen. So hat man zum Beispiel behauptet, daß man Literatur nur dann verstehen könne, wenn man sie selber schreibe, daß man Pope oder ein Elisabethanisches Drama nicht studieren könne und solle, ohne sich selber am heroischen Reimpaar versucht oder ein Drama in Blankversen geschrieben zu haben.[1] Doch wie nützlich auch immer das Erlebnis, die Erfahrung des literarischen Schöpfungsprozesses sein mag, die Aufgabe dessen, der sich wissenschaftlich mit Literatur beschäftigt, ist eine vollkommen andere. Er hat sein literarisches Erlebnis in klare Begriffe umzuwandeln, es einem zusammenhängenden Schema anzugleichen, das rational sein muß, wenn es Wissenschaft sein soll. Es mag natürlich zutreffend sein, daß der Gegenstand seines Studiums irrational ist oder zumindest starke nichtrationale Elemente enthält; aber derjenige, der sich mit Literatur beschäftigt, befindet sich darum noch keineswegs in einer anderen Lage als der Kunsthistoriker, der Musikwissenschaftler, der Soziologe oder Anatom.

Natürlich entstehen durch diese Beziehung einige schwierige Probleme. Die verschiedenartigsten Lösungen wurden vorgeschlagen. Einige Theoretiker wollen einfach nicht wahrhaben, daß Literaturwissenschaft etwas mit Wissenschaft zu tun habe und empfehlen statt dessen »Nachschöpfung«, was zu Ergebnissen führte, mit denen wir nichts anzufangen vermögen, wie z. B. Walter Paters Beschreibung der Mona Lisa oder der blumige Stil von I. A. Symonds und Arthur Symons. Solche nachschaffende Kritik bedeutet meistens eine unnötige Verdoppelung oder, im besten Falle, die Übertragung eines Kunstwerkes in ein anderes, weniger wertvolles. Andere Theoretiker kommen über den Gegensatz zwischen Literatur und Literaturwissenschaft zu einem skeptischen Schluß: ihrer Ansicht nach kann Literatur überhaupt nicht »studiert« werden. Wir können sie nur lesen, sie genießen und uns an ihr erfreuen. Im übrigen könnte man nur alle möglichen Informationen »über« die Literatur einholen. Diese skeptische Haltung ist in Wirklichkeit viel weiter verbreitet, als man vielleicht annehmen möchte. Praktisch zeigt sie sich in der Betonung von »Fakten« über die Umwelt von Künstler und Kunstwerk und in der Ablehnung aller Versuche, über sie hinaus zu gehen. Wertung, Geschmacksurteil und Begeisterung werden hier dem Belieben des Einzelnen überlassen als eine unvermeidliche, obgleich beklagenswerte Flucht aus der Strenge wohlfundierter Gelehrsamkeit. Aber eine solche Aufteilung in »Wissenschaft« und »Wertung« bietet keinerlei Grundlage für ein vertieftes Studium der Literatur, das zugleich »literarisch« und »systematisch« sein soll.

Das Problem liegt in der Frage, wie man sich verstandesmäßig mit der Kunst, insbesondere aber mit der Literatur, auseinandersetzen kann. Ist das überhaupt möglich? Eine der Antworten war: man übernimmt die in den Naturwissenschaften entwickelten Methoden und überträgt sie auf die Literaturwissenschaft. Das kann auf verschiedene Weise erfolgen. Entweder versucht man, den allgemeinen wissenschaftlichen Idealen der Objektivität, der Unpersönlichkeit und Gewißheit nachzueifern, was der Tendenz entspräche, Literaturwissenschaft als ein Zusammentragen neutraler Fakten aufzufassen; oder man bemüht sich, die Methoden der Naturwissenschaften durch Erforschung kausaler Zusammenhänge mit Quellen nachzuahmen. In der Praxis rechtfertigt diese »genetische Methode« das Nachspüren jeder Art von Zusammenhängen, so weit sie chronologisch durchführbar ist. Wendet man diese Methode in einem strengeren Sinn an, so wird hier die naturwissenschaftliche Kausalität zur Erklärung literarischer Phänomene gebraucht, indem man den wirtschaftlichen, sozialen und politischen Bedingungen determinierende Ursachen zuweist. Daneben gibt es noch die in einigen Wissenschaften zweckmäßig angewandten quantitativen Methoden, d. h. die Anwendung von Statistiken, Tabellen und graphischen Darstellungen. Endlich versucht man noch biologische Begriffe zu benutzen, um die Entwicklung der Literatur nachzuweisen.[2]

Heute wird allgemein anerkannt, daß die Anwendung dieser Methoden nicht die Erwartungen erfüllt hat, die man ursprünglich in sie setzte. Zuweilen haben naturwissenschaftliche Methoden ihren Wert innerhalb eines streng abgegrenzten Gebiets oder im Zusammenhang mit einer begrenzten Technik bewiesen, wie z. B. der Gebrauch von Statistiken bei gewissen Methoden der Textkritik. Doch alle diejenigen, die das Eindringen der naturwissenschaftlichen Methode in die Literaturwissenschaft befürworteten, haben entweder ihren Irrtum bekannt und sind im Skeptizismus geendet, oder sie haben sich mit der Vorspiegelung von dem zukünftigen Erfolg der naturwissenschaftlichen Methode getröstet. So pflegte sich I. A. Richards auf den zukünftigen Triumph der Neurologie zu berufen, welche die Lösung aller literarischen Probleme verbürgen sollte.[3]

Auf einige dieser durch die weitverbreitete Anwendung naturwissenschaftlicher Prinzipien auf die Literaturwissenschaft entstehenden Probleme werden wir noch zurückkommen. Man kann sie nicht einfach abtun. Zweifellos ist das Gebiet groß, auf dem sich die beiden Methodologien berühren oder sogar überschneiden. Solche grundlegende Methoden wie Induktion und Deduktion, Analyse, Synthese und Vergleich sind allen Typen systematischer Wissenschaft gemeinsam; aber die andere Lösung empfiehlt sich offenbar von selbst: Literaturwissenschaft hat ihre eigenen gültigen Methoden, welche zwar nicht immer die der Naturwissenschaft, aber nichts destoweniger verstandesmäßige Methoden sind. Nur ein sehr eng gefaßter Wahrheitsbegriff kann die Errungenschaften der Geisteswissenschaft vom Reich der Wissenschaften ausschließen. Lange vor der modernen naturwissenschaftlichen Entwicklung hatten Philosophie, Geschichte, Jurisprudenz, Theologie und sogar die Philologie gültige wissenschaftliche Methoden ausgearbeitet. Ihre Errungenschaften mögen durch die theoretischen und praktischen Triumphe der modernen Naturwissenschaft überschattet worden sein, aber nichtsdestoweniger erweisen sie sich als wirklich und dauerhaft und können, bisweilen mit einigen Einschränkungen, leicht erneuert werden. Man sollte es einfach als Tatsache anerkennen, daß dieser Unterschied zwischen den Methoden und Zielen der Natur- und Geisteswissenschaften nun einmal besteht.

Die Definition dieses Unterschiedes ist ein kompliziertes Problem. Bereits im Jahre 1883 formulierte Wilhelm Dilthey den Unterschied zwischen den Methoden der Naturwissenschaft und der Geschichte als den Gegensatz zwischen Erklären und Erkennen[4]. Der Naturwissenschaftler, so argumentierte Dilthey, erklärt ein Geschehen aus den ihm vorhergehenden Ursachen, während der Historiker seine

Bedeutung zu verstehen versucht. Dieser Prozeß des Verstehens ist notwendigerweise individuell und sogar subjektiv. Ein Jahr später wandte sich auch der bekannte Philosophiehistoriker Wilhelm Windelband gegen die Auffassung, daß die historischen Wissenschaften die Methoden der Naturwissenschaft nachahmen müßten.[5] Es ist das Ziel der Naturwissenschaftler, allgemeine Gesetze aufzustellen, während der Historiker versucht, das einzigartige und nicht-wiederkehrende Faktum zu begreifen. Diese Auffassung wurde von Heinrich Rickert weiterentwickelt und etwas abgewandelt. Er unterschied weniger zwischen verallgemeinernden und individualisierenden Methoden als zwischen Naturwissenschaft und Kulturwissenschaft.[6] Die Kulturwissenschaften befassen sich mit dem Konkreten und Individuellen. Individuen lassen sich jedoch nur entdecken und begreifen, wenn man sie zu einem Wertesystem in Bezug setzt, was lediglich ein anderer Name für Kultur ist. In Frankreich unterschied A. D. Xénopol zwischen der Naturwissenschaft als einer mit den »Fakten der Wiederholung« beschäftigten Disziplin und der Geschichte als einem Gebiet, das sich auf die »Fakten der Aufeinanderfolge« erstreckt. In Italien gründete Benedetto Croce seine gesamte Philosophie auf die historische Methode, die von der der Naturwissenschaft völlig verschieden ist.[7]

Eine ausführliche Diskussion dieser Probleme würde eine Entscheidung in Bezug auf solche Fragen wie die Einteilung der Wissenschaften, der Geschichtsphilosophie und der Erkenntnistheorie einschließen.[8] Ein paar konkrete Beispiele mögen jedoch wenigstens darauf hindeuten, daß hier ein sehr reales Problem vorliegt, dem sich ein Literaturwissenschaftler gegenübersieht. Warum studieren wir Shakespeare? Es ist klar, daß wir nicht in erster Linie daran interessiert sind, was er mit allen Menschen gemein hat, da wir dann ebensogut irgendeinen anderen Menschen studieren könnten; ebensowenig sind wir an dem interessiert, was er mit allen Engländern allen Menschen der Renaissance, allen Elisabethanern, allen Dichtern, allen Dramatikern oder selbst allen elisabethanischen Dramatikern gemein hat, da wir in diesem Falle genauso gut Dekker oder Heywood studieren könnten. Vielmehr möchten wir herausfinden, was das Besondere an Shakespeare ist, was Shakespeare zu Shakespeare macht, und dies ist offensichtlich eine Frage der Individualität und des Wertes. Selbst bei der Beschäftigung mit einer Periode, einer Bewegung oder einer bestimmten Nationalliteratur wird das Interesse des Literaturwissenschaftlers der sich darin äußernden Individualität mit ihren charakteristischen Zügen und Eigenschaften gelten, durch welche sich solch eine Gruppierung von ähnlichen unterscheidet.

Die Entscheidung zugunsten der Individualität läßt sich noch durch eine andere Beweisführung stützen: Versuche, allgemeine Gesetze in der Literatur zu finden, sind immer fehlgeschlagen. M. Cazamians sogenanntes Gesetz der englischen Literatur, das »Ausschwingen des Rhythmus des englischen Volksgeistes« zwischen zwei Polen, Gefühl und Intellekt (verbunden mit der Behauptung, daß diese Schwingungen schneller werden, je mehr wir uns der Gegenwart nähern) ist entweder trivial oder falsch. In seiner Anwendung auf das viktorianische Zeitalter bricht es vollkommen zusammen.[9] Die meisten dieser »Gesetze« erweisen sich als psychologische Einförmigkeiten wie Aktion und Reaktion oder Konvention und Revolution, die, selbst wenn sie über jeden Zweifel erhaben wären, uns über die Vorgänge innerhalb der Literatur nichts wirklich Bedeutsames sagen. Während die Physik ihre höchsten Triumphe in einer allgemeinen Theorie erblickt, durch die sie Elektrizität und Wärme, Schwerkraft und Licht auf eine Formel zurückführt, läßt sich einer sinnvollen Beschäftigung mit der Literatur kein allgemeines Gesetz zugrunde legen: je allgemeiner, desto abstrakter und daher leerer wird es erscheinen, desto mehr wird sich der konkrete Gegenstand, das Kunstwerk, unserem Zugriff entziehen.

Es gibt also zwei extreme Lösungen unseres Problems. Die eine, durch das Prestige der Naturwissenschaften in den Vordergrund gerückt, setzt die naturwissenschaftliche der historischen Methode gleich und führt entweder zum bloßen Zusammentragen von Fakten oder zur Aufstellung stark verallgemeinerter historischer Gesetze«. Die andere, die der literarischen Forschung den Charakter einer objektiven Wissenschaft abspricht, tritt für den persönlichen Charakter literarischen »Verstehens« und für die »Individualität«, ja die »Einzigartigkeit« jedes literarischen Werkes ein. In ihrer extremen Formulierung aber hat die anti-objektive Lösung ihre eigenen, ganz offenkundigen Gefahren. Persönliche »Intuition« kann zu rein gefühlsmäßiger »Würdigung«, zu vollkommenem Subjektivismus führen. Betont man zu stark die »Individualität« und sogar die »Einzigartigkeit« eines Kunstwerks – obwohl das heilsam als Reaktion gegenüber leichtfertigen Verallgemeinerungen ist –, so übersieht man dabei, daß kein Kunstwerk vollkommen »einzig« sein kann, da es sich dann jedem Verständnis verschlösse. Es ist natürlich richtig, daß es nur einen *Hamlet* und selbst nur ein »Mailied« von E. Geibel gibt. Aber sogar ein Abfallhaufen ist einzigartig in dem Sinne, daß seine genauen Ausmaße, seine Lage und seine chemische Zusammensetzung nicht in ganz gleicher Form noch einmal hergestellt werden können. Darüber hinaus ist jedes Wort eines literarischen Kunstwerks seinem eigentlichen Wesen nach ein »Allgemeines« und kein »Besonderes«. Der Streit zwischen dem »Allgemeinen« und dem »Besonderen« in der Literatur hatte bereits begonnen, als Aristoteles von der Dichtung behauptete, sie sei allgemein und daher philosophischer als die Geschichte, welche ihrerseits nur das Besondere zum Inhalt habe, und seitdem Dr. Johnson darauf bestand, daß der Dichter nicht »die Streifen einer Tulpe zählen« dürfe. Die Romantiker und die meisten modernen Kritiker werden nicht müde, die Besonderheit der Dichtung, ihre »Gewebe«, ihre Konkretheit zu betonen.[10] Man sollte aber erkennen, daß jedes literarische Werk allgemein wie auch besonders oder — wohl besser — individuell wie auch allgemein ist. Individualität läßt sich von vollkommener Besonderheit und Einzigartigkeit unterscheiden.[11] Wie jeder Mensch so besitzt auch jedes literarische Kunstwerk seine individuellen Merkmale; doch teilt es auch gemeinsame Eigenschaften mit anderen Kunstwerken, genau wie jeder Mensch einiges mit der ganzen Menschheit, mit allen Angehörigen seines Geschlechts, seines Volkes, seiner Klasse, seines Berufes usw. gemeinsam hat. Gewisse Verallgemeinerungen in Bezug auf Kunstwerke, z. B. vom elisabethanischen Drama, über das gesamte Drama, zur gesamten Literatur und Kunst, sind daher gerechtfertigt. Die Literaturkritik wie auch die Literaturgeschichte bemüht sich darum, die Individualität eines Werkes, eines Dichters, einer Periode oder einer Nationalliteratur zu charakterisieren. Diese Charakterisierung läßt sich jedoch nur mit Hilfe allgemeiner Begriffe, auf der Grundlage einer literarischen Theorie erreichen. Eine literarische Theorie, ein *Organon* von Methoden — das ist es, was die Literaturwissenschaft heute am dringendsten braucht.

Dieses Ideal will natürlich nicht die Wichtigkeit des einfühlenden Verstehens und der Freude an der Literatur als Vorbedingungen für unser Wissen und damit für unsere Gedanken über die Literatur schmälern. Doch sind sie, wie gesagt, nur Vorbedingungen. Die Meinung, das Literaturstudium diene nur der Kunst des Lesens, heißt das Ideal des geordneten Wissens mißverstehen, so unentbehrlich diese Kunst dem Literaturwissenschaftler auch immer sein mag. Wenn auch »Lesen« weit genug gefaßt sein sollte, um kritisches Verstehen und Empfindlichkeit in sich einzuschließen, so bleibt doch die Kunst des Lesens ein Ideal, das nur auf ganz persönlicher Ebene kultiviert werden kann. Als solches ist es dringlich erwünscht und dient zugleich als Grundlage einer weit verbreiteten literarischen Kultur. Es kann jedoch nicht die Konzeption der Literaturwissenschaft ersetzen, die als überpersönliche Tradition verstanden werden muß.

2. *Das Wesen der Literatur*

Das erste Problem, mit dem wir uns hier beschäftigen müssen, ist der Gegenstand der Literaturwissenschaft. Was ist Literatur? Was ist sie nicht? Worin besteht das Wesen der Literatur? Wie einfach auch solche Fragen klingen, sie wurden doch selten klar beantwortet.

Eine Möglichkeit ist, alles Gedruckte als Literatur zu bezeichnen. Mit dieser Auffassung kann man »den Ärztestand im 14. Jahrhundert«, »die Bewegung der Planeten im frühen Mittelalter« oder »das Hexenwesen in Alt- und Neuengland« studieren. Edwin Greenlaw zufolge gehört alles, was eine Beziehung zur Kulturgeschichte hat, zum Aufgabenbereich der Literaturgeschichte; »bei unserem Bemühen um das Verständnis einer Epoche oder Kultur dürfen wir uns nicht nur auf die *schöne Literatur* oder nur auf gedruckte oder handschriftliche Aufzeichnungen beschränken«, sondern »unsere gesamte Arbeit muß vom Standpunkt eines möglichen Beitrags zur Geschichte der Kultur gesehen werden«.[1] Nach Greenlaws Theorie und nach der praktischen Arbeitsweise vieler Gelehrter wird deshalb die Literaturwissenschaft nicht nur in eine enge Beziehung zur Kulturgeschichte gebracht, sondern tatsächlich mit ihr identifiziert. Aber eine solche Wissenschaft ist Literaturwissenschaft nur in dem Sinne, daß sie sich mit gedruckter oder geschriebener Materie beschäftigt, die ja notwendigerweise die Hauptquelle fast jeder Geschichtsschreibung ist. Zur Rechtfertigung dieser Auffassung läßt sich natürlich das Argument beibringen, daß die Historiker, weil sie sich allzusehr mit der Geschichte der Diplomatie, mit der Kriegs- und Wirtschaftgeschichte beschäftigen, diese Probleme vernachlässigen, daß aus diesem Grunde der Literaturwissenschaftler ein Recht habe, benachbartes Terrain zu übernehmen. Es soll natürlich niemandem verwehrt werden, sich innerhalb aller Wissenschaftsgebiete frei zu bewegen; es läßt sich auch viel zugunsten einer Beschäftigung mit Kulturgeschichte im weitesten Sinne sagen. Doch kann man eine solche Beschäftigung nicht als literarisch bezeichnen. Der Einwand, dies sei nur eine terminologische Spitzfindigkeit, überzeugt nicht.

Wenn alles, was irgendwie zur Kulturgeschichte in Beziehung steht, Gegenstand des Literaturstudiums ist, dann wird die Beschäftigung mit der eigentlichen Literatur in der Praxis an die Wand gedrückt. In einem solchen Falle werden alle Unterscheidungen fließend. Fremde Kriterien werden in die Literatur eingeführt, und die Folge ist, daß der Wert der Literatur nur nach den Ergebnissen beurteilt wird, die sie für diese oder jene benachbarte Disziplin hervorbringt. Die Gleichsetzung der Literatur mit der Kulturgeschichte bedeutet eine Verleugnung des Eigenbereichs und der spezifischen Methoden der Literaturwissenschaft.

Eine andere Möglichkeit, die Literatur zu definieren, besteht darin, sie auf »große Werke« zu beschränken, die unabhängig von ihrem Thema, »wegen ihrer literarischen Form oder ihres Ausdrucks bemerkenswert sind«. Hier ist das Kriterium entweder allein der ästhetische Wert oder ein ästhetischer Wert in Verbindung mit allgemeiner, geistiger Größe. Innerhalb der lyrischen, dramatischen und erzählenden Dichtung wird die Auswahl der größten Werke nach ästhetischen Prinzipien getroffen; Bücher in anderen Gebieten werden wegen ihres Ranges und ihrer geistigen Bedeutsamkeit in Verbindung mit einem ästhetischen Wert verhältnismäßig begrenzter Art ausgewählt. Stil, Komposition und allgemeine Brillianz der Darstellung sind die üblichen Charakteristika, nach denen sie ausgesondert werden. So pflegt man Literatur zu beurteilen oder von ihr zu sprechen. Sagen wir: »dies ist keine Literatur«, dann fällen wir ein solches Werturteil; wir urteilen genau so, wenn wir von einem Buch über Geschichte, Philosophie und Naturwissenschaft als zur »Literatur gehörig« sprechen.

Die meisten Literaturgeschichten enthalten Abhandlungen über Philosophen, Theologen, Moralisten und Politiker, ja selbst über einige Naturforscher. Es läßt sich wohl kaum eine Literaturgeschichte des englischen 18. Jahrhunderts denken, in der man nicht Berkeley und Hume, Bischof Butler und Gibbon, Burke und selbst Adam Smith ausführlich behandelt. Die Behandlung dieser Autoren, im allgemeinen viel kürzer als die der Dichter, Dramatiker und Romanschreiber, bleibt selten auf ihren rein ästhetischen Wert beschränkt. Meist wird über ihre charakteristische geistige Leistung nur oberflächlich und dilettantisch berichtet. Man kann aber doch Hume nur als Philosophen, Gibbon nur als Historiker, Bischof Butler nur als christlichen Apologeten und Moralisten, Adam Smith nur als Moralisten und Nationalökonom beurteilen. In den meisten Literaturgeschichten jedoch werden diese Denker nur fragmentarisch und ohne tiefe Sachkenntnis besprochen und aus dem Zusammenhang der Geschichte ihrer eigenen Disziplin, d. h. aus der Geschichte der Philosophie, der Ethik, der Geschichtsschreibung und der Volkswirtschaft herausgerissen. Der Literaturhistoriker kann einfach nicht die Rolle eines zuständigen Historikers dieser Disziplinen übernehmen. Gewöhnlich wird er dann nur zum Kompilator, der befangen sich Gebiete zu eigen macht, für die er nicht zuständig ist.

Das Studium vereinzelter »großer Werke« mag aus erzieherischen Gründen höchst empfehlenswert sein. Jeder wird den Gedanken billigen, daß Studenten, und besonders Anfänger, lieber große oder doch gute Bücher lesen sollten, anstatt Handbücher oder historische Kuriositäten.[2] Doch ist es fraglich, ob das Prinzip in dieser Form auch für die Naturwissenschaften, die Geschichtsschreibung oder die anderen sich weiter entwickelnden und durch neue Fakten anwachsenden Disziplinen seine Gültigkeit hat. Innerhalb der Geschichte der schönen Literatur macht die Beschränkung auf große Werke die Kontinuität der literarischen Tradition, die Entwicklung der literarischen Gattungen, ja das eigentliche Wesen der literarischen Entwicklung unverständlich. Ferner werden dadurch die sozialen, sprachlichen und geistesgeschichtlichen Hintergründe sowie andere die Literatur bedingende Umstände verschleiert. Eine solche Beschränkung führt ein ungewöhnliches Maß an bloß »ästhetischen« Gesichtspunkten in die Geschichtsschreibung, die Philosophie und andere ähnliche Disziplinen ein. Augenscheinlich gibt es keinen anderen Grund als die Betonung eines glänzenden »Stils« und der guten Komposition, um Thomas Huxley unter allen englischen Naturforschern als denjenigen auszusondern, der allein einer Lektüre wert ist. Von einigen wenigen Ausnahmen abgesehen gibt ein solches Kriterium dem Popularphilosophen und -gelehrten den Vorzug vor den großen Denkern: es wird und muß stets Huxley einem Darwin, Bergson einem Kant vorziehen.

Der Begriff »Literatur« scheint am besten definiert, wenn man ihn auf die Kunst der Literatur, d. h. auf schöpferische Literatur, beschränkt. Doch ergeben sich auch aus einer solchen Verwendung des Begriffs einige Schwierigkeiten. Im Englischen sind die beiden möglichen Alternativen, wie »fiction« und »poetry« einerseits, entweder durch eingeengte Bedeutungen bereits im voraus bestimmt oder, wie »imaginative literature« (schöpferische Literatur) oder *belles lettres* andererseits, unbeholfen und irreführend. Einer der Vorbehalte, die man dem Wort »Literatur« gegenüber gemacht hat, ist, daß es sich (aufgrund seiner etymologischen Herkunft von *litera*) nur auf geschriebene oder gedruckte Literatur beziehen könne; denn der Begriff muß, soll er erschöpfend und folgerichtig sein, auch »die mündlich überlieferte Literatur« enthalten. Deshalb ist der deutsche Begriff *Wortkunst* und der russische *slovesnost* den entsprechenden englischen Bezeichnungen vorzuziehen.

Das Problem läßt sich am einfachsten lösen, wenn man sich die besondere Funktion, welche die Sprache in der Literatur erfüllt, vor Augen hält. Sprache ist das Material der Literatur in dem gleichen Sinne wie Stein oder Bronze das Material der Skulptur, Farbe das der Bilder oder Töne es für die Musik sind. Doch sollte man sich bewußt sein, daß die Sprache, ungleich dem Stein, nicht nur träge Masse, sondern eine Schöpfung des Menschen selbst und deshalb mit dem kulturellen Erbe einer Sprachgemeinschaft geladen ist.

Hauptunterschiede müssen zwischen literarischem, alltäglichem und wissenschaftlichem Sprachgebrauch gemacht werden. Die jüngst von Thomas Clark Pollock in seinem Buch *The Nature of Literature*[3] über dieses Thema angestellte Erörterung scheint, wenn auch bis zu einem bestimmten Grade richtig, besonders in der Abgrenzung des Unterschieds zwischen literarischer und alltäglicher Sprache, nicht ganz zu befriedigen. Dies ist ein entscheidendes Problem und in der Praxis keineswegs einfach, einmal weil die Literatur, im Unterschied zu anderen Künsten, kein ihr eigenes Ausdrucksmittel besitzt und dann, weil viele Mischformen und kaum merkliche Übergänge eine saubere Unterscheidung erschweren. Es ist verhältnismäßig leicht, die Sprache der Wissenschaft von der Sprache der Literatur zu unterscheiden, obschon der bloße Gegensatz von »Gedanke«, »Emotion« oder »Gefühl« allein noch nicht genügt. Die Literatur enthält natürlich auch Gedanken, aber die gefühlsmäßige Sprache ist keineswegs nur auf die Literatur beschränkt, wie das aus dem Gespräch zweier Liebenden oder aus einem gewöhnlichen Streitfall zu ersehen ist. Dennoch ist die vorbildliche Sprache der Wissenschaft rein »bezeichnend«: sie zielt auf eine völlige Übereinstimmung von Zeichen und Bezeichnetem. Das Zeichen ist gänzlich willkürlich und kann deshalb auch durch entsprechende andere Zeichen ersetzt werden. Das Zeichen ist transparent, d. h. ohne daß es die Aufmerksamkeit auf sich selbst lenkt, deutet es unzweideutig auf das von ihm Bezeichnete.

So neigt die wissenschaftliche Sprache zu solchen Zeichensystemen wie Mathematik oder symoblische Logik. Ihr Ideal ist eine universale Sprache, in der Art der *characteristica universalis*, deren Entwurf Leibnis bereits im späten 17. Jahrhundert geplant hatte.

Im Vergleich zur wissenschaftlichen Sprache erscheint die Sprache der Literatur irgendwie unzulänglich. Sie ist reich an Doppeldeutigkeiten; gleich anderen historischen Sprachen besitzt sie einen Überfluß an Homonymen und ist, wie es das grammatische Geschlecht zeigt, voll von willkürlichen und irrationalen Kategorien; geschichtliche Ereignisse, Erinnerungen und Assoziationen haben sie durchdrungen; kurz, sie ist äußerst »mitbedeutend«. Aber die Sprache der Literatur ist noch wesentlich mehr als nur darstellend (referential). Sie ist auch ausdrucksvoll; sie vermittelt Stimmung und Haltung des Sprechers oder Schriftstellers, sie stellt nicht nur fest, sie drückt nicht nur aus, was sie sagt; sie möchte die Haltung des Lesers beeinflussen, ihn überzeugen, ihn letztlich sogar umwandeln. Noch ein weiterer wichtiger Unterschied läßt sich zwischen literarischer und wissenschaftlicher Sprache machen: die Sprache der Literatur betont das Zeichen selbst, die Lautsymbolik des Wortes. Vielerlei Techniken, wie Metrum, Alliteration und Lautmalerei hat man erfunden, um hierauf besonders aufmerksam zu machen.

Diese Abgrenzungen von der wissenschaftlichen Sprache lassen sich wohl in verschiedenem Grade auf verschiedene Arten literarischer Werke anwenden. So wird z. B. die Lautfolge in einem Roman weniger wichtig sein als in gewissen lyrischen Gedichten, die man deshalb auch nicht entsprechend übersetzen kann. Das expressive Element ist in einem »objektiven Roman«, der den Standort des Autors vielleicht verhüllt oder nahezu verbirgt, viel geringer als in einem »subjektiven« Gedicht. Das pragmatische Element, unbedeutend in »reiner« Dichtung, kann in einem Tendenzroman, in einem satirischen oder didaktischen Gedicht bedeutend sein. Weiterhin kann die intellektuelle Dichte der Sprache beträchtlich variieren. So gibt es philosophische Gedichte, Lehrgedichte und Romane mit besonderer Problemstellung, die, zumindest gelegentlich, der wissenschaftlichen Sprache sehr nahe kommen. Doch welche Mischformen bei einer Untersuchung wirklich literatischer Kunstwerke auch immer auftreten, der Unterschied zwischen literarischen und wissenschaftlichem Sprachgebrauch scheint doch klar. Die literarische Sprache ist viel tiefer in der historischen Struktur der Sprache verwurzelt; sie macht uns das Zeichen bewußt; sie besitzt eine expressive und eine pragmatische Seite, die die wissenschaftliche Sprache so weit wie möglich auf ein Mindestmaß zu beschränken sucht.

Schwieriger ist es schon, den Unterschied zwischen alltäglicher und literarischer Sprache festzusetzen. Die Alltagssprache ist kein einheitlicher Begriff. Sie umfaßt so weite Varianten wie Umgangssprache, Amtssprache, Handelssprache, die Sprache der Religion sowie den Slang der Studenten. Doch augenscheinlich gilt viel von dem, was wir über die Sprache der Literatur sagten, auch für die anderen Anwendungsmöglichkeiten der Sprache, die der Wissenschaft natürlich ausgenommen. Auch die Alltagssprache hat eine expressive Funktion, obschon diese Funktion variiert von der farblosen offiziellen Verlautbarung bis zum leidenschaftlichen Flehen im Augenblick einer Gefühlskrise. Die Alltagssprache ist voll von den Irrationalitäten und Bedeutungsverschiebungen der historischen Sprache, obgleich es Situationen gibt, in denen sie auf die Präzision wissenschaftlicher Beschreibung hinzielt. Nur gelegentlich zeigt sich in der Alltagssprache ein Gewahrwerden der Bedeutung der Zeichen selbst, wie z. B. im Lautsymbolismus von Namen und Handlungen. Meist will die Alltagssprache einfach Ergebnisse erzielen, um Handlungen und Haltungen zu beeinflussen. Doch wäre es falsch, sie nur als Mittel der Mitteilung zu betrachten. Das stundenlange Lallen eines Kindes ohne Zuhörer und das gedankenlose Geschwätz eines Erwachsenen in einer Gesellschaft beweisen, daß es viele Anwendungsmöglichkeiten der Sprache gibt, die streng genommen oder doch wenigstens in erster Linie nicht für die Mitteilung bestimmt sind.

Die literarische Sprache ist daher zunächst einmal rein qualitativ von den mannigfachen Möglichkeiten des alltäglichen Gebrauchs zu unterscheiden. Die Sprachmittel der Literatur werden mit viel mehr Voraussicht und größerem Zielbewußtsein ausgenutzt. Im Werk eines subjektiven Dichters ist eine »Persönlichkeit« zusammenhängender und abgerundeter dargestellt als Personen, wie wir sie in alltäglichen Situationen antreffen. Gewisse Dichtungstypen gebrauchen absichtlich Paradoxon, Ambiguität, Verschiebungen und Wortbedeutung, selbst sinnwidriger Verknüpfungen grammatikalischer Kategorien wie Geschlecht und Tempus. Die dichterische Sprache ordnet, verdichtet, verengt die Mittel der Alltagssprache, tut ihnen oft sogar Gewalt an, um unsere Aufmerksamkeit zu erzwingen. Viele dieser Hilfsmittel wird ein Dichter bereits in der Sprache vorfinden, gestaltet und gebildet von der stillen und anonymen Arbeit vieler Generationen. In bestimmten hoch entwickelten Literaturen, besonders aber in bestimmten Epochen, bedient sich der Dichter einer fest gegründeten Konvention. Die Sprache dichtet dann sozusagen für ihn selbst. Doch jedes Kunstwerk ordnet und gestaltet sein Material und zwingt es in eine Einheit. Oft ist diese Einheit aber, wie viele Skizzen und Abenteuergeschichten zeigen, nur sehr locker, aber sie wächst, je mehr wir uns dem vielschichtigen und eng gewobenen Gebilde gewisser Gedichte nähern, in denen es beinahe unmöglich ist, ein Wort oder die Stellung eines Wortes zu ändern, ohne dadurch die Gesamtwirkung des Gedichtes zu beeinträchtigen.

Die pragmatische Unterscheidung zwischen der Sprache der Literatur und der Alltagssprache ist viel eindeutiger. Wir verwerfen als Dichtung oder etikettieren als bloße Rhetorik alles, was uns zu bestimmten rein äußerlichen Handlungen überredet. Wahre Dichtung spricht auf eine subtilere Weise an. Die Kunst schafft eine Art eigenen Rahmen, der die Aussage des Werkes aus der Welt der Wirklichkeit herausnimmt. In unsere semantische Analyse können wir darum einige Begriffe der Ästhetik wieder einführen: »interesseloses Wohlgefallen«, »ästhetische Distanz«, »Rahmen«. Jedoch gilt es wiederum zu beachten, daß der Unterschied zwischen Kunst und Nicht-Kunst, zwischen Literatur und nicht-literarischer sprachlicher Äußerung fließend ist. Die ästhetische Funktion kann sich auf sprachliche Äußerungen verschiedenster Art ausdehnen. Es wäre eine enge Auffassung von der Literatur, wollte man alle Tendenzkunst, alle didaktische und satirische Dichtung von ihr ausschließen. Übergangsformen wie Essay, Biographie und ein Teil der rhetorischen Literatur sind anzuerkennen. Zu verschiedenen Zeiten der Geschichte scheint sich der Bereich der ästhetischen Funktionen auszudehnen oder zu schrumpfen. Es gab eine Zeit, wo der persönliche Brief ebenso wie die Predigt eine Kunstform war, während heute, der Tendenz der Zeit entsprechend, die gegen eine Vermischung der Gattungen ist, sich eine Verengung der ästhetischen Funktion bemerkbar macht, eine nachdrückliche Betonung der Reinheit der Kunst, eine Reaktion gegen das Panästhetizismus und seine Ansprüche, wie sie die Ästhetik des späten 19. Jahrhunderts befürwortete. Es scheint das Beste, nur jene Werke als Literatur zu betrachten, in denen die ästhetische Funktion das Übergewicht hat, während wir zur gleichen Zeit anerkennen, daß es ästhetische Elemente wie Stil und Komposition in Werken gibt, die einem völlig anderen, nicht ästhetischen Zweck dienen, wie z. B. wissenschaftliche Abhandlungen und philosophische Traktate, politische Broschüren oder Predigten.

Das Wesen der Literatur wird jedoch am klarsten unter dem Gesichtspunkt ihres Bezugs zur Wirklichkeit. Der Mittelpunkt der literarischen Kunst liegt offenbar bei den traditionellen Gattungen der Lyrik, der Epik und des Dramas. In jeder dieser Gattungen wird auf eine Welt der Einbildung, der Illusion, Bezug genommen. Die Aussagen im Roman, im Gedicht oder im Drama sind nicht wörtlich wahr; es sind keine logischen Sätze. Ein zentraler und bedeutender Unterschied besteht zwischen der Aussage in einem historischen Roman von Balzac, in dem diese Aussage »Informationen« über tatsächliche Ereignisse zu vermitteln scheint, und den gleichen Informationen in einem Werk der Soziologie oder der Geschichte. Selbst in der Lyrik ist das »Ich« des Dichters ein fiktives, dramatisches »Ich«, und der Charakter in einem Roman unterscheidet sich von einer historischen Person oder einer Gestalt im wirklichen Leben. Sie besteht nur aus Sätzen, die sie beschreiben oder ihr vom Autor in den Mund gelegt werden. Sie besitzt weder Vergangenheit noch Zukunft und oft nicht einmal die Kontinuität des Lebens. Mit dieser elementaren Überlegung erledigt sich ein großer Teil jener Kritik, die sich mit dem Einfluß von Hamlets Vater auf seinen Sohn beschäftigt, mit Themen wie »Hamlets Aufenthalt in Wittenberg«, »der junge und schmächtige Falstaff«, »die Mädchenjahre von Shakespeares Heldinnen« oder mit der Frage »wieviel Kinder Lady Macbeth gehabt habe«.[4] Zeit und Raum sind im Roman etwas anderes als im wirklichen Leben. Selbst der allem Anschein nach realistischste Roman, das »Stück Natur« der Naturalisten, ist nach bestimmten künstlerischen Gesetzen konstruiert. Besonders vom Standpunkt einer späteren geschichtlichen Perspektive wird klar, wie sehr sich naturalistische Romane in der Wahl ihrer Themen, in Charaktertypen, in der Wahl der Ereignisse und in der Dialogführung ähneln. In gleicher Weise läßt sich die extreme Konventionalität der meisten naturalistischen Dramen erkennen, nicht nur in der Übernahme des szenischen Rahmens, sondern auch in der Handhabung von Zeit und Raum, in der Art, wie der vermeintlich realistische Dialog ausgewählt und geführt wird, und letztlich in der Art, wie die Charaktere die Bühne betreten und wieder verlassen.[5] Was immer der Unterschied zwischen Shakespeares *Sturm* und Ibsens *Nora* sein mag, in dieser dramatischen Konvention gleichen sie sich.

Wenn wir »das Erdichtete«, »die Erfindung« oder die »Einbildungskraft als die charakteristischen Züge der Literatur erkennen, dann denken wir bei Homer, Dante, Shakespeare, Balzac, Keats eher an Literatur als bei Cicero oder Montaigne, Bossuet oder Emerson. Es gibt natürlich »Grenzfälle«, Werke wie Platons *Staat* z. B., dem man, zumindest in den großen Mythen, Stellen von großer dichterischer Erfindungskraft nicht absprechen kann, obschon dieses Werk in erster Linie ein philosophisches Werk ist. Eine solche Auffassung von der Literatur ist beschreibend, nicht wertend. Keinem großen und einflußreichen Werk wird irgendein Schaden dadurch entstehen, daß man es der Rhetorik, der Philosophie, der politischen Publizistik zuweist. Sie alle stellen wohl Probleme der ästhetischen Analyse, der Stilistik dar, identisch oder doch ähnlich jenen Problemen, welche die Literatur bietet, doch fehlt ihnen eben die Haupteigenschaft der Literatur, nämlich der besondere Bezug zur Wirklichkeit, der »Schein«. Diese Auffassung wird daher denn auch alle Arten von Dichtung in sich begreifen, selbst den schlechtesten Roman, das unbrauchbarste Gedicht und das schlechteste Drama. Die Einordnung von Kunstwerken ist nicht identisch mit ihrer Bewertung.

Ein sehr verbreitetes Mißverständnis gilt es noch zu beseitigen. Einbildungskraft ist nicht auf Bilder angewiesen. Die dichterische Sprache ist mit Bildern durchwoben, die mit den einfachsten Figuren beginnen und in totalen, allumfassenden mythologischen Systemen eines Blake oder Yeats gipfeln. Die Bildersprache aber ist für die dichterische Aussage und daher auch für viele Dichtungen nicht notwendig. Es gibt Gedichte, die ohne jedes Bild auskommen; es gibt sogar eine rein »aussagende Dichtung«. Die Bildhaftigkeit sollte man außerdem nicht mit wirklicher, sinnlich-visueller Bildvorstellung verwechseln. Unter dem Einfluß Hegels argumentierten Ästhetiker des 19. Jahrhunderts, wie z. B. Fr. Theodor Vischer und Eduard von Hartmann, daß jede Kunst »das in Erscheinung treten der Idee« sei, während eine andere Schule (Fiedler, Hildebrand, Riehl) von der Kunst als »reiner Sichtbarkeit«[6] sprach. Aber ein erheblicher Teil der großen Literatur beschwört keine sinnlichen Bilder oder doch nur eben zufällig oder gelegentlich.[7] Bei der Beschreibung selbst eines dichterischen Charakters suggeriert der Schriftsteller vielleicht keinerlei anschauliche Bilder. Das körperliche Aussehen der Charaktere eines Dostojewskij oder eines Henry James können wir uns kaum vorstellen, während wir über den Geisteszustand dieser Charaktere, über ihre Motive, ihre Bewertungen, Haltungen und Wünsche sehr viel erfahren.

Meist deutet ein Schriftsteller nur einen schematischen Umriß oder einen einzelnen körperlichen Zug an, wie es z. B. Tolstoi und Thomas Mann häufig tun. Die Tatsache, daß wir mit vielen Buchillustrationen, selbst von guten Künstlern und in einigen Fällen sogar vom Autor selber (z. B. Thackeray) nicht einverstanden sind, beweist, daß der Dichter uns nur einen schematischen Umriß liefert, der nicht bis ins Einzelne ausgefüllt werden soll.

Wenn wir uns jede in der Dichtung enthaltene Metapher genau vorstellten, so würden wir nicht nur verwirrt, sondern auch völlig irregeführt. Obschon es Leser mit der ausgesprochenen Gabe für sinnliche Bildvorstellungen gibt, und auch Stellen in der Literatur, wo der Text solche Vorstellungen zu fordern scheint, so sollte doch die psychologische Frage nicht mit der Analyse der symbolischen Mittel des Dichters verwechselt werden. Diese Mittel bestehen weitgehend aus einer Anordnung seelischer Vorgänge, die auch außerhalb der Literatur vorkommen. So ist die Metapher in einem großen Teil unserer Alltagssprache verborgen, im Slang und in volkstümlichen Sprichwörtern tritt sie ganz offen zutage. Die abstraktesten Begriffe gehen auf metaphorische Übertragung letztlich körperlicher Zusammenhänge zurück (umfassen, definieren, eliminieren, Substanz, Subjekt, Hypothese). Die Dichtung belebt den metaphorischen Charakter der Sprache wieder von Neuem, führt ihn uns auch immer wieder von Neuem vor Augen in dem gleichen Maße etwa wie sie die klassischen, germanischen, keltischen und christlichen Symbole und Mythen unserer Kultur gebraucht.

Die bisher erörterten Unterscheidungen zwischen literarischen und nicht-literarischen Werken — Aufbau, subjektiver Ausdruck, Hervorhebung und Verwertung des Mediums, Mangel eines praktischen Zwecks und die Welt des Scheins — sind, im Rahmen einer semantischen Analyse, letzthin Wiederholungen alter ästhetischer Begriffe wie z. B. »interesseloses Wohlgefallen«, »Einheit in der Vielfalt«, »ästhetische Distanz«, »Rahmen«, »Erfindung«, »Einbildungskraft und »Schöpfung«. Jeder dieser Begriffe beschreibt einen Aspekt des literarischen Kunstwerks, zeigt nur einen charakteristischen Zug seiner semantischen Bestimmung. Keiner ist in sich selbst erschöpfend. Eins jedoch sollten alle diese Erörterungen zumindest zeigen: ein literarisches Kunstwerk ist keineswegs ein einfaches Ganzes, sondern vielmehr ein außerordentlich vielschichtiges Gebilde mit einer Vielzahl von Bedeutungen und Beziehungen. Die übliche Terminologie, die von einem »Organismus« spricht, ist irreführend, da sie nur einen Aspekt, nämlich den der »Einheit in der Vielfalt«, betont und zu nicht immer überzeugenden biologischen Parallelen führt. Auch die »Gleichsetzung von Inhalt und Form« in der Literatur, wie sehr sie auch auf die dichte Verwobenheit der Beziehungen innerhalb eines Kunstwerks aufmerksam macht, ist verwirrend, weil sie das Problem zu sehr vereinfacht. Sie fördert die Ansicht, daß die Analyse irgendeines Bestandteils eines Kunstwerks, sei es die des Inhalts oder die der Form, in gleicher Weise nützlich sein müsse und uns so von der Verpflichtung entbinde, ein Kunstwerk in seiner Ganzheit zu sehen. »Inhalt« und »Form« sind Begriffe, die, nebeneinandergestellt, wegen ihres allzu verschiedenartigen Sinns nur wenig nutzen; selbst bei sorgfältigster Abgrenzung der Begriffe teilen sie das Kunstwerk einfach in zwei Bestandteile. Die moderne Analyse eines Kunstwerks hat mit weit komplexeren Fragen zu beginnen, mit der Frage nach der Seinsweise des Kunstwerks oder mit der Untersuchung seiner mehrfachen Schichtung.[8]

3. Die Funktion der Literatur

In jeder zusammenfassenden Behandlung müssen das Wesen und die Funktion der Literatur in einer wechselseitigen Beziehung gesehen werden. Der Zweck der Dichtung ergibt sich aus ihrem Wesen: jeder Gegenstand wird stets am wirksamsten und sinnvollsten für das benutzt, was er ist, oder im Wesentlichen ist. Einen sekundären Zweck erhält er erst dann, wenn seine primäre Funktion erloschen ist: das alte Spinnrad wird zum Zierat oder zum Museumsstück; das Tafelklavier, das sich nicht mehr zur Wiedergabe von Musik eignet, wird in ein Schreibpult umgewandelt. Ähnlich ergibt sich das Wesen eines Gegenstandes aus seinem Zweck: sein Sein entspricht seiner Tätigkeit. Einem Artefakt eignet die Struktur, die der Ausübung seiner Funktion angemessen ist; hinzu kommen alle möglichen zusätzlichen Bestandteile, die vielleicht auf Zeit und Material oder auf einen besonderen Geschmack zurückzuführen sind. Ein literarisches Kunstwerk mag viele Elemente enthalten, die im Hinblick auf seine literarische Funktion unnötig, hinsichtlich anderer Gesichtspunkte jedoch interessant oder vertretbar sind.

Haben sich die Ansichten über das Wesen und die Funktion der Literatur im Laufe der Geschichte geändert? Diese Frage ist nicht leicht zu beantworten. Es gab Zeiten, in denen Literatur, Philosophie und Religion undifferenziert nebeneinander existierten. Bei den Griechen waren Äschylos und Hesiod vielleicht solche Beispiele. Doch schon Plato spricht vom Streit zwischen den Dichtern und Philosophen als von einem alten Streit und meint damit etwas, was uns verständlich ist. Andererseits sollte man den Unterschied nicht übertreiben, der gegen Ende des 19. Jahrhunderts oder erst kürzlich durch die Lehren von »der Kunst, um der Kunst willen« und der »poésie pure« gemacht wurde. Die »didaktische Häresie«, wie Poe den Glauben an eine Dichtung nannte, die nur als Instrument der Erbauung dient, sollte nicht mit der traditionellen Lehre der Renaissance gleichgesetzt werden,. die besagt, daß ein Gedicht vergnügt und belehrt oder durch Vergnügen belehrt.

Allgemein jedoch gewinnt man beim Lesen einer Geschichte der Ästhetik oder Poetik den Eindruck, daß sich Wesen und Funktion der Literatur, insofern als sie aus Gründen des Vergleichs oder Gegensatzes mit anderen menschlichen Tätigkeiten und Werten in weite allgemeine Begriffe gefaßt werden können, nicht wesentlich verändert haben.

Die Geschichte der Ästhetik läßt sich beinahe als ein dialektischer Vorgang zusammenfassen, in dem das horazische *dulce* und *utile*, Dichtung ist süß und nützlich, als These und Gegenthese wirken. Jedes dieser Adjektive für sich allein betrachtet führt zu einem Mißverständnis hinsichtlich der Funktion der Dichtung. Wahrscheinlich ist es leichter, die beiden Adjektive, *dulce et utile*, eher auf Grund ihrer Funktion als auf Grund ihres Wesens miteinander in Beziehung zu bringen. Der Ansicht, daß Dichtung Vergnügen sei (analog jedem anderen Vergnügen), wird mit der Auffassung begegnet, daß Dichtung Belehrung sei, analog der Belehrung, die man aus Lehrbüchern empfängt.[1] Der Auffassung, alle Dichtung sei oder solle Propaganda sein, wird jene andere entgegengehalten, daß sie reiner Klang und Bild, eine Arabeske und ohne Bezug auf die Welt menschlicher Gefühle sei oder doch sein solle. Die sich widersprechenden Thesen, daß Kunst »Spiel« oder »Arbeit« (das »Handwerk« der Dichtung, das Kunst*werk*) sei. Gesondert betrachtet ist keine dieser Ansichten annehmbar. Der Behauptung, daß Dichtung »Spiel«, spontane Unterhaltung sei, läßt sich entgegenhalten, daß weder die Sorgfalt, die Geschicklichkeit und das Planen des Künstlers noch der Ernst und die Wichtigkeit des Gedichts berücksichtigt werden; spricht man aber nur von dem »Werk«, dem »Handwerklichen« der Dichtung, so wird man der Freude oder der »Zwecklosigkeit« der Kunst, wie Kant es nannte, nicht gerecht. Die Funktionen der Kunst sind so darzustellen, daß sowohl dem *dulce* wie auch dem *utile* Gerechtigkeit widerfährt.

Bedenken wir, daß Präzision im Gebrauch kritischer Begriffe erst jüngsten Datums ist, dann bietet die Formel des Horaz in sich selbst schon einen nützlichen Anfang, wenn wir den beiden Begriffen so viel Spielraum geben, daß sie die Werke der Römer und der Renaissance einbegreifen. Die Nützlichkeit der Kunst braucht dann nicht im Aufdrängen einer Morallehre zu liegen, was für Homer, wie Le Bossu glaubte, der Anlaß war, die *Ilias* zu schreiben, oder wie sie Hegel in seiner Lieblingstragödie, der *Antigone*, fand. »Nützlich« entspricht »keinem Zeitverlust«, ist keine Form des »Zeitvertreibs«; es ist etwas, das ernsthafte Aufmerksamkeit beanspruchst. »Süß« entspricht »nicht langweilig«, »keine Pflicht«, es ist »Lohn in sich selbst«.

Ist dieses doppelte Kriterium als Grundlage für eine Definition der Literatur zu gebrauchen oder ist es vielmehr nur ein Kriterium großer Literatur? In älteren Erörterungen kommen Unterscheidungen zwischen großer, guter und »subliterarischer« Literatur (Sensationsblätter) »nützlich« oder »belehrend« ist. Im allgemeinen wird sie als bloße »Flucht« oder als »Unterhaltung« angesehen. Die Frage ist jedoch nicht im Hinblick auf den Leser »guter Literatur«, sondern hinsichtlich des subliterarischen Lesers zu beantworten. Zumindest Mortimer Adler glaubt ein rudimentäres Verlangen nach Wissen im Interesse auch des ungeistigen Romanlesers zu entdecken. Was nun den Begriff der »Flucht« betrifft, so erinnert Kenneth Burke uns daran, wie leicht dieser Begriff zur Beschuldigung erhoben werden kann. Die Illusion der Flucht mag »einem Leser dazu verhelfen, sich über seine Abneigung gegen seine Umgebung, in die er hineingestellt ist, klar zu werden. Der Künstler kann ... schon ›Staatsfeind‹ dadurch werden, daß er in aller Unschuld von einem Aufenthalt am Mississippi singt«.[2] Als Antwort auf die anfänglich gestellte Frage mag gelten, daß alle Kunst für diejenigen, die sie richtig gebrauchen, »süß« und »nützlich« ist; daß nämlich das, was sie klar zum Ausdruck bringt, den eigenen Träumereien und Reflexionen des Lesers überlegen ist; daß die Kunst ihnen sowohl durch die Gewandtheit der Artikulation, die sie als etwas ihren eigenen Träumereien und Reflexionen Verwandtes auffassen, Vergnügen bereitet, wie auch durch die Befreiung, welche sie durch diese Artikulation erfahren.

Funktioniert ein Werk der Literatur richtig, dann sollten die beiden Elemente, Vergnügen und Nutzen, nicht bloß nebeneinander existieren, sondern ineinanderfließen. Man muß jedoch in Gedanken festhalten, daß literarisches Vergnügen kein Vergnügen ist, dem in einer langen Liste möglicher Vergnügen der Vorzug gebührt, sondern daß es ein »höheres Vergnügen« ist, weil es sich auf einer höheren Ebene der Betätigung, d. h. in einem nicht auf praktischen Nutzen abzielenden Betrachtungsbereich abspielt. Die Nützlichkeit — die Gewichtigkeit und das Belehrende — der Literatur ist eine angenehme Gewichtigkeit, d. h. sie besitzt nicht die Ernsthaftigkeit der Pflicht, die man tun muß oder tut, weil eine Lektion zu lernen ist, sondern sie ist eine ästhetische Gewichtigkeit, eine Gewichtigkeit der geistigen Einsicht. Ein Relativist, dem schwierige moderne Dichtung gefällt, kann die ästhetische Beurteilung stets damit von sich weisen, daß er seinen Geschmack für eine persönliche Vorliebe, wie für Kreuzworträtsel oder Schach, erklärt. Der Pädagoge kann unter Umständen die Gewichtigkeit eines großen Gedichts oder Romans falsch einordnen, indem er z. B. die Betonung zu sehr auf die hier vermittelten historischen Kenntnisse oder auf den Nutzen der moralischen Lehre setzt.

Ein weiterer wichtiger Punkt ist die Frage, ob die Literatur eine oder mehrere Funktionen erfüllt. Boas legt in seinem Buch *Primer for Critics* voller Zufriedenheit einen Pluralismus von Interessen und entsprechenden Typen der Kritik dar. Eliot dagegen besteht betrübt oder zumindest resigniert am Schluß seines Buches über *Die Rolle der Dichtung und die Rolle der Kritik* auf der »Vielfalt der Dichtung« und der Mannigfaltigkeit dessen, was die verschiedenen Arten der Dichtung zu verschiedenen Zeiten bewirkt haben. Doch sind dies Ausnahmen. Die Kunst oder die Dichtung ernst nehmen, heißt doch gewöhnlich nichts anderes, als ihr einen nur ihr eignenden Zweck zuzuweisen. In der Auseinandersetzung mit Matthews Arnolds Ansicht, daß Dichtung Religion und Philosophie ersetzen könne, schreibt Eliot: »... Weder in dieser Welt noch in der nächsten ist irgend etwas ein Ersatz für etwas anderes ...«[3] Das heißt: Keine echte Wertkategorie hat ein wirkliches Äquivalent. Es gibt keinen wirklichen Ersatz. In der Praxis kann die Literatur allerdings viele Dinge ersetzen – Reisen oder Aufenthalt in fremden Ländern oder ein unmittelbares Erlebnis, sie kann sogar stellvertretend für das Leben stehen, und vom Historiker kann sie als soziales Dokument benutzt werden. Doch besitzt die Literatur nicht eine Wirkung, einen Zweck, der von anderen Dingen ebenso gut erfüllt werden kann? Oder ist sie eine Mischung aus Philosophie, Geschichte, Musik und Bildern, die in einer wirklich modernen Wirtschaft zur Verteilung gelangen sollte? Das ist die grundlegende Frage.

Die Verteidiger der Literatur sind der Überzeugung, daß die Literatur kein archaisches Überbleibsel ist, sondern Dauer hat. Das gleiche glauben viele andere, die weder Dichter noch Lehrer der Dichtung sind und aus diesem Grunde auch kein berufsmäßiges Interesse am Weiterleben der Literatur haben. Die Erfahrung vom einzigartigen Wert der Literatur liegt jeder Theorie zu Grunde, die sich mit dem Wesen dieses Wertes befaßt. Unsere ständig wechselnden Theorien versuchen mehr und mehr, dieser Erfahrung größere Gerechtigkeit widerfahren zu lassen.

Eine zeitgenössische Richtung verteidigt die Rolle und die Gewichtigkeit der Dichtung damit, daß sie erklärt, Dichtung vermittele Erkenntnis. Dichtung ist eine Form der Erkenntnis. Aristoteles hatte anscheinend etwas Ähnliches in seinem berühmten Ausspruch gesagt, wenn er behauptete, Dichtung sei philosophischer als Geschichte, da die Geschichte »Dinge erzählt, die bereits geschehen sind, die Dichtung jedoch solche, die geschehen können«, das Allgemeine und das Wahrscheinliche. Heute jedoch, da die Geschichte ebenso wie die Literatur als eine lockere, schlecht definierte Disziplin erscheint, die Naturwissenschaft aber als der eindrucksvolle Rivale auftritt, wird geltend gemacht, daß die Literatur eine Erkenntnis jener konkreten Besonderheit vermittelt, welche die Naturwissenschaft und die Philosophie nicht interessieren. Während ein klassizistischer Theoretiker wie Dr. Johnson noch Dichtung als die »Größe des Allgemeinen« auffassen konnte, betonen moderne Theoretiker der verschiedensten Schulen (wie z. B. Bergson, Gilby, Ransom, Stace) die Besonderheit der Dichtung. Stace z. B. sagt, daß *Othello* nicht von Eifersucht im allgemeinen, sondern von Othellos Eifersucht handelt, von jener besonderen Art der Eifersucht, die ein Mohr, der mit einer Venezianerin verheiratet ist, empfinden würde.[4]

Die literarische Theorie kann entweder das Typische oder das Besondere der Literatur betonen, da die Literatur allgemeiner als Geschichte und Biographie ist, jedoch mehr ins Besondere geht als Psychologie oder Soziologie. Eine Akzentverlagerung findet man jedoch nicht nur in der literarischen Theorie. In der Praxis der Literatur verschiebt sich der spezifische Grad an Allgemeinem oder Besonderem von Werk zu Werk und von Periode zu Periode. Pilger und Jedermann stehen für die Menschheit, doch Morose, aus Ben Jonsons Komödie *Epicoene*, obwohl er einen Typus in der Temperamentenlehre darstellt, ist ein ganz besonderer und eigentümlicher Mensch. Das Prinzip der Charakterisierung in der Literatur ist stets als die Verbindung des »Typus« mit dem »Individuum« definiert worden. Der Typ zeigt sich im Individuum oder das Individuum im Typ. Versuche, dieses Prinzip zu deuten oder bestimmte dogmatische Lehrsätze aus ihm abzuleiten, sind von geringem Nutzen gewesen. Literarische Typologien gehen entweder auf die horazische Lehre des Schicklichen oder auf das Typenrepertoire der römischen Bühne (der prahlende Soldat, der Geizhals, der Verschwender, der verliebte Sohn, der vertrauliche Diener) zurück. Das Typologische erkennen wir in den theophrastischen »Charakteren« des 17. Jahrhunderts und in den Komödien Molières wieder. Wie aber läßt sich dieser Begriff allgemeiner anwenden? Ist die Amme in *Romeo und Julia* ein Typ? Und wenn, wofür? Ist Hamlet ein Typ? Für ein Elisabethanisches Publikum war er anscheinend ein Melancholiker, wie er etwa von Dr. Timothy Bright beschrieben wurde. Aber gleichzeitig ist Hamlet noch vieles andere, und seine Schwermut wird in eine besondere Entstehungsgeschichte und einen besonderen Zusammenhang gerückt. In gewissem Sinne ist der Charakter, der Individuum und Typ zugleich ist, so konstituiert, daß er viele Typen zugleich enthält. So ist Hamlet auch ein Liebender, einer der geliebt hat, er ist ein Weiser, ein Kenner des Dramas und ein Fechter. Jeder Mensch, selbst der einfachste, ist eine Konvergenz und Verknüpfung von Typen. Sogenannte Charaktertypen werden flach gesehen, wie wir alle jene Menschen sehen, mit denen uns nur eine Beziehung auf einer einzigen Ebene verbindet; »abgerundete« dreidimensionale Charaktere vereinigen Ansichten und Beziehungen in sich, werden in verschiedenen Umständen gezeigt — im öffentlichen Leben, privat und im Ausland.[5]

Ein Erkenntniswert im Drama und im Roman scheint psychologischer Natur zu sein. Es ist eine oft gehörte Behauptung, daß »Romanschriftsteller uns mehr über die menschliche Natur lehren können als Psychologen«. Horney empfiehlt Dostojewskij, Shakespeare, Ibsen und Balzac als unerschöpfliche Quellen. E. M. Forster spricht in seinen *Ansichten des Romans* von der begrenzten Zahl jener Menschen, deren Innenleben und deren Beweggründe wir kennen und betrachtet es als das große Verdienst des Romans, daß er uns das innere Leben der Charaktere offenbart.[6] Vermutlich aber ist das Innenleben, das er seinen Charakteren zuweist, ein Resultat seiner eigenen aufmerksamen Selbstbeobachtung. Man könnte behaupten, daß die großen Romane Quellen oder Krankheitsgeschichten (erläuterte, veranschaulichte, typische Beispiele) für Psychologen seien. Doch damit kommen wir auf die Tatsache zurück, daß die Psychologen den Roman nur wegen seines verallgemeinernden, typischen Werts gebrauchen: so reißen sie z. B. den Charakter des Père Goriot aus seinem Gesamtmilieu (dem Maison Vauquer) wie auch aus seiner Verbindung mit den anderen Charakteren heraus.

Max Eastman, selbst ein Dichter — wenn auch zweiten Ranges — bestreitet, daß in einem wissenschaftlichen Zeitalter »der literarische Intellekt« Anspruch auf Entdeckung der Wahrheit erheben kann. Für ihn ist der »Literat« einfach der nicht spezialisierte Dilettant des vorwissenschaftlichen Zeitalters, der sich zu behaupten versucht und seine sprachliche Gewandtheit ausnutzt, um den Eindruck zu erwecken, daß er wirklich wichtige »Wahrheiten« ausspricht. Wahrheit in der Literatur ist von der Wahrheit außerhalb der Literatur,

d. h. von systematischem, wahrnehmbarem Wissen, überhaupt nicht verschieden. Der Romanschriftsteller hat keinen magischen Zugang zum gegenwärtigen Stand des Wissens in den Sozialwissenschaften, der die »Wahrheit« ausmacht, an der seine »Welt«, die dichterische Wirklichkeit, gemessen werden muß. Doch ist Eastmann der Meinung, daß der Schriftsteller, besonders aber der Dichter, sich falsch verstehe, wenn er seine Hauptaufgabe im Entdecken und Vermitteln von Wissen sieht. Seine wirkliche Funktion bestehe darin, uns wahrnehmen zu lassen, was wir sehen und uns vorstellen zu lassen, was wir begrifflich oder praktisch bereits wissen.[7]

Es ist schwierig, eine Trennungslinie zwischen der Dichtungsauffassung als Wahrnehmung des Gegebenen und der Auffassung der Dichtung als »künstlerischer Einsicht« zu ziehen. Erinnert uns der Künstler an das, was wir nicht mehr wahrnehmen oder läßt er uns sehen, was wir nicht gesehen haben, obschon es stets da war? Man denke an Schwarz-Weißzeichnungen, in denen in Punkten oder gebrochenen Linien bestehende Figuren oder Gesichter verborgen sind. Obschon diese stets da waren, sah man sie nicht als Ganzes, als Zeichnungen. In den *Intentions* (1891) zitiert Oskar Wilde Whistlers Entdeckung des Nebels als ästhetischen Wert und spricht von der von den präraphaelitischen Malern gemachten Entdeckung der Schönheit in Frauentypen, die bis dahin weder als schön noch als Typen angesehen wurden. Sind dies nun Beispiele der »Erkenntnis« oder der »Wahrheit«? Wir zögern. Wir möchten sagen, daß dies Entdeckungen neuer »Wahrnehmungswerte«, neuer »ästhetischer Qualitäten« sind.

Man sieht, warum Ästhetiker im allgemeinen zögern, »Wahrheit« als Eigenschaft und Kriterium der Kunst abzustreiten:[8] einmal, weil es ein ehrenwerter Begriff ist, weil durch dieses Attribut Hochachtung vor der Kunst, die Auffassung von ihr als einer der höchsten Werte zum Ausdruck gebracht wird; dann aber auch, weil man unvernünftigerweise befürchtet, daß die Kunst, wenn nicht wahr, »Lüge« sei, wie sie Plato mit Heftigkeit nannte. Literatur ist eine »Fiktion«, eine artistische, verbale »Nachahmung des Lebens«. Das Gegenteil der »Fiktion« ist nicht »Wahrheit«, sondern »Tatsache« oder »Existenz in Zeit und Raum«. Die »Tatsache« ist wunderbarer als die Wahrscheinlichkeit, die die Literatur angeht.[9]

Unter den Künsten scheint besonders die Literatur auf Grund der jedem abgerundeten Dichterwerk inhärenten Weltanschauung Anspruch auf Wahrheit zu erheben. Der Philosoph oder Kritiker muß einige dieser Anschauungen für wahrer halten als andere (wie z. B.

Eliot die Weltanschauung Dantes für wahrer hält als die Shelleys oder selbst Shakespeares); doch jede reife Lebensphilosophie muß einen Grad von Wahrheit enthalten, jedenfalls erhebt sie Anspruch darauf. Die Wahrheit der Literatur, die wir jetzt betrachten, scheint die Wahrheit *in* der Literatur zu sein — die Philosophie, wie sie in systematischer, begrifflicher Form außerhalb der Literatur existiert, die aber auf die Literatur angewandt, durch sie veranschaulicht oder in ihr verkörpert werden kann. In diesem Sinne ist die Wahrheit im Werk Dantes katholische Theologie und scholastische Philosophie. Eliots Auffassung von der Dichtung in ihrer Beziehung zur »Wahrheit« ist im Wesentlichen von dieser Art. Die Wahrheit gehört in den Bereich systematischen Denkens. Die Künstler aber sind keine solchen Denker, obgleich sie es vielleicht zu sein versuchen, wenn es keine Philosophen gibt, deren Werk sie in passender Form assimilieren können.[10]

Die gesamte Kontroverse scheint größtenteils semantischer Natur zu sein. Was meinen wir mit »Erkenntnis«, »Wahrheit«, »Wissen« und »Weisheit«? Wenn alle Wahrheit auf Begriffe und Lehrsätze zurückzuführen ist, dann können die Künste, selbst die Kunst der Literatur, keine Formen der Wahrheit sein. Ferner: werden positivistische reduktive Definitionen angenommen, welche die Wahrheit auf das einschränken, was methodisch jeder nachprüfen kann, dann kann die Kunst experimentell keine Form der Wahrheit sein. Die Alternative zu diesen Auffassungen ist anscheinend eine doppelte oder mehrfache Modalität der Wahrheit, daß es verschiedene »Erkenntniswege« gibt; oder daß es zwei fundamentale Erkenntnisarten gibt, von denen jede die Sprache als Zeichensystem gebraucht: die Naturwissenschaften, welche sich der »diskursiven«, und die Künste, welche sich der »darstellenden« Form bedienen.[11] Sind dies beides Wahrheiten? Ersteres entspricht dem, was gewöhnlich die Philosophen meinen, während letzteres für den religiösen »Mythus« und die Dichtung gilt. Letzteres könnte man vielleicht »wahr« anstatt »Wahrheit« nennen. Das Eigenschaftswort bringt den Unterschied wohl am besten zum Ausdruck: Kunst ist substantivisch Schönheit und adjektivisch wahr (d. h. sie steht in keinem Konflikt zur Wahrheit). Archibald MacLeish versucht in seiner »Ars Poetica« die Ansprüche literarischer Schönheit und der Philosophie einander durch die Formel anzugleichen, daß ein Gedicht »entspricht« (equal to), aber »nicht wahr« (not true) ist; d. h. Dichtung ist ebenso ernst und wichtig wie Philosophie (Wissenschaft, Erkenntnis und Weisheit); sie entspricht der Wahrheit, sie ist wahrheitsähnlich.

Anstatt auf die Literatur setzt Susanne K. Langer in ihrer Verteidigung des darstellenden Symbolismus als Erkenntnisform den Akzent auf die bildenden Künste und mehr noch auf die Musik. Offensichtlich hält sie die Literatur irgendwie für eine Mischung aus »diskursiven« und »darstellenden« Elementen. Das mythische Element oder die archetypischen Bilder der Literatur entsprechen bei ihr dem »darstellenden« Element.[12]

Von der Auffassung, daß Kunst Entdeckung oder Erkenntnis der Wahrheit ist, sollte die Ansicht unterschieden werden, daß Kunst, besonders die Literatur, Propaganda ist. Diese Ansicht sieht im Dichter nicht den Entdecker, sondern den überredenden Vermittler der Wahrheit. »Propaganda« ist ein weiter Begriff und muß definiert werden. In der Sprache des Volkes wird der Begriff auf Lehren angewandt, die wir als schädlich ansehen und die von Menschen, denen wir mißtrauen, verbreitet werden. Dem Wort unterliegt Berechnung, Absicht, und es wird gewöhnlich auf besondere, irgendwie begrenzte Lehren der Programme angewandt.[13] Indem man den Sinn des Begriffs auf diese Weise einschränkt, kann man vielleicht sagen, daß eine Art von Kunst, die niedrigste, Propaganda sei, daß aber weder große noch gute Kunst es je sein kann. Wenn wir jedoch den Begriff so weit fassen, daß er auch ein »bewußtes oder unbewußtes Bemühen« bedeuten kann, »den Leser zu beeinflussen oder in ihm die gleiche Haltung dem Leben gegenüber wachzurufen, dann leuchtet die Behauptung ein, daß alle Künstler Propagandisten seien oder sein sollten oder (in völliger Umkehrung der Stellungnahme, die im vorhergehenden Satz umrissen wurde) daß jeder aufrichtige und verantwortliche Künstler moralisch verpflichtet sei, ein Propagandist zu sein.

Montgomery Belgion zufolge ist jeder literarische Künstler ein » ›unverantwortlicher Propagandist‹. Das heißt, jeder Dichter oder Schriftsteller übernimmt eine Auffassung oder Theorie des Lebens. ... Die Wirkung des Werkes besteht stets darin, den Leser *zu überreden*, diese Auffassung oder Theorie anzunehmen. Diese Überredungskunst ist immer unstatthaft, weil der Leser fortwährend dazu verleitet wird, etwas zu glauben. Die Zustimmung ist hypnotischer Natur — die Kunst der Darstellung verführt den Leser ...« Eliot, der Belgion zitiert, antwortet darauf mit der Unterscheidung zwischen »Dichtern, die man nur mit Mühe für Propagandisten halten kann« und jenen, die unverantwortliche Propagandisten sind, sowie einer dritten Gruppe, die, wie Lukrez und Dante, »besonders bewußte und verantwortliche« Propagandisten sind. Eliot macht die Beurteilung der Verantwortlichkeit von den Absichten des Autors ebenso abhängig wie von der historischen Wirkung.[14] Viele Menschen könnten den Ausdruck »verantwortlicher Propagandist« als einen Widerspruch in sich selbst betrachten; aber als Spannungspolarität ausgelegt hat er schon etwas für sich. Ernsthafte Kunst enthält eine Auffassung des Lebens, die durch philosophische Begriffe, selbst durch Systeme dargelegt werden kann.[15] Zwischen einem künstlerischen Zusammenhang, zwischen dem, was manchmal »künstlerische Logik« genannt wird, und einem philosophischen Zusammenhang besteht eine Art Wechselwirkung. Der verantwortliche Künstler hat nicht die Absicht, Gefühl und Denken, Sensibilität und Denkkraft, die Aufrichtigkeit des Fühlens mit der Angemessenheit der Erfahrung und der Reflexion zu verwechseln. Die Lebensauffassung, die der verantwortliche Künstler anschaulich artikuliert, ist keineswegs so einfach wie die meisten Ansichten, die als Propaganda populären Erfolg haben. Eine komplexe Vision des Lebens kann auch nicht durch hypnotische Suggestion zu unüberlegten oder naiven Taten verführen.

Es sind noch jene Auffassungen von der Funktion der Literatur zu erörtern, die mit dem Wort »Katharsis« zusammenhängen. Dieses Wort aus der *Poetik* des Aristoteles bleibt umstritten. Was Aristoteles darunter verstand, kann ein interessantes Problem der Exegese sein, braucht aber keineswegs mit jenen Problemen verwechselt zu werden, auf die der Begriff angewandt wurde. Die Funktion der Literatur, so wird behauptet, soll uns, Schriftsteller und Leser zugleich, vom Druck der Gefühlsregungen befreien. Gefühlsregungen zum Ausdruck bringen heißt, sich von ihnen frei zu machen, so etwa wie Goethe sich vom Weltschmerz befreit haben soll, indem er *Die Leiden des jungen Werther* schrieb. Auch der Zuschauer einer Tragödie oder der Leser eines Romans soll Erleichterung und Befreiung erfahren. Seine Gefühle konzentrieren sich auf einen Brennpunkt, wodurch sie ihn nach der ästhetischen Erfahrung in einem Zustand des »Friedens« zurücklassen.[16]

Doch befreit uns die Literatur tatsächlich von den Gefühlsregungen oder werden sie nicht vielmehr durch sie angeregt? Plato meinte, daß die Tragödie und Komödie »unsere Gefühle nähren und bewässern, wenn wir sie eher austrocknen lassen sollten«. Oder werden sie nicht, vorausgesetzt daß die Literatur uns von unseren Gefühlen befreit, in die falsche Richtung geleitet, wenn sie für die dichterische Fiktion aufgebraucht werden? Als Jüngling, so bekennt der heilige Augustinus, lebte er in der Todsünde; doch »all dies beweinte ich nicht, ich weinte um die tote Dido ...« Regt eine bestimmte Art von Literatur unsere Gefühle nur an, und ist eine andere kathartisch, oder müssen wir zwischen zwei Gruppen von Lesern und der Natur ihrer Reaktion unterscheiden?[17] Sollte alle Kunst kathartisch sein? Diese Fragen gehören in die Kapitel über »die Beziehung der Literatur zur Psychologie« und »die Beziehung der Literatur zur Gesellschaft« und werden dort abgehandelt; doch müssen diese Fragen wenigstens vorläufig angeschnitten werden.

Die hypothetische Antwort auf diese Fragen jedoch ist, daß die Literatur beim richtigen Leser keine Gefühle anregt, und es auch nicht sollte. Die in der Literatur dargestellten Gefühle sind weder für den Autor noch für den Leser mit Gefühlen im »wirklichen Leben« gleichzusetzen; sie haben ihren Ursprung in dem »gelassenen Erinnern des Gefühls«; sie sind »zum Ausdruck gebracht« – d. h. frei geworden durch Analyse; sie sind die Empfindungen von Gefühlen, das Wahrnehmen der Gefühle.

Um es noch einmal zusammenzufassen: die Frage nach der Funktion der Literatur hat in der westlichen Welt eine lange Geschichte, die von Plato bis zur Gegenwart reicht. Es ist keine Frage, die instinktiv vom Dichter oder jenen, die Dichtung lieben, aufgeworfen wird; für diese ist, wie Emerson einmal sagte, »Schönheit ihre eigene Rechtfertigung«. Vielmehr wird die Frage von Utilitaristen und Moralisten, von Politikern und Philosophen aufgeworfen, d. h. also von jenen, die Repräsentanten anderer Wertgebiete sind oder die sich als Schiedsrichter aller Werte betrachten. Worin, so fragen sie, liegt der Zweck der Dichtung – cui bono? Und bei dieser Fragestellung haben sie das ganze Gebiet gesellschaftlicher und menschlicher Beziehungen im Auge. Auf eine solche Weise herausgefordert, werden der Dichter und der instinktive Leser der Dichtung als moralisch und intellektuell verantwortliche Staatsbürger zu einer wohlbedachten Antwort gegenüber der Gemeinschaft gezwungen. Sie beantworten sie durch eine Stelle in einer Ars Poetica. Sie schreiben eine Verteidigung oder eine Apologie der Dichtung, ein literarisches Gegenstück dessen, was man in der Theologie »Apologetik« nennt.[18] Indem sie mit einem solchen Ziel im Auge und für ein solches Publikum schreiben, setzen sie natürlich den Akzent mehr auf den »Zweck« als auf das »Vergnügen« der Literatur. Semantisch wäre es daher auch heute leicht, die »Funktion« der Literatur mit ihren außer-literarischen Beziehungen gleichzusetzen. Seit der Romantik jedoch hat der so von der Gemeinschaft herausgeforderte Dichter oft eine andere Antwort gegeben, jene nämlich, die A. C. Bradley »Dichtung um der Dichtung willen« nennt.[19] Die Theoretiker tun gut daran, den Begriff der »Funktion« auf den ganzen »apologetischen« Bereich auszudehnen. Indem wir das Wort auf diese Weise gebrauchen, behaupten wir, daß Dichtung viele mögliche Funktionen hat. Ihre erste und hauptsächliche Funktion liegt jedoch in der Treue gegenüber ihrem eigenen Wesen.

4. Literarische Theorie, Kritik und Geschichte

Nachdem wir nun eine Rechtfertigung für das Studium der Literatur gefunden haben, müssen wir daraus auch die Möglichkeit eines systematischen und integrierten Studiums der Literatur folgern. Doch hierfür fehlt uns eine wirklich befriedigende Bezeichnung. Die gebräuchlichsten Begriffe sind »Literaturwissenschaft« und »Philologie«. Gegen den ersten Begriff läßt sich nur einwenden, daß er den Bereich der »Kritik« auszuschließen und den akademischen Charakter des Studiums zu betonen scheint; er ist zweifellos annehmbar, wenn man den Begriff der »Wissenschaft« in einem so weiten Sinne faßt, daß er Kritik eben einschließt. Der zweite Begriff, »Philologie«, kann leicht mißverstanden werden. Früher wurde er nicht nur als Bezeichnung für alle literarischen und linguistischen Studien benutzt, sondern darüber hinaus auch für Studien über alle Produkte des menschlichen Geistes. Obwohl die Anwendung des Begriffs im Deutschland des 19. Jahrhunderts ihren Höhepunkt erreichte, hat sich der Begriff weiterhin in den Titeln solcher Zeitschriften wie *Modern Philology, Philological Quarterly* und *Studies in Philology* gehalten. Boekh, der 1877 eine grundlegende *Encyklopädie und Methodologie der philologischen Wissenschaften* schrieb (auf Vorlesungen fußend, die zum Teil bis in das Jahr 1809 zurückgehen),[1] definierte »Philologie« als »das Erkennen des Erkannten« und damit als das Studium der Sprachen und Literaturen, Künste und Politik, Religion und Sitten. Mit Greenlaws »Literaturgeschichte« fast gleichbedeutend, erklärt sich Boeckhs »Philologie« offensichtlich weitgehend aus den Erfordernissen der klassischen Altertumswissenschaft, für die die Hilfsmittel der Geschichte und Archäologie von besonderer Wichtigkeit sind. Bei Boeckh ist das Literaturstudium nur ein Zweig der Philologie, die als umfassende Kulturwissenschaft und vor allem als eine Wissenschaft dessen verstanden wird, was er mit dem Ausdruck der deutschen Romantik als »Volksgeist« bezeichnete. Auf Grund der Etymologie des Wortes und auf Grund der vorhandenen

Arbeiten von Spezialisten vesteht man heute unter Philologie in erster Linie die Sprachforschung, vor allem die historische Grammatik und das Studium der früheren Erscheinungsformen der Sprachen. Da der Begriff so viele und so verschiedene Bedeutungen besitzt, ist es das Beste, ihn gar nicht zu benutzen.

Eine andere mögliche Bezeichnung für die Arbeit des Literaturwissenschaftlers ist »Forschung«. Doch erscheint dies als ein besonders unglücklicher Ausdruck, da er das lediglich vorbereitende Forschen nach Material hervorhebt und eine unhaltbare Unterscheidung zwischen Material, nach dem »geforscht« werden muß und solchem, das leicht zugänglich ist, macht oder zu machen scheint. Man möchte es z. B. als »Forschung« bezeichnen, wenn man in die Universitätsbibliothek geht, um dort ein seltenes Buch zu lesen, während sich anscheinend ein unterschiedlicher seelischer Vorgang damit verbindet, wenn man zu Hause im Sessel sitzt und einen Neudruck des gleichen Buches liest. Bestenfalls weist der Begriff »Forschung« auf gewisse vorbereitende Unternehmungen hin, deren Ausmaß und Art und Weise je nach dem Wesen des Problems stark variieren. Aber jene für das Studium der Literatur so bezeichnenden feineren Anliegen der Interpretation, Charakterisierung und Bewertung werden durch den Begriff nicht einmal angedeutet.

Innerhalb unseres »eigentlichen Gebietes« sind die Unterscheidungen zwischen literarischer Theorie, Kritik und Geschichte sicher am wichtigsten. Es ergibt sich hier zunächst die Unterscheidung zwischen einer Auffassung der Literatur als einer gleichzeitigen Ordnung und einer Auffassung der Literatur, welche diese in erster Linie als eine Folge von Werken in zeitlicher Reihenfolge und als integrale Teile des historischen Prozesses betrachtet. Ferner gibt es die Unterscheidung zwischen dem Studium der Prinzipien und Kriterien der Literatur und dem Studium der konkreten literarischen Kunstwerke, ganz gleich, ob wir sie einzeln oder in zeitlicher Reihenfolge untersuchen. Es ist wohl das Beste, dadurch die Aufmerksamkeit auf diese Unterscheidungen zu lenken, daß wir das Studium der Prinzipien der Literatur, ihre Kategorien, Kriterien und dergleichen als »Literaturtheorie« bezeichnen und beim Studium konkreter Kunstwerke zwischen »Literaturkritik« (in der Methode vorwiegend statisch) und »Literaturgeschichte« unterscheiden. »Literaturkritik« wird natürlich häufig in dem Sinne gebraucht, daß alle Literaturtheorie darin einbegriffen ist. Aber dieser Gebrauch übersieht eine nützliche Unterscheidung. Aristoteles war ein Theoretiker, Sainte-Beuve vor allem Kritiker. Kenneth Burke ist vorwiegend Literaturtheoretiker, R. P. Blackmur dagegen Literaturkritiker. Der Begriff »Literaturtheorie« kann — wie es in diesem Buch der Fall ist — die ebenso notwendige »Theorie der Literaturkritik« und »Theorie der Literaturgeschichte« durchaus in sich einschließen.

Diese Unterscheidungen sind ziemlich offensichtlich und auch im allgemeinen anerkannt. Weniger verbreitet ist die Einsicht, daß die oben bezeichneten Methoden nicht voneinander getrennt angewandt werden können, daß sie so stark voneinander abhängig sind, und einander so stark bedingen, daß die Literaturtheorie ohne Kritik oder Geschichte, oder die Kritik ohne Theorie und Geschichte, oder die Geschichte ohne Theorie und Kritik sich nicht wirklich verstehen lassen. Literaturtheorie ist ganz offensichtlich unmöglich ohne die Grundlage eines Studiums der konkreten literarischen Werke. Kriterien, Kategorien und Schemata können nicht im luftleeren Raum erarbeitet werden. Umgekehrt aber ist auch Kritik oder Geschichte unmöglich, ohne daß man immer wieder auf ein bestimmtes Fragensystem, Begriffssystem, auf einige Beziehungspunkte und Verallgemeinerungen zurückgreift. Dadurch bietet sich jedoch keineswegs ein unüberwindliches Dilemma: wir lesen immer mit bestimmten vorgefaßten Meinungen, und immer verändern und modifizieren wir diese im Verlaufe weiterer Erfahrungen mit literarischen Werken. Es ist ein dialektischer Prozeß: eine gegenseitige Durchdringung von Theorie und Praxis.

Es hat nicht an Versuchen gefehlt, die Literaturgeschichte von der Theorie und der Kritik zu sondern. F. W. Bateson[2] z. B. vertrat die Auffassung, die Literaturgeschichte weise auf, wie A von B herkomme, während die Kritik aussage, daß A besser sei als B. Dieser Auffassung nach befaßt sich der erste Typus mit beweisbaren Tatsachen, der zweite dagegen mit Meinungs- und Glaubensangelegenheiten. Aber diese Unterscheidung ist ganz unhaltbar. In der Literaturgeschichte gibt es einfach keine Data, die vollkommen neutrale »Fakten« sind. Werturteile sind bereits in der Wahl des Materials enthalten: in der einfachen vorbereitenden Unterscheidung zwischen Büchern und Literatur, in der bloßen Raumzuteilung an diesen oder jenen Dichter. Selbst die Feststellung eines Datums oder eines Titels setzt schon irgendeine Art der Beurteilung voraus, auf Grund derer eben gerade dieses Buch oder Ereignis aus Millionen anderer Bücher und Ereignisse ausgewählt wird. Auch wenn wir zugeben, daß es tatsächlich einige verhältnismäßig neutrale Fakten gibt, wie etwa Daten, Titel, biographische Geschehnisse, so geben wir damit lediglich die Möglichkeit zu, daß man die Annalen der Literatur zusammentragen kann. Aber jedes auch nur ein wenig weiterreichende Problem, und sei es nur ein Problem der Textkritik oder der Quellen und Einflüsse, erfordert ständige Urteilshandlungen. Eine Feststellung wie z. B.: »Pope kommt von Dryden her« setzt nicht nur voraus, daß man eben Pope und Dryden bewußt aus der unendlichen Zahl von Versdichtern ihrer Zeit auswählt, sondern es erfordert auch die Kenntnis chrakteristischer Züge bei Dryden und Pope und darüber hinaus ein beständiges Abwägen, Vergleichen und Auswählen, ganz wesentlich kritische Tätigkeiten. Das Problem der Zusammenarbeit von Beaumont und Fletcher läßt sich nur dann lösen, wenn wir einen so wichtigen Grundsatz anerkennen, daß gewisse stilistische Züge (oder Mittel) sich eher bei dem einen als bei dem anderen der beiden Schriftsteller finden; andernfalls müßten wir die stilistischen Verschiedenheiten als bloße Tatsache hinnehmen.

Für gewöhnlich aber wird die Absonderung der Literaturgeschichte von der Literaturkritik von anderen Gesichtspunkten aus verteidigt. Man bestreitet nicht die Notwendigkeit von Urteilshandlungen, aber es wird der Gedanke vertreten, daß die Literaturgeschichte ihre eigenen, besonderen Maßstäbe und Kriterien besitze, d. h. die der anderen Zeitalter. Diese Vertreter einer Theorie der »Rekonstruktion der Vergangenheit« sind der Auffassung, wir müßten uns in den Geist und die Haltung früherer Zeiten hineinversetzen, deren Maßstäbe akzeptieren und dabei absichtlich das Eindringen unserer eigenen vorgefaßten Meinungen verhindern. Diese unter dem Namen »Historismus« bekannte Auffassung wurde während des 19. Jahrhunderts in Deutschland ausgearbeitet, obschon sie auch dort von so hervorragenden Geschichtstheoretikern wie z. B. Ernst Troeltsch kritisiert wurde.[3] Der Historismus scheint jetzt direkt oder indirekt in die Vereinigten Staaten eingedrungen zu sein, und viele der dortigen »Literaturhistoriker« bekennen sich mehr oder minder deutlich zu dieser Auffassung. Hardin Craig z. B. sagte, die neueste und beste Phase in der jüngsten Entwicklung der Literaturwissenschaft sei das »Vermeiden anachronistischen Denkens«.[4] E. E. Stoll vertritt in seinen vielen Untersuchungen über die Theaterkonventionen der Elisabethaner und über die Erwartungen des Publikums die Theorie, die Rekonstruktion der Absichten des Dichters sei der Hauptzweck der Literaturgeschichte.[5] Bis zu einem gewissen Grade liegt diese Art Theorie auch den vielen Versuchen zugrunde, elisabethanische psychologische Theorien wie etwa die Lehre von den Temperamenten oder von den natur- oder pseudowissenschaftlichen Auffassungen der Dichter zu studieren.[6] Rosemund Tuve hat den Versuch gemacht, den Urspung und die Bedeutung der Bildwelt der »metaphysischen« Dichter daraus zu erklären, daß Donne und seine Zeitgenossen in der Logik des Raums geschult waren.[7]

Da solche Untersuchungen uns nur zu der Überzeugung bringen können, daß verschiedene Zeiten verschiedene kritische Anschauungen und Übereinkünfte hatten, ist man zu dem Schluß gekommen, daß jedes Zeitalter eine in sich geschlossene Einheit darstellt, und seinen Ausdruck in der ihm eigentümlichen Dichtungsweise findet, die sich mit keiner anderen vergleichen läßt. Diese Auffassung ist klar und überzeugend von Frederick A. Pottle in seinem *Idiom of Poetry* dargelegt worden.[8] Er bezeichnet seinen Standpunkt als »kritischen Relativismus« und spricht von tiefgreifenden »Veränderungen im Empfindungsvermögen«, von einer »totalen Diskontinuität« in der Geschichte der Dichtung. Seine Darstellung ist um so wertvoller, als er sie mit der Anerkennung absoluter ethischer und religiöser Maßstäbe verbindet.

In ihren besten Leistungen erfordert diese Auffassung von »Literaturgeschichte« ein starkes Einfühlungsvermögen und tiefe Geistesverwandtschaft mit einer vergangenen Zeit oder einem vergangenen Geschmack. Man hat sich erfolgreich darum bemüht, die allgemeine Weltsicht, die Haltungen, Anschauungen, Vorurteile und Voraussetzungen vieler Kulturen zu rekonstruieren. Wir wissen eine ganze Menge über die Einstellung der Griechen zu ihren Göttern, Frauen und Sklaven; wir können die Kosmologie des Mittelalters bis in viele Einzelheiten beschreiben; und es sind Versuche gemacht worden, die sehr verschiedene Sehweise oder zumindest die sehr verschiedenen künstlerischen Überlieferungen und Konventionen der chinesischen oder der byzantinischen Kunst aufzuzeigen. Vor allem in Deutschland gibt es eine Überfülle an — häufig durch Spengler beeinflußten — Untersuchungen über den gotischen Menschen, den barocken Menschen etc., die alle von unserer Zeit scharf getrennt, in einer nur ihnen eigenen Welt, gehalten werden sollen.

Im Studium der Literatur hat diese Bemühung um geschichtliche Rekonstruktion zu einer starken Betonung der Absichten des Dichters geführt, die, wie man glaubt, in der Geschichte der Kritik und des literarischen Geschmacks studiert werden können. Für gewöhnlich wird dann angenommen, daß sich hiermit das ganze Problem der Kritik erübrigt, wenn wir uns nämlich der Absicht des Dichters vergewissern können und erkennen, daß dieser sie erfüllt hat. Der Dichter hat einen Zweck innerhalb seiner Zeit erfüllt und es besteht keine Notwendigkeit oder sogar Möglichkeit einer weiteren Kritik seines Werkes. Diese Methode führt also zur Anerkennung eines einzigen kritischen Maßstabes, dem des zeitgenössischen Erfolges. Unter dieser Voraussetzung gibt es dann nicht nur eine oder zwei, sondern im wörtlichen Sinne hunderte von unabhängigen, gänzlich verschiedenen und sich gegenseitig ausschließenden Auffassungen der Literatur, und jede von ihnen hat in irgendeiner Form »recht«. Das Dichtungsideal ist in so viele Teile zersplittert, daß nichts davon übrig geblieben ist: eine allgemeine Anarchie, oder besser, eine Nivellierung aller Werte muß das Ergebnis sein. Die Geschichte der Literatur ist auf eine Folge von abgesonderten und daher letzten Endes unverständlichen Fragmenten reduziert. Eine gemäßigtere Form ist die Ansicht, daß es polare Dichtungsideale von solcher Verschiedenartigkeit gibt, daß es zwischen ihnen keinen gemeinsamen Nenner gibt: Klassik und Romantik, das Ideal Popes und Wordsworths, feststellende und andeutende Dichtung.

Der ganze Gedankengang, daß die »Absicht« des Dichters der eigentliche Gegenstand der Literaturgeschichte sei, scheint mir jedoch unbedingt ein Irrweg zu sein. Die Bedeutung eines Kunstwerkes erschöpft sich nicht in seiner Absicht und entspricht dieser noch nicht einmal. Als ein System von Werten führt ein Kunstwerk ein unabhängiges Leben. Seine Gesamtbedeutung läßt sich nicht nur auf Grund seiner Bedeutung für den Dichter und seine Zeitgenossen definieren. Sie ist vielmehr das Resultat eines Wachstumsprozesses, d. h. der Geschichte der Kritik dieses Kunstwerks, die sich im Laufe der Zeiten durch seine vielen Leser herausgebildet hat. Es erscheint als unnötig und tatsächlich unmöglich, sich mit den historischen »Rekonstruktionisten« auf den Standpunkt zu stellen, dieser ganze Prozeß sei irrelevant und man dürfe sich nur mit seinem Anfang befassen. Wir können in der Beurteilung der Vergangenheit einfach nicht davon abstrahieren, daß wir Menschen des 20. Jahrhunderts sind; wir können die Assoziationen unserer eigenen Sprache, die neu gewonnenen Einstellungen, die Inhaltsfülle und Tragweite der letzten Jahrhunderte nicht vergessen. Wir können nicht zu zeitgenössischen Lesern Homers oder Chaucers oder zu Mitgliedern des Publikums im Dionysos-Theater zu Athen oder des Londoner Globe werden. Ein entscheidender Unterschied zwischen einem Akt einfühlender Rekonstruktion und wirklicher Teilnahme an einem Standpunkt der Vergangenheit wird immer bestehen bleiben. Wir können nicht wirklich an Dionysos glauben und gleichzeitig über ihn lachen, wie es beim Publikum von Euripides' *Bakchen* der Fall gewesen zu sein scheint;[9] und nur wenige Menschen können heute noch Dantes Höllenkreise und den Berg des Fegefeuers für wörtliche Wahrheit nehmen. Wenn wir auch wirklich in der Lage wären, die Bedeutung, die *Hamlet* für das zeitgenössische Publikum hatte, zu rekonstruieren, so würden wir das Stück damit nur ärmer machen. Wir würden die durch spätere Generationen darin gefundenen Bedeutungen unterdrücken. Wir würden ferner die Möglichkeit neuer Deutungen ausschalten. Dies ist keine Verteidigung willkürlich subjektiven falschen Lesens; das Problem einer Unterscheidung zwischen »richtigem« und verkehrtem Lesen bleibt bestehen und bedarf in jedem einzelnen Falle einer Lösung. Der geschichtlich denkende Gelehrte ist nicht damit zufrieden, ein Kunstwerk lediglich vom Standpunkt unserer eigenen Zeit aus zu beurteilen. Dies ist ein Privileg des ausübenden Kritikers, der die Vergangenheit im Sinne der Erfordernisse eines Stils oder einer Bewegung der Gegenwart umwertet. Es mag für einen Betrachter sogar lehrreich sein, ein Kunstwerk vom Standpunkt einer dritten Zeit zu untersuchen, die weder seine noch des Dichters Gegenwart ist, oder auch die gesamte Geschichte der Interpretation und Kritik eines Werkes durchzuarbeiten, die ihm als Führer zum Verständnis der vollen Bedeutung dienen kann.

In der Praxis sind solche scharf umrissenen Entscheidungen zwischen dem historischen oder dem Standpunkt der Gegenwart ausführbar. Wir müssen uns vor falschem Relativismus ebenso wie vor falschem Absolutismus hüten. Werte erwachsen aus dem historischen Prozeß der Auswertung, den sie uns, wiederum umgekehrt, zu verstehen helfen. Die Antwort auf den historischen Relativismus liegt nicht in einem doktrinären Absolutismus, der sich auf »die unveränderliche menschliche Natur« oder auf die »Universalität der Kunst« beruft. Wir müssen uns vielmehr eine Anschauung zu eigen machen, für die der Begriff »Perspektivismus« als geeignet erscheint. Wir müssen in der Lage sein, ein Kunstwerk zu den Werten seiner eigenen Zeit wie auch denen aller nachfolgenden Perioden in Beziehung zu setzen. Ein Kunstwerk ist beides, »ewig« (d. h. es bewahrt eine bestimmte Identität) und »historisch« (d. h. es durchläuft einen verfolgbaren Entwicklungsprozeß). Der Relativismus reduziert die Geschichte der Literatur auf eine Reihe von abgesonderten und daher unzusammenhängenden Fragementen, während die meisten Absolutismen entweder nur einer vorübergehenden Gegenwartssituation dienen oder (wie die Maßstäbe der Neuhumanisten, Marxisten und Neothomisten) auf irgendein abstraktes Ideal zurückgehen, das der historischen Mannigfaltigkeit der Literatur nicht gerecht wird. »Perspektivismus« bedeutet unsere Erkenntnis, daß es eine Dichtung, eine Literatur gibt, die sich durch alle Zeiten hindurch vergleichen läßt, die sich entwickelt, verändert, die voller Zukunftsmöglichkeiten ist. Literatur ist weder eine Reihe von einzigartigen Werken, die nichts miteinander gemeinsam haben, noch eine Reihe von Werken, die bestimmten Zeitzyklen der Klassik oder Romantik, der Zeit Popes oder der Zeit Wordsworths zugehören. Noch ist sie natürlich das »statische Universum« der Gleichheit und Unveränderlichkeit, das ein älterer Klassizismus als ideal ansah. Absolutismus und Relativismus sind beide falsch; eine größere Gefahr aber liegt heute, in den Vereinigten Staaten und in Deutschland, in einem Relativismus, der zu einer Anarchie der Werte, dem Scheitern gegenüber der Aufgabe der Kritik führt.

Es ist niemals eine Literaturgeschichte geschrieben worden, ohne daß einige Auswahlprinzipien herangezogen und einige Charakterisierungs- und Wertungsversuche gemacht wurden. Literaturhistoriker, die die Wichtigkeit der Kritik bestreiten, sind selber unbewußte, für gewöhnlich unselbständige Kritiker, die lediglich überlieferte Maßstäbe, den überlieferten Ruf der Dichter übernommen haben. Sie sind heute im allgemeinen verspätete Romantiker, die sich allen anderen Kunstarten und vor allem gegenüber der modernen Literatur verschlossen haben. Aber R. G. Collingwood hat sehr treffend gesagt: »ein Mann, der behauptet, er wisse, was Shakespeare zu einem Dichter macht, behauptet gleichzeitig stillschweigend, er wisse, ob Gertrude Stein eine Dichterin sei, und wenn nicht, warum.«[10]

Als eine besonders bedauerliche Folge dieser »wissenschaftlichen« Einstellung erwies sich der Ausschluß der jüngeren Literatur aus ernsthaftem Studium. Der Begriff der »modernen« Literatur wurde zeitweise von den Akademikern so weit gefaßt, daß in der englischen Literatur kaum ein Werk nach Milton als ein ganz angemessener Gegenstand der Betrachtungen angesehen wurde. Seither hat man nun dem 18. Jahrhundert einen ehrenwerten Platz in der literaturgeschichtlichen Überlieferung zuerkannt, ja, es ist sogar Mode geworden, da es die Möglichkeit zur Flucht in eine anmutigere, stabilere und in höherem Maße hierarchische Welt zu bieten scheint. Auch der romantischen Periode und dem späteren neunzehnten Jahrhundert wendet sich nun seit einiger Zeit die Aufmerksamkeit der Gelehrten zu, und es gibt sogar einige kühne Männer in akademischen Stellungen, die die gelehrte Beschäftigung mit der zeitgenössischen Literatur befürworten und in die Tat umsetzen.

Das einzig mögliche Argument gegen das Studium lebender Dichter liegt in der Tatsache, daß derjenige, der sich damit beschäftigt, auf den Überblick über das abgeschlossene Werk verzichten muß, d. h. auf die Aufschlüsse, die ihm vielleicht aus späteren Werken über Implikationen früherer Werke zuteil werden könnten. Dieser Nachteil, der im übrigen nur für sich entwickelnde Autoren Gültigkeit hat, scheint doch nur gering im Vergleich zu den Vorteilen, die darin liegen, daß wir die Zeit und die Umwelt kennen und Gelegenheit zu persönlicher Bekanntschaft und Befragung oder zumindest zur Korrespondenz haben. Wenn viele zweit- oder gar zehntrangige Autoren der Vergangenheit der Untersuchung wert sind, so sollte dies für einen erst- oder auch zweitrangigen zeitgenössischen Autor doch mindestens ebenso gelten! Für gewöhnlich sind es mangelndes Feingefühl oder Zaghaftigkeit, die Akademiker nur so widerwillig ein eigenes Urteil abgeben lassen. Sie erklären, daß sie das »Urteil der Zeiten« abwarten und erkennen dabei nicht, daß dies nichts anderes ist als das Urteil anderer Kritiker und Leser, andere Professoren eingeschlossen. Die ganze mutmaßliche Immunität des Literarhistorikers gegenüber der Kritik und Theorie ist von Grund auf falsch, aus einem ganz einfachen Grunde: jedes Kunstwerk existiert hier und jetzt, ist der Betrachtung unmittelbar zugänglich und ist eine Lösung bestimmter künstlerischer Probleme, ganz gleich, ob es gestern oder vor tausend Jahren geschaffen wurde. Es kann nicht analysiert, charakterisiert oder bewertet werden ohne ein ständiges Zurückgreifen auf kritische Prinzipien. »Der Literarhistoriker muß Kritiker sein, auch wenn er nur Historiker sein will.«[11]

Umgekehrt ist die Literaturgeschichte auch von großer Wichtigkeit für die Literaturkritik, sobald letztere über die subjektivsten Äußerungen des Mögens oder Nichtmögens hinausgeht. Die Urteile eines Kritikers ohne Wissen um die historischen Zusammenhänge müßten ständig fehlgehen. Er könnte nicht wissen, welches Werk original und welches abgeleitet ist; sein Verständnis von Einzelkunstwerken wäre schweren Irrtümern ausgesetzt. Der Kritiker ohne oder mit geringer historischer Vorbildung neigt zu nachlässigen Vermutungen oder zu autobiographischen »Abenteuern unter Meisterwerken« und wird im Großen und Ganzen eine Auseinandersetzung mit der entfernteren Vergangenheit zu vermeiden suchen, befriedigt, daß er dies dem Buchgelehrten und dem »Philologen« überlassen kann.

Ein hierhergehöriger Fall ist die Literatur des Mittelalters, vor allem die englische, die — vielleicht mit Ausnahme Chaucers — kaum je von irgendeinem ästhetischen oder kritischen Gesichtspunkt aus untersucht worden ist. Die Anwendung modernen Empfindungsvermögens würde für einen großen Teil der angelsächsischen Dichtung oder der reichen mittelalterlichen Lyrik neue Perspektiven eröffnen, so wie umgekehrt die Einführung historischer Gesichtspunkte und eine systematische Untersuchung genetischer Probleme viel Licht auf die zeitgenössische Literatur werfen kann. Die häufige Trennung von Literaturkritik und Literaturgeschichte hat beiden zum Schaden gereicht.

5. *Allgemeine, vergleichende und nationale Literatur*

Innerhalb der Literaturwissenschaft haben wir zwischen Theorie, Geschichte und Kritik unterschieden. Indem wir uns einer anderen Einteilungsgrundlage bedienen, wollen wir nun den Versuch einer systematischen Definition von vergleichender, allgemeiner und nationaler Literatur unternehmen. Der Begriff »vergleichende« (comparative) Literatur ist verwirrend und ist zweifellos zum Teil daran schuld, daß diese wichtige Form der Literaturwissenschaft einen geringeren akademischen Erfolg gehabt hat als erwartet. Matthew Arnold war beim Übersetzen von Ampères Wortgebrauch *histoire comparative* anscheinend der erste, der den Begriff 1848 ins Englische einführte. Die Franzosen haben den vorher von Villemain benutzten Begriff vorgezogen, der — in Analogie zu Cuviers *Anatomie comparée* (1800) — von *littérature comparée* (1829) gesprochen hatte.[1] Aber keines dieser Adjektive ist sehr aufschlußreich, da der Vergleich eine von allen Wissenschaften und Arten der Kritik benutzte Methode ist und den besonderen Verfahrensweisen des Literaturstudiums bei weitem nicht gerecht wird. Der formale Vergleich zwischen Literaturen — oder gar Bewegungen, Gestalten und Werken — ist nur selten ein zentrales Thema der Literaturgeschichte. Dies will nicht besagen, daß ein Buch wie F. C. Greens *Minuet*,[2] das bestimmte Aspekte der französischen und englischen Literatur des 18. Jahrhunderts miteinander vergleicht, nicht aufschlußreich sein kann, indem es neben Parallelen und Verwandtschaften auch die Unterschiedlichkeiten in der literarischen Entwicklung der einen und der anderen Nation darstellt.

In der Praxis hat der Begriff der »vergleichenden« Literatur bis heute verhältnismäßig genau umrissene Studiengebiete und Problemgruppen umfaßt. Zunächst kann er das Studium mündlich überlieferter Dichtung bedeuten, vor allem der Themen der Volkserzählungen, ihrer Wanderung und der Frage, wie und wann sie in

»höhere« und »Kunst«-Dichtung übergegangen sind. Diese Art von Problem kann der Volkskunde, einem wichtigen Zweig der Wissenschaft, zugeteilt werden, die sich nur teilweise mit ästhetischen Fragen beschäftigt, da sie die gesamte Kultur eines »Volkes«, seine Trachten und Sitten, seinen Aberglauben und seine Werkzeuge gleichermaßen wie seine Künste studiert. Wir müssen jedoch der Auffassung zustimmen, die in dem Studium der mündlichen Dichtung einen integralen Bestandteil der Literaturwissenschaft sieht; denn es läßt sich nicht vom Studium geschriebener Werke trennen, und bis auf den heutigen Tag befinden sich mündliche und schriftliche Dichtung in ständiger Wechselwirkung. Ohne ins Extrem von Volkskundlern wie etwa Hans Naumann[3] zu gehen, der alle mündliche Dichtung als »gesunkenes Kulturgut« ansieht, kann man erkennen, daß die geschriebene Dichtung der höheren Klassen die mündliche Dichtung tiefgehend beeinflußt hat. Die Einverleibung der Ritterromane und des Minnesangs in die Volkskunst ist eine unbestreitbare Tatsache. Obschon diese Auffassung die Romantiker empört haben würde, die an die Schöpferkraft des Volkes und an das urzeitliche Alter der Volkskunst glaubten, sind doch die Volkslieder, Märchen und Sagen, wie wir sie heute kennen, häufig späteren Ursprungs und wurden in höheren Gesellschaftsschichten hervorgebracht. Doch sollte das Studium der mündlichen Dichtung jedem ein wichtiges Anliegen sein, der literarische Entwicklungsvorgänge, die Ursprünge und das Entstehen unserer literarischen Gattungen und Mittel verstehen möchte. Es ist zu bedauern, daß sich das Studium mündlicher Dichtung bisher fast ausschließlich mit dem Studium der Themen und ihren Wanderungen von Land zu Land, d. h. mit den Rohmaterialien der modernen Literaturen beschäftigt hat.[4] In letzter Zeit haben Volkskundler allerdings in steigendem Maße ihre Aufmerksamkeit dem Studium von Mustern, Formen und Mitteln, einer Morphologie von Dichtungsformen, dem Problem des Erzählers und der Zuhörerschaft einer Erzählung zugewandt und haben damit den Weg für eine enge Integration ihrer Studien in einen Allgemeinbegriff der Literaturwissenschaft bereitet.[5] Obgleich das Studium der mündlichen Dichtung seine eigentümlichen Probleme wie die der Übermittlung und des gesellschaftlichen Milieus hat,[6] teilt es seine grundlegenden Probleme doch zweifellos mit der geschriebenen Dichtung; und es besteht eine Kontinuität zwischen mündlicher und schriftlicher Dichtung, die niemals unterbrochen wurde. Kenner der modernen europäischen Literatur haben diese Fragen zu ihrem eigenen Nachteil vernachlässigt, während Literaturhistoriker der slavischen und skandinavischen Länder, wo die Volkskunst noch lebendig ist — oder es jedenfalls noch bis vor kurzem war — mit diesen Studien in viel engerer Berührung geblieben sind. »Vergleichende Literatur« aber ist wohl kaum der Begriff, mit dem man das Studium der mündlichen Dichtung bezeichnen sollte.

Eine andere Bedeutung von »vergleichender« Literatur wendet den Begriff auf das Studium der Beziehungen zwischen zwei oder mehreren Literaturen an. Dieser Gebrauch geht auf die blühende Schule der französischen *comparatistes* zurück, die sich, geführt von Fernand Baldensperger, um die *Revue de littérature comparée* sammelten.[7] Diese Schule hat, gelegentlich mechanisch, oft aber auch mit beachtlichem Feingefühl, ihre Aufmerksamkeit solchen Fragen wie dem Ruf und Eindringen, dem Einfluß und dem Ruhm Goethes in Frankreich und England, Ossians, Carlyles und Schillers in Frankreich gewidmet. Sie hat eine Methodologie entwickelt, die über das Zusammentragen von Informationen aus Besprechungen, Übersetzungen und Einflüssen hinausgeht. Sie zieht sorgfältig die Vorstellung, die Auffassung von einem bestimmten Dichter zu einer bestimmten Zeit, verschiedenartige Übermittlungsträger wie Zeitschriften, Übersetzer, Salons und Reisende in Betracht und untersucht auch den »aufnehmenden Faktor«, die besondere Atmosphäre und literarische Situation, in die der ausländische Dichter eingeführt wird. Im Ganzen gesehen ist hier viel Material für die enge Zusammengehörigkeit vor allem der westeuropäischen Literaturen zusammengetragen und unser Wissen über den »Außenhandel« der Literatur unermeßlich bereichert worden.

Aber diese Auffassung der »vergleichenden Literatur« bringt auch ihre eigentümlichen Schwierigkeiten mit sich.[8] Aus einer Anhäufung solcher Studien kann, wie es scheint, kein festumrissenes System entstehen. Es besteht kein methodischer Unterschied zwischen einer Untersuchung über »Shakespeare in Frankreich« und einer Untersuchung über »Shakespeare im England des 18. Jahrhunderts«, oder zwischen einer Untersuchung von Poes Einfluß auf Baudelaire und einer über Drydens Einfluß auf Pope. Vergleiche zwischen Literaturen neigen dazu, wenn sie nicht die Ganzheit der Nationalliteraturen mit in Betracht ziehen, sich auf äußerliche Probleme der Quellen und Einflüsse, der Verbreitung und des Ruhms zu beschränken. Solche Untersuchungen machen es uns unmöglich, ein Einzelkunstwerk zu analysieren und zu beurteilen oder gar dem komplizierten Ganzen seiner Entstehungsgeschichte nachzuspüren. Statt dessen widmen sie sich hauptsächlich solchen Echos eines Meisterwerkes wie Übersetzungen und häufig von zweitrangigen Autoren unternommenen Nachahmungen, oder der Vorgeschichte eines Meisterwerks, den Wanderungen und der Verbreitung seiner Thematik und Formen. Eine so verstandene »vergleichende Literatur« betont äußere Gegebenheiten; und der Niedergang der »vergleichenden Literatur« innerhalb der letzten Jahrzehnte folgt der allgemeinen Abwendung von der Hervorhebung der bloßen »Tatsachen«, Quellen und Einflüsse.

Eine dritte Auffassung beugt nun aber all diesen Einwänden vor, indem sie »vergleichende Literatur« mit dem Studium der Literatur in ihrer Gesamtheit, mit »Weltliteratur«, mit der »allgemeinen« oder »universalen« Literatur gleichsetzt; aber in diesen vorgeschlagenen Gleichsetzungen liegen wieder gewisse Schwierigkeiten. Der von Goethe übernommene Begriff der »Weltliteratur«[9] ist vielleicht unnötig anspruchsvoll mit seiner Forderung, daß die Literatur aller fünf Kontinente, von Neuseeland bis Island, studiert werden solle. Goethe hatte eine solche Bedeutung des Wortes auch keineswegs im Sinn. Er benutzte den Begriff, um damit auf eine Zeit hinzuweisen, in der alle Literaturen zu einer geworden wären. Es ist das Ideal der Vereinigung aller Literaturen zu einer großen Synthese, in der jede Nation ihre Stimme in einem universalen Konzert spielen wird. Goethe selber aber erkannte, wie weit man noch von diesem Ideal entfernt war und daß keine einzelne Nation bereit ist, ihre Individualität aufzugeben. Heute sind wir von einem solchen Zustand der Verschmelzung womöglich noch weiter entfernt, und man möchte auch wohl behaupten, daß wir es uns nicht einmal ernsthaft wünschen können, daß die Verschiedenheiten der Nationalliteraturen verwischt würden. Das Wort »Weltliteratur« wird häufig auch in einem dritten Sinne gebraucht. Es kann sich auf die großen Werke der Klassiker beziehen, auf Homer, Dante, Cervantes, Shakespeare und Goethe, deren Ruhm sich über die ganze Welt verbreitet hat und bereits eine beträchtliche Zeit andauert. In diesem Sinne ist das Wort zu einem Synonym für »Meisterwerke«, für eine Auswahl aus der Literatur geworden, die ihre kritische und pädagogische Rechtfertigung hat, aber kaum den Gelehrten befriedigen kann. Dieser kann sich nicht auf die großen Gipfel beschränken, wenn er die ganze Gebirgskette oder, in anderen Worten, die ganze Geschichte der Literatur und alle ihre Wandlungen verstehen will.

Der vielleicht bessere Begriff der »allgemeinen Literatur« hat wieder andere Nachteile. Ursprünglich bezeichnete er die Poetik, die Theorie oder die Prinzipien der Literatur. In den letzten Jahrzehnten hat Paul van Tieghem[10] versucht, ihn auf eine besondere Auffassung im Gegensatz zur »vergleichenden Literatur« festzulegen. Nach van Tieghem befaßt sich die »allgemeine Literatur« mit jenen literarischen Bewegungen und Strömungen, die die Grenzen einer Nation überschreiten, während die »vergleichende Literatur« die Querverbindungen zwischen zwei oder mehreren Literaturen untersuche. Wie können wir jedoch bestimmen, ob z. B. der Ossianismus ein Gegenstand der »allgemeinen« oder der »vergleichenden Literatur« ist? Es läßt sich keine gültige Unterscheidung zwischen Walter Scotts Einfluß im Ausland und der internationalen Mode des historischen Romans machen. »Vergleichende« und »allgemeine« Literatur gehen notwendig ineinander über. Wahrscheinlich wäre es das beste, einfach nur von »Literatur« zu sprechen.

Aber welchen Schwierigkeiten sich die Konzeption einer universalen Literaturgeschichte auch gegenüber sehen mag, es ist wichtig, die Literatur als eine Ganzheit zu sehen und ihr Wachstum und ihre Entwicklung ohne Rücksicht auf sprachliche Verschiedenheiten zu verfolgen. Der Hauptbeweis zugunsten der »vergleichenden« oder »allgemeinen« oder einfach der »Literatur« ist durch die offensichtliche Unrichtigkeit der Vorstellung von einer in sich geschlossenen Nationalliteratur gegeben. Zumindest die Literatur der westlichen Welt bildet eine Einheit, ein Ganzes. Der Zusammenhang zwischen der griechischen und römischen Literatur, der westlich mittelalterlichen Welt und den Hauptliteraturen, der Neuzeit läßt sich nicht bestreiten; und, ohne damit die Bedeutung der orientalischen Einflüsse, vor allem der Bibel, schmälern zu wollen, muß man erkennen, daß das gesamte Europa, Rußland, die Vereinigten Staaten und die südamerikanischen Literaturen eine enge Einheit bilden. Dieses Ideal wurde von den Gründern der Literaturgeschichte im frühen neunzehnten Jahrhundert von solchen Männern wie den Brüdern Schlegel, Sismondi, Bouterwek und Hallam ins Auge gefaßt und im Rahmen ihrer begrenzten Mittel auch erfüllt.[11] Dann aber führte das Anwachsen des Nationalismus zusammen mit der zunehmenden Spezialisierung zu einer immer engeren, provinziellen Pflege des Studiums der Nationalliteraturen. Im Laufe der zweiten Hälfte des neunzehnten Jahrhunderts wurde das Ideal einer universalen Literaturgeschichte unter dem Einfluß der Entwicklungstheorien wiederbelebt. Die früheren Praktiker der »vergleichenden Literatur« waren Volkskundler, Ethnographen, die, weitgehend unter dem Einfluß Herbert Spencers, die Ursprünge der Literatur, ihre Teilung in die Formen der mündlichen Literatur und das Auftauchen der Epik, des

Dramas und der Lyrik untersuchten.[12] Die Entwicklungstheorien hinterließen jedoch nur geringe Spuren in der Geschichte der neueren Literaturen; sie fielen anscheinend in Ungnade, als sie zu enge Parallelen zwischen literarischen Wandlungen und biologischer Entwicklung zogen. Damit sank dann zunächst das Ideal einer universalen Literaturgeschichte. Glücklicherweise gibt es in den letzten Jahren viele Anzeichen, die auf eine Rückkehr zu einer allgemeinen Literaturgeschichtsschreibung hindeuten. Ernst Robert Curtius' *Europäische Literatur und lateinisches Mittelalter* (1948) verfolgt mit erstaunlicher Gelehrsamkeit verschiedene Topoi durch die Ganzheit der abendländischen Überlieferung; Erich Auerbachs *Mimesis* (1946) ist eine Geschichte des Realismus von Homer bis Joyce, die auf feinfühligen Stilanalysen einzelner Stellen fußt.[13] Diese Bücher sind Leistungen einer Gelehrsamkeit, die die üblichen Grenzen des Nationalismus ignoriert und überzeugend die Einheit der westlichen Kultur, die Lebendigkeit des klassischen und christlich-mittelalterlichen Erbes nachweist.

Literaturgeschichte als Synthese, Literaturgeschichte auf übernationaler Grundlage muß von Neuem geschrieben werden. Das Studium der vergleichenden Literatur in diesem Sinne stellt hohe Anforderungen an die sprachlichen Fähigkeiten unserer Gelehrten. Es erfordert eine Ausweitung der Perspektiven, die gewiß nicht leicht zu erreichende Überwindung lokaler und provinzieller Gefühle. Aber es gibt nur eine Literatur, wie es nur eine Kunst und nur eine Menschheit gibt; in dieser Auffassung liegt die Zukunft literarhistorischer Studien.

Innerhalb dieses riesigen Gebietes — praktisch identisch mit der gesamten Literaturgeschichte — gibt es zweifellos Untereinteilungen, die sich zum Teil aus sprachlichen Gründen ergeben. Wir haben zunächst die Gruppen der drei hauptsächlichen europäischen Sprachfamilien — die germanischen, romanischen und slavischen Literaturen. Die romanischen Literaturen sind besonders häufig in engem Zusammenhang studiert worden, von den Tagen Bouterweks bis zu Leonardo Olschkis nicht ganz erfolgreichem Versuch, eine sie alle umfassende Geschichte des Mittelalters zu schreiben.[14] Auch die germanischen Literaturen wurden auf vergleichender Basis betrachtet, allerdings für gewöhnlich nur das frühe Mittelalter, in dem das Vorhandensein einer allgemeinen germanischen Kultur noch stark empfunden werden kann.[15] Trotz der gewohnten Opposition von seiten der polnischen Gelehrten scheint sich doch in der engen Verwandtschaft der slavischen Sprachen in Verbindung mit gemeinsamen

Überlieferungen in der Volkskunst, die sich bis auf metrische Formen erstrecken, eine Grundlage für eine gemeinsame slavische Literatur anzubieten.[16]

Die Geschichte der Themen und Formen, Techniken und Gattungen ist offensichtlich eine internationale Geschichte. Die meisten unserer Gattungen gehen auf die griechische und römische Literatur zurück, verwandelten und vermehrten sich aber während des Mittelalters ganz erheblich. Selbst die Geschichte der Metrik, obschon eng mit den einzelnen Sprachsystemen verbunden, ist international. Ferner gehen die großen literarischen Bewegungen und Stile des neueren Europa (Renaissance, Barock, Klassizismus, Romantik, Realismus, Symbolismus) weit über die Grenzen einer einzelnen Nation hinaus, wenn auch in der Ausprägung dieser Stile bedeutende nationale Unterschiede vorhanden sind.[17] Auch ihre geographische Ausbreitung kann variieren. Die Renaissance zum Beispiel drang nach Polen, nicht aber nach Rußland oder Böhmen vor. Der Barockstil überflutete ganz Osteuropa, die Ukraine einbegriffen, berührte aber kaum das eigentliche Rußland. Auch können erhebliche zeitliche Abweichungen vorkommen. Der Barockstil erhielt sich in den bäuerlichen Kulturen Osteuropas bis zum Ende des achtzehnten Jahrhunderts, als der Westen bereits durch die Aufklärung hindurchgegangen war, und so fort. Im Großen und Ganzen wurde die Bedeutung der Sprachgrenzen während des neunzehnten Jahrhunderts ganz ungebührlich überschätzt.

Diese Betonung der Sprachgrenzen ist auf die sehr enge Verbindung zwischen romantischem (weitgehend sprachlichem) Nationalismus und dem Aufstieg der modernen organisierten Literaturgeschichte zurückzuführen. Diese Einstellung erhält auch heute noch ständig neue Nahrung, allein zum Beispiel durch die Tatsache, daß, vor allem in Amerika, das Lehren der Literatur und der Sprachunterricht nahezu miteinander identifiziert werden. In den Vereinigten Staaten ist das Ergebnis eine außergewöhnliche Kontaktlosigkeit zwischen den Germanisten, Anglisten und Romanisten. Jede dieser Gruppen hat eine völlig andere Prägung und gebraucht verschiedene Methoden. Diese Absonderung läßt sich zum Teil wohl nicht vermeiden, einfach weil die meisten Menschen sich nur innerhalb eines einzigen sprachlichen Mediums bewegen; aber sie kann zu grotesken Folgen führen, wenn literarische Probleme nur mit Rücksicht auf die in einer bestimmten Sprache geäußerten Ansichten und nur auf die in dieser Sprache vorhandenen Texte und Dokumente besprochen werden. Obgleich bei bestimmten künstlerischen Problemen des Stils, des Metrums und sogar der Gattung die sprachlichen Verschiedenheiten der europäischen Literaturen eine wichtige Rolle spielen, so sind doch solche Unterscheidungen bei vielen Problemen der Geschichte der Ideen, der kritischen Ideen eingeschlossen, ganz einfach unhaltbar. Aus homogenem Material werden künstliche Querabteilungen herausgeschnitten, und man gibt Ausschnitte aus der Geschichte der Ideen, wie sie ihren Widerhall nur zufällig gerade in Deutschland oder England oder Frankreich gefunden haben. Die übertriebene Beachtung nur einer Landessprache ist vor allem dem Studium der mittelalterlichen Literatur abträglich, da das Lateinische die führende Literatursprache des Mittelalters war und Europa zu dieser Zeit eine sehr enge geistige Einheit bildete. Eine Geschichte der Literatur des Mittelalters in England, welche die große Zahl der lateinischen und anglo-normannischen Schriften vernachlässigt, gibt ein falsches Bild der literarischen Situation und der allgemeinen Kultur Englands.

Diese Befürwortung der vergleichenden Literatur will natürlich nicht besagen, daß das Studium der einzelnen Nationalliteraturen vernachlässigt werden sollte. Es handelt sich vielmehr gerade darum, das Problem der »Nationalität« und des genauen Beitrags jeder einzelnen Nation zu diesem allgemeinen Prozeß als Kernproblem zu erkennen. Anstatt mit theoretischer Klarheit untersucht zu werden, ist das Problem immer wieder durch nationalistische Gefühle und Rassentheorien verdunkelt worden. Der Versuch, den genauen Beitrag der deutschen Literatur zur allgemeinen Literatur herauszusondern — ein faszinierendes Problem —, könnte zu einer veränderten Perspektive und Bewertung selbst der Hauptgestalten führen. Innerhalb jeder Nationalliteratur ergeben sich ähnliche Fragen nach dem genauen Anteil der Landschaften und Städte. Eine so übertriebene Theorie wie die Josef Nadlers,[18] der behauptet, er könne die Züge und Charakteristika aller deutschen Stämme und Landschaften und deren Widerspiegelungen in der Literatur unterscheiden, sollte uns nicht von der Beschäftigung mit diesen Problemen abschrecken, die kaum je in völliger Beherrschung der Tatsachen und zusammenhängender Methode untersucht worden sind. Das meiste von dem, was bisher z. B. über die Rolle Bayerns, Thüringens oder Ostpreußens in der Geschichte der deutschen Literatur geschrieben wurde und ein großer Teil der ganzen Landschaftsliteratur läuft letzten Endes auf kaum mehr hinaus als auf fromme Hoffnungen, Lokalpatriotismus und Ressentiment gegenüber zentralisierenden Kräften. Jede objektive Analyse muß eine Unterscheidung machen zwischen solchen

Fragen, die sich mit der rassischen Herkunft eines Autors und mit soziologischen Problemen des Familienstatus' und Milieus beschäftigen, und solchen, die den tatsächlichen Einfluß der Landschaft und der literarischen Überlieferungen und Strömungen untersuchen.

Fragen der »Nationalität« werden besonders kompliziert, wenn wir entscheiden müssen, daß Literaturen der gleichen Sprache sehr bestimmt voneinander geschiedene Nationalliteraturen sind, wie im Falle der amerikanischen und der modernen irischen Literatur. Eine Frage wie die, warum Yeats und Joyce zur irischen Literatur gehören, Goldsmith, Sterne und Sheridan dagegen nicht, bedarf einer Antwort. Gibt es eine unabhängige belgische, schweizerische, österreichische Literatur? Es ist nicht ganz einfach, den Zeitpunkt zu bestimmen, zu dem die in Amerika geschriebene Literatur aufhörte, »kolonialenglisch« zu sein und zu einer unabhängigen Nationalliteratur wurde. Handelt es sich dabei lediglich um die Tatsache der politischen Unabhängigkeit? Ist es eine Frage des nationalen Bewußtseins des Autors? Ist es die Verwendung nationaler Stoffe und des »Lokalkolorits«? Oder ist es das Aufkommen eines bestimmten, nationalen literarischen Stils?

Erst wenn wir in Bezug auf diese Probleme zu Entscheidungen gelangt sind, werden wir nationale Literaturgeschichten schreiben können, die nicht nur geographische oder sprachliche Kategorien sind, werden wir exakt die Art und Weise analysieren können, in der jede Nationalliteratur sich in die europäische Tradition fügt. Universal- und Nationalliteraturen bedingen einander gegenseitig. Eine umfassende europäische Überlieferung wird in jedem der Einzelländer verschieden abgewandelt; und in jedem dieser Länder gibt es Ausstrahlungszentren, exzentrische und große Einzelfiguren, durch die sich eine nationale Tradition wiederum von der anderen unterscheidet. Wer den genauen Anteil der einen oder der anderen aufzeigen könnte, der wüßte viel über das Ganze der Literaturgeschichte.

II. VORBEREITENDE ARBEITEN

6. Zusammenstellen und Sichten des Materials

Eine der ersten Aufgaben wissenschaftlichen Arbeitens ist das Zusammentragen des Materials, die sorgfältige Beseitigung zerstörender Zeiteinflüsse, die Prüfung der Autorschaft, der Echtheit und der Entstehungszeit. Ungeheuer viel Fleiß und Scharfsinn sind bereits auf die Lösung dieser Probleme verwandt worden; aber wer sich mit Literatur beschäftigt, muß wissen, daß solche Arbeiten nur Vorbereitung für die eigentliche Aufgabe der Literaturwissenschaft sind. Solchen Untersuchungen kommt häufig eine besondere Bedeutung zu, weil kritische Analyse und historisches Verständnis ohne diese Vorarbeiten fast unmöglich wären. Dies trifft z. B. auf die angelsächsische Literatur zu, deren literarische Überlieferung halb verschüttet ist. Für das Studium der meisten neueren Literaturen jedoch, das sich mit der literarischen Bedeutung der Werke beschäftigt, sollte die Wichtigkeit solcher Untersuchungen nicht überschätzt werden. Sie sind oft auf Grund ihrer Pedanterie unnötig lächerlich gemacht oder wegen ihrer vermeintlichen oder wirklichen Exaktheit übertrieben verherrlicht worden. Die Sauberkeit und Vollständigkeit, mit der gewisse Probleme gelöst werden können, haben immer Köpfe angezogen, die an einem wohlgeordneten Arbeitsvorgang und an den Schwierigkeiten der Technik — ganz unabhängig von einer diesen Problemen innewohnenden weiterweisenden Bedeutung — ihre Freude haben. Diese vorbereitenden Untersuchungen fordern nur dann zur Kritik heraus, wenn sie sich den Platz anderer Studien anmaßen und zu einer Spezialität werden, die erbarmungslos von jedem gefordert wird, der sich überhaupt mit Literatur beschäftigt. Man hat literarische Werke mit der größten Sorgfalt herausgegeben, Textstellen peinlich genau emendiert und erörtert, welche, vom literarischen oder selbst historischen Gesichtspunkt, einer Erörterung überhaupt nicht wert waren, oder wenn sie es wert waren, so wurden sie oft nur mit den Augen des Textkritikers betrachtet.

Wie andere menschliche Betätigungen, so werden diese Arbeiten häufig zu einem Selbstzweck.

Bei den Vorbereitungen sind zwei Arbeitsebenen zu unterscheiden: 1. das Zusammentragen und Vorbereiten eines Textes; 2. die Fragen der Chronologie, der Echtheit, der Autorschaft, der Zusammenarbeit, der Revision usw. Diese Probleme werden oft mit dem wenig glücklichen, biblischen Studien entnommenen Begriff der »höheren Kritik« bezeichnet.

Es ist nützlich, die verschiedenen Arbeitsstufen bei diesen Vorbereitungen aufzuzeigen. Zunächst handelt es sich um das Zusammentragen des Materials, d. h. um handschriftliches oder gedrucktes Material. In der englischen Literatur ist diese Arbeit nahezu abgeschlossen, obschon in unserem Jahrhundert unsere Kenntnis der Geschichte der englischen Mystik und die der englischen Dichtung um einige ziemlich bedeutende Werke wie *The Book of Margery Kempe, Medwalls Fulgens and Lucrece* und Christopher Smarts *rejoice in the Lamb,* bereichert wurde.[1] Jedoch wird die Entdeckung persönlicher oder amtlicher Dokumente, die Licht auf die Literatur oder doch zumindest auf das Leben der Autoren werfen, wohl nie aufhören. Leslie Hotsons Entdeckungen über den Tod Marlowes oder das Wiederauffinden von Boswells persönlichen Aufzeichnungen und Tagebüchern sollen hier als allgemein bekannte Beispiele der letzten Jahrzehnte zitiert werden.[2] In anderen Literaturen, besonders in solchen, in denen wenig Schriftliches niedergelegt ist, bestehen wohl noch immer größere Entdeckungsmöglichkeiten.

Im Bereich der mündlich überlieferten Literatur ist das Zusammentragen des Materials besonders schwierig, z. B. die Auffindung eines guten Sängers oder Erzählers, dann der Takt und die Geschicklichkeit, ihn zum Singen oder Erzählen zu veranlassen, ferner das Verfahren, die Rezitationen auf Schallplatten oder durch phonetische Schrift aufzunehmen und viele andere Dinge mehr. Beim Auffinden von Handschriften treten einem Probleme rein praktischer Natur entgegen, z. B. die persönliche Bekanntschaft mit den Erben des Schriftstellers, die eigene gesellschaftliche Stellung, finanzielle Beschränkungen und häufig ein gewisser detektivischer Spürsinn.[3] Solch eine Nachforschung erfordert oft ein Spezialwissen wie im Falle Leslie Hotsons, der mit den Gerichtsverfahren der Elisabethanischen Zeit völlig vertraut sein mußte, um seinen Weg durch die Masse der Dokumente im Public Record Office in London zu finden. Da die meisten Studenten das nötige Quellenmaterial in den Bibliotheken finden können, so gehört die Kenntnis der wichtigsten

Bibliotheken, Vertrautheit mit ihrem Katalogisierungsverfahren sowie Kenntnis der wichtigsten Nachschlagewerke zweifellos zur unerläßlichen Ausrüstung eines jeden, der Literatur studiert.[4]

Die technischen Einzelheiten des Katalogisierens und der bibliographischen Beschreibung überlassen wir den Bibliothekaren und berufsmäßigen Bibliographen. Man darf jedoch nicht vergessen, daß bibliographische Tatsachen hin und wieder literarisch sinn- und wertvoll sein können. Anzahl und Umfang der Ausgaben können Fragen bezüglich des Erfolgs und des Ruhmes erhellen. Unterschiede in den einzelnen Ausgaben ermöglichen es oft, den verschiedenen Revisionsstufen des Autors nachzuspüren und so Licht auf die Entstehungsgeschichte und Entwicklung des Kunstwerks zu werfen. Eine geschickt edierte Bibliographie wie die *Cambridge Bibliography of English Literature* oder auch die Josef Körners im *Bibliographischen Handbuch des deutschen Schrifttums* weist auf zahlreiche Gebiete hin, in denen noch Forschungsarbeit geleistet werden kann. Spezialisierte Bibliographien, wie Gregs *Bibliography of English Drama*, Johnsons *Spenser Bibliography*, Macdonalds *Dryden Bibliography* und Griffiths *Pope*[5] können Wegweiser zu vielen literarhistorischen Problemen sein. Bibliographien dieser Art machen oft Forschungen über Gepflogenheiten der Druckereien, eine Geschichte der Buchhändler und Verleger notwendig; sie erfordern Kenntnisse der Druck- und Wasserzeichen, der Schrifttypen und der Gewohnheiten der Schriftsetzer und Buchbinder. Eine Art Bibliothekswissenschaft, gewiß aber ein großes Wissen in der Geschichte der Buchproduktion ist nötig, um in Fragen, die hinsichtlich der Datierung, der Anordnung von Ausgaben usw. für die Literaturgeschichte wichtig sein können, eine Entscheidung zu treffen. Die »beschreibende« Bibliographie, die alle feinsten Ergebnisse der Kollation und der Prüfung der materiellen Gestalt eines Buches anführt, ist deshalb von der nur »aufzählenden« Bibliographie zu unterscheiden. Letztere ist eine Sammlung von Buchtiteln, die beschreibende, nur für die Identifizierung eines Buches ausreichende Daten enthält.[6]

Sobald das Zusammentragen und Katalogisieren des Materials abgeschlossen ist, beginnt die eigentliche Herausgabe. Der Herausgabe eines literarischen Denkmals stehen oft äußerst schwierige Bedingungen entgegen, die Fragen der Interpretation und der geschichtlichen Forschung miteinbegreifen. Es gibt Ausgaben, die in ihren Einleitungen und Anmerkungen wichtige kritische Äußerungen enthalten. Eine solche Ausgabe kann nahezu den gesamten Komplex literarwissenschaftlicher Studien erfassen. In der Geschichte der

Literaturwissenschaft haben Ausgaben eine wichtige Rolle gespielt. Sie können, wie F. N. Robinsons Chaucer-Ausgabe, um ein Beispiel aus der Gegenwart zu nennen, als Fundgrube der Gelehrsamkeit, als Nachschlagewerk für das gesamte Wissen über einen Autor dienen. Die Zentralaufgabe einer Ausgabe ist jedoch die Herstellung eines gesicherten Textes. Als solche hat sie ihre eigenen Probleme, von denen die eigentliche »Textkritik« eine hoch entwickelte Technik mit einer langen Geschichte ist, besonders in der klassischen Altertumswissenschaft und in der Bibelforschung.[7]

Man muß zwischen den Problemen, die sich bei der Herausgabe klassischer oder mittelalterlicher Handschriften einstellen und denen, die sich aus gedruckten Schriften ergeben, scharf unterscheiden. Handschriftenmaterial erfordert in erster Linie eine Kenntnis der Paläographie. Diese Disziplin hat subtile Maßstäbe für die Datierung von Handschriften gewonnen und nützliche Handbücher für die Entzifferung von Abkürzungen herausgebracht.[8] Enorme Arbeit ist geleistet worden, um den genauen Ursprung von Handschriften in bestimmten Klöstern einer bestimmten Periode aufzuspüren. Über die gegenseitigen Beziehungen zwischen diesen Handschriften können dann äußerst verwickelte Fragen entstehen. Die Verwandtschaft und zeitliche Aufeinanderfolge der Handschriften kann durch die Herstellung eines Stammbaums veranschaulicht werden.[9] In den letzten Jahrzehnten haben Dom Henri Quentin und W. R. Greg[10] mit äußerster Sorgfalt Techniken ausgearbeitet, für die sie wissenschaftliche Zuverlässigkeit beanspruchen. Andere Gelehrte dagegen, wie z. B. Bédier und Shepard[11] behaupten, daß es keine objektiv gültige Methode für die Herstellung von Stammbäumen gebe. Hier ist jedoch wohl kaum der Ort, an dem eine Entscheidung in dieser Frage getroffen werden kann, aber wir neigen doch zur letzteren Ansicht. Wir kommen zu dem Schluß, daß es ratsam ist, jene Handschrift, von der man urteilt, daß sie der des Autors am nächsten kommt, herauszugeben und daß man nicht ein hypothetisches »Original« zu rekonstruieren versucht. Die Ausgabe wird natürlich von den Ergebnissen der Kollation abhängen, und die Wahl der Handschrift selbst wird durch das Studium der gesamten Überlieferung aller erhaltenen Handschriften bestimmt. Die Erfahrungen, die man mit den sechzig auf uns gekommenen Handschriften des *Piers Plowman* und den dreiundachtzig Handschriften der *Canterbury Tales*[12] gemacht hat, führten zu Schlüssen, die den Gedanken, es habe je eine autorisierte Ausgabe oder einen Archetypus analog der endgültigen Ausgabe eines modernen Werks gegeben, höchst unwahrscheinlich machten.

Die Musterung der Überlieferung (Recensio), d. h. die Herstellung eines Stammbaums, ist von der eigentlichen Textkritik und der Emendation zu unterscheiden. Textkritik sowie Verbesserung der Recensio des Textes (Emendatio) fußen auf diesen Grundsätzen, sie haben jedoch noch andere Gesichtspunkte und Kritierien in Erwägung zu ziehen als jene, die lediglich aus der Überlieferung der Handschrift gewonnen wurden.[13] Die Emendation kann sich des Kriteriums der »Echtheit« bedienen, d. h. die Ableitung eines besonderen Wortes oder einer Textstelle aus der ältesten und besten (d. h. der authentischsten) Handschrift; aber sie hat auch Maßstäbe der »Korrektheit« einzuführen, d. h. sie muß sprachliche, historische und letztlich auch psychologische Kriterien verwenden. Andernfalls wäre es nicht möglich, »mechanische« Irrtümer, abweichende Les- und Schreibarten, Assoziationen oder selbst bewußte Änderungen der Schreiber zu tilgen. Schließlich wird man viel dem glücklichen Spürsinn des Textkritikers, seinem Geschmack und seinem Sprachgefühl überlassen müssen. Moderne Herausgeber zeigen ganz zu Recht ein immer größeres Widerstreben, sich auf Vermutungen einzulassen. Doch die Reaktion zugunsten eines »diplomatischen« Abdrucks geht viel zu weit, wenn der Herausgeber alle Abkürzungen und Schreibfehler und alle launenhaften Einfälle der ursprünglichen Interpunktion wiedergibt. Dies kann für andere Herausgeber und gelegentlich auch für Sprachforscher wichtig sein, für den Literaturwissenschaftler sind dies unnötige Hindernisse. Wir plädieren nicht für modernisierte, sondern lesbare Texte, die unnötige Vermutungen und Änderungen vermeiden und doch genügende Hilfe bieten, indem sie unsere Aufmerksamkeit für bloße Schreibübereinkünfte und -gewohnheiten auf ein Mindestmaß beschränken.

Die Herausgabe von gedrucktem Material ist gewöhnlich einfacher als die der Handschriften, obschon im allgemeinen beide Editionsverfahren ähnlich sind. Doch gilt es einen Unterschied zu beachten, den man früher nicht immer verstanden hat. Bei nahezu allen klassischen Handschriften haben wir es mit Dokumenten aus den verschiedenen Ländern und Zeiten, oft Jahrhunderte vom Original entfernt, zu tun. Es bleibt uns daher überlassen, die meisten dieser Handschriften zu gebrauchen, da man von jeder annehmen kann, sie sei von irgend einer antiken Quelle abgeleitet. Bei Büchern jedoch können gewöhnlich nur ein oder zwei Ausgaben unabhängige Authentizität beanspruchen. In einem solchen Falle hat man sich für eine Textgrundlage, gewöhnlich die erste Ausgabe oder die letzter Hand, zu entscheiden. Bei Whitmans *Grashalmen*, für die viele Zusätze und Revisionen gemacht wurden, oder Popes *Dunciad*, die zumindest in zwei sehr unterschiedlichen Versionen existiert, kann eine kritische Ausgabe es nötig machen, alle oder beide Versionen zu drucken.[14] Im allgemeinen neigen moderne Herausgeber immer weniger dazu, eklektische Texte herauszubringen. Man sollte jedoch wissen, daß praktisch alle Ausgaben des *Hamlet* Kreuzungen zwischen der zweiten Quarto- und der Folioausgabe sind. Hinsichtlich der elisabethanischen Dramen wird man oft feststellen müssen, daß es keine rekonstruierbare Urfassung gegeben hat. Wie in der mündlich überlieferten Dichtung (z. B. den Balladen) ist auch hier die Jagd nach einer einzigen erschließbaren Urfassung vergeblich. Es hat lange gedauert, bevor die Herausgeber der Balladen ihre Suche einstellten. Percy und Scott »kombinierten« ohne Bedenken verschiedene Fassungen (und änderten sie sogar), während die ersten wissenschaftlichen Herausgeber, wie z. B. William Motherwell, sich für eine Fassung als die überlegene und originale entschieden. Francis Child endlich faßte den Entschluß, alle Fassungen zu drucken.[15]

In mancher Hinsicht bieten die elisabethanischen Dramen besondere textkritische Schwierigkeiten. Diese Texte sind in einem weit höheren Maße verderbt als die meisten zeitgenössischen Bücher, einmal weil man der Meinung war, die Stücke seien kein genaueres Korrekturlesen wert, zum anderen, weil die Handschriften, von denen die Stücke gedruckt wurden, entweder die oft korrigierten und viele Schreibfehler enthaltenden Manuskripte des Autors oder manchmal die Kopie des Souffleus waren, welche die Revisionen und Anmerkungen des Theaters enthielt. Daneben existierten dann noch besonders schlechte »Quartoausgaben«, deren Druck entweder auf Gedächtnisrekonstruktionen oder auf den fragmentarischen Rollenblättern der Schauspieler oder vielleicht auch auf einer primitiven stenographischen Fassung fußten. In den letzten Jahrzehnten hat man sich gerade mit diesem Problem viel beschäftigt, und Shakespeares Quartoausgaben sind nach den Entdeckungen Pollards und Gregs neu angeordnet worden.[16] Pollard bewies aufgrund rein »bücherkundlicher« Kenntnisse, wie z. B. Wasserzeichen und Drucktypen, daß bestimmte Quartoausgaben einzelner Stücke Shakespeares absichtlich vorausdatiert wurden, obschon die Stücke 1619 als Vorbereitung für eine Ausgabe der Gesammelten Dramen gedruckt worden waren, die sich aber dann nicht verwirklichte.

Ein genaues Studium der elisabethanischen Schrift, das zum Teil auf der Annahme beruhte, daß zwei Seiten in der erhaltenen Handschrift eines Stückes *Sir Thomas More* von Shakespeare selbst geschrieben worden seien,[17] hat weitreichende Folgen für die Textkritik gehabt. Dieses Studium ermöglichte es festzustellen, was wahrscheinlich vom elisabethanischen Setzer falsch gelesen wurde, während das Studium der Gewohnheiten der Druckereien zeigt, welche Art Irrtümer wahrscheinlich oder möglich ist. Doch der große Spielraum, der dem individuellen Herausgeber immer noch zur Verfügung steht, beweist auch, daß man bisher noch keine wirklich »objektive« Methode der Textkritik gefunden hat. Viele der von Dover Wilson für seine Cambridger Ausgabe gemachten Emendationen beruhen auf phantastischen und unnötigen Vermutungen, ähnlich denen der Herausgeber des 18. Jahrhunderts. Es ist jedoch interessant, daß Theobalds glänzende Vermutung, welche das unsinnige »table of green fields« in Mrs. Quicklys Erzählung von Falstaffs Tod in »a babbled of green fields« umwandelte, durch das Studium der elisabethanischen Schrift und Orthographie erhärtet wurde; »a babld« konnte leicht mit »a table« verwechselt werden.

Die überzeugenden Argumente, die für die Tatsache vorgebracht wurden, daß die Quartos, von wenigen schlechten Ausgaben abgesehen, höchst wahrscheinlich nach den Handschriften des Autors oder nach dem Souffleurbuch gedruckt wurden, haben die Autorität der frühen Quartoausgaben wiederhergestellt und die Hochachtung eingedämmt, mit der man seit den Tagen Dr. Johnsons die Folioausgabe betrachtet hatte. Die englischen Textkritiker, die sich etwas irreführend als »Bibliographen« (McKerrow, Greg, Pollard, Dover Wilson etc.) bezeichnen, haben in jedem einzelnen Falle zu ermitteln versucht, was für eine Handschrift der einzelnen Quartoausgabe zu Grunde gelegen habe. Sie haben dann diese Theorien, zu denen sie nur zum Teil auf Grund ihrer strengen bibliographischen Untersuchungen gelangt sind, dazu benutzt, um sehr komplizierte Hypothesen über Ursprung, Revision, Änderungen, Zusammenarbeit usw. in den Dramen Shakespeares aufzustellen. Nur zum Teil sind diese »Bibliographen« an der Textkritik selbst interessiert. Besonders die Arbeiten Dover Wilsons gehören von Rechts wegen in den Bereich der »höheren Kritik«.

Wilson erhebt weitgehende Ansprüche für diese Methode: »Manchmal können wir unter die Haut des Schriftsetzers kriechen und die Handschrift, wenigstens für Augenblicke, durch seine Augen sehen. Die Tür zu Shakespeares Werkstatt steht weit offen.«[18]

Zweifellos haben diese »Bibliographen« Licht auf die Komposition elisabethanischer Dramen geworfen, viele Spuren von Änderungen und Umarbeitungen aufgedeckt und möglicherweise sogar nachgewiesen. Doch viele der Hypothesen Dover Wilsons sind reine Phantasiekonstruktionen, für die nur geringe oder gar keine Beweise vorliegen. So hat er z. B. die Entstehung des *Sturms* konstruiert und behauptet, daß die lange Expositionsszene auf die Existenz einer früheren Version hinweise, in der die Vorgeschichte der Handlung als locker aufgebautes Drama im Stil des *Wintermärchens* erzählt worden sei. In Wahrheit aber erbringen die unbedeutenden Widersprüche und Unregelmäßigkeiten in der Zeilenanordnung und anderen Dingen nicht einmal einen Indizienbeweis für derartige weithergeholten und unnötigen Phantasiegebilde.[19]

Die Textkritik ist am erfolgreichsten, aber auch am unsichersten in der Untersuchung elisabethanischer Dramen gewesen; sie ist aber auch für viele anscheinend besser autorisierte Bücher nötig. Pascal und Goethe, Jane Austen und selbst Trollope haben von der sorgfältigen Arbeit moderner Herausgeber[20] profitiert, ungeachtet der Tatsache, daß eine Anzahl dieser Studien in eine Aufzählung der Gepflogenheiten der Druckereien und der Schrullen der Setzer ausgeartet sind.

Bei der Vorbereitung einer Ausgabe sollte man ihren Zweck und die Leserschaft, für welche die Ausgabe bestimmt ist, im Auge behalten. Man sollte bedenken, daß es einen Maßstab bei der Herausgabe eines Werkes gibt, der auf andere Textkritiker, die auch die geringfügigsten Unterschiede zwischen vorhandenen Lesarten vergleichen wollen, abgestimmt ist, und einen anderen für den allgemeinen Leser, der nur ein begrenztes Interesse für die orthographischen Verschiedenheiten und unbedeutenden Unterscheidungen zwischen den einzelnen Ausgaben besitzt.

Die Herausgabe eines literarischen Denkmals stellt den Herausgeber noch vor andere Probleme als die, nur einen einwandfreien Text herzustellen.[21] Bei der Herausgabe von Gesammelten Werken erheben sich Fragen über das, was ins Werk mit hineingenommen oder weggelassen werden soll, ferner Fragen der Anordnung, Erläuterungen usw., die von Fall zu Fall sehr verschieden gehandhabt werden müssen. Die für den Gelehrten brauchbarste Ausgabe ist wohl eine vollständige Ausgabe in streng chronologischer Anordnung; aber dieses Ideal ist nur schwer, wenn nicht gar unmöglich zu erreichen. Die chronologische Anordnung kann auf bloßen Vermutungen fußen oder sie kann die künstlerische Gruppierung der

Gedichte innerhalb einer Sammlung zerstören. Der Literaturkenner wird Einwände gegen die Mischung von Großem und Trivialem machen, wenn er beispielsweise eine Ode von Keats neben dem in einem zeitgenössischen Brief enthaltenen Scherzgedicht gedruckt sieht. Die künstlerische Anordnung von Baudelaires *Fleurs du Mal* oder Conrad Ferdinand Meyers *Gedichten* sollte man beibehalten, aber man kann schon Zweifel haben, ob Wordsworths komplizierte Anordnung seiner Gedichte beizubehalten wäre. Wollte man diese Einteilung jedoch auflösen und Wordsworths Gedichte in chronologischer Reihenfolge drucken, so geriete man mit der Fassung, die gedruckt werden sollte, in große Schwierigkeiten. Man müßte dann die erste Fassung drucken, da der Druck einer späteren Fassung mit einem früheren Datum das Entwicklungsbild von Wordsworth fälschen würde. Es ist aber kaum ratsam, den Willen des Dichters nicht zu beachten und spätere Änderungen, die in vieler Hinsicht Verbesserungen sind, zu ignorieren. Ernest de Selicourt hat sich deshalb in seiner neuen vollständigen Ausgabe der Gedichte von Wordsworth dazu entschlossen, die überlieferte Anordnung beizubehalten. In vielen vollständigen Ausgaben, wie z. B. denen Shelleys, ist der wichtige Unterschied zwischen einem abgeschlossenen Kunstwerk und einem vom Dichter verworfenen Fragment oder einer Skizze nicht beachtet worden. Der literarische Ruf vieler Dichter hat am Bestreben nach zu großer Vollständigkeit in einer Anzahl zeitgenössischer Ausgaben gelitten. Diese Ausgaben haben oft den unbedeutendsten Gelegenheitsvers und jede flüchtige Notiz aus der Werkstatt des Dichters neben abgeschlossene Arbeiten gesetzt.

Auch die einem Werk beizugebenden erläuternden Anmerkungen sind nur auf Grund des Zwecks der Ausgabe zu entscheiden.[22] In der Shakespeare Variorum-Ausgabe wird die Menge der Erläuterungen, die ja die Ansichten all jener festhalten soll, die je über eine bestimmte Stelle bei Shakespeare geschrieben haben, berechtigterweise den Text selbst bei weitem übersteigen. Dem Gelehrten soll damit die Durchsicht der ungeheuren Masse an gedrucktem Material erspart werden. Der Durchschnittsleser wird aber viel weniger benötigen, gewöhnlich nur jene Auskünfte, die zum vollen Verständnis des Textes nötig sind. Doch die Meinungen darüber, was nun wirklich dazu nötig ist, sind sehr verschieden. Es gibt Herausgeber (und dies ist wirklich vorgekommen), die ihren Lesern erzählen, daß die Königin Elisabeth Protestanin gewesen sei, wer David Garrick war, dabei aber die wirklich schwierigen und dunklen Stellen vermeiden. Es ist natürlich schwer, die Grenze gegenüber einem

Zuviel an erläuternden Anmerkungen zu ziehen, es sei denn der Herausgeber weiß ganz genau, welchem Lesepublikum und welchem Zweck er zu dienen hat.

Anmerkungen im eigentlichen Sinn des Wortes — sprachliche, historische und andere Erklärungen zu einem Text — sind von einem allgemeinen Kommentar zu unterscheiden, der Material für die Literatur- und Sprachgeschichte (das heißt Hinweise auf Quellen, Parallelen, auf Nachahmungen durch andere Schriftsteller) anhäuft, und zum anderen von einem Kommentar rein ästhetischer Natur, der kleine Essays über bestimmte Stellen enthält und damit die Rolle einer Anthologie erfüllt. Es wird nicht immer leicht sein, diese sauberen Entscheidungslinien zu ziehen. Doch die Mischung von Textkritik, Literaturgeschichte in der speziellen Form des Quellenstudiums, sprachlichen und historischen Erklärungen und einem ästhetischen Kommentar, die man in vielen Ausgaben findet, scheint eine recht zweifelhafte Mode der Literaturwissenschaft zu sein, die nur durch den Vorteil gerechtfertigt wird, daß man alle möglichen Informationen zwischen zwei Buchdeckeln vorfindet.

Besondere Probleme entstehen bei der Herausgabe von Briefen. Sollen sie alle gedruckt werden, selbst unbedeutende geschäftliche Mitteilungen? Das Ansehen von Schriftstellern und Dichtern wie Stevenson, Meredith, Arnold und Swinburne hat gewiß nicht durch die Veröffentlichung von Briefen zugenommen, die nie als literarische Werke beabsichtigt waren. Soll man auch Antwortbriefe, ohne die ein Briefwechsel oft unverständlich bleibt, drucken? Durch ein solches Verfahren würde viel fremdartiges Material in die Werke des Autors hineingetragen. All dies sind praktische Fragen, die sich ohne Feingefühl, Folgerichtigkeit, viel Fleiß, Scharfsinn und Glück nicht beantworten lassen.

Über die Herstellung des Textes hinaus haben vorbereitende Arbeiten solche Probleme wie das der Chronologie, der Echtheit, der Autorschaft und der Revision zu lösen. Das Problem der Chronologie ist in vielen Fällen entweder durch das Datum der Veröffentlichung auf der Titelseite des Buches oder durch zeitgenössische Publikationszeugnisse hinreichend gesichert. Diese deutlichen Hinweise sind aber oft nicht vorhanden, wie z. B. bei vielen elisabethanischen Dramen oder mittelalterlichen Handschriften. Manches elisabethanische Drama ist oft erst lange nach der Erstaufführung gedruckt worden. Eine mittelalterliche Handschrift kann die Kopie einer Kopie sein, die Hunderte von Jahren hinter dem Kompositionsdatum zurückliegt. Die äußeren Zeugnisse müssen dann durch Beweise aus dem Text selbst, wie Anspielungen auf zeitgenössische Ereignisse, ersetzt werden. Oder es sind andere Quellen, deren Datum feststellbar ist, heranzuziehen. Das auf ein äußeres Ereignis hinweisende innere Zeugnis des Textes wird jedoch nur das Ausgangsdatum festlegen, nachdem das Buch (oder wenigstens jener Teil des Buches) geschrieben wurde.

Bloß innere Beweise, wie sie beim Versuch, die Reihenfolge der Dramen Shakespeares festzustellen, aus dem Studium metrischer Tabellen gewonnen wurden, verbürgen nur eine relativ gültige Chronologie. Die Möglichkeit erheblicher Irrtümer ist immer mit einzuberechnen.[23] Obwohl mit Sicherheit anzunehmen ist, daß die Anzahl der Reime in Shakespeares Dramen von der *Verlorenen Liebesmüh* (das die meisten hat) bis zum *Wintermärchen* (das keine hat) abnimmt, so läßt sich daraus jedoch nicht schließen, daß das *Wintermärchen* später liegt als der *Sturm*, der nur zwei Reime aufweist. Da Maßstäbe, wie Anzahl der Reime, weibliche Reime, Enjambement usw. nicht genau die gleichen Resultate ergeben, so läßt sich keine bestimmte und regelmäßige Beziehung zwischen Chronologie und metrischen Tabellen herstellen. Ohne den Zusammenhang mit andern Zeugnissen können diese Tabellen durchaus verschieden ausgelegt werden. James Hurdis,[24] ein Kritiker des 18. Jahrhunderts, nimmt z. B. ganz irrtümlich an, daß Shakespeare sich von den unregelmäßigen Versen des *Wintermärchens* zu den regelmäßigen Versen der *Komödie der Irrungen* entwickelt habe. Das wohlüberlegte Kombinieren all dieser verschiedenen Beweismöglichkeiten (äußere, innere-äußere und innere) hat jedoch zu einer Chronologie der Stükke Shakespeares geführt, die ohne Zweifel im großen Ganzen richtig ist. Statistische Methoden, hauptsächlich im Hinblick auf das wiederholte Vorkommen bestimmter Wörter, sind auch für die Herstellung einer relativen Chronologie der platonischen Dialoge von Lewis Campbell und besonders von Wincenty Lutoslawski angewandt worden. Letzterer nennt seine Methode »Stilometrie«.[25]

Bei undatierten Handschriften vermehren sich die chronologischen Schwierigkeiten beträchtlich; oft sind sie unlösbar. In einem solchen Fall kann man die Entwicklung der Schrift eines Autors studieren, man muß sich über Briefmarken, Frankovermerke auf Briefen den Kopf zerbrechen, den Kalender überprüfen und sehr sorgfältig die Ortswechsel und Reisen des Autors verfolgen, da diese leicht einen Anhaltspunkt für die Datierung ergeben. Oft sind chronologische Fragen auch für den Literarhistoriker wichtig. Ohne deren Beantwortung wäre es ihm unmöglich, die künstlerische Entwicklung Shakespeares oder Chaucers zu verfolgen, deren Datierung ausschließlich der modernen Forschung zu verdanken ist. Malone und Tyrwhitt haben dafür im späten 18. Jahrhundert den Grund gelegt. Seitdem aber hat die Kontroverse über Einzelheiten noch kein Ende gefunden.

Fragen der Echtheit und der Zuschreibung eines Werkes an einen Autor können unter Umständen noch wichtiger sein. Ihre Beantwortung erfordert oft mühselige stilistische und historische Untersuchungen.[26] Die Autorschaft der meisten Werke in der modernen Literatur ist gesichert. Doch gibt es eine Menge pseudonymer und anonymer Literatur, die gelegentlich ihr Geheimnis verrät, selbst wenn dieses Geheimnis nichts anderes ist als ein Name, von dem wir weiter nichts wissen und der deshalb ebenso wenig Licht auf die Sache wirft wie die pseudonyme oder anonyme Bezeichnung selbst.

Bei vielen Autoren erhebt sich die Frage eines Kanons ihrer Werke. Im 18. Jahrhundert hatte man entdeckt, daß ein großer Teil dessen, was in die gedruckten Ausgaben von Chaucers Werk (wie z. B. *The Testament of Creseid und The Flower and the Leaf)* mit einbegriffen worden war, gar nicht zum authentischen Werk Chaucers gehörte. Auch der Kanon der Werke Shakespeares ist heute noch weit von einer endgültigen Fassung entfernt. August Wilhelm Schlegel hat mit merkwürdiger Zuversicht behauptet, daß alle apokryphen Stükke Shakespeares echt seien.[27] Heute jedoch scheint das Pendel ins andere Extrem auszuschlagen. In der jüngsten Vergangenheit war J. M. Robertson wohl der Hauptbefürworter einer Theorie der »Zersetzung Shakespeares«, die Shakespeare wenig mehr als einige Szenen aus den bestbekannten Stücken zuerkennt. Nach Robertson sind sogar *Julius Cäsar* und der *Kaufmann von Venedig* nichts anderes als ein Mischmasch von Stellen aus Marlowe, Greene, Peele, Kyd und mehreren anderen Dramatikern jener Zeit.[28] Robertsons Methode besteht in der Hauptsache im Aufspüren von Klischees, in der Entdeckung von Widersprüchen und literarischen Parallelen. Seine Methode ist äußerst unsauber und willkürlich; sie fußt auf falschen Voraussetzungen und bewegt sich in einem circulus vitiosus. Aus bestimmten zeitgenössischen Zeugnissen (Folioausgabe; die unter seinem Namen vorgenommenen Eintragungen im »Stationer's Register« usw.) wissen wir, was zum Werk Shakespeares gehört. Robertson hingegen wählt auf Grund willkürlicher ästhetischer Urteile nur bestimmte Bravourstellen als die Shakespeares aus und spricht ihm die Autorschaft ab für alles, was diesem Maßstab nicht gleichkommt oder was Ähnlichkeiten mit der Praxis anderer Dramatiker der Zeit aufweist. Es ist aber nicht einzusehen, warum Shakespeare nicht schlecht oder nachlässig geschrieben oder sich nicht verschiedener Stilformen in Anlehnung an seine Zeitgenossen bedient haben soll. Andererseits läßt sich auch die ältere Prämisse, daß jedes Wort der Folioausgabe von Shakespeare sei, nicht völlig aufrechterhalten.

Einige dieser Fragen können nicht ganz befriedigend und bestimmt beantwortet werden, da das elisabethanische Drama Gemeinschaftskunst war, welche wirklich die enge Zusammenarbeit pflegte. Individuelle Autoren ließen sich nur selten durch ihren Stil von einander unterscheiden. Diese Autoren selbst waren wohl oft nicht imstande, später den eigenen Anteil vom gemeinsamen Werk zu unterscheiden. Eine solche Zusammenarbeit stellt den literarischen Detektiv oft vor eine nahezu hoffnungslose Aufgabe.[29] Selbst im Falle Beaumonts und Fletchers, wo Werke vorhanden sind, die nach dem Tode Beaumonts von Fletcher allein geschrieben wurden, ist die Unterscheidung der Anteile beider Autoren keineswegs über jede Kontroverse hinaus endgültig gesichert. Die Sache wird aber geradezu hoffnungslos im Fall der *Revenger's Tragedy*, die abwechselnd oder in allen möglichen Kombinationen Webster, Tourneur, Middleton und Marston zugeschrieben worden ist.[30]

Ähnliche Schwierigkeiten entstehen bei dem Versuch, die Autorschaft festzustellen. Hier erschwert, aus Mangel an äußerem Beweismaterial, eine bestimmte traditionelle Manier und gleichförmiger Stil die Entdeckung beträchtlich. Zahlreiche Beispiele finden sich bei den Troubadours und den Verfassern von Flugschriften um 18. Jahrhundert (wer wird je den Kanon der Schriften Defoes herstellen?), um von anonymen Zeitschriftenbeiträgen erst gar nicht zu reden. In vielen Fällen läßt sich aber auch hier mit Erfolg arbeiten. Nachforschungen in den Archiven der Verlagshäuser oder in den von der Redaktion kommentierten Zeitschriftenserien können neue äußere Beweisstücke ans Licht fördern. Ein geschicktes Studium der Verbindungsglieder zwischen den Artikeln jener Autoren, die sich wiederholen und selbst zitieren (wie z. B. Goldsmith), ermöglicht Schlußfolgerungen mit einem hohen Grad an Gewißheit.[31] G. Udny Yule, ein Statistiker und Versicherungsmathematiker, hat äußerst komplizierte mathematische Methoden angewandt, um das Vokabular von Schriftstellern wie Thomas a Kempis zu studieren und so die Autorschaft mehrerer Handschriften festzustellen.[32] Beharrlich entwickelte Methoden können Beweise erbringen, die eine Identifizierung, wenn auch nicht völlig sicher, so doch höchst wahrscheinlich machen.

In der Geschichte der Literatur haben Fragen nach der Echtheit von Fälschungen oder frommem Betrug ein wichtige Rolle gespielt und manchen wertvollen Antrieb zu weiteren Forschungen gegeben. So hat zum Beispiel die Kontroverse über Ossian das Studium der Gälischen Volksdichtung angeregt, die Streitfrage um Chatterton führte zu einer intensiveren Beschäftigung mit der mittelalterlichen Geschichte und Literatur Englands; Irelands Fälschungen von Stükken und Dokumenten Shakespeares führten zu Debatten über Shakespeare und die Geschichte der elisabethanischen Bühne.[33] Die Polemiken über Chatterton, von Thomas Warton, Thomas Tyrwhitt und Edmond Malone haben zu historischen und literarischen Argumenten geführt, die bewiesen, daß die sogenannten Gedichte Rowleys modernes Machwerk waren. Erst zwei Generationen später wies W. W. Skeat, der die mittelenglische Grammatik systematisch untersucht hatte, auf die Verstöße gegen elementare grammatische Regeln hin, welche die Fälschungen viel schneller und überzeugender hätten ans Licht bringen sollen. Edmond Malone entlarvte Irelands plumpe Shakespeare-Fälschungen; aber selbst diese hatten, wie Chatterton und Ossian, bona fide Verteidiger (wie den hochgelehrten Chalmers), die sich in der Geschichte der Shakespeareforschung Verdienst erworben haben.

Der bloße Verdacht einer Fälschung hat die Gelehrten auch dazu getrieben, sich für Argumente zu Gunsten der traditionellen Datierung und Zuschreibung eines Werkes einzusetzen und damit noch über die Annahme der Tradition hinaus zu positiven Argumenten vorzustoßen: so z. B. bei der Hroswitha von Gandersheim, von deren Stücken man gelegentlich angenommen hatte, sie seien von Conrad Celtes, dem deutschen Humanisten des 15. Jahrhunderts gefälscht worden; oder das Russische *Slovo o pulku Igoreve* (Igor-Lied), das gewöhnlich dem 12. Jahrhundert zugeschrieben wird, für das aber sogar noch kürzlich ein völlig mißglückter Versuch gemacht wurde, es als eine Fälschung des späten 18. Jahrhunderts zu entlarven.[34] In Böhmen war die Frage der Fälschung zweier angeblich mittelalterlicher Handschriften, der Grünberger und Königinhofer Handschrift, eine heftig umstrittene Frage bis zu den achtziger Jahren des vorigen Jahrhunderts. Das öffentliche Ansehen Thomas Masaryks, des späteren Präsidenten der Tschechoslowakei, ist z. T. auf diese Polemiken zurückzuführen, die als philologische Diskussion begannen, sich dann aber in einen Streit wissenschaftlicher Wahrhaftigkeit gegen romantische Selbsttäuschungen ausweiteten.[35]

Mit einigen dieser Probleme der Echtheit und Autorschaft sind äußerst schwierige Beweisfragen verbunden. Oft müssen dabei alle möglichen Kenntnisse wie z. B. Paläographie, Bibliographie, Sprachwissenschaft und Geschichte als Hilfe in Anspruch genommen werden. Unter kürzlichen Enthüllungen ist wohl die geschickteste und sauberste jene gewesen, die T. J. Wise der Fälschung von 86 Flugschriften aus dem 19. Jahrhundert überführte. Die von Carter und Pollard[36] geleistete Detektivarbeit stützte sich auf Wasserzeichen, auf die Gepflogenheiten der Druckereien bei der Anwendung von Druckerschwärze, der Verwendung bestimmter Papierarten, Satztypen usw. (Für die Literatur selbst sind viele dieser Probleme fast ohne jede Bedeutung. Die Fälschungen Wises, der nie einen Text erfand, gehen eigentlich nur den Büchersammler an).

Man sollte jedoch im Auge behalten, daß die Feststellung einer anders datierten Autorschaft keineswegs das Problem der Kritik erledigt. Die Gedichte Chattertons sind, bloß weil sie im 18. Jahrhundert geschrieben wurden, darum weder besser noch schlechter. Dies wird oft von jenen nicht beachtet, die im Gefühl moralischer Entrüstung ein Werk, das sich als eine spätere Produktion erwies, mit Verachtung strafen und es der Vergessenheit anheimfallen lassen wollen.

Die in diesem Kapitel erörterten Fragen sind nahezu die einzigen, mit denen sich die vorhandenen Handbücher über Methoden und Hilfsmittel, wie die von Morize, Rudler und Sanders, beschäftigen. Ungeachtet ihrer Wichtigkeit sollte man jedoch wissen, daß diese Studien nur die Grundlagen für die eigentliche Analyse, die Deutung und die kausale Erklärung der Literatur legen. Ihre Rechtfertigung liegt in dem Nutzen, den wir aus den Ergebnissen ziehen.

III. AUSSERLITERARISCHE WEGE DER LITERATURWISSENSCHAFT

Einleitung

Die am weitesten verbreiteten Methoden der Literaturwissenschaft beschäftigen sich mit den Bedingungen, der Umgebung, den äußeren Anlässen der Literatur. Diese außerliterarischen Methoden beschränken sich nicht auf das Studium der Vergangenheit, sondern lassen sich ebensowohl auf die Literatur der Gegenwart anwenden. Daher sollte man sich den Begriff »historisch« für jene Art der Literaturbetrachtung vorbehalten, die sich auf die Veränderungen der Literatur in der Zeit konzentriert und sich daher im wesentlichen mit dem Problem der Geschichte befaßt. Wenngleich die »außerliterarische« Methode lediglich den Versuch unternehmen mag, die Literatur im Lichte ihres gesellschaftlichen Zusammenhangs und ihrer vorangegangenen Entwicklungen zu interpretieren, wird sie doch in den meisten Fällen zu einer »Kausalerklärung«. Sie behauptet dabei, die Literatur zu erklären und letztlich auf ihre Ursprünge zurückzuführen (»fallacy of origins«). Niemand kann bestreiten, daß durch umfassende Kenntnisse der Bedingungen, unter denen sie hervorgebracht wurde, die Literatur selbst wesentlich erhellt werden kann. Der exegetische Wert einer solchen Untersuchung ist unzweifelhaft. Es ist jedoch klar, daß eine Kausaluntersuchung niemals die Probleme der Beschreibung, Analyse und Wertung eines Gegenstandes, wie er in einem literarischen Kunstwerk gegeben ist, erschöpfen kann. Ursache und Wirkung entsprechen einander nicht: das konkrete Ergebnis solcher außerliterarischen Ursachen – das Kunstwerk – ist nie vorherbestimmbar.

Der Standpunkt läßt sich vertreten, daß alles Geschichtliche, alle Umweltsfaktoren ein Kunstwerk gestalten. Die eigentlichen Probleme erheben sich jedoch erst dann, wenn wir die einzelnen Faktoren, die angeblich ein Kunstwerk bestimmen, auswerten, vergleichen und isolieren. Die meisten Forscher versuchen, eine bestimmte Reihe menschlicher Handlungen und Schöpfungen herauszusondern und dieser allein einen bestimmenden Einfluß auf das literarische Werk zuzuschreiben. So betrachtet eine Gruppe die Literatur im wesentlichen als das Produkt eines schöpferischen Individuums und kommt daher zu dem Schluß, daß die Literatur vor allem an Hand der Biographie und Psychologie des Dichters untersucht werden müsse. Eine zweite Gruppe glaubt, die das literarische Schaffen hauptsächlich bestimmenden Faktoren im institutionellen Leben des Menschen zu finden — in den wirtschaftlichen, sozialen und politischen Bedingungen. Eine andere, verwandte Gruppe sucht die ursächliche Erklärung der Literatur weitgehend in solchen anderen kollektiven Schöpfungen des menschlichen Geistes wie der Geistesgeschichte, der Theologie und den anderen Künsten. Schließlich gibt es eine literaturwissenschaftliche Richtung, die eine Erklärung der Literatur im Sinne des »Zeitgeistes« versucht, einer intellektuellen Atmosphäre oder eines Meinungs-»Klimas«, einer einheitlichen Kraft, die weitgehend aus den Merkmalen der anderen Künste abstrahiert wird.

Diese Verfechter der außerliterarischen Methode unterscheiden sich nach der Strenge, mit der sie deterministische, kausale Methoden in ihren Untersuchungen anwenden und daher auch nach den Ansprüchen, die sie im Hinblick auf den Erfolg ihrer Methode anmelden. Diejenigen, welche an die soziale Kausalität glauben, sind für gewöhnlich am stärksten der deterministischen Methode verhaftet: Dieser Radikalismus kann durch ihre philosophische Zugehörigkeit zu Positivismus und Naturwissenschaft des neunzehnten Jahrhunderts erklärt werden. Man darf andererseits nicht vergessen, daß auch die idealistischen Anhänger der Geistesgeschichte, die philosophisch auf Hegel oder andere Formen romantischen Denkens zurückgehen, extreme Deterministen und sogar Fatalisten sind.

Viele Forscher, die sich dieser Methoden bedienen, erheben wesentlich bescheidenere Ansprüche. Sie wollen nur einen gewissen Grad an Beziehungen zwischen dem Kunstwerk und seinen Bedingungen und Vorläufern nachweisen; sie nehmen an, daß ein gewisser Grad der Erhellung aus solchen Kenntnissen folgt, obwohl sich die genaue Gültigkeit jener Beziehungen ihrem Zugriff gänzlich entziehen mag. Diese bescheideneren Befürworter erscheinen uns als die weiseren, denn ganz gewiß ist die Kausalerklärung eine sehr überschätzte Methode der Literaturwissenschaft. Ebenso gewiß lassen sich nie die kritischen Probleme der Analyse und der Wertung durch sie erschöpfen. Unter den verschiedenen kausalbestimmten Methoden ist eine Erklärung des Kunstwerks im Sinne der gesamten Bedingungen vorzuziehen; denn die Rückführung der Literatur auf die Wirkung einer einzigen Ursache ist ganz offensichtlich unmöglich. Ohne uns den besonderen Auffassungen der deutschen Geistesgeschichte anzuschließen, sind wir uns bewußt, daß solche auf einer Synthese aller Faktoren beruhende Erklärung eine äußerst wichtige Kritik gegenüber den anderen zur Zeit üblichen Methoden ausschaltet. Im folgenden wird der Versuch gemacht, die Wichtigkeit dieser einzelnen Faktoren abzuwägen und diese verschiedenen Methoden vom Standpunkt ihrer Gültigkeit für eine Betrachtungsweise zu kritisieren, die sich als im wesentlichen literarisch oder »egozentrisch« bezeichnen ließe.

7. Literatur und Biographie

Die offensichtlichste Ursache eines Kunstwerks ist sein Schöpfer, der Autor. Daraus erklärt es sich, daß die auf Persönlichkeit und Leben des Dichters fußende Deutung eine der ältesten und am häufigsten angewandten Methoden der Literaturwissenschaft ist.

Biographie kann im Hinblick darauf betrachtet werden, welches Licht durch sie auf die eigentliche Erzeugung von Dichtung fällt. Doch kann man sie natürlich auch als eine Untersuchung des genialen Menschen, seiner sittlichen, geistigen und gefühlsmäßigen Entwicklung verteidigen und rechtfertigen, die in sich selber wertvoll ist. Und schließlich können wir Biographie von dem Gesichtspunkt aus betrachten, daß sie Material zu einer systematischen Untersuchung der Psychologie des Dichters sowie des dichterischen Vorgangs liefert.

Zwischen diesen drei Gesichtspunkten muß sorgfältig unterschieden werden. Für unseren Begriff der »Literaturwissenschaft« kommt nur die erste These, daß Biographie das eigentliche dichterische Erzeugnis erklärt und erhellt, unmittelbar in Betracht. Der zweite Gesichtspunkt, der den Wert der Biographie als solcher befürwortet, macht die Person zum Mittelpunkt. Die dritte Auffassung betrachtet Biographie als Material für eine besondere Wissenschaft, oder zukünftige Wissenschaft, für die Psychologie des künstlerischen Schaffens.

Biographie ist eine alte literarische Gattung. Zunächst einmal ist sie – chronologisch und logisch – ein Zweig der Historiographie. Die Biographie macht keine methodische Unterscheidung zwischen einem Staatsmann, einem General, einem Architekten, Juristen und einem Menschen, der im öffentlichen Leben keine Rolle spielt. Und Coleridges Auffassung, daß jedes noch so unbedeutende Leben, wenn wahrheitsgetreu geschildert, von Interesse sei, ist durchaus gerechtfertigt.[1] Vom Biographen aus betrachtet ist der Dichter nur irgendein anderer Mensch, dessen sittliche und geistige Entwicklung, äußere Laufbahn und Gefühlsleben rekonstruiert und auf Grund von Maßstäben bewertet werden können, die für gewöhnlich irgendeinem ethischen System oder Sittenkodex entnommen sind. Seine Schriften können dabei als die bloßen Tatsachen der Publikation, als Ereignisse wie die im Leben eines jeden Menschen erscheinen. So gesehen sind die Probleme eines Biographen einfach die eines Historikers. Er muß seine Dokumente, Briefe, Augenzeugenberichte, Erinnerungen, autobiographischen Äußerungen ausdeuten und Fragen der Echtheit, Glaubwürdigkeit von Zeugenberichten und ähnliches entscheiden. Beim eigentlichen Schreiben der Biographie muß er sich mit Problemen der chronologischen Darbietung, der Auswahl, der Diskretion oder Offenheit auseinandersetzen. Die recht umfangreiche Arbeit, die auf dem Gebiet der Biographie geleistet worden ist, beschäftigt sich mit solchen keineswegs besonders literarischen Fragen.[2]

Zwei Probleme der literarischen Biographie erweisen sich jedoch als für unseren Zusammenhang wesentlich. Wie weit läßt es sich rechtfertigen, daß der Biograph die Werke selber als Quelle für seine Zwecke benutzt? Wie weit sind die Ergebnisse der literarischen Biographie zum Verständnis der Werke selber wichtig und anwendbar? Für gewöhnlich wird auf beide Fragen eine bejahende Antwort gegeben. Bei der ersten Frage bildet eine positive Antwort die Voraussetzung für fast alle Biographen, die sich vor allem zu Dichtern hingezogen fühlen; denn Dichter scheinen eine Fülle von Material anzubieten, das sich bei der Abfassung einer Biographie verwenden läßt, Material, das im Falle vieler weit einflußreicherer historischer Persönlichkeiten nicht oder kaum vorhanden ist. Aber ist dieser Optimismus gerechtfertigt?

Wir müssen zwischen zwei Zeitaltern der Menschheit, zwischen zwei Möglichkeiten unterscheiden. Für den größten Teil der frühen Literatur besitzen wir keine persönlichen Dokumente, auf die sich der Biograph berufen kann. Wir haben nur eine Reihe von öffentlichen Dokumenten, Geburts- und Heiratsurkunden, Rechtshändeln und dergleichen, und ferner das Material, das uns die Werke bieten. Es ist uns z. B. möglich, Shakespeares Ortswechsel im Groben zu verfolgen; auch wissen wir ein wenig über seine Finanzen. Doch besitzen wir nicht das Geringste an Briefen, Tagebüchern oder Erinnerungen, außer ein paar Anekdoten von zweifelhafter Glaubhaftigkeit. Der enorme Aufwand, mit dem das Studium von Shakespeares Leben betrieben worden ist, hat nur sehr geringe Ergebnisse von literarischem Nutzen gezeitigt. Sie bestehen weitgehend aus chronologischen Fakten und Belegen zu Shakespeares persönlichen Verbindungen und gesellschaftlicher Stellung. Daher sind diejenigen, die eine Shakespeare-Biographie, eine Darstellung seiner ethischen und gefühlsmäßigen Entwicklung zu konstruieren versuchten, entweder lediglich zu einer Aufreihung von Trivialitäten gelangt, wenn sie, wie etwa Caroline Spurgeon in ihrer Untersuchung der Shakespeareschen Bildwelt, ihre Aufgabe in einem wissenschaftlichen Geiste angingen; oder sie erfanden biographische Romane wie die von Georg Brandes oder Frank Harris,[3] indem sie von den Dramen und Sonetten leichtsinnig Gebrauch machten. Die ganze Voraussetzung, von der diese Versuche ausgehen (die wahrscheinlich mit ein paar Andeutungen bei Hazlitt und Schlegel begannen und von Dowden als ersten noch recht vorsichtig ausgeführt wurden), ist falsch. Man kann aus fiktiven Äußerungen, besonders, wenn sie im Rahmen eines Dramas gemacht werden, keinerlei gültige Schlüsse auf die Biographie eines Dichters ziehen. Man darf sogar ernste Zweifel gegen die allgemeine Ansicht anmelden, daß Shakespeare durch eine depressive Periode hindurchging, in der er seine Tragödien und bitteren Komödien schrieb, um dann im *Sturm* zu einer gefestigteren Heiterkeit zu gelangen. Es ist nicht selbstverständlich, daß ein Dichter in einer tragischen Stimmung sein muß, um Tragödien zu schreiben, oder daß er Komödien schreibt, wenn er das Leben als angenehm empfindet. Es gibt einfach keinen Beweis für Shakespeares Sorgen und Nöte.[4] Man kann ihn ebensowenig für Timons oder Macbeths Lebensanschauungen verantwortlich machen wie für die Ansichten Jagos oder die des Possenreißers. Es gibt keinen Grund für die Annahme, daß Prospero wie Shakespeare spricht; man kann einem Dichter nicht die Gedanken, Gefühle, Anschauungen, Tugenden und Laster seiner Helden zuschreiben. Und dies gilt nicht für dramatische Charaktere oder für Charaktere eines Romans, sondern ebenso für das lyrische Ich. Die Beziehung zwischen persönlichem Leben und Werk ist nicht eine einfache Beziehung von Ursache und Wirkung.

Verteidiger der biographischen Methode werden sich dieser Ansicht allerdings widersetzen. Die Verhältnisse, so werden sie sagen, haben sich seit Shakespeares Zeiten verändert. Für viele Dichter hat sich eine Fülle an biographischem Material angesammelt, da die Dichter sich ihrer selbst bewußt wurden, sich als in den Augen der

Nachwelt lebend betrachteten (wie Milton, Pope, Goethe, Wordsworth oder Byron), viele autobiographische Äußerungen hinterließen und ferner die lebhafte Aufmerksamkeit ihrer Zeitgenossen auf sich lenkten. Die biographische Methode scheint sich uns jetzt leicht in die Hand zu geben, da wir Leben und Werk prüfend einander gegenüberstellen können. Ja, die Methode wird vom Dichter sogar selbst gefordert, vor allem vom romantischen Dichter, der von sich und seinen innersten Gefühlen schreibt oder gar, wie Byron, das »Schauspiel seines blutenden Herzens« in Europa herumträgt. Nicht nur in persönlichen Briefen, Tagebüchern und Autobiographien, sondern auch in ihren geformtesten Äußerungen sprachen diese Dichter von sich selber. Worsdworths *Prelude* ist ganz ausgesprochen als Autobiographie gedacht. Es erscheint schwierig, diese Äußerungen, die sich häufig dem Inhalt oder selbst dem Ton nach kaum von einer Privatkorrespondenz unterscheiden, nicht wörtlich zu nehmen und Dichtung nicht im Sinne des Dichters zu deuten, der sie — mit Goethes bekannten Worten — als »Bruchstücke einer großen Konfession« betrachten mag.

Gewiß muß man zwischen zwei Arten von Dichtern unterscheiden, der objektiven und der subjektiven; jene, die — wie Keats und T. S. Eliot — die »negative Fähigkeit« (negative capability) des Dichters, sein Offensein gegenüber der Welt, das vollkommene Zurücktreten seiner konkreten Person hervorheben, und die entgegengesetzte Art des Dichters, der auf die Entfaltung seiner Persönlichkeit abzielt, der ein Selbstportrait geben, der bekennen und sein Selbst ausdrücken möchte.[5] Über weite Strecken der Geschichte ist uns nur die erste Art bekannt, die Werke, in denen das Element des Selbstausdrucks nur sehr schwach vorhanden ist, wenn auch ihr ästhetischer Wert sehr hoch sein mag. Die italienische »novelle«, Ritterromane, Sonette der Renaissance, das elisabethanische Drama, naturalistische Romane, der größte Teil der Volkspoesie mögen als literarische Beispiele dienen.

Aber auch beim subjektiven Dichter darf die Unterscheidung zwischen einer persönlichen Äußerung biographischen Charakters und dem gleichen, in einem Kunstwerk verwandten Motiv nicht zurückgenommen werden. Ein Kunstwerk bildet eine Einheit auf einer ganz anderen Ebene, in einem ganz anderen Verhältnis zur Wirklichkeit als ein Memoirenbuch, ein Tagebuch oder ein Brief. Nur durch eine Verkehrung der biographischen Methode konnten die intimsten und häufig auch die gleichgültigsten oder zufälligsten Dokumente aus dem Leben eines Dichters zum Mittelpunkt von Untersuchungen werden, während die Gedichte selber im Lichte der Dokumente gedeutet und nach Maßstäben eingeordnet wurden, die von den aus kritischer Beurteilung der Gedichte gewonnenen Maßstäben völlig gesondert waren oder sogar im Widerspruch dazu standen. So konnte Brandes *Macbeth* als uninteressant ansehen, da dieses Drama seiner Auffassung von Shakespeares Persönlichkeit am wenigsten verwandt ist. In ähnlicher Weise äußerte sich Kingsmill über Arnolds *Sohrab and Rustum.*[6]

Selbst wenn ein Kunstwerk Elemente enthält, deren biographischer Charakter mit Sicherheit nachgewiesen werden kann, erscheinen diese Elemente im Kunstwerk in neuer Ordnung und solcher Umformung, daß sie ihre spezifisch persönliche Bedeutung verlieren und schlechthin zu konkretem menschlichem Stoff, zu integralen Bestandteilen eines Kunstwerks werden. Ramon Fernandez hat im Zusammenhang mit Stendhal einen sehr überzeugenden Beweis zu diesem Punkt geliefert. G. W. Meyer hat aufgezeigt, wie stark das angeblich biographische *Prelude* sich von Wordsworths wirklichem Leben während des im Gedicht behandelten Vorgangs unterscheidet.[7]

Die gesamte Auffassung, daß Kunst nichts sei als Selbstausdruck, die Umschrift persönlicher Gefühle und Erlebnisse, ist nachweislich falsch. Selbst wenn tatsächlich eine enge Beziehung zwischen dem Kunstwerk und dem Leben des Künstlers besteht, so darf dies niemals dahingehend ausgelegt werden, daß das Kunstwerk lediglich eine Kopie des Lebens sei. Die biographische Methode übersieht, daß ein Kunstwerk nicht einfach die Verkörperung von Erlebnissen, sondern immer das späteste Kunstwerk in einer Reihe solcher Werke ist; es ist ein Drama, ein Roman, ein Gedicht, das, wenn überhaupt »determiniert«, so von einer literarischen Tradition und Konvention determiniert ist. Tatsächlich verdunkelt die biographische Methode ein rechtes Verständnis des literarischen Prozesses, da sie die Ordnung der literarischen Tradition zerbricht, um ihrerseits den Lebenskreis eines Individuums dafür einzusetzen. Auch ignoriert die biographische Methode ganz einfache psychologische Tatsachen. Ein Kunstwerk mag vielleicht eher noch den »Traum« eines Dichters als sein wirkliches Leben verkörpern, oder es kann die »Maske«, das »Gegen-Ich« sein, hinter der sich seine reale Person versteckt, oder es mag das Bild eines Lebens darstellen, dem der Dichter entrinnen möchte. Darüber hinaus dürfen wir nicht vergessen, daß der Künstler von seiner Kunst aus gesehen das Leben möglicherweise anders »erlebt«: wirkliche Erlebnisse werden im Hinblick auf ihre Anwendung in der Literatur betrachtet, und indem er sie erfährt, sind sie schon zu einem Teil von künsterlischen Traditionen und vorgefaßten Ideen vorgeformt.[8]

Wir kommen zu dem Schluß, daß die biographische Interpretation und Benutzung eines Kunstwerks sorgfältiger Untersuchung und Prüfung in jedem einzelnen Falle bedarf, da eben das Kunstwerk kein Dokument für Biographie ist. So müssen wir ein Werk wie Gladys Wades *Life of Traherne* ernsthaft in Frage stellen, wo jede Äußerung aus Trahernes Gedichten für biographische Wahrheit angesehen wird, oder die vielen Bücher über das Leben der Brontës, die ganze Abschnitte aus *Jane Eyre* oder *Vilette* einfach übernehmen. Es gibt da *The Life and Eager Death of Emily Brontë* von Virginia Moore, die überzeugt ist, daß Emily die Leidenschaften Heathcliffs selber erfahren haben muß; und es gibt andere, die behaupten, eine Frau könne *Wuthering Heights* nicht geschrieben haben und daß der Bruder, Patrick, in Wirklichkeit der Autor gewesen sein muß.[9] Dies ist die Art der Beweisführung, die etwa zu den Behauptungen geführt hat, Shakespeare müsse Italien besucht haben, müsse ein Rechtsanwalt, Soldat, Lehrer, oder Bauer gewesen sein. Auf all dies gab Ellen Terry die schlagende Erwiderung in ihrer Folgerung, daß Shakespeare auf Grund der gleichen Kriterien eine Frau gewesen sein müsse!

Es muß jedoch gesagt werden, daß solche Beispiele anmaßender Torheit das Problem der Persönlichkeit in der Literatur natürlich nicht erledigen. Wir lesen Dante oder Goethe oder Tolstoi und wissen, daß da eine Person hinter dem Werk steht. Unter den Werken eines Dichters herrscht eine unbestreitbare physiognomische Ähnlichkeit. Man könnte aber fragen, ob es nicht geratener wäre, scharf zwischen der empirischen Person und dem Werk, das nur in einem metaphorischen Sinne als »persönlich« bezeichnet werden kann, zu unterscheiden. Es gibt eine Eigenschaft, die wir als »Miltonisch« oder »Keatsisch« in den Werken dieser Dichter bezeichnen können. Aber diese Eigenschaft läßt sich aus den Werken selber bestimmen, während sie aus rein biographischem Material wohl kaum ermittelt werden kann. Wir wissen, was »Vergilisch« oder »Shakespearisch« ist, ohne daß uns irgendwelche genauen biographischen Data dieser beiden großen Dichter bekannt sind.

Und doch gibt es noch Verbindungsglieder, Parallelismen, versteckte Ähnlichkeiten, umgekehrte Spiegel. Das Werk des Dichters kann eine Maske, eine dramatisierte Stilisierung sein, aber häufig eine Stilisierung seiner eigenen Erlebnisse, seines eigenen Lebens. Wenn man Verständnis für diese Unterscheidungen mitbringt, dann kann auch das Studium der Biographie nützlich sein. In erster Linie kommt ihm zweifellos exegetischer Wert zu; viele Anspielungen oder sogar Worte im Werk eines Dichters können unter Umständen dadurch erklärt werden. Der biographische Rahmen wird auch bei der Untersuchung des offensichtlichsten aller streng entwicklungsmäßigen Probleme der Literaturgeschichte helfen – dem Wachsen, Reifen und möglichen Niedergang der Kunst eines Dichters. Auch liefert die Biographie das Material für andere Fragen der Literaturgeschichte wie z. B. der Lektüre des Dichters, seiner persönlichen Verbindungen zu literarischen Persönlichkeiten, seiner Reisen, der Landschaften und Städte, die er sah und in denen er lebte – all dies sind Fragen, die Licht auf die Literaturgeschichte werfen können, d. h. auf die Tradition, in die der Dichter gestellt war, auf die Einflüsse, durch die er geformt wurde, auf das Material, auf das er sich bezog.

Welche Bedeutung der Biographie von diesen Gesichtspunkten aus auch zukommen mag, so erscheint es doch als gefährlich, ihr irgendeine echte kritische Bedeutung zuzumessen. Keinerlei biographisches Material kann die kritische Wertung verändern oder beeinflussen. Das häufig angeführte Kriterium der »Aufrichtigkeit« ist durchaus falsch, wenn es Literatur auf Grund biographischer Wahrheitstreue, auf Grund der Übereinstimmung mit den Erlebnissen oder Gefühlen des Dichters, wie sie durch äußere Beweisstücke bezeugt sind, beurteilt. Zwischen »Aufrichtigkeit« und Kunstwert besteht keine Beziehung. Die Bände leidenschaftlich empfundener Liebeslyrik, wie Jünglinge sie hervorbringen, und die langweiligen, religiösen Verse (wie glühend sie auch empfunden sein mögen), die die Bibliotheken füllen, sind hinreichender Beweis dafür. Byrons »Fare Thee Well ...« wird als Gedicht nicht schlechter oder besser dadurch, daß es des Dichters wirkliche Beziehung zu seiner Frau dramatisiert. Ebensowenig »ist es schade«, wie Paul Elmer More meint, daß die Handschrift keine Spuren der Tränen aufweist, die laut Thomas Moores *Memoranda* darauf fielen.[10] Das Gedicht existiert; ob die Tränen vergossen oder nicht vergossen wurden – die persönlichen Gefühle sind vergangen und können und brauchen nicht rekonstruiert zu werden.

8. Literatur und Psychologie

Unter »Psychologie der Literatur« kann man Verschiedenes verstehen: die psychologische Untersuchung des Dichters als Typ und als Individuum; ferner die Untersuchung des Schaffensprozesses; die Untersuchung der in einem literarischen Werk dargestellten psychologischen Typen und Gesetze und schließlich auch noch die Wirkungen der Literatur auf ihre Leser (Publikumspsychologie). Diese letzte Möglichkeit werden wir im Kapitel »Literatur und Gesellschaft« abhandeln; die anderen drei wollen wir nacheinander hier besprechen. Streng genommen gehört eigentlich nur die dritte zur eigentlichen Literaturwissenschaft. Die beiden ersten sind Unterabteilungen der Psychologie der Kunst. Obschon sie gelegentlich reizvolle pädagogische Wege zur Literatur aufzeigen können, sollte man sich doch vor jedem Versuch hüten, literarische Werke auf Grund ihrer Ursprünge zu bewerten (der genetische Trugschluß).

Über das Wesen des literarischen Genies hat man sich schon immer Gedanken gemacht. Bei den Griechen sah man es als dem »Wahnsinn« verwandt an (was sich modern als die Spanne zwischen Neurose und Psychose auslegen läßt). Der Dichter ist der »Besessene«, er ist anders als die anderen Menschen, er ist zu gleicher Zeit mehr und weniger als diese; und das Unbewußte, aus dem heraus er spricht, wird zugleich als unter- oder überrational empfunden.

Eine andere frühe und beharrliche Auffassung ist die, daß des Dichters »Gabe« auf einem Ersatz beruht. Die Muse nahm dem Demodokos das Augenlicht, gab ihm dafür jedoch die »Liebliche Gabe des Gesanges« (in der *Odysee*), wie auch dem geblendeten Teiresias prophetische Einsicht verliehen war. Behinderung und Begabung entsprechen einander natürlich nicht immer so genau, und das Leiden und die Verunstaltung kann ebensowohl seelischer oder gesellschaftlicher, anstatt körperlicher Natur sein. Pope war ein buckliger Zwerg; Byron hatte einen Klumpfuß; Proust war ein asthmatischer Neurotiker von teilweise jüdischer Herkunft; Keats war kleiner als andere Menschen, Thomas Wolfe viel größer. Die Schwierigkeit bei dieser Theorie liegt in ihrer Bequemlichkeit. Nachdem er sich ereignet hat, läßt sich jeder Erfolg auf eine Ausgleichsmotivation zurückführen; denn jeder hat seine Schwächen, die ihm als Ansporn dienen können. Zweifelhaft ist sicherlich die weitverbreitete Auffassung, daß die Neurose — und der »Ersatz« — den Künstler vom Gelehrten und anderen »Geistesarbeitern« unterscheidet. Die offensichtliche Unterscheidung liegt aber darin, daß Dichter ihren eigenen Fall häufig dokumentieren, indem sie ihre Krankheitserscheinungen zu ihrem Stoff machen.[1]

Als Grundfragen ergeben sich diese: Wenn der Dichter ein Neurotiker ist, liefert dann seine Neurose die Thematik für sein Werk oder aber nur dessen Motivation? Ist das letztere der Fall, so unterscheidet sich der Dichter nicht von anderen Geistesarbeitern. Die andere Frage ist die: Wenn der Dichter in seiner Thematik neurotisch ist (wie Kafka zweifellos), wie erklärt es sich dann, daß sein Werk seinen Lesern verständlich ist? Der Dichter muß wohl sehr viel mehr als nur die Aufzeichnung einer einzelnen Krankengeschichte geben. Er muß sich entweder mit einem archetypischen Muster befassen (wie Dostojewskij in den *Brüdern Karamasow)* oder mit dem Muster einer »neurotischen Persönlichkeit«, die ja in unserer Zeit weit verbreitet ist.

Freuds Auffassung vom Dichter schwankt ein wenig. Wie viele seiner europäischen Kollegen, vor allem Jung und Rank, war er ein Mann von hoher Allgemeinbildung, mit der Bewunderung des gebildeten Österreichers für die griechischen und die deutschen Klassiker. Darüber hinaus entdeckte er in der Literatur manche Einsichten, die seine eigenen vorwegnahmen oder bestätigten — in Dostojewskijs *Die Brüder Karamasow,* im *Hamlet,* in Diderots *Rameaus Neffe,* bei Goethe. Doch hielt er den Dichter auch für einen eingefleischten Neurotiker, der sich durch seine schöpferische Arbeit vor einem Zusammenbruch bewahrte, sich zugleich aber einer wirklichen Heilung entzog.

»Der Künstler«, so sagt Freud, »ist ursprünglich ein Mensch, welcher sich von der Realität abwendet, weil er sich mit dem von ihr zunächst geforderten Verzicht auf Triebbefriedigung nicht befreunden kann, und seine erotischen und ehrgeizigen Wünsche im Phantasieleben gewähren läßt. Er findet aber den Rückweg aus dieser Phantasiewelt zur Realität, indem er dank besonderer Begabungen seine Phantasien zu einer neuen Art von Wirklichkeiten gestaltet, die von den Menschen als wertvolle Abbilder der Realität zur Geltung zugelassen werden. Er wird so auf eine gewisse Weise wirklich der Held, König, Schöpfer, Liebling, der er werden wollte, ohne den gewaltigen Umweg über die wirkliche Veränderung der Außenwelt einzuschlagen.« Danach ist der Dichter ein Tagträumer, der sozial gerechtfertigt ist. Anstatt seinen Charakter zu ändern, hält er seine Phantasien fest und veröffentlicht sie.[2]

Diese Art der Erklärung sieht den Philosophen und den »reinen

Wissenschaftler« vermutlich auf gleicher Ebene mit dem Künstler und ist so eine Art positivistischer »Reduzierung« schöpferischer Tätigkeit auf ein Beobachten und Benennen anstatt Handeln. Sie wird schwerlich der mittelbaren oder indirekten Wirkung schöpferischer Arbeit, den »Veränderungen in der äußeren Welt« gerecht, die durch das Lesen von Romanschriftstellern und Philosophen bewirkt werden. Auch erkennt sie nicht, daß das Schaffen selber eine sich in der äußeren Welt vollziehende Arbeitsweise ist, daß einer, der tatsächlich schreibt oder dichtet, in einem Vorgang der »Veräußerung« und der Anpassung an die Gesellschaft begriffen ist, während der Tagträumer sich damit zufrieden gibt, von der Aufzeichnung seiner Träume zu träumen.

Die meisten Dichter haben sich von der Verschreibung an einen orthodoxen Freudianismus oder, wo sie in einigen Fällen begonnen wurde, von der Durchführung ihrer psychoanalytischen Behandlung zurückgezogen. Die meisten wollen nicht »geheilt« oder »angepaßt« werden, entweder in dem Gedanken, daß sie, würden sie sich anpassen, zu schreiben aufhörten, oder daß die beabsichtigte Heilung eine Anpassung an eine Normalität oder an eine gesellschaftliche Umwelt vorsah, die sie als philisterhaft oder bürgerlich ablehnten. So hat W. H. Auden einmal behauptet, Künstler sollten so neurotisch sein, wie sie es aushalten könnten; und viele stimmen mit Karen Horney, mit Fromm und Kardiner, die die Freudschen Theorien revidiert haben, darin überein, daß Freuds Auffassung von der Neurose und der Normalität, erwachsen aus dem Wien der Jahrhundertwende, einer Korrektur durch Marx und die Anthropologen bedürfe.[3]

Die Theorie von der Kunst als Neurose wirft die Frage nach der Einbildungskraft in Beziehung zum Glauben an bestimmte Vorstellungen auf. Besteht nicht nur eine Analogie zwischen dem Romanschriftsteller und dem romantischen Kind, das »Geschichten erzählt« — d. h. seine Erlebnisse umwandelt, bis sich diese seinem Vergnügen und Glauben angleichen —, sondern auch zu einem Menschen, der an Halluzinationen leidet und die wirkliche Welt mit der Phantasiewelt seiner Hoffnungen und Befürchtungen vermischt? Einige Romanschriftsteller (z. B. Dickens) haben davon gesprochen, daß sie ihre Charaktere lebhaft vor sich sähen und hörten, und ferner, daß die Charaktere die Kontrolle über die Geschichte übernähmen und sie zu einem anderen Ausgang führten als vom Autor zunächst beabsichtigt war. Keines der von den Psychologen angeführten Beispiele scheint den Vorwurf der Halluzination zu rechtfertigen.

Einigen Romanschriftstellern mag jedoch die unter Kindern häufige, später aber seltene Gabe zur Schau eidetischer Bilder eignen (worunter weder Nachbilder noch Erinnerungsbilder zu verstehen sind, sondern ihrem Wesen nach unmittelbar sinnlich wahrnehmbare Bilder). Laut Erich Jaensch ist diese Gabe symptomatisch für die besondere Integration des sinnlich Wahrnehmbaren und Begrifflichen im Künstler. Er hat einen uralten Zug des Menschengeschlechts beibehalten und entwickelt: er fühlt und sieht sogar seine Gedanken.[4]

Ein anderer dem Dichter manchmal zugewiesener Zug ist die Synästhesie oder die Koppelung sinnlicher Wahrnehmungen, die auf zwei oder mehreren Sinnen, am häufigsten Hören und Sehen, beruhen (»audition colorée«: z. B. der Trompetenton als scharlachrot). Als physiologischer Zug erklärt sich dies vielleicht, wie die Farbenblindheit für rot und grün, als Überbleibsel einer früheren, verhältnismäßig undifferenzierten Sinnesempfindung. Viel häufiger aber ist die Synästhesie, eine literarische Technik, eine Form der metaphorischen Übertragung, der stilisierte Ausdruck einer metaphysisch-ästhetischen Einstellung zum Leben. Historisch gesehen sind diese Einstellung und dieser Stil charakteristisch für Barock und Romantik und werden dementsprechend von den rationalistischen Perioden abgelehnt, die sich mehr um das »Klare und Deutliche« als um »Korrespondenzen«, Entsprechungen und Vereinigungen bemühen.[5]

Seit seinen frühesten kritischen Schriften hat T. S. Eliot die Ansicht vertreten, der Dichter müsse noch einmal seine Stufen innerhalb der Menschheitsgeschichte durchschreiten, oder besser, diese unbewußt bewahren; er müsse die Verbindung zu seiner eigenen Kindheit und zu der des Menschengeschlechts aufrechterhalten, während er zugleich in die Zukunft ausgreift: »Der Künstler«, so schrieb er 1918, »ist primitiver wie auch kultivierter als seine Zeitgenossen ...«. 1932 kommt er zu dieser Auffassung zurück, spricht insbesondere von der »akustischen Einbildungskraft«, aber auch von der visuellen Bildwelt des Dichters und vor allem von den immer wiederkehrenden Bildern, »die symbolischen Wert haben können, doch wofür, das können wir nicht sagen; denn sie stehen für jene Tiefen des Gefühls, in die wir nicht hineinblicken können.« Eliot führt zustimmend die Werke von Cailliet und Bédé über die Beziehungen der symbolischen Bewegung zur primitiven Psyche an und faßt zusammen: »Die vor-logische Mentalität ist im zivilisierten Menschen erhalten, tritt aber nur im Dichter auf oder wird durch ihn zugänglich.«[6]

Es ist nicht schwer, in diesen Stellen den Einfluß von C. G. Jung zu erkennen, sowie eine Neuformulierung der Jungschen These, daß unter dem individuellen »Unbewußten« — den verdrängten Resten unserer Vergangenheit, vor allem unserer Kindheit und des Säuglingsalters — das »kollektive Unbewußte« liegt — die verdrängte Erinnerung an unsere Menschheits-Vergangenheit, ja sogar an vormenschliche Zeiten.

Jung hat eine sorgfältig ausgearbeitete psychologische Typologie entwickelt, nach der sich vier Typen aus dem Vorherrschen jeweils entweder des Denkens, Fühlens, der Empfindung oder der Intuition ergeben, die wiederum durch die Begriffe des »extravertierten« und des »introvertierten« Menschen untergeteilt werden. Jung weist nun nicht, wie man vielleicht annehmen möchte, alle Dichter der intuitiv-introvertierten Kategorie oder, allgemeiner, der Kategorie der Introvertierten zu. In weiterer Abwehr aller Simplifikationen bemerkt er, daß einige Dichter in ihrer schöpferischen Arbeit ihren Typus offenbaren, andere dagegen ihren Antitypus, ihre Ergänzung.[7]

Man sollte zugeben, daß der homo scriptor nicht auf einen einzigen Typus reduziert werden kann. Denken wir uns etwa eine romantische Mischung von Coleridge, Shelley, Baudelaire und Poe, kommen uns doch im gleichen Augenblick Racine, Milton und Gothe oder Jane Austen und Anthony Trollope in den Sinn. Man könnte vielleicht die lyrischen und romantischen Dichter von den dramatischen und epischen zu unterscheiden versuchen. Der deutsche Typologe Kretschmer trennt die Lyriker (die lepsomatisch sind und zur Schizophrenie neigen) von den Romanschriftstellern (von pyknischem Körperbau und manisch-depressivem oder »zykloidem« Temperament). Es gibt ganz sicher das typologische Paar des »besessenen«, d. h. des unmittelbaren, von Visionen überwältigten oder prophetischen Dichters, und des »Kunstfertigers«, eines Dichters, der in erster Linie ein geübter, gewandter, verantwortungsbewußter Handwerker ist. Diese Unterscheidung läßt sich wohl zum Teil historisch erklären. Der »besessene« ist der primitive Dichter, der Schamane; später dann etwa der Romantiker, der Expressionist, der Surrealist. Die in den bardischen Schulen Irlands und Islands ausgebildeten berufsmäßigen Dichter, die Dichter der Renaissance und des Klassizismus sind »Macher«. Aber natürlich dürfen diese Typen nicht als sich gegenseitig ausschließend verstanden werden, sondern man muß sie als polar auffassen. Und im Falle großer Dichter — Milton, Poe, James und Eliot, Shakespeare, Goethe, Dostojewskij und anderen — müssen wir uns den Dichter als »Macher« wie auch als »Besessenen« denken, als einen, in dem sich eine ihn bedrängende Vision mit bewußter, genauer Bemühung um deren Darstellung vereinigt.[8]

Vielleicht die einflußreichste aller modernen Polaritäten ist die Nietzsches aus der *Geburt der Tragödie* (1872), die Polarität zwischen den beiden griechischen Kunst-Göttern, Apollo und Dionysos, und zwischen den beiden künstlerischen Arten und Vorgängen, für die sie stehen: für die Plastik und für die Musik, die psychologischen Zustände des Traumes und des ekstatischen Rausches. Dieses Paar entspricht annähernd dem klassischen »Macher« und dem romantischen »Besessenen« (oder poeta vates).

Obgleich er es nicht offen ausspricht, verdankt wohl der französische Psychologe Ribot Nietzsche die Grundlage für seine eigene Einteilung der Dichter in zwei Haupttypen der Einbildungskraft. Der erste dieser beiden Typen, der »plastische«, bezeichnet den scharf wahrnehmenden Künstler, der in erster Linie durch die Beobachtung der Außenwelt angeregt wird. Der zweite, der »zerfließende« (der akustische und symbolische) Typ charakterisiert den Symbolisten oder den Dichter romantischer Novellen (Tieck, Hoffmann, Poe), der von seinen eigenen Gefühlen und Empfindungen ausgeht und sie durch Rhythmus und Bilder wiedergibt, deren Einheit sich aus dem Zwang seiner »Stimmung« ergibt. Zweifellos geht Eliot von Ribot aus, bei seinem Gegensatz zwischen Dantes »visueller Einbildungskraft« und Miltons »akustischer«.

Noch ein anderes Beispiel möge angeführt werden. L Rusu, ein zeitgenössischer rumänischer Gelehrter, unterscheidet drei grundlegende künstlerische Typen: den »type symathique« (heiter, spontan, vogelhaft in seiner Schaffensweise), den »type démoniaque anarchique« und den »type démoniaque équilibré«. Die Beispiele sind bei Rusu nicht immer glücklich gewählt; aber ganz allgemein ergibt sich manche Anregung aus dieser These und Antithese von »sympathisch« und »anarchisch« und mit der Synthese in dem größten Typus, in dem der Kampf mit dem Dämon in einem Triumph, einem Ausgleich der Spannungen geendet hat. Rusu führt Goethe als Beispiel für diese Größe an; doch dürfen wir die Namen aller Größten dem hinzufügen — Dante, Shakespeare, Balzac, Dikkens, Tolstoi und Dostojewskij.[9]

Der Begriff »Schaffensprozeß« sollte auf die gesamte Entwicklung von den unterbewußten Ursprüngen eines literarischen Werkes bis zu jenen letzten Überarbeitungen angewandt werden, die bei einigen Dichtern den am echtesten schöpferischen Teil des Ganzen darstellen.

Man muß zwischen der seelischen Struktur eines Dichters und dem Verfassen eines Gedichts, zwischen Impression und Expression, Eindruck und Ausdruck unterscheiden. Croce hat mit seiner Zurückführung beider auf die ästhetische Intuition nicht die Zustimmung der Dichter und der Kritiker gewinnen können. Eine sogar fast gegenteilige Reduktion wurde recht einleuchtend von C. S. Lewis vorgenommen. Aber auch jeder Versuch, das Paar im Sinne Diltheys als Dualismus von »Erlebnis« und »Dichtung« zu sehen, kann nicht befriedigen. Der Maler sieht als Maler; das Gemälde ist die Klärung und Vollendung seines Sehens. Der Dichter »macht« Gedichte; aber der Stoff seiner Gedichte ist das Ganze des von ihm wahrgenommenen Lebens. Beim Künstler, in welchem Medium er sich auch ausdrückt, wird jeder Eindruck durch seine Kunst geformt; es häufen sich in ihm keine rudimentären Erlebnisse an.[10]

»Inspiration«, der traditionelle Name für den unbewußten Faktor beim Schaffen, verbindet sich im klassischen Gedankengut mit den Musen, den Töchtern der Erinnerung, und in der christlichen Überlieferung mit dem Heiligen Geist. Zweifellos unterscheidet sich der inspirierte Zustand eines Schamanen, Propheten oder Dichters von seinem gewöhnlichen Zustand. In primitiven Gesellschaften ist es dem Schaman möglich, sich freiwillig in Trance zu versetzen, oder er mag unfreiwillig von irgendeinem vorväterlichen oder totemistischen Geist »besessen« sein. In modernen Zeiten empfindet man als wesentliche Merkmale der Inspiration ihre Plötzlichkeit und Unpersönlichkeit: das Werk scheint durch einen hindurch geschrieben zu sein.[11]

Läßt sich die Inspiration nicht vielleicht auch herbeiführen? Ganz sicher gibt es beim Schaffen gewisse Gewohnheiten, Reizmittel und Rituale. Alkohol, Opium und andere Rauschmittel umnebeln den bewußten Geist, den überkritischen »Zensor«, und lösen die Tätigkeit des Unterbewußten aus. Coleridge und De Quincey erhoben den Anspruch, daß sich durch das Opium eine ganze neue Erlebniswelt der literarischen Behandlung öffne. Aus modernen klinischen Berichten muß man jedoch schließen, daß die ungewöhnlichen Elemente in den Werken solcher Dichter sich aus deren neurotischen Psychen und nicht aus der spezifischen Wirkung des Rauschgifts erklären. Elisabeth Schneider hat bewiesen, daß sich De Quinceys »auf die spätere Literatur so einflußreiche ›Opiumträume‹, abgesehen von ihrer genaueren Ausarbeitung, in Wahrheit nur sehr wenig von einer Eintragung in sein Tagebuch aus dem Jahre 1803 unterscheiden, einem Zeitpunkt, der vor seinem Genuß von Opium liegt.«[12]

Wie die mantischen Dichter primitiver Gemeinschaften darin unterwiesen werden, auf welche Weise sie sich selber in Zustände versetzen können, die die »Besessenheit« fördern, und wie der religiöse Mensch des Ostens durch geistliche Zucht angewiesen wird, festgesetzte Zeiten und Orte für die Gebetsverrichtung und bestimmte »Stoßgebete« oder »mantras« zu benutzen, so findet man auch unter den Dichtern der modernen Welt gewisse Gebräuche, die den schöpferischen Zustand herbeiführen sollen. Schiller hatte angefaulte Äpfel in der Schublade seines Arbeitspultes; Balzac schrieb in einer Mönchskutte. Viele Dichter denken »horizontal« und schreiben sogar im Bett, wie z. B. Schriftsteller, die so verschieden sind wie Proust und Twain. Einige benötigen Ruhe und Einsamkeit; andere dagegen ziehen es vor, inmitten ihrer Familie oder einer Kaffeehausgesellschaft zu schreiben. Wieder andere Dichter arbeiten während der Nacht und schlafen tagsüber. Die Vorliebe für die Nacht (als die Zeit der Besinnung, des Traumes, des Unbewußten) stammt aus der Romantik; doch daneben gibt es die konkurrierende romantische (Wordsworthsche) Tradition, welche die frühen Morgenstunden (die Frische der Kindheit) preist. Einige Dichter behaupten, sie könnten nur zu bestimmten Jahreszeiten schreiben. So war Milton überzeugt, daß seine poetische Schaffenskraft zu keiner anderen Zeit sich glücklicher entfalte als zwischen der Tag- und Nachtgleiche von Herbst bis Frühling. Dr. Johnson, dem alle Theorien dieser Art zuwider waren, glaubte, jedermann könne immer schreiben, wenn er sich nur zäh dazu anhielte; er selber schrieb, wie er selbst zugab, unter wirtschaftlichem Zwang. Man darf jedoch annehmen, daß diese scheinbar grillenhaften Gebräuche das eine miteinander gemein haben, daß sie, durch Assoziation oder Gewohnheit, die systematische Produktion erleichtern.[13]

Hat die Art und Weise der Niederschrift irgendeine nachweisbare Wirkung auf den literarischen Stil? Macht es etwas aus, ob man eine erste Fassung mit Feder oder Tinte schreibt, oder sofort in die Maschine hinein komponiert? Hemingway ist der Überzeugung, daß die Schreibmaschine »die Sätze festsetzt, noch bevor sie druckfertig sind«, wodurch allerdings die Überarbeitung als integraler Bestandteil des Schreibens schwierig wird. Andere vermuten, daß die Maschine einen allzu flüssigen oder journalistischen Stil fördert. Doch über all dies gibt es noch keine empirische Untersuchung. Das Diktat wurde von Dichtern verschiedenster Anlage benutzt. Der blinde Milton diktierte einem Schreiber Verse des *Verlorenen Paradieses*, die in seinem Kopf schon vollendet waren. Noch interessanter ist das Beispiel Scotts, des alten Goethe und Henry James'. Bei ihnen war der allgemeine Plan bereits im voraus festgelegt und die Wortfüllung wurde dann extemporiert. Wenigstens bei Henry James erscheint es durchaus möglich, einen kausalen Bezug zwischen Diktat und seiner »späteren Manier« zu sehen, die in ihrer gedrängt beredsamen Weise den Charakter mündlicher Mitteilung, ja sogar des Gesprächs trägt.[14]

Über den Schaffensprozeß selbst sind Äußerungen allgemeiner Form, die der literarischen Theorie von Nutzen sein könnten, kaum vorhanden. Wir haben Berichte einzelner Dichter über sich selbst; aber hier handelt es sich natürlich meist nur um neuere Dichter und um solche, die gern analytisch über ihre Kunst denken und schreiben, Dichter wie Goethe, Schiller, Flaubert, James, Eliot, Valéry und Benn; ferner gibt es die nur mittelbaren, allgemeinen Betrachtungen von Psychologen über Probleme wie das der Originalität, Erfindung, Einbildungskraft, die sich bemühen, den gemeinsamen Nenner für das wissenschaftliche, philosophische und ästhetische Schaffen zu finden.

Jede moderne Untersuchung des Schaffensprozesses wird sich mit der Frage beschäftigen müssen, welche Rolle das Bewußtsein und welche das Unbewußte dabei spielt. Es wäre leicht, literarische Perioden einander gegenüberzustellen, nämlich die romantischen und expressionistischen Perioden mit ihrer Betonung des Unbewußten gegenüber den klassischen und realistischen Perioden, die den Verstand, das Ausfeilen, die Mitteilung hervorheben. Ein solcher Gegensatz führt jedoch zu leicht zur Übertreibung. Die kritischen Theorien der Klassik und der Romantik unterscheiden sich viel krasser voneinander als die Schaffensweise ihrer besten Dichter.

Dichter mit der Neigung zur Besprechung ihrer Kunst lassen sich natürlich lieber über ihr bewußtes und technisches Vorgehen aus, wofür sie Anerkennung fordern können, als über ihre »gegebene«, ihre nicht gewählte Erfahrung, die ihr Stoff ist, ihr Spiegel oder Prisma. Die Gründe liegen auf der Hand, warum die ihrer selbst bewußten Künstler von ihrer Kunst reden, als sei diese unpersönlich, als wählten sie ihre Themen entweder unter dem Zwang des »Verlegers« oder als ein unverbindliches ästhetisches Problem. In dem berühmtesten Dokument zu diesem Thema, Poes »Philosophy of Composition«, bekundet der Verfasser seine Absicht, erklären zu wollen, auf Grund welcher methodischer Strategien, welcher ästhetischer Ausgangspositionen sein Gedicht »Der Rabe« konstruiert wurde. Um seine Eitelkeit gegenüber dem Vorwurf zu schützen, seine Schauergeschichten seien literarische Imitationen, schrieb Poe, ihre »Schauer kämen nicht aus Deutschland, sondern aus der Seele«. Doch wandte er sich gegen den Gedanken, daß sie aus seiner eigenen Seele kämen. Er machte sich anheischig, ein literarischer Ingenieur zu sein, der sich darauf verstehe, mit den Seelen anderer zu manipulieren. Bei Poe beobachtet man die erschreckend vollkommene Trennung zwischen dem Unbewußten, aus dem die bedrängenden Themen von Delirium, Marter und Tod kommen, und dem Bewußten, das sie literarisch entwickelt.[15]

Hätten wir die Aufgabe, Tests für die Entdeckung literarischer Begabungen auszuarbeiten, so müßten diese wohl zweifellos von zweierlei Art sein: einer, nämlich der für Dichter im modernen Sinne, würde sich mit den Worten und ihrer Zusammenstellung, mit Bild und Metapher, mit semantischen und phonetischen Bindungen (z. B. Rhythmus, Assonanz, Alliteration) beschäftigen; der andere Test, für Romanschriftsteller und Dramatiker, würde vor allem Charakterisierung und Handlungsaufbau betreffen.

Der Dichter ist ein Spezialist der Assoziation (»Witz«), Dissoziation (»Urteilskraft«), Rekombination (das Hervorbringen eines neuen Ganzen aus getrennt erfahrenen Elementen). Sein Medium sind Worte. Vielleicht sammelt er als Kind Worte, wie andere Kinder Puppen oder Briefmarken sammeln. Für den Dichter ist das Wort nicht in erster Linie ein »Zeichen«, eine durchsichtige Marke, sondern ein »Symbol«, das in sich selber wie auch in seiner Fähigkeit, für etwas zu stehen, wertvoll ist; es kann sogar ein »Objekt« oder »Ding« sein, das einem um seines Klanges oder Aussehens willen lieb ist. Einige Romanschriftsteller benutzen das Wort vorwiegend als Zeichen (Scott, Cooper, Dreiser), in welchem Falle sie durchaus mit Gewinn auch in einer Übersetzung gelesen werden oder sich als mythische Struktur einprägen können. Lyrische Dichter benutzen Worte für gewöhnlich »symbolisch«.[16]

Der traditionelle Ausdruck der »Ideenassoziation« ist eine ungenaue Bezeichnung. Über die assoziative Verkettung von Wort und Wort hinaus (bezeichnend für manche Dichter) gibt es die Assoziation der Objekte, auf die sich unsere inneren »Vorstellungen« beziehen. Die Hauptkategorien solcher Assoziation sind das raumzeitliche Zusammensein und Ähnlichkeit oder Unähnlichkeit. Der Romanschriftsteller arbeitet wohl vor allem mit der ersteren Assoziationsweise, der lyrische Dichter mit der letzteren (die wir der Metapher gleichsetzen können); doch darf — besonders in der jüngsten Literatur — dieser Gegensatz nicht zu scharf gefaßt werden.

In seinem *Road to Xanadu* rekonstruiert J. L. Lowes mit dem Scharfsinn eines hervorragenden Detektivs den Assoziationsprozeß, auf Grund dessen der wissensdurstige und umfassend belesene Coleridge von einem Zitat oder von einer Anspielung zur anderen ging. Im Theoretischen gibt Lowes sich jedoch bald zufrieden. Ein paar rein bildliche Begriffe dienen ihm zur Beschreibung des Schaffensprozesses. Er spricht von den »zusammengehakten Atomen« oder (mit dem Ausspruch von Henry James) von Bildern und Ideen, die für eine Zeitlang »in den tiefen Brunnen unbewußter Gehirntätigkeit« fallen, um später wieder aufzutauchen, nachdem sie eine »Metamorphose« durchgemacht haben. Dort wo Coleridges entlegene Lektüre im Text des Gedichts auftaucht, haben wir »Einlegearbeit«, ein »Mosaik«, manchmal ein »Wunder«. Lowes erkennt, daß »auf dem Gipfel ihrer Kraft die schöpferische Energie sowohl bewußt wie auch unbewußt ist . . ., indem sie bewußt den Andrang der Bilder kontrolliert, die in dem Reservoir [dem »Brunnen« des Unbewußten] eine unbewußte Metamorphose durchgemacht haben.« Er versucht aber kaum, das wirklich Zweckvolle und Konstruktive im Schaffensprozeß zu beschreiben.[17]

Beim erzählenden Dichter wenden wir unsere Aufmerksamkeit vor allem seiner Erschaffung von Charakteren und seiner »Erfindung« von Geschichten zu. Seit der Romantik wurden diese beiden Elemente zweifellos zu vereinfachend als entweder »original«, oder als Kopie wirklicher Menschen (eine Auffassung, die auch in die Literatur der Vergangenheit hineingelesen wurde) oder als Plagiat verstanden. Aber selbst bei den »originalsten« Romanschriftstellern wie z. B. Dickens sind Charaktertypen und Erzähltechniken im wesentlichen traditionell, d. h. sie stammen aus dem professionellen, institutionellen Vorrat der Literatur.[18]

Man kann annehmen, daß sich bei der Erschaffung von Charakteren ererbte literarische Typen, im Leben beobachtete Menschen und das Ich des Dichters zu verschiedenen Graden miteinander vermischen. Der Realist, so könnten wir sagen, beobachtet vor allem Verhaltensweisen oder er »fühlt sich ein«, während der Romantiker »projiziert«. Man muß jedoch bezweifeln, daß die bloße beobachtung für eine lebensechte Charakterisierung genügt. Faust, Mephistopheles, Werther und Wilhelm Meister sind, mit den Worten eines Psychologen, alle »dichterische Projektionen verschiedener Aspekte von Goethes eigenem Wesen.« Die möglichen Ichs des erzählenden Dichters, die als böse angesehenen eingeschlossen, sind alle mögliche »personae«. »Die Stimmung des Einen ist des Anderen Charakter.« Dostojewskijs vier Brüder Karamasow sind alle Aspekte von Dostojewskij selbst. Auch sollten wir nicht glauben, daß ein Romanschriftsteller sich bei der Erschaffung seiner Heldinnen notwendig auf die Beobachtung beschränken muß. »Madame Bovary, c'est moi«, sagt Flaubert. Nur solche Ichs, die von innen her als möglich erkannt wurden, können zu »lebendigen Charakteren« werden, und sind daher nicht »flach«, sondern »rund«.[19]

In welcher Beziehung stehen diese »lebendigen Charaktere« zu dem wirklichen Ich des Dichters? Je zahlreicher und verschiedener seine Charaktere, desto weniger scheint seine eigene Persönlichkeit bestimmt zu sein. Shakespeare löst sich in seine Stücke auf; weder aus ihnen noch aus Anekdoten erhalten wir irgendeinen Begriff eines scharf umrissenen und individualisierten Charakters, der sich etwa dem Ben Jonsons vergleichen ließe. Es ist das Wesen des Dichters, schreibt Keats einmal, kein Ich zu besitzen: »Es ist Alles und Nichts ... Es schafft einen Jago mit ebensolcher Freude wie eine Imogen. ... Ein Dichter ist das unpoetischste, das es überhaupt gibt, da er keine Identität hat — fortwährend gibt er irgendeinem anderen Wesen Form und Gehalt.«[20]

All diese hier besprochenen Theorien gehören im Grund genommen zur Psychologie des Dichters. Die Vorgänge seines Schaffens sind rechtmäßiger Gegenstand der forschenden Neugierde der Psychologen. Sie können die Dichter nach deren physiologischen und psychologischen Typen einteilen; sie können ihre seelischen Erkrankungen beschreiben; sie können vielleicht sogar ihr Unbewußtes erforschen. Das Beweismaterial des Psychologen bilden nicht-literarische Dokumente oder auch die Werke selber. Im letzteren Falle muß es mit dem dokumentarischen Material verglichen werden, damit eine sorgfältige Interpretation gewährleistet ist.

Kann nun umgekehrt die Psychologie dazu benutzt werden, um die literarischen Werke selber zu interpretieren und auszuwerten? Ganz offensichtlich kann die Psychologie zur Erhellung des Schaffensprozesses beitragen. Wie wir sahen, hat man den verschiedenen Methoden der Komposition, den Gewohnheiten der Dichter beim Revidieren und Überarbeiten Aufmerksamkeit zugewandt. Die Entwicklungsgeschichte der Werke wurde untersucht: die frühen Stufen, die ersten Niederschriften, die verworfenen Durchsichten. Doch die kritische Bedeutung vieler dieser Informationen, besonders der vielen Anekdoten über Gewohnheiten von Dichtern, wird unbedingt überschätzt. Eine Untersuchung der Überarbeitungen, Korrekturen und dergleichen ist schon von größerem literarischen Nutzen, da sie bei kluger Anwendung dazu beitragen kann, kritisch aufschlußreiche Brüche, Widersprüche, Abweichungen, Verzerrungen in einem Kunstwerk zu erkennen. In der Analyse von Prousts Schaffensweise bei seinem zyklischen Roman erhellt Feuillerat die späteren Bände und macht es uns möglich, verschiedene Schichten ihres Textes zu unterscheiden. Eine Untersuchung von Varianten scheint Einblicke in die Werkstatt eines Dichters zu ermöglichen.[21]

Und doch, wenn wir erste Niederschriften, verworfene und ausgeschlossene Teile und Streichungen nüchterner betrachten, kommen wir zu dem Schluß, daß sie letztlich zum Verständnis des abgeschlossenen Werkes oder zu dessen Beurteilung nicht notwendig sind. Sie sind so interessant wie jede Alternative, d. h. sie können die Eigenarten des endgültigen Textes noch stärker hervortreten lassen. Doch kann der gleiche Zweck durchaus dadurch erreicht werden, daß wir uns selber Alternativen ausdenken, ganz gleich, ob der Dichter sie tatsächlich erwogen hat oder nicht. Keats Verse in der »Ode to the Nightingale«:

> The same [voice] that oft-times hath
> Charm'd magic casements opening on the foam
> Of perilous seas, in faery lands forlorn,

mögen vielleicht durch unser Wissen, daß Keats »ruthless seas« (»grausame Meere«) und sogar »keelless seas« (»kiellose Meere«) erwog, noch gewinnen. Aber die Qualität der zufällig überlieferten »ruthless« oder »keelless« unterscheidet sich nicht wesentlich von »dangerous« (»gefährlich«), »empty« (»leer«), »barren« (»wüst«), shipless (schifflos), cruel (grausam) oder irgendeinem anderen Adjektiv, das der Kritiker anführen könnte. Sie gehören nicht dem Kunstwerk an; und ebensowenig erlassen uns solche genetischen Fragen die Analyse und Bewertung des eigentlichen Werkes.[22]

Es bleibt nun noch die Frage der Psychologie in den Werken selber. Charaktere des Dramas und des Romans beurteilen wir danach, ob sie »psychologisch« wahr sind. Aus dem gleichen Grunde werden Situationen gelobt und Handlungen akzeptiert. Manchmal scheint eine entweder bewußt oder auch nur undeutlich vom Dichter vertretene psychologische Theorie auf eine Figur oder eine Situation zu passen. So hat Lily Campbell argumentiert, daß Hamlet dem Typus des sanguinischen Menschen entspräche, der »an trockener Melancholie leidet«, den Elisabethanern von ihren psychologischen Theorien bekannt. In ähnlicher Weise hat Oscar Campbell zu zeigen versucht, daß Jaques in *Wie es euch gefällt* ein Fall von »unnatürlicher Melancholie« sei, die durch die Austrocknung des Phlegmas (Schleims) hervorgebracht wurde. Man könnte nachweisen, daß Walter Shandy an der Krankheit eines sprachlichen Assoziationismus leidet, die bei Locke beschrieben wird. Stendhals Held Julien Sorel wird im Sinne der Psychologie von Destutt de Tracy beschrieben, und die verschiedenen Arten seiner Liebesbeziehungen entstammen offensichtlich der Einteilung aus Stendhals eigenem Buch *De l'Amour*. Rodion Raskolnikows Motive und Gefühle werden in einer Weise analysiert, die auf einiges Wissen auf dem Gebiet der klinischen Psychologie schließen läßt. Proust besitzt zweifellos eine ganze psychologische Theorie der Erinnerung, die selbst für den Aufbau seines Werkes bedeutsam ist. Die Freudsche Psychoanalyse wird ganz bewußt von Romanschriftstellern wie Conrad Aiken oder Waldo Frank angewandt.[23]

Man kann natürlich fragen, ob es dem Dichter wirklich gelungen ist, Psychologie in seinen Personen und ihren Beziehungen untereinander zu verkörpern. Bloße Äußerungen seines Wissens oder seiner Theorien gälten dabei nicht. Sie wären »Stoff« oder »Inhalt« wie jede andere in einem literarischen Werk enthaltene Art des Wissens, wie z. B. Fakten aus der Schiffahrtskunde, Astronomie oder Geschichte. In einigen Fällen muß man den Bezug zur Psychologie der Zeit bezweifeln oder auf ein Minimum reduzieren. Die Versuche, Hamlet oder Jaques irgendeinem Schema elisabethanischer Psychologie einzupassen, scheinen fehlzugehen; denn die elisabethanische Psychologie war widerspruchsvoll, verwirrt und verwirrend, und Hamlet und Jaques sind mehr als bloße Typen. Obschon Raskolnikow und Sorel zu bestimmten psychologischen Theorien passen, so ist dies doch nur unvollständig und streckenweise der Fall. Sorel beträgt sich manchmal auf eine höchst melodramatische Art. Raskolnikows anfängliches Verbrechen wird inadäquat motiviert. Diese Bücher sind nicht in erster Linie psychologische Studien und Darlegungen von Theorien, sondern Dramen oder Melodramen, in denen eindrucksvolle Situationen wichtiger sind als realistische psychologische Motivation. Bei der Untersuchung von Romanen, die sich der »Bewußtseinsstrom«-Technik bedienen, entdeckt man bald, daß es sich nicht um eine »wirkliche« Wiedergabe der tatsächlichen seelischen Vorgänge in den Personen handelt, daß der Bewußtseinsstrom vielmehr ein Mittel ist, mit dessen Hilfe eben diese Vorgänge dramatisiert werden, ein Mittel, um uns die Eigenart Benjys, des Idioten in Faulkners *The Sound and the Fury* oder Mrs. Blooms gewahr werden zu lassen. Man muß erkennen, daß diesem Mittel nur sehr wenig Wissenschaftliches oder gar »Realistisches« eigen ist.[24]

Selbst wenn wir den Fall annehmen, daß es einem Dichter gelungen ist, seine Personen »psychologisch wahr« handeln zu lassen, dürfen wir wohl die Frage stellen, ob solche »Wahrheit« unbedingt einen künstlerischen Wert darstellt. Ein erheblicher Teil der großen Kunst verletzt fortwährend Maßstäbe entweder der zeitgenössischen oder der späteren Psychologie. Sie arbeitet mit unwahrscheinlichen Situationen, mit phantastischen Motiven. Wie die Forderung nach gesellschaftlichem Realismus ist die psychologische Wahrheit ein naturalistischer Maßstab ohne Allgemeingültigkeit. In einigen Fällen steigert psychologische Einsicht allerdings den künstlerischen Wert. In solchen Fällen verstärkt sie wichtige künstlerische Werte wie die der Dichte und der Einheit. Solche Einsicht kann jedoch mit anderen Mitteln als einem theoretischen psychologischen Wissen erreicht werden. Im Sinne einer bewußten und systematischen Theorie von der Seele und ihren Äußerungen ist die Psychologie für die Kunst nicht notwendig und hat in sich keinen künstlerischen Wert.[25]

Bei einigen sehr bewußt arbeitenden Künstlern mag die Psychologie ihren Sinn für die Realität gestrafft, ihre Beobachtungskräfte geschärft und ihnen ermöglicht haben, zu bis dahin noch unentdeckten Mustern zu geraten. Die Psychologie an sich ist jedoch nur eine Vorbereitung für den Schaffensakt; und im Werk selber ist die psychologische Wahrheit nur dann ein künstlerischer Wert, wenn durch sie Dichte und Einheit gesteigert werden — kurz, wenn sie Kunst ist.

9. Literatur und Gesellschaft

Die Literatur ist eine gesellschaftliche Institution, die sich der Sprache, einer Schöpfung der Gesellschaft, als ihres Mediums bedient. Solche traditionellen literarischen Mittel wie Symbolismus und Metrum sind in ihrem eigentlichen Wesen gesellschaftlich. Sie sind Konventionen und Normen, die nur aus der Gesellschaft erwachsen konnten. Aber darüber hinaus »imitiert« die Literatur das »Leben«; und das »Leben« ist in einem hohen Maße gesellschaftliche Wirklichkeit, obschon auch die Welt der Natur und die innere oder subjektive Welt des Einzelnen immer schon Gegenstände literarischer »Imitation« oder Nachahmung gewesen sind. Der Dichter selber ist ein

Mitglied der Gesellschaft, dem ein bestimmter gesellschaftlicher Rang eignet. Ihm wird irgendein Grad gesellschaftlicher Anerkennung und Belohnung zuteil; er wendet sich an ein, wenn auch noch so hypothetisches, Publikum. Tatsächlich entstand Literatur im allgemeinen in enger Verbindung mit bestimmten gesellschaftlichen Institutionen; und in primitiven Gesellschaften mag es uns unter Umständen sogar unmöglich sein, Dichtung vom Ritual, von Magie, Arbeit oder Spiel zu unterscheiden. Auch hat die Literatur eine gesellschaftliche Funktion oder einen »Nutzen«, der nicht nur rein individueller Natur sein kann. So sind eine große Mehrzahl der von der Literaturwissenschaft aufgeworfenen Fragen, zumindest letzten Endes, gesellschaftliche Fragen: Fragen der Tradition und Konvention, der Normen und Gattungen, der Symbole und Mythen. Mit Tomars kann man sagen: »Ästhetische Institutionen gründen sich nicht auf gesellschaftliche Institutionen: sie sind nicht einmal ein Teil gesellschaftlicher Institutionen: sie sind selbst gesellschaftliche Institutionen einer besonderen Art und mit jenen anderen auf das engste verflochten.«[1]

Für gewöhnlich aber wird eine Untersuchung des Zusammenhangs zwischen »Literatur und Gesellschaft« enger und äußerlicher gefaßt. Man fragt nach den Beziehungen der Literatur zu einer gegebenen gesellschaftlichen Situation, zu einem wirtschaftlichen, gesellschaftlichen und politischen System. Es werden Versuche gemacht, den Einfluß der Gesellschaft auf die Literatur zu beschreiben und zu bestimmen, sowie die Stellung der Literatur innerhalb der Gesellschaft festzulegen und zu beurteilen. Diese soziologische Methode der Literaturbetrachtung wird vor allem von denen bevorzugt, die sich zu einer bestimmten Gesellschaftsphilosophie bekennen. Marxistische Literaturkritiker untersuchen nicht nur diese Beziehungen zwischen Literatur und Gesellschaft; sie haben auch ihre klar definierten Anschauungen darüber, welcher Art diese Beziehungen in unserer gegenwärtigen Gesellschaft wie auch in einer »klassenlosen« Gesellschaft der Zukunft sein sollen. Sie üben eine auswertende, »richterliche« Kritik, die sich auf nicht-literarische politische und ethische Kriterien stützt. Sie bestimmen nicht nur, welcher Art die gesellschaftlichen Beziehungen und Folgen im Werk eines Autors sind oder waren, sondern was sie sein oder gewesen sein sollten.[2] Sie studieren nicht nur die gegebene Literatur und Gesellschaft, sondern sie sind Propheten der Zukunft, Mahner, Propagandisten; und sie haben Schwierigkeiten, diese beiden Funktionen voneinander getrennt zu halten.

Bei der Betrachtung der Beziehung zwischen Literatur und Gesellschaft geht man für gewöhnlich von dem von De Bonald übernommenen Satz aus, daß »Literatur ein Ausdruck der Gesellschaft« sei. Aber was bedeutet dieser Satz? Wenn er annimmt, daß die Literatur zu irgendeiner gegebenen Zeit die gesellschaftliche Situation »richtig« widerspiegelt, so ist er falsch. Er wäre bloß ein vager Gemeinplatz, unklar, bedeutete er nur, daß die Literatur einige Aspekte der gesellschaftlichen Wirklichkeit schildert.[3] Noch doppeldeutiger wäre die Behauptung, daß die Literatur das Leben spiegele oder ausdrücke. Ein Dichter drückt unvermeidlich seine gesamte Lebenserfahrung und -anschauung aus. Doch es wäre ganz offensichtlich unwahr, wollte man behaupten, daß er die Ganzheit des Lebens — oder auch nur das ganze Leben einer gegebenen Zeit — vollständig und erschöpfend ausdrücke. Es ist ein bestimmtes Kriterium der Wertung, wenn man sagt, ein Dichter solle das Leben seiner eigenen Zeit vollständig ausdrücken, er solle seine Zeit und seine Gesellschaft »repräsentieren«. Außerdem erfordern die Begriffe »vollständig« und »repräsentieren« natürlich eine eingehende Deutung. Im größten Teil der soziologischen Literaturkritik scheinen sie zu bedeuten, daß ein Dichter eine bestimmte gesellschaftliche Situation, z. B. den traurigen Zustand des Proletariats, beachten müsse, oder gar, daß er eine bestimmte Haltung und Ideologie des Kritikers teilen solle.

In der Hegelianischen Kritik und in der Taines wird historische oder gesellschaftliche Größe einfach der künstlerischen Größe gleichgesetzt. Der Künstler vermittelt die Wahrheit und daher notwendig auch historische oder gesellschaftliche Wahrheiten. Kunstwerke liefern »Dokumente, eben weil sie Monumente sind.«[4] Eine Harmonie zwischen Genie und Zeitalter wird als selbstverständlich vorausgesetzt. »Repräsentatives Sein«, »soziale Wahrheit« ist ein Ergebnis wie auch eine Ursache künstlerischer Wahrheit. Mittelmäßige, durchschnittliche Kunstwerke, die einem modernen Soziologen vielleicht als die besseren Gesellschaftsdokumente erscheinen, sind für Taine ausdruckslos und daher nicht-repräsentativ. Die Literatur ist keine Widerspiegelung des sozialen Prozesses, sondern sie ist die Essenz, die Abkürzung und die Zusammenfassung aller Geschichte.

Es ist jedoch wohl das beste, das Problem der kritischen Wertung vorläufig zurückzustellen, bis wir die tatsächlichen Beziehungen zwischen Literatur und Gesellschaft herausgeschält haben. Diese deskriptiven (im Gegensatz zu normativen) Beziehungen lassen eine verhältnismäßig einfache Einteilung zu.

Zunächst gibt es eine Soziologie des Dichters, die Literatur als

Beruf und ihre Institutionen, die gesamte Frage der wirtschaftlichen Basis literarischen Schaffens, der gesellschaftlichen Herkunft und Stellung des Dichters, seiner sozialen Ideologie, die auch in außerliterarischen Äußerungen und Tätigkeiten ihren Ausdruck finden kann. Dann gibt es das Problem des gesellschaftlichen Inhalts, der Implikationen und des gesellschaftlichen Zwecks der literarischen Werke selber. Und schließlich gibt es das Problem des Publikums und des gesellschaftlichen Einflusses der Literatur. Die Frage, inwieweit die Literatur tatsächlich von ihrem gesellschaftlichen Milieu, von gesellschaftlichen Entwicklungen und Veränderungen bestimmt wird oder von ihnen abhängig ist, wird in der einen oder anderen Weise alle drei Abteilungen unseres Problems durchziehen: die Soziologie des Dichters, den gesellschaftlichen Gehalt der Werke selber und den Einfluß der Literatur auf die Gesellschaft. Wir werden bestimmen müssen, was unter Abhängigkeit oder Ursächlichkeit zu verstehen ist. Schließlich werden wir zu dem Problem der kulturellen Integration und insbesondere zu der Frage gelangen, in welcher Weise unsere eigene Kultur integriert ist.

Da jeder Dichter ein Mitglied der Gesellschaft ist, kann sich eine Untersuchung auf ihn als gesellschaftliches Wesen richten. Obgleich seine Biographie als Hauptquelle dient, kann sich eine solche Untersuchung leicht in eine des ganzen Milieus, aus dem er kam und in dem er lebte, ausweiten. Man kann Informationen über die soziale Herkunft, die Familie, die wirtschaftliche Lage von Dichtern sammeln. Wir können den genauen Anteil der Aristokraten, Bürger und Proletarier an der Geschichte der Literatur aufzeigen. So ließe sich zum Beispiel nachweisen, welchen überwiegenden Anteil die Söhne von Akademikern und Geschäftsleuten an der Produktion der amerikanischen Literatur haben.[5] So kann man statistisch beweisen, daß im neueren Europa vor allem das Bürgertum den literarischen Nachwuchs stellte, da die Aristokratie sich mehr der Verfolgung des Ruhmes oder dem Mußegenuß widmete, während die unteren Klassen wenig Gelegenheit zu geistiger Ausbildung hatten. Diese Verallgemeinerung läßt sich auf England jedoch nur mit starken Vorbehalten anwenden. In der älteren englischen Literatur treten die Söhne von Bauern und Arbeitern sehr selten auf; Ausnahmen wie Burns und Carlyle erklären sich zum Teil aus dem demokratischen schottischen Schulsystem. Die Rolle der Aristokratie in der englischen Literatur war ungewöhnlich groß — teilweise wohl daher, weil sie vom Mittelstand weniger abgeschnitten war als in anderen Ländern, wo es kein Erstgeburtsrecht gab. Von ein paar Ausnahmen abgesehen, waren jedoch alle neueren russischen Dichter vor Gontscharow und Tschechow von aristokratischer Herkunft. Sogar Dostojewskij war ein Adliger, obschon sein Vater, Arzt in einem Moskauer Armeekrankenhaus, erst in vorgeschrittenem Alter zu Land und Leibeigenen kam.

Solche Daten lassen sich leichter sammeln als interpretieren. Verpflichtet die gesellschaftliche Herkunft zu einer bestimmten gesellschaftlichen Ideologie oder Bindung? Der Fall Shelleys, Carlyles oder Tolstois ist beispielhaft für solcherart »Verrat« an der eigenen Klasse. Außerhalb Rußlands sind die meisten kommunistischen Schriftsteller nichtproletarischer Herkunft. Sowjetische und andere marxistische Kritiker haben umfassende Untersuchungen angestellt, um die soziale Herkunft wie auch die soziale Bindung russischer Schriftsteller genauestens zu ermitteln. So gründet P. N. Sakulin seine Behandlung der neueren russischen Literatur auf sorgfältige Unterscheidungen zwischen den jeweiligen Literaturen der Bauern, des Kleinbürgertums, der demokratischen Intelligenz, der Intelligenz déclassé, des Großbürgertums, der Aristokratie und des revolutionären Proletariats.[6] Bei der Untersuchung der älteren Literatur bemühen sich russische Gelehrte um eingehende Unterscheidungen zwischen den vielen Gruppen und Unter-Gruppen der russischen Aristokratie, zu denen Puschkin und Gogol, Turgenjew und Tolstoi auf Grund ihres ererbten Besitzes und der Verbindungen ihrer früheren Jahre als zugehörig betrachtet werden können.[7] Es läßt sich jedoch schwerlich beweisen, daß Puschkin die Interessen des verarmten Landadels und Gogol die der kleinen ukrainischen Grundbesitzer vertrat; eine solche Folgerung wird in der Tat durch die allgemeine Weltanschauung ihrer Werke und durch den Anklang, den sie über die Grenzen einer Gruppe, einer Klasse und einer Zeit hinaus gefunden haben, entkräftet.[8]

Die soziale Herkunft eines Dichters spielt nur eine untergeordnete Rolle in bezug auf die Fragen, die durch seine soziale Stellung, seine Bindungen, seine Ideologie aufgeworfen werden; denn es ist offensichtlich, daß Dichter sich häufig der Sache einer anderen Klasse ergeben haben. Der größte Teil der höfischen Dichtung wurde von Männern geschrieben, die sich, obschon von niedrigerem Stand, die Ideologie und den Geschmack ihrer Gönner zu eigen machten.

Die gesellschaftlichen Bindungen, die Haltung und Ideologie eines Dichters lassen sich häufig nicht nur aus seinen Werken, sondern auch aus biographischen, außer-literarischen Dokumenten erforschen. Der Dichter war ein Staatsbürger, er hat sich über Fragen von gesellschaftlicher und politischer Bedeutung geäußert, er hat an den Problemenen seiner Zeit teilgenommen.

Es ist viel über gesellschaftliche und politische Anschauungen einzelner Dichter gearbeitet worden; und neuerdings hat man auch den wirtschaftlichen Konsequenzen dieser Anschauungen immer mehr Aufmerksamkeit gewidmet. So vertritt L. C. Knights den Standpunkt, daß Ben Jonsons wirtschaftliche Einstellung durch und durch mittelalterlich war, und zeigt, wie dieser — ähnlich wie einige andere zeitgenössische Dramatiker – die emporkommende Klasse der Wucherer, Monopolisten, Spekulanten und »Unternehmer« verspottet.[9] Viele literarische Werke — z. B. Shakespeares »Königsdramen« und Swifts *Gullivers Reisen* — haben eine neue Auslegung in engem Bezug zu dem politischen Geschehen der Zeit erfahren.[10] Äußerungen, persönliche Entscheidungen und Tätigkeiten sollten jedoch mit den eigentlichen gesellschaftlichen Implikationen der Werke eines Dichters nie verwechselt werden. Balzac ist ein auffallendes Beispiel für eine mögliche Spaltung. Denn obwohl seine ausgesprochenen Sympathien ganz auf Seiten der alten Ordnung, der Aristokratie und der Kirche waren, wurden sein Instinkt und seine Einbildungskraft doch viel stärker von dem erwerbslustigen Typ, dem Spekulanten, dem neuen starken Mann des Bürgertums angezogen. Zwischen Theorie und Praxis, zwischen Glaubensbekenntnis und schöpferischer Fähigkeit mag wohl ein erheblicher Unterschied bestehen.

Wenn systematisch betrieben, müssen diese Probleme gesellschaftlicher Herkunft, Bindungen und Ideologien zu einer Soziologie des Dichters als eines Typus, oder als eines Typus zu einer bestimmten Zeit und an einem bestimmten Ort führen. Wir können eine Unterscheidung der Dichter auf Grund des Grades ihrer Integration in den gesellschaftlichen Prozeß vornehmen. Diese ist sehr eng in der Volkspoesie, kann aber einen extremen Grad an Absonderung, an »sozialer Distanz« beim Bohemien, dem »poète maudit«, dem freischaffenden Genie annehmen. Im Großen und Ganzen scheint der neuere abendländische Dichter seine Bindungen an eine bestimmte gesellschaftliche Klasse gelockert zu haben. Eine »Intelligenz« hat sich herausgebildet, eine verhältnismäßig unabhängige Zwischenklasse von Berufsschriftstellern. Es ist die Aufgabe der literarischen Soziologie, den genauen gesellschaftlichen Status dieser Klasse, ihren Abhängigkeitsgrad von der herrschenden Klasse, die genauen Quellen ihrer wirtschaftlichen Unterstützung, das Ansehen des Dichters in den verschiedenen Gesellschaften zu erforschen.

Die allgemeinen Umrisse dieser Geschichte zeichnen sich schon verhältnismäßig deutlich ab. In der mündlichen Volksdichtung richtet sich unsere Untersuchung auf die Rolle des Sängers oder Erzählers, der stark von der Gunst seines Publikums abhängig ist: der Barde im alten Griechenland, der altgermanische *scop*, der berufsmäßige Geschichtenerzähler im Orient und in Rußland. In dem alten griechischen Stadtstaat nahmen die Tragödiendichter und Verfasser von Dithyramben und Hymnen von der Art Pindars eine besondere, halbreligiöse Stellung ein, die dann nach und nach verweltlicht wurde, wie ein Vergleich zwischen Euripides und Aischylos erkennen läßt. Unter den Höfen des römischen Kaiserreichs müssen wir uns Vergil, Horaz und Ovid als von der Freigebigkeit und dem guten Willen ihres Caesars und Maecenas abhängig vorstellen.

Im Mittelalter gibt es den Mönch in seiner Zelle, den Troubadour und Minnesänger bei Hofe oder auf der Ritterburg, die fahrenden Schüler auf den Straßen. Der Dichter ist entweder ein Clericus oder ein Scholar, oder er ist ein Sänger, ein Minstrel, ein Spielmann. Aber selbst Könige wie Wenzeslaus II. von Böhmen oder Jakob I. von Schottland finden sich jetzt, als Amateure und Dilettanten, unter den Dichtern. Im deutschen Meistersang finden sich Handwerker in poetischen Zünften zusammen, Bürger, welche die Dichtung als Handwerk betreiben. In der Renaissance bildet sich eine verhältnismäßig ungebundene literarische Gruppe heraus, die Humanisten, die manchmal von Land zu Land ziehen und ihre Dienste verschiedenen Schirmherren anbieten. Petrarca ist der erste moderne poeta laureatus, besessen von einer grandiosen Auffassung seiner Sendung, während Aretino den Urtyp des literarischen Journalisten darstellt, der, von Erpressung lebend, eher gefürchtet als geehrt und geachtet wird.

Im Großen gesehen ist die spätere Geschichte der Übergang von der Zeit, in der ein Dichter von edlen und unedlen Gönnern unterstützt wird, zu der Zeit, in welcher der Verleger diese Rolle übernimmt und dabei als prophetischer Repräsentant des Lesepublikums auftritt. Das System des aristokratischen Gönnertums hatte jedoch keine universale Gültigkeit. Auch die Kirche, und bald darauf das Theater, unterstützen bestimmte Arten der Literatur. In England begann das System des Gönnertums anscheinend im frühen 18. Jahrhundert zu versagen. Ihrer früheren Gönner beraubt und vom Lesepublikum noch nicht genügend unterstützt, ging es der Literatur eine zeitlang wirtschaftlich recht schlecht. Dr. Johnsons Leben in der Grub Street in seiner Jugend und sein berühmter scharfer Brief an Lord

Chesterfield sind für diese Veränderungen bezeichnend. Und doch hatte Pope schon eine Generation früher ein Vermögen mit seiner Homer-Übersetzung gemacht, die von Adligen und Mitgliedern der Universitäten auf das freigebigste subskribiert worden war.

Die großen finanziellen Erträge brachte jedoch erst das 19. Jahrhundert, als Scott und Byron einen ungeheuren Einfluß auf den Geschmack und die öffentliche Meinung ausübten. Auf dem Kontinent hatten Ansehen und Unabhängigkeit des Dichters durch Voltaire und Goethe gewaltig zugenommen. Das Anwachsen der Leserschaft, die Gründung der großen Zeitschriften wie der *Edinburgh Review* und der *Quarterly Review* oder in Deutschland der *Blätter für die literarische Unterhaltung* und später der *Preußischen Jahrbücher,* in Frankreich das Erscheinen der *Revue des deux Mondes* machten die Literatur mehr und mehr zu der fast unabhängigen »Institution«, die sie, wie Prosper de Barante 1822 behauptete, im achtzehnten Jahrhundert gewesen sein soll.[11]

Wie Ashley Thorndike nachdrücklich feststellte, ist »das hervorstechende Merkmal des Lesestoffs im neunzehnten Jahrhundert nicht dessen Vulgarisierung oder Mittelmäßigkeit, sondern vielmehr seine Spezialisierung. Dieser Lesestoff richtet sich nicht mehr an eine einheitliche oder homogene Leserschaft: er verteilt sich auf viele Leserschaften und zerfällt daher auch in viele Gegenstände, Interessengebiete und Zwecke.«[12] In ihrem Buch *Fiction and the Reading Public,* das man als einen Kommentar zu Thorndikes Ausspruch ansehen kann, weist Q. D. Leavis[13] darauf hin, daß der Bauer des achtzehnten Jahrhunderts, der lesen lernte, den gleichen Lesestoff benutzen mußte wie der Adel und die Akademiker; daß man andererseits die Leser des neunzehnten Jahrhunderts nicht als »die Leserschaft«, sondern richtiger als »die Leserschaften« bezeichnen sollte. Unsere eigene Zeit kennt auf Verlagskatalogen oder Zeitschriftenregalen eine noch weitergehendere Spezialisierung. Da gibt es Bücher für die Neun- bis Zehnjährigen, Bücher für Knaben im Gymnasialalter, Bücher für »Alleinstehende«; Handelsblätter, Verlagszeitschriften, Kirchenblätter, Wildwest- und Filmmagazine. Jeder spezialisiert sich, Verleger, Zeitschriften und Schriftsteller.

So ist eine Untersuchung der wirtschaftlichen Grundlagen der Literatur und des gesellschaftlichen Status des Dichters untrennbar mit einer Untersuchung des Publikums verbunden, an das er sich richtet und von dem er finanziell abhängig ist.[14] Selbst der aristokratische Gönner ist ein Publikum, häufig sogar ein anspruchsvolles Publikum, das persönliche Schmeicheleien und Angleichung an die

Konventionen seiner Klasse fordert. In einer noch früheren Gesellschaftsform, in der sich die Volksdichtung entwickelt, ist die Abhängigkeit des Dichters vom Publikum sogar noch größer: sein Werk wird nur dann aufgenommen und verbreitet, wenn es unmittelbar gefällt. Im Theater spielt das Publikum eine mindestens ebenso fühlbare Rolle. Es hat nicht an Versuchen gefehlt, die einzelnen Stadien in Shakespeares Stil auf den Wechsel seines Publikums zurückzuführen, nämlich vom Globe-Freilichttheater am South Bank mit seinem gemischten Publikum zum Blackfriars Theater, einem vor allem von den höheren Klassen besuchten geschlossenen Saal. Es wird schwieriger, die besondere Beziehung zwischen Dichter und Publikum zu einer späteren Zeit zu verfolgen, wenn sich die Leserschaft unglaublich schnell erweitert, sich zerstreut und heterogen wird, und wenn die Beziehungen zwischen Dichter und Publikum indirekter werden. Die Zahl der Vermittler zwischen Dichtern und Publikum nimmt zu. Man kann die Rolle gesellschaftlicher Einrichtungen wie des Salons, des Cafés, des Clubs, der Akademie und der Universität untersuchen. Es ist aufschlußreich, die Geschichte von Zeitschriften und Verlagshäusern zu verfolgen. Der Kritiker wird zu einem wichtigen Verbindungsglied. Liebhabergruppen, Bibliophile und Sammler können bestimmte Arten der Literatur fördern; und Vereinigungen der Schriftsteller untereinander können unter Umständen dazu beitragen, ein besonderes Publikum zu schaffen, das sich aus Dichtern oder solchen, die es sein möchten, zusammensetzt. In Amerika besonders sind es die Frauen, die nach Veblen dem ermüdeten Geschäftsmann gleichsam stellvertretend Muße und Kunstgenuß übermitteln und so in Fragen des literarischen Geschmacks aktiv bestimmend geworden sind.

Und doch sind die alten Formen nicht vollkommen verschwunden. Alle modernen Regierungen unterstützen und pflegen die Literatur in verschiedenem Grade, und solches Gönnertum bedeutet natürlich auch Kontrolle und Überwachung.[15] Der bewußt betriebene Einfluß des totalitären Staates während der letzten Jahrzehnte läßt sich nur schwer überschätzen. Er hat sich dabei negativer und positiver Methoden bedient; negativer durch Unterdrückung, Bücherverbrennung, Zensur, Schreibverbot und öffentliche Anprangerung, positiv durch die Ermunterung der »Blut-und-Boden«-Heimatkunst oder des sowjetischen »sozialistischen Realismus«. Die Tatsache, daß es dem Staat nicht gelungen ist, eine Kunst hervorzubringen, die trotz ihrer Angleichung an bestimmte Ideologien doch große Kunst wäre, kann die Auffassung nicht widerlegen, daß die Steuerung der Literatur durch die Regierung immerhin jenen die Schaffensmöglichkeit erschließt, die sich freiwillig oder widerstrebend mit den offiziellen Vorschriften identifizieren. So ist in Sowjetrußland die Literatur zumindest theoretisch wieder eine Gemeinschaftskunst und der willige Künstler wieder ein bevorzugtes Mitglied der Gesellschaft geworden.

Die Kurve des Erfolgs, Weiterlebens und Wiederauftauchens eines Buches oder des Ansehens und Ruhms eines Dichters ist in erster Linie ein gesellschaftliches Phänomen. Zum Teil gehört es natürlich auch in die »Literaturgeschichte«, da Ruhm und Ansehen nach dem tatsächlichen Einfluß eines Dichters auf andere Dichter, nach seiner Macht, die literarische Überlieferung umzuformen und zu verändern, gemessen wird. Zum Teil ist das Ansehen eine Sache der kritischen Aufnahme. Bisher hat man ihm vorwiegend auf Grund mehr oder minder formeller Äußerungen der Kritiker nachzugehen versucht, von denen man annahm, daß sie die Meinung des »Durchschnittslesers« einer Zeit vertreten. Da nun der gesamte Fragenkomplex der »Geschmacksschwankungen« »sozialer« Natur ist, kann er auf eine entschiedenere soziologische Grundlage gestellt werden. Genaue Untersuchungen können der tatsächlichen Übereinstimmung zwischen einem Werk und einem bestimmten Publikum nachgehen, das für dessen Erfolg verantwortlich war. Über Ausgaben, Auflageziffern und verkaufte Exemplare kann Beweismaterial zusammengetragen werden.

Die Schichtung einer jeden Gesellschaft spiegelt sich in der Schichtung ihres Geschmacks. Für gewöhnlich dringen die Normen der oberen Klassen nach und nach auch in die unteren ein. Aber gelegentlich kehrt diese Bewegung sich um, wie zum Beispiel bei dem Interesse an Volkskunst und primitiver Kunst. Zwischen politischem und sozialem Fortschritt und dem ästhetischen braucht nicht unbedingt Gleichzeitigkeit zu bestehen. Lange vor seiner politischen Vorherrschaft war die literarische an das Bürgertum übergegangen. In bezug auf Geschmacksfragen kann die gesellschaftliche Schichtung durch Alters- und Geschlechtsunterschiede, durch besondere Gruppen oder Verbindungen durchbrochen oder sogar aufgehoben werden. Auch die Mode ist ein wichtiges Phänomen in der modernen Literatur, denn in einer konkurrierenden, fluktuierenden Gesellschaft bedürfen die schnell nachgeahmten Normen der oberen Klassen einer ständigen Erneuerung. Zweifellos spiegeln die raschen Veränderungen im Geschmack der Gegenwart die ebenso raschen gesellschaftlichen Veränderungen der letzten Jahrzehnte sowie die allgemeine lose Beziehung von Künstler und Publikum.

Das Problem der Isolation des modernen Dichters von der Gesellschaft, durch Grub Street, Bohème, Greenwich Village oder durch den im Ausland lebenden Amerikaner belegt, verlangt nach soziologischer Untersuchung. Ein russischer Sozialist, Georgi Plekhanow, glaubt, daß die Doktrin des l'art pour l'art sich immer dann entwikkelt, wenn Künstler »einen hoffnungslosen Widerspruch zwischen ihren Zielen und den Zielen der Gesellschaft, zu der sie gehören, empfinden. Die Künstler müssen in diesem Falle der Gesellschaft sehr feindlich gegenüberstehen, und sie sehen keine Hoffnung, diese zu ändern.«[16] In seiner *Soziologie der literarischen Geschmacksbildung* hat Levin L. Schücking einige dieser Probleme umrissen. An anderer Stelle gibt er eine genaue Untersuchung der Rolle der Familie und der Frauen als Publikum im achtzehnten Jahrhundert.[17]

Obwohl viel Material zusammengetragen wurde, ist man doch nur selten über Fragen wie die genauen Beziehungen zwischen der literarischen Produktion und ihren wirtschaftlichen Grundlagen oder selbst des genauen Einflusses des Publikums auf den Dichter zu wohlerhärteten Schlüssen gekommen. Die Beziehung ist offensichtlich keine der bloßen Abhängigkeit oder der passiven Willfähigkeit gegenüber Vorschriften von Seiten eines Gönners oder Publikums. Es kann Dichtern gelingen, sich ihr eigenes, besonderes Publikum zu schaffen. In der Tat muß sich – Coleridge wußte das – jeder neue Dichter den Geschmack erst schaffen, der ihn genießen und verstehen soll.

Der Dichter wird nicht nur durch die Gesellschaft beeinflußt: er beeinflußt sie. Die Kunst gibt nicht nur das Leben wieder, sondern sie formt es auch. Es ist möglich, daß Menschen ihr Leben nach dem Vorbild fiktiver Helden und Heldinnen gestalten. Sie haben geliebt, Verbrechen begangen und Selbstmord verübt nach Schilderungen in Büchern, sei es nun Goethes *Werther* oder Dumas *Drei Musketiere*. Können wir aber den Einfluß eines Buches auf seine Leser genau definieren? Wird es jemals möglich sein, den Einfluß der Satire zu beschreiben? Hat Addison wirklich die Sitten seiner Gesellschaft geändert oder Dickens zu Reformen der Schuldgefängnisse, Knabenschulen und Armenhäuser Antrieb gegeben?[18] War Harriet Beecher Stowe (*Onkel Toms Hütte*) wirklich »die kleine Frau, die den großen Krieg entfachte«? Hat *Vom Winde verweht* die Einstellung der nordstaatlichen Leser zu Harriet Stowes Krieg geändert? Wie haben Hemingway und Faulkner auf ihre Leser gewirkt? Wie groß war der Einfluß der Literatur auf das Anwachsen des modernen Nationalismus? Ganz gewiß haben die historischen Romane Walter Scotts in

Schottland, Henryk Sienkiewicz' in Polen, Alois Jiráseks in der Tschechoslowakei dazu beigetragen, den Nationalstolz und die gemeinsame Erinnerung an geschichtliche Ereignisse zu stärken.

Wir dürfen die zweifellos einleuchtende Hypothese aufstellen, daß junge Menschen unmittelbarer und stärker von ihrer Lektüre beeinflußt werden als die alten, daß unerfahrene Leser die Literatur naiver, mehr als Abschrift denn als eine Deutung des Lebens betrachten, daß ferner Menschen, die nur wenige Bücher lesen, diese für gewöhnlich uneingeschränkter ernst nehmen als Leser mit großen literarischen Kenntnissen. Können wir über solche Vermutungen hinausgehen? Können wir uns Fragebogen oder irgendeiner anderen Art und Weise soziologischer Nachforschung bedienen? Exakte Objektivität läßt sich nicht erzielen, denn der Versuch, Einzelfälle aufzunehmen, hängt vom Gedächtnis und der analytischen Fähigkeit der Befragten ab, und ihre Aussagen werden wiederum durch einen fehlbaren Verstand kodifiziert und ausgewertet. Die Frage »Wie wirkt die Literatur auf ihr Publikum?« ist eine empirische, die sich, wenn überhaupt, nur durch eine Berufung auf die Erfahrung beantworten läßt. Und da wir an die Literatur und die Gesellschaft im weitesten Sinne denken, dürfen wir uns dabei nicht allein auf die Erfahrung des Kenners, sondern müssen uns auf die der ganzen Menschheit berufen. Die Forschung hat noch kaum begonnen, sich mit solchen Fragen auseinanderzusetzen.[19]

Die innerhalb der Beziehungen zwischen Literatur und Gesellschaft bei weitem am häufigsten benutzte Methode ist die Untersuchung literarischer Werke als gesellschaftlicher Dokumente, als vermutlicher Gemälde einer gesellschaftlichen Wirklichkeit. Es besteht allerdings kein Zweifel, daß irgendeine Art Gesellschaftsbild von der Literatur abstrahiert werden kann. Dies war sogar eine der ersten Methoden, in der systematische Gelehrte von der Literatur Gebrauch gemacht haben. Thomas Warton, der erste wirkliche englische Literaturhistoriker, führte aus, die Literatur habe »das besondere Verdienst, die Merkmale der Zeiten treulich wiederzugeben sowie die malerischste und ausdrucksvollste Darstellung der Sitten zu bewahren«.[20] Für ihn und viele seiner gelehrten Nachfolger war die Literatur in erster Linie eine Schatzkammer für Trachten und Sitten, ein Quellenbuch der Kulturgeschichte, besonders für die Ritterzeit und deren Verfall. Auch unter den modernen Lesern bezieht ein großer Teil seine Haupteindrücke von fremden Gesellschaften aus der Romanlektüre, aus Sinclair Lewis und Galsworthy, aus Balzac und Turgenjew.

Benutzt man sie als gesellschaftliches Dokument, können sich einem aus der Literatur die Umrisse einer Gesellschaftsgeschichte erschließen. Schon früh erkannte man, daß der Prolog zu den *Canterbury Tales* einen fast vollständigen Überblick über gesellschaftliche Typen gewährt. Aus Shakespeares *Lustigen Weibern von Windsor,* mehreren Stücken von Ben Jonson und von Thomas Deloney erfahren wir einiges über das elisabethanische Bürgertum. Addison, Fielding und Smollett schildern die neue Bourgeoisie des achtzehnten Jahrhunderts, Jane Austen den Landadel und die Landpfarrer im frühen neunzehnten Jahrhundert, und Trollope, Thackeray und Dickens die viktorianische Welt. Um die Jahrhundertwende beschreibt Galsworthy die höhere bürgerliche Gesellschaft, Wells das Kleinbürgertum und Bennett die Provinzstädte.

Eine ähnliche Reihe von Gesellschaftsbildern könnte man für das amerikanische Leben aus den Romanen von Harriet Stowe und Howells bis hin zu denen von Farrell und Steinbeck zusammenstellen. Das Leben im Paris und Frankreich der Nach-Restauration scheint in den hunderten von Charakteren erhalten, die die Seiten von Balzacs *Menschlicher Komödie* durchziehen. Proust verfolgte bis in endlose Einzelheiten hinein die gesellschaftlichen Schichtungen der im Verfall befindlichen französischen Aristokratie. Das Rußland der Grundbesitzer im neunzehnten Jahrhundert erscheint in den Romanen Turgenjews und Tolstois. Einblicke in das Leben des Kaufmanns und des Intellektuellen gewähren uns Tschechows Dramen und Erzählungen, und in das des kollektivisierten Bauern die Werke Michail Scholochows.

Die Beispiele ließen sich unendlich vermehren. Man kann die »Welt« eines jeden Schriftstellers zusammenstellen und auslegen, eines jeden Beitrag zum Problem der Ehe, des Geschäftslebens, des Berufs, zur Schilderung törichter oder kluger, frommer oder scheinheilige Geistlicher aufzeigen; oder man kann sich auf Jane Austens Seeleute, auf Prousts »arrivistes«, auf Howells verheiratete Frauen spezialisieren. Diese Art der Spezialisierung liefert uns Monographien über »Das Verhältnis zwischen Grundbesitzer und Pächter in amerikanischen Romanen des neunzehnten Jahrhunderts«, »der Matrose im englischen Drama und Roman« oder »Der Irisch-Amerikaner in der Prosa des zwanzigsten Jahrhunderts«.

Solche Untersuchungen sind von geringem Wert, so lange sie es als selbstverständlich voraussetzen, daß die Literatur ganz einfach Spiegel des Lebens, Reproduktion und so offensichtlich ein gesellschaftliches Dokument sei. Eine solche Untersuchung ist nur dann sinnvoll, wenn wir die künstlerische Methode des betreffenden Romanschriftstellers erfaßt haben, wenn wir – nicht nur in allgemeinen Begriffen, sondern ganz konkret – die Beziehung bestimmen können, in der dieses Abbild zu der gesellschaftlichen Wirklichkeit steht. Ist seine Absicht eine realistische Wiedergabe sozialer Verhältnisse? Oder ist es an bestimmten Stellen Satire, Karikatur oder romantische Idealisierung? In einer bemerkenswert einsichtigen Untersuchung über *Aristocracy and the Middle Classes in Germany* warnt uns Kohn-Bramstedt mit Recht: »Nur derjenige, der über die Struktur einer Gesellschaft aus anderen als rein literarischen Quellen unterrichtet ist, kann ausfindig machen, ob und wie weit bestimmte Typen der Gesellschaft und ihr Verhalten im Roman wiedergegeben sind ... In jedem Falle muß scharfsinnig voneinander geschieden werden, was reine Phantasie, was realistische Beobachtung und was nur Ausdruck der Wünsche des Autors ist.«[21] Indem er Max Webers Konzeption idealer »sozialer Typen« benutzt, untersucht der gleiche Gelehrte gesellschaftliche Phänomene wie den Klassenhaß, das Verhalten des Parvenus, den Snobismus, das Verhalten gegenüber den Juden. Er vertritt dann den Gedankengang, daß solche Phänomene weniger objektive Tatsachen und Verhaltensweisen als vielmehr sehr verwickelte seelische Haltungen sind, die bisher weit besser in Romanen als in irgendeiner anderen Form dargestellt wurden. Wer sich um die Erforschung gesellschaftlicher Haltungen und Bestrebungen bemüht, kann literarisches Material benutzen, wenn er es richtig zu interpretieren weiß. Für die älteren Zeiten wird er sich sogar gezwungen sehen, literarisches oder halb-literarisches Material aus Mangel an Material aus der Feder der Soziologen jener Zeiten heranzuziehen, Schriftsteller, die sich mit Politik, der Wirtschaft und mit allgemeinen öffentlichen Fragen beschäftigten.

Romanhelden und -heldinnen, Bösewichte und Abenteurer können interessante Hinweise auf solche gesellschaftliche Haltungen liefern.[22] Untersuchungen dieser Art führen immerfort in die Geschichte sittlicher und religiöser Ideen. Wir kennen den mittelalterlichen Status des Verräters und die mittelalterliche Einstellung zum Wucher, die sich noch weiter bis in die Renaissance hineinzieht und aus der ein Shylock und später Molières Geiziger erwachsen. Welche »Todsünde« haben spätere Jahrhunderte hauptsächlich dem Bösewicht zugedacht? Wird seine Schurkerei im Sinne persönlicher oder gesellschaftlicher Moral verstanden? Ist er zum Beispiel ein Verführungskünstler oder veruntreut er Witwengelder?

Das klassische Beispiel ist das der englischen Restaurationskomödie. War das Ganze einfach nur ein Reich der Hahnreis, ein Märchenland von Ehebrüchen und Scheinehen, wie Lamb annahm? Oder war es, wie Macaulay uns glauben machen möchte, ein getreues Abbild der dekadenten, frivolen und brutalen Aristokratie?[23] Oder sollten wir nicht vielmehr beide Alternativen ablehnen und nachprüfen, welche besondere Gesellschaftsgruppe diese Kunst für welches Publikum schuf und ebenso, ob es eine naturalistische oder stilisierte Kunst war? Sollten wir nicht darauf achten, ob hier Satire und Ironie, Selbstverspottung und Phantasie mit im Spiele sind? Wie alle Literatur sind diese Stücke keine Dokumente; sie sind Stücke mit Repertoire-Figuren und Repertoire-Situationen, mit Bühnenehen und Bühnenbedingungen für Eheverträge. E. E. Stoll schließt seine vielen Argumente in dieser Sache mit dem Satz ab: »Offensichtlich ist dies keine wirkliche Gesellschaft, kein getreues Abbild nicht einmal der ›vornehmen Lebensweise‹: offensichtlich ist es überhaupt nicht England, auch nicht unter den Stuarts, egal ob vor oder seit der Revolution oder der großen Rebellion.«[24] Und doch hebt eine an sich so begrüßenswerte Betonung auf Konvention und Tradition wie bei Stoll die Beziehungen zwischen Literatur und Gesellschaft nicht völlig auf. Selbst die entlegenste Allegorie, das unwirklichste Hirtengedicht, die übertriebenste Posse kann uns, richtig befragt, noch etwas über die Gesellschaft einer Zeit mitteilen.

Literatur tritt nur in einem gesellschaftlichen Zusammenhang, als Teil einer Kultur, in einem Milieu auf. Taines berühmte Dreiheit von race, milieu und moment hat praktisch zu einer ausschließlichen Beschäftigung mit dem Milieu geführt. »Rasse« ist eine unbekannte Größe, mit der Taine nur sehr locker operiert. Es ist oft nur der »Volkscharakter« oder der englische oder französische »Geist«. »Moment« läßt sich in den Begriff des Milieus auflösen. Ein zeitlicher Unterschied bedeutet schließlich nichts anderes als eine andere Umgebung; aber das eigentliche Problem der Analyse taucht erst auf, wenn wir den Begriff »Milieu« aufzulösen versuchen. Die unmittelbarste »Fassung« eines literarischen Werkes ist, wie wir dann erkennen, ihre sprachliche und literarische Tradition, und diese Tradition wird wiederum von einem allgemeinen kulturellen »Klima« umschlossen. Weit weniger direkt nur kann die Literatur mit konkreten politischen und gesellschaftlichen Situationen in Zusammenhang gebracht werden. Natürlich gibt es Zusammenhänge zwischen allen Gebieten menschlicher Betätigung. Man kann am Ende sogar eine Verbindung zwischen der Art und Weise der industriellen Gütererzeugung und der Literatur feststellen, da ein Wirtschaftssystem für gewöhnlich irgendein Machtsystem in sich einschließt und so Kontrolle über die Formen des Familienlebens gewinnen muß. Und die Erziehung, die Auffassung von Sexualität und Liebe, spielt für die ganze Konvention und Tradition der menschlichen Empfindungswelt eine wichtige Rolle. So wird es möglich, selbst die Lyrik mit Konventionen in der Liebe, religiösen Vorurteilen und Naturanschauungen in Zusammenhang zu bringen. Aber diese Beziehungen können unter Umständen ganz abgelegen und versteckt sein.

Es erscheint jedoch unmöglich, sich einer Auffassung anzuschließen, die irgendeine besondere menschliche Tätigkeit als den »Starter« für alle anderen einsetzt, sei es die Theorie Taines, der alles Schaffen auf eine Verbindung von klimatischen, biologischen und sozialen Faktoren zurückführt, sei es die Theorie Hegels oder der Hegelianer, die den »Geist« als die einzig belegende Kraft in der Geschichte ansehen, oder die der Marxisten, die alles auf die Art und Weise der Gütererzeugung zurückführen. Während der vielen Jahrhunderte zwischen dem frühen Mittelalter und dem Aufstieg des Kapitalismus haben keine radikalen technischen Veränderungen stattgefunden, während das kulturelle Leben und die Literatur insbesondere die tiefgehendsten Umformungen erfuhr. Auch zeichnen sich in der Literatur nicht immer, zumindest nicht sofort, die technischen Wandlungen einer Epoche ab. Die industrielle Revolution drang erst in den vierziger Jahren des neunzehnten Jahrhunderts (mit Elizabeth Gaskell, Kingsley und Charlotte Brontë) in den englischen Roman ein, lange nachdem ihre Symptome Nationalökonomen und Gesellschaftskritikern deutlich sichtbar waren.

Die gesellschaftliche Situation, so muß man wohl sagen, scheint die Möglichkeit der Verwirklichung gewisser ästhetischer Werte zu bestimmen, aber nicht die Werte selber. Es läßt sich in allgemeinen Umrissen bestimmen, welche Kunstformen in einer gegebenen Gesellschaft möglich sind und welche nicht, aber es ist nicht möglich vorauszusagen, daß diese Kunstformen tatsächlich in Erscheinung treten werden. Viele Marxisten — und nicht nur Marxisten — versuchen, den Weg von der Wirtschaft zur Literatur viel zu roh abzukürzen. Zum Beispiel hat John Maynard Keynes, ein nicht eben unliterarischer Mensch, die Existenz Shakespeares der Tatsache zugeschrieben, daß »wir gerade finanziell in der Lage waren, uns Shakespeare leisten zu können in dem Augenblick, in dem er in Erscheinung trat. Große Dichter gediehen in einer Atmosphäre der Schwungkraft, Heiterkeit und der Freiheit von wirtschaftlichen Sorgen, in welcher die durch Gewinninflationen erzeugte herrschende

Klasse lebte«.[25] Aber Gewinninflationen brachten anderswo keine große Dichter hervor — z. B. in den Vereinigten Staaten während der wirtschaftlichen Blüte der zwanziger Jahre. Aber diese ganze Auffassung von einem optimistischen Shakespeare ist an sich schon fragwürdig. Ebenso wenig Hilfe kommt von der entgegengesetzten Formel aus der Feder eines russischen Marxisten: Shakespeares tragische Weltansicht ergab sich folgerichtig daraus, daß er dramatischer Ausdruck der Feudalaristokratie ist, die in den Tagen Elisabeths ihre frühere beherrschende Stellung verloren hatte.«[26] Solchen widersprechenden Urteilen, die sich auf so vage Kategorien wie Optimismus und Pessimismus gründen, mangelt es an einer konkreten Auseinandersetzung mit dem ermittelbaren gesellschaftlichen Gehalt der Shakespeareschen Dramen, seinen politischen Meinungsäußerungen (die aus den Königsdramen klar ersichtlich sind) oder mit seiner gesellschaftlichen Stellung als Dichter.

Man muß sich jedoch davor hüten, etwa auf Grund solcher Zitate die volkswirtschaftliche Methode des Literaturstudiums gänzlich von der Hand zu weisen. Trotz einiger phantastischer Urteile erkannte Marx selber doch im allgemeinen, daß die Beziehungen zwischen Literatur und Gesellschaft sehr indirekt seien. In der *Kritik der politischen Ökonomie* gibt er zu, daß »bestimmte Blütezeiten (der Kunst) keineswegs im Verhältnis zur allgemeinen Entwicklung der Gesellschaft, also auch der materiellen Grundlage, gleichsam des Knochenbaus ihrer Organisation stehen. Z. B. die Griechen verglichen mit den Modernen oder auch Shakespeare.«[27] Es war ihm ferner klar, daß die moderne Arbeitsteilung zu einem deutlichen Widerspruch zwischen den drei Faktoren (»Momenten« in seiner von Hegel übernommenen Terminologie) des sozialen Prozesses führt — den »Produktivkräften, gesellschaftlichen Beziehungen« und dem »Bewußtsein«. Er vertrat allerdings den utopischen Gedanken, daß in der zukünftigen klassenlosen Gesellschaft diese Arbeitsteilung wieder verschwinden und der Künstler wieder ein Teil der Gesellschaft werden würde. Er glaubte an die Möglichkeit, daß jeder ein hervorragender, ja originaler Maler sein könnte. »In einer kommunistischen Gesellschaft gibt es keine Maler, sondern höchstens Menschen, die unter anderem auch malen.«[28] Churchill und Eisenhower scheinen dieses Ideal zu erfüllen.

Der »Vulgärmarxist« stellt fest, dieser oder jener Schriftsteller sei ein Bourgeois, der reaktionäre oder progressive Meinungen über Kirche und Staat geäußert habe. Es besteht ein merkwürdiger Widerspruch zwischen diesem streng bekundeten Determinismus, der annimmt, daß »Bewußtsein« aus dem »Sein« folgen müsse, daß der Bourgeois nichts dafür kann, daß er einer ist, und der verbreiteten ethischen Beurteilung, die ihn um eben dieser Meinungen willen verdammt. In Rußland sind Schriftsteller bürgerlicher Herkunft, die sich dem Proletariat angeschlossen haben, fortwährenden Verdächtigungen ihrer Aufrichtigkeit ausgesetzt, und jede Verfehlung als Künstler oder Staatsbürger wird ihrer Herkunft aus der bürgerlichen Klasse zugeschrieben. Aber wenn der Fortschritt, im marxistischen Sinne, unmittelbar vom Feudalismus über den bürgerlichen Kapitalismus zur »Diktatur des Proletariats« führt, so wäre es für den Marxisten nur logisch und konsequent, die »Progressiven« zu jeder Zeit zu preisen. Er sollte dem Bürger seine Anerkennung zollen, als dieser im frühen Stadium des Kapitalismus gegen den überlebenden Feudalismus kämpfte. Häufig kritisieren Marxisten Dichter jedoch vom Standpunkt des zwanzigsten Jahrhunderts aus oder, wie Smirnow und Grib, zwei der »Vulgärsoziologie« gegenüber sehr kritische Marxisten, retten den bürgerlichen Dichter durch eine Anerkennung seiner allgemeinen Menschlichkeit. So kommt Smirnow zu dem Schluß, daß Shakespeare der »humanistische Ideologe des Bürgertums, der Exponent eines von ihnen aufgestellten Programms war, als sie im Namen der Menschlichkeit zuerst das feudalistische System herausforderten.«[29] Aber der Begriff des Humanismus, der Universalität der Kunst, gibt die ganz wesentlich relativistische Hauptlehre des Marxismus auf.

Die besten Leistungen der marxistischen Kritik finden sich dort, wo diese die verborgenen gesellschaftlichen Implikationen eines dichterischen Werkes aufdeckt. In dieser Hinsicht bildet ihre Technik der Interpretation eine Parallele zu denen, die sich auf die Einsichten Freuds oder Nietzsches oder Paretos gründen, oder auch zu der »Scheler-Mannheimschen Wissenssoziologie«. All diese Intellektuellen verdächtigen den Intellekt, die verkündete Doktrin, die ausdrückliche Erklärung. Der wesentliche Unterschied besteht darin, daß Nietzsches und Freuds Methoden psychologisch, Paretos Analyse von »Überresten« und »Ableitungen« und die Scheler-Mannheimsche Technik der »Ideologien«-Analyse dagegen soziologisch sind.

Die »Soziologie des Wissens«, wie sie in den Werken Max Schelers, Max Webers und Karl Mannheims dargelegt wird, ist bis ins Einzelne ausgearbeitet und bietet einige bestimmte Vorteile gegenüber ihren Rivalen.[30] Sie lenkt nicht nur die Aufmerksamkeit auf die Voraussetzungen und Implikationen einer gegebenen ideologischen Position, sondern sie stellt auch die versteckten Anmaßungen und Befangenheiten des Untersuchenden selber heraus. Sie ist auf diese Weise gelegentlich bis zum Extrem der Krankhaftigkeit selbstkritisch und ihrer selbst bewußt. Auch neigt sie weniger als Marxismus oder Psychoanalyse dazu, einen einzigen Faktor als allein für einen Vorgang bestimmend auszusondern. Max Webers Untersuchungen über die Soziologie der Religion — trotz des gewissen Mangels der Isolierung des religiösen Faktors — sind sehr wertvoll wegen ihrer Bemühung, den Einfluß ideologischer Faktoren auf wirtschaftliche Verhaltensweisen und Einrichtungen aufzuzeigen; denn vorher war die Betonung ausschließlich auf den Einfluß der Wirtschaft auf die Ideologie gelegt worden.[31] Eine ähnliche Untersuchung der Einflüsse der Literatur auf gesellschaftliche Veränderungen wäre sehr begrüßenswert, obschon sie sich ähnlichen Schwierigkeiten gegenübersähe. Es erscheint ebenso schwierig, den streng literarischen Faktor wie den religiösen auszusondern und die Frage zu beantworten, ob der Einfluß wirklich auf jenen besonderen Faktor zurückgeht oder nicht vielleicht auf andere Kräfte, für die dieser Faktor ein bloßer »Schrein« oder ein »Kanal« ist.[32]

Ein Nachteil der »Soziologie des Wissens« ist jedoch ihr übertriebener Historismus. Sie kommt zu letztlich skeptischen Schlüssen, trotz ihrer These, daß »Objektivität« erreicht werden kann, indem die einander widerstreitenden Perspektiven in einer Synthese gefaßt und damit neutralisiert werden können. In bezug auf die Literatur ist ein weiterer Nachteil diese Theorie ihr Unvermögen, »Inhalt« mit »Form« zu verbinden. Wie der Marxismus von einer irrationalistischen Erklärung ausgehend, gelingt es ihr nicht, eine rationale Grundlage für die Ästhetik und damit für die Kritik und die Wertung zu schaffen. Dies gilt natürlich für alle von außen her kommenden Wege zur Literatur. Keine kausale Untersuchung kann der Analyse, Beschreibung und Bewertung eines literarischen Werkes in der Theorie gerecht werden.

Aber das Problem »Literatur und Gesellschaft« kann offenbar auch in anderem Sinne verstanden werden, im Sinne symbolischer oder bedeutsamer Beziehungen zwischen den beiden, der Konsequenz, Harmonie des Zusammenhanges, der Kongruenz, der strukturellen Identität, der stilistischen Analogie, oder mit welchem Begriff wir auch die Integration einer Kultur und die Beziehung der verschiedenen menschlichen Tätigkeiten untereinander bezeichnen möchten. Sorokin, der die verschiedenen Möglichkeiten klar analysiert hat,[33] kommt zu dem Schluß, daß der Grad der Integration von Gesellschaft zu Gesellschaft wechsele.

Niemals beantwortet der Marxismus die Frage nach dem Grad der Abhängigkeit der Literatur von der Gesellschaft. Viele der grundlegenden Probleme hat man daher kaum zu untersuchen begonnen. Man kann gelegentlich zum Beispiel den Gedanken der gesellschaftlichen Determinierung der Gattungen vertreten sehen, wie etwa im Falle der bürgerlichen Herkunft des Romans; oder es finden sich sogar Versuche, die Haltungen und Formen der Gattungen bis ins Einzelne von dorther zu bestimmen, wie E. B. Burgums nicht sehr überzeugende Auffassung, daß die Tragikomödie auf die »starke Wirkung des bürgerlichen Ernstes auf die aristokratische Frivolität zurückzuführen ist.«[34] Gibt es ganz bestimmte gesellschaftliche Determinanten eines so umfassenden literarischen Stils wie der Romantik, die, obwohl eng mit dem Bürgertum verbunden, zumindest in Deutschland von ihren ersten Anfängen an antibürgerlich in ihrer Ideologie war?[35] Obgleich irgendeine Abhängigkeit literarischer Ideologien und Themen von den gesellschaftlichen Umständen auf der Hand zu liegen scheint, sind doch die gesellschaftlichen Ursprünge von Formen und Stilen, Gattungen und eigentlich literarischer Normen noch kaum je nachgewiesen worden.

Die konkretesten Versuche in dieser Richtung finden sich in einigen Studien über die gesellschaftlichen Ursprünge der Literatur: in Büchers einseitiger Theorie über die Entstehung der Dichtung aus Arbeitsrhythmen; in den vielen Untersuchungen von Anthropologen über die magische Rolle früher Kunst; in George Thomsons sehr gelehrtem Versuch, die griechische Tragödie mit Kulthandlungen und Ritualien und mit einer besonderen demokratischen Gesellschaftsrevolution zur Zeit des Aischylos in Zusammenhang zu bringen; in Christopher Caudwells ein wenig naivem Bemühen, die Quellen der Dichtung in den Gefühlsausbrüchen wilder Stämme sowie in der bürgerlichen »Illusion« von der Freiheit des Individuums zu finden.[36]

Nur wenn sich die gesellschaftliche Determinierung von Formen gültig nachweisen ließe, könnte man die Frage stellen, ob gesellschaftliche Haltungen nicht »konstitutiv« werden und in ein Kunstwerk als wirksame Teile seines künstlerischen Wertes eingehen können. Man kann den Standpunkt vertreten, daß die »soziale Wahrheit«, als solche zwar kein künstlerischer Wert, doch zur Stärkung künstlerischer Werte wie Dichte und Einheit beiträgt. Es braucht jedoch nicht so zu sein. Es gibt große Dichtung von nur geringer oder gar keiner gesellschaftlichen Bedeutung. Gesellschaftliche Literatur ist nur eine Art der Literatur und steht nicht im Mittelpunkt der Theorie der Literatur, wenn man nicht auf dem Standpunkt steht, die Literatur sei in erster Linie eine »Nachahmung« des »wirklichen« Lebens und des gesellschaftlichen Lebens im besonderen. Aber die Literatur ist kein Ersatz für Soziologie oder Politik. Sie trägt ihren eigenen Zweck und ihre Rechtfertigung in sich.

10. Literatur und Ideen

Die Beziehung zwischen Literatur und Ideen kann auf sehr mannigfaltige Art verstanden werden. Häufig wird die Literatur für eine Form der Philosophie, für in Form gekleidete »Ideen« gehalten. Die Analyse richtet sich darauf, ihre »leitenden Ideen« herauszustellen. Studenten werden dazu ermutigt, Kunstwerke im Sinne solcher Verallgemeinerungen zusammenzufassen und zu abstrahieren. Ein erheblicher Teil der älteren Forschung hat diese Methode bis zum Extrem der Absurdität vorgetrieben. Man denkt dabei besonders an deutsche Shakespeare-Forscher von der Art Ulricis, der den Grundgedanken des *Kaufmann von Venedig* als »summum jus summa injuria« bezeichnete.[1] Obwohl heute die meisten Gelehrten solchen Überintellektualisierungen gegenüber vorsichtig geworden sind, gibt es doch immer noch Kritik, die die Literatur in einer Weise behandelt, als sei sie ein philosophischer Traktat.

Die entgegengesetzte Auffassung spricht der Literatur jegliche philosophische Bedeutung ab. In einer Vorlesung über *Philosophy and Poetry* vertritt George Boas sehr scharf diese Ansicht: »Ideen in der Dichtung sind für gewöhnlich abgenutzt und falsch, und kein Mensch über sechzehn kann es lohnend finden, Dichtung lediglich um ihrer Aussage willen zu lesen.«[2] Laut T. S. Eliot haben weder »Shakespeare noch Dante wirklich nachgedacht«.[3] Man muß Boas wohl zugestehen, daß der gedankliche Inhalt der meisten Dichtungen (und er scheint dabei vor allem die Lyrik im Sinn zu haben) für gewöhnlich stark übertrieben wird. Bei der Analyse vieler berühmter, wegen ihrer Philosophie bewunderter Gedichte entdecken wir häufig, daß es sich dabei doch nur um Gemeinplätze, etwa solche über die Vergänglichkeit des Menschen oder die Ungewißheit des Schicksals, handelt. Die orakelhaften Aussprüche viktorianischer Dichter von der Art Brownings, die vielen Lesern wie Offenbarungen erschienen, erweisen sich lediglich als gängige Versionen uralter Wahrheiten.[4] Selbst wenn uns ein allgemeiner Satz wie z. B. Keats' »Beauty is Truth, Truth Beauty« als tiefe Weisheit anspricht, so bleibt es uns doch überlassen, aus einer solchen Gleichsetzung von Schönheit und

Wahrheit etwas zu machen. Wäre es nicht besser, darin vielmehr den Schlußvers eines Gedichts zu sehen, das die Dauer der Kunst, die Vergänglichkeit der menschlichen Gefühle und der natürlichen Schönheit zum Gegenstand hat? Die Reduzierung eines Kunstwerks auf einen Lehrsatz oder, was noch schlimmer ist, die Herauslösung einzelner Stellen wirkt sich auf das Verstehen der Einzigartigkeit eines Werkes verheerend aus. Ein solches Vorgehen zerstört die Struktur des Kunstwerks und zwingt ihm fremde Wertkriterien auf.

Die Literatur läßt sich allerdings als Dokument für die Geschichte der Ideen und der Philosophie behandeln, da die Literaturgeschichte zur Geschichte der menschlichen Vernunft parallel läuft und sie widerspiegelt. Ausdrückliche Feststellungen oder Anspielungen lassen häufig entweder den Anschluß eines Dichters an eine bestimmte Philosophie erkennen oder es geht aus ihnen hervor, daß er entweder mit einst verbreiteten Philosophien bekannt oder doch zumindest sich ihrer allgemeinen Einstellung bewußt war.

Während der letzten Jahrzehnte hat sich eine Gruppe amerikanischer Gelehrter der Untersuchung dieser Fragen gewidmet. Sie bezeichnen ihre Methode als »Geschichte der Ideen« (»History of Ideas«), ein etwas irreleitender Ausdruck für die besondere, begrenzte Methode, die von A. O. Lovejoy entwickelt und befürwortet wurde.[5] Lovejoy hat die Wirksamkeit der Methode in einem Buch über *The Great Chain of Being* glänzend bewiesen. Er sieht dort die Idee als eine Stufenleiter der Natur von Plato bis Schelling an und verfolgt sie durch alle Denkweisen: in der Philosophie im strengen Sinne, im naturwissenschaftlichen Denken, in der Theologie und besonders in der Literatur. In zweierlei Hinsicht unterscheidet sich diese Methode von der Geschichte der Philosophie. Lovejoy schränkt die Philosophiegeschichte auf die großen Denker ein; in seine »Ideengeschichte« dagegen begreift er auch die kleineren Denker sowie die Dichter mit ein, die er als von den Denkern abhängig betrachtet. Weiterhin unterscheidet er zwischen der Geschichte der Philosophie, die sich mit den großen Systemen beschäftigt, und der Geschichte der Ideen, welche sogenannte Ideeneinheiten untersucht, d. h sie zerlegt die philosophischen Systeme in ihre Bestandteile und geht damit den einzelnen Denkmotiven nach.

Wenn auch als Basis einer Einzeluntersuchung wie *The Great Chain of Being* vollkommen gerechtfertigt, so überzeugen doch die von Lovejoy vorgenommenen besonderen Abgrenzungen im allgemeinen nicht. Die Geschichte der philosophischen Begriffe gehört durchaus zur Geschichte der Philosophie, und Hegel und Windelband haben bereits vor langer Zeit die Einzelbegriffe in ihre Geschichten der Philosophie eingeschlossen. Ideeneinheiten gesondert von den Systemen zu betrachten ist ebenso einseitig wie die Literaturgeschichte auf eine Geschichte der Verskunst, des Stils oder der Bilder zu beschränken und dabei das Studium des zusammenhängenden Ganzen, der spezifischen Kunstwerke, zu vernachlässigen. Die »Ideengeschichte« ist nichts als eine besondere Methode innerhalb der allgemeinen Geschichte des Denkens, eine Methode, welche die Literatur nur als Dokument und als Illustration benutzt. Diese Voraussetzung wird deutlich, wenn Lovejoy Ideen in ernster gedanklicher Literatur zu einem großen Teil als »verwässerte philosophische Ideen« bezeichnet.[6]

Trotzdem muß man als Literaturforscher die »Ideengeschichte« begrüßen, und nicht nur durch eine indirekte Erhellung der Literatur auf Grund eines besseren Verständnisses der Philosophiegeschichte. Lovejoys Methode ist eine Reaktion gegen den übertriebenen Intellektualismus der meisten Historiker der Philosophie. Seine Methode erkennt, daß das Denken, oder zumindest die Wahl zwischen Denksystemen, häufig von bestimmten Voraussetzungen, von mehr oder weniger unbewußten Denkgewohnheiten abhängig ist; daß Menschen bei ihrer Aneignung von Ideen von ihrer Empfänglichkeit für verschiedene Arten eines metaphysischen Pathos beeinflußt werden; und daß die Ideen oft Schlagworte, fromme Phrasen sind, die semantisch untersucht werden müssen. Leo Spitzer, der vieles in Lovejoys »Ideengeschichte« ablehnt, hat selber in Untersuchungen, die Worte wie »milieu«, »ambiance« und »Stimmung« in all ihren Bezügen und Verästelungen durch die Geschichte hindurch verfolgen, hervorragende Beispiele dafür gegeben, wie eine Geschichte des Intellekts mit der der Wortbedeutungen verbunden werden kann.[7] Schließlich hat Lovejoys System noch eine besonders reizvolle Eigenschaft. Es setzt sich ausdrücklich über jede Trennung literarischer und historischer Studien auf Grund von Nationalitäten oder Sprachen hinweg.

Der Wert, den die Kenntnis der Geschichte der Philosophie und des allgemeinen Denkens für die Auslegung eines dichterischen Textes bildet, läßt sich kaum überschätzen. Außerdem muß sich die Literaturgeschichte — besonders wenn sie Schriftsteller wie Pascal, Emerson oder Nietzsche behandelt — ständig mit Problemen der Ideengeschichte beschäftigen. Ja, die Geschichte der literarischen Theorie und Kritik ist letztlich nur ein Teil der Geschichte des ästhetischen Denkens — zumindest, wenn sie in sich selbst, also ohne Bezug zu der im engeren Sinne schönen Literatur der Zeit betrachtet wird.

Es läßt sich leicht nachweisen, daß die englische Literatur die Geschichte der Philosophie widerspiegelt. Der Platonismus der Renaissance durchzieht die elisabethanische Dichtung: Spenser schrieb vier Hymnen, in denen er den neuplatonischen Aufstieg vom Stoff zur himmlischen Schönheit beschreibt; in der *Faerie Queene* entscheidet er den Disput zwischen den zwei allegorischen Gestalten der Veränderlichkeit und der Natur zugunsten einer ewigen, unveränderlichen Ordnung. Bei Marlowe klingt der zeitgenössische, aus Italien stammende Atheismus und Skeptizismus an. Selbst bei Shakespeare finden sich viele Spuren des Renaissance-Platonismus, zum Beispiel in der berühmten Rede des Odysseus über Ordnung in *Troilus und Cressida* sowie Anklänge an Montaigne und an den Stoizismus. Wir können Donnes Studium der Kirchenväter und der Scholastiker sowie den starken Eindruck verfolgen, den die neue Naturwissenschaft auf sein Empfinden gemacht hat. Milton entwickelte selber eine sehr persönliche Theologie und Kosmogonie, die, einer ihrer Interpretationen zufolge, materialistische und platonische Elemente verschmelzen und die sowohl orientalisches Gedankengut als auch die Lehren zeitgenössischer Sekten, wie z. B. die der Mortalisten, benutzen.

Dryden schrieb philosophische Dichtung, welche die theologischen und politischen Kontroversen der Zeit darlegt und aus der mit Sicherheit seine Kenntnis des Fideismus, der modernen Naturwissenschaft, des Skeptizismus und des Deismus deutlich hervorgeht. Thomson vertritt ein System, in dem sich Gedanken Newtons mit denen Shaftesburys verbinden. Popes *Essay on Man* ist voll von philosophischen Abhängigkeiten; und Gray kleidete Lockes Theorien in lateinische Hexameter. Laurence Sterne war ein begeisterter Verehrer Lockes und benutzte, häufig zu komischen Zwecken, im ganzen *Tristram Shandy* dessen Ideen über Ideenassoziation und den Begriff der Dauer.

Unter den großen romantischen Dichtern war Coleridge selber ein sehr ehrgeiziger Philosoph von einigem Rang. Er kannte Kant und Schelling bis in alle Einzelheiten und legte ihre Ansichten, allerdings nicht immer kritisch, aus. Durch Coleridge, dessen eigene Dichtung von seiner systematischen Philosophie nur wenig berührt scheint, drangen viele deutsche oder allgemein neuplatonische Ideen in die Tradition der englischen Dichtung ein oder wieder ein. Spuren von Kant finden sich bei Wordsworth, der, wie man nachgewiesen hat, auch mit den Theorien des Psychologen Hartley sehr genau bekannt war. Shelley war in seiner Frühzeit tiefgehend von den französischen »philosophes« des achtzehnten Jahrhunderts und deren englischem Schüler Godwin beeinflußt, wandte sich später jedoch Ideen zu, die von Spinoza, Berkeley und Plato abgeleitet waren.

Die viktorianische Kontroverse zwischen Wissenschaft und Religion findet ihren Ausdruck in Tennyson und Browning. In Swinburne und Hardy spiegelt sich der pessimistische Atheismus der Zeit, während sich bei Hopkins die Wirkung seiner Beschäftigung mit Duns Scotus zeigt. George Eliot übersetzte Feuerbach und Strauß, Shaw las Samuel Butler und Nietzsche. Die meisten jüngeren Schriftsteller haben Freud oder etwas über ihn gelesen. Joyce kannte, außer Freud und Jung, Vico, Giordano Bruno und natürlich Thomas von Aquin. Yeats versenkte sich tief in Theosophie und Mystik und selbst in die Gedankenwelt Berkeleys.

Andere Literaturen sind womöglich noch reicher an Untersuchungen solcher Probleme. Es gibt zahllose Interpretationen von Dantes Theologie. In Frankreich hat Etienne Gilson seine Kenntnisse der Philosophie des Mittelalters auf die Deutung von Stellen aus Rabelais und Pascal angewandt.[8] Paul Hazard schrieb über die Krise im europäischen Bewußtsein (*La Crise de la conscience européenne*) gegen Ende des siebzehnten Jahrhunderts, in dem er die Ausbreitung der Ideen der Aufklärung und, in einem späteren Werk, ihre Festigung in allen Teilen Europas darlegt.[9] In Deutschland gibt es eine unendliche Menge von Untersuchungen über Schillers Kantianismus, Goethes Verhältnis zu Plotin und Spinoza, Kleists zu Kant, Hebbels zu Hegel, und Ähnliches. In Deutschland war die Zusammenarbeit zwischen Philosophie und Literatur häufig ganz besonders eng, vor allem während der Romantik, als Fichte, Schelling und Hegel mit den Dichtern in engem Kontakt lebten und als selbst ein so reiner Dichter wie Hölderlin es für seine Pflicht hielt, systematische Spekulationen über Fragen der Erkenntnistheorie und Metaphysik anzustellen. In Rußland wurden Dostojewskij und Tolstoi häufig einfach als Philosophen und religiöse Denker behandelt, und selbst Puschkin mußte dazu herhalten, ungreifbare Weisheiten aus sich gewinnen zu lassen.[10] Zur Zeit der Symbolisten bildete sich in Rußland eine ganze Schule »metaphysischer Kritiker« heraus, die die Literatur im Sinne ihrer eigenen philosophischen Positionen deuteten. Rosanow, Mereshkowskij, Schestow, Berdjajew und Wjatscheslaw Iwanow schrieben alle über Dostojewskij oder auch um ihn herum,[11] indem sie ihn manchmal nur als Text für die Predigt ihrer eigenen Lehren benutzten, ihn manchmal auf ein System reduzierten und ihn nur selten als einen tragischen Romanschriftsteller behandelten.

Aber am Ende, oder besser am Anfang solcher Untersuchungen

müssen einige Fragen aufgeworfen werden, die man nicht immer klar beantwortet sieht. Wie weit bestimmen bloße Echos der Gedanken von Philosophen im Werk eines Dichters die wirklichen Anschauungen desselben, vor allem im Falle eines dramatischen Dichters wie Shakespeare? Wie klar und wie systematisch wurden philosophische Anschauungen von Dichtern oder Schriftstellern vertreten? Handelt es sich nicht tatsächlich häufig um einen Anachronismus der schlimmsten Art, anzunehmen, daß ein Dichter früherer Jahrhunderte eine eigene Philosophie oder sogar nur das Verlangen danach hatte, oder unter Menschen lebte, die irgendeine persönliche Anschauungsweise ermuntert oder sich dafür interessiert hätten? Ist es nicht vielmehr so, daß Literarhistoriker häufig, selbst bei den jüngeren Dichtern, den Zusammenhang, die Klarheit und die Reichweite ihrer philosophischen Überzeugungen ganz wesentlich überschätzen?

Selbst wenn wir an Dichter denken, die sich in hohem Maße ihrer selbst bewußt waren oder sich, wie in einigen Fällen, selber als spekulative Philosophen betätigten und Dichtung schrieben, die man als »philosophisch« bezeichnen könnte, müssen wir doch immer noch Fragen stellen wie diese: Ist Dichtung besser, je philosophischer sie ist? Kann man Dichtung gemäß dem Wert der von ihr übernommenen Philosophie beurteilen, oder gemäß dem Grad an Einsicht, den sie in die von ihr übernommene Philosophie gewonnen hat? Oder kann sie auf Grund von Kriterien der philosophischen Originalität, auf Grund des Grades, in dem sie das traditionelle Denken änderte, bewertet werden? T. S. Eliot zieht Dante Shakespeare vor, da ihm Dantes Philosophie wohlbegründeter erscheint als die Shakespeares. Der deutsche Philosoph Hermann Glockner behauptete dagegen, Dichtung und Philosophie seien niemals weiter voneinander entfernt gewesen als bei Dante, da dieser ein fertiges System übernahm, ohne es abzuändern.[12] Die echte Zusammenarbeit zwischen Philosophie und Dichtung geschah, als es Dichter-Denker von der Art des Empedokles im vorsokratischen Griechenland gab, oder während der Renaissance, als Ficino oder Giordano Bruno Dichtung und Philosophie, dichterische Philosophie und philosophische Dichtung schrieben, und später in Deutschland, als Goethe Dichter und originaler Philosoph zugleich war.

Aber sind philosophische Maßstäbe dieser Art Kriterien für die literarische Kritik? Muß man Popes *Essay on Man* auf Grund der Tatsache verurteilen, daß es in bezug auf seine Quellen einen erheblichen Eklektizismus aufweist, daß eine gedankliche Konsequenz nur absatzweise besteht, während das Ganze als System gänzlich zusammenhanglos ist. Wird Shelley zu einem schlechteren oder besseren Dichter, weil wir zeigen können, daß er zu einer bestimmten Zeit in seinem Leben von dem groben Materialismus Godwins zu einer Art platonischem Idealismus gelangt ist? Kann der Eindruck, daß Shelleys Dichtung verschwommen, eintönig und langweilig ist — anscheinend die Erfahrung einer neuen Lesergeneration — durch den Nachweis widerlegt werden, daß, in richtiger Interpretation, seine Philosophie zu seiner Zeit sinnvoll war, oder daß diese oder jene Stelle nicht bedeutungslos ist, sondern auf zeitgenössische wissenschaftliche oder pseudowissenschaftliche Anschauungen anspielt?[13] All diese Kriterien fußen zweifellos auf dem intellektualistischen Mißverständnis, auf einer Verwirrung der Funktionen der Philosophie und der Kunst, auf einem Mißverstehen der Art und Weise, in der Ideen tatsächlich in die Literatur eingehen.

Diese Einwände gegen den übertriebenen Intellektualismus der philosophischen Methode sind in einigen vor allem in Deutschland entwickelten Methoden berücksichtigt worden. Rudolf Unger hat unter Benutzung von Ideen Diltheys in äußerster Klarheit eine Methode verteidigt, die, obschon vorher noch nicht systematisch ausgearbeitet, doch schon lange angewandt worden war.[14] Mit Recht argumentiert Unger, daß die Literatur kein in Bild und Vers umgesetztes philosophisches Wissen sei, sondern daß sie eine allgemeine Weltanschauung ausdrücke, daß Dichter für gewöhnlich, in unsystematischer Weise, Fragen beantworten, die auch Themen der Philosophie sind, daß aber die poetische Art und Weise des Antwortens sich gemäß den verschiedenen Zeiten und Situationen unterscheidet. Unger klassifiziert diese »Probleme« in der folgenden, etwas willkürlichen Weise: das Schicksalsproblem, womit er den Bezug zwischen Freiheit und Notwendigkeit, Geist und Natur meint; das Religionsproblem, das die Deutung Christi, die Einstellung zur Sünde und zur Erlösung einbegreift; das Naturproblem, das Fragen wie das Naturgefühl, aber auch solche des Mythos und der Magie umfaßt. Eine andere Problemgruppe wird von Unger als das Problem des Menschen bezeichnet. Es befaßt sich mit Fragen über die Auffassung des Menschen, aber auch mit dem Verhältnis des Menschen zum Tode, mit den jeweiligen Vorstellungen von der Liebe. Schließlich gibt es noch eine Problemgruppe über die Gesellschaft, die Familie, den Staat. Die dichterische Weltanschauung soll nun in Bezug auf diese Probleme untersucht werden. Es gibt sogar Bücher, die den Versuch machen, die Geschichte dieser Probleme im Sinne einer angenommenen immanenten Entwicklung zu verfolgen. So schrieb

Walther Rehm ein umfangreiches Buch über den *Todesgedanken in der deutschen Dichtung*, Paul Kluckhohn über *Die Auffassung der Liebe in der Literatur des achtzehnten Jahrhunderts und in der Romantik.*[15]

Ähnliche Arbeiten existieren in anderen Sprachen. Mario Praz' *La Carne, la morte e il diavolo nella letteratura romantica*[16] ist, wie schon aus dem Titel hervorgeht, ein Buch über das Geschlechts- und das Todesproblem. C. S. Lewis' *Allegory of Love* enthält neben einer Gattungsgeschichte der Allegorie Untersuchungen über Wandlungen in der Auffassung von Liebe und Ehe. Theodore Spencers Buch *Death and Elizabethan Tragedy* verfolgt in seinem einleitenden Teil die mittelalterliche Todesauffassung im Gegensatz zu solchen der Renaissance.[17] Um nur ein Beispiel zu geben: der Mensch des Mittelalters fürchtete am meisten den plötzlichen Tod, da er Vorbereitung und Buße verhindert, während bei Montaigne der Gedanke aufzutauchen beginnt, daß der schnelle Tod der beste sei. Es fehlt ihm die christliche Auffassung vom Tod als Ziel und Zweck des Lebens. H. N. Fairchild hat religiöse Strömungen in der englischen Dichtung des 18. Jahrhunderts dadurch unterschieden, daß er die Dichter nach der Glut ihrer religiösen Gefühle einteilte.[18] In Frankreich bezieht Abbé Bremonds umfangreiche *Histoire littéraire du sentiment religieux en France au 17ième siècle* einen großen Teil ihres Materials aus der Literatur. Von André Monglond und Pierre Trahard stammen sehr feinsinnige Untersuchungen des Sentimentalismus, des vorromantischen Naturgefühls und der merkwürdigen Art von Empfindsamkeit bei den französischen Revolutionären.[19]

Wenn man Ungers Aufstellung überblickt, so muß man doch feststellen, daß einige der von ihm aufgezählten Probleme nichts anderes als philosophische, ideologische Probleme sind, für die, mit Sidneys Worten, der Dichter nur gerade der »rechte Popularphilosoph« war, während andere Probleme eher in eine Geschichte der Sensibilität und des Gefühls als in eine Geschichte des Denkens gehören. Manchmal vermischt sich das Ideologische mit dem rein Gefühlsmäßigen. In seiner Naturanschauung wird der Mensch tief von kosmologischen und religiösen Spekulationen beeinflußt, aber auch unmittelbar durch ästhetische Überlegungen, literarische Konventionen und möglicherweise sogar durch physiologische Veränderungen seiner Sehweise.[20] Obschon auch durch Reisende, Maler und Gartenarchitekten bestimmt, so ist doch das Gefühl für die Landschaft von Dichtern wie Milton, Thomson, Goethe, Chateaubriand und Ruskin ganz tiefgehend beeinflußt worden.

Eine Geschichte des Gefühls bereitet beträchtliche Schwierigkeiten, da das Gefühl flüchtig und zur gleichen Zeit einförmig ist. Die Deutschen sind bei der Beobachtung der Wandlungen in menschlichen Verhaltensweisen zweifellos zu weit gegangen und haben Entwicklungsschemata von verdächtiger Sauberkeit aufgestellt. Und doch kann man wohl kaum behaupten, daß sich das Gefühl nicht verändere oder nicht zum allermindesten seine Konventionen und Modeerscheinungen habe. Balzac macht geistreiche Bemerkungen über M. Hulots für das achtzehnte Jahrhundert typische, frivole Einstellung zur Liebe im Unterschied zu der Haltung der Madame Marneffe, die sich an die neuen Konventionen der Restauration vom armen, schwachen Weib, der »Barmherzigen Schwester«, hält.[21] Die Tränenflüsse des Lesers und Schriftstellers im achtzehnten Jahrhundert sind ein Gemeinplatz der Literaturgeschichte. Gellert, ein Dichter von geistigem und gesellschaftlichem Rang, weinte über das Scheiden von Grandison und Clementina in Richardsons *Sir Charles Grandison,* bis sein Taschentuch, sein Buch, sein Tisch und sogar der Fußboden naß waren und brüstete sich damit in einem Brief;[22] sogar Dr. Johnson, nicht gerade als weichherzig bekannt, gab viel häufiger und unbeherrschter Tränen und Gefühlsausbrüchen nach als ein Mensch unserer Gegenwart, zumindest der Intellektuelle.[23]

Auch bei der Untersuchung des einzelnen Dichters hat Ungers weniger intellektualistischer Gesichtspunkt seine Vorteile, da er weniger greifbare, weniger offen ausgesprochene Haltungen und Ideen zu definieren sucht. Bei seiner Methode besteht geringere Gefahr, den Inhalt eines Kunstwerks abzusondern und ihn auf eine bloße Prosafeststellung, auf eine bloße Formel zu reduzieren.

Die Untersuchung dieser Haltungen hat einige deutsche Philosophen dazu veranlaßt, Spekulationen über die Möglichkeit ihrer Zurückführung auf einige Typen der »Weltanschauung« anzustellen, ein Begriff, der weit genug gefaßt ist, um philosophische Ideen wie auch Verhaltensweisen des Gefühls in sich einzuschließen. Der bekannteste Versuch dieser Art stammt von Dilthey, der in seiner Praxis als Literarhistoriker ständig den Unterschied zwischen einer Idee und einem Erlebnis betont hat. Er sieht drei Haupttypen oder »Grundformen« in der Geistesgeschichte:[24] den Positivismus, der von Demokrit und Lukrez herkommt und Hobbes, die französischen Enzyklopädisten und den modernen Materialismus und Positivismus umfaßt; den objektiven Idealismus mit Heraklit, Spinoza, Leibniz, Schelling, Hegel; und einen dualistischen Idealismus oder den »Idealismus der Freiheit« mit Plato, den christlichen Theologen, Kant und Fichte. Die erste Gruppe erklärt die geistige aus der physischen Welt, die zweite sieht die Wirklichkeit als den Ausdruck einer inneren Wirklichkeit und sieht keinen Zwiespalt zwischen Sein und Wert, die dritte behauptet die Unabhängigkeit des Geistes gegenüber der Natur. Dann bringt Dilthey bestimmte Dichter mit diesen Typen in Verbindung: Balzac und Stendhal gehören zum ersten, Goethe zum zweiten, Schiller zum dritten Typ. Diese Einteilung fußt nicht nur auf bewußter Meinungsäußerung, sondern läßt sich, so fordert die Theorie, auch aus einem noch so unintellektuellen Kunstwerk gewinnen. Ferner verbinden sich die Typen mit allgemeinen psychologischen Verhaltensweisen: so der Realismus mit der Vorherrschaft des Intellekts, der objektive Idealismus mit der Vorherrschaft des Gefühls, der dualistische Idealismus mit der Vorherrschaft des Willens.

Herman Nohl hat zu zeigen versucht, daß sich die Typen auch auf die Malerei und die Musik anwenden lassen.[25] Rembrandt und Rubens gehören zu den objektiven Idealisten, den Pantheisten; Maler wie Velasquez und Frans Hals zu den Realisten; Michelangelo zu den subjektiven Idealisten. Berlioz gehört zu Typ I, Schubert zu Typ II, Beethoven zu Typ III. Die Beweisführung aus Malerei und Musik ist insofern wichtig, als daraus hervorgeht, daß diese Typen auch in der Literatur ohne irgendeinen offenkundigen intellektuellen Inhalt vorkommen können. Unger hat zu zeigen versucht, daß die Unterscheidungen selbst für kleine lyrische Gedichte von Mörike, C. F. Meyer und Liliencron gültig sind.[26] Er und Nohl bemühten sich um den Nachweis, daß sich die Weltanschauung sogar lediglich vom Stil her oder zumindest aus Szenen eines Romans bestimmen läßt, die keinen unmittelbar intellektuellen Inhalt haben. Hier geht die Theorie in eine Theorie grundlegender künstlerischer Stile über. Walzel hat dann den Versuch gemacht, diese mit Wölfflins »kunstgeschichtlichen Grundbegriffen« und ähnlichen Typologien zu verbinden.[27]

Diese Art Spekulationen sind von erheblichem Interesse. In Deutschland wurden viele Variationen der hier dargelegten Theorie ausgearbeitet. Diese wurden auch auf die Geschichte der deutschen Literatur angewandt. Walzel zum Beispiel sieht in der deutschen und vermutlich in der gesamten europäischen Literatur des neunzehnten Jahrhunderts eine klare Entwicklung von Typ II (der objektive Idealismus Goethes und der Romantiker) über Typ I (Realismus), der sich in steigendem Maße der Phänomenalität der Welt im Impressionismus bewußt wird, hin zu einem subjektiven, dualistischen Idealismus, der durch den Typ III entsprechenden Expressionismus vertreten wird. Walzels Schema stellt nicht nur die Tatsache dieser Veränderung fest, sondern weist darüber hinaus nach, daß diese Veränderungen in gewisser Weise logisch aufeinanderfolgen. Pantheismus führt auf einer bestimmten Stufe zum Naturalismus, Naturalismus führt zum Impressionismus und die Subjektivität des Impressionismus geht schließlich in einen neuen Idealismus über. Das Schema ist dialektisch und geht letztlich auf Hegel zurück.

Eine nüchterne Betrachtung dieser Spekulationen wird der sauberen Abgrenzung der Schemata gegenüber skeptisch sein. Sie mag die Unantastbarkeit der Dreizahl bezweifeln. Unger selber unterscheidet zum Beispiel zwei Typen des objektiven Idealismus: einen harmonischen, der durch Goethe vertreten ist, und einen dialektischen in Boehme, Schelling und Hegel. Ähnliche Einwände könnte man gegen die Typen des »Positivismus« geltend machen, der doch eine Vielzahl oft stark divergierender Standpunkte zu umfassen scheint. Wichtiger aber als Einwände gegen solche Einzelheiten der Klassifikation sind die Zweifel, die sich gegen die gesamte Voraussetzung eines solchen Unternehmens anmelden. Jede Typologie dieser Art führt nur zu einer groben Einteilung aller Literatur unter drei, im höchsten Falle fünf oder sechs Kategorien. Die konkrete Individualität der Dichter und ihrer Werke wird übergangen oder vernachlässigt. Vom literarischen Standpunkt aus ist durch eine Einordnung so verschiedener Dichter wie Blake, Wordsworth und Shelley als »objektive Idealisten« doch nur wenig gewonnen. Es erscheint wenig sinnvoll, die Geschichte der Dichtung auf die Permutationen dreier oder mehrerer Weltanschauungstypen zu reduzieren. Schließlich liegt dieser Auffassung noch ein radikaler und extremer Relativismus zu Grunde. Sie muß auf der Annahme fußen, daß diese drei Typen von gleichem Wert sind und daß der Dichter nicht anders kann, als einen davon auf Grund seines Temperaments oder einer letztlich irrationalen, von vornherein gegebenen Welthaltung zu wählen. Es wird vorausgesetzt, daß es nur so und so viele Typen gebe und daß jeder Dichter eine Illustration eines dieser Typen sei. Die ganze Theorie basiert natürlich auf einer allgemeinen Geschichtsphilosophie, die eine enge und notwendige Bindung zwischen Philosophie und Kunst nicht nur im Individuum, sondern darüber hinaus in einem Zeitabschnitt und in der ganzen Geschichte annimmt. Damit gelangen wir zu einer Besprechung der Voraussetzungen der »Geistesgeschichte«.

»Geistesgeschichte« kann weitgehend als ein anderer Begriff für die Geschichte des Intellekts, die Geschichte der Ideen im Sinne Lovejoys benutzt werden; das Wort hat den Vorteil einer geringeren Intellektualisierung als sie z. B. in dem englischen Begriff der »intellectual history« gegeben ist. »Geist« ist ein weiter Begriff, der auch Probleme in sich einschließt, die sonst weitgehend der Geschichte des Gefühls zugeschrieben werden. Andererseits stellt »Geist« auch weniger begrüßenswerte Verbindungen zu der gesamten Auffassung vom »objektiven Geist« her. Für gewöhnlich aber wird der Begriff der »Geistesgeschichte« in Deutschland in einem noch eingeschränkteren Sinne verstanden. Er nimmt an, daß jede Zeit ihren »Zeitgeist« habe und geht darauf aus, »aus der gesamten Objektivation einer Zeit — von ihrer Religion bis zu ihrer Tracht — den Geist zu konstruieren, aus dem dies alles möglich und notwendig war ... Wir suchen nach der Totalität hinter den Objekten und erklären alle Tatsachen aus diesem Geist der Zeit.«[28]

Die Geistesgeschichte setzt einen sehr engen Zusammenhang zwischen allen kulturellen und anderen menschlichen Tätigkeiten, einen vollkommenen Parallelismus zwischen den Künsten und den Wissenschaften voraus. Die Methode geht auf Anregungen der Brüder Schlegel zurück und hat ihren bekanntesten und zugleich extremsten Vertreter in Spengler. Sie wird jedoch auch von Spezialisten vertreten, die von der Literaturgeschichte herkommen und sich bei ihren Forschungen weitgehend auf literarisches Material stützen. Die Methode erfährt ihre verschiedenen Ausprägungen von verhältnismäßig nüchternen Dialektikern wie Korff (der die Geschichte der deutschen Literatur zwischen 1750 und 1830 im Sinne einer dialektischen Bewegung von Rationalität über Irrationalität bis zu ihrer Hegelschen Synthese verfogt) bis zu phantastischen, haarspaltenden, pseudomystischen, bombastischen Hirngespinsten von Cysarz, Deutschbein, Stefansky und Meissner.[29] Die Methode ist weitgehend eine der Analogien: der negativen Analogie insofern, als sie dazu neigt, die Unterschiede zwischen gegebenen Zeitabschnitten zu betonen und so die Gemeinsamkeiten zu vergessen, der positiven Analogie insofern, als sie dazu neigt, die Gemeinsamkeiten zwischen Geschehnissen oder Erzeugnissen einer bestimmten Periode hervorzuheben und so die Unterschiede zu übersehen. Die Romantik und das Barock haben sich als besonders ergiebige Jagdgründe für solche Spitzfindigkeiten erwiesen.

Ein gutes Beispiel ist Meissners *Die geisteswissenschaftlichen Grundlagen des englischen Literaturbarocks* (1934), das den Geist dieser Zeit als einen Konflikt zwischen gegensätzlichen Tendenzen definiert und diese Formel erbarmungslos durch alle menschlichen Tätigkeiten hindurch, von der Technik zur Erdkunde, vom Reisen bis zu Religion verfolgt. Das Material wird säuberlich in Kategorien geordnet wie Expansion oder Konzentration, Makrokosmos und Mikrokosmos, Sünde und Erlösung, Glaube und Vernunft, Absolutismus und Demokratie, »Atektonik« und »Tektonik«. Durch solch universales Analogisieren gelangt Meissner zu dem triumphierenden Schluß, daß das Zeitalter des Barock Konflikte, Widersprüche und Spannungen in all seinen Manifestationen aufweist. Wie auch die anderen Anhänger dieser Methode stellt Meissner nie die auf der Hand liegende, aber ganz grundlegende Frage, ob ein gleiches Gegensatzschema sich nicht fast jedem anderen Zeitalter entnehmen ließe; noch kommt ihm der Gedanke, ob wir dem siebzehnten Jahrhundert nicht irgendein vollkommen anderes Gegensatzschema, sogar auf der Basis der gleichen, seiner umfassenden Lektüre entnommenen Zitate aufzwingen könnten.

In ähnlicher Weise führen Korffs umfangreiche Bücher alles und jedes auf die These »Rationalismus«, die Antithese, »Irrationalismus« und ihre Synthese, »Romantik«, zurück. Der Rationalismus nimmt bei Korff sehr bald auch eine formale Bedeutung der lockeren Form des Sturm und Drang, während die deutsche Romantik in den Dienst der Synthese gepreßt wird. Viele deutsche Bücher arbeiten mit derartigen Gegensatzpaaren, z. B. Cassirers weit nüchterneres *Freiheit und Form*, Cysarz' gewundenes *Erfahrung und Idee*[30]. Bei einigen deutschen Autoren sind diese geistigen Typen entweder eng mit rassischen Typen verbunden oder sind einfach deren Abschattierungen. Der Deutsche, oder wenigstens der Germane, ist der Gefühlsmensch, der Romane der Vernunftsmensch. Oder die Typen werden letzten Endes psychologisch gesehen, wie in dem üblichen Gegensatz zwischen dem Dämonischen und dem Rationalen. Und schließlich sollen sich die Geistes-Typen mit stilistischen Begriffen vertauschen lassen. Sie gehen auf in Klassik und Romantik, in Barock und Gotik und haben einer enormen Literatur zur Entstehung verholfen, in der Ethnologie, Psychologie, Ideologie und Kunstgeschichte in einem unentwirrbaren Durcheinander vertreten sind.

Die ganze Voraussetzung einer vollständigen Integration einer Zeit, einer Rasse, eines Kunstwerks, muß ernsthaft in Frage gestellt werden. Den Parallelismus der Künste darf man nur mit starken Vorbehalten akzeptieren. Der Parallelismus zwischen Philosophie und Dichtung ist noch weit größeren Zweifeln ausgesetzt. Man braucht nur an die englische romantische Dichtung zu denken, die zu einer Zeit blühte, als die englische und schottische Philosophie vollkommen von der Philosophie des gesunden Menschenverstandes und dem Utilitarismus beherrscht wurden. Selbst zu Zeiten, in denen die Philosophie mit der Literatur in enger Berührung zu sein scheint, ist die tatsächliche Integration doch sehr viel unbestimmter, als das die deutsche Geistesgeschichte annimmt. Die deutsche Romantik wird meistens vom Gesichtspunkt der Philosophie aus betrachtet, die von Berufs-Philosophen wie Fichte oder Schelling entwickelt wurde, oder auch von Dichter-Philosophen wie Friedrich Schlegel und Novalis, Grenzfälle, deren eigentlich künstlerisches Werk weder von ganz zentraler Bedeutung noch auch künstlerisch vollkommen gelungen ist. Die Beziehung der größten Lyriker, Dramatiker oder Erzähler der deutschen Romantik zur Philosophie ihrer Zeit war oft nur ganz geringfügiger Art wie z. B. im Falle E. T. A. Hoffmanns und Eichendorffs, eines traditionellen Katholiken, oder sie entwickelten einen eigenen philosophischen Standpunkt, der sich gegen die romantischen Philosophen par excellence richtete; Beispiele dafür sind Jean Paul mit seinem Angriff gegen Fichte, oder Kleist, der sich von Kant vernichtet fühlte. Der Nachweis einer starken Integration von Philosophie und Dichtung, zur Zeit der deutschen Romantik selbst, läßt sich nur durch eine Berufung auf Fragmente und theoretische Abhandlungen von Novalis und Friedrich Schlegel erbringen, zweier Fichte-Schüler, deren damals weitgehend unveröffentlichte Spekulationen mit der Produktion wirklicher Dichtwerke nur wenig zu tun hatten.

Die enge Integration von Philosophie und Dichtung beruht häufig auf einer Täuschung. Argumente zugunsten dieser Verbindung werden leicht überschätzt, da sie auf einer Untersuchung literarischer Ideologien, Erklärungen von Absichten und Programmen fußen, die, indem sie notwendig Gedanken aus bereits vorhandenen ästhetischen Formulierungen übernehmen, oft nur in einer entfernten Beziehung zu dem wirklichen künstlerischen Schaffen stehen. Diese Skepsis in bezug auf die enge Integration von Philosophie und Dichtung leugnet natürlich nicht das Bestehen vieler Verbindungen und selbst nicht die Wahrscheinlichkeit eines gewissen Parallelismus, der durch den gemeinsamen gesellschaftlichen Hintergrund einer Zeit und daher durch gemeinsam ausgeübte Einflüsse auf Philosophie und Dichtung verstärkt wird. Aber sogar hier mag die Annahme eines gemeinsamen gesellschaftlichen Hintergrundes täuschen. Philosophie wurde häufig von einer besonderen Klasse betrieben, die sich in bezug auf gesellschaftliche Bindungen oder Herkunft von denen, die die Dichtkunst ausübten, erheblich unterscheiden mochte. Die Philosophie wird, viel stärker als je die Literatur, mit der Kirche und der Universität identifiziert. Wie alle anderen menschlichen Tätigkeiten hat sie ihre eigene Geschichte, ihre eigene Dialektik. Ihre Gruppen und Bewegungen sind, wie uns scheint, bei weitem nicht so eng mit literarischen Bewegungen verbunden, wie viele Anhänger der Geistesgeschichte annehmen.

Wahrhaft schlimme Formen nimmt die Erklärung literarischer Wandlungen aus einem »Zeitgeist« an, wenn dieser Geist zu einem mythischen Integral und Absolutum wird, anstatt im höchsten Falle der auf ein schwieriges und dunkles Problem hinweisende Begriff zu sein. Die deutsche Geistesgeschichte hat im allgemeinen nicht mehr erreicht, als Kriterien von einem Bereich (entweder aus der bildenden Kunst oder der Philosophie) auf das Ganze der kulturellen Betätigung zu übertragen und dann die Zeit sowie jedes literarische Einzelwerk in ihr im Sinne solch vager Gegensätze wie Klassik und Romantik oder Rationalismus und Irrationalismus zu charakterisieren. Auch hat die »Zeitgeist«-Auffassung sehr leicht böse Folgen für den Begriff der Kontinuität der abendländischen Kultur. Die einzelnen Zeitabschnitte werden viel zu scharf voneinander abgesetzt und diskontinuierlich aufgefaßt. Die in ihnen sich abzeichnenden Umwälzungen werden so radikal verstanden, daß der Geisteswissenschaftler nicht nur in völligem historischem Relativismus endet (eine Zeit ist so gut wie die andere), sondern auch in einer falschen Vorstellung von Individualität und Originalität, welche die grundlegenden Konstanten in der menschlichen Natur, Kultur und in den Künsten verdeckt. Bei Spengler finden wir die Idee geschlossener Kulturkreise, die, in sich selbst geschlossen und doch in rätselhafter Parallele, sich mit schicksalhafter Notwendigkeit entwickeln. Das Altertum setzt sich nicht ins Mittelalter fort; die Kontinuität der abendländischen literarischen Entwicklung wird vollkommen verschleiert, geleugnet oder vergessen.

Durch diese phantastischen Kartenhäuser soll natürlich nicht das echte Problem einer allgemeinen Geschichte der Menschheit oder zumindest der abendländischen Kultur verdunkelt werden. Wir sind lediglich der Überzeugung, daß die von der üblichen Geistesgeschichte vorgeschlagenen Lösungen mit ihrem übermäßigen Verlaß auf Gegensätze und Analogien, ihren unkritischen Voraussetzungen in bezug auf die dialektischen Veränderungen von Stilen und Denkformen und ihrem Glauben an eine vollkommene Integration aller menschlicher Tätigkeiten voreilig und oft auch unreif waren.

Anstatt über solche umfassenden Probleme der Geschichtsphilosophie und des letztlichen Integrals aller Kultur zu spekulieren, sollte der Literaturwissenschaftler seine Aufmerksamkeit lieber dem konkreten Problem zuwenden, das bisher noch nicht gelöst oder gar in angemessener Weise besprochen worden ist, nämlich die Frage, wie Ideen wirklich in die Literatur eingehen. Solange diese Ideen bloßes Rohmaterial, bloße Information bleiben, handelt es sich offensichtlich nicht um die Frage der Ideen in einem literarischen Werk. Diese erhebt sich erst dann, wenn und falls diese Ideen tatsächlich in das eigentliche Gefüge eines Kunstwerks eingegangen sind, wenn sie dieses »konstituieren«, kurz, wenn sie aufhören, Ideen im gewöhnlichen Sinne von Begriffen zu sein und zu Symbolen oder sogar Mythen werden. Es gibt den großen Bereich der Lehrdichtung, in der Ideen lediglich ausgesprochen, mit Metrum oder einigen metaphorischen oder allegorischen Verschönerungen versehen werden. Es gibt den Ideenroman von der Art der Romane George Sands oder George Eliots, wo soziale, sittliche oder philosophische »Probleme« diskutiert werden. Auf einer höheren Ebene der Integration befindet sich ein Roman wie Melvilles *Moby Dick*, wo der gesamten Handlung eine mythische Bedeutung unterliegt, oder ein Gedicht wie Robert Bridges »Testament of Beauty«, das zumindest seiner Absicht nach von einer einzigen philosophischen Metapher durchzogen ist. Und da ist Dostojewskij, in dessen Romanen das Drama der Ideen durch konkrete Charaktere und Ereignisse zur Darstellung kommt. In den *Brüdern Karamasow* sind die vier Brüder Symbole, die eine ideologische Debatte vertreten, welche gleichzeitig ein persönliches Drama ist. Die ideologische Schlußfolgerung ist ein wesentlicher Bestandteil der persönlichen Katastrophen der Hauptfiguren.

Aber sind diese philosophischen Romane und Dichtungen wie Goethes *Faust* oder Dostojewskijs *Die Brüder Karamasow* vortrefflichere Kunstwerke auf Grund ihres philosophischen Inhalts? Müssen wir nicht vielmehr zu dem Schluß kommen, daß die »philosophische Wahrheit« als solche keinen künstlerischen Wert besitzt, entsprechend unserer Folgerung, daß die psychologische oder soziale Wahrheit als solche kein künstlerischer Wert ist? Ein philosophischer oder ideologischer Gehalt scheint in einem angemessenen Zusammenhang den künstlerischen Wert zu erhöhen, da durch ihn wichtige künstlerische Werte gestärkt werden: die der Dichte und der Einheitlichkeit. Eine theoretische Einsicht kann die künstlerische Durchdringung vertiefen und die Reichweite vergrößern. Doch ist dies durchaus nicht immer der Fall. Ein Zuviel an Gedankengut wirkt sich leicht auf den Künstler hinderlich aus, wenn es nicht vollkommen ins Kunstwerk aufgegangen ist. Croce ist der Meinung, daß in der *Göttlichen Komödie* wahrhaft dichterische Stellen und solche aus gereimter Theologie und Pseudo-Wissenschaft miteinander abwechseln.[31] Der zweite Teil des *Faust* leidet zweifellos an Überintellektualisierung und befindet sich ständig an der Grenze offenkundiger Allegorie. Bei Dostojewskij empfinden wir wiederholt die Diskrepanz zwischen dem künstlerischen Gelingen und dem gedanklichen Gewicht. Zossima, durch den Dostojewskij spricht, ist als Charakter weniger lebendig verwirklicht als Iwan Karamasow. Auf einer niedrigeren Ebene ist Thomas Manns *Zauberberg* ein Beispiel für den gleichen Widerspruch. Die ersten Abschnitte mit ihrer Beschwörung der Welt des Sanatoriums sind den späteren Teilen mit ihren erheblichen philosophischen Ansprüchen künstlerisch überlegen. Es gibt jedoch in der Literaturgeschichte einige offenbar sehr seltene Fälle, wo Ideen Leuchtkraft gewinnen, wo Gestalten und Szenen nicht nur Ideen vertreten, sondern sie wahrhaft verkörpern, wo bis zu einem gewissen Grade eine Identifizierung von Philosophie und Kunst erreicht zu sein scheint. Das Bild wird hier Begriff und der Begriff Bild. Sind diese Werke aber notwendig der Gipfel aller Kunst, wie viele philosophisch orientierte Kritiker gern annehmen? Wir möchten eher Croces Behauptung anläßlich einer Besprechung vom zweiten Teil des *Faust* zustimmen, daß »wenn die Dichtung in dieser Weise überlegen wird, will sagen, sich selber überlegen wird, so verliert sie als Dichtung an Rang und sollte, da es ihr eben an eigentlich Dichterischem fehlt, lieber als unterlegen bezeichnet werden.«[32] Zumindest sollte man zugeben, daß die philosophische Dichtung, so gelungen und vollendet sie sein mag, doch nur eine Art der Dichtung ist und daß sie nicht unbedingt eine zentrale Stellung in der Literatur einnimmt, es sei denn, man vertritt eine im wesentlichen mystische, auf Offenbarung ausgehende Dichtungstheorie. Dichtung ist kein Philosophie-Ersatz; sie hat ihre eigene Rechtfertigung, ihren eigenen Sinn und Zweck. Ideendichtung muß wie jede andere Dichtung nicht nach dem stofflichen Wert, sondern nach dem Grad ihrer Integration und ihrer künstlerischen Intensität beurteilt werden.

11. Die Literatur und die anderen Künste

Die Beziehungen der Literatur zu den bildenden Künsten und zur Musik sind außerordentlich mannigfaltig und verwickelt. Gelegentlich empfing die Dichtung Inspirationen durch Gemälde, Skulpturen oder Musik. Wie natürliche Gegenstände oder Personen, so können auch andere Kunstwerke zum Thema der Dichtung werden. Aus der Tatsache, daß Dichter Skulpturen, Gemälde oder sogar Musik beschrieben haben, ergibt sich noch kein besonderes theoretisches Problem. Spenser wurde zu einigen seiner Beschreibungen durch Wandteppiche und Kostümaufzüge angeregt; die Gemälde von Claude Lorrain und Salvatore Rosa beeinflußten die Landschaftsdichtung des achtzehnten Jahrhunderts. Einzelheiten aus Keats »Ode auf eine griechische Urne« gehen auf ein bestimmtes Bild von Claude Lorrain zurück.[1] Stephen A. Larrabee ist in der englischen Dichtung allen Anspielungen oder Betrachtungen zur griechischen Skulptur nachgegangen.[2] Albert Thibaudet hat nachgewiesen, daß Mallarmés »L'Après-midi d'un faune« durch ein Gemälde von Boucher in der Londoner Nationalgalerie angeregt wurde.[3] Dichter vor allem des neunzehnten Jahrhunderts (Hugo, Gautier, die Dichter des Parnasse, selbst Tieck) haben Gedichte über einzelne Bilder geschrieben. Oft entwickelten Dichter ihre Theorien über die Malerei und über ihre Vorliebe für besondere Maler; sie stehen in mehr oder weniger enger Verbindung zu ihren literarischen Theorien und ihrem literarischen Geschmack. Hier eröffnet sich ein weites, in den letzten Jahrzehnten nur teilweise durchforschtes Gebiet.[4]

Umgekehrt kann die Dichtung natürlich zum Thema der Malerei oder der Musik, vor allem der Vokal- und der Programmusik, werden. Auch hat die Dichtung, besonders Lyrik und Drama, eng mit der Musik zusammengearbeitet. Die Zahl der Untersuchungen über mittelalterliche Weihnachtslieder oder die elisabethanische Lyrik, in denen die innige Verbindung zu ihren Vertonungen hervorgehoben wird, nimmt ständig zu.[5] In der Kunstgeschichte hat sich eine ganze Gruppe von Gelehrten herausgebildet (Erwin Panofsky, Fritz Saxl u. a. m.), welche die begrifflichen und symbolischen Bedeutungen von Kunstwerken (»Ikonologie«) und häufig auch deren Quellen in der Literatur untersuchen.[6]

Über diese offensichtlichen Fragen der Quellen und Einflüsse, der Anregung und der Zusammenarbeit hinaus bietet sich uns ein wichtigeres Problem: die Literatur hat zweifellos hin und wieder versucht, die Wirkungen der Malerei oder der Musik hervorzubringen, d. h. Wortmalerei oder Musik in Worten zu werden. Gelegentlich bemühte sich die Dichtung sogar um plastische Wirkungen. Kritiker können diese Vermischung der Gattungen bedauern, wie Lessing im *Laokoon* und Irving Babbitt in seinem *New Laokoon;* aber es läßt sich nicht leugnen, daß die Künste versucht haben, Wirkungen voneinander zu borgen und daß ihnen dies häufig in einem beachtlichen Maße gelungen ist. Natürlich kann man die Möglichkeit einer wörtlichen Umwandlung der Dichtung in Malerei, Plastik oder Musik bestreiten. Auf Dichtung angewandt, selbst auf die Landors, Gautiers oder Hérédias, ist der Begriff »plastisch« nichts als eine verschwommene Metapher, die bedeuten soll, daß die Dichtung einen den Wirkungen der griechischen Plastik irgendwie ähnlichen Eindruck vermittelt: eine durch weißen Marmor oder Gipsabgüsse hervorgerufene Kühle, Stille, Gelassenheit, scharfe Umrisse, Klarheit. Man muß jedoch zugeben, daß Kühle in der Dichtung etwas ganz anderes ist als unsere Empfindung beim Betasten von Marmor oder als die vorgestellte Rekonstruktion dieser Empfindung auf Grund des Eindrucks der Weiße des Materials; daß Stille in der Dichtung etwas ganz anderes ist als die Stille in einer Skulptur. Wenn man Collins' »Ode to Evening« als ein »gemeißeltes Gedicht« bezeichnet, so ist damit noch nichts über irgendeine wirkliche Verwandtschaft mit der Plastik gesagt.[7] Die einzigen der Analyse zugänglichen sachlichen Gegebenheiten sind das langsame, feierliche Versmaß und die eigenartige Diktion, die unser Augenmerk auf einzelne Wörter lenkt und damit zu langsamem Lesen zwingt.

Andererseits läßt sich der Erfolg der horazischen Formel »ut pictura poesis« kaum bestreiten.[8] Obwohl die Häufigkeit anschaulicher Vergegenwärtigung beim Lesen von Dichtung leicht überschätzt wird, gab es doch Zeiten und gab es Dichter, die den Leser zum »Schauen« brachten. Vielleicht kritisierte Lessing zu Recht die aufzählende Beschreibung weiblicher Schönheit bei Ariost als anschaulich unwirksam (obschon nicht notwendig dichterisch unwirksam); aber die Anhänger des Malerischen im achtzehnten Jahrhundert lassen sich nicht leicht abtun. Auch in der neueren Literatur von Chateaubriand bis Proust finden sich viele Beschreibungen, die zumindest die Wirkungen der Malerei andeuten und die uns dazu anregen, uns Szenen häufig im Stile gleichzeitiger Bilder zu vergegenwärtigen. Man kann natürlich bezweifeln, ob der Dichter wirklich die Wirkungen der Malerei auch auf einen hypothetischen Leser, der von der Malerei überhaupt nichts weiß, übertragen kann. Es ist jedoch klar, daß innerhalb unserer allgemeinen kulturellen

Überlieferung Dichter das Emblem, die Landschaftsmalerei des achtzehnten Jahrhunderts, die impressionistischen Effekte eines Renoir, Monet, Whistler und anderer heraufbeschworen haben.

Zweifelhafter erscheint es, ob die Dichtung die Wirkungen der Musik erreichen kann, obwohl diese Auffassung weit verbreitet ist. Die »Musik« im Vers erweist sich bei genauer Analyse als etwas vollkommen anderes als die »Melodie« in der Musik. Sie bedeutet eine Anordnung phonetischer Fügungen, das Vermeiden von Konsonantenhäufungen oder einfach nur das Vorhandensein gewisser rhythmischer Effekte. Bei romantischen Dichtern wie Tieck und Brentano und später bei Verlaine entspringt das Streben nach musikalischen Wirkungen weitgehend dem Bemühen, die Bedeutungsschicht des Verses abzuschwächen, logische Konstruktionen zu vermeiden, mehr konnotative als denotative Bedeutungen zu betonen. Verwischte Umrisse, unklare Bedeutung und Alogik sind jedoch ganz und gar nicht »musikalisch« im wörtlichen Sinne. Greifbarer erscheinen dann schon literarische Nachahmungen musikalischer Strukturen wie das Leitmotiv, die Sonate oder die symphonische Form. Es läßt sich aber nicht recht einsehen, warum sich wiederholende Motive oder ein gewisses Kontrastieren und Abwägen von Stimmungen, auch bei der ausdrücklich bekannten Absicht der Nachahmung musikalischer Komposition, nicht wesentlich das gleiche sind wie die geläufigen literarischen Mittel der Wiederholung, des Kontrastes und dergleichen, die allen Künsten gemeinsam sind.[9] In den verhältnismäßig seltenen Fällen, in denen Dichtung wirkliche musikalische Klänge suggeriert, wie in Verlaines »Les sanglots longs des violons« oder in Poes »Bells«, wird die Wirkung der Klangfarbe eines Instruments oder der sehr verallgemeinerte Glockenton durch Mittel erreicht, die nicht weit über gewöhnliche Lautmalerei hinausgehen.

Es gibt natürlich Gedichte, die bereits im Gedanken an ihre Vertonung geschrieben wurden, z. B. viele elisabethanische Lieder und alle Opernlibretti. In seltenen Fällen war der Dichter zugleich der Komponist. Trotzdem läßt sich kaum beweisen, daß die Komposition von Musik und Worten jemals ein gleichzeitiger Vorgang gewesen sei. Selbst Wagner schrieb seine »Musikdramen« manchmal Jahre vor ihrer Vertonung. Und zweifellos wurden viele Liedtexte zu bereits vorhandenen Melodien verfaßt. Aber zwischen der Musik und wirklich großer Dichtung scheint doch nur eine recht geringfügige Beziehung zu bestehen, wenn wir uns Beispiele selbst der gelungensten Vertonungen vergegenwärtigen. Gedichte von dicht verwobener, stark integrierter Struktur eignen sich nicht gut zur Vertonung, während mittelmäßige oder schlechte Gedichte wie vieles des frühen Heine oder Wilhelm Müllers den Text zu den schönsten Liedern von Schubert und Schumann hergaben. Hat die Dichtung einen hohen literarischen Wert, so wird ihre Struktur durch die Vertonung häufig vollkommen verzerrt oder verschleiert, selbst wenn die Musik als solche von hohem Wert ist. Man braucht nicht einmal solche Beispiele zu zitieren wie das Shakespeares *Othello* in Verdis Oper widerfahrene Schicksal; allein schon fast alle Vertonungen der Psalmen und Goethescher Gedichte sind genügender Beweis für die Behauptung. Musik und Dichtung wirken gelegentlich zusammen; aber die höchste Dichtung strebt nicht zur Musik, und die höchste Musik braucht keine Worte.

Die Parallelen zwischen den bildenden Künsten und der Literatur laufen oft auf die Behauptungen hinaus, daß dieses Bild und jenes Gedicht die gleiche Stimmung in uns hervorrufen, zum Beispiel: daß ich mich beim Hören eines Menuetts von Mozart, bei der Betrachtung einer Landschaft von Watteau und beim Lesen eines anakreontischen Gedichts beschwingt und heiter fühle. Diese Art von Parallelismus ist jedoch für den Zweck der exakten Analyse von nur geringem Wert. Die durch ein Musikstück hervorgerufene Freude ist keine allgemeine Freude oder nicht einmal eine besondere Nuance der Freude, sondern es ist ein Gefühl, welches das musikalische Gefüge begleitet und mit ihm eng verbunden ist. In der Musik erleben wir Gefühle, die mit denen des wirklichen Lebens nur einen allgemeinen Ton gemeinsam haben; und selbst wenn wir diese Gefühle so genau wie möglich bestimmen, so sind wir doch noch recht weit von dem besonderen Musikstück, durch das sie hervorgerufen wurden, entfernt. Parallelen zwischen den Künsten, die sich innerhalb der individuellen Reaktionen eines Lesers, Hörers oder Betrachters halten oder sich mit der Beschreibung irgendwelcher gefühlsmäßiger Ähnlichkeiten unserer Reaktionen auf zwei oder drei Künste zufrieden geben, werden sich daher nie auf ihre Richtigkeit prüfen lassen und können kaum zum Aufbau einer Kunstwissenschaft beitragen.

Eine andere geläufige Methode geht von den Absichten und Theorien der Künstler aus. Sicher lassen sich einige Ähnlichkeiten in den Theorien und Grundsätzen hinter den verschiedenen Künsten nachweisen, besonders im Klassizismus und in der Romantik. Auch kann man identisch oder ähnlich klingende Bekenntnisse der Absichten einzelner Künstler in den verschiedenen Künsten finden.

Aber »Klassizismus« muß in der Musik etwas ganz anderes bedeuten als in der Literatur, aus dem einfachen Grunde, weil (mit Ausnahme einiger Fragmente) keine wirklich antike Musik bekannt war und so die Entwicklung der Musik beeinflussen konnte, wie die Literatur tatsächlich durch die Regeln und die großen Werke des Altertums geformt wurde. Auch kann man kaum behaupten, daß die Malerei, vor den Ausgrabungen der Fresken in Pompeji und Herculaneum von der antiken Malerei beeinflußt worden sei, trotz der häufigen Hinweise auf griechische Maler wie Apelles und einige entlegene Bild-Traditionen, die sich vom Altertum durchs Mittelalter hindurch erhalten haben mußten. Die Plastik und Architektur wurden jedoch, bis zu einem gewissen Grade weit mehr als die anderen Künste, die Literatur eingeschlossen, durch klassische Vorbilder und deren Nachahmungen bestimmt. Theorien und bewußte Absichten bedeuten daher in den verschiedenen Künsten etwas sehr Verschiedenes und sagen wenig oder gar nichts über die konkreten Ergebnisse der Tätigkeit eines Künstlers aus: über sein Werk, dessen besonderen Inhalt und dessen besondere Form.

Wie wenig entscheidend für die spezifische Ausdeutung die von der Absicht des Autors ausgehende Methode sein kann, läßt sich am besten bei den seltenen Fällen beobachten, in denen bildende Künstler und Dichter miteinander identisch sind. Ein Vergleich zum Beispiel der Gedichte und Bilder Blakes oder Rossettis wird erweisen, daß der Charakter — nicht nur die technische Qualität — ihrer Malerei und Dichtung sehr verschieden sind, ja sogar stark voneinander abweichen. Ein groteskes kleines Tier soll Blakes »Tiger! Tiger Burning bright« darstellen. W. M. Thackeray illustrierte *Vanity Fair*, aber seine geziert lächelnde Karikatur der Becky Sharp hat so gut wie nichts mit dem subtilen Charakter des Romans zu tun. Ihrer Struktur und Eigenart nach lassen sich Michelangelos *Sonette* nur wenig mit seinen Skulpturen und Gemälden vergleichen, obschon sich in allen die gleichen neuplatonischen Ideen und vielleicht auch in manchen psychologische Ähnlichkeit finden.[10] Dies beweist, daß das »Medium« eines Kunstwerks (ein unglücklicher Begriff, der anderen Lösungen vorgreift) nicht lediglich ein technisches Hindernis ist, das vom Künstler gemeistert werden muß, damit er seine Persönlichkeit ausdrücken kann; vielmehr ist es ein durch die Überlieferung vorgeformter Faktor von mächtig bestimmendem Charakter, der die Schaffens- und Ausdrucksweise des einzelnen Künstlers formt und ändert. Der Künstler schafft nicht auf einer allgemeinen geistig-seelischen Grundlage, sondern in einem konkreten Material; und das konkrete Medium hat seine eigene, von der jedes anderen Mediums oft stark unterschiedene Geschichte.

Wertvoller als die von den Absichten und Theorien des Künstlers ausgehende Methode ist ein Vergleich der Künste auf der Basis ihres gemeinsamen gesellschaftlichen und kulturellen Hintergrundes. Es ist gewiß möglich, den gemeinsamen zeitlichen, örtlichen oder gesellschaftlichen Nährboden der schönen Künste und der Literatur zu beschreiben und so auf gemeinsame Einflüsse hinzuweisen. Viele Parallelen zwischen den Künsten sind nur deshalb möglich, weil sie den vollkommen verschiedenen gesellschaftlichen Hintergrund ignorieren, an den das Einzelkunstwerk sich richtete oder dem es entstammte. Die Gesellschaftsklassen, die eine bestimmte Kunstart entweder schufen oder verlangten, können zu einer bestimmten Zeit und an einem bestimmten Ort sehr verschieden sein. Die gotischen Kathedralen haben einen anderen gesellschaftlichen Hintergrund als das französische Epos. Die Plastik wird oft von einem ganz anderen Publikum bevorzugt und bezahlt als der Roman. Die Annahme eines gemeinsamen gesellschaftlichen Hintergrundes der Künste zu einer gegebenen Zeit und an einem gegebenen Ort ist ebenso täuschend wie die übliche Annahme, alle Künste erwüchsen aus einem notwendig gemeinsamen und sich in ihnen auswirkenden geistigen Hintergrund. Es erscheint ein sehr gefährliches Unternehmen, wollte man etwa die Malerei im Lichte der zeitgenössischen Philosophie interpretieren. Um nur ein Beispiel zu nennen: Károly Tolnai[11] hat den Versuch gemacht, die Bilder Pieter Brueghels d. Ä. als Ausdruck eines pantheistischen Monismus zu deuten, der den Gedanken des Cusanus oder Paracelsus entspreche und Spinoza und Goethe vorwegnehme. Gefährlicher noch ist eine »Erklärung« der Künste im Sinne eines »Zeitgeistes«, wie dies in der deutschen Geistesgeschichte, mit der wir uns in einem anderen Zusammenhang auseinandersetzen, der Fall ist.[12]

Die echten Parallelen, die sich aus dem gleichen oder ähnlichen gesellschaftlichen oder geistigen Hintergrund ergeben, sind bisher noch kaum konkret analysiert worden. Es gibt keine Untersuchungen, die am Gegenstand nachweisen, wie zum Beispiel alle Künste zu einer gegebenen Zeit oder in einem gegebenen Milieu ihren Gesichtskreis in Bezug auf die Gegenstände der »Natur« ausweiten oder einengen, oder wie die künstlerischen Normen an bestimmte Gesellschaftsklassen gebunden und damit einheitlichen Veränderungen unterworfen sind, oder wie sich ästhetische Werte mit gesellschaftlichen Umwälzungen wandeln. Hier eröffnet sich der Forschung ein weites, noch kaum berührtes Feld, das greifbare Ergebnisse für den Vergleich der Künste in Aussicht stellt. Natürlich können durch diese Methode nur ähnliche Einflüsse auf die Entwicklung der verschiedenen Künste, nicht aber ein notwendiger Parallelismus nachgewiesen werden.

Die zentralste Methode für einen Vergleich der Künste aber gründet auf einer Analyse der eigentlichen Objekte der Kunst und daher auf den Verwandtschaften in ihrer Struktur. Es gibt keine wahre Geschichte einer Kunst, von einer vergleichenden Geschichte der Künste gar nicht zu reden, wenn man sich nicht auf die Analyse der Werke selber konzentriert und Untersuchungen anderer Art, so wertvoll sie von ihrem Standpunkt aus auch sein mögen, in den Hintergrund verweist; Untersuchungen über die Psychologie des Lesers oder Zuschauers, des Dichters und des Künstlers oder über den kulturellen oder gesellschaftlichen Hintergrund. Leider fehlt uns bisher fast jegliches Handwerkszeug für einen solchen Vergleich zwischen den Künsten. Hier erhebt sich eine schwierige Frage: welches sind die gemeinsamen und vergleichbaren Elemente der Künste? Wir sehen keine Erhellung des Problems durch eine Theorie wie die Croces, die alle ästhetischen Probleme auf den Akt der Intuition konzentriert, der in geheimnisvoller Weise mit dem Ausdruck identifiziert wird. Croce vertritt den Gedanken der Nicht-Existenz von Ausdrucksformen; er verurteilt »jeden Versuch einer ästhetischen Einteilung der Künste als absurd« und lehnt daher um so schärfer jegliche Unterscheidung zwischen Gattungen oder Typen ab.[13] Noch ist für unser Problem viel durch John Deweys Behauptung in seinem Buch *Art as Experience* (1934) gewonnen, daß es eine gemeinsame Substanz unter den Künsten gebe, da es »allgemeine Bedingungen gibt, ohne die ein Erlebnis nicht möglich ist.«[14] Zweifellos gibt es einen gemeinsamen Nenner für den schöpferischen Akt in allen Künsten, oder auch für das gesamte menschliche Schaffen, Tun und Erleben. Mit diesen Erkenntnissen können wir für einen Vergleich der Künste jedoch nichts anfangen. Konkreter definiert Theodore Meyer Greene die vergleichbaren Elemente der Künste als Vielfältigkeit, Integration und Rhythmus, und er verteidigt beredt wie John Dewey vor ihm, die Anwendbarkeit des Begriffs des »Rhythmus« auf die bildenden Künste.[15] Es erscheint mir jedoch unmöglich, über die grundlegende Unterscheidung zwischen dem Rhythmus eines Musikstücks und dem Rhythmus eines Säulengangs hinwegzusehen, wo sich weder die Anordnung noch das Tempo aus dem Werk selber ergibt. Vielfältigkeit und Integration sind lediglich andere Begriffe für »Vielfalt« und »Einheit« und daher nur sehr begrenzt anwendbar. Nur wenige Versuche, solche gemeinsamen Nenner unter den Künsten auf struktureller Grundlage zu finden, sind darüber hinausgegangen. G. D. Birkhoff, ein früherer Mathematiker an der Harvard-Universität, hat sich in seinem Buch *Aesthetic Measure*[16] mit einigem Erfolg darum bemüht, eine gemeinsame mathematische Grundlage für einfache Formen der Kunst und der Musik zu finden; er hat dem eine Untersuchung der »Musikalität« des Verses hinzugefügt, die auch in mathematischen Gleichungen und Koeffizienten ausgedrückt wird. Das Problem des Wohlklangs im Vers läßt sich jedoch nicht getrennt von der Bedeutung behandeln, und Birkhoffs hohe Einschätzung von Gedichten Edgar Allan Poes scheint diese Behauptung zu bestätigen. Sein geistreicher Versuch würde, wenn akzeptiert, eher zu einer Vertiefung der Kluft zwischen den wesentlich »literarischen« Eigenschaften der Dichtung und den anderen Künsten führen, die sehr viel mehr »ästhetische Maße« miteinander gemein haben als die Literatur.

Das Problem des Parallelismus der Künste regte schon früh zur Anwendung aus der Kunstgeschichte gewonnener Stilbegriffe auf die Literatur an. Im achtzehnten Jahrhundert wurden zahllose Vergleiche zwischen dem Aufbau von Spensers *Faerie Queene* und der erhabenen Unordnung einer gotischen Kathedrale gezogen.[17] Im *Untergang des Abendlandes* spricht Spengler innerhalb einer analogisierenden Betrachtung aller Künste von der Kultur »einer sichtbaren Kammermusik, der geschweiften Möbel, Spiegelzimmer, Schäferpoesien und Porzellangruppen« des 18. Jahrhunderts, erwähnt »den Tizianstil des neuen Madrigals« und bezieht sich auf das »allegro feroce des Frans Hals und das andante con moto van Dycks«.[18]

In Deutschland hat dieses Analogisieren zwischen den Künsten zu einer Fülle von Büchern über den gotischen Menschen oder den Geist des Barock, zur literarischen Anwendung der Begriffe »Rokoko« und »Biedermeier« geführt. Die klar ausgearbeitete Reihenfolge der Kunststile der Gotik, Renaissance, des Barock, Rokoko, der Romantik, des Biedermeier, Realismus, Impressionismus, Expressionismus hat die Literarhistoriker tief beeindruckt und hat sich so der Periodisierung der Literatur aufgedrängt. Diese Stile zerfallen wiederum in zwei Hauptgruppen, die letztlich für den Gegensatz zwischen klassisch und romantisch stehen. Gotik, Barock, Romantik und Expressionismus bilden die eine Reihe, Renaissance, Klassizismus und Realismus die andere. Rokoko und Biedermeier können als späte, dekadente, an Verzierungen reiche Abarten der vorhergehenden Stile, nämlich des Barock und der Romantik, aufgefaßt werden. Häufig sind diese Parallelen sehr erzwungen. Es fällt nicht schwer, selbst aus den Schriften der namhaftesten Gelehrten, die die Methode benutzten, Absurditäten zusammenzustellen.[19]

Den konkretesten Versuch, kunstgeschichtliche Kategorien auf die Literatur zu übertragen, bildet Oskar Walzels Anwendung der Wölfflinschen Kriterien. In seinen *Kunstgeschichtlichen Grundbegriffen*[20] unterschied Wölfflin rein vom Strukturellen her zwischen Kunst der Renaissance und des Barock. Er entwickelte ein Schema von Gegensätzen, das auf jede Art von Bild, Plastik oder Werk der Architektur jener Zeit angewandt werden kann. Danach ist die Kunst der Renaissance »linear«, die des Barock dagegen »malerisch«. »Linear« weist auf klar gezeichnete Umrisse von Figuren und Gegenständen hin, während »malerisch« bedeutet, daß Licht und Farbe selber, die die Umrisse der Objekte verwischen, die Kompositionsprinzipien sind. Die Malerei und Plastik der Renaissance benutzen eine »geschlossene« Form, eine symmetrische, ausgewogene Anordnung der Figuren oder Flächen, während das Barock die »offene« Form entwickelt, eine unsymmetrische Komposition, deren Schwerpunkt eher am Rande eines Bildes als in der Mitte liegt, oder sogar über den Bildrahmen hinausweist. Renaissancebilder sind »flächenhaft« oder zumindest auf verschiedenen hintereinander gestaffelten Schichtungen aufgebaut, Barockbilder dagegen haben »Tiefe« oder scheinen das Auge in einen fernen und undeutlichen Hintergrund zu leiten. In Renaissancebildern herrscht »Vielheit« im Sinne selbständiger, klargefügter Teile, Werke des Barock zeigen »Einheit«, vorherrschende Gesamtbewegung, ein eng verwobenes Ineinander. Renaissancekunstwerke sind »klar«, die des Barock verhältnismäßig »unklar«, verwischt, undeutlich.

Wölfflin veranschaulichte seine Schlüsse durch bewundernswert feinfühlige Analysen von Kunstwerken und wies dabei auf die Notwendigkeit der fortschreitenden Entwicklung von der Renaissance zum Barock hin. Ganz gewiß läßt sich die Reihenfolge nicht umgekehrt denken. Wölfflin gibt keine kausale Erklärung des Vorgangs außer dem Hinweis auf eine Wandlung der »Sehweise«, was jedoch nicht als ein rein physiologischer Vorgang gedacht werden kann. Diese Auffassung mit ihrer Betonung auf Wandlungen der »Sehweise«, auf den rein strukturellen, kompositorischen Veränderungen, geht auf die Theorien Fiedlers und Hildebrands über die reine Sichtbarkeit zurück und darüber hinaus letztlich auf Zimmermann, einen Ästhetiker der Herbart-Schule.[21] Aber Wölfflin selber erkannte, vor allem in späteren Äußerungen,[22] die Grenzen seiner Methode und glaubte keineswegs, daß seine Formengeschichte etwa alle Probleme der Kunstgeschichte erschöpft habe. Schon früh gab er das Vorhandensein »individueller« und »nationaler« Stile zu und erkannte, daß seine Typen sich auch anderswo als im sechzehnten und siebzehnten Jahrhundert finden ließen, wenn auch in weniger deutlicher Form.

Unter dem frischen Eindruck der Lektüre der *Kunstgeschichtlichen Grundbegriffe* unternahm Walzel 1916 den Versuch, Wölfflins Kategorien auf die Literatur zu übertragen.[23] Beim Studium des Aufbaus der Shakespeareschen Dramen kam er zu dem Schluß, daß Shakespeare dem Barock zugehöre, da seine Stücke nicht in der symmetrischen Weise gebaut sind, die Wölfflin als ein Charakteristikum der Renaissancegemälde nachgewiesen hatte. Die große Zahl der Nebenfiguren, ihre unsymmetrische Anordnung, die wechselnde Betonung auf verschiedenen Akten eines Stückes: aus all diesen Merkmalen soll hervorgehen, daß Shakespeares Technik der der Barockkunst entspricht, während Corneille und Racine, die ihre Tragödien um eine zentrale Gestalt herum komponierten und die Betonung nach dem traditionellen aristotelischen Muster auf die Akte verteilten, dem Renaissancetyp zugeordnet werden. In einer kleinen Schrift über die *Wechselseitige Erhellung der Künste* und in vielen späteren Büchern bemühte sich Walzel um eine Ausarbeitung und Rechtfertigung dieser Übertragung,[24] zunächst recht bescheiden, dann aber mit immer übertriebeneren Ansprüchen.

Einige der Wölfflinschen Kategorien lassen sich klar und verhältnismäßig leicht in literarische Begriffe umformulieren. Es besteht ein offenbarer Gegensatz zwischen einer Kunst, die klare Umrisse und deutlich gegliederte Teile vorzieht und einer Kunst mit lockerem Aufbau und verwischten Umrissen. Fritz Strichs Versuch, den Gegensatz zwischen deutscher Klassik und Romantik mit Hilfe der von Wölfflin für die Renaissance und das Barock herausgearbeiteten Kategorien als »Vollendung und Unendlichkeit« darzustellen, zeigt, daß sich mit diesen Kategorien in freier Auslegung die alten Gegensätze vom vollendeten klassischen Gedicht und dem unvollendeten, fragmentarischen oder »verschwommenen« romantischen Gedicht neu formulieren lassen.[25] Es bleibt uns dabei jedoch nur eine Gruppe von Gegensatzpaaren als Handhabe für die gesamte Literaturgeschichte. Selbst auf streng literarische Begriffe gebracht, helfen Wölfflins Kategorien doch nicht weiter, als Kunstwerke in zwei Hauptkategorien zu gliedern, die, wenn im einzelnen untersucht, lediglich auf die alte Unterscheidung zwischen klassisch und romantisch, strenger und lockerer Aufbau, plastische und malerische Kunst hinauslaufen. Dieser Dualismus war schon den Brüdern Schlegel, Schelling und Coleridge bekannt, die ihn auf Grund geschichtsphilosophischer und literarischer Beweisführung herausarbeiteten. Durch die Wölfflinschen Gegensatzpaare wird alle klassische und pseudoklassische Kunst in eins gefaßt und so verschiedene Bewegungen wie die Gotik, das Barock und die Romantik zusammen gesehen. In dieser Theorie wird die unzweifelhafte und außerordentlich wichtige Kontinuität zwischen Renaissance und Barock verdunkelt, wie auch ihre Anwendung auf die Literatur durch Strich einen künstlichen Gegensatz zwischen der klassizistischen Stufe in Goethes und Schillers Entwicklung und der Romantik des frühen neunzehnten Jahrhunderts herstellt, während der Sturm und Drang in diesem Schema unerklärt und unerklärlich gelassen wird. In Wahrheit bildet die deutsche Literatur um die Wende des achtzehnten zum neunzehnten Jahrhundert eine verhältnismäßig geschlossene Einheit, die sich doch kaum in unversöhnliche Gegensätze auseinanderbrechen läßt. So hilft Wölfflins Theorie vielleicht bei der Einordnung von Kunstwerken oder beim Aufstellen oder besser Bestätigen des alten dualistischen Entwicklungsschemas von Aktion und Reaktion, Konvention und Revolution. Aber angesichts der Realität des so verwickelten literarischen Prozesses gelingt es diesem Pendel-Schema bei weitem nicht, mit den außerordentlich mannigfaltigen Erscheinungsformen der tatsächlichen Entwicklung fertig zu werden.

Die Übertragung der Wölfflinschen Begriffspaare läßt außerdem ein wichtiges Problem vollkommen ungelöst. Wir können in keiner Weise die unzweifelhafte Tatsache erklären, daß die Künste sich nicht zur gleichen Zeit mit der gleichen Geschwindigkeit entwickelten. Die Literatur scheint manchmal hinter den anderen Künsten zurückzubleiben. Wir können z. B. kaum von einer englischen Literatur sprechen zu einer Zeit, als die großen englischen Kathedralen gebaut wurden. Zu anderen Zeiten entwickelt sich die Musik langsamer als Dichtung und bildende Künste. Eine »romantische« Musik gibt es z. B. nicht vor 1800, während ein erheblicher Teil der romantischen Dichtung vor diesem Zeitpunkt datiert. Schwierigkeiten bereitet die Erklärung der Tatsache, daß es »malerische« Dichtung mindestens sechzig Jahre vor dem Eindringen des Malerischen in die Architektur gab,[26] oder daß — wie Burckhardt erwähnt[27] — die Beschreibung des bäuerlichen Lebens von Lorenzo Magnifico in *Nencia* den ersten Genrebildern von Jacopo Bassano und seiner

Schule um mehr als achtzig Jahre vorausging. Selbst wenn diese wenigen Beispiele schlecht gewählt wären und widerlegt werden könnten, so wird durch sie doch eine Frage aufgeworfen, die sich nicht durch eine allzu sehr vereinfachende Theorie beantworten läßt, der zufolge, sagen wir, die Musik immer eine Generation hinter der Dichtung zurück ist.[28] In solchen Fragen müßten die Wechselbeziehungen zu gesellschaftlichen Faktoren untersucht werden, und diese Faktoren würden sich als in jedem einzelnen Falle verschieden erweisen.

Schließlich sehen wir uns noch dem Problem gegenüber, daß bestimmte Zeiten oder Nationen außerordentlich produktiv in nur einer oder zwei Künsten waren, dagegen vollkommen unfruchtbar oder lediglich epigonal in anderen. Als Beispiel diene die Blütezeit der elisabethanischen Literatur, der gegenüber die gleichzeitigen Leistungen der Engländer in den schönen Künsten kaum nennenswert sind. Wenig hilfreich für die Lösung dieses Problems sind Spekulationen der Art, daß die »Volksseele« sich in irgendeiner Form auf eine Kunst konzentriert habe, oder daß, wie Emile Legouis in seiner *Historie de la Littérature Anglaise* sagt, »Spenser ein Tizian oder Veronese geworden wäre, wäre er in Italien geboren, oder ein Rubens oder Rembrandt in den Niederlanden.«[29] Im Falle der englischen Literatur liegt die Vermutung nahe, daß der Puritanismus schuld war an der Vernachlässigung der schönen Künste, doch genügt dies kaum als Erklärung des Phänomens großer Produktivität in sehr weltlicher Literatur und der relativen Unfruchtbarkeit auf dem Gebiet der Malerei. Aber all dies führt uns zu weit in rein historische Fragen hinein.

Die verschiedenen Künste — die bildenden Künste, die Literatur und die Musik — haben jede ihre eigene Entwicklung, mit einem verschiedenen Tempo und einer verschiedenen inneren Struktur der Elemente. Zweifellos stehen sie in ständiger Beziehung zueinander, aber diese Beziehungen sind keine Einflüsse, die an einem Punkt beginnen und dann die Entwicklung der anderen Künste bestimmen. Man muß sie sich vielmehr als ein komplexes Schema dialektischer Beziehungen vorstellen, die in beide Richtungen wirken, von einer Kunst zur anderen und umgekehrt. Sie können sich innerhalb der Kunst, in die sie eingedrungen sind, vollkommen verwandeln. Es handelt sich hier nicht um die vereinfachende Scheinlösung eines alles und jedes durchdringenden und bestimmenden »Zeitgeistes«. Wir müssen die Gesamtsumme der kulturellen Betätigungen des Menschen als ein ganzes System von Reihen begreifen, die sich aus sich selbst heraus entwickeln und ihre eigenen Normen haben, die nicht notwendig mit denen der benachbarten Reihe identisch sind. Es ist die Aufgabe der Kunst-Historiker im weitesten Sinne, Literatur- und Musikhistoriker eingeschlossen, eine Anzahl von beschreibenden Begriffen für jede der Künste zu entwickeln, die auf den besonderen Merkmalen jeder Kunst fußen. So braucht die Dichtung heute eine neue Poetik, eine Technik der Analyse, zu der man nicht durch eine einfache Übertragung oder Übernahme von Begriffen aus den schönen Künsten gelangen kann. Erst wenn wir ein gutes Begriffssystem für die Analyse literarischer Kunstwerke herausgebildet haben, können wir auch literarische Zeitabschnitte umgrenzen, die keine von einem »Zeitgeist« beherrschten metaphysischen Wesenheiten sind. Nach der Festlegung solcher Umrisse streng literarischer Entwicklung können wir die Frage stellen, ob diese Entwicklung in gewisser Weise der ähnlich festgelegten Entwicklung der andern Künste verglichen werden kann. Es ist schon jetzt deutlich, daß die Antwort kein glattes »Ja« oder »Nein« sein kann. Sie wird eher in Form eines verschlungenen Gefüges von Übereinstimmungen und Abweichungen als in Form von Parallelen gegeben werden müssen.

IV. DIE INNERLITERARISCHE METHODE DER LITERATURWISSENSCHAFT

Einleitung

Der natürliche und vernünftige Ausgangspunkt beim literaturwissenschaftlichen Arbeiten ist die Interpretation und Analyse der literarischen Werke selber. Schließlich rechtfertigen doch nur die Werke selber all unser Interesse am Leben eines Dichters, an seiner gesellschaftlichen Umgebung und an der gesamten literarischen Entwicklung. Und doch hat sich merkwürdigerweise die Literaturgeschichte bisher in so hohem Maße der Erforschung der Umweltbedingungen eines literarischen Werkes gewidmet, daß ihre Bemühungen um eine Analyse der Werke selber demgegenüber verhältnismäßig geringfügig sind. Einige Gründe für diese Überbetonung der bedingenden Umstände im Vergleich mit der Beschäftigung mit den eigentlichen Werken liegen nahe. Die moderne Literaturgeschichte entstand in enger Verbindung zur Romantik, die das kritische System des Klassizismus nur durch das relativistische Argument untergraben konnte, daß verschiedene Zeiten verschiedene Maßstäbe erforderten. So ging die Betonung von der Literatur selber auf ihren geschichtlichen Hintergrund über, der dazu benutzt wurde, die der alten Literatur zugeschriebenen neuen Werte zu rechtfertigen. Im neunzehnten Jahrhundert wurde die Erklärung durch Ursachen zum großen Stichwort, weitgehend aus dem Bestreben heraus, den Methoden der Naturwissenschaft nachzueifern. Außerdem wurde durch den Zusammenbruch der alten Poetik, der sich mit der Schwenkung des Interesses auf den individuellen Lesergeschmack ereignete, die Überzeugung gestärkt, daß die Kunst, letztlich irrational, der »Würdigung« überlassen werden solle. In seiner Antrittsvorlesung faßte Sir Sidney Lee lediglich die Theorie des größten Teils der akademischen Literaturwissenschaft zusammen, wenn er sagte: »In der Literaturgeschichte suchen wir die äußeren Umstände – politischer, gesellschaftlicher Art –, in denen die Literatur hervorgebracht wird.«[1] Das Ergebnis mangelnder Klarheit in bezug auf Fragen der Poetik ist die erstaunliche Hilflosigkeit der meisten Gelehrten, wenn sie sich der Aufgabe eigentlichen Analysierens und Bewertens eines Kunstwerks gegenüber sehen.

In den letzten Jahrzehnten ist allerdings eine gesunde Reaktion eingetreten, die erkannt hat, daß sich das Studium der Literatur zu allererst auf die Werke selber konzentrieren sollte. Die alten Methoden der klassischen Rhetorik, Poetik oder Metrik müssen im modernen Sinne durchgemustert und in moderne Begriffe neu gefaßt werden. Neue Methoden wurden eingeführt, die auf einem Überblick über den größeren Formenreichtum der modernen Literatur fußen. In Frankreich sind es die Methoden der »explication de textes«[2], in Deutschland die von Oskar Walzel ausgearbeiteten formalen Analysen, die auf Parallelen zur Geschichte der bildenden Künste zurückgehen, sowie die Stiluntersuchungen Emil Staigers und seiner Schule[3], und es sind vor allem die hervorragenden Leistungen der russischen Formalisten und ihrer tschechischen und polnischen Nachfolger.[4] Diese Bewegungen haben dem Studium literarischer Werke neue Antriebe gegeben, die wir erst jetzt richtig zu erkennen und zu analysieren beginnen. In England haben einige Nachfolger von I. A. Richards[5] und in den Vereinigten Staaten die sogenannten »Neuen Kritiker«[6] die Untersuchung des Kunstwerks selber in den Mittelpunkt ihres Interesses gerückt. Einige Untersuchungen über das Drama,[7] die dessen Verschiedenheit vom Leben betonen und die Verwechslung von dramatischer und empirischer Wirklichkeit bekämpfen, weisen in die gleiche Richtung. Ähnlich geben sich viele Untersuchungen über den Roman[8] nicht mit Betrachtungen über dessen Verhältnis zur Struktur der Gesellschaft zufrieden, sondern bemühen sich um eine Analyse seiner künstlerischen Methoden, der Rolle des Erzählers und anderer technischer Mittel des Erzählens.

Die russischen Formalisten widersetzten sich mit äußerstem Nachdruck der alten Doppelheit von »Inhalt« und »Form«, die ein Kunstwerk in zwei Hälften zerteilt: einen rohen Inhalt und eine aufgesetzte, rein äußerliche Form.[9] Es ist klar, daß die ästhetische Wirkung eines Kunstwerks nicht auf dem beruht, was man für gewöhnlich als den Inhalt bezeichnet. Es gibt nur wenige Kunstwerke, die in einer Inhaltsangabe (die nur als pädagogisches Mittel gerechtfertigt ist) nicht sinnlos oder lächerlich erscheinen.[10] Aber eine Unterscheidung zwischen der Form als dem ästhetisch wirksamen Faktor und einem ästhetisch indifferenten Inhalt trifft auf unüberwindliche Schwierigkeiten. Auf den ersten Blick mag die Grenzlinie verhältnismäßig deutlich erkennbar scheinen. Wenn wir unter Inhalt die Gedanken und Gefühle verstehen, die ein literarisches Werk übermittelt, so würde die Form alle sprachlichen Mittel umfassen, durch die ein Inhalt ausgedrückt wird. Untersuchen wir aber diese Unterscheidung genauer, so erkennen wir, daß der Inhalt einige Formelemente in sich enthält. Zum Beispiel sind die in einem Roman erzählten Geschehnisse Bestandteile des Inhalts; die Art und Weise aber, in der sie zu einer »Handlung« angeordnet werden, ist ein Bestandteil der Form. Außerhalb einer solchen Anordnung haben sie keinerlei künstlerische Wirkung. Ein von deutschen Gelehrten angebotenes und vielfach angewandtes Heilmittel ist die Einführung des Begriffs der »inneren Form«, der ursprünglich auf Plotinus und Shaftesbury zurückgeht. Aber dieser Begriff macht die Sache nur noch komplizierter, da die Grenzlinie zwischen innerer und äußerer Form vollkommen im Dunkeln bleibt. Man kann einfach nicht umhin anzuerkennen, daß die Art und Weise, in der Geschehnisse zu einer Handlung angeordnet werden, ein Bestandteil der Form ist. Noch verheerender für die traditionellen Begriffe wirkt sich die Überlegung aus, daß es selbst in der Sprache, die für gewöhnlich als Bestandteil der Form gilt, notwendig ist, zwischen ästhetisch indifferenten Wörtern an sich und der Art und Weise zu unterscheiden, in der sich einzelne Wörter zu ästhetisch wirksamen Klang- und Bedeutungseinheiten zusammenfinden. Es wäre geratener, daß die an sich keiner ästhetischen Wirkung fähigen Bestandteile eines literarischen Kunstwerks in »Materialien« umgetauft werden und daß man die Art und Weise, in der diese Bestandteile zu ästhetischen Wirkungen organisiert sind, als »Struktur« bezeichne. Diese Unterscheidung ist keineswegs eine bloße Umbenennung des alten Paares, Inhalt und Form. Sie überschneidet vielmehr die alten Grenzlinien. Die »Materialien« enthalten Elemente, die früher als Bestandteile des Inhalts wie auch als solche der Form galten. Der Begriff der »Struktur« schließt Inhalt und Form in sich ein, sofern sie zu ästhetischen Wirkungen organisiert sind. Das Kunstwerk wird so als ein ganzes System oder eine Struktur von Zeichen, als einem bestimmten ästhetischen Zweck dienend, betrachtet.

12. Die Seinsweise eines literarischen Kunstwerkes

Bevor wir die verschiedenen Schichten eines Kunstwerks analysieren können, müssen wir eine außerordentlich schwierige erkenntnistheoretische Frage aufwerfen, die der »Seinsweise« oder des »ontologischen Ortes« eines literarischen Kunstwerks (das wir um der Kürze willen im Folgenden als »Gedicht« bezeichnen werden).[1] Was ist das »wirkliche« Gedicht, wo müssen wir es suchen, wie existiert es? Eine richtige Antwort auf diese Fragen wird manche kritischen Probleme lösen und einen Weg zur eigentlichen Analyse eines literarischen Werks eröffnen.

Auf die Frage, was ein Gedicht, oder vielmehr ein literarisches Kunstwerk im allgemeinen, ist und wo es sich findet, gibt es verschiedene traditionelle Antworten, die erst kritisch betrachtet und widerlegt werden müssen, bevor wir eine eigene Lösung versuchen können. Eine der häufigsten und ältesten Antworten ist die Ansicht, ein Gedicht sei ein »Artefakt«, ein Gegenstand von der gleichen Beschaffenheit wie eine Skulptur oder ein Gemälde. Das Kunstwerk wird daher mit den schwarzen Tintenlinien auf weißem Papier oder Pergament oder, denkt man an ein babylonisches Gedicht, mit den keilförmigen Kerben im Backstein identifiziert. Diese Antwort ist offenbar recht unbefriedigend. Man braucht nur an die große Menge der mündlichen Dichtung zu denken, die durch eine solche Lösung ausgeschlossen wäre. Es gibt Gedichte und Geschichten, die niemals schriftlich niedergelegt worden sind und doch immer noch weiterleben. Die schwarzen Linien sind also lediglich eine Methode der Aufzeichnung eines Gedichts, dessen Existenz anderswo zu suchen ist. Selbst wenn die Niederschrift oder sogar alle Ausgaben eines gedruckten Buches vernichtet wären, so müßte das Gedicht damit noch nicht zerstört worden sein, denn es könnte in der mündlichen Überlieferung oder im Gedächtnis eines Mannes wie Macaulay bewahrt sein, der sich rühmte, *Paradise Lost* und *Pilgrim's Progress* auswendig zu können. Zerstört man dagegen ein Gemälde, eine Skulptur oder ein Gebäude, so werden sie vollkommen zerstört, obschon Beschreibungen oder Wiedergaben in einem anderen Medium erhalten sein mögen und man vielleicht sogar den Versuch einer Rekonstruktion des Verlorenen machen könnte. Damit wird jedoch immer ein anderes, wenn auch noch so ähnliches Kunstwerk geschaffen, während die bloße Vernichtung eines Buches oder auch all seiner Exemplare das Kunstwerk selber überhaupt nicht zu berühren braucht.

Auch durch eine andere Beweisführung läßt sich zeigen, daß die Niederschrift auf dem Papier nicht das »wirkliche« Gedicht ausmacht, die bedruckte Seite enthält viele dem Gedicht wesensfremde Elemente: die Größe der Buchstaben, die Art der benutzten Buchstaben (lateinisch, Kursivdruck), die Größe der Seite und viele andere Faktoren. Wollte man die Auffassung von einem Gedicht als Artefakt ernst nehmen, müßte man zu der Folgerung kommen, daß jedes einzelne Exemplar, oder zum mindesten jede andere gedruckte Ausgabe, ein anderes Kunstwerk sei. Es gäbe keinen Grund a priori, warum Exemplare in verschiedenen Ausgaben Exemplare des gleichen Buches sein sollten. Darüberhinaus wird nicht jeder Abdruck von uns, den Lesern, als korrekter Abdruck eines Gedichts anerkannt. Allein die Tatsache, daß wir Druckfehler in einem Text korrigieren können, den wir vielleicht vorher nie gelesen haben, oder, in einigen seltenen Fällen, die ursprüngliche Bedeutung eines Textes wiederherstellen können, beweist, daß wir die gedruckten Zeilen nicht als das wirkliche Gedicht ansehen. Wir haben also gezeigt, daß das Gedicht (oder irgendein literarisches Kunstwerk) auch außerhalb seiner gedruckten Fassung existieren kann und daß der gedruckte Artefakt viele Elemente enthält, die alle als dem wirklichen Gedicht nicht zugehörig angesehen werden müssen.

Und doch darf diese negative Schlußfolgerung einen nicht blind machen gegenüber der ungeheuren praktischen Bedeutung, die unseren Methoden der Aufzeichnung von Dichtern seit der Erfindung der Schrift und der Buchdruckerkunst zukommt. Es besteht kein Zweifel darüber, daß viel Literatur verloren gegangen und daher vollkommen vernichtet ist, weil ihre schriftlichen Aufzeichnungen verschwunden sind und die theoretisch möglichen Mittel der mündlichen Überlieferung versagt haben oder unterbrochen worden sind. Die Schrift und vor allem der Druck haben die Kontinuität der literarischen Überlieferung ermöglicht und müssen viel dazu beigetragen haben, die Einheitlichkeit und den Zusammenhang von Kunstwerken zu steigern. Außerdem ist, wenigstens in bestimmten Perioden der Dichtungsgeschichte, auch das graphische Bild zu einem Bestandteil einiger abgeschlossener Kunstwerke geworden.

In der chinesischen Dichtung bilden, wie Ernest Fenollosa nachgewiesen hat, die bildlichen Ideogramme einen Bestandteil der Gesamtbedeutung eines Gedichts. Aber auch in der westlichen Überlieferung gibt es die graphischen Gedichte der Griechischen Anthologie, den »Altar« oder den »Churchfloor« von George Herbert und ähnliche Gedichte der metaphysischen Dichter, die ihre Parallelen auf dem Kontinent im spanischen Gongorismus, italienischen Marinismus, in der deutschen Barockdichtung und anderswo haben. Auch die moderne Dichtung hat sich in Amerika (e. e. cummings), in Deutschland (stefan george, Arno Holz), in Frankreich (Mallarmé, Apollinaire) und anderswo graphischer Mittel wie ungewöhnlicher Zeilenanordnungen, Gedichtanfänge auf dem unteren Teil der Seite, verschiedener Druckfarben etc. bedient.[2] In seinem Roman *Tristam Shandy* benutzte Sterne bereits im achtzehnten Jahrhundert unbeschriebene und marmorierte Seiten. All diese Hilfsmittel sind integrale Bestandteile jener besonderen Kunstwerke. Obwohl wir wissen, daß die Mehrzahl aller Dichtung von solchen Mitteln unabhängig ist, sollen und können sie in jenen Fällen doch nicht übersehen werden.

Darüber hinaus ist die Rolle des Drucks in der Dichtung keineswegs auf solche verhältnismäßig seltenen Extravaganzen beschränkt. Die Zeilenenden von Versen, die Gruppierung zu Strophen, die Absätze in der Prosa, Augen-Reime oder Wortspiele, die nur durch die Orthographie verständlich werden, sowie viele andere Mittel müssen als den Dichtwerken zugehörige Faktoren betrachtet werden. Eine nur auf dem mündlichen Vortrag fußende Theorie neigt dazu, jede Berücksichtigung solcher Hilfsmittel von vornherein auszuschließen; doch können diese in einer vollständigen Analyse vieler literarischer Werke nicht übergangen werden. Durch ihr Dasein wird lediglich bewiesen, daß der Druck in moderner Zeit für das Dichten sehr wichtig geworden ist, daß Dichtung sowohl für das Auge als für das Ohr bestimmt ist. Obschon die Benutzung graphischer Hilfsmittel nicht unerläßlich ist, finden sich diese doch weit häufiger in der Literatur als in der Musik, wo die gedruckte Partitur eine ähnliche Stellung einnimmt wie die gedruckte Seite in der Dichtung. In der Musik werden sie wohl selten gebraucht, kommen aber doch vor. Es gibt viele merkwürdige optische Hilfsmittel (Farben etc.) in italienischen Madrigal-Partituren des sechzehnten Jahrhunderts. Und der angeblich »absolute« Komponist Händel schrieb einen Chor, der von der Flut des Roten Meeres spricht, wo das »Wasser wie eine Wand« stand, und die gedruckten Noten bilden feste Reihen mit gleichmäßigen Zwischenräumen, wodurch eine Phalanx oder eine Wand angedeutet wird.[3]

Wir machten den Anfang mit einer Theorie, die heute wahrscheinlich nicht mehr viele ernsthafte Anhänger hat. Die zweite Antwort auf unsere Frage sieht das Wesen eines literarischen Kunstwerks in der Aufeinanderfolge von Lauten, die von einem Sprecher oder Leser von Dichtung hervorgebracht werden. Dies ist eine weithin anerkannte Lösung, die besonders von Rezitatoren befürwortet wird. Aber diese Antwort ist ebenso unbefriedigend wie die vorige. Jedes Vorlesen oder Sprechen eines Gedichts ist lediglich eine »Aufführung« des Gedichts und nicht das Gedicht selber. Sie befindet sich auf genau der gleichen Ebene wie die Vorführung eines Musikstücks durch einen Musiker. Es gibt — um den Faden unserer vorigen Beweisführung wiederaufzunehmen — eine ungeheure Menge geschriebener Dichtung, die vielleicht niemals laut gelesen werden wird. Um dieses abzustreiten, müßte man sich einer so absurden Theorie wie der einiger Vertreter des Behaviorismus verschreiben, die besagt, daß alles stille Lesen von Bewegungen der Stimmbänder begleitet sei. In Wahrheit aber beweist die gesamte Erfahrung, daß wir, sofern wir nicht halbe Analphabeten sind oder uns mit dem Lesen einer Fremdsprache abmühen oder auch in voller Absicht den Laut flüstern wollen, »global« lesen, d. h. wir erfassen gedruckte Wörter als Ganzes, ohne sie in eine Aufeinanderfolge von Phonemen aufzulösen, und sprechen sie auf diese Weise nicht einmal stillschweigend aus. Beim schnellen Lesen haben wir nicht einmal die Zeit, die Laute mit den Stimmbändern anzuschlagen. Die Annahme, ein Gedicht existiere im Laut-Lesen führt ferner zu der absurden Konsequenz, daß ein Gedicht nicht existiert, wenn es nicht gelautet wird, und daß es mit jedem neuen Lesen neu geschaffen wird.

Das Wichtigste aber ist dabei, daß jedes neue Lesen eines Gedichts mehr ist als das wirkliche Gedicht: jede Vorlesung enthält Elemente, die dem Gedicht nicht wesentlich zugehören, individuelle Eigenheiten der Aussprache, der Tonhöhe, des Tempos und der Akzentverteilung — Elemente, die entweder durch die Persönlichkeit des Sprechers bestimmt werden oder Symptome und Mittel seiner Gedichtinterpretation sind. Ferner fügt das laute Vorlesen eines Gedichts nicht nur individuelle Elemente hinzu, sondern es stellt immer nur eine Auswahl aus Faktoren dar, die in dem Gedichttext enthalten sind: die Tonhöhe der Stimme, die Geschwindigkeit, in der eine Stelle vorgelesen wird, die Verteilung und Stärke der Betonung können richtig oder falsch sein und selbst wenn richtig, so stellen sie doch nur eine Version möglichen Lesens dar. Man muß schon die Möglichkeit verschiedener Vortragearten eines Gedichts zugeben: solcher, die wir als falsch empfinden, weil sie uns als Verzerrungen der wahren Bedeutung eines Gedichts erscheinen, und solcher, die wir als richtig und zulässig, aber vielleicht immer noch nicht ideal ansehen.

Das Vorlesen eines Gedichts ist nicht das Gedicht selber, da wir die Ausführung innerlich korrigieren können. Wenn wir eine Rezitation als hervorragend oder vollendet anerkennen, so können wir damit doch nicht die Möglichkeit ausschließen, daß jemand anders, oder auch der gleiche Sprecher zu einer anderen Zeit, eine ganz andere Aufführung geben könnte, die andere Elemente des Gedichts ebensogut herausbrächte. Wieder hilft hier die Analogie zur Musik: die Wiedergabe einer Symphonie selbst etwa durch Toscanini ist nicht die Symphonie selber, da sie unvermeidlich durch die Individualität der Dirigenten gefärbt ist und konkrete Einzelheiten bezüglich des Tempos, Rubatos, der Klangfarbe usw. hinzufügt, die schon in der nächsten Aufführung verändert sein können, obschon es sich unmöglich bestreiten ließe, daß die gleiche Symphonie ein zweites Mal aufgeführt wurde. Wir haben damit nachgewiesen, daß das Gedicht außerhalb seiner »klanglichen« Wiedergabe existiert, und daß diese Wiedergabe viele Elemente enthält, die wir als nicht im Gedicht selber enthalten betrachten müssen.

Und doch kann in einigen literarischen Kunstwerken (vor allem in der Lyrik) die klangliche Seite der Dichtung einen wichtigen Faktor der allgemeinen Struktur ausmachen. Durch verschiedene Mittel wie das Versmaß, die Anordnung bestimmter Vokale oder konsonantischer Reihen, Alliteration, Assonanz, Reim etc. kann die Aufmerksamkeit auf den Klang gelenkt werden. Diese Tatsache erklärt zum Teil die Unzulänglichkeit vieler Übersetzungen lyrischer Gedichte, da sich diese potentiellen Klangfügungen nicht in ein anderes sprachliches System übertragen lassen, obschon ein geschickter Übersetzer ihrer allgemeinen Wirkung in seiner eigenen Sprache nahe kommen kann. Ein sehr großer Teil der Literatur ist jedoch von solchen Klangfügungen verhältnismäßig unabhängig, wie die historischen Wirkungen vieler Werke selbst in mangelhaften prosaischen Übersetzungen zeigen. Der Klang kann einen wichtigen Faktor in der Struktur eines Gedichts ausmachen; aber die Antwort, ein Gedicht sei eine Folge von Klängen, ist ebenso unbefriedigend wie die, welche sie in der bedruckten Seite sieht.

Die dritte, weit verbreitete Antwort auf unsere Frage vertritt die Auffassung, ein Gedicht sei das Erlebnis des Lesers. Für die Vertreter dieser Ansicht existiert ein Gedicht nicht außerhalb der geistig-seelischen Vorgänge im einzelnen Leser und ist so identisch mit dem geistig-seelischen Zustand oder Vorgang, den wir beim Lesen oder Anhören eines Gedichts erleben. Aber auch diese »psychologische« Lösung scheint unbefriedigend. Es stimmt natürlich, daß ein Gedicht nur durch individuelle Erlebnisse gekannt werden kann, aber es ist nicht mit solch einem individuellen Erlebnis identisch. Jedes individuelle Erlebnis eines Gedichts enthält einen rein persönlichen Zusatz. Es wird durch unsere Stimmung und die individuelle Vorbereitung gefärbt. Die Bildung, die Persönlichkeit jedes Lesers, das allgemeine kulturelle Klima einer Zeit, die philosophischen, religiösen oder die rein technischen vorgefaßten Meinungen jedes Lesers fügen jedem Lesen eines Gedichts etwas Augenblickliches und von außen Kommendes hinzu. Wiederholtes Lesen durch den gleichen Menschen zu verschiedenen Zeitpunkten kann sehr verschieden ausfallen, weil er vielleicht reifer geworden oder auch durch momentane Umstände wie Müdigkeit, Sorgen oder Ablenkung geschwächt ist. Jedes Erlebnis eines Gedichts läßt daher etwas Individuelles aus oder fügt es hinzu. Das Erlebnis wird niemals dem Gedicht völlig entsprechen. Selbst ein guter Leser wird neue Einzelheiten in Gedichten entdecken, die er beim früheren Lesen nicht gesehen hatte. Es erübrigt sich, darauf hinzuweisen, wie verzerrt oder flach das Lesen eines weniger geübten oder ungeübten Lesers sein mag.

Die Auffassung, daß das geistig-seelische Erlebnis eines Gedichts das Gedicht selber sei, führt zu der absurden Folgerung, daß ein Gedicht außerhalb des Erlebnisses nicht existiert und daß es in jedem Erlebnis neu geschaffen wird. Auf diese Weise gäbe es nicht die eine *Göttliche Komödie,* sondern so viele Göttliche Komödien wie es Leser gibt, gab und geben wird. Wir enden in völliger Skepsis und Anarchie und in der falschen Maxime des »De gustibus non est disputandum«. Nähme man diese Auffassung ernst, so gäbe es keine Erklärung dafür, warum das Gedichterlebnis des einen Lesers besser sein sollte als das irgendeines anderen, und warum es möglich ist, die Interpretation eines anderen Lesers zu berichtigen. Es würde dies das unbedingte Ende des gesamten Literaturunterrichts bedeuten, der darauf abzielt, das Verständnis und die Würdigung eines Textes zu vertiefen. Die Schriften von I. A. Richards, vor allem sein Buch *Practical Criticism,* haben gezeigt, wie viel sich im Hinblick auf die Analyse individueller Eigenheiten der Leser tun läßt und wie viel ein guter Lehrer durch die Berichtigung falscher Methoden erreichen kann. Merkwürdigerweise vertritt nun Richards, der ständig die Ergebnisse seiner Schüler kritisiert, eine extreme psychologische Theorie, die zu seinen hervorragenden kritischen Leistungen in krassem Widerspruch steht. Der Gedanke, die Dichtung solle unsere Impulse ordnen, sowie die Folgerung, der Wert der Dichtung liege in einer Art seelischer Therapie, führten ihn schließlich zu dem Zugeständnis, daß dieses Ziel ebenso gut durch ein gutes wie durch ein schlechtes Gedicht, durch einen Teppich, einen Topf, eine Geste ebenso wie durch eine Sonate erreicht werden könne.[4] So steht das geistig-seelische Gleichgewicht, das durch ein Kunsterlebnis erreicht werden soll, in keiner festen Beziehung zu dem Gedicht, das es hervorgerufen hat.

Die Psychologie des Lesers, so interessant sie an sich oder so nützlich sie für pädagogische Zwecke auch sein mag, wird immer außerhalb des eigentlichen Gegenstandes der Literaturwissenschaft, des Kunstwerks, bleiben. Fragen der Struktur und des Wertes eines Kunstwerks können durch sie nicht gelöst werden. Psychologische Theorien müssen Theorien über die Wirkung eines Kunstwerks auf den Leser oder Hörer sein und können in extremen Fällen zu Wertungskriterien führen wie jenem, das der berühmte Dichter A. E. Housman in einer Vorlesung, *The Name and Nature of Poetry* (1933) vorschlägt. Er sagt dort, hoffentlich augenzwinkernd, gute Dichtung lasse sich daran erkennen, daß es uns heiß und kalt den Rücken hinunterläuft. Eine solche Ansicht liegt auf der gleichen Ebene wie die Theorien des achtzehnten Jahrhunderts, die die Qualität einer Tragödie nach der von den Zuschauern vergossenen Tränenmenge beurteilen, oder wie die Ansicht eines Film-Meinungsforschers, der die Qualität einer Komödie nach der Anzahl und Stärke der Lachsalven im Publikum beurteilt. So ist Anarchie, Skepsis, eine vollkommene Verwirrung der Werte das Ergebnis jeder psychologischen Theorie, da sie weder zur Struktur noch zur Qualität eines Gedichts in Beziehung stehen kann.

Nur sehr wenig wird die psychologische Theorie durch I. A. Richards verbessert, wenn er ein Gedicht als das »Erlebnis der rechten Art von Leser« definiert.[5] Das ganze Problem hat sich nun offensichtlich auf die Auffassung vom rechten Leser verlagert und damit auf die Bedeutung dieses Adjektivs. Aber selbst wenn man eine ideale Stimmungslage in einem Leser mit dem besten Hintergrund und der besten Ausbildung annimmt, bleibt die Definition doch unbefriedigend, da sie sich noch unvermindert der Kritik aussetzt, die wir an der psychologischen Methode vornahmen. Sie verlegt das Wesen des Gedichts in ein momentanes Erlebnis, das selbst die rechte Art von Leser nicht unverändert wiederholen könnte. Sie wird in einem gegebenen Falle niemals die ganze Bedeutung eines Gedichts erfassen können und wird immer unvermeidliche persönliche Elemente beim Lesen hinzufügen.

Eine vierte Antwort wurde vorgeschlagen, um dieser Schwierigkeit abzuhelfen. Sie vertritt den Standpunkt, das Gedicht sei das Erlebnis des Dichters. Es sei hier eingeschaltet, daß wir von vornherein die Auffassung übergehen können, das Gedicht sei das Erlebnis des Dichters zu irgendeiner Zeit seines Lebens, wenn er es, nachdem es geschaffen ist, wiederliest. Er ist dann einfach zu einem Leser seines Werkes geworden und ist fast ebenso sehr wie jeder andere Leser Irrtümmern und Fehldeutungen seines eigenen Werkes ausgesetzt. Es ließen sich viele Beispiele offenkundigster Fehldeutungen des eigenen Werkes von Dichtern zusammenstellen. Die alte Anekdote über Browning, der bekannte, sein eigenes Gedicht nicht zu verstehen, enthält sicherlich ihr Körnchen Wahrheit. Es mag jedem von uns passieren, daß wir etwas von uns vor einiger Zeit Geschriebenes falsch auslegen oder nicht mehr vollkommen verstehen. So muß sich die oben vorgeschlagene Antwort also auf das Erleben des Dichters während des Schaffens beziehen. Unter »Erleben des Dichters« können wir jedoch zweierlei verstehen: das bewußte Erleben, die Absichten, die der Dichter in seinem Werk verkörpern wollte, oder das ganz bewußte und unbewußte Erleben während der ausgedehnten Schaffenszeit. Die Ansicht, daß das wirkliche Gedicht in den Absichten des Dichters zu finden sei, ist weitverbreitet, wenn auch nicht immer ausdrücklich so bezeichnet.[6] Sie dient einem erheblichen Teil geschichtlicher Forschung als Rechtfertigung und liegt vielen Argumenten zugunsten besonderer Interpretationen zugrunde. Für die meisten Kunstwerke fehlt es uns jedoch an Beweismaterial, mit dessen Hilfe die dichterischen Absichten rekonstruiert werden können, außer eben dem fertigen Kunstwerk selber. Selbst wenn uns eine zeitgenössische Quelle in Form einer ausgesprochenen Erklärung der Absichten zugänglich ist, so braucht doch solch eine Darlegung für den modernen Beobachter nicht bindend zu sein. Die »Absichten« eines Dichters sind immer »Rationalisierungen«, Kommentare, die gewiß beachtet, aber auch im Lichte des fertigen Kunstwerks kritisiert werden müssen. Die »Absichten« eines Dichters können weit über das fertige Kunstwerk hinausgehen; sie mögen lediglich Äußerungen von Plänen und Idealen sein, deren Ausführung ihnen entweder weit nachsteht oder in andere Bahnen abgeglitten ist. Hätten wir Shakespeare befragen können, so hätte er wahrscheinlich seine Absichten beim Schreiben des *Hamlet* in einer für uns sehr unbefriedigenden Weise ausgedrückt. Wir würden weiterhin ganz zu recht uns darum bemühen, Bedeutungen im *Hamlet* zu finden (und sie nicht bloß zu erfinden), die in Shakespeares Geist wahrscheinlich niemals klar formuliert waren. Häufig über die Bedeutung seines *Faust* befragt, ruft Goethe Eckermann gegenüber indigniert aus: »Als ob ich das selber wüßte und aussprechen könnte!«[7]

Künstler mögen von einer zeitgenössischen Situation der Kritik und von zeitgenössischen kritischen Formeln beeinflußt sein, während sie ihren Absichten Ausdruck geben; aber die kritischen Formeln selber können für die Charakterisierung der tatsächlichen künstlerischen Leistungen sehr unzulänglich sein. Ein augenfälliges Beispiel dafür ist das Zeitalter des Barock, in dem eine überraschend neue künstlerische Praxis in den Äußerungen der Künstler wie auch in den Kommentaren der Kritiker nur geringen Ausdruck fand. Ein Bildhauer wie Bernini konnte in einer Vorlesung an der Pariser Akademie die Auffassung darlegen, daß sein eigenes künstlerisches Verfahren streng mit dem der Alten übereinstimme; und Matthes Daniel Pöppelmann, der Erbauer des Dresdener Zwingers im Stil des Hochrokoko, schrieb eine ganze Broschüre, um die genaue Übereinstimmung seiner Schöpfung mit den reinsten Prinzipien des Vitruvius nachzuweisen.[8] Die englischen »metaphysischen« Dichter stützten sich nur auf einige ganz unzulängliche kritische Formeln (wie »starke Verse«), die die wirkliche Neuheit ihres dichterischen Verfahrens kaum berühren. Mittelalterliche Künstler hatten häufig rein religiöse oder didaktische »Absichten«, in denen die Frage ihrer künstlerischen Prinzipien überhaupt nicht einmal angeschnitten wird. Abweichungen zwischen bewußter Absicht und tatsächlicher Ausführung ist ein häufiges Phänomen der Literaturgeschichte. Zola glaubte aufrichtig an seine naturwissenschaftliche Theorie des experimentellen Romans, schrieb jedoch in Wirklichkeit hoch melodramatische und symbolische Romane. Gogol hielt sich für einen Sozialreformer, für einen »Geographen« Rußlands, während er tatsächlich Romane und Erzählungen voller grotesker und phantastischer Geschöpfe seiner Einbildungskraft hervorbrachte. Es ist einfach unmöglich, sich auf die Absichten eines Dichters verlassen zu wollen, da diese vielleicht nicht einmal einen genauen Kommentar über sein Werk darstellen und bestenfalls nicht mehr sind als eben solch ein Kommentar. Es bestehen keine Einwände gegen die Untersuchung der »Absicht«, wenn damit lediglich eine auf die Gesamtbedeutung hin gerichtete Untersuchung des ganzen Kunstwerks bezeichnet wird. Dies aber wäre eine ganz andere und etwas irreführende Anwendung des Begriffs der »Absicht«.

Aber auch die andere Lösung — daß das wirkliche Gedicht im bewußten und unbewußten Gesamterlebnis während der Schaffenszeit enthalten sei — ist sehr unbefriedigend. In der Praxis hat dieser Vorschlag den wesentlichen Nachteil, das Problem in ein völlig unzugängliches und rein hypothetisches X hineinzuverlegen, für dessen Rekonstruktion oder gar Erforschung uns alle Mittel fehlen. Über diese unüberwindliche praktische Schwierigkeit hinaus ist die Lösung auch deswegen unbefriedigend, da sie die Existenz des Gedichts in ein subjektives Erleben verlegt, das bereits der Vergangenheit angehört. Das Erleben des Dichters während des Schaffens war genau in dem Augenblick vorüber, als das Gedicht zu existieren begonnen hatte. Wäre diese Anschauung richtig, würden wir niemals mit dem Kunstwerk selber in unmittelbare Berührung kommen können, sondern müßten ständig die Annahme machen, daß unser Erleben beim Lesen des Gedichts in irgendeiner Weise mit dem längst vergangenen Erleben des Dichters identisch ist. E. M. Tillyard hat in seinem Buch über *Milton* den Gedanken zugrunde zu legen versucht, es handele sich im *Verlorenen Paradies* um den Zustand des Dichters beim Schreiben dieses Gedichts.[9] Tillyard konnte sich in einer langen und häufig ganz unsachlichen Polemik mit C. S. Lewis nicht dazu bereitfinden anzuerkennen, daß das *Verlorene Paradies* in erster Linie Satan, Adam und Eva und Hunderte und Tausende anderer Ideen, Anschauungen und Begriffe behandelt, aber wohl kaum Miltons Gemütsverfassung während des Schaffens.[10] Es ist natürlich durchaus wahr, daß der ganze Gehalt des Gedichts einmal mit dem Bewußten und Unbewußten Miltons in Berührung stand; aber diese Gemütsverfassung ist einer Analyse unzugänglich. In jenen besonderen Augenblicken mag Miltons Inneres mit Millionen Erlebnissen angefüllt gewesen sein, von denen sich im Gedicht selber nicht eine Spur nachweisen läßt. Wörtlich verstanden muß diese ganze Lösung zu absurden Spekulationen über die genaue Dauer der Gemütsverfassung eines Dichters beim Schaffen und ihrem genauen Inhalt führen, zu dem auch Zahnschmerzen während des schöpferischen Augenblicks gehören könnten.[11] Die ganze psychologische Methode der Untersuchung von Gemütsverfassungen, ob des Lesers oder Hörers, des Sprechers oder des Dichters, wirft mehr Probleme auf als sie zu lösen vermag.

Ein besserer Weg bietet sich offenbar in einer Definition des Kunstwerks im Sinne des gesellschaftlichen oder kollektiven Erlebnisses. Es gibt hier zwei mögliche Lösungen, die unser Problem allerdings immer noch nicht zufriedenstellend beantworten. Man kann sagen, das Kunstwerk sei die Summe aller vergangenen und möglichen Erlebnisse des Gedichts — eine Lösung, in der wir uns einer

Unendlichkeit an irrelevanten individuellen Erlebnissen, schlechten und falschen Lesarten und Verzerrungen gegenübersehen. Kurz, sie besagt lediglich, daß das Gedicht im Gemütszustand seines Lesers, multipliziert mit der Unendlichkeit, existiere. Eine zweite Antwort versucht die Frage durch die Theorie zu lösen, das wirkliche Gedicht sei das Erlebnis, das allen Erlebnissen des Gedichts gemeinsam ist.[12] Aber durch diese Antwort würde das Kunstwerk offensichtlich auf den gemeinsamen Nenner all dieser Erlebnisse reduziert. Und dieser Nenner kann nur der niedrigste gemeinsame Nenner, das flachste, oberflächlichste und unbedeutendste Erlebnis sein. Neben ihren praktischen Schwierigkeiten würde durch die Lösung ein Kunstwerk in seiner ganzen Bedeutung völlig verarmen.

Eine Antwort auf unsere Frage kann im Sinne einer Individual- oder Gesellschaftspsychologie nicht gefunden werden. Ein Gedicht ist, so müssen wir schließen, kein individuelles Erlebnis oder eine Summe von Erlebnissen, sondern es ist nur eine mögliche Ursache von Erlebnissen. Die Definition im Sinne von Gemütszuständen versagt, da sie keine Erklärung für den normativen Charakter des wirklichen Gedichts hat, für die einfache Tatsache, daß es richtig oder falsch erlebt werden kann. In jedem individuellen Erlebnis kann nur ein kleiner Teil als dem wahren Gedicht entsprechend angesehen werden. Daher muß das wirkliche Gedicht als eine Struktur von Normen verstanden werden, die in den Erlebnissen seiner vielen Leser nur zum Teil realisiert werden. Jedes einzelne Erlebnis (Lesen, Rezitation usw.) ist nur ein mehr oder weniger gelungener und vollständiger Versuch, diese Normen oder Wertmaßstäbe zu erfassen.

Der Begriff der »Normen«, wie er hier verwandt wird, darf natürlich nicht mit klassischen oder romantischen, ethischen oder politischen Normen verwechselt werden. Die Normen, die wir im Sinne haben, sind in einem Werk implicite enthalten. Sie müssen jedem individuellen Erlebnis eines Kunstwerks abgewonnen werden und ergeben zusammen das Ganze des wirklichen Kunstwerks. Es stimmt, daß beim Vergleich von Kunstwerken untereinander Ähnlichkeiten oder Verschiedenheiten dieser Normen ermittelt werden können, und von den Ähnlichkeiten aus sollte es möglich sein, zu einer Einteilung von Kunstwerken auf Grund der sich in ihnen verkörpernden Normen-Typen vorzuschreiten. Wir können weiter dann zu Gattungstheorien und endlich auch zu allgemeinen Literaturtheorien gelangen. Streitet man diese Möglichkeit ab, wie es von Seiten derer geschah, die mit einigem Recht die »Einzigartigkeit« eines jeden Kunstwerks hervorheben, so scheint dadurch die Individualitätsauffassung so weit vorgetrieben, daß jedes Kunstwerk völlig isoliert von der Tradition dastände und damit schließlich unmittelbar und unverständlich würde. Auch unter der Voraussetzung, daß wir mit der Analyse des Einzelkunstwerks beginnen müssen, können wir doch kaum leugnen, daß es einige Bindeglieder, einige Ähnlichkeiten, einige gemeinsame Elemente oder Faktoren geben muß, die zwei oder mehrere gegebene Kunstwerke einander annähern und damit den Weg öffnen zu einem Übergang von der Analyse des Einzelkunstwerks zu einem Typus wie etwa der griechischen Tragödie, von dort zur Tragödie im allgemeinen, zur Literatur im allgemeinen und schließlich zu einer alles in sich einschließenden Struktur, die allen Künsten gemeinsam ist.

Dieses Problem aber führt weit über unseren Ausgangspunkt hinaus. Wir müssen uns wieder der Frage zuwenden, wo und wie jene Normen existieren. Die genauere Analyse eines Kunstwerks wird erweisen, daß es das beste ist, sich nicht nur ein einziges System von Normen vorzustellen, sondern vielmehr ein System, das aus mehreren Schichten besteht, deren jede wiederum ihre eigene Untergruppe enthält. Der polnische Philosoph Roman Ingarden hat in einer glänzenden, jedoch sehr abstrakten Analyse des literarischen Kunstwerks[13] Husserls »phänomenologische« Methoden angewandt, um zu solchen Schichtungsunterscheidungen zu gelangen. Wir brauchen ihm nicht in allen Einzelheiten zuzustimmen, um erkennen zu können, daß seine allgemeinen Unterscheidungen wohlbegründet und nützlich sind. Da ist als erstes die Lautschicht, die natürlich nicht mit der tatsächlichen Lautung von Worten verwechselt werden darf, wie aus der obigen Beweisführung klar geworden sein dürfte. Diese Schicht ist jedoch unentbehrlich, denn nur auf der Grundlage der Laute kann die zweite Schicht entstehen: die der Bedeutungseinheiten. Jedes einzelne Wort hat seine Bedeutung, fügt sich zu Einheiten innerhalb des Satzes, zu Syntagmas und Satzzusammenhängen. Aus dieser syntaktischen Struktur erwächst eine dritte Schicht, die der dargestellten Gegenständlichkeiten, die »Welt« eines Romanschriftstellers, die Charaktere und ihre Umgebung. Ingarden fügt dem noch zwei andere Schichten hinzu, die vielleicht nicht besonders unterschieden werden können. Die Schicht der »Welt« wird von einer besonderen »Ansicht« aus gesehen, die nicht unbedingt ausgesprochen werden muß, aber impliziert ist. Ein literarisches Geschehen kann zum Beispiel als »gesehen« oder als »gehört« dargestellt werden, auch ein und dasselbe Ereignis, wie zum Beispiel das Zuschlagen einer Tür. Eine Person kann ihren »inneren« oder »äußeren« charakteristischen Zügen nach gesehen werden. Schließlich spricht Ingarden noch von einer Schicht »metaphysischer Qualitäten« (das Erhabene, das Tragische, das Furchtbare, das Heilige), zu deren Betrachtung die Kunst uns anregen kann. Diese Schicht ist jedoch nicht unentbehrlich und kann in einigen Werken fehlen. Diese beiden letzten Schichten lassen sich möglicherweise der »Welt«, dem Bereich der dargestellten Gegenständlichkeiten zurechnen. Sie deuten jedoch auch auf sehr echte Probleme in der literarischen Analyse hin. Die »Ansicht« hat, zumindest im Roman, seit Henry James und seit Percy Lubbocks systematischer Darlegung der James'schen Theorie und Praxis erhebliche Aufmerksamkeit auf sich gezogen. Die Schicht der »metaphysischen Qualitäten« ermöglicht es Ingarden, Fragen des »philosophischen Sinnes« von Kunstwerken wiedereinzuführen, ohne sich damit der Gefahr der üblichen intellektualistischen Irrtümer auszusetzen.

Es ist zweckmäßig, das Problem durch eine Parallele zur Sprachwissenschaft zu illustrieren. Sprachwissenschaftler wie die Genfer Schule oder der Prager linguistische Kreis unterscheiden sorgfältig zwischen »langue« und »parole«,[14] dem System der Sprache und dem individuellen Akt des Sprechens. Diese Unterscheidung entspricht der zwischen dem individuellen Erlebnis des Gedichts und dem Gedicht an sich. Das System der Sprache ist eine Sammlung von Konventionen und Normen, deren Wirken und Beziehungen wir beobachten und beschreiben können: es besteht ein grundlegender Zusammenhang und eine Identität zwischen ihnen trotz sehr verschiedener, unvollkommener oder unvollständiger Äußerungen einzelner Sprecher. Zumindest in dieser Hinsicht befindet sich ein literarisches Kunstwerk in genau der gleichen Lage wie ein Sprachsystem. Wir als Individuen werden es niemals vollkommen beherrschen, denn wir werden auch unsere eigene Sprache niemals vollständig und vollkommen gebrauchen. Genau die gleiche Situation zeigt sich auch in jedem einzelnen Erkenntnisakt. Wir können ein Objekt nie in all seinen Eigenschaften erfassen, und doch können wir kaum die Identität der Objekte bestreiten, auch wenn wir sie aus verschiedenen Perspektiven betrachten mögen. Immer erfassen wir irgendeine »Bestimmungsstruktur« im Objekt, wodurch der Erkenntnisakt kein Akt willkürlicher Erfindung oder subjektiver Unterscheidung ist, sondern die Erkenntnis von irgendwelchen Normen, die uns von der Wirklichkeit auferlegt werden. Ähnlich eignet der Struktur eines Kunstwerks der Charakter einer »Pflicht, die wir erfüllen müssen«. Wir werden sie immer nur unvollkommen erfüllen, aber trotz einiger Unvollkommenheit bleibt doch eine gewisse »Bestimmungsstruktur«, genau wie in jedem anderen Objekt der Erkenntnis.[15]

Moderne Sprachwissenschaftler haben die potentiellen Laute als Phoneme analysiert; sie können ebenso Morpheme und Syntagmata analysieren. Der Satz zum Beispiel läßt sich nicht bloß als eine ad-hoc-Äußerung, sondern als ein syntaktisches Gefüge beschreiben. Mit Ausnahme der Phonemik ist die moderne funktionelle Sprachwissenschaft noch verhältnismäßig unentwickelt. Aber die Probleme sind, wenn auch schwierig, so doch nicht unlösbar oder vollkommen neue. Sie sind vielmehr Neuformulierungen der morphologischen und syntaktischen Fragen, wie sie in den älteren Grammatiken behandelt wurden. Die Analyse eines literarischen Kunstwerks sieht sich in den Bedeutungseinheiten und ihrer besonderen Anordnung zu ästhetischen Zwecken parallelen Problemen gegenüber. Probleme wie die der poetischen Semantik, Diktion und Bildwelt werden in einer neuen und sorgfältigeren Untersuchung wieder behandelt. Bedeutungseinheiten, Sätze und Satzzusammenhänge beziehen sich auf Gegenständlichkeiten, schaffen fiktive Wirklichkeiten wie Landschaften, Innenräume, Charaktere, Handlungen oder Ideen. Auch diese können in einer Weise analysiert werden, wodurch sie nicht mit der empirischen Wirklichkeit verwechselt werden und wobei auch nicht die Tatsache übersehen wird, daß sie sprachlichen Gebilden innewohnen. Eine Romanfigur erwächst allein aus den Bedeutungseinheiten, entsteht aus Sätzen, die entweder von der Figur oder über sie gesprochen werden. Im Vergleich zu einer biologischen Person mit ihrer zusammenhängenden Vergangenheit hat sie ihre »Unbestimmtheitsstellen«.[16] Diese Schichtungsunterscheidungen haben den Vorteil, daß sie die traditionelle, irreführende Unterscheidung zwischen Inhalt und Form ersetzen. Der Inhalt wird in engem Zusammenhang mit der sprachlichen Unterschicht, aus der er hervorgeht und von der er abhängt, wieder erscheinen.

Aber diese Auffassung eines literarischen Kunstwerks als ein geschichtetes Normensystem läßt doch die tatsächliche Seinsweise dieses Systems noch unbestimmt. Um uns mit diesem Gegenstand in gehöriger Weise auseinandersetzen zu können, müßten wir eigentlich zunächst Kontroversen wie die zwischen Nominalismus und Realismus, zwischen Idealismus und Behaviorismus, kurz, alle Hauptprobleme der Erkenntnistheorie klären. Für unsere Zwecke genügt es jedoch, zwei Gegensätze, nämlich einen extremen Platonismus und extremen Nominalismus zu vermeiden. Es besteht keine Notwendigkeit, dieses System von Normen zu »hypostasieren« oder zu »verdinglichen«, es zu einer Art archetypischen Idee zu machen, die einem zeitlosen Reich von Wesenheiten vorsteht. Das literarische Kunstwerk hat nicht den gleichen ontologischen Status wie die Idee eines Dreiecks oder einer Zahl oder einer Qualität wie »Röte«. Anders als solche »Subsistenzen« wird das literarische Kunstwerk erstens zu einem bestimmten Zeitpunkt geschaffen und ist zweitens Veränderungen und sogar völliger Vernichtung ausgesetzt. In dieser Hinsicht gleicht es eher dem Sprachsystem, obschon sich der genaue Augenblick von Schöpfung oder Tod im Falle der Sprache wohl weit weniger deutlich bestimmen läßt als beim literarischen Kunstwerk, das gewöhnlich die Schöpfung eines Individuums ist. Andererseits sollte man einsehen, daß ein extremer Nominalismus, der den Begriff eines »Sprachsystems« und damit ein Kunstwerk in unserem Sinne ablehnt oder es nur als nützliche Fiktion oder als »wissenschaftliche Beschreibung« gelten läßt, das ganze Problem und den eigentlichen Kernpunkt verfehlt. Die engherzigen Dogmatiker des Behaviorismus erklären alles für »mystisch« oder »metaphysisch«, was nicht in eine sehr beschränkte Auffassung der empirischen Wirklichkeit hineinpaßt. Die Phoneme jedoch als »Fiktion« zu bezeichnen oder das System der Sprache lediglich als eine »wissenschaftliche Beschreibung von Sprach-Akten«, heißt das Problem der Wahrheit leugnen.[17] Wir erkennen Normen und Abweichungen von Normen und erdenken nicht lediglich irgendwelche rein verbalen Beschreibungen. Der ganze Standpunkt der Vertreter des Behaviorismus fußt in dieser Hinsicht auf einer schlechten Abstraktionstheorie. Zahlen oder Normen sind, was sie sind, ob wir sie nun konstruieren oder nicht. Gewiß bin ich es, der zählt oder liest; aber das Vorstellen einer Zahl oder das Erkennen einer Norm ist nicht das gleiche wie die Zahl oder die Norm selber. Das Aussprechen des Lautes »h« ist nicht das Phonem »h«. Wir erkennen eine Struktur von Normen innerhalb der Wirklichkeit und setzen nicht einfach Wörter zusammen. Der Einwand, daß uns diese Normen nur durch individuelle Akte des Erkennens zugänglich sind und daß wir aus diesen Akten nicht heraus oder über sie hinausgelangen können, ist nur scheinbar eindrucksvoll. Es ist der gleiche Einwand, der gegen Kants Kritik unserer Erkenntnis gemacht wurde, und er kann mit den kantischen Argumenten widerlegt werden.

Es ist wahr, wir sind selber Mißverständnissen und einem Mangel an Verständnis diesen Normen gegenüber ausgesetzt. Aber das bedeutet nicht, daß sich der Kritiker etwa die übermenschliche Rolle des Kritisierens unseres Verständnisses von außen anmaßt, oder daß er vorgibt, das vollkommene Ganze des Normensystems in einem Akt intellektueller Anschauung zu erfassen. Wir kritisieren vielmehr einen Teil unserer Erkenntnis im Lichte des von einem anderen Teil aufgestellten höheren Maßstabs. Wir müssen uns nicht in die Lage eines Menschen versetzen, der, um sein Sehvermögen zu prüfen, in die eigenen Augen zu blicken versucht. Wir sind vielmehr in ähnlicher Lage wie einer, der die von ihm klar erkannten Objekte mit den nur trüb erkannten vergleicht, dann zu Verallgemeinerungen über die beiden Arten der Objekte kommt, die unter jene beiden Klassen fallen, und schließlich den Unterschied durch irgendeine optische Theorie erklärt, die Entfernung, Beleuchtung usw. in Rechnung zieht.

In Analogie dazu können wir zwischen richtigem und falschem Lesen eines Gedichts oder zwischen einem Erkennen oder Verzerren der dem Kunstwerk innewohnenden Normen unterscheiden, indem wir Vergleiche anstellen und verschiedene falsche oder unvollkommene Realisationen oder Interpretationen untersuchen. Wir können die tatsächlichen Wirkungen, Beziehungen und Kombinationen dieser Normen ebenso untersuchen wie die Phoneme. Das literarische Kunstwerk ist weder eine empirische Tatsache wie etwa der Gemütszustand irgendeines gegebenen Individuums oder einer Gruppe von Individuen, noch ist es ein ideales, unveränderliches Objekt, wie es ein geometrisches Dreieck ist. Das Kunstwerk kann ein Erlebnisobjekt werden; es ist, das muß man zugeben, nur dem individuellen Erlebnis zugänglich, aber es ist nicht mit irgendeinem Erlebnis identisch. Es unterscheidet sich von idealen Objekten wie Zahlen gerade dadurch, daß es nur durch den empirischen Teil seiner Struktur, durch das Lautsystem, erfahrbar ist, während ein Dreieck oder eine Zahl unmittelbar angeschaut werden kann. Es unterscheidet sich noch in einem anderen wichtigen Punkt von den idealen Objekten. Es hat etwas, das man als »Leben« bezeichnen könnte. Es entsteht zu einem bestimmten Zeitpunkt, verändert sich im Laufe der Geschichte und kann vernichtet werden. »Zeitlos« ist ein Kunstwerk nur in dem Sinne, daß es, falls es erhalten bleibt, eine grundlegende Identität der Struktur seit seiner Schöpfung beibehält. Ein Kunstwerk ist aber auch »geschichtlich«. Es macht eine Entwicklung durch, die sich beschreiben läßt. Diese Entwicklung ist nichts anderes als die ganze Reihe der Verwirklichungen eines gegebenen Kunstwerks im Laufe der Geschichte, die wir bis zu einem gewissen Grade aus den Berichten von Kritikern und Lesern über ihre Erlebnisse und Urteile sowie aus der Wirkung eines Kunstwerks auf andere Werke rekonstruieren können. Unser Wissen von früheren Verwirklichungen (Lesungen, Kritiken, Fehldeutungen) wird sich auf unser eigenes Erleben auswirken. Ältere Deutungen können uns zu tieferem Verständnis erziehen oder können in uns eine heftige Reaktion gegen ihre Vorherrschaft hervorrufen. All dies zeigt die Wichtigkeit der Geschichte der Kritik und führt weiter zu schwierigen Fragen über das Wesen und die Grenzen der Individualität. Wie weit kann ein Kunstwerk eine Entwicklung durchmachen und doch noch identisch bleiben? Man kann vom »Leben« eines Kunstwerks in genau demselben Sinne sprechen, in dem man von einem Menschen sagen kann, daß er dasselbe Individuum geblieben ist, trotzdem er sich während seines Lebenslaufs verändert. Die *Ilias* »existiert« immer noch, das heißt, sie kann immer wieder wirksam werden und unterscheidet sich daher von einem historischen Phänomen wie der Schlacht von Waterloo, die gänzlich vergangen ist, wenn sich auch ihr Verlauf rekonstruieren läßt und ihre Wirkungen heute noch fühlbar sein mögen. In welchem Sinne können wir jedoch von einer Identität zwischen der *Ilias* sprechen, wie die alten Griechen sie lasen und hörten und der, die wir heute lesen? Auch wenn wir voraussetzen, daß wir den gleichen Text vor uns haben, so muß doch unser Erleben verschieden sein. Wir sind nicht in der Lage, ihre Sprache der griechischen Umgangssprache gegenüberzustellen und empfinden daher nicht die Abweichungen von der Umgangssprache, wovon ein erheblicher Teil der dichterischen Wirkung abhängen mußte. Wir können den Doppelsinn vieler Worte nicht erfassen, der einen wesentlichen Teil der Bedeutung eines jeden Dichters ausmacht. Darüber hinaus ist offenbar einige Anstrengung unserer Einbildungskraft erforderlich, um uns — und dies auch nur mit sehr begrenztem Erfolg — in den Götterglauben der Griechen oder ihre ethischen Wertungen zurückzuversetzen. Und doch läßt sich eine wesentliche Identität der »Struktur« kaum bestreiten, die durch die Zeiten hindurch gleich geblieben ist. Diese Struktur ist jedoch dynamisch. Sie wandelt sich im Laufe des historischen Prozesses, in dem sie durch den Geist ihrer Leser, Kritiker und anderer Künstler geht.[18] Auf diese Weise wächst und wandelt sich das Normensystem und wird in gewissem Sinne immer unvollständig und unvollkommen realisiert bleiben. Diese dynamische Auffassung bedeutet jedoch keinen bloßen Subjektivismus oder Relativismus. All die verschiedenen Standpunkte haben durchaus nicht in gleichem Maße recht. Es wird immer möglich sein zu bestimmen, welcher Gesichtspunkt den Gegenstand am gründlichsten und tiefsten erfaßt. Im Begriff der adäquaten Interpretation ist eine Hierarchie der Standpunkte, eine Kritik des Verständnisses der Normen enthalten. Aller Relativismus wird letztlich durch die Erkenntnis überwunden, daß »das Absolute im Relativen, obschon nicht letztlich und völlig, enthalten ist.«[19]

Das literarische Kunstwerk erscheint somit als ein Erkenntnisobjekt sui generis mit einem besonderen ontologischen Status. Es ist weder real (physisch, wie eine Statue), noch seelisch (psychologisch, wie die Erfahrung von Licht oder Schmerz), noch ideal (wie ein Dreieck). Es ist ein Normensystem von idealen Begriffen, die intersubjektiv sind. Wir müssen annehmen, daß sie in der kollektiven Ideologie existieren, sich mit dieser verändern, nur dem individuellen Erleben zugänglich sind und auf der Lautstruktur der Sätze fußen.

Wir haben nicht die Frage der künstlerischen Werte berührt. Die obige Untersuchung sollte jedoch gezeigt haben, daß es außerhalb von Normen und Werten keine Struktur gibt. Wir können ein Kunstwerk ohne Bezugnahme auf Werte nicht verstehen und analysieren. Allein schon die Tatsache, daß ich eine bestimmte Struktur als »Kunstwerk« erkenne, enthält ein Werturteil. Der Irrtum der reinen Phänomenologie liegt in der Annahme, daß solch eine Trennung möglich sei, daß Werte Strukturen auferlegt sind, ihnen irgendwie »anhaften«. Dieser Irrtum in der Analyse mindert leider den Wert des tiefschürfenden Buches von Ingarden, der das Kunstwerk ohne Bezug auf Werte zu analysieren versucht. Die Wurzel des Übels liegt natürlich in der Vorstellung der Phänomenologen von einer ewigen, außerzeitlichen Ordnung von »Wesenheiten«, denen die empirischen Individualisationen erst später hinzugefügt werden. Wenn wir eine absolute Wertskala annehmen, müssen wir notwendigerweise den Kontakt mit der Relativität der individuellen Urteile verlieren. Ein starres Absolutum ist einem wertelosen Fluß individueller Urteile ausgesetzt.

Die unhaltbare These des Absolutismus und die ebenso unhaltbare Antithese des Relativismus müssen in einer neuen Synthese überwunden und versöhnt werden, die die Werteskala selber dynamisiert, sie jedoch als solche nicht preisgibt. Der »Perspektivismus«, wie diese Auffassung von uns bezeichnet wurde,[20] bedeutet keine Anarchie der Werte, keine Verherrlichung individueller Launen, sondern einen Vorgang, in dessen Verlauf wir den Gegenstand von verschiedenen Gesichtspunkten aus kennenlernen, die dann selbst definiert und kritisiert werden können. Struktur, Zeichen und Wert bilden drei Aspekte genau des gleichen Problems und können nicht künstlich voneinander getrennt werden.

Zunächst müssen wir jedoch die Methoden zu Betrachten versuchen, die zur Beschreibung und Analyse der verschiedenen Schichten des Kunstwerks benutzt werden: (1) die Lautschicht, Euphonie, Rhythmus, Metrum; (2) die Bedeutungseinheiten, die die formale sprachliche Struktur eines literarischen Werkes bestimmen, seinen Stil und die Disziplin der Stilistik, die ihn systematisch untersucht; (3) Bild und Metapher, die am zentralsten poetischen aller stilistischen Mittel, die eine besondere Besprechung auch aus dem Grunde benötigen, weil sie fast unmerklich in die (4) besondere »Welt« der Dichtung in Symbol und Symbolsystemen übergehen, die wir als den poetischen »Mythos« bezeichnen. Die durch die erzählende Dichtung entworfene Welt bietet (5) besondere Probleme der Darstellungsweisen und Techniken, denen wir ein weiteres Kapitel widmen werden. Nachdem wir einen Überblick über die Methoden für die Analyse von Einzelkunstwerken gegeben haben, werden wir die Frage nach dem (6) Wesen der literarischen Gattungen stellen und dann das Kernproblem aller Kritik, (7) die Wertung, behandeln. Schließlich werden wir zur Idee der Entwicklung der Literatur zurückkehren und (8) das Wesen der Literaturgeschichte sowie die Möglichkeit einer inneren Literaturgeschichte als Geschichte einer Kunst besprechen.

13. Wohlklang, Rhythmus und Metrik

Jedes literarische Kunstwerk besteht zunächst einmal aus einer Reihe von Lauten, aus der seine Bedeutung erwächst. In einigen dieser Werke ist die Wichtigkeit der Lautschicht eingeschränkt, sie wird, wie in den meisten Romanen, durchsichtig; aber selbst dort ist die phonetische Schicht eine notwendige Vorbedingung der Bedeutung. In dieser Hinsicht ist der Unterschied zwischen einem Roman von Dreiser und einem Gedicht, wie z. B. Poes »The Bells«, nur quantitativ, ein Unterschied, der die Aufstellung zweier, miteinander im Gegensatz stehender Literaturarten, der erzählenden Dichtung und der Versdichtung, keineswegs rechtfertigt. In vielen Kunstwerken, die der Prosa natürlich einbegriffen, zieht die Lautschicht die Aufmerksamkeit auf sich und macht somit einen integralen Bestandteil der ästhetischen Wirkung aus. Das gilt für einen großen Teil »poetischer« Prosa und für alle Verskunst, die sich als Anordnung des Lautsystems einer Sprache definieren läßt.

Bei der Analyse der Wirkung dieser Laute sind zwei wichtige, aber häufig nicht beachtete Grundsätze im Auge zu behalten. Wir haben zunächst zwischen Vortrag und Lautgefüge zu unterscheiden. Das laute Lesen eines literarischen Kunstwerks ist die Verwirklichung eines Gefüges, die dem Vortrag etwas Individuelles und Persönliches verleiht, andererseits aber das Gefüge auch verzerren oder sogar gänzlich ignorieren kann. Aus diesem Grunde kann einer wahren Wissenschaft der Rhythmik und Metrik das Studium des individuellen Vortrags nicht allein als Grundlage dienen. Eine zweite, allgemein verbreitete Annahme, daß die Analyse der Laute in völliger Trennung von der Bedeutung vorgenommen werden sollte, ist ebenfalls falsch. Es folgt aus unserer allgemeinen Auffassung von der Ganzheit eines Kunstwerks, daß eine solche Trennung falsch ist; es gibt keinen »musikalischen« Vers ohne eine auch noch so allgemeine Vorstellung von seiner Bedeutung oder wenigstens von seinem Gefühlston. Selbst beim Anhören einer Fremdsprache, die wir überhaupt nicht verstehen, hören wir nicht bloße Laute, sondern wir übertragen unsere phonetischen Gewohnheiten auf sie ebenso, wie wir natürlich die bedeutungsvolle Modulation hören, die ihr vom Sprecher oder Leser gegeben wird. In der lyrischen Dichtung ist der bloße Laut entweder eine Fiktion oder eine äußerst einfache und elementare Reihe von Verwandtschaftsbeziehungen, wie sie Birkhoff in *Aesthetic Measure*[1] untersucht. Diese aber können unmöglich die Vielfalt und Wichtigkeit der Lautschicht erklären, wenn sie als integraler Bestandteil des Totalcharakters eines Gedichts angesehen wird.

Zwei ganz verschiedene Seiten des Problems gilt es zuerst auseinanderzuhalten: das inhärente Element des Lautes und die Lautbezüge. Unter ersterem verstehen wir die besondere Individualität des Lautes »a« oder »o«, »l« oder »p«, unabhängig von seiner Quantität, da es kein Mehr oder Weniger »a« oder »p« geben kann. Inhärente, qualitative Unterscheidungen bilden die Grundlage für Wirkungen, die man gewöhnlich »Musikalität« oder »Wohlklang« nennt. Dagegen können die bezugsmäßigen Unterscheidungen die Grundlage für Rhythmus und Metrum bilden, wie z. B. Tonlage, Dauer der Laute, Betonung, Häufigkeit ihres Wiederkehrens, welche alle quantitative Unterscheidungen zulassen. Die Tonlage ist entweder höher oder niedriger, die Dauer länger oder kürzer, die Betonung stärker oder schwächer, die Häufigkeit der Wiederkehr der Laute ist entweder größer oder kleiner. Diese elementare Unterscheidung ist deshalb wichtig, weil sie eine ganze Gruppe sprachlicher Phänomene isoliert, welche die Russen »Instrumentation« (instrumentovka) genannt haben, um die Tatsache zu unterstreichen, daß hier die Lautqualität jenes Element ist, das vom Autor gehandhabt und ausgenutzt wird. Den Begriff »Musikalität« (oder »Melodie«) des Verses sollte man als irreführend fallen lassen. Die hier zu bestimmenden Phänomene stehen in überhaupt keiner Parallele zur musikalischen »Melodie«. Die Melodie in der Musik wird durch die Tonlage bestimmt und läuft daher nur ungefähr zur Modulation der Sprache parallel. In Wirklichkeit jedoch ist der Unterschied zwischen der Modulationslinie eines gesprochenen Satzes mit seinen schwankenden, schnell wechselnden Tonlagen und der durch fortgesetzte Tonlagen und bestimmte Intervalle gekennzeichneten musikalischen Melodie beträchtlich.[2] Ebensowenig ist Wohlklang ein vollkommen hinreichender Begriff, da unter »Instrumentation« die »Kakophonie« bei Dichtern wie Browning oder Hopkins, die besonders schrille und expressive Lautwirkungen beabsichtigen, mit berücksichtigt werden muß.

Unter den Mitteln der »Instrumentation« ist zwischen Lautgefügen, Wiederholung identischer oder ähnlicher Lautqualitäten und dem Gebrauch expressiver Laute und Lautnachahmungen zu unterscheiden. Lautgefüge sind von den russischen Formalisten mit besonderem Scharfsinn untersucht worden; im Englischen hat W. J. Bate die komplizierten Lautfiguren in den Versen Keats analysiert, der selber etwas merkwürdig über seine Technik theoretisierte.[3] Osip Brik[4] klassifizierte die möglichen Lautfiguren nach der Zahl der sich wiederholenden Laute, nach der Anzahl der Wiederholungen, der Anordnung, in der Laute einander in den sich wiederholenden Gruppen folgen, und nach der Stellung der Laute in den rhythmischen Einheiten. Diese letztere und brauchbarste Einteilung muß jedoch noch weiter unterteilt werden. Man kann zwischen dicht nebeneinander gestellten Lautwiederholungen innerhalb einer einzelnen Verszeile unterscheiden, ferner zwischen Lauten, die zu Anfang einer Gruppe und am Ende einer anderen erscheinen, oder am Schluß einer Zeile und zu Beginn der nächsten; weiterhin zwischen Lauten, die entweder nur am Zeilenanfang oder einfach am Schluß vorkommen. Die vorletzte Gruppierung entspricht der stilistischen Figur der Anaphora, während die letzte ein so allgemeines Phänomen wie den Reim einbegreift. Diesen Einteilungen zufolge erscheint der Reim nur als ein Beispiel der Lautwiederholung und sollte deshalb auch nicht unter Ausschluß so analoger Phänomene wie Alliteration und Assonanz untersucht werden.

Wir dürfen nicht vergessen, daß die Wirkung dieser Lautfiguren von Sprache zu Sprache verschieden ist, daß jede Sprache ihr eigenes System von Phonemen, Vokalparallelen, -gegensätzen und konsonantischen Verwandtschaftsbeziehungen besitzt und schließlich, daß solche Lautwirkungen schwerlich vom allgemeinen Bedeutungston des Gedichts oder der Zeile gesondert behandelt werden können. Romantische und symbolistische Versuche, das Gedicht mit der Musik und dem Lied zu identifizieren, sind wenig mehr als eine Metapher, da die Dichtung sich mit der Mannigfaltigkeit, Klarheit und der Fügung reiner Laute in der Musik nicht messen kann.[5] Bedeutung, Zusammenhang und »Ton« sind nötig, um sprachliche Laute in eine künstlerische Wirklichkeit zu verwandeln.

Dies kann deutlich durch eine Untersuchung des Reims nachgewiesen werden. Der Reim ist ein äußerst komplexes Phänomen. In der Wiederholung oder annähernden Wiederholung von Lauten erfüllt er eine bloß wohlklingende Funktion. Der Reim der Vokale wird, wie Henry Lanz in seinem Buch *Physical Basis of Rime*[6] gezeigt hat, durch die Wiederholung ihrer Obertöne bestimmt. Obschon jedoch diese Lautseite des Reims vielleicht grundlegend ist, so ist sie offensichtlich nur ein Aspekt des Reimes. Ästhetisch viel wichtiger ist seine metrische Funktion, die den Schluß der Verszeile anzeigt, oder seine Funktion als Regulator, oft der einzige Regulator der Strophenform. Vor allem aber ist der Reim Bedeutungsträger und deshalb mit dem Gesamtcharakter eines Gedichts aufs engste verbunden. Der Reim bringt Worte zusammen, verbindet sie oder stellt sie einander gegenüber. Dabei lassen sich mehrere Aspekte seiner semantischen Funktion unterscheiden. Worin liegt, so können wir fragen, die semantische Funktion der sich reimenden Silben? Findet sich der Reim im Suffix (Gottheit: Schönheit), in der Wurzel (schlug: trug) oder in beiden (Dichter: Richter)? Aus welchem semantischen Bereich werden Reimworte ausgewählt? Gehören sie zu einer oder zu mehreren sprachlichen Kategorien (Redeteilen, verschiedenen Fällen) oder zu Gegenstandsgruppen? Und worin besteht die semantische Beziehung zwischen den durch Reime gebundenen Wörtern, gehören sie in den gleichen semantischen Zusammenhang wie so viele geläufige Wortpaare (Herz: Schmerz; Not: Tod) oder überraschen sie gerade durch die Assoziation und Nebeneinanderstellung völlig verschiedener semantischer Bereiche? W. K. Wimsatt hat in einem ausgezeichneten Aufsatz[7] diese Wirkungen bei Pope und Byron untersucht, die mit der Gegenüberstellung von »Queens« und »screens«, »elope« und »Pope« oder »mahogany« und »philogyny« eine Schockwirkung erzielen wollen. Schließlich läßt sich auch heute noch unterscheiden, bis zu welchem Grad der Reim in den Gesamtzusammenhang eines Gedichts eingearbeitet wurde. Sind Reimwörter bloße Füllwörter oder, um ins entgegengesetzte Extrem zu gehen, läßt sich der Sinn eines Gedichts oder einer Strophe bloß aus seinen Reimwörtern erschließen? Reime können das Skelett einer Strophe ausmachen oder sie können so sehr abgeschwächt werden, daß man sie (wie in Brownings Gedicht »Last Duchess«) kaum wahrnimmt.

Der Reim läßt sich auch, wie das H. C. Wyld getan hat,[8] als sprachliches Material für die Geschichte der Aussprache untersuchen (Pope reimte »join« und »shrine«); aber für unsere literarischen Zwecke gilt es im Auge zu behalten, daß Maßstäbe der »Exaktheit« in den verschiedenen poetischen Schulen und Nationen beträchtlich variierten. Im Englischen, wo die männlichen Reime vorherrschen, haben weibliche Reime gewöhnlich eine burleske oder komische Wirkung, während im mittelalterlichen Latein, im Italienischen und Polnischen weibliche Reime für die ernsthaftesten Inhalte unausweichlich sind. Im Englischen gibt es das spezielle Problem des Augenreims, das Reimen von Homonymen, das eine Art Wortspiel ist, dann die große Verschiedenheit der Standardaussprache in den verschiedenen Zeitaltern und Orten, die besonderen Vorlieben einzelner Dichter — alles Probleme, die bisher noch kaum angeschnitten wurden. Weder im Deutschen noch im Englischen gibt es jedoch ein Werk, das sich mit Viktor Zhirmunskys Buch über den Reim[9] vergleichen läßt. Dieses Buch teilt die Wirkungen des Reims noch viel genauer ein als diese Skizze und bringt außerdem noch die Geschichte des Reims in Rußland und in den Hauptländern Europas.

Von diesen Lautfiguren, in denen die Wiederholung eines Vokals oder einer konsonantischen Qualität (wie in der Alliteration) entscheidend ist, sind die verschiedenen Probleme der Lautnachahmung zu unterscheiden. Lautnachahmung hat aus zwei Gründen großes Interesse erregt: einmal, weil einige der bekanntesten Bravourstellen der Dichtkunst eine solche Nachahmung beabsichtigen und dann, weil dieses Problem mit der Annahme der älteren mystischen Auffassung, der Laut müsse irgendwie mit den bezeichneten Dingen übereinstimmen, eng verwoben ist. Man braucht nur an einige Stellen bei Pope oder Southey zu denken oder sich daran zu erinnern, wie man im 17. Jahrhundert ernstlich daran dachte, die Musik des Universums zu intonieren (wie z. B. Harsdörffer in Deutschland[10]). Die Ansicht, daß das Wort einen Gegenstand oder eine Handlung »richtig« darstelle, ist heute allgemein aufgegeben. Die moderne Sprachwissenschaft ist höchstens bereit, eine spezielle Wortklasse, die »onomatopoetische«, anzuerkennen; diese liegt in gewisser Hinsicht jedoch außerhalb des gewöhnlichen Lautsystems einer Sprache und versucht, gehörte Laute (Kuckuck, bum, miau) deutlich nachzuahmen. Es kann leicht nachgewiesen werden, daß identische Lautzusammenstellungen in den verschiedenen Sprachen völlig andersartige Bedeutungen haben (z. B. das deutsche Wort »Rock« bedeutet im Englischen »ein Felsen«; »rok« heißt im Russischen »Schicksal« und im Tschechischen »Jahr«); oder daß gewisse Klänge in der Natur in den verschiedenen Sprachen sehr verschieden zur Darstellung kommen (z. B. »läuten«, ring, sonner, zvonit). Man kann auch nachweisen, und John Crowe Ransom hat dies in amüsanter Weise getan, daß die Klangeffekte einer Zeile wie »the murmuring of innumerable bees« (das Summen unzähliger Bienen) in Wirklichkeit vom Sinn abhängt. Nehmen wir hier auch nur eine geringe phonetische Änderung vor, etwa zu »murdering of innumerable beeves« (das Schlachten unzähliger Rinder), so wird der lautnachahmende Effekt völlig zerstört.[11]

Dennoch ist die Bedeutung dieses Problems von den modernen Sprachwissenschaftlern stark unterschätzt und von modernen Kritikern, wie Richards und Ransom, allzu leicht abgetan worden. Zwischen drei verschiedenen Arten muß man eine Unterscheidung machen. Da ist zunächst die Nachahmung physischer Laute, die im Falle von »Kuckuck« durchaus gelungen ist, obschon sie dem sprachlichen System des Sprechers zufolge variieren kann. Diese Art der Lautnachahmung muß von komplizierter Lautmalerei unterschieden werden, d. h. von der Reproduktion natürlicher Laute durch Sprechlaute in einem Zusammenhang, wo Worte, die an sich überhaupt keine onomatopoetische Wirkung haben, in ein Lautgefüge hineingezogen werden, wie z. B. das vorher erwähnte »innumerable« aus einer Zeile Tennysons oder viele Wörter der onomatopoetischen Stellen bei Homer und Vergil. Und schließlich gibt es die wichtige Stufe der Lautsymbolik oder Lautmetapher, die in jeder Sprache ihren festgesetzten Konventionen und Strukturen folgt. Maurice Grammont hat eine sehr detaillierte und scharfsinnige Untersuchung des französischen Verses hinsichtlich seiner Ausdruckskraft angestellt.[12] Er hat alle französischen Konsonanten und Vokale klassifiziert und ihren Ausdruckseffekt bei den verschiedenen Dichtern untersucht. Helle Vokale zum Beispiel können das Kleine, Schnelligkeit, élan, Anmut und Ähnliches zum Ausdruck bringen.

Obschon die Untersuchung Grammonts dem Vorwurf bloßer Subjektivität ausgesetzt ist, gibt es dennoch innerhalb eines bestimmten

Sprachsystems so etwas wie eine »Physiognomie« der Worte, eine Lautsymbolik, die viel häufiger als bloße Onomatopoetik ist. Synästhetische Verbindungen und Assoziationen sind ohne Zweifel in allen Sprachen vorhanden und sie sind mit Recht von den Dichtern ausgenutzt und weitergeführt worden. Ein allgemein bekanntes Gedicht wie Rimbauds »Voyelles«, in dem jedem einzelnen Vokal eine Farbe entspricht, kann, obschon auf einer weitverbreiteten Tradition fußend,[13] ganz willkürlich sein; aber eine grundlegende Assoziation zwischen Vorder-Vokalen (e und i) und dünnen, schnellen, klaren und hellen Gegenständen einerseits und zwischen Hinter-Vokalen (o und u) und plumpen, langsamen, stumpfen und dunklen Gegenständen andererseits lassen sich durch akustische Experimente nachweisen.[14] Die Arbeiten Carl Stumpfs und Wolfgang Köhlers zeigen auch, daß Konsonanten sich in dunkle (labiale und velare) und helle (dentale und palatale) Konsonanten einteilen lassen. Diese Adjektive sind keineswegs bloße Metaphern, sondern Assoziationen, die auf unzweifelhaften Ähnlichkeiten zwischen Laut und Farbe beruhen und die sich besonders in der Struktur der betreffenden Sprachsysteme beobachten lassen.[15] Dann gibt es noch das allgemein sprachliche Problem von »Laut und Sinn«[16] und das davon unabhängige Problem seiner Ausnutzung und Anordnung in einem literarischen Kunstwerk. Besonders das letztere ist bisher nur unzulänglich untersucht worden.

Im Bereich des Rhythmus und des Metrums ergeben sich Probleme, die sich von denen der »Instrumentation« unterscheiden. Sie sind eingehend untersucht worden und die Literatur darüber ist Legion. Das Problem des Rhythmus ist natürlich keineswegs ausschließlich auf den Bereich der Literatur oder nur der Sprache beschränkt. Es gibt den Rhythmus der Natur und der Arbeit, den Rhythmus von Lichtsignalen und den in der Musik, und es gibt, wenn auch eher in einem metaphorischen Sinn, den Rhythmus in den bildenden Künsten. Der Rhythmus ist auch ein allgemeines sprachliches Phänomen. Die zahlreichen Theorien über das eigentliche Wesen des Rhythmus brauchen hier nicht erörtert zu werden.[17] Für unsere Zwecke genügt es, eine Unterscheidung zu machen zwischen jenen Theorien, welche die »Periodizität« als das sine qua non des Rhythmus erfordern und den Theorien, die den Begriff des Rhythmus weiter fassen und selbst nicht regelmäßig wiederkehrende Bewegungseinheiten in ihn einbegreifen. Die erste Auffassung setzt durchaus den Rhythmus dem Metrum gleich und sie kann daher den Begriff des »Prosarhythmus« als einen Widerspruch oder eine bloße

Metapher zurückweisen.[18] Die andere umfassendere Ansicht wird durch Sievers' Forschungsarbeiten über individuellen Sprechrhythmus und die große Vielfalt musikalischer Phänomene gestützt, die den gregorianischen Gesang und einen großen Teil exotischer Musik einbegreift, die beide, wenn auch ohne periodische Wiederkehr, doch noch rhythmisch sind. Fassen wir den Rhythmus so weit auf, dann ist es uns möglich, die individuelle Rede ebenso wie den Rhythmus aller Prosa zu untersuchen. Es läßt sich leicht nachweisen, daß jede Prosa irgendeine Art Rhythmus besitzt, daß selbst der prosaischste Satz skandiert, d. h. in Längen und Kürzen gruppiert und in betonte und unbetonte Silben untergeteilt werden kann. Viel Aufhebens ist von dieser Tatsache schon im 18. Jahrhundert durch den sonst vergessenen Joshua Steele gemacht worden;[19] und heute gibt es eine umfangreiche Literatur über die Analyse des Prosarhythmus. Der Rhythmus wird eng mit der »Melodie« assoziiert, d. h. mit der Modulationslinie, die durch die Folge von Tonhöhen bestimmt wird; und der Begriff wird oft so weit gefaßt, daß er sowohl Rhythmus wie Melodie umschließt. Der berühmte deutsche Philologe Eduard Sievers unterschied zwischen persönlichen Rhythmus- und Melodiefiguren, und Ottmar Rutz verband diese mit besonderen physiologischen Typen, die er nach Körperhaltung und Atmung unterscheidet.[20] Man hat versucht, diese Forschungsarbeiten zu streng literarischen Zwekken anzuwenden, um eine Art Wechselwirkung zwischen literarischen Stilen und den Typen Rutz' herzustellen;[21] doch wir sind der Ansicht, daß diese Probleme außerhalb des Bereichs der Literaturwissenschaft liegen.

Den Bereich der Literaturwissenschaft betreten wir aber, wenn wir das Wesen des Prosarhythmus, das Besondere und den Gebrauch rhythmischer Prosa und die Prosa bestimmter Stellen in der englischen Bibel, bei Sir Thomas Browne, Jean Paul, Ruskin oder De Quincey zu deuten haben, wo sich Rhythmus und oft auch Melodie selbst einem unaufmerksamen Leser aufzwingen. Bei Versuchen, das Wesen des künstlerischen Prosarhythmus' genau zu bestimmen, haben sich beträchtliche Schwierigkeiten ergeben. W. M. Pattersons bekanntes Buch *Rhythm of Prose*[22] hat ihn durch ein kompliziertes System des Synkopierens zu erklären versucht. George Saintsbury behauptet in seiner *History of English Prose Rhythm*[23] fortwährend, daß Prosarhythmus auf »Mannigfaltigkeit« beruhe, läßt aber den genauen Charakter des Rhythmus völlig offen. Wäre die »Erklärung« Saintsburys richtig, dann gäbe es natürlich überhaupt keinen Rhythmus. Saintsbury wollte jedoch zweifellos nur auf die Gefahr hinweisen, die dem Prosarhythmus dadurch droht, daß er leicht in genau abgegrenzte metrische Gebilde fällt. Den häufigen Gebrauch des Blankverses im Werk Dickens' empfinden wir heute zumindest als eine unbeholfene und sentimentale Verirrung.

Andere Forscher des Prosarhythmus untersuchten nur eine recht hervorstechende Seite, die »Kadenz«, den abschließenden Satzrhythmus in der Tradition der lateinischen rhetorischen Prosa, für den das Lateinische genau bestimmte Figuren mit besonderen Bezeichnungen besaß. Die »Kadenz«, besonders in Frage- und Ausrufesätzen, ist zum Teil auch eine Sache der Melodie. Für den modernen Leser ist es schwer, die komplizierten Figuren des lateinischen *cursus* aus einer englischen Nachahmung herauszuhören, da die englischen Hebungen und Senkungen nicht mit der gleichen konventionellen Strenge wie die Kürzen und Längen im lateinischen Sprachsystem festgesetzt sind. Doch gibt es Arbeiten, die nachweisen, daß man im Englischen dem Lateinischen analoge Effekte vielfach zu erzielen versucht und auch gelegentlich, besonders im 17. Jahrhundert, erreicht hat.[24]

Der künstlerische Prosarhythmus erschließt sich einem für gewöhnlich am besten, wenn man sich deutlich bewußt ist, daß er sowohl vom allgemeinen Prosarhythmus wie auch vom Vers unterschieden werden muß. Der künstlerische Prosarhythmus läßt sich als eine Organisierung gewöhnlicher Sprechrhythmen beschreiben. Von gewöhnlicher Prosa unterscheidet er sich durch eine größere Regelmäßigkeit der Akzentverteilung, die jedoch nicht einen offensichtlichen Isochronismus, d. h. die Regelmäßigkeit von Zeitintervallen zwischen rhythmischen Akzenten, erreichen darf. Im gewöhnlichen Satz lassen sich im allgemeinen beträchtliche Unterschiede der Tonhöhe und -stärke feststellen, während in der rhythmischen Prosa eine auffällige Tendenz zur Nivellierung von Akzent und Tonhöhe vorherrscht. Durch Analyse einiger Stellen aus Puschkins *Pique Dame* hat Boris Tomaschewskij, einer der bedeutendsten russischen Gelehrten auf diesem Gebiet, mit Hilfe statistischer Methoden[25] nachgewiesen, daß Anfang und Schluß eines Satzes zu größerer rhythmischer Regelmäßigkeit neigen als die Mitte. Der allgemeine Eindruck von Regelmäßigkeit und Periodizität wird gewöhnlich noch durch phonetische und syntaktische Mittel gestützt: durch Lautfiguren, Parallelsätze und Antithesen, so daß die gesamte Bedeutungsstruktur das rhythmische Gefüge stark unterbaut. Die nicht-rhythmische Prosa weist alle Arten von Abstufungen auf, von holpernden Sätzen voller Akzenthäufungen bis zu einer rhythmischen Prosa, die der Regelmäßigkeit des Verses schon nahekommt. Die Hauptübergangsform zum Vers hin wird von den Franzosen »verset« genannt. Sie kommt auch in den Psalmenübersetzungen vor und bei Dichtern, die, wie Ossian und Claudel, biblische Wirkungen beabsichtigen. Im »verset« wird jede zweite akzentuierte Silbe stärker betont und auf diese Weise werden, ähnlich dem dipodischen Vers, Einheiten mit zwei Betonungen geschaffen.

Auf eine bis ins einzelne gehende Analyse dieser Mittel brauchen wir hier nicht einzugehen. Sie haben eine lange Geschichte, die von der rhetorischen Prosa des Lateinischen aufs Tiefste beeinflußt wurde.[26] In der englischen Literatur erreicht die rhythmische Prosa im 17. Jahrhundert mit Autoren wie Sir Thomas Browne und Jeremy Taylor ihren Höhepunkt. Im 18. Jahrhundert weicht sie der einfacheren Diktion der Umgangssprache, ungeachtet der Tatsache, daß ein neuer »großer Stil« — der Stil Johnsons, Gibbons und Burkes — gegen Ende des Jahrhunderts entstand.[27] Im 19. Jahrhundert wurde die »poetische Prosa« durch De Quincey und Ruskin, Emerson und Melville und später, obschon auf anderen Voraussetzungen fußend, durch Gertrude Stein und James Joyce auf verschiedene Weise wiederbelebt. In Deutschland gibt es die rhythmische Prosa Nietzsches; in Rußland die berühmten Stellen bei Gogol und Turgenjew und seit kurzem auch die »ornamentale Prosa« Andrej Byélys.

Der künstlerische Wert rhythmischer Prosa wird immer noch diskutiert und ist immer noch diskutierbar. Der modernen Vorliebe für Reinheit in den Künsten und Gattungen zufolge hat der moderne Leser seine Poesie lieber poetisch und seine Prosa lieber prosaisch. Rhythmische Prosa wird als eine Mischform angesehen, die weder Prosa noch Vers ist. Doch ist dies wohl ein kritisches Vorurteil unserer Zeit. Eine Verteidigung rhythmischer Prosa würde wahrscheinlich die gleiche Form annehmen wie eine Apologie des Verses. Ist der Prosarhythmus gut durchgeführt, dann zwingt er uns zu einem genaueren Erfassen des Textes; er unterstreicht, bindet zusammen, baut Steigerungen auf und deutet Parallelismen an; er ordnet die Rede, und Anordnen ist Kunst.

Dem Bereich der Prosodie oder Metrik sind durch die Jahrhunderte hindurch ungeheuer viel Arbeiten gewidmet worden. Man könnte glauben, daß wir heute wenig mehr zu tun hätten als die neuen metrischen Formen zu überprüfen und das Ergebnis der Forschung auf die neue Technik jüngster Dichtung auszudehnen. In Wirklichkeit aber sind die Grundlagen und Hauptkriterien der Metrik überhaupt noch nicht gesichert, wofür das verschwommene Denken, die verwirrte und ständig wechselnde Terminologie, selbst in Standardwerken, bezeichnend ist. Saintsburys *History of English Prosody*, die bisher in ihrem Umfang weder übertroffen noch von einem anderen Werk je erreicht wurde, fußt auf völlig unbestimmten und vagen theoretischen Grundlagen. Innerhalb seines seltsamen Empirizismus brüstet sich Saintsbury sogar mit seiner Weigerung, seine Begriffe zu definieren oder selbst zu beschreiben. Er spricht z. B. von Längen und Kürzen, kann sich aber nicht entschließen, ob sich seine Begriffe nun auf Unterschiede der Zeitdauer oder auf die Betonung beziehen.[28] In seinem *Study of Poetry* spricht Bliss Perry verwirrt und verwirrend über das »Gewicht« der Worte, »die relative Lautstärke oder Tonhöhe, durch welche die Bedeutung und Wichtigkeit der Worte angezeigt wird.«[29] Ähnliche Mißverständnisse und Verdrehungen ließen sich leicht aus vielen anderen Standardwerken zitieren. Selbst wenn richtige Unterscheidungen gemacht werden, können sie sich hinter einer völlig widersprechenden Terminologie verbergen. Daher sind T. S. Osmonds detaillierte Geschichte der englischen metrischen Theorien und Pallister Barkas' brauchbarer Überblick über jüngste Theorien[30] als Versuche zu begrüßen, die mit der vorherrschenden Verwirrung aufräumen wollen, obgleich ihre Schlußfolgerungen einen ungerechtfertigten Skeptizismus unterstützen. Die im Englischen gemachten Unterscheidungen müßte man noch um ein Vielfaches multiplizieren, wollte man den großen Wirrwarr metrischer Theorien auf dem Kontinent, besonders in Frankreich, Deutschland und Rußland, mit in Betracht ziehen.

Unserer Sache ist am besten damit gedient, wenn wir, ohne uns auf feinere Unterscheidungen oder Mischtypen einzulassen, nur zwischen den Haupttypen metrischer Theorien unterscheiden. Den ältesten Typ kann man »graphische« Prosodie nennen. Er ist aus den Lehrbüchern der Renaissance hergeleitet. Diese Theorie arbeitet mit graphischen Zeichen für Längen und Kürzen, die im Englischen und Deutschen gewöhnlich betonte und unbetonte Silben darstellen. Graphische Prosodiker versuchen im allgemeinen, metrische Schemata und Muster aufzuzeichnen, die der Dichter angeblich genau befolgt hat. Ihre Terminologie haben wir alle in der Schule gelernt. Wir kennen Jamben, Trochäen, Anapäste und Spondeen. Für die üblichen Beschreibungen und Erörterungen metrischer Formen sind diese Begriffe immer noch die verständlichsten und brauchbarsten. Doch wird die Unzulänglichkeit dieses Systems heute fast überall anerkannt; denn diese Theorie schenkt dem eigentlichen Laut keine Beachtung, und eine Denkweise, die metrische Vorschriften macht, ist völlig fehl am Platz. Heute weiß jeder, daß der Vers eins der langweiligsten und monotonsten Gebilde wäre, würde er tatsächlich das graphische Muster genau ausfüllen, weshalb denn auch diese Theorie heute nur noch in Klassenzimmern und veralteten Lehrbüchern ihr Dasein fristet. Andererseits hat sie aber auch ihre Verdienste. Sie konzentriert sich ohne Umschweife auf das metrische Muster und ignoriert Einzelheiten und persönliche Eigenheiten des Vortragenden, eine Schwierigkeit, die viele moderne Systeme nicht umgehen konnten. Die graphische Metrik hat erkannt, daß Metrik nicht bloß eine Sache des Lautes ist, sondern daß es metrische Gefüge gibt, die man im wirklichen Gedicht enthalten und ihm zu Grunde liegend glaubt.

Der zweite Typ ist die »musikalische« Theorie, die auf der bis zu einem gewissen Grade richtigen Voraussetzungen beruht, daß sich das Metrum in der Dichtung analog zum Rhythmus in der Musik verhält und deshalb am besten durch ein Notensystem dargestellt wird. Ein frühes Standardwerk dieser Theorie ist Sidney Laniers *Science of English Verse* (1880); doch ist diese Theorie von modernen Forschern verfeinert und verändert worden.[31] Sie wird in Amerika, zumindest von den Anglisten der Universitäten fast allgemein akzeptiert. Nach diesem System wird jeder Silbe eine Note von unbestimmter Tonhöhe zugewiesen. Die Länge der Note wird ziemlich willkürlich dadurch bestimmt, daß man einer langen Silbe eine halbe Note, einer halblangen Silbe eine viertel Note, einer kurzen Silbe eine achtel Note usw. zuschreibt. Der Takt wird von einer betonten Silbe zur anderen berechnet, und das Lesetempo wird etwas unbestimmt entweder durch einen 3/4, 3/8 oder seltener durch einen 3/2 Takt angezeigt. Ein solches System macht die Aufzeichnung eines jeden deutschen oder englischen Textes in Notenschrift möglich, wie z. B. des Blankverses aus Goethes *Iphigenie:*

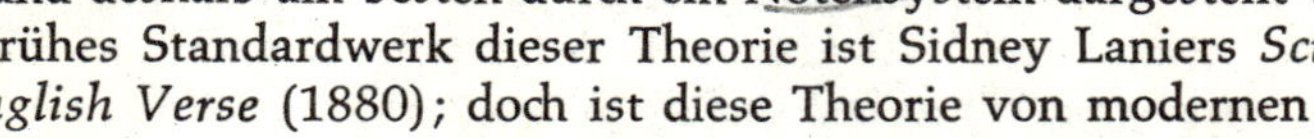

Das Land der Grie-chen mit der See-le su-chend[32]

Dieser Theorie zufolge muß der Unterschied zwischen Jambus und Trochäus völlig neu interpretiert werden, da der Jambus bloß durch eine Anakrusis charakterisiert wird, diese aber wird als »extrametrisch« angesehen oder mit der vorhergehenden Zeile gezählt. Selbst die verwickeltsten Versmaße können durch geschickte Einführung von Pausen und Behandlung der Längen und Kürzen in solcher Notenschrift aufgezeichnet werden.[33]

Diese Theorie hat das Verdienst, daß sie die Tendenz des Verses auf einen subjektiv empfundenen Isochronismus hin stark unterstreicht, d. h. die Art und Weise, in der wir beim Lesen Worte verlangsamen oder beschleunigen, dehnen oder kürzen, Pausen einführen, um die Takte zu stabilisieren. Bei »singbaren« Versen hat eine solche Notenaufzeichnung den größten Erfolg. Sie reicht aber nicht aus, wenn es sich um in der Alltagssprache geschriebene oder rhetorische Verstypen handelt und versagt meist dort, wo sie es mit »freien Rhythmen« oder anderen nichtisochronen Versen zu tun hat. Einige Verfechter dieser Theorie streiten es rundweg ab, daß freie Verse noch Verse sind.[34] Es gibt gelungene Untersuchungen der »musikalischen« Theoretiker, wo sie die metrische Form der Ballade »dipodisch« oder sogar als zweifach zusammengesetzte Takte behandeln,[35] und durch die Einführung des Begriffs »Synkopieren« ist ihnen die Erklärung einiger schwieriger metrischer Phänomene möglich. In den folgenden Versen Brownings

The gray sea and the long black land
And the yellow half-moon large and low

lassen sich »sea« und »black« in der ersten Zeile und »half« in der zweiten als synkopiert aufzeichnen. Die Vorteile der musikalischen Theorie liegen auf der Hand. Sie hat viel dazu beigetragen, die Starrheit der in den Schulen verkündeten Lehren zu erschüttern; sie ermöglichte die Behandlung und musikalische Aufzeichnung von Versmaßen, die in den Lehrbüchern nicht berücksichtigt worden waren, wie z. B. die verwickelten Metren Swinburnes, Merediths oder Brownings. Doch hat diese Theorie auch ernsthafte Mängel: dem willkürlichen Lesen des einzelnen werden Tür und Tor geöffnet; dadurch, daß sie alle Verse auf einige wenige monotone Takttypen reduziert, verwischt sie die Unterschiede zwischen einzelnen Dichtern und Dichterschulen. Sie scheint zum »psalmodierenden« mündlichen Vortrag aller Dichtung aufzufordern. Der von ihr begründete Isochronismus ist wenig mehr als ein subjektives Lautsystem mit Pauseneinteilungen, die, miteinander verglichen, als gleichdauernd empfunden werden.

Die dritte metrische Theorie, die akustische Metrik, steht heute in hohem Ansehen. Sie beruht auf objektiven Untersuchungen, die sich häufig wissenschaftlicher Instrumente bedienen, wie z. B. des Oszillographen, der das Aufnehmen und selbst Fotografieren aller wirklichen Vorkommnisse beim Lesen von Gedichten ermöglicht. Die Technik experimentaler Lautuntersuchungen wurde in Deutschland von Sievers und Saran auf die Metrik angewandt, in Frankreich von Verrier, der hauptsächlich englisches Material benutzte, und in Amerika von E. W. Scripture.[36] Eine kurze Darstellung einiger grundsätzlicher Resultate kann man in Wilbur L. Schramms Buch *Approaches to a Science of English Verse*[37] finden. Die akustische Metrik hat die verschiedenen Elemente, die das Wesen des Metrums ausmachen, unzweideutig festgestellt. Heute ist die Verwechslung von Tonhöhe, Lautstärke, Klangfarbe und Zeitdauer nicht mehr zu entschuldigen; denn es kann nachgewiesen werden, daß diese den physisch meßbaren Faktoren der Frequenz, der Schwingweite, der Form und Dauer der Klangwellen entsprechen, die vom Vortragenden erzeugt werden. Die Ergebnisse dieser physikalischen Instrumente lassen sich fotografieren oder mit solcher Genauigkeit aufzeichnen, daß man auch die kleinste Einzelheit aller wirklichen Vorkommnisse bei einem Vortrag untersuchen kann. Der Oszillograph zeigt an, mit welcher Lautstärke, in welcher Zeit und mit welchen Tonhöhenwechseln ein bestimmter Leser diese oder jene Zeile einer Dichtung vorgetragen hat. Die erste Zeile aus *Paradise Lost* wird als eine Figur erscheinen, die den heftigen Oszillationen auf einem Seismograph bei einem Erdbeben ähnlich ist.[38] Ohne Zweifel ist dies eine hervorragende Leistung und viele wissenschaftsgläubige Menschen, zu denen viele Amerikaner gehören, sind zu dem Schluß gekommen, daß wir über diese Resultate nicht mehr hinausgehen können. Aber solch eine Laboratoriumsmetrik muß offensichtlich die Bedeutung ignorieren. Sie hat dann den Schluß gezogen, daß es so etwas wie eine Silbe nicht gibt, weil eben nur die Kontinuität der Stimme existiere; es gibt auch kein Wort, da die Grenzen des einzelnen Wortes auf dem Oszillograph nicht vermerkt werden können, nicht einmal eine im engeren Sinne des Wortes verstandene Melodie ist vorhanden, da die Tonhöhe, nur von Vokalen und einigen Konsonanten getragen, ständig durch Geräusche unterbrochen wird. Die akustische Metrik zeigt auch, daß es genau genommen auch keinen Isochronismus gibt, da die tatsächliche Dauer der Takte beträchtlich variiert. Auch gibt es keine fest bestimmten »Längen« und »Kürzen«, wenigstens nicht im Englischen, da eine »kurze« Silbe physikalisch länger sein kann als eine »lange«. Dasselbe gilt von den objektiven Betonungsunterschieden; denn eine »betonte« Silbe kann in Wirklichkeit mit weniger Intensität ausgesprochen werden als eine unbetonte.

Trotzdem man die Nützlichkeit solcher Ergebnisse anerkennen muß, lassen sich gegenüber den Grundlagen dieser »Wissenschaft« schwerwiegende Bedenken anmelden, die ihren Wert für den Literaturkritiker beträchtlich einschränken. Die Grundannahme, daß die Ergebnisse des Oszillographen für das Studium der Metrik wesentlich sind, ist falsch. Die Zeit ist in der Verssprache eine Erwartungszeit.[39] Nach einer bestimmten Zeit erwarten wir ein rhythmisches Signal; aber diese Periodizität braucht nicht exakt zu sein, noch braucht das Signal betont zu sein, wenn es nur als solches empfunden wird. Die musikalische Metrik hat ohne Zweifel recht, wenn sie behauptet, daß alle diese Zeit-, Betonungs- und Tonhöhenunterschiede nur relativ und subjektiv sind. Die akustischen und musikalischen metrischen Theorien leiden jedoch an einem gemeinsamen Mangel oder vielmehr an einer Begrenzung: sie beruhen ausschließlich auf der Lautung, auf einem oder mehreren Vorträgen. Die Ergebnisse akustischer und musikalischer Metrik überzeugen nur hinsichtlich dieses oder jenes besonderen Vortrags. Die Tatsache, daß ein Vortragender richtig oder falsch vortragen kann, daß er der Struktur Elemente hinzugefügt, hat sie entstellt oder völlig außer acht läßt, wird von ihr nicht beachtet.

Die zwei letzten Zeilen aus Mörikes »Auf eine Christblume«:

Vor deiner mystischen Glorie steht er scheu
Neugierig still von fern und huscht vorbei

können in stark metrischer »Skandierung« gelesen werden:

Vor deíner mýstischen Glórie stéht er schéu
Neugírig stíll von férn und húscht vorbéi

oder als Prosa: Vor deiner mýstischen Glórie steht er schéu néugierig stíll von férn und huscht vorbéi; oder sie können auf verschiedene Weise so gelesen werden, daß sich metrisches Gefüge und Prosarhythmus miteinander aussöhnen. Der deutsche Leser wird, wenn er »neugíerig« hört, dies als eine Verletzung der »natürlichen« Rede empfinden; hört er aber »néugierig«, so hat er noch die »Fortsetzung« des metrischen Gefüges der vorhergehenden Zeile im Ohr. Der Kompromiß eines »schwebenden Akzents« kann irgendwo zwischen beiden Extremen liegen; in jedem Falle ist die besondere Ausführung des Vortragenden, wie auch immer geartet, für die Analyse der prosodischen Situation irrelevant, da diese gerade aus der Spannung, dem »Kontrapunkt« zwischen metrischem Gefüge und Prosarhythmus besteht.

Das Versgefüge kann durch bloße akustische und musikalische Methoden nicht erfaßt und voll verstanden werden. In einer metrischen Theorie muß auf jeden Fall die Bedeutung des Verses in Betracht gezogen werden. George R. Stewart, einer der besten musikalischen Metriker, behauptet z. B., daß es »Verse ohne Bedeutung« gäbe und, da »das Metrum im wesentlichen vom Sinn unabhängig« sei, es durchaus in der Ordnung sei, wenn man versuche, »die metrische Struktur einer bestimmten Zeile völlig unabhängig von ihrem Sinn festzustellen.«[40] Verrier und Saran haben den Glaubenssatz formuliert, daß wir die Haltung eines Ausländers anzunehmen hätten, der sich einen Vers anhört, ohne die Sprache zu vestehen.[41] Diese Auffassung aber, die in der Praxis unhaltbar ist und von Stewart aufgegeben wurde,[42] muß bei jedem Studium der Metrik zu unheilvollen Folgen führen. Wenn wir die Bedeutung ignorieren, dann geben wir den Begriff des Wortes und des Satzes auf und damit die Möglichkeit, den Unterschied zwischen den Versen verschiedener Autoren zu analysieren. Der englische Vers wird weithin vom Kontrapunkt bestimmt, der zwischen dem metrischen Schema der Phrasierung, dem rhythmischen Impuls und dem tatsächlichen durch individuelle Phrasierung bedingten Rederhythmus besteht. Die Phrasierung des Satzes aber kann nur durch die Vertrautheit mit der Bedeutung des Verses ermittelt werden.

Die russischen Formalisten[43] haben deshalb versucht, der Metrik eine völlig neue Grundlage zu geben. Der Begriff »Versfuß« erscheint ihnen unzulänglich, da es viele Verse ohne »Versfüße« gibt. Der Isochronismus, obgleich subjektiv auf viele Verse anwendbar, beschränkt sich nur auf bestimmte Verstypen und ist für ein objektive Untersuchung nicht brauchbar. All diese Theorien, so behaupten die russischen Formalisten, haben die grundlegende Einheit des poetischen Rhythmus falsch definiert. Betrachten wir Verse lediglich als Segmente, die sich um betonte Silben gruppieren (oder um lange Silben in quantitativen Systemen), so müssen wir zugeben, daß man die gleichen Gruppierungen, ja selbst die gleiche Anordnung der Gruppierungen in bestimmten sprachlichen Äußerungen, die sich nicht als Dichtung kennzeichnen lassen, finden kann. Die grundlegende rhythmische Einheit ist deshalb nicht der Versfuß, sondern die ganze Zeile, eine Schlußfolgerung, die sich aus der auch von den Russen angenommenen allgemeinen Gestalttheorie ergibt. Versfüße besitzen keine unabhängige Existenz; sie existieren nur mit Bezug auf den Gesamtvers. Jede Betonung hat nach ihrer Lage im Vers nur die ihr zugehörende Eigenheit, d. h. es kommt darauf an, ob sie der erste, zweite, dritte Fuß usw. ist. Das Organisationsprinzip des Verses variiert in den verschiedenen Sprachen und metrischen Systemen. Es kann die »Melodie« sein, das heißt die Folge der Tonhöhen, die in bestimmten freien Versen vielleicht das einzige Unterscheidungsmerkmal ist, das den Vers von der Prosa trennt.[44] Erkennen wir nicht aus dem Zusammenhang oder aus der Druckweise, die uns darauf aufmerksam macht, ob freie Verse als Verse gelesen werden sollen, dann könnten wir sie ebensogut als Prosa lesen und sie wahrscheinlich auch nicht von ihr unterscheiden. Können sie aber als Verse gelesen werden, dann werden sie anders gelesen, d. h. in einer anderen Modulation. Die russischen Formalisten haben bis ins einzelne nachgewiesen, daß diese Modulation stets zweiteilig oder dipodisch ist, daß der Vers aufhört, Vers zu sein und lediglich zur rhythmischen Prosa wird, wenn wir die Modulation beseitigen.

Bei ihren Untersuchungen gewöhnlicher metrischer Verse verwenden die Russen statistische Methoden, um eine Beziehung zwischen dem Versgefüge und der rhythmischen Rede festzustellen. Der Vers wird als ein kompliziertes, kontrapunktisches Gebilde, als ein Kompromiß zwischen dem metrischen Schema und dem gewöhnlichen Rhythmus der Rede aufgefaßt. Treffend sagen sie, daß der Vers eine an der Alltagssprache begangene »organisierte Gewalttätigkeit« sei. Sie unterscheiden den »rhythmischen Impuls« vom Schema. Das Schema ist statisch und graphisch, der »rhythmische Impuls« dynamisch und progressiv. Wir nehmen die Signale, die noch folgen sollen, vorweg. Wir ordnen nicht nur die Zeit, sondern auch alle anderen Elemente eines Kunstwerks. So verstanden beeinflußt der rhythmische Impuls die Wahl der Worte, die syntaktische Struktur und somit auch den allgemeinen Sinn eines Verses.

Die statistische Methode, die sie anwenden, ist sehr einfach. In jedem Gedicht oder Abschnitt eines Gedichts, die es zu analysieren gilt, zählt man die Prozente jener Fälle, in denen jede Silbe einen Akzent trägt. Wenn z. B. in einem Pentameter der Vers völlig regelmäßig sein sollte, dann würde die Statistik null Prozent auf der ersten Silbe, 100 Prozent auf der zweiten, null auf der dritten, 100 auf der vierten Silbe usw. zeigen. Dies läßt sich graphisch durch das Ziehen einer Linie für die Zahl der Silben und durch eine andere, vertikal dagegen gesetzte Achse, für die Prozente darstellen. Verse von solcher Regelmäßigkeit sind natürlich deshalb selten, weil sie äußerst monoton wirken würden. Die meisten Verse weisen einen Kontrapunkt zwischen Schema und wirklicher Füllung auf, z. B. kann im Blankvers die Häufigkeit der Akzente auf der ersten Silbe ziemlich groß sein. Dies ist eine allgemein bekannte Erscheinung, die entweder als »trochäischer Fuß«, oder als »schwebende Betonung« beschrieben wird. In einem Diagramm kann der Ausschlag der Kurve erheblich zurückgehen. Wenn es aber noch ein Pentameter bleibt und als solcher gedacht ist, dann wird die Kurve eine allgemeine Tendenz auf Kulminationspunkte hin bei den Silben 2, 4, 6 und 8 zeigen. Diese statistische Methode ist natürlich nicht Selbstzweck; sie hat jedoch den Vorteil, daß sie das ganze Gedicht mit einbezieht und auf diese Weise Tendenzen aufdeckt, die sich in der Einzelzeile vielleicht nicht so klar abzeichnen. Weiterhin hat sie den Vorteil, daß sie im Nu die Unterschiede zwischen Dichterschulen und einzelnen Dichtern ans Licht bringt. Im Russischen erweist sich diese Methode als besonders brauchbar, da jedes Wort da nur einen einzigen Betonungsakzent hat (Nebenakzente werden nicht betont, sondern sind eine Sache des Atmens), während im Englischen eine gute Statistik doch ziemlich kompliziert wäre, weil man die Nebenakzente und die vielen enklitischen und proklitischen Wörter berücksichtigen müßte.

Großen Wert legen die russischen Metriker auf die Tatsache, daß verschiedene Schulen und verschiedene Autoren ideale Schemata auf verschiedene Weise ausfüllen, daß jede Schule und manchmal auch der Autor eine eigene metrische Norm besitzen. Es ist deshalb auch ungerecht und falsch, sie im Lichte irgendeiner besonderen prosodischen Vorschrift zu beurteilen. Die Versgeschichte ist der ständige Konflikt zwischen verschiedenen Normen, in der ein Extrem gern durch ein anderes ersetzt wird. Sinnvollerweise betonen die Russen auch die großen, sich aus den verschiedenen Sprachsystemen ergebenden Unterschiede in der Verskunst. Die übliche Einteilung der Verslehren in syllabische, akzentmäßige und quantitative Systeme ist nicht nur ungenügend, sondern auch irreführend. So spielen z. B. im serbokroatischen und finnischen epischen Vers alle drei Prinzipien, Silbe, Quantität und Akzent, eine Rolle. Die moderne Forschung hat nachgewiesen, daß die angeblich rein quantitative lateinische Prosodie in Wirklichkeit durch die Beachtung der Betonung und Wortabschlüsse beträchtlich abgeändert wurde.[45]

Sprachen variieren jeweils nach dem ihrem Rhythmus zugrundeliegenden Element. Das Englische wird offensichtlich durch die Betonung bestimmt, während die Quantität dem Akzent untergeordnet ist. Auch die Wortgrenze erfüllt im Englischen eine wichtige rhythmische Funktion. Der rhythmische Unterschied zwischen einer aus einsilbigen und einer nur aus mehrsilbigen Wörtern bestehenden Zeile ist auffallend. Im Tschechischen liegt die Wortgrenze dem Rhythmus zugrunde. Er muß immer betont werden, während die Quantität als bloß wahlfreies Element beliebig verwandt werden kann. Im Chinesischen ist die Tonhöhe die Hauptgrundlage des

Rhythmus, während im Altgriechischen, wo Tonhöhe und Wortgrenze wahlfreie Elemente sind, die Quantität ordnendes Prinzip ist.

Obschon Systeme der Verskunst durch andere Systeme ersetzt wurden, so sollte man innerhalb der Geschichte einer bestimmten Sprache nicht von »Fortschritt« sprechen oder ältere Systeme als ungeschickte Knittelverse oder als bloße Annäherungen an später begründete Systeme verurteilen. Im Russischen gibt es eine Periode, die lange vom Syllabismus, im Tschechischen eine, die von der quantitativen Prosodie beherrscht wurde. Das Studium der Geschichte der englischen Verskunst von Chaucer bis Surrey ließe sich revolutionieren, wollte man nur erkennen, daß Dichter wie Lydgate, Hawes und Skelton nicht unvollkommene Verse geschrieben haben, sondern eigenen Konventionen folgten.[46] Selbst eine begründete Verteidigung des so oft lächerlich gemachten Versuchs solch hervorragender Männer wie Sidney, Spenser und Gabriel Harvey, eine quantitative Metrik ins Englische einzuführen, ließe sich unternehmen. Ihre verunglückte Bewegung war zumindest historisch für die Auflösung der syllabischen Starrheit eines großen Teils der älteren englischen Poesie von Bedeutung.

Es ist auch möglich, eine vergleichende Geschichte der Metrik in Angriff zu nehmen. Antoine Meillet, der berühmte französische Sprachforscher, verglich in seinem Buch *Les Origines indoeuropéennes des mètres grecs* das altgriechische und vedische Versmaß mit der Absicht, das indo-europäische metrische System zu rekonstruieren;[47] und Roman Jakobson hat nachgewiesen, daß der Vers des jugoslawischen Volksepos diesem alten Gefüge, das eine syllabische Zeile mit einem merkwürdig starren quantitativen Versschluß verbindet, sehr nahe kommt.[48] Man könnte auch in der Geschichte der verschiedenen Verstypen der Volkspoesie Unterscheidungen anstellen. Der epische Sprechgesang und der in der Lyrik gebrauchte »melodische« Vers sind scharf voneinander zu trennen. In jeder Sprache ist der epische Vers viel konservativer, während der Liedvers, der sich mit dem phonetischen Charakter einer Sprache am engsten verbindet, einer weit größeren nationalen Mannigfaltigkeit ausgesetzt ist. Selbst hinsichtlich moderner Verse ist es wichtig, die Unterscheidung zwischen rhetorischen, gesprächhaften und »melodischen« Versen im Auge zu behalten, Unterscheidungen, die von den meisten englischen Metrikern nicht beachtet werden, da sie sich unter dem Einfluß der musikalischen Theorie vornehmlich mit dem Liedvers beschäftigen.[49]

In seinem wertvollen Buch über den lyrischen Vers im Rußland des 19. Jahrhunderts[50] hat Boris Eichenbaum versucht, die Rolle der Modulation im »melodischen«, »singbaren« Vers zu analysieren. Eindrucksvoll wird hier gezeigt, wie die romantische Lyrik der Russen tripodische Versmaße, Modulationsschemata wie Ausrufe- und Fragesätze und syntaktische Strukturen wie Parallelismen ausgenutzt hat; aber unserer Meinung nach ist es ihm nicht gelungen, seine Zentralthese von der formenden Kraft der Modulation im »singbaren« Vers zu begründen.[51]

Man mag einige Züge der russischen Theorie anzweifeln, aber man kann nicht abstreiten, daß sie einen Ausweg aus der Sackgasse der Laboratoriums-Metriker wie auch aus dem Subjektivismus »musikalischer« Metriker gefunden haben. Vieles ist noch immer dunkel und umstritten; aber die Metrik hat heute wenigstens die notwendige Verbindung mit der Sprachwissenschaft und der literarischen Semantik wieder aufgenommen. Wir sind uns heute bewußt, daß Laut und Metrum nicht von der Bedeutung isoliert, sondern als Bestandteile der Ganzheit eines Kunstwerks untersucht werden müssen.

14. Stil und Stilistik

Die Sprache ist im ganz wörtlichen Sinne das Material des literarischen Künstlers. Jedes literarische Werk ist, so könnte man sagen, lediglich eine Auswahl aus einer gegebenen Sprache, im gleichen Sinne wie man eine Skulptur als einen Marmorblock bezeichnet, von dem einige Stücke abgehauen sind. In seinem Buch *English Poetry and the English Language* vertritt F. W. Bateson den Gedanken, daß die Literatur ein Teil der allgemeinen Sprachgeschichte und vollkommen von ihr abhängig sei. »Ich behaupte, daß der Abdruck, den ein Zeitalter in einem Gedicht hinterläßt, nicht auf den Dichter, sondern auf die Sprache zurückgeführt werden muß. Die wahre Geschichte der Dichtung ist meiner Ansicht nach die Geschichte der Wandlungen der Sprachart, in der in zeitlicher Aufeinanderfolge Gedichte geschrieben worden sind. Und nur diese sprachlichen Wandlungen unterliegen dem Druck gesellschaftlicher und geistiger Tendenzen.«[1] Bateson gibt eine gute Verteidigung dieser engen Abhängigkeit der Dichtungsgeschichte von der Sprachgeschichte. Gewiß zeigt die Entwicklung der englischen Dichtung Parallelen zumindest zur sprudelnden Frische der elisabethanischen Sprache, zur gebändigten Klarheit des achtzehnten Jahrhunderts und zur vagen Weitschweifigkeit des viktorianischen Englisch. Sprachtheorien spielen eine wichtige Rolle in der Geschichte der Dichtung; so hat z. B. der Rationalismus Hobbes' mit seiner Betonung der Bezeichnung, Klarheit und wissenschaftlicher Genauigkeit, die englische Dichtung tiefgehend, obschon oft indirekt, beeinflußt.

Man kann mit Karl Voßler auf dem Standpunkt stehen, »literarhistorische Darstellungen gewisser Zeiträume könnten aus einer Analyse des sprachlichen Milieus mindestens ebenso viel gewinnen wie sie bisher aus ihren Analysen der politischen, sozialen, religiösen usw. Strömungen oder gar des Landes und des Klimas gewonnen haben.«[2] Vor allem in Zeiten und Ländern, in denen verschiedene Konventionen um die Vorherrschaft ringen, mögen die sprachlichen Gebräuche, Haltungen und Parteinahmen eines Dichters nicht nur für die Entwicklung des Sprachsystems, sondern auch für das Verständnis seiner eigenen Kunst wichtig sein. In Italien kann das »Sprachproblem«, die »questione di lingua«, von den Literaturhistorikern wohl kaum übergangen werden. Bei Voßler fanden seine literarischen Forschungen ihren fruchtbaren Niederschlag in seinem Buch über *Frankreichs Kultur im Spiegel seiner Sprachentwicklung*. In Rußland analysierte Viktor Vinogradow sorgfältig Puschkins Gebrauch der verschiedenen Elemente der damaligen russischen Sprache: das Kirchenslawisch, die Volkssprache, die Gallizismen und Germanismen.[3]

Doch Batesons Standpunkt ist auf jeden Fall zu weit getrieben. Wir können keinesfalls der Auffassung zustimmen, daß die Dichtung sprachliche Veränderungen passiv widerspiegele. Wir dürfen niemals vergessen, daß die Beziehung zwischen Sprache und Literatur eine dialektische ist: die Literatur hat die Entwicklung der Sprache tiefgehend beeinflußt. Weder das moderne Französisch noch das moderne Englisch hätten ihre jetzige Erscheinungsform ohne ihre klassische Literatur; ähnlich läßt sich das moderne Deutsch nicht ohne den Einfluß Luthers, Goethes und der Romantiker denken.

Auch die Abtrennung der Literatur von unmittelbaren geistigen oder gesellschaftlichen Einflüssen ist nicht haltbar. Laut Bateson war die Dichtung des achtzehnten Jahrhunderts durchsichtig und klar, weil die Sprache durchsichtig und klar geworden war, so daß die Dichter, ob Rationalisten oder nicht, das fertige Instrument benutzen mußten. Der Fall Blakes oder Christopher Smarts beweist jedoch, wie Dichter mit einer irrationalen oder antirationalen Weltanschauung die poetische Diktion verändern oder in eine frühere sprachliche Phase zurückgehen können.

Allein schon die bloße Tatsache, daß man nicht nur eine Geschichte der Ideen, sondern ebenso eine der Gattungen, metrischen Formen und Themen schreiben kann, die die Literaturen verschiedener Sprachen umfaßt, beweist, daß die Literatur nicht vollkommen von der Sprache abhängen kann. Außerdem muß man offensichtlich auch zwischen Lyrik einerseits und Roman und Drama andererseits unterscheiden. F. W. Bateson denkt in erster Linie an die Lyrik, und es läßt sich kaum leugnen, daß die Lyrik, wenn dicht gefügt, mit dem Klang und der Bedeutung der Sprache aufs innigste verbunden ist.

Die Gründe dafür liegen mehr oder weniger auf der Hand. Das Metrum organisiert den Klangcharakter der Sprache. Es ordnet den Prosarhythmus, bringt Einheiten von annähernd gleicher Zeitdauer hervor und vereinfacht so den Bezug zwischen den Silbenlängen. Es verlangsamt das Tempo, verlängert die Vokale, um deren Obertöne oder Klangfarbe (Timbre) herauszustellen. Es vereinfacht und ordnet die Intonation, die Sprachmelodie.[4] Der Einfluß des Metrums besteht also darin, Worte zu aktualisieren, d. h. sie herauszuheben und die Aufmerksamkeit auf ihren Klang zu lenken. In guter Dichtung werden die Beziehungen zwischen den einzelnen Wörtern sehr stark betont.

Die Bedeutung der Dichtung beruht auf dem Zusammenhang. Neben der Wörterbuch-Bedeutung eines Wortes schwingen Synonyme und Homonyme in ihm mit. Wörter haben nicht nur eine Bedeutung, sondern sie beschwören auch die Bedeutung von Wörtern, die ihnen dem Klang, dem Sinn oder der Etymologie nach verwandt sind, oder sogar auch solcher, zu denen sie im Gegensatz stehen oder die sie ausschließen.

Das Studium der Sprache ist daher außerordentlich wichtig für jeden, der sich mit der Dichtung beschäftigt. Wir denken dabei jedoch an Studien, die von vielen professionellen Sprachwissenschaftlern leicht für nicht wichtig gehalten oder ignoriert werden. Die historische Formenlehre, Lautlehre oder gar experimentelle Phonetik wird den modernen Literaturwissenschaftler nur wenig interessieren, da er außer in den seltenen Fragen der Aussprache, wie sie in der Geschichte des Metrums und Reimes auftauchen, kaum von ihnen Gebrauch machen kann. Er braucht jedoch eine andere Sparte der Sprachwissenschaft, vor allem die Lexikologie, das Studium der Bedeutungen und des Bedeutungswandels. Wer die Bedeutung vieler älterer Worte richtig verstehen will, muß sich der historischen Wörterbücher bedienen, des *Oxford English Dictionary* im Englischen, des *Grimmschen Wörterbuchs* und des *Kluge* im Deutschen. Selbst die Etymologie hilft beim Verständnis des lateinisierten Wortschatzes von Milton oder der stark altgermanischen Wortbildung Hopkins'.

Die Bedeutung sprachwissenschaftlicher Studien beschränkt sich natürlich nicht auf das Verständnis einzelner Wörter oder Ausdrücke. Die Literatur steht zu allen Aspekten der Sprache in Beziehung. Ein Kunstwerk ist zuallererst ein System von Lauten und daher eine Auswahl aus dem Lautsystem einer gegebenen Sprache. Unsere Betrachtung von Euphonie, Rhythmus und Metrum hat die Wichtigkeit sprachwissenschaftlicher Überlegungen für viele dieser Probleme aufgezeigt. Die Phonetik ist für eine vergleichende Metrik und eine korrekte Analyse von Lautgefügen unerläßlich.

Für literarische Zwecke kann die phonetische Ebene einer Sprache natürlich nicht von ihrer Bedeutung getrennt werden. Und auf der anderen Seite ist auch die Bedeutungsstruktur der sprachwissenschaftlichen Analyse zugänglich. Wir können die Grammatik eines literarischen Werkes oder einer Gruppe schreiben, indem wir mit der Laut- und Formenlehre beginnen, dann den Wortschatz untersuchen (z. B. Barbarismen, Provinzialismen, Archaismen, Neologismen) und schließlich zur Syntax vordringen (z. B. Inversion, Antithesis und Parallelismen).

Eine Untersuchung der Sprache der Literatur ist von zwei Standpunkten aus möglich. Man kann das literarische Werk nur als ein Dokument der Sprachgeschichte benutzen. So können z. B. die Parabel *The Owl and the Nightingale* und der Ritterroman *Sir Gawain and the Green Knight* die Merkmale bestimmter mittelenglischer Dialekte illustrieren. Dichter wie Skelton, Nashe und Ben Jonson bieten reiches Material für eine Geschichte der englischen Sprache. Eine neue schwedische Arbeit von A. H. King benutzt Ben Jonsons *Poetaster* für eine sorgfältige Analyse von Dialekten der Gesellschaft und der Klassen jener Zeit. Wilhelm Franz schrieb eine sehr gründliche *Shakespeare-Grammatik.* Von Lazare Sainéan stammen zwei Bände über die Sprache Rabelais'.[5] In diesen Untersuchungen werden literarische Werke jedoch als Quellen und Dokumente für andere Zwecke, nämlich die der Sprachwissenschaft, benutzt. Sprachwissenschaftliche Studien werden jedoch nur dann zu literarischen, wenn sie der Literaturwissenschaft dienen, wenn sie auf die Untersuchung der ästhetischen Wirkungen der Sprache ausgehen — kurz, wenn sie (zumindest in einem Sinne des Begriffs) zur Stilistik werden.[6]

Die Stilistik kann natürlich ohne eine solide Grundlage in der allgemeinen Sprachwissenschaft nicht erfolgreich betrieben werden, da eines ihrer wesentlichen Probleme der Gegensatz des Sprachsystems eines literarischen Kunstwerks zu dem allgemeinen Sprachgebrauch der Zeit ist. Ohne Wissen über die gewöhnliche, ja unliterarische Sprache und die verschiedenen Gesellschaftssprachen einer Zeit kann die Stilistik kaum mehr sein als Impressionismus. Die Annahme, daß wir, vor allem in bezug auf vergangene Zeitabschnitte, die Unterschiede zwischen Umgangssprache und künstlerischer Umformung kennen, ist leider ganz unbegründet. Der mannigfaltig geschichteten Sprache vergangener Zeiten muß noch ein weit genaueres Studium gewidmet werden, bevor wir die ausreichenden Grundlagen besitzen, um über den Stil eines Dichters oder einer literarischen Bewegung urteilen zu können.

In der Praxis umgehen wir heute das Problem dadurch, daß wir instinktiv einfach die aus unserem heutigen Sprachgebrauch gewonnenen Maßstäbe anwenden. Diese können jedoch leicht erheblich in die Irre führen. Beim Lesen älterer Dichtung müssen wir unser modernes sprachliches Bewußtsein gelegentlich abschalten. Man muß selbst in einer Zeile wie Fausts Befehl an Mephisto:

> Hör', du mußt wie die Dirne schaffen![7]

die moderne hochdeutsche Bedeutung des Hauptwortes vergessen.

Aber wenn wir auch die Notwendigkeit historischer Rekonstruktion in solch offensichtlichen Fällen zugeben, können wir sie in allen Fällen zur Bedingung machen? Können wir jemals Angelsächsisch oder Mittelhochdeutsch, vom Altgriechischen ganz zu schweigen, so gut erlernen, daß wir dabei nicht mehr unsere gegenwärtige Sprache im Sinne haben? Und könnten wir es wirklich, wären wir notwendig bessere Kritiker dadurch, daß wir uns zu sprachlichen Zeitgenossen eines Dichters gemacht haben? Ließe sich nicht das Mitschwingen moderner Assoziationen in Versen wie Marvells

> My *vegetable* love would grow
> Vaster than empires and more slow[8]

als eine Bereicherung ihrer Bedeutung verteidigen? Louis Teeter bemerkt dazu: »Die groteske Idee von einem erotischen Kohlkopf, der zeitlich und räumlich über die Pyramiden hinauswächst, erscheint als das Ergebnis einer absichtlichen, raffinierten Kunst. Wir dürfen jedoch mit Sicherheit annehmen, daß Marvell selber diese Wirkung nicht im Sinne hatte. *Vegetable* bedeutete für das siebzehnte Jahrhundert *vegetative*, und der Dichter benutzte das Wort vermutlich im Sinne des lebenspendenden Prinzips. An den Gemüsegarten-Anklang, der sich heute dabei einstellt, kann er kaum gedacht haben.«[9] Man kann nun mit Teeter fragen, ob es wünschenswert ist, die moderne Nebenbedeutung auszuschalten und ob das, wenigstens in extremen Fällen, überhaupt möglich ist. Damit sind wir wieder zu der von uns oft aufgeworfenen Frage der historischen »Rekonstruktion«, ihrer Möglichkeit und Erwünschtheit zurückgekehrt.

Es hat nicht an Versuchen, z. B. von Charles Bally,[10] gefehlt, die Stilistik zu einer bloßen Unterabteilung der Sprachwissenschaft zu machen. Aber die Stilistik, ob eine unabhängige Wissenschaft oder nicht, hat ihre eigenen, ganz bestimmten Probleme. Einige davon, so möchte es scheinen, sind allen, oder fast allen, menschlichen Sprachen eigen. Eine in so weitem Sinne verstandene Stilistik untersucht alle Mittel, die auf irgendeinen besonderen Ausdruckszweck abzielen und umfaßt so ein sehr viel weiteres Feld als die Literatur oder selbst die Rhetorik. Alle Mittel zum Zweck der Betonung oder Bestimmtheit können der Stilistik zugerechnet werden: Metaphern, die allen, auch den primitivsten Arten von Sprachen eigen sind, alle rhetorischen Figuren, syntaktische Strukturen. Fast jede sprachliche Äußerung läßt sich vom Standpunkt ihres Ausdruckswerts aus betrachten. Es ist unmöglich, dieses Problem ignorieren zu wollen, wie es die »behavioristische« Schule der Linguistik in Amerika ganz bewußt tut.

In der traditionellen Stilistik werden diese Fragen für gewöhnlich in einer willkürlichen und mehr oder minder zufälligen Art und Weise beantwortet. Stilfiguren werden in die Dichotomie einer verstärkenden und einer abschwächenden Gruppe eingeordnet. Die verstärkenden Figuren wie Wiederholung, Häufung, Hyperbel und Steigerung sind dem »erhabenen« Stil zugeordnet worden, wie er bis in Einzelheiten in den berühmten, dem Longinus zugeschriebenen *Peri hypsous* dargelegt wurde. Der »große Stil« wurde in bezug auf Homer und weiter auf Shakespeare, Milton und Dante von Matthew Arnold und Saintsbury untersucht, die psychologische Probleme mit solchen der literarischen Wertung gründlich vermischten.[11]

Es erscheint jedoch unmöglich, zu beweisen, daß besondere Figuren und Mittel unter allen Umständen besondere Wirkungen oder »Ausdruckswerte« haben. In der Bibel und in Chroniken haben die koordinierten Satzkonstruktionen (»und ... und ... und«) die Wirkung eines gemächlichen Fortschreitens der Erzählung; aber in einem romantischen Gedicht kann eine Folge von *und*-Stufen die

Auftürmung atemlos erregter Fragen sein. Eine Hyperbel kann tragisch oder pathetisch, ebensowohl aber auch grotesk oder komisch sein. Außerdem kehren gewisse Figuren oder syntaktische Merkmale so häufig und in so verschiedenem Zusammenhang wieder, daß ihnen kein bestimmter Ausdrucksgehalt innewohnen kann. Cicero benutzt *litotes* und *praeteritio* mehrere Male auf ein paar Seiten; in Johnsons *Ramblers* finden sich Hunderte von Antithesen. In beiden Fällen läßt die Anwendung dieser Mittel auf ein Spiel mit Worten, auf die Nichtachtung der Bedeutung schließen.[12]

Während nun die atomistische Ansicht eines eins-zu-eins Verhältnisses zwischen einer Figur und einem bestimmten »Ausdruckswert« aufgegeben werden muß, ist doch die Festsetzung einer bestimmten Beziehung zwischen Stilzügen und Wirkungen nicht ausgeschlossen. Die eine Möglichkeit liegt in dem Nachweis der beständigen Wiederkehr gewisser Figuren, zusammen mit anderen, wiederholt gebrauchten Figuren, in Abschnitten, die von einem bestimmten Bedeutungsgrundton durchzogen sind: erhaben, komisch, anmutig oder naiv. Man darf mit W. K. Wimsatt behaupten, daß ein Mittel durch seine bloße Wiederholung noch nicht bedeutungslos gemacht wird. »Satzanordnungen kehren wieder wie Deklinationen und Konjugationen; sie bleiben aber dennoch Ausdrucksformen.«[13] Man braucht sich nicht nach der Weise des klassischen Altertums mit der Einteilung von Stilen als hoch und niedrig, asiatisch und attisch und dergleichen zufriedenzugeben, wie Wilhelm Schneider es in seinen *Ausdruckswerten der deutschen Sprache* (1931) ausgearbeitet hat. Es läßt sich ein vielschichtiges Schema aufstellen. Nach den Beziehungen der Worte zum Gegenstand der Aussage lassen sich Stile einteilen in begrifflich und sinnlich, knapp und breit, oder in mindernd und steigernd, bestimmt und flau, ruhig und bewegt, hoch und niedrig, schlicht und ausgestattet; nach den Beziehungen der Worte zueinander in spannungsarm und spannungsreich, plastisch und musikalisch, glatt und rauh, einhellig und vielseitig; nach den Beziehungen der Worte zur gesamten Sprache in gesprochen und geschrieben, formelhaft und eigen und, gemäß der Beziehungen der Worte zum Verfasser, in objektiv und subjektiv.[14] Diese Einteilungen lassen sich fast auf alle sprachlichen Äußerungen anwenden. Augenscheinlich ist aber das meiste Beweismaterial literarischen Werken entnommen und für eine Analyse des literarischen Stils bestimmt. So verstanden, scheint die Stilistik den rechten Mittelweg zwischen der alten, zerstückelten Betrachtungsart der Figuren auf Grund rhetorischer Klassifikation und den großzügigeren, aber weniger konkreten

Spekulationen über Periodenstile (Barock, Gotik etc.) gefunden zu haben.

Leider wurde ein erheblicher Teil der darin geleisteten Arbeiten durch ihre Absicht, eng gefaßte Regeln für das Schreiben einer Sprache aufzustellen, angeregt, welche die Stilistik als Empfehlung eines bestimmten »mittleren« Stils mit den Idealen der Präzision und Klarheit sehen und sie sogleich zu einer pädagogischen Disziplin machen wollen. Eine andere Gruppe ist durch die nationalistische Überhöhung einer besonderen Sprache voreingenommen. Besonders deutsche Gelehrte haben sich dabei phantastischer Verallgemeinerungen über die Verschiedenheiten der europäischen Hauptsprachen schuldig gemacht. Selbst so hervorragende Gelehrte wie Wechssler, Voßler und Deutschbein[15] hängen Vermutungen nach, die nicht belegt werden können, und kommen zu übereilten Schlüssen über Völkerpsychologie. Damit soll jedoch nicht das Vorhandensein dieses Problems bestritten werden. Der »behavioristische« Standpunkt, daß alle Sprachen in bezug auf ästhetische und intellektuelle Zwecke gleichwertig seien, scheint ganz offenbar absurd, wenn man eine Sprache ohne ausgebildete Literatur mit einer der großen europäischen Sprachen vergleicht. Diese wiederum unterscheiden sich weitgehend voneinander in bezug auf syntaktische Gefüge, »Idiome« und andere Konventionen, wie jeder weiß, der sich mit Übersetzungen beschäftigt hat. Für gewisse Zwecke scheint das Englische, Französische oder Deutsche weniger geeignet als eines seiner Rivalen. Diese Unterschiede gehen jedoch zweifellos auf gesellschaftliche, historische und literarische Einflüsse zurück, die, obschon darstellbar, bisher noch nicht ausführlich genug beschrieben worden sind, um eine Rückführung auf grundlegende Volkspsychologien zu rechtfertigen. Eine »vergleichende« Stilistik erscheint vorläufig noch eine Wissenschaft der fernen Zukunft.

Ein rein literarischer und ästhetischer Gebrauch der Stilistik beschränkt diesen auf die Untersuchung eines oder einer Gruppe von Werken, die im Hinblick auf ihre ästethische Funktion und Bedeutung beschrieben werden sollen. Nur wenn dieses ästhetische Interesse im Mittelpunkt steht, ist die Stilistik ein Bestandteil der Literaturwissenschaft, und zwar ein bedeutender Teil, da nur stilistische Methoden die besonderen Kennzeichen eines literarischen Werks aufdecken und definieren können. Zwei mögliche Wege führen zu solch einer Stilanalyse. Die erste Methode geht von einer systematischen Analyse des Sprachsystems aus und interpretiert dessen Merkmale im Hinblick auf den ästhetischen Zweck des Werkes als »Gesamtbedeutung«. In diesem Falle bedeutet »Stil« das individuelle Sprachsystem eines Werkes oder einer Gruppe von Werken. Eine zweite, zur ersten nicht im Widerspruch stehende Methode geht auf die Untersuchung der Summe der Einzelzüge aus, durch die sich dieses System von ähnlichen Systemen unterscheidet. Diese Methode beruht auf Gegenüberstellung: wir beobachten Verzerrungen und Abweichungen vom üblichen Sprachgebrauch und versuchen, deren ästhetischen Zweck zu entdecken. In der gewöhnlichen Mitteilungssprache wird keine Aufmerksamkeit auf Klang der Wörter, Wortfolge oder Satzbau gelenkt. Ein erster Schritt in der Stilanalyse ist die Beobachtung solcher Abweichungen wie klanglicher Wiederholungen, der Umkehrung normaler Wortfolgen der Konstruktion verwickelter Satzhierarchien, die alle irgendeiner ästhetischen Funktion dienen müssen, z. B. der Betonung, der Deutlichkeit, oder ihrer Gegensätze, dem ästhetisch gerechtfertigten Verwischen von Unterscheidungen oder der Unklarheit.

Bei einigen Werken und Dichtern wird diese Aufgabe verhältnismäßig leicht zu lösen sein. Die aus den mittelalterlichen Bestiarien übernommenen Lautschemata und Gleichnisse in Lylys *Euphues* sind unverkennbar.[16] Edmund Spenser, der nach Ben Jonson »keine Sprache« schrieb, bedient sich einer leicht zu analysierenden Sammlung von Archaismen, Neologismen und Provinzialismen.[17] Milton benutzt einen lateinisierten Wortschatz, in dem englische Worte die Bedeutung ihrer Archetypen annehmen, und hat darüber hinaus seinen eigenen, besonderen Satzbau. Bezeichnend für die Sprache Gerard Manley Hopkins' sind deren angelsächsische und mundartliche Wörter, ihr bewußtes Vermeiden des lateinischen Wortschatzes, das sich auf die Theorie und eine damalige Bewegung von Förderern sprachlicher Germanismen stützt, sowie ihre besonderen Wortbildungen und -zusammensetzungen.[18] Es ist nicht schwierig, den Stil solcher Dichter zu analysieren, die, wie viele elisabethanische Dramatiker oder Pater oder Henry James oder auch solche von geringer künstlerischer Bedeutung, ihre Eigentümlichkeiten kultivieren.

In vielen anderen Fällen wird es jedoch sehr viel schwerer sein, die stilistischen Merkmale eines Dichters herauszusondern und zu bestimmen. Es braucht ein feines Ohr und scharfe Beobachtungsgabe, um einen wiederkehrenden Zug auszumachen, vor allem bei solchen Dichtern, die, wie viele elisabethanische Dramatiker oder Essayisten des achtzehnten Jahrhunderts, einen einheitlichen Stil schreiben. Behauptungen, wie der J. M. Robertsons, daß bestimmte

Wörter oder »Idiome« die ausschließliche Signatur von Männern wie Peele, Greene, Marlowe oder Kyd seien, muß man mit Skepsis begegnen.[19] In vielen dieser Untersuchungen wird die Stilanalyse unterschiedslos mit der Untersuchung von Inhaltsbezügen, Quellen oder wiederkehrenden Anspielungen und ähnlichem verbunden. In solchem Falle dient die Stilistik nur als ein Mittel zu einem anderen Zweck: zur Identifizierung eines Autors, zum Nachweis der Echtheit eines Theaterstückes — eine Detektivarbeit, die höchstens als Vorbereitung zum literaturwissenschaftlichen Arbeiten gelten kann.

Schwierige praktische Probleme ergeben sich aus dem Vorhandensein vorherrschender Stile, aus der Tatsache, daß die gewaltige Wirkung eines einzelnen Dichters zu Nachahmungen und Modeerscheinungen führen kann. Früher übte die Idee der Gattung einen starken Einfluß auf die stilistische Tradition aus. Bei Chaucer zum Beispiel finden sich starke stilistische Unterschiede zwischen den einzelnen Geschichten der *Canterbury Tales* und, allgemeiner, zwischen seinen Werken aus verschiedenen Zeitabschnitten und solchen verschiedener literarischer Gattungen. Im achtzehnten Jahrhundert besaß eine Pindarische Ode, eine Satire, eine Ballade, jede ihr eigenes, als notwendig vorausgesetztes Vokabular und ihren eigenen Stil. Die »poetische Diktion« war auf bestimmte Gattungen beschränkt, während in den niederen Gattungen ein schlichter Wortschatz erlaubt oder gar vorgeschrieben war. Trotz seiner Verurteilung der poetischen Diktion schrieb selbst Wordsworth vollkommen anders, wenn er eine Ode, ein topographisches gedankliches Gedicht wie *Tintern Abbey*, ein Miltonsches Sonett oder eine »lyrische Ballade« dichtete. Ließe man solche Unterschiede unbeachtet, so könnte man nur eine sehr unzulängliche Stilbeschreibung eines Dichters geben, der sich in vielen Gattungen hervortat oder auch eine lange persönliche Entwicklung durchmachte. Man spricht daher wahrscheinlich am besten von Goethes »Stilen«, da sich die enormen Verschiedenheiten zwischen dem frühen Stil des Sturm und Drang, dem der klassischen Periode und der späten, verwickelten »Geheimrat«-Manier der *Wahlverwandtschaften* nicht miteinander versöhnen lassen.

Diese Methode der Stilanalyse — der Konzentration auf die Besonderheiten eines Stils, auf Züge, durch die er sich von den sprachlichen Systemen seiner Umgebung unterscheidet — hat ihre offensichtlichen Gefahren. Wir lassen uns leicht dazu verleiten, gesonderte Beobachtungen, Beispiele hervorstechender Züge anzusammeln und darüber zu vergessen, daß ein Kunstwerk ein Ganzes ist. Auch betonen wir leicht zu stark die »Originalität«, die Individualität, die rein persönliche Ausprägung. Dem ist der Versuch vorzuziehen, einen Stil vollständig und systematisch auf Grund sprachlich-wissenschaftlicher Prinzipien zu beschreiben. In Rußland hat Viktor Vinogradow meisterhafte Studien der Sprache Puschkins und Tolstois geschrieben. In Polen und in der Tschechoslowakei haben sich viele tüchtige Gelehrte der systematischen Stilistik zugewandt. In Spanien begann Dámaso Alonso mit der systematischen Analyse der Dichtung Góngoras, während Amado Alonso den poetischen Stil Pablo Nerudas überzeugend analysierte.[20] Die Gefahr dieser Methode liegt in dem Ideal einer »wissenschaftlichen« Vollständigkeit. Der Analysierende kann unter Umständen vergessen, daß künstlerische Wirkung und Betonung nicht mit der bloßen Häufigkeit der Anwendung eines Mittels identisch sind. So läßt sich z. B. Josephine Miles auf Grund statistischen Materials dazu verleiten, das präraffaelitische Element in der Diktion Hopkins' besonders hervorzuheben.[21]

Am fruchtbarsten erscheint die Stilanalyse für die literaturwissenschaftliche Arbeit, wenn es ihr gelingt, irgendein das ganze Werk durchziehendes einigendes Prinzip, ein allgemeines ästhetisches Ziel aufzudecken. Wir sollten z. B. bei einem beschreibenden Dichter des achtzehnten Jahrhunderts wie James Thomson in der Lage sein, nachzuweisen, wie seine Stilzüge ineinander verzahnt sind. Der Miltonsche Blankvers erlegt der Wortwahl bestimmte Verweigerungen und Forderungen auf. Der Wortschatz erfordert die Umschreibung, und die Umschreibung bringt eine Spannung zwischen Wort und Ding hervor: der Gegenstand wird nicht genannt, aber seine Eigenschaften werden aufgezählt. Die Betonung der Eigenschaften und ihre Aufzählung fordert Beschreibung; und jener besonderen Art der im achtzehnten Jahrhundert geschriebenen Naturbeschreibung unterliegt eine besondere Philosophie, der teleologische Gottesbeweis. In seinem Buch über Pope und seinen Aufsätzen über die poetische Diktion des achtzehnten Jahrhunderts hat Geoffrey Tillotson viele scharfe Beobachtungen dieser Art zusammengetragen, z. B. über die besondere Ideologie der poetischen Diktion, ihre »physikotheologische Nomenklatur«, wie er sie nennt. Er hat es jedoch unterlassen, sie zu einer Gesamtanalyse des Stils zusammenzufügen.[22] Solches Vorgehen, das von metrischen Überlegungen zu inhaltlichen und sogar philosophischen Problemen führt, darf natürlich nicht etwa als ein Vorgang mißverstanden werden, der irgendeinem dieser Elemente logische oder chronologische Priorität zuschreibt. Im Idealfalle sollten wir an irgendeinem gegebenen Punkte anfangen können und zu den gleichen Ergebnissen kommen.

Dieses Beispiel zeigt, wie leicht die Stilanalyse zu inhaltlichen Problemen hinführen kann. Seit langem schon haben Kritiker in einer intuitiven, unsystematischen Verfahrensweise Stile als Ausdruck besonderer philosophischer Haltungen analysiert. In seinem *Goethe* untersuchte Gundolf feinfühlig die Sprache der frühen Gedichte und wies nach, wie die dynamische Sprache des Dichters seine Hinwendung zu einer dynamischen Naturauffassung widerspiegelt.[23] Hermann Nohl hat aufzuzeigen versucht, daß sich mit Diltheys drei philosophischen Typen bestimmte Stilzüge in Verbindung bringen lassen.[24]

Ferner haben deutsche Gelehrte eine als »Motiv und Wort« bezeichnete systematische Methode entwickelt, die auf der Annahme eines Parallelismus zwischen sprachlichen Zügen und inhaltlichen Elementen fußt. Sie wurde schon früh von Leo Spitzer angewandt, indem er die Wiederkehr von Motiven, wie Blut und Wunden, in den Büchern von Henri Barbusse untersuchte; Josef Körner hat sich eingehend mit den Motiven in den Werken Arthur Schnitzlers beschäftigt.[25] Später versuchte Spitzer, die Verbindung zwischen wiederkehrenden Stilzügen und der Philosophie des Dichters herzustellen. So sieht er z. B. den von Wiederholungen beherrschten Stil Péguys im Zusammenhang mit dessen Bergsonismus, den Stil Jules Romains mit dessen Unanimismus. Eine Analyse der Wortmythen Christian Morgensterns ergibt, daß er Mauthners nominalistische *Kritik der Sprache* gelesen haben mußte und von da aus zu dem Schluß kam, daß die Sprache »vor die Unerkennbarkeit der Dinge ewig Schleier zieht«.[26]

In einigen seiner Aufsätze geht Leo Spitzer sehr weit in der Ableitung psychologischer Merkmale eines Dichters aus seinen Stilzügen. Proust eignet sich gut für dieses Verfahren; bei Charles-Louis Philippe findet sich die häufig wiederkehrende Konstruktion *»à cause de«*, die Spitzer als eine »pseudo-objektive Motivierung« interpretiert, der Schicksalsgläubigkeit unterliege. Bei Rabelais analyisert Spitzer Wortbildungen, die eine bekannte Wurzel wie *Sorbonne* benutzen und diese mit Dutzenden phantastischer Nachsilben verbinden, um dadurch eine Vielzahl abstoßender Schmähworte zu schaffen (z. B. *Sorbonnagre: Sorbonne + onagre*, wilder Esel). Spitzer will damit beweisen, daß in Rabelais eine Spannung zwischen Irrealem und Realem, zwischen Komik und Schauer, zwischen Utopie und Naturalismus besteht.[27] Die grundlegende Voraussetzung ist dabei laut Spitzer, daß »einer *seelischen* Erregung, die vom normalen Habitus unseres Seelenlebens abweicht, auch eine *sprachliche*

Abweichung vom normalen Sprachgebrauch als Äußerung zugeordnet ist.«[28]

Dieses Prinzip erscheint jedoch bedenklich. In vielen seiner späteren Arbeiten, z. B. in seiner glänzenden Studie über die »Klassische Dämpfung in Racines Stil«, hat Spitzer sich auf eine Analyse der Stilzüge beschränkt.[29] Gegen die psychologische Stilistik, so geistreich einige ihrer Anregungen auch sein mögen, erheben sich zwei Einwände. Viele Zusammenhänge, von denen behauptet wird, sie seien auf diese Weise hergestellt worden, fußen nicht auf wirklich dem Sprachmaterial abgewonnenen Folgerungen, sondern gehen von einer psychologischen und ideologischen Analyse aus und suchen nach deren Bestätigung in der Sprache. Daran wäre an sich gar nichts auszusetzen, wenn nicht die sprachliche Bestätigung selber im praktischen Falle häufig als recht gezwungen oder ungenügend bewiesen erschiene. Arbeiten dieser Art gründen häufig in der Annahme, daß echte oder große Kunst auf dem »Erlebnis« beruhen müsse, ein Begriff, der sich auf eine nur geringfügig verbesserte Fassung des biographischen Trugschlusses beruft. Darüber hinaus beruht die Annahme einer notwendigen Beziehung zwischen bestimmten Stilmitteln und bestimmten Gemütsverfassungen auf einer Täuschung. So setzen zum Beispiel die meisten deutschen Gelehrten in der Betrachtung des Barocks eine unvermeidliche Übereinstimmung zwischen gedrängter, dunkler, gewundener Sprache und einer stürmischen, zerrissenen und gequälten Seele voraus.[30] Ein dunkler, gewundener Stil kann jedoch zweifellos auch von Handwerkern und Technikern der Sprache entwickelt werden. Die gesamte Beziehung zwischen Psyche und Wort ist locker und versteckter, als gewöhnlich angenommen wird.

Die deutsche Stilforschung muß also mit erheblicher Vorsicht behandelt werden. Häufig muß es so erscheinen, als sei sie nur eine verkappte genetische Psychologie. Sie gründet sich jedoch auf ganz anderen Voraussetzungen als die Ästhetik Croces, die für gewöhnlich als ihr Vorbild angesehen wird. In Croces vollkommen monistischem System kann keine Unterscheidung zwischen Gemütszustand und sprachlichem Ausdruck gemacht werden. Immer wieder bestreitet Croce die Gültigkeit aller stilistischen und rhetorischen Kategorien, die Unterscheidung zwischen Stil und Form, zwischen Form und Inhalt und letztlich zwischen Wort und Seele, Ausdruck und Intuition. Bei Croce führt diese Folge von Gleichsetzungen zu einer theoretischen Paralyse. Eine ursprünglich gültige Einsicht in das Wesen des poetischen Vorgangs wird so weit getrieben, daß keine Unterscheidungen mehr möglich sind. Es wird demnach klar, daß Entstehungsvorgang und Werk, Form und Inhalt, Ausdruck und Stil vorläufig und in ungewisser Spannung voneinander getrennt gehalten werden müssen, bis die endliche Einheit erreicht ist. Nur so ist all das Übertragen und Rationalisieren möglich, das den kritischen Prozeß ausmacht.

Wenn wir den Stil eines Werkes oder eines Autors beschreiben können, so gilt zweifellos das gleiche für eine Gruppe von Werken, für eine Gattung: der »gotische« Roman, das elisabethanische Drama, das anakreontische Gedicht, und es gilt ferner für die Analyse von Stilarten wie z. B. des Barockstils in der Prosa des siebzehnten Jahrhunderts.[31] Man kann sogar noch weiter verallgemeinern und den Stil einer Periode oder einer Bewegung beschreiben. Praktisch scheint dies jedoch außerordentlich schwierig durchführbar, wenn die empirische Genauigkeit dabei nicht zu kurz kommen soll. Bücher wie E. Barats *Le Style poétique et la révolution romantique* oder Louise Thons *Die Sprache des deutschen Impressionismus* untersuchen Stilmittel, syntaktische Züge und den Wortschatz einer ganzen Schule oder Bewegung.[32] Auch liegen viele Arbeiten über den Stil der altgermanischen Dichtung vor.[33] Bei diesen handelt es sich jedoch vorwiegend um Gemeinschaftsstile, die ihrem Wesen nach verhältnismäßig einheitlich sind und fast wie Werke eines einzelnen Dichters behandelt werden können. Die Stilbeschreibung ganzer Zeitalter oder literarischer Bewegungen wie der Klassik oder der Romantik stößt auf fast unüberwindliche Schwierigkeiten, da der gemeinsame Nenner zwischen den verschiedensten Dichtern manchmal aus mehreren Ländern gefunden werden muß.

Da die Kunstgeschichte eine weithin anerkannte Reihe von Stilen herausgearbeitet hat (z. B. Klassik, Gotik, Renaissance und Barock), mag der Versuch reizvoll erscheinen, diese Begriffe auf die Literatur zu übertragen. Mit diesem Gedanken kommen wir jedoch wieder auf die Frage der Beziehung zwischen den bildenden Künsten und der Literatur, des Parallelismus der Künste und der Aufeinanderfolge unserer großen Kulturperioden zurück, die wir im 2. Kapitel behandelt haben.

15. Bild, Metapher, Symbol, Mythus

Wenden wir uns von der Klassifizierung von Gedichten nach Inhalt oder Themen zu der Frage, welcher Art sprachlicher Darbietung die Versdichtung ist, und setzen wir den »Sinn« eines Gedichts, anstatt ihn durch Prosa zu umschreiben, dem Gesamtkomplex seiner Strukturen gleich, dann treffen wir als zentrale poetische Struktur auf jene Reihe, die durch die vier Begriffe der Überschrift angezeigt ist. Einer unserer Zeitgenossen hat behauptet, daß die beiden Hauptorganisationsprinzipien der Versdichtung Metrum und Metapher seien, daß »Metrum und Metapher zusammengehören, daß unsere Definition der Dichtung so allgemein gefaßt sein müsse, um beide einzubegreifen und ihre Zusammengehörigkeit zu erklären.«[1] Die in dieser Aussage angedeutete allgemeine Dichtungstheorie hat Coleridge in seiner *Biographia Literaria* glänzend dargelegt.

Besitzen diese vier Begriffe ein ihnen allen gemeinsames Element? Semantisch überschneiden sie sich und weisen deutlich auf dasselbe Interessengebiet. Man könnte vielleicht sagen, daß diese Reihenfolge — Bild, Metapher, Symbol und Mythus — die Konvergenz zweier Linien darstelle, die beide für eine Theorie der Dichtung wichtig sind. Die eine stellt das sinnlich Besondere dar oder ein sinnliches und ästhetisches Kontinuum, das die Versdichtung mit der Musik und Malerei verbindet, sie aber von Philosophie und Wissenschaft trennt; die andere bedeutet »Bildlichkeit« oder »Tropologie« — eine indirekte Aussage, die sich in Metonymen und Metaphern ausdrückt, die Teile von Welt vergleicht, ihre Themen dadurch präzisiert, indem sie sie in andere Sondersprachen überträgt.[2] Beide sind im Gegensatz zu wissenschaftlichen Aussagen Kennzeichen, differentiae der Literatur. Anstatt ein Abstraktionsschema anzustreben, das folgerichtig durch ein System von Zeichen ausgedrückt wird, organisiert die Dichtung ein einzigartiges, nicht wiederholbares Gefüge von Worten, von denen jedes sowohl Ding wie Zeichen ist, die aber so gebraucht werden, daß sie durch kein System außerhalb des Gedichts vorausbestimmt werden können.[3]

Für die terminologischen Schwierigkeiten unseres Themas bietet sich keine bequeme Lösung an. Notwendig ist eine beständige Wachsamkeit im Hinblick auf die Anwendung von Begriffen in ihrem jeweiligen Zusammenhang und vor allem auf ihre polaren Gegenbegriffe.

Bildlichkeit ist ein Thema, das in die Psychologie ebenso wie in die Literaturwissenschaft gehört. In der Psychologie bedeutet »Bild«

geistige Wiedergabe, Erinnerung an eine auf Empfindung und Wahrnehmung beruhende Erfahrung, die aber nicht notwendigerweise optisch anschauliche Vergegenwärtigung sein muß. Die bahnbrechenden Untersuchungen von Francis Galton im Jahre 1880 suchten festzustellen, inwieweit es dem Menschen möglich ist, die Vergangenheit anschaulich zu reproduzieren. Sie ergaben, daß der Grad anschaulicher Vergegenwärtigung bei Menschen sehr verschieden ist. Bildliche Darstellung ist aber keineswegs nur optisch anschaulich. Psychologen und Ästhetiker haben die Bilder in zahlreiche Klassen eingeteilt. So gibt es nicht nur »Geschmacks-« und »Geruchsbilder«, sondern auch solche, die auf Wärme- und Druckempfindungen zurückgehen (»kinästhetische«, »haptische«, »einfühlende«). Zwischen statischen Bildern und kinetischen (oder »dynamischen«) besteht ein wichtiger Unterschied. Farbbilder können traditionelle oder persönliche Symbole verwenden. Synästhetische Bilder (ob nun das Ergebnis einer abnormen Veranlagung des Dichters oder das Resultat einer literarischen Konvention) übertragen eine Sinnesqualität auf die andere, z. B. den Klang auf die Farbe. Schließlich gibt es die für die Leser von Dichtung nützliche Unterscheidung zwischen »gebundenen« und »freien« Bildern: erstere sind Bilder, die notwendig Gehör und Muskeln ansprechen, auch wenn man nur für sich selbst liest, und die eine ähnliche Reaktion bei allen annähernd gleich empfänglichen Lesern hervorrufen; letztere sind anschauliche oder sonstige Bilder, die je nach Person oder Typ stark variieren.[4]

Die allgemeine Schlußfolgerung, zu der I. A. Richards in seinen *Principles of Literary Criticism* im Jahre 1924 kam, ist immer noch gültig, daß nämlich »bisher den Sinnesqualitäten der Bilder eine zu große Bedeutung zugemessen wurde. Was einem Bild Wirksamkeit verleiht ist weniger seine bildliche Anschaulichkeit als vielmehr sein Charakter, der es als psychisches Ereignis in besonderer Weise mit der Empfindung verbindet.« Seine Wirksamkeit stammt daher, daß es ein »Überbleibsel« und eine »Stellvertretung« der Empfindung ist.[5]

Von den Bildern als Restvorstellungen der Empfindungen können wir uns mit bemerkenswerter Leichtigkeit der zweiten Linie, jener der Analogie und des Vergleichs zuwenden. Sie zieht sich durch den gesamten von uns zu erörternden Bereich hindurch. Selbst anschauliche Bilder soll man nicht ausschließlich in beschreibender Dichtung suchen. Nur wenigen unter den Imagisten, die »bildhafte« oder »körperliche« Dichtung zu schreiben versuchten, ist es gelungen, sich auf Bilder der äußeren Welt zu beschränken; und selten haben sie das ja auch gewollt. Ezra Pound, der Theoretiker mehrerer literarischer Bewegungen, definiert das »Bild« nicht als anschauliche Darstellung, sondern als »das, was einen verstandes- und gefühlsmäßigen Komplex in einem Nu darstellt«, als »eine Vereinigung getrennter Ideen«. Das Glaubensbekenntnis der Imagisten lautete: »Wir sind der Ansicht, daß Dichtung das Besondere genau wiedergeben und sich nicht mit verschwommenen, wenn auch noch so klangvollen Allgemeinheiten abgeben soll«. In seinen Essays, in denen Eliot sich für Dante und gegen Milton ausspricht, betont er ausdrücklich die Bildlichkeit. Dante hat »eine anschauliche Einbildungskraft.« Er ist Allegoriker, und »für einen guten Dichter bedeutet Allegorie, ›klare, anschauliche Bilder‹ «. »Die anschaulichen Bilder im *L'Allegro* und *il Pensoroso* sind ganz allgemein gehalten ... Milton sieht nicht den besonderen Pflüger, die Milchmagd und den Hirten; die sinnliche Wirkung dieser Zeilen geht nur aufs Ohr und wird mit den Begriffen des Pflügers, der Milchmagd und des Hirten verbunden.«[6]

In all diesen Äußerungen liegt der Akzent viel mehr auf dem Besonderen und der Einheit von Welten (Analogie, z. B. Allegorie; die »Vereinigung getrennter Ideen«) als auf dem Sinnlichen. Das anschauliche Bild beruht entweder auf Empfindung oder Wahrnehmung; aber es »steht auch für oder bezieht sich auf etwas Unsichtbares, auf etwas »Inneres«. Es kann Darstellung und Stellvertretung zugleich sein (z. B. Tennysons »the black bat night has flown« oder Marvells »Yonder all before us lie Deserts of vast eternity«) Das Bild kann »Beschreibung« oder, wie in unseren Beispielen, Metapher sein. Können aber Bilder, die keine Metaphern sind, sondern mit dem »geistigen Auge« gesehen werden, auch symbolische Wirkung haben? Verfährt nicht jede Wahrnehmung auswählend?

Middleton Murry, der »Gleichnis« und »Metapher« nur im Zusammenhang mit der »formalen Klassifizierung« der Rhetorik sieht, schlägt deshalb den Gebrauch des »Bildes« als einen Begriff vor, der beide einschließt, doch warnt er uns, daß wir uns den »Gedanken, das Bild sei nur oder sogar überwiegend anschaulich, ganz entschieden aus dem Sinn schlagen müssen.« Das Bild »kann anschaulich oder akustisch ein«, es »kann aber auch gänzlich psychologisch sein.«[8] Bei so verschiedenen Dichtern wie Shakespeare, Emily Brontë und Poe bemerken wir, daß die Atmosphäre (ein System von »Theaterrequisiten«) oft durch Metapher oder Symbol dargestellt wird: die wütende See, der Sturm, das wilde Moor, das verfallene Schloß am dunstigen, dunklen Bergsee.

Wie »image« (»Imagist movement«) so hat auch »Symbol« einer bestimmten literarischen Bewegung den Namen gegeben.[9] Wie das »Bild« so kommt auch das »Symbol« in verschiedenen Zusammenhängen vor und wird für sehr verschiedene Zwecke gebraucht. Als Begriff erscheint es in der Logik, Mathematik, Semantik, Semiotik und Erkenntnistheorie; eine lange Geschichte hat es im Bereich der Theologie (»Symbol« ist eins der Synonyme für »Glaubensbekenntnis«), der Liturgie, der bildenden Künste und der Dichtung. Das allen diesen geläufigen Anwendungen des Wortes gemeinsame Element ist doch wohl, daß es für etwas steht, daß es etwas anderes darstellt. Das griechische Verbum aber, das »zusammenwerfen«, auch »vergleichen« bedeutet, deutet an, daß die Vorstellung der Analogie zwischen Zeichen und Bezeichnetem ursprünglich vorhanden war. In einigen modernen Anwendungen des Begriffs ist diese noch gegenwärtig. Algebraische und logische »Symbole« sind konventionelle Zeichen, auf die man sich geeinigt hat. Die religiösen Symbole beruhen jedoch auf einer Art innerlicher Beziehung zwischen »Zeichen« und »bezeichnetem« Gegenstand, auf Metonymie oder Metapher: das Kreuz, das Lamm, der gute Hirt. In der literarischen Theorie wird der Begriff wohl am besten im Sinne eines Gegenstandes gebraucht, der sich auf einen anderen Gegenstand bezieht, der aber auch als Gegenstand selbst, als Darstellung, Aufmerksamkeit beansprucht.[10]

Eine Auffassung spricht von »bloßem Symbolismus« und führt Religion und Dichtung entweder auf ritualistisch angeordnete, sinnliche Bilder zurück oder sie entleert die dargebotenen »Zeichen« oder »Bilder« zugunsten transzendentaler, moralischer oder philosophischer Wirklichkeiten, die jenseits von ihnen liegen. Eine andere Auffassung versteht den Symbolismus als etwas Berechnetes und Gewolltes, als eine absichtliche Übertragung von Begriffen in veranschaulichte, pädagogische und sinnliche Begriffe. Doch während Allegorie, wie Coleridge sagt, bloß »eine Übersetzung abstrakter Begriffe in Bildersprache ist, die in sich selbst nichts bedeutet, sondern eine Abstraktion von sinnlichen Gegenständen ist ...«, so wird das Symbol von ihm »als das Durchscheinen des Artmäßigen im Individuellen oder des Allgemeinen im Artmäßigen charakterisiert; es ist vor allem das Durchscheinen des Ewigen durch das Zeitliche und im Zeitlichen.«[11]

Läßt sich das »Symbol« wesentlich vom »Bild« oder der »Metapher« unterscheiden? In erster Linie wohl durch das wiederholte Vorkommen und die Beharrlichkeit des »Symbols«. Ein »Bild« kann als Metapher einmal beschworen werden, aber wenn es beharrlich, als Präsentation oder Repräsentation, immer wieder auftaucht, wird es zum Symbol. Dann kann es sogar Teil eines symbolischen (oder mythischen) Systems werden. J. H. Wicksteed sagt über die frühe Lyrik William Blakes, über die *Songs of Innocence* (1789) und die *Songs of Experience* (1794), daß sie »verhältnismäßig wenig eigentlichen Symbolismus, aber einen beständigen und reichlichen Gebrauch symbolischer Metaphern« aufweisen. Yeats schreibt in einem frühen Essay über die »herrschenden Symbole« in der Dichtung Shelleys: »Neben unzähligen Bildern, die nicht die Eigenschaft fest umrissener Symbole besitzen, lassen sich in seiner Dichtung viele Bilder finden, die deutlich als Symbole fungieren. Im Laufe der Jahre gebrauchte er diese immer mehr mit ganz bestimmten symbolischen Absichten« — Bilder wie Höhlen und Türme.[12]

Es kommt auffallend häufig vor, daß die »Theaterrequisiten« eines Dichters in seinem frühen Werk sich in seinem späteren zum »Symbol« wandeln. So stellt z. B. Henry James in seinen frühen Romanen Personen und Orte mit großer Sorgfalt dar, während in den späten Romanen alle Bilder metaphorisch oder symbolisch werden.

Bei der Erörterung des poetischen Symbolismus pflegt man gern zwischen der »privaten Symbolik« moderner Dichter und der allgemein verständlichen Symbolik vergangener Dichter zu unterscheiden. Dieser Ausdruck war zunächst als Anklage gemeint; aber unsere Gefühle und unsere Einstellung dem dichterischen Symbolismus gegenüber sind immer noch höchst ambivalent. Die Alternative zu »privat« ist schwer zu definieren. Nennen wir sie »konventionell« oder »traditionell«, dann widerspricht dies unserem Verlangen, daß Dichtung neu und überraschend sein soll. Die »private Symbolik« weist auf ein System hin und ein sorgfältiger Kritiker kann eine »private Symbolik« ebenso deuten wie ein Kryptograph eine ihm nicht bekannte Botschaft entziffert. Viele private Systeme (wie z. B. das von Blake oder Yeats) überschneiden sich zum Teil mit Symbolüberlieferungen, wenn auch nicht mit den bekanntesten und heute anerkanntesten.[13]

Der »privaten« und »traditionellen« Symbolik entgegengesetzt ist eine Art öffentlicher, »natürlicher« Symbolik, die ihre eigenen Schwierigkeiten bietet. Einige der besten Gedichte von Robert Frost machen von dieser natürlichen Symbolik Gebrauch. Die Bezugsmöglichkeiten der Symbole lassen sich oft aber nur schwer festlegen. Man denke an »The Road Not Taken«, »Walls«, »The Mountain«.

Im Gedicht »Stopping by Woods« bezieht sich die Zeile »miles to go before I sleep« (»Meilen zu wandern vor dem Schlaf«) wohl wörtlich auf den Wanderer; in der Sprache natürlicher Symbolik jedoch bedeutet Schlaf gleich Tod; und wenn man »woods are lovely, dark, and deep« (»die Wälder sind lieblich, dunkel und tief« — alle drei Adjektive sind panegyrisch) der moralisch-sozialen Schranke der »promises to keep« (»Versprechen, die einzuhalten sind«) vergleichend gegenüberstellt, so läßt sich hier die angedeutete, kaum betonte Identifizierung der ästhetischen Betrachtung mit einer Art Auflösung des verantwortlichen Bewußtseins der Person nicht gänzlich zurückweisen. Vermutlich wird kein geübter Leser der Dichtung Frost je mißverstehen. Frost hat, zum Teil wohl wegen seiner natürlichen Symbolik, einen großen Leserkreis gefunden. Unter seinen Lesern gibt es aber einige, welche, wenn sie die Möglichkeit symbolischer Auslegung begreifen, die natürlichen Symbole und ihre Begleiterscheinungen allzu sehr dadurch zur Geltung bringen, daß sie ihrer Mehrdeutigkeit eine Bestimmtheit und Strenge zuweisen, die dem Wesen der dichterischen Aussage, besonders aber der modernen Dichtersprache, fremd ist.[14]

»Mythus« ist der vierte unserer Begriffe. In der *Poetik* des Aristoteles erscheint er als Bezeichnung für Handlung, Erzählstruktur und »Fabel«. Sein kontrapunktischer Gegenbegriff ist Logos. »Mythus« ist Erzählung, Geschichte im Gegensatz zur dialektischen Abhandlung und Auseinandersetzung. Mythus bedeutet auch das Irrationale oder Fakultative gegenüber dem systematisch Philosophischen: Mythus ist die Tragödie des Äschylus gegen die Dialektik des Sokrates.[15]

Der »Mythus«, ein Lieblingsbegriff der modernen Kritik, weist auf einen wichtigen Bedeutungsbereich hin, an dem Religion, Märchen- und Sagenkunde, Anthropologie, Soziologie, Psychoanalyse und die schönen Künste teilhaben. In einigen der üblichen Gegenüberstellungen wird Mythus der »Geschichte«, »Wissenschaft«, »Philosophie«, »Allegorie« oder der »Wahrheit« entgegengesetzt.[16]

Im 17. und 18. Jahrhundert, im Zeitalter der Aufklärung, hatte der Begriff allgemein eine abwertende Nebenbedeutung. Mythus war eine Fiktion, etwas wissenschaftlich oder historisch Unwahres. Doch schon mit Vicos *Scienza Nuova* verlagerte sich der Akzent auf das, was seit den deutschen Romantikern, seit Coleridge, Emerson und Nietzsche, allmählich immer mehr in den Vordergrund trat — eine Auffassung des »Mythus«, der, wie die Dichtung, eine Art Wahrheit oder ein Äquivalent der Wahrheit ist, aber nicht mit historischer oder wissenschaftlicher Wahrheit konkurriert, sondern sie ergänzt.

Historisch gesehen folgt der Mythus auf das Ritual. Sie sind wechselseitig bedingt. Mythus ist »der gesprochene Teil des Rituals, die Geschichte, die durch das Ritual spielend dargestellt wird.« Das Ritual wird für eine Gesellschaft von ihren Priestern durchgeführt, um Unheil abzuwenden oder Segen herbeizuführen; es ist ein »agendum«, das wie Ernten und menschliche Fruchtbarkeit, wie die Einweihung junger Menschen in die Kultur ihrer Gesellschaft und wie die richtigen Vorkehrungen für die Zukunft der Toten, immer wieder notwendig ist. Doch in einem weiteren Sinne bedeutet Mythus eine anonym verfaßte Geschichte, die über Ursprünge und Schicksale berichtet: Erklärungen, die eine Gesellschaft ihren jungen Menschen über die Ursache der Welt und die Gründe unseres Verhaltens gibt, ihre pädagogischen Bilder über Wesen und Schicksal des Menschen.[18]

Für die Literaturtheorie sind die wichtigen Leitmotive wahrscheinlich das Bild, das Soziale, das Übernatürliche (oder Nichtnaturalistische oder Irrationale), die Erzählung oder die Geschichte, das Archetypische oder Universale, die symbolische Darstellung unserer zeitlosen Ideale als Begebenheiten in der Zeit, das Programmatische und Eschatologische, das Mystische. Im zeitgenössischen Denken kann die Berufung auf den Mythus eines dieser Motive zum Mittelpunkt haben und andere dann mit einbeziehen. So spricht zum Beispiel Sorel vom »Generalstreik« aller Arbeiter der Welt als einem »Mythus«, womit er sagen will, daß ein solches Ideal, das nie historische Tatsache werden kann, trotzdem als zukünftiges historisches Ereignis darzustellen ist, um die Arbeiter anzutreiben und zu mobilisieren; der Mythus ist hier ein Programm. Deshalb bezeichnet Reinold Niebuhr die christliche Eschatologie als mythisch: Christi Wiederkehr und das Letzte Gericht stellen als zukünftige Geschichte das dar, was gegenwärtige, dauernde moralische und geistige Bewertungen sind.[19] Hat das Mythische die Wissenschaft oder Philosophie als Gegenpole, dann stehen sich das bildhaft intuitiv Konkrete und das rational Abstrakte gegenüber. Ganz allgemein wird auch bei dieser für Theoretiker und Verteidiger der Literatur zentralen Gegenüberstellung der Mythus als etwas Soziales, Anonymes, der Gemeinschaft Zugehöriges angesehen. In der Neuzeit ist es uns vielleicht möglich, die Schöpfer — oder einige der Schöpfer — eines Mythus zu identifizieren; aber er kann dann immer noch den Charakter des Mythus besitzen, wenn er von der Gemeinschaft angenommen, durch die »Zustimmung der

Gläubigen« bestätigt worden ist und seine Urheber vergessen, nicht allgemein bekannt sind, oder sich für seine Gültigkeit und Wirksamkeit als unwichtig erwiesen.

Der Begriff ist nicht leicht zu bestimmen; heute weist er in einen weiten Bedeutungsbereich. Wir lesen über Maler und Dichter, die auf der Suche nach einer Mythologie sind; wir hören vom »Mythus« des Fortschritts oder dem der Demokratie. Wir hören von »der Wiedergeburt des Mythus in der Weltliteratur«. Aber wir hören auch, daß man einen Mythus weder erfinden, noch freiwillig glauben oder ihn durch einen Willensakt ins Leben rufen kann: das Buch ist zum Nachfolger des Mythus geworden, und die Weltstadt zum Nachfolger der homogenen Gemeinschaft des antiken Stadt-Staates.[20]

Fehlt dem modernen Menschen der Mythus — oder eine Mythologie, ein System miteinander verbundener Mythen? Nietzsche war der Ansicht, daß Sokrates und die Sophisten, die »Denker«, das Leben der griechischen Kultur zerstört hätten. Mit ähnlichen Argumenten arbeitete man im Hinblick auf die Aufklärung, daß sie nämlich die christliche »Mythologie« zerstört habe, oder doch der Beginn dieser Zerstörung war. Andere Schriftsteller sind der Auffassung, daß der moderne Mensch im Besitz oberflächlicher, unzureichender, ja vielleicht sogar »falscher« Mythen sei, wie z. B. der Mythus des »Fortschritts«, der »Gleichheit«, der Erziehung der Massen, oder der Mythus des hygienischen und modischen Komforts, zu dem die Reklame beständig aufreizt. Der diesen beiden Auffassungen zugrunde liegende Generalnenner scheint die (wahrscheinlich wahre) Meinung zu sein, daß die Mehrzahl der Menschen (oder vielleicht alle) verarmt, wenn alte, seit langem empfundene, in sich geschlossene Lebensgewohnheiten (Rituale mit den ihnen zugehörigen Mythen) durch den »Modernismus« zerstört werden. Da die Menschen von Abstraktionen allein nicht leben können, müssen sie ihre Leere durch rohe, extemporierte und fragmentarische Mythen (Bilder dessen, was sein könnte oder sollte) ausfüllen. Wenn Dichter oder Schriftsteller von der Notwendigkeit eines Mythus sprechen, so ist das ein Zeichen für das von ihnen empfundene Bedürfnis einer Beziehung zur Gesellschaft, für eine anerkannte Stellung des Künstlers innerhalb der Gesellschaft. Die französischen Symbolisten lebten in selbstgewählter Abgeschlossenheit; sie waren »hermetische« Spezialisten, die der Auffassung waren, der Dichter habe zwischen der kommerziellen Prostitution seiner Kunst und ästhetischer Reinheit und Kälte zu wählen. Doch Yeats fühlte trotz seiner großen Verehrung für Mallarmé das Bedürfnis einer Vereinigung mit Irland. Deshalb vermischte er die traditionelle keltische Mythologie mit seiner eigenen mythisierenden Version des neueren Irlands, in der die anglo-irischen Größen des 18. Jahrhunderts (Swift, Berkeley und Burke) ebenso frei gedeutet werden wie die amerikanischen Helden in der Phantasie Vachel Lindsays.[21]

Für viele Dichter ist Mythus der Generalnenner von Dichtung und Religion. Es gibt nämlich die moderne Ansicht, die von Matthew Arnold und dem frühen I. A. Richards vertreten wird, daß die Dichtung immer mehr die Stelle der übernatürlichen Religion, an die der moderne Intellektuelle nicht mehr glauben kann, übernehmen wird. Doch die Ansicht ist wahrscheinlich noch einleuchtender, daß Dichtung nicht lange die Religion ersetzen kann, da sie sie kaum überleben wird. Die Religion ist das größere Mysterium, die Dichtung das kleinere. Der religiöse Mythus ist der groß angelegte Grund und Boden für die Metapher. Deshalb betont auch Philip Wheelwright in seinem Protest gegen die Positivisten, von denen »religiöse Wahrheit und dichterische Wahrheit als Fiktionen abgetan werden«, daß die »neue Perspektive . . . eine mythisch-religiöse sein« müsse. Ein älterer englischer Vertreter dieser Ansicht ist schon John Dennis (1657—1734), ein relativ junger Arthur Machen.[22]

Die gesamte Reihe (Bild, Metapher, Symbol, Mythus) ist von älteren literarischen Untersuchungen äußerlich und oberflächlich behandelt worden. Meist wurden sie als Ausschmückungen und rhetorische Verzierungen betrachtet und deshalb als abtrennbare Teile des Werkes, in dem sie vorkamen, untersucht. Dagegen sieht unsere eigene Ansicht Bedeutung und Funktion der Literatur gerade in der Metapher und dem Mythus zentral verwurzelt. Es gibt metaphorisches und mythisches Denken, ein Denken mit Hilfe von Metaphern, ein Denken in dichterischer Erzählung und Vision. Alle diese Begriffe machen uns auf die Aspekte eines literarischen Werkes aufmerksam, welche die alten Bestandteile »Form« und »Inhalt« überbrücken und verbinden. Diese Begriffe weisen in beide Richtungen. Sie zeigen die Tendenz der Dichtung zu »Bild« und »Wirklichkeit« wie auch zur Religion oder Weltanschauung an. Überblicken wir die modernen Methoden, mit denen diese Begriffe untersucht worden sind, dann fühlen wir diese Spannung. Während die älteren Methoden sie als ästhetische Darbietungsmittel (wenn auch nur als bloßer Schmuck verstanden) behandelten, so besteht heute aber die Gefahr in einer allzu starken Betonung der Weltanschauung. Den schottischen Rhetorikern, die gegen Ende der klassizistischen Zeit schrieben, war es natürlich, Gleichnis und Metapher als etwas Berechnetes und Ausgeklügeltes zu verstehen; die heutigen, von Freud beeinflußten Interpreten sind geneigt, alle Bilder als eine Offenbarung des Unbewußten aufzufassen. Was wir wieder brauchen ist ein Mittelweg, der sowohl das rhetorische Interesse als auch die psychologische Biographie und die Auffassung vermeidet, daß Dichtung eine »Botschaft« enthalten müsse.

In den letzten 25 Jahren hat man sich in der Literaturwissenschaft um Theorie und Praxis dieser Begriffe bemüht. Man hat Typologien der rhetorischen Figuren oder, genauer, Typologien dichterischer Bilder untersucht. Monographien und Essays sind der Bilderwelt bestimmter Dichter oder Werke (mit Shakespeare als Lieblingsgegenstand) gewidmet worden. Und da die »praktische Kritik« mit besonderem Eifer fortgeschritten ist, so besitzen wir nun einige ausgezeichnete scharfe theoretische und methodologische Aufsätze, welche die manchmal allzu einfachen Voraussetzungen der Praktiker unter die Lupe nehmen.

Viele Versuche sind gemacht worden, um alle peinlich genau unterteilten Redefiguren – einige 250 auf besonders ausführlichen Listen — auf zwei oder drei Kategorien zu reduzieren. Eine davon ist »Schemata« und »Tropen«, eine Aufteilung in »Klangfiguren« und »Sinnesfiguren«. Ein anderer Versuch trennt die Figuren der »Rede« oder »Wortfiguren« von den »Gedankenfiguren«. Beide Dichotomien machen jedoch den Fehler, daß sie eine äußere oder äußerliche Struktur annehmen, der die Ausdrucksfunktion fehlt. So sind in jedem traditionellen System Reim und Alliteration phonetische »Schemata«, akustische Ausschmückung. Doch Anfangs- und Endreim können, wie wir wissen, als sinnvolle, semantische Bindeglieder dienen. Im 19. Jahrhundert betrachtete man das Wortspiel als »die niedrigste Form des Witzes«; das 18. Jahrhundert hatte es bereits durch Addison als eine der Arten des »falschen Witzes« klassifiziert. Die barocken und modernen Dichter gebrauchen es ernsthaft als Ideenverdoppelung, als »Homophon« oder »Homonym«, als beabsichtigte »Doppeldeutigkeit«.[23]

Die Tropen der Dichtung lassen sich äußerst passend in Figuren der Berührung (Kontiguität) und Figuren der Ähnlichkeit einteilen.

Die traditionellen Figuren der Berührung (Kontiguität) sind Metonymie und Synekdoche. Die durch sie zum Ausdruck gebrachten Beziehungen lassen sich logisch und quantitativ analysieren: die Ursache statt der Wirkung, oder umgekehrt; das Gefäß statt des Inhalts, das Attribut statt des Subjekts (»und flehen um ein wirklich Dach«, »die salzige Tiefe«). In der Synekdoche besteht das Verhältnis zwischen Figur und eigentlich Gemeintem innerhalb des gleichen Feldes im Begriffsumfang. Ein Teil wird statt des Ganzen gesetzt, die Art der Gattung, die Sache bezeichnet die Form und den Zweck, dem sie dient.

In der bekannten Stelle aus James Shirley (1596—1666), die den traditionellen Gebrauch der Metonymie veranschaulicht, stehen konventionelle Requisiten — Geräte und Werkzeuge — für soziale Klassen:

Sceptre and crown must tumble down
And in the dust be equal made
With the poor crooked scythe and spade.

Auffallender ist das metonymisch »übertragene Adjektiv«, ein stilistischer Zug Vergils, Spensers, Miltons, Grays, der klassischen Kunstdichter: »Sansfoys dead dowry« verlagert das Beiwort vom Besitzer auf den Besitz. In Grays »drowsy tinklings« und Miltons »merry bells« beziehen sich die Beiworte entweder auf die Schellenträger oder die Glockenläuter. In all diesen aus dem Zusammenhang herausgerissenen Zitaten scheint eine andere verlebendigende Lesart möglich. Der Unterschied liegt darin, ob eine assoziierende Logik wirksam ist oder statt dessen eine fortdauernde Verpersönlichung.

Religiöse Dichtung, ob katholisch oder protestantisch, mag auf den ersten Blick als unumgänglich metaphorisch erscheinen, und sie ist es auch vorwiegend. Der klassizistische Hymnendichter Dr. Isaac Watts erzielt jedoch durch Metonomie eine rührende und feierliche Wirkung:

When I survey the wondrous cross
On which the Prince of Glory died.
My richest gain I count but loss
And [pour contempt] on all my pride.
See, from his head, his hands, his side
Sorrow and love flow mingled down;
Did e'er such love and sorrow meet
Or thorns compose so rich a crown?

Ein Leser, der in einem anderen Zeitstil geschult ist, vermag diese Hymne anzuhören, ohne die Gleichsetzung von »sorrow« und »love« mit »water« und »blood« zu bemerken. Er starb aus Liebe: seine Liebe ist also die Ursache; das Blut die Wirkung. Bei Francis Quarles (1592—1644) wäre »Verachtung ausgießen« eine sinnlich vorstellbare Metapher gewesen; doch dann würde er die Redefigur weiter ausgebaut haben – vielleicht so, daß das Feuer des Hochmuts durch den Eimer der Verachtung ausgelöscht wird; aber »ausgießen« ist hier ein semantisches Intensivum, das die Verachtung des Hochmuts nachdrücklich und superlativ zum Ausdruck bringt.

Aber schließlich zeigen diese Beispiele nur eine sehr begrenzte Anwendung des Begriffs. In den letzten Jahrzehnten hat man jedoch kühnere Auffassungen der Metonymie als literarische Aussageform vorgeschlagen. Man hat sogar die Theorie aufgestellt, daß Metonymie und Metapher die charakteristischen Strukturelemente zweier dichterischer Typen sein könnten — durch Kontiguität assoziierende Dichtung, Dichtung, die sich innerhalb einer einzigen Sprachwelt bewegt und eine durch Vergleiche assoziierende Dichtung, die eine Vielfalt von Welten zusammenfügt, welche, um einen treffenden Ausdruck Karl Bühlers zu gebrauchen, einen »Cocktail von Sphären« mischt.[24]

In einer glänzenden Erörterung Walt Whitmans sagt D. S. Mirsky: »Die einzelnen Teilbilder im ›Song of the Broad-Axe‹ sind metonymische Bilder ohne Ende; es sind Beispiele, Probestücke jener Elemente, in denen die demokratische Konstruktivität zum Ausdruck kommt.«[25] Whitmans dichterische Methode kann man als analytisches Ausbreiten, als stückweises Auspacken bestimmter umfassender, paralleler Kategorien charakterisieren. In seinen parallelistischen Gesängen, wie z. B. »Song of Myself« wird er vom Wunsch beherrscht, Einzelheiten, Individuen, Teile als Teile eines Ganzen darzustellen. Trotz seiner Vorliebe für lange Aufzählungen ist er in Wirklichkeit weder Pluralist noch Personalist, sondern pantheistischer Monist, und die Gesamtwirkung seiner Kataloge ist nicht Vielfältigkeit, sondern Einfachheit. Zuerst breitet er seine Kategorien aus, um sie dann reichlich zu illustrieren.

Auf die Metapher, für die sich seit Aristoteles die Theoretiker der Dichtung und die Rhetoriker interessiert haben, sind in den letzten Jahren auch die Sprachtheoretiker aufmerksam geworden. I. A. Richards hat heftig gegen die Auffassung protestiert, welche die Metapher als eine Abweichung vom normalen Sprachgebrauch behandelt, anstatt sie als das charakteristische und unerläßliche Mittel jeder Sprache anzusehen. Ausdrücke wie das »Bein« eines Stuhls, der »Fuß« eines Berges und der »Hals« einer Flasche übertragen alle durch Analogie Teile des menschlichen Körpers auf Teile lebloser Gegenstände. Diese Übertragungen wurden jedoch von der Sprache assimiliert und werden heute ganz allgemein, selbst von literarisch und sprachlich feinfühligen Menschen nicht mehr als Metaphern empfunden. Dies sind »verblaßte«, »abgenutzte« oder »tote« Metaphern.[26]

Man muß die Metapher als das »allgegenwärtige Prinzip der Sprache« (Richards) von der spezifisch poetischen Metapher unterscheiden. George Campbell weist erstere dem »Grammatiker«, letztere dem Rhetoriker zu. Der Grammatiker beurteilt Wörter aufgrund ihrer Etymologie, der Rhetoriker danach, ob sie »die Wirkung einer Metapher beim Hörer« erzielen. Wundt, der als Maßstab echter Metaphorik die berechnete und gewollte Absicht des Sprechenden oder Schreibenden, eine gefühlsmäßige Wirkung zu erzielen, ansieht, würde solch sprachlichen Übertragungen wie »Bein« des Tisches und »Fuß« des Berges die Bezeichnung Metapher absprechen. H. Konrad stellt die »sprachliche« Metapher der »ästhetischen« gegenüber, indem er darauf hinweist, daß erstere (z. B. das »Bein« des Tisches) einen hervorstechenden Zug des Gegenstandes unterstreichen, während letztere einen neuen Eindruck vom Gegenstand geben, »ihn in eine neue Atmosphäre einhüllen« soll.[27]

Die einer literarischen Schule oder Generation gemeinsamen Metaphern gehören wohl zu jener Art Metaphern, die sich am schwierigsten einordnen lassen. Beispiele hierfür sind »bone-house«, »swan-road«, »word-hoard« und andere beschreibende Bezeichnungen (kennings) der angelsächsischen Dichter, Homers »stereotype Metaphern« wie »rosenfingrige Morgenröte«, die im ersten Buch der *Ilias* allein 27mal vorkommt; ferner die Ausdrücke der elisabethanischen Dichter wie »pearly teeth«, »ruby lips«, »ivory necks« und »hair of golden wire« oder die Bilder der klassizistischen Dichter wie »water plain«, »silver streams«, »enameled meadows«.[28] Für den modernen Leser sind einige dieser Ausdrücke, besonders die aus dem Anglosächsischen kühn und »poetisch«, während die meisten anderen verblaßt und altmodisch sind. Unwissenheit kann den uns zuerst aufstoßenden Beispielen, die einer uns nicht mehr vertrauten Konvention entnommen sind, eine unrechtmäßige Originalität zuschreiben. Tatsächlich werden die etymologischen Metaphern einer Sprache, die von einheimischen Sprechern kaum noch bemerkt werden, von analytisch feinfühligen Ausländern als individuelle dichterische Errungenschaften dieser Sprache angesehen.[29] Gründliche Kenntnis der Sprache und der literarischen Konvention ist Voraussetzung für das Verständnis und die Beurteilung der metaphorischen Absichten eines bestimmten Dichters. In der angelsächsischen Dichtung sind »bone-house« und »word-hoard« von der gleichen Art wie die »geflügelten Worte« Homers. Sie sind Teil der künstlerischen Erziehung des Dichters und verschaffen durch ihre Konventionalität, dadurch, daß sie zur berufsmäßigen ritualen Sprache der Dichtung gehören, den Hörern Vergnügen. Ihre metaphorische Qualität wird weder voll erkannt noch gänzlich ignoriert. Sie gehören, genauso wie ein großer Teil kirchlicher Symbolik, zum Ritual.[30]

In unserem genetisch gesinnten Zeitalter hat man natürlich den Ursprung der Metapher als sprachlichem Prinzip wie auch als einer literarischen Anschauungs- und Anwendungsweise viel Aufmerksamkeit gewidmet. »Die Ontogenie wiederholt die Phylogenie«; und umgekehrt sind wir der Ansicht, daß sich die prähistorische Kulturgeschichte durch analytische Beobachtungen primitiver Gesellschaften und der Kinder rekonstruieren läßt. Laut Heinz Werner tritt die Metapher nur bei solchen primitiven Völkern wirkungsvoll in Erscheinung, die Tabus besitzen, also Gegenstände, deren »eigentliche« Bezeichnung nicht genannt werden darf.[31] Wir denken dabei sofort an die große Begabung der alten Juden, den unnennbaren Jehovah metaphorisch als Felsen, Sonne oder Löwen zu bezeichnen, dann aber auch an die Euphemismen unserer eigenen Gesellschaft. Offensichtlich machte jedoch die furchtbedingte Not nicht allein erfinderisch. Wir drücken auch das metaphorisch aus, was wir lieben, bei dem wir verweilen wollen, und was wir nachdenklich betrachten, um es von jedem Winkel und unter jeder Beleuchtung, in einem bestimmten Brennpunkt durch alle möglichen Dinge ähnlicher Art widergespiegelt zu sehen.

Wenden wir uns von der Motivation der sprachlichen und ritualen Metapher der Teleologie der dichterischen Metapher zu, dann müssen wir die Gesamtfunktion der schönen Literatur in Betracht ziehen. Analogie, doppelte Sicht, das sinnliche Bild, das Nicht-Wahrnehmbares offenbart, und die beseelende Projektion sind die vier Grundbestandteile unserer Auffassung der Metapher. Diese vier Elemente sind natürlich nie in gleichem Maße zusammen anwesend. Die Einstellung variiert von Land zu Land und von einer ästhetischen Periode zur andern. Nach Pongs ist die griechisch-römische Metapher fast ausschließlich auf die Analogie (einen quasi-rechtlichen Parallelismus) beschränkt, während das »Bild« eine ausgesprochen germanische Redefigur ist.[32] Eine derartige Gegenüberstellung der Kulturen läßt jedoch die italienische und französische Dichtung, besonders die von Baudelaire und Rimbaud bis zu Valéry, außer acht. Ein Gegensatz verschiedener Zeiten oder vorherrschender Lebensphilosophien würde eher überzeugen.

Jeder Periodenstil hat seine eigenen charakteristischen Figuren, die seiner Weltanschauung Ausdruck geben. Bei elementaren Figuren, wie z. B. der Metapher, besitzt jede Zeit auch eine für sie charakteristische, metaphorische Methode. Die klassizistische Dichtung wird zum Beispiel durch Gleichnis, Periphrase, schmückendes Beiwort, Epigramm und Antithese charakterisiert. Die überhaupt möglichen intellektuellen Positionen sind auf zwei oder drei reduziert, eine Vielheit wird nicht zugelassen. Häufig ist die dritte eine zentrale und vermittelnde Position zwischen zwei bezeichneten polaren Häresien:

> Some foreign writers, some our own despise,
> The ancients only, or the moderns, prize.

Die charakteristischen Figuren der Barockzeit sind Paradox, Oxymoron und Katachrese. Dies sind christliche, mystische und pluralistische Figuren. Die Wahrheit ist komplex, und es gibt viele Erkenntnisweisen, von denen jede ihre eigene Berechtigung besitzt. Bestimmte Arten der Wahrheit müssen durch Negation oder berechnete Verzerrungen dargestellt werden. Über Gott läßt sich anthropomorphisch sprechen, denn er schuf den Menschen nach seinem Ebenbild. Gleichzeitig aber ist er auch das transzendentale Andere. Daher kann in der barocken Religion die Wahrheit über Gott durch analoge Bilder ausgedrückt werden (das Lamm, der Bräutigam); sie läßt sich aber auch, wie in Vaughans »deep but dazzling darkness« (tiefes, doch blendendes Dunkel), durch Verkoppelung von Widersprüchen oder Gegensätzen zum Ausdruck bringen. Der klassizistische Geist liebt klare Unterscheidungen und vernunftgemäßes Fortschreiten, also metonymische Bewegungen von der Gattung zur Art oder vom Besonderen zu den Arten. Der barocke Geist beschwört zugleich ein Universum vieler Welten, die alle in unvorherbestimmbarer Weise miteinander verbunden sind.

Vom Standpunkt der klassizistischen Dichtungstheorie aus gesehen entsprechen die charakteristischen Figuren des Barock schlechtem Geschmack, »falschem Witz«. Sie sind entweder willkürliche Verdrehungen des Natürlichen und Vernünftigen oder falsche Akrobatenstücke. Historisch betrachtet sind sie rhetorisch-dichterischer Ausdruck einer pluralistischen Erkenntnistheorie und einer supernaturalistischen Ontologie.

Die »Katachrese« bietet hierfür ein interessantes Beispiel. Im Jahre 1599 übersetzt John Hoskyns den Begriff als »Mißbrauch« und bedauert, daß er »nun Mode geworden« sei. Er hält ihn für einen überspannten Ausdruck, »verwegener als eine Metapher«, und zitiert aus Sidneys *Arcadia* »a voice beautiful to his ears« als Beispiel für die verkehrte Anwendung eines visuellen Begriffs auf das Gehör. Alexander Pope (*Art of Sinking*, 1728) zitiert »mow a beard« (den Bart mähen) und »shave the grass« (das Gras rasieren) als Katachresen. George Campbell (*Philosophy of Rhetoric*, 1776) zitiert »beautiful voice« (schöne Stimme) und »melodious to the eye« (melodisch für das Auge) als katachretisches Paar, obgleich er zugesteht, daß »süß, ursprünglich wohlschmeckend, sich jetzt auf Geruch, Melodie oder auf eine Aussicht anwenden lasse«. Da Campbell der Überzeugung ist, daß die richtige Metapher »Gegenstände der Empfindung« gebraucht, um »Gegenstände reiner Erkenntnis« zu bezeichnen, so bedauert er, daß Sinnesgegenstände in Analogie zu anderen Sinnesgegenständen gesetzt werden. Vor kurzem definierte dagegen ein katholischer Rhetoriker (der barock-romantischen Geschmacksrichtung) die Katachrese als eine Metapher, die sich aus der Ähnlichkeit zweier physischer Gegenstände ergibt. Er besteht darauf, daß der Wert dieser Trope untersucht werde und führt Figuren wie »les perles de la rosée« und »il neige des feuilles« aus Victor Hugo als Beispiel an.[33]

Eine andere Art der Metapher, die von der barocken Sensibilität gebilligt, der klassizistischen aber als geschmacklos erschien, überträgt das Größere auf das Niedrigere; man kann sie als die verkleinernde und verniedlichende Metapher bezeichnen. Die »Sphären«, die bezeichnenderweise von der barocken Dichtung am meisten vermischt werden, sind die der natürlichen Welt und die der kunsthandwerklichen Welt des Menschen. Der Klassizismus, der sich bewußt war, daß die Kunst Nachahmung der Natur ist, hielt die Angleichung der Natur an die Kunst für krankhaft und verkehrt. So warnt z. B. Thomas Gibbons im Jahre 1767 vor gezierten und »phantastischen« Tropen und zitiert als Beispiele »die folgenden Beschreibungen der verschiedenen Stufen der Schöpfung: das Bossieren der Berge, Glasur der kleineren Meere, die durchbrochene Arbeit des weiten Ozeans und das Schnitzwerk der Felsen«.[34]

Einige Natur-Kunst-Metaphern bleiben zwar in der klassizistischen Dichtung erhalten, aber nur unter der Bedingung, daß die Metapher als überflüssiges Beiwort erscheint. Popes *Pastorals* und *Windsor Forest* bieten dafür Beispiele an: »Fresh rising blushes paint the watery glass« (frisch aufsteigende Röten malen das wäßrige Glas); »there blushing Flora paints th'enamelled ground« (dort malt die errötende Flora den emaillierten Boden). Aber im großen und ganzen war die Richtung eindeutig; und Dryden scheute sich 1681 nicht zu bekennen, daß er als Kind auch wie ein Kind gedacht habe: »Ich erinnere mich ... daß ich im Vergleich zu Sylvesters [Übersetzung von] Du Bartas' *[La Semaine]* den unnachahmlichen Spenser für einen mittelmäßigen Dichter hielt und vor Begeisterung außer mir war, als ich die folgenden Zeilen las:

> Now when the winter's keen breath began
> To chrystallize the Baltic ocean,
> To glaze the lakes, to bridle up the Floods,
> And periwig with snow the baldpate woods.«[35]

Der jugendliche Milton, der auch Du Bartas gelesen hatte, läßt seine »Nativity Ode« mit einem concetto der gleichen Art enden. T. S. Eliot nimmt die Tradition in den berühmten Anfangszeilen seines »Prufrock« wieder auf:

> When the evening is spread out against the sky
> Like a patient etherized upon a table ...

Die der dichterischen Praxis des Barocks unterliegenden Beweggründe lassen sich nicht so leicht wie die klassizistische Gegenreaktion auf ein Motiv zurückführen, es sei denn, man beruft sich einfach auf ihre große Einschließlichkeit, ihren Geschmack an Fülle statt Reinheit, an Polyphonie statt Monophonie. Speziellere Motive sind das Verlangen nach Überraschung und Erschütterung, das Vorbild der Menschwerdung Christi und das pädagogische Heimischmachen des Entfernten durch vertraute Analogien.

Wir haben bisher das Wesen der Bildlichkeit betrachtet und dabei besonders die Metonymie und Metapher betont. Wir haben dabei auch den zeit-stilistischen Charakter dieser Figuren angedeutet. Wir wenden uns jetzt Untersuchungen metaphorischer Bildlichkeit zu, die vielmehr literarkritisch als literarhistorisch sind.

Zwei allgemeine Untersuchungen metaphorischer Bildlichkeit, eine amerikanische und eine deutsche, verdienen besonders erwähnt zu werden.

1924 veröffentlichte Henry Wells eine Untersuchung über *Poetic Imagery*, die eine Typologie zu entwerfen versucht, deren Typen der elisabethanischen Literatur entnommen und hauptsächlich durch sie veranschaulicht werden. Reich an feinfühligen Einsichten und allgemeinen Hinweisen ist das Buch in bezug auf systematischen Aufbau jedoch weniger gelungen. Wells hält sein Schema für zeitlos. Es ist nicht nur auf die Elisabethaner, sondern auf alle Perioden anwendbar. Die von ihm in seinem Buch verfolgte Methode ist, wie er selbst sagt, nicht bewertend, sondern beschreibend. Die Grundlage seiner Untersuchung bildet die Anordnung von Figurengruppen, »wie sie auf einer aufwärtssteigenden Skala vom Niedrigsten oder nahezu Wörtlichen bis zum Phantasievollsten oder Impressionistischen erscheinen«; doch soll der Maßstab, der der Eigenheit und des Grades der Phantasietätigkeit, keinen direkten Einfluß auf die Bewertung dieser Figuren haben. Seine von ihm selbst so angeordneten sieben Bildtypen sind: der schmückende, der gesunkene, der gewaltsame (oder schwülstige), der radikale, der intensive, der expansive und der üppige Bildtyp. Diese Typen lassen sich vielleicht aufgrund historischer oder bewertender Andeutungen, die Wells selbst macht, vorteilhaft neu ordnen.

Die ästhetisch gröbsten Formen sind das Gewaltsame und das Schmückende, oder die »Metapher der Massen« und die kunsthandwerkliche Metapher. Das schmückende Bild, das in Sidneys *Arcadia* so häufig vorkommt, wird als »typisch elisabethanisch« beurteilt. Das gewaltsame Bild, das durch Kyd und andere Elisabethaner veranschaulicht wird, ist für eine frühere Kulturperiode charakteristisch. Da sich jedoch die meisten Menschen auf einer subliterarischen Ebene bewegen, so gehört es den subliterarischen Formen »jeder Periode« an; soziologisch macht das »Schwülstige« einen »großen und sozial wichtigen Bestandteil der Metapher« aus. Bei der Wertung der beiden Typen stellt Wells fest, daß ihnen »das notwendige subjektive Element« fehle, daß sie, wie die Katachrese, viel zu oft ein physisches Bild mit einem anderen verketten, anstatt »die äußere Welt der Natur auf die innere Welt des Menschen« zu beziehen. Außerdem durchdringen sich in der schmückenden wie auch in der gewaltsamen Metapher die Beziehungsbegriffe gar nicht, sondern bleiben voneinander getrennt und starr. Doch in den höchsten Formen der Metapher wirkt, wie Wells annimmt, jeder Begriff auf den anderen, ändert ihn, so daß ein dritter Begriff, eine neue Einsicht, durch diese Beziehung geschaffen wird.

Auf der nächst höheren Stufe der Skala erscheinen dann das üppige und das intensive Bild; ersteres ist eine feinere Version des gewaltsamen, letzteres eine feinere Version des schmückenden Bildes. Ins Auge fallende Entfaltungen der Kraft oder des Scharfsinns liegen jetzt hinter uns. Mit dem üppigen Bild erreichen wir historisch Marlowe, den ersten großen Elisabethaner, und die Vorromantiker Burns und Smart. Von diesem Bild sagt Wells, daß es »besonders in einem großen Teil früher Dichtung« hervorsteche. Es stellt »zwei weitgefaßte und schöpferisch wertvolle Begriffe nebeneinander«; es bringt zwei breite, glatte Oberflächen in direkten Kontakt miteinander. Anders ausgedrückt: diese Kategorie umfaßt lockere Vergleiche, Beziehungen, die auf einfachen Wertungskategorien beruhen. Burns dichtet:

> My love is like a red, red rose ....
> My love is like a melody
> That's sweetly played in tune.

Das einer schönen Frau, einer frischen roten Rose und einer gut gespielten Melodie gemeinsame Element ist ihre Schönheit und ihre Begehrtheit; in ihrer Art stellen sie alle das Beste dar. Nicht die rosigen Wangen machen die Frau einer Rose gleich, noch ähnelt sie durch ihre süße Stimme einer Melodie (Analogien dieser Art würden schmückende Bilder hervorbringen); ihre Ähnlichkeit zur Rose liegt nicht in der Farbe, in der Beschaffenheit oder der Form, sondern im Wert.[36]

Das intensive Bild ist für Wells ein deutlich sichtbares Bild von der Art, wie man sie mit den bunt ausgemalten Handschriften und den Festaufzügen des Mittelalters verbindet. In der Dichtung ist es das Bild Dantes und in der englischen Dichtung das Bild Spensers. Dieses Bild ist nicht nur klar, sondern auch, was vielleicht daraus folgt, diminutiv und graphisch dargestellt: Dantes Hölle z. B., nicht die Hölle Miltons. »Derartige Metaphern bezeichnet man öfter als andere als Embleme oder Symbole.« Die Festzugsfiguren im »Lycidas« – Camus mit seinem haarigen Mantel und seiner Mütze aus Schilfgras, der heilige Petrus mit seiner Mitra und den zwei Schlüsseln — sind auch intensive Bilder. Es sind »Zunft«-Bilder. Zu Miltons Zeiten besaßen »Hirtendichtung« und »Elegie« einen festen Bestand an Motiven und Bildern; denn es gibt einen festen Bestand an Bildern wie auch eine konventionelle »poetische Diktion«. Ihr traditioneller und institutioneller Charakter, ihre enge Beziehung zu den visuellen Künsten und symbolischen Zeremonien veranlassen den kulturhistorisch denkenden Wells, das intensive Bild mit konservativer Religion, dem Mittelalterlichen, dem Priesterlichen und Katholischen zu verknüpfen.

Die drei höchsten Klassen sind das Gesunkene, das Radikale und das Üppige (die wohl in ansteigender Reihenfolge gesehen werden sollten). Kurz, das Gesunkene ist das Bild der klassizistischen Dichtung; das Radikale das Bild der metaphysischen Dichter, vornehmlich das Donnes, und das Üppige ist vor allem das Bild Shakespeares, Bacons, Brownes und Burkes. Der diesen drei Typen gemeinsame

Nenner, das Zeichen ihrer gemeinsamen Höhe ist ihr spezifisch literarischer Charakter (ihr Sich-Sträuben gegen bildliches Sichtbarmachen), ihre »Innenhaftigkeit« (metaphorisches Denken), die gegenseitige Durchdringung der Begriffe (ihre fruchtbare, zeugende Verbindung).

Das gesunkene Bild, das nicht mit dem verblaßten oder abgenutzten Bild verwechselt werden darf, hält sich »unterhalb der vollen Sichtbarkeit«; es deutet das sinnlich Konkrete an, ohne es in bestimmter Form zu projizieren oder zu erhellen. Durch das Fehlen von Obertönen eignet es sich besonders für Gedankendichtung. Das elisabethanische Beispiel ist Samuel Daniel, der die von Wordsworth und Thoreau bewunderten Verse schrieb:

> unless above himself he can
> Erect himself, how poor a thing is man!

Doch Shakespeare ist der Meister dieses Bildes. Im *Lear* sagt Edgar:

> Dulden muß der Mensch
> Sein Scheiden aus der Welt, wie seine Ankunft;
> Reif sein ist alles.

»Reif sein« ist ein gesunkenes Bild, vermutlich den Obstgärten oder Fluren entnommen. Es deutet die Analogie zwischen der Unvermeidlichkeit des natürlichen Vegetationszyklus und dem Lebenszyklus an. Die Klassizisten könnten einige von Shakespeares gesunkenen Bildern als »gemischt« anführen:

> O how can summer's honey breath hold out
> Against the wreckful siege of battering days.

> Ach, wie soll Sommers süßer Hauch bestehn
> In dem Zerstörungskampf der vielen Tage.

Diese Zeilen erfordern eigentlich eine sorgfältige analytische Erörterung; denn sie häufen Figur auf Figur: »Tage« wird metonymisch für Zeit oder Zeitalter gebraucht, beide werden dann metaphorisch als Belagerer einer Stadt gesehen, die versuchen, sie durch Sturmböcke einzunehmen. Wer oder was macht den Versuch — wie die Stadt oder der Herrscher der Stadt — diesem Angriff »standzuhalten«? Es ist die Jugend, metaphorisch als Sommer, oder genauer, als der süße Duft des Sommers ausgedrückt: der Duft der Sommerblumen ist für die Erde, was der süße Atem für den menschlichen Körper ist, ein Teil oder ein Attribut des Ganzen. Versucht man, die

Belagerung der Stadt und den Atem in ein Bild sauber zusammenzufassen, so bleibt man stecken. Das Aufeinanderfolgen der Figuren ist ungemein schnell und deshalb elliptisch.[37]

Das radikale Bild — vielleicht so genannt, weil seine Begriffe sich eher an den Wurzeln auf einem unsichtbaren logischen Grund, als letzte Ursache treffen, als durch nebeneinandergestellte offensichtliche Oberflächen — ist das Bild, dessen Anschauungssphäre »undichterisch« scheint, entweder weil sie zu häuslich und utilitarisch oder weil sie zu technisch, wissenschaftlich und gelehrt ist. Das radikale Bild übernimmt etwas als metaphorische Anschauungssphäre, was keine klar erkennbaren gefühlsmäßigen Assoziationen besitzt, was in einem abstrakten oder praktischen Sinn zur Prosadarstellung gehört. Deshalb gebraucht auch Donne in seiner religiösen Dichtung viele Figuren aus »le géomêtrie enflammé«. Außerdem verwendet er im »First Anniversary« eine pseudo-medizinische Figur, die, mit Ausnahme der spezifizierten Überschneidung ihrer Begriffe, in gerade die falsche (d. h. bedeutungsverschlechternde) Richtung weist:

> But as some serpents' poison hurteth not
> Except it be from the live serpent shot,
> So doth her virtue need her here, to fit
> That unto us; she working more than it.

Dies ist wahrscheinlich ein besonderes Beispiel eines radikalen Bildes. Ein deutlicheres und weniger ausgefallenes Beispiel wäre die Figur des Zirkels in Donnes »Valediction: Forbidding Mourning«. Doch radikale Bilder können, wie Wells feinsinnig bemerkt, aus solch romantisch-suggestiven Bilderbereichen wie Berge, Flüsse und Meere abgeleitet werden, wenn man sich eine »analytische Methode« aneignet.[38]

Schließlich gibt es noch das expansive (oder umgreifende) Bild, das der Bezeichnung nach mit dem intensiven Bild durch Gegensatz verbunden ist. Ist das Intensive eine mittelalterliche und kirchliche Figur, so ist das Expansive die Figur eines prophetischen und progressiven Denkens, die Figur »starker Leidenschaft und ursprünglicher Betrachtung«, welche in den umfassenden, philosophischen und religiösen Metaphern Burkes, Bacons und vornehmlich Shakespeares gipfelt. Das expansive Bild wird als ein Bild definiert, in dem jeder Begriff der Einbildungskraft weite Aussichten eröffnet, wo jeder Begriff den andern stark verändert. »Gegenseitige Beeinflussung« und »Durchdringung«, die der modernen Dichtungstheorie zufolge die Zentralformen dichterischer Tätigkeit bilden, kommen am häufigsten in der expansiven Metapher vor. Wir bringen Beispiele aus *Romeo und Julia:*

> doch wärst du fern
> Wie Ufer, von dem fernsten Meer bespült,
> Ich wagte mich nach solchem Kleinod hin.

und aus *Macbeth:*

> Das Licht wird trübe;
> Zum dampfenden Wald erhebt die Kräh' den Flug;
> Die Tagesdinge schläfrig niederkauern.

Mit den letzten Zeilen vermittelt Shakespeare die »metaphorische Atmosphäre für ein Verbrechen«, die sich dadurch, daß sie die Nacht und das dämonisch Böse, Licht und Güte parallel setzt, in eine expansive Metapher verwandelt. Doch geschieht das nicht in offensichtlicher und allegorischer Weise, sondern mit Hilfe des suggestiv Besonderen und sinnlich Konkreten: »Das Licht wird trübe«; die Dinge »kauern schläfrig nieder«. Das poetisch Unbestimmte und das poetisch Bestimmte vereinigen sich in der Zeile »die Tagesdinge schläfrig niederkauern«. Während wir die Zeile aufmerksam lesen, wirken Subjekt und Prädikat nach vorn und zurück aufeinander ein. Beginnen wir mit dem Verbum, so fragen wir, welche Art Dinge — Vögel, Tiere, Menschen, Blumen — schläfrig niederkauern? Und wenn wir dann die abstrakte Bezeichnung des Subjekts bemerken, dann wundern wir uns, ob das Verbum metaphorischer Ausdruck für »nicht mehr wachen« und »furchtsam zittern vor der Macht des Bösen« ist.[39]

Rhetoriker wie Quintilian haben der Unterscheidung zwischen einer Metapher, die Lebloses belebt, und jener, die Belebtes leblos macht, schon viel Bedeutung zugemessen; aber sie stellen diese Unterscheidung als eine der verschiedenen rhetorischen Mittel dar. Bei Pongs aber, unserem zweiten Typologen, wird sie zum großartigen Gegensatz zwischen polaren Haltungen, dem Gegensatz zwischen mythischer Einbildungskraft, welche die Persönlichkeit auf die äußere Welt der Dinge projiziert, die Natur beseelt und belebt, und dem entgegengesetzten Typ der Einbildungskraft, der seinen Weg in das Fremde einfühlt, der sich selbst entseelt und entsubjektiviert. Alle Möglichkeiten figurativen Ausdrucks werden durch diese beiden Pole, den subjektiven und objektiven, erschöpft.[40]

Erstere nannte Ruskin »pathetic fallcay«; wenn wir uns vorstellen, daß sie hinauf bis zu Gott und hinab bis zum Baum und Stein angewandt wird, so können wir sie wohl als die anthropomorphische Einbildungskraft bezeichnen.[41] Ein Kenner des mystischen Symbolismus bemerkt, daß es drei Allgemeintypen irdischer Vereinigung gebe, durch die das höchste mystische Erlebnis symbolisch ausgedrückt werden kann: 1. Die Vereinigung zwischen leblosen Gegenständen (physikalische Mischungen und chemische Verbindungen: die Seele im Feuer Gottes als Funke, Holz, Wachs und Eisen; Gott als Wasser auf dem Grund der Seele oder als Ozean, in den der Fluß der Seele fließt); 2. Vereinigungen, die in der Art und Weise dargestellt werden, in welcher der Körper die für sein Leben wesentlichen Elemente aufnimmt: »In der Heiligen Schrift wird Gott durch jene besonderen Dinge dargestellt, denen wir uns selbst nicht völlig entziehen können — Licht und Luft, die durch jeden Spalt eindringen, und Wasser, das wir alle in dieser oder jener Form täglich aufnehmen.«[42] So ist denn für alle Mystiker der Welt Gott Nahrung und Trunk der Seele, ihr Brot, Fisch, Wasser, Milch und Wein; 3. Menschliche Verwandtschaftsbeziehungen — die von Vater und Sohn, von Mann zu Frau.

Die beiden ersten werden von Pongs dem zweiten Haupttyp metaphorischer Intuition, dem der Einfühlung, zugeordnet, die wiederum in das »Mystische« und »Magische« untergeteilt wird. Die mystische Metapher haben wir mehr am Beispiel der Mystiker als durch die Dichter veranschaulicht. Unorganische Elemente werden symbolisch behandelt, nicht als bloße Begriffe oder begriffliche Analogien, sondern als Repräsentationen, die auch als Präsentationen gelten.

Die magische Metapher wird im Sinne des Kunsthistorikers Worringer als »Abstraktion« aus der Welt der Natur gedeutet. Worringer untersuchte die Kunst Ägyptens, Byzanz' und Persiens, eine Kunst, die »die organische Natur, den Menschen eingeschlossen auf lineargeometrische Formen reduziert und häufig die organische Welt überhaupt zugunsten einer Welt reiner Linien, Formen und Farben aufgibt«. ». . . das Ornament hebt sich nun . . . ab« als etwas, »das dem Flusse des Lebens nicht folgt, sondern starr entgegentritt.« . . . »Man will nicht täuschen, sondern beschwören.« »Ornament ist . . . etwas Zeitentrücktes, reine, gefestigte, verharrende Ausdehnung.«[43]

Die Anthropologen finden Animismus und Magie in primitiven Kulturen. Der Animismus sucht personifizierte Geister — die Toten, Gott — zu erreichen, sie zu versöhnen, zu überreden und sich mit ihnen zu vereinigen. Die Magie, eine Vorform der Naturwissenschaft, untersucht die sich in den Dingen äußernden Machtgesetze:

heilige Worte, Amulette, Rute und Zauberstab, Bilder, Reliquien. Es gibt weiße Magie — die der christlichen Kabalisten wie Cornelius Agrippa und Paracelsus — und schwarze Magie, die der bösen Menschen; aber für beide wesentlich ist der Glaube an die Macht der Dinge. Durch das Schaffen von Bildern berührt sich die Magie der Kunst. Die westliche Tradition verbindet den Maler und den Bildhauer mit der Geschicklichkeit des Handwerkers, mit Hephaistos und Dädalus, mit Pygmalion, der dem Bild Leben einhauchen kann. In der Ästhetik der Märchen- und Sagenwelt ist der Schöpfer von Bildern entweder ein Zauberer oder ein Magiker, während der Dichter der Inspirierte, der Besessene und der schöpferisch Wahnsinnige ist.[44] Der primitive Dichter kann jedoch Zaubersprüche und Beschwörungsworte dichten, und der moderne Dichter kann, wie z. B. Yeats, die magische Verwendung von Bildern, wörtlichen Bildern, als ein Mittel beim Gebrauch magisch-symbolischer Bilder in seiner eigenen Dichtung übernehmen.[45] Die Mystik schlägt die entgegengesetzte Richtung ein: hier ist das Bild ein Symbol, das durch einen geistigen Zustand bewirkt wird; es ist ein expressives, aber kein kausatives Bild. Es ist für den betreffenden Zustand nicht unbedingt nötig, da die gleiche geistige Verfassung sich auch in anderen Symbolen ausdrücken kann.[46]

Die mystische und die magische Metapher wirken beide entseelend. Sie laufen der eigenen Projektion des Menschen in die nichtmenschliche Welt entgegen; sie rufen die »andere« Welt herbei — die unpersönliche Welt der Dinge, Monumentalkunst, das physikalische Gesetz. Blakes »Tiger« ist eine mystische Metapher; Gott oder ein Aspekt Gottes ist ein Tiger (weniger als der Mensch, mehr als der Mensch); der Tiger wiederum (und durch den Tiger sein Schöpfer) wird im Sinne eines in großer Hitze geschmiedeten Metalls verstanden. Der Tiger ist kein Tier aus der natürlichen Welt des Zoos, ein Tiger, den Blake vielleicht im Tower zu London gesehen hat, sondern ein visionäres Geschöpf, Symbol ebenso wie Ding.

Der magischen Metapher fehlt diese Transparenz. Sie hat den Blick der Medusa, die das Lebendige in Stein verwandelt. Pongs zitiert Stefan George als den Vertreter einer solch magischen Haltung, dieses Verlangens, das Lebendige zu versteinern: »So ist es nicht der natürliche Impuls überströmenden Beseelens, aus dem sich Georges gestaltgebende Vergeistung bildet, sondern von Anbeginn an gewaltsames Vertoten der Natur, ein Negieren des Lebendigen, eine gewollte ›Entfremdung‹ als die Grundformel für die Bereitung der inneren magischen Welt.«[47]

In der englischen Dichtung bemühen sich Emily Dickinson und Yeats, jeder auf seine Weise, um diese entseelende, diese anti-mystische Metapher: Emily Dickinson, wenn sie das Gefühl des Todes und das Erlebnis der Auferstehung vermitteln will. Dann beschwört sie gern die Erfahrung des Sterbens, des Steif- und Starrwerdens. »Es war nicht der Tod«, sondern es war

As if my life were shaven
And fitted to a frame,
And could not breathe without a key . . .

How many times these low feet staggered,
Only the soldered mouth can tell;
Try! can you stir the awful rivet?
Try! can you lift the hasps of steel?[48]

Yeats erreicht das Äußerste an magischer Dichtung in »Byzantium« (1930). Im Gedicht »Sailing to Byzantium« von 1927 hatte er bereits die Welt biologischen Lebens »the young in one another's arms« (die Jungen, einander in den Armen) . . . »the mackerel-crowded seas« (das makrelenwimmelnde Meer) der Welt byzantinischer Kunst gegenübergestellt, in der alles fest, streng und unnatürlich ist, die Welt »goldnen Mosaiks« (gold mosaic) und »goldnen Emails« (gold enamelling). Biologisch gesehen ist der Mensch »ein sterbendes Tier« (dying animal); seine Hoffnung auf Überleben liegt darin, daß er »in das Kunstwerk der Ewigkeit aufgenommen« wird (»gather me / Into the artifice of eternity«), um nie wieder lebendige Gestalt irgendeines natürlichen Dings« (»Bodily form from any natural thing«) anzunehmen, sondern um ein Kunstwerk zu werden, ein goldner Vogel auf goldnem Zweig. »Byzantium« ist, von einem Standpunkt aus gesehen, eine gedrängt geschriebene Illustration von Yeats' »System«, von einem anderen, spezifisch literarischen Standpunkt aus aber eine Struktur sich eng aufeinander beziehender nicht-natürlicher Bilder, wobei das Ganze so etwas wie ein vorgeschriebenes Ritual oder eine Liturgie darstellt.[49]

Pongs Kategorien, die wir recht frei wiedergegeben haben, besitzen das besondere Merkmal, den dichterischen Stil auf die Weltanschauung zu beziehen.[50] Obgleich in jedem Periodenstil verschiedenartige Versionen dieser Kategorien gesehen werden, so sind sie im wesentlichen zeitlos, abwechselnde Arten des Sehens und Reagierens auf das Leben. Alle drei jedoch liegen außerhalb des Bereiches, der oft als modernes Denken bezeichnet wird, d. h. außerhalb des Rationalismus, Naturalismus, Positivismus und der Naturwissenschaft. Eine derartige Einteilung der Metapher deutet daher an, daß der Dichter den vorwissenschaftlichen Denkweisen treu geblieben ist. Der Dichter bewahrt sich die belebende Vision des Kindes und des primitiven Menschen, den Archetyp des Kindes.[51]

In den letzten Jahren hat man häufig besondere Dichter oder sogar bestimmte Gedichte und Stücke im Hinblick auf ihre symbolischen Bilder untersucht. In solch »praktischer Kritik« werden die Voraussetzungen des Kritikers wieder wichtig. Wonach sucht der Kritiker? Analysiert er den Dichter oder das Gedicht?

Es gilt zwischen Untersuchungen der Bereiche, denen die Bilder entnommen sind, zu unterscheiden (die, wie MacNeice meint, »eigentlich eher den Stoff des Gedichts untersuchen[52]) und Untersuchungen »der Art und Weise«, in der Bilder gebraucht werden, der Art der Verwandtschaftsbeziehungen zwischen »Begriff« und »Anschauungsphäre« (der Metapher). Die meisten Monographien über die Bilderwelt eines bestimmten Dichters (wie z. B. Rugoffs *Donne's Imagery*) gehören zur ersten Gruppe. Sie verzeichnen und wägen die Interessen eines Dichters ab, indem sie seine Metaphern sammeln und auf die Gebiete der Natur, der Kunst, der Industrie, der Natur- und Geisteswissenschaften, der Stadt und des Landes verteilen. Auch die Themen und Gegenstände, die den Dichter zur Metapher zwingen, lassen sich klassifizieren, wie z. B. Frauen, Religion, Tod oder Flugzeuge. Sinnvoller aber als diese Einteilung ist die Entdeckung groß angelegter Entsprechungen, psychischer Wechselbeziehungen. Aus der Tatsache, daß sich zwei Sphären wiederholt gegenseitig heraufbeschwören, läßt sich vielleicht schließen, daß ihre tatsächliche gegenseitige Durchdringung in der schöpferischen Psyche des Dichters stattfindet. So wird in Donnes »Songs and Sonnets«, seinen Gedichten über irdische Liebe, der metaphorische Kommentar beständig aus der himmlischen Liebe der katholischen Glaubenswelt übernommen; auf die sexuelle Liebe verwendet er die katholischen Begriffe der Ekstase, der Heiligsprechung, des Martyriums und der Reliquien, während er in einigen seiner »Holy Sonnets« Gott in leidenschaftlich erotischen Bildern anspricht:

> Yet dearly I love you, and would be loved fain
> But I am betrothed unto your enemy.
> Divorce me, untie, or break that knot again,
> Take me to you, imprison me, for I
> Except you enthrall me, never shall be free,
> Nor ever chaste, except you ravish me.

In dem gegenseitigen Austausch zwischen dem Bereich des Geschlechts und der Religion kommt zum Ausdruck, daß das Geschlecht eine Form der Religion und die Religion eine Form der Liebe ist.

Eine Gruppe von Untersuchungen betont den Selbstausdruck, die Offenbarung der Psyche des Dichters durch seine Bilderwelt. Eine solche Untersuchung setzt voraus, daß die Bilder des Dichters wie Traumbilder sind, d. h. nicht kontrolliert durch Vorsicht oder Schamgefühl. Die Bilder des Dichters sind nicht offene Aussagen, aber da sie als Illustrationen angeboten werden, erwartet man, daß sie seine wirklichen Interessenzentren verraten. Doch ist es fraglich, ob ein Dichter jemals seinen Bildern wirklich so unkritisch gegenübersteht.[53]

Ebenso falsch ist eine andere Voraussetzung, daß nämlich der Dichter wörtlich wahrgenommen haben muß, was immer er sich vorstellen kann (kraft derer Gladys Wade in ihrer Untersuchung Trahernes, dessen frühes Leben rekonstruiert).[54] Laut Dr. Johnson glaubte eine Verehrerin von Thomsons Gedichten, daß sie dessen Geschmack aus seinen Werken erkenne: Sie könne aus seinem Werk drei Elemente seines Charakters erschließen: daß er ein großer Liebhaber, ein guter Schwimmer und ein strenger Abstinenzler sei; sein (Vertrauter) Savage aber sagte von ihm, er kenne keine Liebe als die des Geschlechts, er sei vielleicht nie in seinem Leben im kalten Wasser gewesen und er erlaube sich jeden Luxus, dessen er habhaft werden könne.

Ihre Auffassung von des Dichters persönlichen Charakteristiken und Gewohnheiten war geradezu lächerlich unzutreffend. Man kann auch nicht argumentieren, daß der Mangel an metaphorischen Bildern einem Mangel an Interesse gleichkomme. In Waltons Donne-Biographie gibt es unter den elf Figuren nicht ein einziges Bild vom Fischen. Die Dichtung Machauts, ein Komponist aus dem 14. Jahrhundert, verwendet keine der Musik entnommene Trope.[55]

Die Annahme, daß die Bilderwelt eines Dichters wesentlicher Beitrag seines Unbewußten sei und daß darin deshalb der Dichter als Mensch und nicht als Künstler spreche, läßt sich wiederum auf fließende, nicht gerade konsequente Vermutungen über die Frage, wie »Aufrichtigkeit« erkannt werden könne, zurückführen. Auf der einen Seite steht die weit verbreitete Ansicht, daß ein auffallendes Bild erdacht und deshalb unaufrichtig sein müsse. Ein Mensch, der wirklich gerührt sei, drücke sich entweder in einer einfachen unbildlichen Sprache oder in banalen, verblaßten Figuren aus. Daneben aber wird jedoch die entgegengesetzte Meinung vertreten, daß die abgegriffene Figur, welche geläufige Reaktionen hervorruft, ein Zeichen der Unaufrichtigkeit sei, ein Zeichen dafür, daß man sich mit einer groben Annäherung an das Gefühl anstatt mit einer genauen Aussage begnüge. Doch hier wird der Mensch im allgemeinen mit dem dichterischen Menschen verwechselt, der sprechende mit dem schreibenden Menschen oder vielmehr der sprechende Mensch mit Gedichten. Die gewöhnliche Redlichkeit eines Menschen und abgedroschene Bilder sind durchaus vereinbar. Was nun die »Aufrichtigkeit« im Gedicht betrifft, so scheint der Begriff nahezu ohne jeden Sinn. Ein aufrichtiger Ausdruck wovon? Ausdruck des gefühlsmäßigen Zustandes, dem es entsprang? Oder jenes Zustandes, in dem das Gedicht geschrieben wurde? Oder aufrichtiger Ausdruck des Gedichts, d. h. der sprachliche Bau, wie er sich im Geiste des Autors formt, während er schreibt? Ganz sicher trifft hier das letztere zu: das Gedicht ist aufrichtiger Ausdruck des Gedichts.

Die Bilderwelt eines Dichters ist die Offenbarung seines Selbst. Wie wird aber dieses Selbst definiert? Mario Praz und Lilian H. Hornstein machen sich über Caroline Spurgeons Shakespeare, den durchschnittlichen Engländer des 20. Jahrhunderts, lustig. Wir können annehmen, daß dieser große Dichter unsere »allgemeine Menschlichkeit« teilt.[56] Wir brauchen keinen Bilder-Schlüssel zu seinen Schriften, um das zu erfahren. Wenn der Wert von Bilduntersuchungen darin liegt, etwas Verborgenes zu enthüllen, so ermöglichen es diese vermutlich, irgendwelche privaten Zeichen zu entziffern, das Geheimnis von Shakespeares Herz aufzuschließen.

Anstatt Shakespeares allgemeine Menschlichkeit in seinen Bildern zu entdecken, sehen wir uns in einem solchen Falle einer Art Geheimbericht über seine seelische Gesundheit während der Arbeit an einem bestimmten Stück gegenüber. So sagt Caroline Spurgeon über *Troilus* und *Hamlet:* »Wäre es uns nicht auch aus anderen Gründen bekannt, so könnten wir gewiß aus der Ähnlichkeit und Kontinuität der Symbolik in diesen beiden Dramen schließen, daß sie kurz hintereinander geschrieben wurden, und zwar zu einer Zeit, als der Autor von Enttäuschungen, Sinnesänderungen und Unruhe bis zu einem solchen Grad geplagt wurde, daß wir ähnliches mit gleicher Intensität nirgendwo sonst bei ihm finden.« Hier nimmt also Caroline Spurgeon an, daß die bestimmte Ursache für Shakespeares Enttäuschung nicht festzustellen ist, *Hamlet* aber diese Enttäuschung zum Ausdruck bringe und sie deshalb Shakespeares eigene Enttäuschung sein müsse.[57] Shakespeare hätte kein so großartiges Drama schreiben können, wenn er nicht aufrichtig gewesen wäre, d. h. hätte er nicht aus einer bestimmten Stimmung heraus geschrieben. Eine derartige Auffassung läuft der Ansicht über Shakespeare zuwider, wie sie von E. E. Stoll und anderen vorgebracht wird, die seine Kunst, seine Dramaturgie und seine geschickten Vorkehrungen für neue und bessere Stücke innerhalb einer Konvention vorhergehender Erfolge betonen: z. B. *Hamlet* als Nachfolger der *Spanish Tragedy;* das *Wintermärchen* und der *Sturm* als entsprechende Stücke eines mit Beaumont und Fletcher konkurrierenden Theaters.

Aber nicht alle Analysen dichterischer Bilder wollen in die Geheimnisse des Dichters eindringen und seine innere Biographie verfolgen. Sie können sich auch auf ein wichtiges Element in der Gesamtbedeutung des Stückes konzentrieren, auf das, was Eliot »das Gefüge unterhalb der Handlungs- und Charakterschicht« nennt.[58] In ihrem Aufsatz von 1930, »Leading Motives in the Imagery of Shakespeares Tragedies« interessiert sich Caroline Spurgeon in erster Linie für die Definition eines Bildes oder einer Bildgruppe, die, in einem bestimmten Stück vorherrschend, tonangebend wirkt. So entdeckt sie bei ihrer Analyse des Hamlet Krankheitsbilder, wie z. B. Geschwüre, Krebs, im *Troilus* Nahrungs- und Verdauungsbilder, im *Othello* Bilder »von wilden Tieren, die sich gegenseitig auffressen . . .« Spurgeon bemüht sich nachzuweisen, wie dieser Unterbau eines Stückes auf seine Gesamtbedeutung einwirkt. Im *Hamlet* deutet das Krankheitsmotiv Hamlets Schuldlosigkeit und die Fäulnis des ganzen Staates Dänemark an. Der positive Wert ihrer Arbeit liegt in der Suche nach subtileren Formen literarischer Bedeutung als ideologische Verallgemeinerungen und einfacher Handlungsaufbau es sind.

Die anspruchsvolleren Bilduntersuchungen von Wilson Knight gehen zunächst von Middleton Murrys hervorragenden Stellen über Shakespeares Bildwelt aus (in *The Problem of Style,* 1922). Knights frühere arbeiten (z. B. *Myth and Miracle,* 1929, und *The Wheel of Fire,* 1930) beschäftigen sich ausschließlich mit Shakespeare. In späteren Bänden wird die Methode jedoch auch auf andere Dichter angewandt, z. B. auf Milton, Pope, Byron, Wordsworth.[59] Die früheren Veröffentlichungen, zweifellos die besten, halten sich an die einzelnen Stücke; sie untersuchen jedes nach seiner symbolischen Bildwelt, widmen bildlichen Gegensätzen wie »Stürme« und »Musik« besondere Aufmerksamkeit, aber beobachten auch sehr fein die stilistischen Unterschiede von einem Stück zum anderen wie auch innerhalb der einzelnen Stücke. In den späteren Büchern werden gewisse Übertreibungen eines »Enthusiasten« spürbar. Knights Auslegung von Popes *Essay on Criticism* und *Essay on Man* läßt ganz unbekümmert die Frage außer acht, was die »Ideen« in jenen Gedichten historisch für Pope und seine Zeitgenossen bedeutet haben könnten. Neben diesem Mangel an historischer Perspektive schadet Knight sein Hang zum »Philosophieren«. Die von ihm aus Shakespeare und anderen abgeleitete »Philosophie« ist weder original, noch klar, noch komplex. Sie läuft auf die Versöhnung zwischen Eros und Agape, zwischen Ordnung und Trieb und weiteren ähnlichen Gegensatzpaaren hinaus. Da alle »echten« Dichter letztlich die gleiche »Botschaft« bringen, kann man sich, nachdem man jede von ihnen entziffert hat, nicht ganz des Gefühls der Sinnlosigkeit erwehren. Dichtung ist eine »Offenbarung«; aber was offenbart sie?

Ebenso feinsinnig wie die Arbeiten Knights, jedoch wesentlich ausgewogener sind die von Wolfgang Clemen, dessen Buch *Shakespeares Bilder*[60] das Versprechen seines Untertitels einhält, daß es nämlich die Entwicklung und die Funktionen der Bilder untersuchen werde. Indem er lyrische und epische Bilder als Gegensätze heranzieht, besteht Clemen auf dem eigentlich dramatischen Wesen der Shakespeareschen Stücke: in seinem reifen Werk ist er nicht »der Mensch« Shakespeare, sondern Troilus, der im Drama metaphorisch in den Begriffen ranziger Speise denkt. In einem Stück wird »jedes Bild . . . von einer bestimmten Person benutzt«. Clemen hat die Gabe, die rechten methodischen Fragen zu stellen. So fragt er zum Beispiel in einer Analyse des *Titus Andronicus*:, »Bei welchen Anlässen gebraucht Shakespeare Bilder? Besteht ein Zusammenhang zwischen Bildergebrauch und Anlaß? Welche Funktion haben die Bilder?«

In bezug auf den *Titus* findet er auf diese Fragen nur negative Antworten. Im *Titus* sind die Bilder spasmodisch und ornamental; doch von da aus kann man die Entwicklung Shakespeares zum Gebrauch der Metapher als »stimmungsmäßiger Untermalung des Geschehens« und als einer »ganz ursprünglichen Form der Wahrnehmung«, d. h. zu metaphorischem Denken verfolgen. Clemen macht bewunderungswürdige Beobachtungen über die »abstrakte Metaphorik« der mittleren Periode Shakespeares (mit ihrer »unbildlichen Bildlichkeit«, die Wells' gesunkenen, radikalen und expansiven Bildtypen entspricht). Da er aber eine Monographie über einen bestimmten Dichter schreibt, bringt er seinen Typus erst dann, wenn er in Shakespeares Entwicklung auftritt. Und obschon seine Monographie eine Entwicklung und die »Perioden« des Shakespeareschen Werkes untersucht, ist sich Clemen doch immer bewußt, daß er die »Perioden« der Dichtung und nicht die des weitgehend hypothetischen Lebens des Dichters untersucht.

Wie das Metrum sind die Bilder eine Strukturebene eines Gedichts. Im Sinne unseres Schemas sind sie ein Teil der syntaktischen oder stilistischen Schicht. Sie dürfen nicht von den anderen Schichten gesondert betrachtet werden, sondern man muß sie als ein Element in der Gesamtheit, der Ganzheit des literarischen Kunstwerks verstehen.

16. Erzählende Dichtung: Eigenart und Darstellungsweisen

Die literarische Theorie und Kritik des Romans ist nach Quantität und Qualität der Theorie und Kritik der Versdichtung weit unterlegen. Als Grund dafür wird für gewöhnlich das Alter der Dichtkunst und die verhältnismäßige Neuheit des Romans angeführt. Aber diese Erklärung genügt nicht. Der Roman als Kunstform ist eine Form der »Dichtung«; er ist in seiner hohen Form der moderne Abkomme des Epos, das, zusammen mit dem Drama, eine der beiden Großformen von Dichtung darstellte. Man möchte eher vermuten, daß die Gründe in der weitverbreiteten Assoziation des Romans mit Unterhaltung, Vergnügen und Flucht in eine Welt der Phantasie anstatt mit ernster Kunst liegen, d. h. in der Verwechslung großer Romane mit Fabrikaten, die in Gedanken an den Absatzmarkt verfaßt werden. Die von Pädagogen verbreitete amerikanische Auffassung, daß das Lesen nicht-erzählender Dichtung lehrreich und verdienstvoll, das erzählender Dichtung schädlich oder zumindest zuchtlos sei, steht zum Teil sogar hinter der Einstellung zum Roman seitens repräsentativer Kritiker wie James Russel Lowell und Matthew Arnold.

Es besteht jedoch auch die entgegengesetzte Gefahr, den Roman in falscher Weise ernst zu nehmen, nämlich als ein Dokument oder als Patientendossier, als — was der Roman gelegentlich zu dem ihm eigenen Zweck der Illusion zu sein vorgibt — eine Konfession, eine wahre Geschichte, als die Geschichte eines Lebens und seiner Zeit. Die Literatur muß immer unsere Anteilnahme erwecken; sie muß immer eine Struktur und einen ästhetischen Zweck, einen Gesamtzusammenhang und eine Wirkung haben. Sie muß selbstverständlich in erkennbarer Beziehung zum Leben stehen, aber diese Beziehungen können sehr mannigfaltiger Art sein: das Leben kann überhöht oder die Dichtung kann als Burleske oder als Gegenteil des Lebens gesehen werden; in jedem Falle ist sie eine auf bestimmte Weise zweckvolle Auswahl aus dem Leben. Wir brauchen ein von der Literatur unabhängiges Wissen, um bestimmen zu können, welcher Art die Beziehung eines bestimmten Werkes zum »Leben« sein mag.

Aristoteles beschrieb die Dichtung (d. i. Epik und Drama) als der Philosophie näher stehend als der Geschichte. Diese Aussage regt immer wieder zum Nachdenken an. Es gibt die Wahrheit der Tatsachen, Wahrheit der besonderen Einzelheiten von Zeit und Raum — historische Wahrheit im engen Sinne. Vom Standpunkt der so verstandenen Geschichte und von dem der Philosophie aus gesehen ist Literatur eine »Fiktion«, eine Lüge. Das Wort »Fiktion« bewahrt noch diesen alten platonischen Vorwurf gegenüber der Literatur, auf den Sir Philip Sidney und Dr. Johnson entgegnen, die Literatur habe niemals vorgegeben, in jenem Sinne wahr zu sein;[1] und indem es diesen Überrest des alten Vorwurfs der Täuschung behalten hat, kann es immer noch den ernsten Romanschriftsteller irritieren, der sich wohl bewußt ist, daß Dichtung weniger befremdlich und stärker repräsentativ ist als die Wahrheit.

Wilson Follett macht die sehr feine Bemerkung über Defoes Erzählung von Mrs. Veal und Mrs. Bargrave, daß »alles in der Geschichte wahr ist außer dem Ganzen. Und man beachte, wie schwer Defoe es einem macht, selbst dieses Ganze in Frage zu stellen. Die Geschichte wird von einer dritten Frau von genau dem gleichen Zuschnitt wie die anderen beiden erzählt, von einer lebenslangen Freundin der Mrs. Bargrave . . .«[2]

Marianne Moore sagt, die Dichtung stelle dar *»zur Ansicht eingebildete Gärten mit echten Kröten darin«.*

Die Wirklichkeit eines Erzählwerks — d. h. seine Illusion der Wirklichkeit, seine Wirkung auf den Leser als überzeugende Deutung des Lebens — ist nicht unbedingt oder in erster Linie eine Wirklichkeit der Umstände oder der Einzelheiten oder der täglichen Routine des Lebens. Aufgrund dieser Maßstäbe sind Dichter wie Howells oder Gottfried Keller den Dichtern des *König Oedipus, Hamlet* oder *Moby Dick* weit überlegen. Wahrheitstreue in den Einzelheiten ist ein Mittel zur Schaffung von Illusion, wird aber, wie z. B. in *Gullivers Reisen,* häufig als Köder benutzt, um den Leser in irgendeine unwahrscheinliche oder unglaubwürdige Situation hineinzulocken, der die »Wahrheit des Wirklichen« in einem tieferen Sinne als dem der äußeren Einzelheiten innewohnt.

Realismus und Naturalismus, ob im Drama oder im Roman, sind literarische oder literarisch-philosophische Bewegungen, Konventionen, Stile wie die Romantik oder der Surrealismus. Die Unterscheidung liegt nicht zwischen Wirklichkeit und Illusion, sondern zwischen verschiedenen Auffassungen der Wirklichkeit, zwischen verschiedenen Abarten der Illusion.[3]

In welcher Beziehung steht die erzählende Dichtung zum Leben? Die klassische oder klassizistische Antwort wäre, daß sie das Typische, das Universale darstelle – den typischen Geizhals (Molière, Balzac), die typischen treulosen Töchter (*Lear, Père Goriot*). Aber gehören solche Einteilungen nicht in die Soziologie? Eine andere alte Auffassung vertrat den Standpunkt, daß die Kunst das Leben veredle, erhöhe oder idealisiere. Es gibt natürlich einen solchen Kunststil, doch es ist dies nur ein Stil und nicht das Wesen der Kunst. Allerdings ist es der Kunst gegeben, durch ästhetischen Abstand, durch Formung und Ausdruck das der Betrachtung angenehm zu machen, was schmerzlich zu erleben oder selbst im wirklichen Leben als Zeuge anzusehen wäre. Oder es wird vielleicht gelegentlich behauptet, ein Roman biete die »Krankheitsgeschichte eines Falles«, eine Illustration oder Exemplifikation irgendwelcher allgemeinen Lebensformen oder Syndrome. Es lassen sich Beispiele anführen – in Kurzgeschichten wie Willa Cathers »Paul's Case« oder »The Sculptor's Funeral« –, die dem nahe kommen.

Der Romanschriftsteller gibt jedoch weniger einen Fall – einen Charakter oder ein Geschehen – als eine Welt. Bei allen großen Romanschriftstellern findet sich eine solche Welt, die sich mit der empirischen zwar überschneidet, aber in ihrer Verständlichkeit aus den ihr eigenen Zusammenhängen heraus etwas Gesondertes darstellt. Manchmal ist es eine Welt, die sich auf irgendeinem Teil der Landkarte verzeichnen läßt, wie Kellers und Gotthelfs Schweiz, Trollopes Barsetshire, Hardys Wessex. Bei anderen ist das unmöglich. Poes Schreckensschlösser existieren nicht in Deutschland oder in Virginia, sondern in seiner Seele. Dickens Welt kann mit London, Kafkas mit dem alten Prag identifiziert werden, aber beide Welten sind so »projiziert«, so schöpferisch und geschaffen und hernach in der empirischen Welt als Dickens Charaktere und Kafkas Situationen erkennbar, daß solche Identifikationen recht unwichtig erscheinen.

Wie Desmond McCarthy sagt, haben Meredith, Conrad, Henry James und Hardy alle »große, weite, schillernde Blasen in die Luft gesetzt, in deren Welt allein die von ihnen dargestellten Menschen, obschon sie natürlich eine erkennbare Ähnlichkeit mit wirklichen Menschen besitzen, zu ihrer vollen Realität gelangen«. Man solle sich, so sagt McCarthy weiter, einen Charakter vorstellen, der aus einer eingebildeten Welt in eine andere versetzt wäre. »Würde

Pecksniff in Dickens *Martin Chuzzlewit* in *The Golden Bowl* von Henry James verpflanzt, so wäre er ausgelöscht. . . . Das eine unentschuldbare künstlerische Vergehen eines Romanschriftstellers ist, wenn er die Beständigkeit des Tons nicht durchhält.«[4]

Diese Welt oder der »Kosmos« eines Romanschriftstellers ist es — dieses Gefüge, diese Struktur, dieser Organismus, worin Handlung, Charaktere, Milieu, Weltanschauung, »Ton« miteinbegriffen sind —, was wir durchforschen müssen, wenn wir einen Roman mit dem Leben vergleichen oder ihn nach ethischen oder gesellschaftlichen Gesichtspunkten beurteilen wollen. Die Beurteilung der Wahrheit gegenüber dem Leben oder der »Realität« kann ebensowenig auf Grund der tatsächlichen Genauigkeit dieser oder jener Einzelheit erfolgen wie die moralische Beurteilung eines Romans auf Grund des Vorkommens bestimmter sexueller oder blasphemischer Wörter. Eine richtige kritische Einstellung zieht die Ganzheit der erdichteten Welt in Betracht und vergleicht sie mit unserer eigenen erlebten und eingebildeten Welt, die im allgemeinen weniger einheitlich ist als die Welt des Romanschriftstellers. Wir sind geneigt, einen Romanschriftsteller als groß zu bezeichnen, wenn seine Welt, obschon nicht wie unsere eigene gefügt und gestuft, all jene Elemente umfaßt, die wir als notwendige Voraussetzung für universale Reichweite und Bedeutung empfinden; oder wenn, obschon in engerem Gesichtskreis, in seine Welt das Tiefe und Wesentliche einbegriffen ist, und wenn uns die Stufenleiter oder Hierarchie der Elemente solcherart erscheint, daß sie ein reifer Mensch teilen kann.

Indem man den Begriff »Welt« benutzt, bedient man sich eines Raumbegriffs. Aber der Ausdruck »erzählende Dichtung«, oder besser noch ein Begriff wie »Geschichte«, lenkt unsere Aufmerksamkeit auf die Zeit und eine Zeitfolge. Die Literatur muß im allgemeinen als eine Zeitkunst, im Gegensatz zu Malerei und Plastik als Raumkünsten, bezeichnet werden; die moderne Dichtung versucht jedoch in sehr aktiver Weise dieser Bestimmung zu entrinnen und kontemplative Stasis zu werden, ein »sich selbst reflektierendes« Gefüge; und wie Joseph Frank überzeugend nachweist, hat sich der moderne Kunstroman (Joyces *Ulysses*, Djuna Barnes' *Nightwood*, Virginia Woolfs *Mrs. Dalloway*) poetisch, d. h. »selbst-reflektiv zu organisieren versucht«.[5] Dies lenkt unsere Aufmerksamkeit auf ein bedeutendes kulturelles Phänomen: die alte Erzählung oder Geschichte (Epos oder Roman) geschah in der Zeit. Die traditionelle Zeitspanne für das Epos umfaßte ein Jahr. In vielen großen Romanen werden Menschen geboren, wachsen auf und sterben. Charaktere entwickeln und verändern sich; selbst eine ganze Gesellschaft kann in ihren Wandlungen dargestellt (*Die Forsyte Saga, Krieg und Frieden*) oder der zyklische Aufstieg und Verfall einer Familie beschrieben werden (*Buddenbrooks*). Überlieferungsgemäß muß der Roman die Dimension der Zeit ernst nehmen.

Im Schelmenroman gibt es nur die chronologische Zeitfolge: dies geschieht und dann jenes. Die Abenteuer – jedes ein Ereignis, das eine unabhängige Geschichte ausmachen könnte – werden durch die Person des Helden miteinander verbunden. Ein mehr philosophischer Roman fügt der Chronologie die Struktur der ursächlichen Erklärung hinzu. Dieser Roman zeigt einen Charakter, der sich infolge beständiger, während eines bestimmten Zeitabschnitts wirkender Ursachen entweder bessert oder verschlechtert. Oder in einer dicht gewobenen Handlung ist etwas in der Zeit vor sich gegangen: am Schluß ist die Situation eine vollkommen andere als am Anfang.

Um eine Geschichte zu erzählen, muß man am ganzen Geschehen und nicht nur am Ausgang interessiert sein. Es gibt oder gab den Lesertyp, der weiterblättern und herausfinden muß, wie eine Geschichte ausgeht. Aber jemand, der nur das Schlußkapitel eines Romans des neunzehnten Jahrhunderts liest, kann kein Interesse an der Geschichte haben, die Entwicklung ist, wenn auch Fortschreiten auf ein Ende zu. Gewiß gibt es auch Philosophen und Moralisten wie Emerson, die, wie man annehmen möchte, Romane vor allem wohl deshalb nicht ernst nehmen können, weil Handlung – oder äußere Handlung, oder Handlung in der Zeit – ihnen als unwirklich erscheint. Sie können Geschichte (das historische Geschehen) nicht als wirklich sehen. Geschichte ist für sie lediglich ein Ablauf des Gleichen und immer mehr des Gleichen in der Zeit; und der Roman ist erdichtete Geschichte.

Es sei hier eine Bemerkung über das Wort »erzählend« eingeschoben. Es sollte, auf die Dichtung angewandt, den Gegensatz der dargestellten Dichtung , d. h. des Dramas, in sich einbegreifen. Eine Geschichte oder eine Fabel kann von Schauspielern dargestellt oder sie kann von einem einzigen Erzähler berichtet werden, also von dem Rhapsoden des Epos oder einem seiner Nachfolger. Der epische Dichter kann in der ersten Person sprechen und diese, wie Milton, zu einer lyrischen ersten Person oder dem Ich des Autors machen. Der Romanschriftsteller des neunzehnten Jahrhunderts bediente sich, auch wenn er nicht in der ersten Person schreibt, des epischen Vorrechts der Erläuterung und Verallgemeinerung, was man als die »essayistische« (im Unterschied zur lyrischen) erste Person bezeichnen könnte. Aber die verbreitete Form der erzählenden Dichtung hat einen allumfassenden Charakter: Dialogszenen (die schauspielerisch dargestellt werden könnten) sind mit zusammenfassenden Berichten über das Geschehen durchsetzt.[6]

Im Englischen wurden die beiden hauptsächlichen Abarten der erzählenden Dichtung als »romance« und »novel« bezeichnet. Clara Reeve gab 1785 eine Definition dieser Unterscheidung: »Die ›novel‹ ist ein Bild des wirklichen Lebens, der Sitten und der Zeit, in der sie geschrieben wurde. Die ›romance‹ beschreibt in gehobener Sprache, was niemals geschehen ist und kaum jemals geschehen wird.«[7] Die »novel« ist realistisch; die »romance« ist poetisch oder episch, was wir heute eher mit »mythisch« bezeichnen würden. Anne Radcliffe, Sir Walter Scott, Hawthorne sind »romance«-Dichter; Fanny Burney, Jane Austen, Anthony Trollope, George Gissing schreiben »novels«. Diese beiden polaren Typen weisen auf die zwiefache Abkunft der Prosaerzählung hin. Die »novel« entwickelt sich aus der Familie der nicht-fiktiven erzählenden Formen, dem Brief, dem Tagebuch, den Memoiren oder der Biographie, der Chronik oder der Historie; sie entwickelt sich sozusagen aus Dokumenten. Stilistisch betont sie die repräsentativen Einzelheiten, »Mimesis« im engen Sinne. Die »romance« dagegen, eine Fortsetzung des Epos und des mittelalterlichen Ritterromans, mag die Wahrheitstreue in den Einzelheiten vernachlässigen (zum Beispiel die Wiedergabe individualisierender Rede im Dialog), indem sie sich an eine höhere Wirklichkeit, an eine tiefergehende Psychologie wendet. »Bezeichnet ein Dichter sein Werk als ›romance‹«, schreibt Hawthorne, »so liegt es nahe, daß er in bezug auf Form und Stoff einen gewissen freien Spielraum beanspruchen möchte ...« Wird eine solche »romance« in eine vergangene Zeit verlegt, so soll damit nicht jene vergangene Zeit mit peinlicher Genauigkeit abgemalt werden, sondern es soll, in Hawthornes Worten, »eine Art poetischer ... Bereich gesichert werden, in dem auf Tatsächliches kein Gewicht gelegt wird ...«[8]

Die analytische Kritik des Romans unterscheidet für gewöhnlich drei Bestandteile, die Handlung, die Charakterisierung und das Milieu, wobei das letztere in einigen modernen Theorien auch »Atmosphäre« oder »Ton« genannt wird. Es ist offensichtlich, daß jedes dieser Elemente die anderen wiederum bestimmt. So fragt Henry James in seinem Aufsatz »The Art of Fiction«: »Was sonst ist der Charakter als die Bestimmung des Geschehens? Was ist das Geschehen anderes als die Illustration des Charakters?«

Die Erzählstruktur von Drama, Erzählung oder Roman wird traditionell als »Handlung« bezeichnet, und man sollte diesen Begriff auch wohl beibehalten. Doch muß er dann in einem so weiten Sinne verstanden werden, daß er sich auf Tschechow, Flaubert, Henry James wie auch auf Hardy, Wilkie Collins, und Poe anwenden läßt. Er darf nicht auf eine enggewobene Verwirklichung wie in dem ersten Detektivroman, Godwins *Caleb Williams*, beschränkt werden.[9] Wir werden eher von Handlungstypen sprechen, von lockeren und stärker verknüpften, von »romantischen« und »realistischen« Handlungen. In einer literarischen Übergangszeit mag sich ein Romanschriftsteller vielleicht dazu bewogen fühlen, beide Handlungsarten zu verwenden, von denen die eine im Aussterben begriffen ist. Hawthornes Romane nach dem *Scarlet Letter* bringen neben einer Haupthandlung von lockerer, mehr »realistischer« Vielfältigkeit eine schwerfällige, altmodisch mysteriöse Verwicklung. Dickens verwendet in seinen späteren Romanen viel Erfindungsgabe auf seine mysteriösen Verwicklungen, die mit dem eigentlichen Zentrum des Romans zusammenfallen mögen oder auch nicht. Das letzte Drittel von Mark Twains *Huckleberry Finn*, ganz offensichtlich nicht so gut wie der Rest des Buches, scheint auf ein falsches Verantwortungsgefühl des Dichters zurückzugehen, auf Grund dessen er irgendeine »Verwicklung« glaubte herbeiführen zu müssen. Die wahre Handlung — eine alte mythische Handlung — ist jedoch unterdessen schon erfolgreich vorgeschritten, nämlich das Treffen von vier Menschen auf einem Floß und ihre Reise auf einem Strom, Menschen, die aus verschiedenen Gründen der konventionellen Gesellschaft entronnen sind. Die Reise, zu Lande oder zu Wasser, ist eine der ältesten und universalsten Handlungen: *Huckleberry Finn, Moby Dick, Pilgrim's Progress, Don Quijote, Simplizius Simplizissimus, Pickwick Papers*, Steinbecks *Die Früchte des Zorns*. Man setzt für gewöhnlich voraus, daß in allen Handlungen Konflikt einbegriffen ist (der Mensch im Kampf mit der Natur, der Mensch im Kampf mit anderen Menschen oder im Kampf mit sich selber); aber ähnlich wie bei der »Handlung« muß auch diesem Begriff eine weite Bedeutung zugestanden werden. Konflikt ist etwas »Dramatisches«; der Begriff deutet auf irgendeinen Wettstreit zwischen annähernd gleichwertigen Kräften hin, auf Aktion und Gegenaktion. Aber es gibt Handlungen, die sich mehr in einer einzigen Linie oder Richtung bewegen und von denen man besser als Jagd oder Verfolgung spräche: Godwins *Caleb Williams, The Scarlett Letter, Schuld und Sühne*, Kafkas *Prozeß*.

Die Handlung (oder Erzählstruktur) setzt sich wiederum aus kleineren Erzählstrukturen zusammen (Episoden, Ereignisse). Die größeren und umfassenderen literarischen Strukturen (die Tragödie, das Epos, der Roman) haben sich historisch aus früheren, rudimentären Formen, dem Witz, dem Spruch, der Anekdote, dem Brief entwickelt; und die Handlung eines Dramas oder eines Romans ist eine Struktur der Strukturen. Die russischen Formalisten und deutsche Form-Analytiker wie Dibelius bezeichnen die kleinsten Handlungseinheiten als »Motive« (franz. »motif«)[10]. Dieser Gebrauch des Begriffs für die Literaturgeschichte wurde von den finnischen Volkskundlern übernommen, die Märchen und Volkserzählungen in ihre Bestandteile zerlegten.[11] Als häufige Beispiele aus der schriftlichen Literatur seien Motive wie das der Verwechslung (*Die Komödie der Irrungen*), des Brudermords (*Die Braut von Messina*), Undankbarkeit der Kinder gegenüber dem Vater (*Lear, Père Goriot*), Suche eines Sohnes nach seinem Vater (Joyces *Ulysses*, die *Odyssee*) genannt.[12]

Was man im Englischen die »composition« eines Romans nennt, wird von den Deutschen und den Russen häufig als »Motivation« bezeichnet. Es wäre wohl geraten, den Begriff auch ins Englische zu übernehmen, vor allem wegen seines doppelten Hinweises auf strukturelle oder erzählende Komposition sowie auf die innere Struktur einer psychologischen, soziologischen oder philosophischen Theorie über die Frage: warum verhalten sich die Menschen so wie sie sich verhalten? – also letztlich irgendeine Kausalitätstheorie. Schon früh sagte Walter Scott, es sei »der hervorstechendste Unterschied zwischen einer wirklichen und einer erdichteten Erzählung, daß in der ersteren die entfernten Ursachen der von ihr geschilderten Ereignisse im Dunkeln bleiben ..., während es in der letzteren einen Teil der Pflichten des Dichters ausmacht, für alles eine Erklärung abzugeben«.[13]

Die Komposition oder Motivation (im weitesten Sinne) schließt die Erzählweise – die Größenverhältnisse, das Erzähltempo, die Darbietungsmittel – in sich ein, d. h. das Verhältnis von Szenen oder dramatischem Geschehen zum Bild oder durchgängiger Erzählung und das Verhältnis beider zur epischen Zusammenfassung, zum Sammelbericht.

Motive und Darbietungsmittel haben ihren eigenen Periodencharakter; der »gotische« Schauerroman hat den seinen, der realistische Roman den seinen. Dibelius spricht wiederholt von Dickens »Realismus« als einem des Märchens und nicht des naturalistischen Romans, wobei die Darbietungsmittel jeweils zu altmodischen, melodramatischen Motiven hinführen: der totgeglaubte Mann, der wieder lebendig wird, das Kind, das endlich erfährt, wer seine wahren Eltern sind, oder der geheimnisvolle Wohltäter, der sich als Sträfling entpuppt.[14]

In einem literarischen Kunstwerk muß die »Motivation« die »Illusion der Wirklichkeit« verstärken, d. h. die ästhetische Funktion des Kunstwerks. Die »realistische« Motivation ist ein künstlerisches Hilfsmittel; denn in der Kunst ist der Schein wesentlicher als das Sein.

Die russischen Formalisten unterscheiden die »Fabel«, die zeiträumliche Folge, die, in welcher Form auch immer erzählt, die »Geschichte« oder den Geschichten-Stoff ausmacht, vom »Sujet«, das wir als »Erzählstruktur« übersetzen können. Die »Fabel« ist die Summe aller Motive, das »Sujet« dagegen die künstlerische geordnete Darbietung der Motive, häufig ein erheblicher Unterschied. Besonders deutlich wird der Unterscheid, wenn z. B. zeitliche Verschiebungen eintreten, ein Beginn in medias res wie in der *Odyssee* oder Dickens *Barnaby Rudge* oder Hin- und Hergehen zwischen Vergangenheit und Zukunft wie in Faulkners *Absalom, Absalom.* Es gehört zum »Sujet« von Faulkners *As I Lay Dying,* daß die Geschichte nacheinander von den Mitgliedern einer Familie erzählt wird, während sie die Leiche der Mutter zu einem entfernten Kirchhof tragen. »Sujet« ist die vom erzählerischen Standpunkt, der erzählerischen »Perspektive« aus übermittelte Handlung. Die »Fabel« ist sozusagen eine Abstraktion des dichterischen Rohmaterials (das Erleben des Dichters, seine Lektüre usw.); das »Sujet« ist eine Abstraktion der »Fabel«, oder besser, eine schärfere Einstellung der erzählerischen Sicht.[15]

Die »Fabelzeit« umfaßt die gesamte Zeitspanne, in der sich die Geschichte abspielt. Die »Erzählzeit« aber entspricht dem Sujet: sie ist die Lesezeit oder die »erlebte Zeit«, die natürlich vom Romanschriftsteller geregelt wird, der über ein Jahr in eine paar Sätzen hinweggeht, einem Tanz oder einer Teegesellschaft jedoch zwei lange Kapitel widmen kann.[16]

Die einfachste Form der Charakterisierung ist die Namengebung. Jede Benennung ist eine Art Verlebendigung, Beseelung, Individuation. Der allegorische und quasi-allegorische Name erscheint in der Komödie und im komischen Roman des achtzehnten Jahrhunderts: Fieldings Allworthy und Thwackum, Witwould, Mrs. Malaprop, Sir Benjamin Backbite, in denen Jonson, Bunyan, Spenser und *Everyman* nachklingen. In verfeinerter Form wird dies zu einer Art lautmalerischer Abtönung, wovon so verschiedenartige Romanschriftsteller wie Dickens und Henry James, Balzac und Gogol, Keller und Raabe Gebrauch machen: Pecksniff in *Martin Chuzzlewit.* Mr. und Mrs.

Murdstone aus *David Copperfield,* der Bankier Wohlwend aus *Martin Salander.* Melvilles Ahab und Ishmael zeigen, was sich mit literarischen — in diesem Falle biblischen — Anspielungen als einer Form der Charakterisierungskunst tun läßt.[17]

Es gibt viele Arten der Charakterisierung. Ältere Romanschriftsteller wie Scott führen jede ihrer Hauptpersonen durch einen Absatz ein, in dem ihre körperliche oder auch sittliche und psychologische Erscheinung in allen Einzelheiten beschrieben wird. Aber diese Art der direkten Charakterisierung kann auch auf ein einführendes Etikett reduziert werden; oder dieses Etikett geht in ein mimisches oder pantomimisches Charakteristikum über — einen Manierismus, eine Geste, eine Redensart, die wie bei Dickens oder Thomas Mann bei jedem neuen Auftreten der betreffenden Person als »Leitmotiv« wiederkehren. Mrs. Micawber aus *David Copperfield* sagt ständig: »Ich werde niemals Herrn Micawber verlassen!« Tonio Kröger sagt von sich, er sei »kein Zigeuner im grünen Wagen«; ein immer wiederkehrendes Charakteristikum Tony Buddenbrooks ist ihre zuckende Oberlippe. Hawthorne charakterisiert gelegentlich mit Hilfe eines Emblems: Zenobias rote Blume in *The Blithedale Romance;* Westervelts glänzend künstliche Zähne aus dem gleichen Roman. Beim späteren Henry James der *Golden Bowl* wird ein Charakter durch die Augen eines anderen symbolisch gesehen.

Es gibt statische Charakterisierungen einerseits und dynamische oder entwicklungsmäßige andererseits. Die letztere scheint besonders geeignet für den langen Roman wie *Krieg und Frieden,* dagegen offenbar weniger für das Drama mit seiner beschränkten Erzählzeit. Das Drama (z. B. Ibsen) kann nach und nach aufdecken, wie ein Charakter zu dem wurde, was er ist; der Roman kann die Wandlung selber zeigen. Die »flache« Charakterisierung, die sich im allgemeinen mit der statischen überschneidet, stellt einen einzigen Zug heraus, der als der hervorstechendste oder gesellschaftlich offensichtlichste gesehen wird. Er kann Karikatur oder auch abstrahierende Idealisierung sein. Im klassischen Drama (z. B. bei Racine) wird die »flache« Charakterisierung auf die Hauptpersonen angewandt. Die »runde« wie die »dynamische« Charakterisierung erfordert Raum und Nachdruck. Sie eignet sich besonders für solche Charaktere, die im Mittelpunkt der Perspektive und des Interesses stehen und findet sich daher für gewöhnlich in Verbindung mit »flacher« Charakterisierung von Hintergrundsfiguren, dem »Chor«.[18]

Es besteht offensichtlich eine Verbindung zwischen Charakterisierung (der literarischen Methode) und Charakterologie (der Theorie über den Charakter, Persönlichkeitstypen). So greifen Romanschriftsteller gelegentlich auf Charaktertypologien zurück, die sich zum Teil von der literarischen Überlieferung, zum Teil aus der Volksanthropologie herleiten. In der amerikanischen und englischen Prosadichtung des neunzehnten Jahrhunderts finden sich männliche und weibliche Brünette (Heathcliffe bei Emily Brontë; Mr. Rochester bei Charlotte Brontë; Becky Sharp bei Thackeray; Maggie Tulliver bei George Eliot; Zenobia und Miriam bei Hawthorne; Ligeia bei Poe) und Blonde (weibliche Beispiele: Amelia Sedley bei Thackeray; Lucy Dean bei Scott; Hilda, Priscilla und Phoebe bei Hawthorne; Lady Rowena bei Poe). Die Blonden sind häuslich, wenig erregend, aber beständig und lieblich. Die Brünetten leidenschaftlich, heftig, geheimnisvoll, verführerisch und unzuverlässig — fassen die Kennzeichen des Orientalen, Juden und Italieners vom Standpunkt des »Angelsachsen« aus gesehen in sich zusammen.[19]

Im Roman wie im Drama findet sich eine Art Schauspieltruppe zusammen: der Held, die Heldin, der Schurke, die »Charakterspieler« (oder auch die »komischen Personen« oder die komische Entspannung). Da gibt es die Jugendlichen, die Naiven und die Älteren (Vater und Mutter, die unverheiratete Tante, die »duenna«, die Amme). Die dramatische Kunst der lateinischen Überlieferung (Plautus und Terenz, die comedia dell'arte, Jonson, Molière) bedient sich einer stark hervortretenden, traditionellen Typologie wie z. B. dem »miles gloriosus«, dem geizigen Vater, dem listigen Diener. Aber auch ein so großer Romanschriftsteller wie Dickens übernimmt weitgehend die Typen der Bühne und des Romans des achtzehnten Jahrhunderts und paßt sie seinem Werk an. Nur zwei Typen steuert er bei — die hilflosen Alten und Jungen und die Träumer und Phantasten (z. B. Tom Pinch in *Martin Chuzzlewit)*.[20]

Was auch letztlich die gesellschaftlichen oder anthropologischen Grundlagen solcher literarischer Charaktertypen wie der blonden Heldin oder dem brünetten Helden sein mögen, die Gefühlsstrukturen beider lassen sich ohne Zuhilfenahme von Dokumenten aus den Romanen selber erschließen. Im allgemeinen haben sie literarhistorische Vorfahren wie die femme fatale oder den dunklen, satanischen Helden, wie er von Mario Praz in seinem Buch *Il carne, la morte e il diavolo* untersucht worden ist.[21]

In dem Grad der Aufmerksamkeit, die jeweils auf das Milieu verwandt wird — also auf das literarische Element der Schilderung gegenüber dem der Erzählung — scheint auf den ersten Blick eine wesentliche Unterscheidung zwischen Drama und Roman zu liegen.

Bei genauerem Zusehen erkennen wir jedoch, daß die Unterscheidung eher in den Perioden zu suchen ist. Genaue Beschreibung des Milieus, ob im Drama oder im Roman, ist eher romantisch oder realistisch (d. h. neunzehntes Jahrhundert) als universal. Im Drama kann das Milieu im Dialog zum Ausdruck kommen (wie z. B. bei Shakespeare) oder in den Bühnenanweisungen für den Regisseur und den Bühnenbildner gegeben sein. Einige »Szenen« bei Shakespeare können überhaupt nicht räumlich bestimmt werden.[22] Aber auch innerhalb des Romans kann die Beschreibung des Milieus in hohem Maße variieren. Jane Austen, Fielding und Smollett beschreiben nur selten Innenräume und Landschaften. Die früheren Romane von Henry James geben genaue Beschreibungen des Drinnen und Draußen; die späteren bringen statt des Aussehens einer Szene eine symbolische Wiedergabe ihrer Gesamtempfindung.

Die romantische Beschreibung geht darauf aus, eine Stimmung hervorzubringen und festzuhalten. Handlung und Charakterisierung sollen vom Ton, von der Wirkung bestimmt werden. E. T. A. Hoffmann, Anne Radcliffe, Poe sind Beispiele dafür. Die naturalistische Beschreibung ist eine scheinbare Dokumentation, die dem Zweck der Illusion dienen soll (Defoe, Swift, Zola).

Das Milieu ist die Umgebung, und Umgebungen, vor allem Wohnungseinrichtungen, können als metonymischer oder metaphorischer Ausdruck des Charakters betrachtet werden. Das Haus eines Menschen ist eine Erweiterung seiner selbst. Balzacs genaue Angaben über das Haus des Geizhalses Grandet oder die Pension Vauquer sind weder irrelevant noch überflüssig.[23] Diese Häuser sind Ausdruck ihrer Besitzer und sie wirken sich als Atmosphäre auf jene anderen aus, die in ihnen leben müssen. Die abstoßende Spießbürgerlichkeit der Pension Vauquer fordert unmittelbar Rastignacs und in einem anderen Sinne auch Vautrins Reaktion heraus, nach ihr läßt sich Goriots Erniedrigung bemessen, und sie bietet den ständigen Kontrast zu dem inzwischen beschriebenen Glanz einer anderen Welt.

Das Milieu kann Ausdruck eines menschlichen Willens sein; es kann, wenn es sich um eine Landschaft handelt, eine Projektion dieses Willens sein. »Eine Landschaft ist ein Gemütszustand«, sagt der selbstanalytische Tagebuchschreiber Henri-Frédéric Amiel. Zwischen Mensch und Natur gibt es offensichtliche Wechselbezüge, die am stärksten (aber nicht ausschließlich) von den Romantikern empfunden wurden. So stürzt sich ein stürmischer, leidenschaftlicher Held in den Sturm hinaus, während ein heiteres Temperament das Sonnenlicht vorzieht.

Ferner kann das Milieu etwas massiv Bestimmendes sein, eine Umgebung, die als physische oder soziale Ursächlichkeit gesehen wird, als etwas, über das das Individuum nur wenig individuelle Gewalt hat. Dieses Milieu kann Hardys Egdon Heath aus *The Return of the Native*, die Stadt Zenith in Sinclair Lewis' *Babbitt* oder das Lübeck der *Buddenbrooks* sein. In vielen modernen Romanen wird die Großstadt (Paris, London, New York) zum wirklichsten aller Charaktere.

Eine Geschichte kann in Form von Briefen oder Tagebüchern erzählt werden, oder sie mag sich aus Anekdoten entwickeln. Die Rahmenerzählung, in die andere Geschichten eingeschlossen sind, bildet historisch eine Brücke zwischen der Anekdote und dem Roman. Im *Decamerone* sind die Geschichten nach Themen angeordnet. In Chaucers *Canterbury Tales* wird solch eine Anordnung nach Themen (z. B. Heirat) sehr gelungen ergänzt durch eine Charakterisierung des Erzählers mittels der Erzählung und durch eine Reihe von Charakteren, zwischen denen psychologische und gesellschaftliche Spannungen herrschen. Die Rahmenerzählung hat auch ihre romantische Abart: Irvings *Tales of a Traveller* und Hoffmanns *Serapionsbrüder*. Der Schauerroman *Melmoth the Wanderer* von Charles Robert Maturin ist eine merkwürdige, aber zweifellos wirkungsvolle Gruppe gesonderter Erzählungen, die außer durch den ihnen allen gemeinsamen Schauerton nur locker miteinander verbunden sind.

Ein anderes, zur Zeit nicht gebräuchliches Mittel ist die in einen Roman eingefügte kürzere Erzählung (z. B. der »Man on the Hill's Tale« im *Tom Jones;* die »Bekenntnisse einer schönen Seele« im *Wilhelm Meister)*. Dies kann auf einer Ebene als ein Versuch ausgelegt werden, den Umfang eines Werkes auszufüllen, auf einer anderen als eine Bemühung um Abwechslung. Beiden Zwecken scheint jedoch besser in den dreibändigen Romanen der viktorianischen Zeit gedient zu sein, die zwei oder drei Handlungsfolgen während ihrer Entfaltung in abwechselnder Bewegung (wie auf einer Drehbühne) halten und zu gegebener Zeit aufzeigen, wie sie ineinandergreifen — eine Handlungsverknüpfung, wie sie schon von den Elisabethanern häufig sehr gelungen durchgeführt wurde. In kunstvoller Behandlung läuft eine Handlung zur andern parallel (wie im *Lear)* oder dient zur »komischen Entspannung« oder als Parodie, wodurch wiederum die Haupthandlung unterstrichen wird.

Die Ich-Erzählung ist eine Methode, die sehr sorgfältig gegenüber den anderen abgewogen werden muß. Solch ein Erzähler darf natürlich nicht mit dem Autor verwechselt werden. Die Zwecke und Wirkungen der Ich-Erzählung sind mannigfaltiger Art. Gelegentlich besteht ihre Wirkung darin, den Erzähler weniger scharf umrissen und »wirklich« erscheinen zu lassen als die anderen Charaktere (*David Copperfield*). Auf der anderen Seite stehen Moll Flanders (Defoe) und Huck Finn im Mittelpunkt ihrer eigenen Geschichten. In »The House of Usher« macht es Poes Ich-Erzählung dem Leser möglich, sich mit Ushers neutralem Freund zu identifizieren und sich beim katastrophalen Ende mit diesem zurückzuziehen. Aber in Poes »Ligeia«, »Berenice« und »The Tell-Tale Heart« erzählt eine neurotische Hauptperson ihre eigene Geschichte; der Erzähler, mit dem wir uns nicht identifizieren können, gibt ein Bekenntnis und charakterisiert sich selber durch den Inhalt und die Form seines Berichts.

Interessant ist die Frage, auf welche Weise die Geschichte ihr Zustandekommen zu erklären versucht. Einige werden ausführlich eingeleitet (Stifters *Aus der Mappe meines Urgroßvaters*, Hawthornes *Scarlet Letter*, Henry James' *Turn of the Screw*, Thomas Manns *Dr. Faustus* und *Der Erwählte*). Die eigentliche Geschichte wird um einige Grade von ihrem Autor oder Leser losgelöst, indem sie dargestellt wird, als habe A sie B erzählt, oder als sei sie ein A von B anvertrautes Manuskript, der vielleicht die Lebenstragödie eines C darin niedergeschrieben hat. Poes Ich-Erzählungen sind manchmal vorgegebene dramatische Monologe (»Amontilado«), manchmal die niedergeschriebenen Bekenntnisse einer gequälten Seele, die sich erleichtern will (»The Tell-Tale Heart«). Oft wird auch die Voraussetzung nicht deutlich: sollen wir uns in »Ligeia« den Erzähler im Selbstgespräch vorstellen, der sich seine Geschichte vorsagt, um sein Gefühl für das Schauerliche aufzufrischen?

Das Zentralproblem der Erzählmethode liegt in der Beziehung eines Autors zu seinem Werk. In einem Drama ist der Dichter nicht anwesend, er ist dahinter zurückgetreten. Aber der epische Dichter erzählt eine Geschichte als ein berufsmäßiger Geschichtenerzähler; er fügt der Dichtung seine eigenen Bemerkungen hinzu und gibt der eigentlichen Erzählung (zum Unterschied vom Dialog) seinen eigenen Stil.

Ähnlich kann der Romanschriftsteller eine Geschichte erzählen ohne den Anspruch, daß er das Erzählte beobachtet oder daran teilgenommen habe. Er kann in der dritten Person schreiben, als der »allwissende Autor«, was zweifellos die traditionelle und »natürliche« Erzählweise ist. Der Autor ist neben seinem Werke anwesend, wie der Vortragende, dessen Erklärungen die Lichtbildvorführungen begleiten.

Von dieser gemischten epischen Erzählweise gibt es zwei Abweichungen. Die eine ließe sich als die romantisch-ironische bezeichnen. Sie vergrößert ganz bewußt die Rolle des Erzählers, hat geradezu ihre Freude daran, jede mögliche Illusion, daß dies vielleicht »Leben« und nicht »Kunst« sein könnte, immer wieder zu zerstören und hebt stark den schriftlich literarischen Charakter des Buches hervor. Der Begründer dieser Richtung ist Sterne, vor allem im *Tristam Shandy*. Ihm folgen in Deutschland Jean Paul und Tieck, Veltman und Gogol in Rußland. Den *Tristram Shandy* könnte man als einen Roman über die Kunst des Romanschreibens bezeichnen, wie Gides *Die Falschmünzer* und den davon abhängigen *Point Counterpoint* von Aldous Huxley. Thackerays so oft kritisierte Handhabung von *Vanity Fair* — seine ständige Mahnung, daß diese Charaktere von ihm fabrizierte Puppen seien — ist zweifellos eine Erscheinungsform dieser literarischen Ironie: die Literatur erinnert sich selber daran, daß sie nichts sei als Literatur.

Dieser Auffassung des Romans entgegengesetzt ist die »objektive« oder »dramatische« Methode, die in Deutschland von Otto Ludwig, in Frankreich von Flaubert und Maupassant, in England von Henry James verfochten und ausgeübt wurde.[24] Die Vertreter dieser Methode, Künstler wie auch Kritiker, haben versucht, diese als die einzig künstlerische Methode hinzustellen (ein Dogma, dem man sich nicht anzuschließen braucht). Sie wurde hervorragend dargestellt in Percy Lubbocks *Craft of Fiction*, einer Poetik des Romans, die auf der Theorie und Praxis von Henry James fußt.

Der Begriff »objektiv« ist für diese Methode vorzuziehen, da »dramatisch« »Dialog« oder »Handlung, Verhalten« (im Gegensatz zu der inneren Welt der Gedanken und Gefühle) bedeuten könnte. Aber ganz zweifellos war es das Drama, das Theater, das zu diesen Bewegungen den Anstoß gab. Otto Ludwigs Theorien gründen sich zum Teil auf die Werke von Dickens, dessen Mittel der Pantomime und der Charakterisierung mit Hilfe von stehenden Redensarten von der älteren Komödie des achtzehnten Jahrhunderts und dem Melodrama übernommen waren. Anstatt zu erzählen, neigt Dickens immer dazu, in Dialog und Pantomime darzustellen, anstatt uns über etwas zu berichten, zeigt er es uns. Spätere Abarten des Romans lernen von anderen und verfeinerten Theaterpraktiken, wie James von der Ibsens.[25]

Man darf sich die objektive Methode nicht als auf Dialog und berichtetes Verhalten beschränkt vorstellen (James' Roman *The Awkward Age;* Hemingways Kurzgeschichte »The Killers«). Eine solche Einengung brächte sie in unmittelbaren und ungleichen Wettstreit mit dem Theater. Ihre großen Erfolge erzielte sie jedoch in der Beschreibung jenes psychischen Lebens, mit dessen Darstellung das Theater nur schlecht fertig werden kann. Das Wesentliche der Methode liegt in der freiwilligen Abwesenheit des »allwissenden Autors« vom Roman und, anstatt dessen, in der Anwesenheit einer scharf überwachten »Perspektive«. James und Lubbock sind der Ansicht, der Roman biete uns abwechselnd »Bild« und »Drama«. Sie meinen damit das Bewußtsein irgendeines der Charaktere von den (inneren und äußeren) Vorgängen im Unterschied zu einer »Szene«, die sich zumindest zum Teil im Dialog abspielt und die mit einiger Genauigkeit ein wichtiges Vorkommnis oder Zusammentreffen darstellt.[26] Das »Bild« ist ebenso »objektiv« wie das »Drama«, nur ist es die objektive Wiedergabe einer bestimmten Subjektivität – der eines der Charaktere (Madame Bovary oder Strether aus James' *The Ambassadors)*, während das »Drama« die objektive Wiedergabe der Rede und des Verhaltens ist. Diese Theorie erlaubt einen Wechsel der »Perspektive« (z. B. vom Prinzen zur Prinzessin in der zweiten Hälfte der *Golden Bowl)* unter der Bedingung, daß es systematisch vorgenommen werde. Sie läßt ebenso des Dichters Gebrauch eines Charakters innerhalb des Romans zu, der, dem Autor nicht unähnlich, die Geschichte entweder irgendwelchen Freunden berichtet (wie Marlow in Conrads *Jugend*), oder als das Bewußtsein fungiert, durch welches das Ganze gesehen wird (wie Strether). Der Nachdruck liegt bei all dem auf der in sich konsequenten Objektivität des Romans. Falls der Autor in anderer als »unaufgelöster« Form im Roman anwesend sein soll, so muß er sich selber oder seinen Vertreter auf die gleiche Größe und den gleichen Status reduzieren wie die anderen Charaktere.[27]

Ein Bestandteil der objektiven Methode ist ihre Darstellung in der Zeit, des Lesers Hindurchleben durch die Vorgänge zusammen mit den Charakteren. Bis zu einem gewissen Grade müssen »Bild« und »Drama« durch einen »Sammelbericht« (die »fünf Tage zwischen I. und II. Akt« des Theaters) ergänzt werden, doch sollte sie sich auf das Notwendigste beschränken. Der viktorianische Roman schloß für gewöhnlich mit einem Kapitel ab, in dem die späteren Laufbahnen, Heiraten und Tode der Hauptfiguren summarisch berichtet wurden; James, Howells und ihre Zeitgenossen machten diesem Gebrauch jedoch ein Ende, da sie ihn als künstlerischen Mißgriff empfanden. Nach der objektivistischen Theorie darf der Autor niemals Zukünftiges vorwegnehmen; er muß seine Karte aufrollen und darf uns jedes Mal nur eine Linie davon sehen lassen. Ramon Fernandez macht eine Unterscheidung zwischen dem »recit«, dem Bericht dessen, was bereits stattgefunden hat und nun nach den Gesetzen der Exposition und Beschreibung berichtet wird, und dem »roman«, in dem die Ereignisse dargestellt werden, wie sie in der Zeit, gemäß der Ordnung eines im Leben sich vollziehenden Geschehens, vor sich gehen.[28]

Ein bezeichnendes technisches Mittel des objektiven Romans ist, was man im Deutschen als »erlebte Rede« und im Französischen als »le style indirect libre« (Thibaudet) und »le monologue intérieur« (Dujardin) bezeichnet. Im Englischen entspricht dem der lokkere, weitgefaßte Ausdruck »stream of consciousness«, der auf William James zurückgeht.[29] Dujardin definiert den »monologue intérieur« als ein Mittel zur »direkten Einführung des Lesers in das Innenleben eines Charakters ohne irgendwelches Dazwischentreten von seiten des Autors mit Erklärungen und Kommentaren . . « und als »Ausdruck der innersten Gedanken, die dem Unbewußten am nächsten sind.« In *The Ambassadors,* sagt Lubbock, »erzählt James nicht die Geschichte von Strethers Innerem; er läßt sie sich selber erzählen, er dramatisiert sie.«[30] Die Geschichte dieser Darstellungsmittel und ihrer Vorwegnahmen in allen modernen Literaturen befindet sich noch im Anfangsstadium der Untersuchungen. Einer ihrer Vorfahren ist der Shakespearesche Monolog, ein anderer findet sich in Sternes Anwendung der Ideen Lockes über die freien Ideenverbindungen, ein dritter ist die »innere Analyse«, d. h. des Autors Zusammenfassung der gedanklichen und gefühlsmäßigen Vorgänge in einem Charakter.[31]

Diese Bemerkungen über die dritte Schicht, die der »Welt« (Handlung, Charaktere, Milieu) erzählender Dichtung, wurden von uns weitgehend am Roman illustriert, sollten jedoch ebenso als auf das Drama anwendbar verstanden werden. Die vierte und letzte Schicht, die der »metaphysischen Qualitäten«, faßten wir als der »Welt« nah verwandt auf, als eine Entsprechung zur »Weltanschauung« oder zu dem dieser Welt unterliegenden »Ton«. Diese Qualitäten sollen jedoch in unserem Kapitel über die Wertung noch einer genaueren Betrachtung unterzogen werden.

17. Die literarischen Gattungen

Ist die Literatur eine Sammlung von Gedichten, Dramen und Romanen, die nur einen gemeinsamen Namen haben? Solche nominalistischen Ansichten wurden in unserer Zeit vor allem von Benedetto Croce vertreten.[1] Aber seine Antwort, obschon verständlich als Reaktion auf die Auswüchse klassizistischer Autoritätsansprüche, hat sich den Fakten der Literaturgeschichte und des literarischen Lebens gegenüber als nicht gerecht erwiesen.

Die literarische Gattung ist kein bloßer Name, denn die ästhetische Konvention, an der ein Werk teilhat, formt dessen Eigenart. Literarische Gattungen »können als institutionelle Imperative betrachtet werden, die einen Zwang ausüben und auf die, umgekehrt, auch vom Dichter Zwang ausgeübt wird«.[2] Der in der Politik und Religion so freidenkende Milton war ein ausgesprochener Traditionalist in der Dichtung, besessen von — wie W. P. Ker sehr fein ausdrückt — »der abstrakten Idee des Epos«; er wußte selber, »welcher Art die Gesetze eines wahrhaft epischen Gedichts, eines dramatischen, eines lyrischen seien«.[3] Er wußte jedoch auch, wie er die klassischen Formen anpassen, ausweiten und ändern könnte; er wußte, auf welche Weise er die *Äneis* verchristlichen und miltonisieren könnte, wie er es auch im *Samson* fertigbrachte, seine eigene Lebensgeschichte durch eine jüdische Volkserzählung, die er als griechische Tragödie behandelte, zu berichten.

Die literarische Gattung ist eine »Institution« — im gleichen Sinne, wie die Kirche, die Universität oder der Staat Institutionen sind. Sie existiert nicht in der Weise eines Tieres, oder auch eines Gebäudes, einer Kirche, einer Bibliothek, eines Parlaments, sondern eben in der Weise einer Institution. Man kann mit Hilfe von bestehenden Institutionen arbeiten und sich ausdrücken, man kann neue gründen oder so gut wie möglich auskommen, ohne an ihren Unternehmungen oder Riten teilzunehmen; auch kann man Institutionen beitreten, muß sich dann aber um ihre Umgestaltung bemühen.[4]

Die Theorie der Gattungen ist ein Ordnungsprinzip. Sie teilt die Literatur und Literaturgeschichte nicht nach zeitlichen oder räumlichen Gesichtspunkten (Periode oder Nationalsprache) ein, sondern nach spezifisch literarischen Typen der Organisation oder der Struktur.[5] Jede bewertende und kritische — im Unterschied zur historischen — Untersuchung beruft sich in irgendeiner Form auf solche Strukturen. Die Beurteilung eines Gedichts zum Beispiel beruft sich auf die Gesamterfahrung, auf die gesamte beschreibende und normative Anschauung eines Menschen von Dichtung (obschon sich natürlich umgekehrt unsere Dichtungsauffassung immer wieder durch die Erfahrung und Beurteilung weiterer Einzelgedichte wandelt).

Umfaßt eine Theorie der Gattungen die Annahme, daß jedes literarische Werk einer der Gattungen angehört? Diese Frage wurde bisher noch in keiner der uns bekannten Erörterungen aufgeworfen. Wollten wir uns der Analogie zur Natur bedienen, müßte die Antwort zweifellos »ja« sein, denn selbst der Walfisch und die Fledermaus lassen sich einordnen; und wir geben zu, daß es Geschöpfe gibt, die Übergänge von einem Tierreich zum anderen bilden. Wir wollen versuchen, unsere Frage neu zu formulieren, um sie schärfer zu fassen. Steht jedes Werk in genügend enger literarischer Beziehung zu anderen Werken, so daß eine Untersuchung anderer Werke fruchtbar für seine Untersuchung ausschlägt? Und weiter, wie weitgehend ist »Absicht« mit der Idee der Gattung verbunden? Absicht von seiten eines Bahnbrechers? Absicht von seiten anderer?[6]

Bleiben Gattungen unverändert? Vermutlich nicht; denn mit dem Zuwachs an neuen Werken verändern sich unsere Kategorien. Man braucht nur die Wirkung von *Tristram Shandy* oder *Ulysses* auf die Roman-Theorie zu untersuchen. Als Milton sein *Verlorenes Paradies* schrieb, sah er es als Einheit mit der *Ilias* wie auch mit der *Aeneis;* heute würden wir zweifellos scharf zwischen mündlichen und literarischem Epos unterscheiden, ganz gleich, ob wir die *Ilias* für mündliche Dichtung halten oder nicht. Milton hätte wahrscheinlich nicht zugegeben, daß Spensers *Faerie Queene* ein Epos sei, obschon zu einer Zeit geschrieben, in der Epos und Roman noch nicht voneinander gesondert waren und man den allegorischen Charakter, für das Epos als bestimmend ansah; und doch war Spenser selber gewiß davon überzeugt, er schreibe jene Art von Gedichten, wie Homer sie schrieb.

Es ist sogar charakteristisch für bestimmte kritische Systeme, neue Gruppierungen, neue entwicklungsgeschichtliche Gefüge zu entdekken und zu verbreiten. So faßt William Empson unter die verschiedenen Arten des Hirtengedichts *Wie es Euch gefällt, The Beggar's Opera, Alice im Wunderland* zusammen. Die *Brüder Karamasow* fällt unter die Kriminalromane.

Aristoteles und Horaz stellen unsere klassischen Texte für die Gattungstheorien. Auf sie geht die Auffassung von der Tragödie und dem Epos als den charakteristischen (wie auch den zwei hauptsächlichen) Arten zurück. Aber zumindest Aristoteles sieht auch andere und grundlegendere Unterscheidungen, die zwischen dem Drama, der Epik und der Lyrik. Die meisten modernen literarischen Theorien neigen dazu, die Unterscheidung zwischen Prosa und Vers zu vermeiden und die »Dichtung« in erzählende Dichtung (Roman, Novelle, Epos), Drama und Lyrik einzuteilen.

Viëtor macht sehr zu Recht den Vorschlag, daß der Begriff der »Gattung« nicht zugleich für diese drei mehr oder minder letzten Kategorien und für historische Arten wie die Tragödie und die Komödie gebraucht werden solle.[7] Wir schließen uns seiner Auffassung an, ihn nur auf die historischen Arten anzuwenden. Es ist schwierig, einen Namen für die ersteren zu finden, und es wird auch wohl praktisch nicht oft nötig sein.[8] Die drei Hauptarten wurden schon von Aristoteles und Plato nach ihrer »Nachahmungsweise« (oder der »Darbietung«) unterschieden: die Lyrik ist die »persona« des Dichters; in der Epik spricht der Dichter zum Teil in seiner eigenen Person, als Erzähler, und zum Teil läßt er seine Charaktere in direkter Rede sprechen (gemischte Erzählweise); im Drama verschwindet der Dichter hinter seinen Charakteren.[9]

Es hat nicht an Versuchen gefehlt, den grundlegenden Charakter dieser drei Arten dadurch nachzuweisen, daß man die Dimensionen der Zeit und sogar die sprachliche Morphologie unter ihnen aufteilte. Hobbes versuchte etwas Derartiges in seinem Brief an Davenant. Nachdem er die Welt in Hof, Stadt und Land unterteilt hatte, fand er drei entsprechende, grundlegende Dichtungsarten — die heroische (Epos und Tragödie), die scommatische (Satire und Komödie) und die Pastoraldichtung.[10] E. S. Dallas, ein begabter englischer Kritiker, der mit dem kritischen Denken der Schlegel wie auch Coleridges vertraut war,[11] arbeitet drei grundlegende Dichtungsarten heraus, »Schauspiel, Geschichte und Lied«, die er dann in eine Reihe von Schemata, mehr im Stile der deutschen Theorien, erweitert. Er übersetzt: Drama — zweite Person, Gegenwart; Epik — dritte Person, Vergangenheit; Lyrik — erste Person Einzahl, Zukunft. John Erskine kommt jedoch in seiner 1912 veröffentlichten Interpretation der Grundarten des poetischen »Temperaments« zu anderen Schlüssen. Die Lyrik drückt die Gegenwart aus. Indem er aber den Standpunkt vertritt, daß die Tragödie den Gerichtstag über die Vergangenheit des Menschen darstelle — sein Charakter ist zu seinem Schicksal geworden — und die Epik das Schicksal eines Volkes oder eines Stammes, gelangt er zu einem Ergebnis, das in so kurzer Andeutung wie die verkehrte Gleichsetzung des Dramas mit der Vergangenheit und der Epik mit der Zukunft aussehen muß.[12]

Erskines sittlich-psychologische Interpretation ist nach Geist und Methode weit entfernt von den Versuchen russischer Formalisten wie Roman Jakobson, die die Übereinstimmung zwischen festliegenden grammatischen Strukturen der Sprache und den literarischen Arten nachzuweisen suchen. Die Lyrik ist laut Jakobson die erste Person Einzahl, Gegenwart, die Epik dagegen die dritte Person, Vergangenheit (das »Ich« des epischen Erzählers wird hier recht eigentlich als eine dritte Person, als »dieses objektivierte Ich« betrachtet).[13]

Solche Untersuchungen der Grundarten, die diese im einen Extrem an die sprachliche Morphologie, im anderen an letzte Haltungen gegenüber dem Universum binden wollen, mögen wohl »anregend« sein, versprechen jedoch kaum objektive Ergebnisse. Man kann sogar fragen, ob diesen drei Arten überhaupt solch ein letztlicher Status eignet, selbst wenn man sie als Bestandteile sieht, die in verschiedener Weise kombiniert werden können.

Eine Schwierigkeit ergibt sich schon allein aus der Tatsache, daß in unserer Zeit das Drama auf einer anderen Grundlage steht als die Epik (der Roman) und die Lyrik. Zur Zeit des Aristoteles wurde das Epos öffentlich oder wenigstens mündlich vorgetragen. Homer war Dichtung, die von einem Rhapsoden wie Ion gesprochen wurde. Flöten begleiteten die elegische und jambische Dichtung, Lyren die melische. Heute liest man Gedichte und Romane meistens für sich allein.[14] Das Drama dagegen ist auch heute noch — wie bei den Griechen — eine gemischte Kunst, ihrem Kern nach zweifellos literarisch; aber dazu gehört die »Schau«, für die auf die Kunst des Schauspielers, Regisseurs, Kostümbildners und Beleuchters zurückgegriffen werden muß.[15]

Will man jedoch diese Schwierigkeit umgehen, indem man alle drei Arten auf das ihnen gemeinsame Element des Literarischen beschränkt, bleibt wiederum die Frage, wie die Unterscheidung zwischen Schauspiel und Erzählung gemacht werden könne? Die jüngste Art der amerikanischen Kurzgeschichte (z. B. Hemingways »The Killers«) bemüht sich um die Objektivität eines Dramas, um die Reinheit des Dialogs. Der traditionelle Roman wie auch das Epos haben den gemischten Dialog oder die direkte Darbietung zusammen mit der Erzählung. Ja, das Epos wurde von Scaliger und einigen anderen Erfindern von Gattungshierarchien zum Teil gerade deswegen zur höchsten Gattung erklärt, weil sie alle anderen in sich einschließe. Wenn das Epos und der Roman zusammengesetzte Formen sind, dann müssen wir, um zu »Urformen« zu gelangen, ihre Bestandteile in etwas wie »direkte Erzählung« und »Erzählung durch Dialog« (nicht aufgeführtes Drama) auflösen. Dann werden unsere drei »Urformen« zu Erzählung, Dialog und Lied. Auf solche Weise reduziert, gereinigt, folgerichtig gemacht, wären diese drei literarischen Arten wirklich letztlicher als, sagen wir, »Beschreibung, Darlegung, Erzählung«?[16]

Wir wollen uns von diesen »Urformen« — Lyrik, Epik und Drama — dem zuwenden, was man als ihre Unterabteilungen ansehen könnte. Thomas Hankins, ein englischer Kritiker des achtzehnten Jahrhunderts, schreibt über das englische Drama, das sich »in seinen mannigfaltigen Spezies, dem Mysterienspiel, der Moralität, der Tragödie und der Komödie, darstellt«. Die Prosadichtung des achtzehnten Jahrhunderts war in zwei Spezies unterteilt, in »novel« und »romance«. Diese »Unterabteilungen« der Gruppen zweiter Ordnung sind es, die wir gewöhnlich als »Gattungen« bezeichnen sollten.

Das siebzehnte und achtzehnte Jahrhundert nehmen die Gattungen sehr ernst; für ihre Kritiker haben die Gattungen eine wirkliche Existenz.[17] Es ist ein allgemeiner Grundsatz der klassizistischen Anschauung, daß die Gattungen etwas voneinander Gesondertes sind und auch gesondert gehalten werden sollen. Sucht man jedoch in der klassizistischen Kritik nach einer Bestimmung der Gattung oder der Methode, nach der sich Gattung von Gattung unterscheiden ließe, so findet man nur wenig konsequente Äußerungen oder überhaupt nur das Bewußtsein der Notwendigkeit einer systematischen Erklärung. Boileaus Kanon umfaßt zum Beispiel das Hirtengedicht, die Elegie, die Ode, das Epigramm, die Satire, die Tragödie, die Komödie und das Epos; doch definiert Boileau nicht die Grundlage für diese Typologie (vielleicht, da er die Typologie für historisch gegeben und nicht als rationalistische Konstruktion ansieht). Unterscheiden sich seine Gattungen nach ihrem Gegenstand, ihrer Struktur, ihrer Versform, ihrer Größe, ihrem Gefühlston, ihrer Weltanschauung oder ihrem Publikum? Diese Frage läßt sich nicht beantworten. Man kann jedoch wohl sagen, daß für viele Klassizisten die ganze Idee der Gattungen etwas so Selbstverständliches ist, daß hier ein allgemeines Problem überhaupt nicht vorliegt. Hugh Blair (*Rhetoric and Belles Lettres*, 1783) bringt eine Anzahl Kapitel über die Hauptgattungen, aber keine einleitende Besprechung der Arten im allgemeinen oder der Prinzipien literarischer Klassifikation. Noch zeigt die Auswahl seiner Arten irgendwelche methodische oder andere Folgerichtigkeit. Die meisten gehen auf die Griechen zurück, aber nicht alle. Sehr ausführlich bespricht er die »Beschreibende Dichtung«, in der sich, wie er sagt, »die höchsten Äußerungen von Genie entfalten können«; er hält diese Art jedoch nicht für »irgendeine besondere Spezies oder Form der Komposition«, selbst nicht in dem Sinne, in dem man von einer Gattung des »Lehrgedichts« — wie *De rerum natura* des Lukrez oder Popes *Essay on Man* — sprechen könnte. Von der »Beschreibenden Dichtung« geht Blair zur »Dichtung der Hebräer« über, die »den Geschmack eines fernen Zeitalters und Landes« ausdrückt; er sieht diese — obwohl er es nicht sagt und sich dessen wohl auch kaum ganz bewußt ist — als ein Beispiel orientalischer Dichtung, einer Dichtung, die der herrschenden griechisch-römisch-französischen Tradition ganz unähnlich ist. Danach wendet sich Blair der Besprechung dessen zu, was er in völliger Orthodoxie die »beiden höchsten Arten der Dichtung, die epische und die dramatische« nennt; in bezug auf die letztere hätte er noch genauer »die Tragödie« sagen können.

Die klassizistische Theorie gibt keine Erklärung, Darlegung oder Verteidigung der Lehre von den Arten oder der Grundlagen ihrer Unterscheidungen. Bis zu einem gewissen Grade widmet sie sich solchen Themen wie der Reinheit der Gattung, der Hierarchie der Gattungen, der Dauer der Gattungen und der Zulassung neuer Gattungen.

Da der Klassizismus historisch gesehen eine Mischung von Autoritätsprinzip und Rationalismus darstellte, wirkte er als konservative Macht, die sich so weitgehend wie möglich an die Arten des Altertums, vor allem die der Verskunst, hielt und sie sich anpaßte. Boileau läßt jedoch auch das Sonett und das Madrigal zu; und Johnson lobt Denham, weil dieser in *Cooper's Hill* »ein neues poetisches Schema«, eine Kompositionsart erfunden habe, »die man als Lokaldichtung bezeichnen könnte.« Er beurteilt Thomsons *Jahreszeiten* als »ein Gedicht ... von einer neuen Art« und Thomsons »Weise zu denken und seine Gedanken auszudrücken« als »original«.

Die Lehre von der Reinheit der Gattung geht in England auf Anhänger der klassischen französischen Tragödie zurück, die sich gegen die elisabethanische Tragödie und deren Zulassung komischer Szenen wandten (die Totengräber im *Hamlet*, der betrunkene Pförtner im *Macbeth*). In ihrer dogmatischen Formulierung ist diese Lehre horazisch und aristotelisch, wenn sie sich auf die Erfahrung und einen verfeinerten Hedonismus beruft. Die Tragödie, so sagt Aristoteles, »sollte nicht irgendein zufälliges Vergnügen, sondern das ihr angemessene Vergnügen bereiten ...«[18]

Die Hierarchie der Gattungen beruht zum Teil auf einer hedonistischen Berechnung. In den klassischen Äußerungen darüber wird die Vergnügungsstufung jedoch nicht quantitativ im Sinne der Intensität des Vergnügens oder der Zahl der daran teilhabenden Leser oder Hörer festgelegt. Sie ist vielmehr eher eine Mischung aus Gesellschaftlichem, Sittlichem, Ästhetischem, Hedonistischem und Traditionellem. Auch der Umfang des Dichtwerks bleibt nicht unberücksichtigt. Die kleineren Arten wie das Sonett oder sogar die Ode können anscheinend grundsätzlich nicht auf gleicher Höhe wie das Epos oder die Tragödie eingestuft werden. So sind Miltons »kleinere« Gedichte in den geringeren Arten geschrieben, z. B. Sonett, Kanzone, Maskenspiel; seine größeren Gedichte sind eine »regelrechte« Tragödie und zwei Epen. Legten wir den quantitativen Maßstab an die beiden höchsten Bewerber an, müßte das Epos gewinnen. Aristoteles zögerte jedoch an diesem Punkt und erteilte nach einer Erörterung der einander widerstreitenden Kriterien den ersten Platz der Tragödie, während die Renaissancekritiker folgerichtiger das Epos bevorzugten. Obwohl man in der Folgezeit viel zwischen den beiden Arten hin und her schwankte, gaben sich doch die meisten der klassizistischen Kritiker wie Hobbes, Dryden oder Blair damit zufrieden, ihnen beiden gemeinsam die oberste Kategorie zuzuerkennen.

Wir kommen nun zu einer anderen Gruppe, für die Versform und Metrum ausschlaggebend sind. Wie sollen das Sonett, das Rondeau, die Ballade klassifiziert werden? Sind sie Gattungen oder etwas anderes und geringeres? In den meisten neueren französischen und deutschen Veröffentlichungen wird von ihnen als »festen Formen« gesprochen, um sie, als eine besondere Gruppe, von den Gattungen zu unterscheiden. Viëtor macht, wenigstens im Hinblick auf das Sonett, eine Ausnahme; wir befürworten eine weitere Auffassung des Begriffs. Aber damit gehen wir von der Terminologie zu einer Bestimmung der Kriterien über. Gibt es eine Gattung wie den »achtsilbigen Vers« oder den »dipodischen Vers«? Wir glauben, ja. Das soll heißen, daß ein achtsilbiges Gedicht des achtzehnten Jahrhunderts oder ein dipodisches Gedicht zu Beginn des zwanzigsten Jahrhunderts sehr wahrscheinlich gegenüber der englischen Norm eines jambischen Pentameter eine besondere Art von Gedicht in bezug auf Ton oder Ethos darstellt.[19] Das soll ferner heißen, daß man es nicht lediglich mit einer Klassifikation auf Grund von Versmaßen (wie man sie etwa am Endes eines Kirchengesangsbuches findet), sondern mit etwas Umfassenderem zu tun hat, mit etwas, das eine »innere« wie eine »äußere« Form besitzt.

Die Gattung sollte unserer Ansicht nach als eine Gruppierung literarischer Werke verstanden werden, die theoretisch auf der äußeren Form (Metrum, Struktur) wie auch auf der inneren Form (Haltung, Ton, Zweck – gröber gesagt, Gegenstand und Publikum) fußt. Die offensichtliche Grundlage kann die eine oder die andere sein (z. B. »Pastorale« oder »Satire« für die innere Form; dipodischer Vers oder pindarische Ode für die äußere); dann aber ist die Aufgabe des Kritikers, die andere Dimension herauszufinden, um das Schema zu vervollständigen.

Gelegentlich vollzieht sich ein bezeichnender Wandel. Die Elegie zum Beispiel beginnt im Englischen wie auch in ihrer griechischen und römischen Urform mit dem elegischen Reimpaar oder Distichon. Die elegischen Dichter des Altertums beschränken sich jedoch ebensowenig auf die reine Totenklage wie Hammond und Shenstone, die Vorläufer Grays. Aber Grays »Elegie«, im heroischen Vierzeiler und nicht in Reimpaaren geschrieben, macht im Englischen ein für alle Mal jeder Fortführung der Elegie als zartes, persönliches Gedicht in Reimpaaren mit Zeilenschluß ein Ende.

Auf Grund der Tatsache, daß an bestimmte Gattungen geknüpfte formale Erwartungen und sich wiederkehrende strukturelle Gefüge nach dem achtzehnten Jahrhundert weitgehend aufgegeben wurden, könnte man dazu neigen, die Gattungsgeschichte nach diesem Zeitpunkt für möglich zu halten. Diese Einstellung findet sich immer wieder in den deutschen und französischen Schriften über die Gattung, zusammen mit der Auffassung, daß die Zeit von 1840 bis 1940 wahrscheinlich als eine anormale literarische Periode angesehen werden müsse und daß die Entwicklung in der Zukunft zweifellos einen stärker gattungsbewußten Verlauf nehmen werde.

Wir neigen jedoch mehr zu der Ansicht, daß sich die Konzeption der Gattung während des neunzehnten Jahrhunderts wandelt und nicht — wie noch weniger das Dichten innerhalb der Gattungen — verlorengeht. Zusammen mit der ungeheuren Ausweitung des Publikums während des neunzehnten Jahrhunderts bilden sich neue Gattungen heraus; und zusammen mit der schnelleren Verbreitung durch billigen Druck werden sie kurzlebiger oder machen schnellere Wandlungen durch. Der Begriff der »Gattung« leidet im neunzehnten und zwanzigsten Jahrhundert unter den gleichen Schwierigkeiten wie der der »Periode«: wir sind uns des schnellen Wechsels der literarischen Mode bewußt — alle zehn Jahre anstatt alle fünfzig eine neue literarische Generation; in der amerikanischen Dichtung der letzten Jahrzehnte die Zeit des *vers libre*, die Zeit Eliots, die Zeit Audens. Aus größerer Distanz mag sich vielleicht eine gemeinsame Richtung und ein gemeinsamer Charakter bei einigen dieser heute noch gesonderten Erscheinungen erkennen lassen (wie man heute Byron, Wordsworth und Shelley alle unter die englischen Romantiker rechnet).[20]

Welche Beispiele gibt es für die Gattung im neunzehnten Jahrhundert? Von Van Tieghem und anderen wird immer wieder der historische Roman angeführt.[21] Wie steht es mit dem »politischen Roman«? Und wenn es einen solchen gibt, kann man dann nicht auch von einer Gattung wie dem »geistlichen Roman« im viktorianischen England sprechen? Nein, mit solchen Einteilungen gerät man in eine ausschließlich vom Gegenstand bestimmte Gruppierung, eine rein soziologische Klassifizierung. In der Richtung ließe es sich natürlich endlos weitermachen – Beschreibung von Lehrern, Seeleuten, des Adels im Roman des neunzehnten Jahrhunderts usw. Gibt es »Seeromane«? In welcher Weise unterscheidet sich nun der »historische Roman«? Er unterscheidet sich nicht nur durch seinen weniger eingeschränkten Gegenstand, der schließlich nichts weniger als die gesamte Vergangenheit umfaßt, sondern in erster Linie durch die Bindungen des historischen Romans an die Romantik und den Nationalismus, durch jenes neue Gefühl und die neue Einstellung gegenüber der Vergangenheit, die in ihm zum Ausdruck kommen. Ein noch besseres Beispiel ist der Schauerroman — in England »Gothic« genannt –, der im achtzehnten Jahrhundert mit Horace Walpoles *The Castle of Otranto* beginnt und sich bis in die Gegenwart fortsetzt. Diese Gattung enthält alle Kriterien, auf die man sich für eine Gattung der Prosaerzählung berufen kann. Sie hat nicht nur einen begrenzten und immer wiederkehrenden Stoff oder Thematik, sondern auch einen bestimmten Vorrat an Mitteln (beschreibend — umrahmend und erzählend, z. B. Schloßruinen, römisch-katholische Greuel, rätselhafte Portraits, durch Wandtüren erreichbare Geheimgänge; Entführungen, lebendiges Begraben, Verfolgungen durch einsame Wälder). Sie hat ferner ein »Kunstwollen«, die Absicht, dem Leser eine besondere Art des aus Schrecken und Grausen gemischten Vergnügens zu bereiten (»Mitleid und Schrecken« mögen einige Verfasser von Schreckensromanen geraunt haben).[22]

Im allgemeinen sollte unsere Gattungsauffassung eher der formalistischen Seite zuneigen, das heißt, lieber hudibrastische Achtsilber oder das Sonett als den politischen oder den Fabrikarbeiter-Roman zur Gattung erheben; denn wir haben es mit »literarischen« Arten zu tun und nicht mit stofflichen Einteilungen, die ebensogut auf Nicht-Dichtung angewandt werden können. Aristoteles' *Poetik*, die in großen Umrissen die epische, dramatische und lyrische (»melische«) Dichtung als die Grundarten der Poesie herausstellt, unterscheidet die Medien und die Eigentümlichkeiten eines jeden im Hinblick auf die ästhetischen Zwecke der Art: das Drama wird im jambischen Versmaß geschrieben, da dieses dem Gespräch am nächsten kommt; das Epos dagegen erfordert den daktylischen Hexameter, der keinerlei Ähnlichkeit mit der gesprochenen Rede aufweist. »Wollte man ein erzählendes Gedicht in einem anderen Versmaß oder gar in einer Mehrzahl verschiedener Maße abfassen, so würde sich das als unangemessen erweisen. Denn das heroische Versmaß hat unter allen den feierlichsten und gewichtigsten Rhythmus. Deshalb ist es auch am meisten imstande, fremdartige Wörter, bildliche Ausdrücke und Verzierungen aller Art aufzunehmen...«[23] Die nächsthöhere Ebene der »Form«, nach »Strophe« und »Metrum«, sollte die »Struktur« sein (z. B. eine besondere Art des Handlungsaufbaus). Dies findet sich, zumindest bis zu einem gewissen Grade, im traditionellen, d. h. die Griechen nachahmenden Epos und Trauerspiel (z. B. der Anfang in medias res, die »Peripetie« der Tragödie, die Einheiten). Nicht alle »klassischen Mittel« gehören jedoch der Struktur an; die Schlachtszenen oder das Hinabsteigen in die Unterwelt z. B. sind eher dem Gegenstand oder dem Thema zuzurechnen. In der Literatur nach dem achtzehnten Jahrhundert ist diese Strukturebene nicht so leicht zu bestimmen, außer vielleicht in dem französischen Boulevard-Drama oder dem Kriminalroman, in denen die enge Verwicklung solch eine Struktur darstellt. Aber sogar in der Tschechowschen Tradition der Kurzgeschichte ist eine Organisation, eine Struktur vorhanden, nur von einer anderen Art als die der Kurzgeschichten von Poe oder O. Henry (wir könnten sie als eine »lockere« Organisation bezeichnen).[24]

Wer sich für die Gattungsgeschichte interessiert, muß sehr sorgfältig die wesentlichen Unterschiede zwischen der »klassischen« und der modernen Theorie beachten. Die klassische Theorie stellt Regeln und Vorschriften auf, obschon sie nicht jenen törichten Autoritätsanspruch geltend machen, der ihnen immer noch häufig zugeschrieben wird. Die klassische Theorie vertritt die Auffassung, daß sich die eine Gattung von der anderen ihrem Wesen und ihrem Rang nach unterscheidet und ferner, daß sie voneinander getrennt gehalten, nicht vermischt werden sollen. Dies ist die berühmte Lehre von der »Reinheit der Gattung«, vom »genre tranché«.[25] Obschon diese Theorie niemals mit voller Konsequenz ausgearbeitet wurde, unterlag ihr doch ein echtes ästhetisches Prinzip (und nicht nur eine Anzahl von Kasten-Unterscheidungen): es war der Aufruf zu einer strengen Einheit des Tons, einer stilisierten Reinheit und »Einfachheit«, der Konzentration auf ein einziges Gefühl (Furcht oder Gelächter) wie auf eine einzige Handlung oder Thema. Es war ferner ein Aufruf zur Spezialisierung und zum Pluralismus. Jede Kunstart hat ihre eigenen Möglichkeiten und ihr eigenes Vergnügen. Warum sollte die Dichtung sich darum bemühen, »malerisch« oder »musikalisch« zu sein, oder die Musik versuchen, eine Geschichte zu erzählen oder eine Szene zu beschreiben? Wenn man das Prinzip der »ästhetischen Reinheit« in diesem Sinne anwendet, kommt man zu dem Schluß, daß eine Symphonie »reiner« ist als eine Oper oder ein Oratorium (das Chor und Orchester umfaßt), noch reiner aber ein Streichquartett, da in ihm die anderen Orchesterstimmen, die Holz- und Blechbläser, Schlagzeug, Harfe usw. ausgeschaltet sind.

Auch machte die klassizistische Theorie gesellschaftliche Unterscheidungen zwischen den Gattungen. Das Epos und die Tragödie beschäftigen sich mit den Angelegenheiten der Könige und des Adels, die Komödie mit denen des Bürgertums, die Satire und Farce mit denen des einfachen Volkes. Und jene scharfe Unterscheidung in den jeder Art zugehörigen dramatis personae findet ihre Entsprechung in der Lehre von der »Schicklichkeit« (den »mores« der Klassen) und in der Sonderung der Stile in hoch, mittel und niedrig.[26] Auch hatte die klassische Theorie ihre Hierarchie der Arten, in der nicht nur der Rang der Charaktere und der Stil als Elemente ausschlaggebend waren, sondern darüber hinaus noch die Länge oder der Umfang eines Werkes (die Fähigkeit von Anfang bis Ende sich auf der gleichen Höhe zu halten) und die Ernsthaftigkeit des Tons.

Ein moderner Vertreter der »Genologie« (wie Van Tieghem diesen Zweig unserer Untersuchung nennt)[27] möchte wohl eine Lanze für die klassizistische Theorie brechen; er hat aber das Gefühl, daß die Sache sehr viel besser verteidigt werden kann (auf Grund einer ästhetischen Theorie), als es den Theoretikern des Klassizismus wirklich gelungen ist. Zum Teil haben wir diese Verteidigung bereits bei unserer Darlegung des Prinzips der ästhetischen Reinheit durchgeführt. Die »Genologie« darf jedoch nicht auf eine einzige Tradition oder Lehre eingeengt werden. Der Klassizismus duldete keine anderen ästhetischen Systeme, Arten, Formen, ja, er war sich ihrer überhaupt kaum bewußt. Anstatt z. B. die gotische Kathedrale als eine »Form«, eine vielfältigere Form als die des griechischen Tempels anzuerkennen, sah er darin nichts als Formlosigkeit. Das gleiche gilt für die Gattungen. Jede »Kultur« hat ihre Gattungen, die Chinesen, die Araber, die alten Iren. Es gibt primitive mündliche Arten; das Mittelalter hatte einen Überfluß an Arten.[28] Es besteht kein Grund, den »absoluten« Charakter der griechisch-römischen Arten zu verteidigen. Auch brauchen wir nicht die Reinheit der Gattung in ihrer griechisch-römischen Form zu verteidigen, die sich auf eine bestimmte Art von ästhetischem Kriterium beruft.

Die moderne Gattungstheorie ist zweifellos beschreibender Natur. Sie beschränkt nicht die Anzahl der möglichen Arten und schreibt den Dichtern keine Regeln vor. Sie nimmt an, daß die traditionellen Arten »gemischt« werden dürfen und neue Arten (wie die Tragikomödie) hervorbringen. Sie erkennt, daß Gattungen sowohl auf der Grundlage der Einschließlichkeit oder »Fülle« wie auch auf der der »Reinheit« erwachsen können (Gattung durch Ausweitung wie auch durch Einschränkung). Anstatt die Verschiedenheiten zwischen Art und Art hervorzuheben, bemüht sie sich darum — nach der romantischen Betonung der Einzigartigkeit jedes »Originalgenies« und jedes Kunstwerks — den gemeinsamen Nenner einer Art, ihre gemeinsamen literarischen Mittel und Zwecke herauszuarbeiten.

Unser Vergnügen an einem literarischen Werk setzt sich aus dem Empfinden der Neuheit und dem des Wiederkennens zusammen. In der Musik sind die Formen der Sonate und der Fuge naheliegende Beispiele für Gefüge, die sich wiedererkennen lassen. In der Kriminalgeschichte gibt es die zunehmende Verdichtung der Verwicklung, das allmähliche Konvergieren der Linien der Beweisführung (wie im *Oedipus*). Eine vollkommen vertraute und sich wiederholende Anordnung ist langweilig; eine vollkommen neue Form wäre unverständlich, ja unvorstellbar. Die Gattung stellt sozusagen eine Summe der vorhandenen ästhetischen Mittel dar, die dem Dichter zur Verfügung stehen und dem Leser bereits verständlich sind. Der gute Dichter paßt sich zum Teil der vorgefundenen Gattung an, zum Teil dehnt er sie aus. Im großen und ganzen sind große Dichter nur selten Erfinder neuer Gattungen: Shakespeare und Racine, Molière und Jonson, Dickens und Dostojewskij bauen auf den vorbereitenden Arbeiten anderer auf.

Ein offensichtlicher Wert der Beschäftigung mit den Gattungen liegt darin, daß dadurch der Blick auf die innere Entwicklung der

Literatur gelenkt wird, auf das, was Henry Wells (in *New Poets from Old*, 1940) als »literarische Genetik« bezeichnet hat. Was auch die Beziehungen der Literatur zu anderen Wertbereichen sein mögen — Bücher werden durch Bücher beeinflußt; Bücher imitieren, parodieren, transformieren andere Bücher, und nicht nur jene, die in strenger Chronologie auf sie folgen. Für die Bestimmung moderner Gattungen ist es wahrscheinlich das beste, mit einem bestimmten, sehr einflußreichen Buch oder Autor zu beginnen und dann nach dem Widerhall zu suchen: die literarischen Wirkungen Eliots und Audens, Prousts und Kafkas.

Obschon wir nur Fragen aufwerfen und versuchsweise Vorschläge machen können, möchten wir doch auf einige wichtige Gegenstände der Gattungstheorie hindeuten. Einer betrifft die Beziehung von primitiven Gattungen (denen der Volks- oder mündlichen Dichtung) zu denen einer entwickelten Literatur. Viktor Schklowskij, einer der russischen Formalisten, vertritt die Auffassung, daß neue Kunstformen »einfach die Kanonisierung niederer (subliterarischer) Gattungen« seien. Dostojewskijs Romane sind eine Reihe »gehobener« Kriminalromane, »romans à sensation«, »Puschkins Gedichte stammen von Albumversen ab, die Bloks von Zigeunerliedern, die Majakowskis von Witzblattgedichten.«[29] Bei Bertolt Brecht wie auch bei Auden zeigt sich die bewußte Bemühung um solche Umwandlung volksmäßiger Dichtung in ernsthafte Literatur. Dies könnte man als die Ansicht bezeichnen, daß die Literatur sich immer wieder durch »Rebarbarisierung« zu erneuern habe.[30] Eine ähnliche Auffassung, die von André Jolles, vertritt den Standpunkt, daß sich komplizierte literarische Formen aus einfacheren Einheiten entwickeln. Als die primitiven oder grundlegenden Gattungen, aus deren Zusammensetzungen man zu allen anderen gelangen kann, sieht Jolles die folgenden an: Legende, Sage, Mythe, Rätsel, Spruch, Kasus, Memorabile, Märchen, Witz.[31] Die Geschichte des Romans erscheint als ein Beispiel solcher Entwicklung. Vor seinem Ausreifen in *Pamela, Tom Jones* und *Tristram Shandy* liegen solche »einfachen Formen« wie der Brief, das Tagebuch, das Reisebuch (oder die »phantastische Reise«), die Memoiren, die »Charakter«-Bücher des siebzehnten Jahrhunderts wie auch die Komödie, das Epos und der französische Heldenroman.

Eine andere Frage beschäftigt sich mit der Kontinuität der Gattungen. Man ist sich im allgemeinen darüber einig, daß Brunetière der »Genologie« mit seiner quasi-biologischen Entwicklungstheorie keinen guten Dienst tat; er kam zu Schlüssen wie dem, daß sich in der französischen Literaturgeschichte die Kanzelrede des siebzehnten Jahrhunderts nach einer Pause zur lyrischen Dichtung des neunzehnten Jahrhunderts weiterentwickelte.[32] Van Tieghem sieht eine Verbindung zwischen dem homerischen Epos und den Waverley-Romanen, zwischen dem höfischen metrischen Roman und dem modernen psychologischen Roman, also zwischen Werken, die zeitlich und räumlich weit voneinander entfernt sind. Diese angebliche Kontinuität scheint sich auf Analogien in den Anlagen der Dichter und des jeweiligen Publikums zu gründen — »quelques tendances primordiales.« Van Tieghem wendet sich dann jedoch von dieser Art des Analogisierens mit der Bemerkung ab, daß diese Verbindungen nicht »les genres littéraires — proprement dits« darstellen.[33] Wir müßten zweifellos in der Lage sein, irgendeine streng formale Kontinuität nachzuweisen, um die gattungsmäßige Aufeinanderfolge und Einheit überhaupt verteidigen zu können. Ist die Tragödie eine einheitliche Gattung? Wir haben verschiedene Perioden und nationale Abarten der Tragödie: die griechische Tragödie, die elisabethanische, die klassische französische, die deutsche Tragödie des neunzehnten Jahrhunderts. Sind dies jeweils einzelne Gattungen oder Spezies einer Gattung? Die Antwort scheint zumindest zum Teil von der formalen Kontinuität dem klassischen Altertum gegenüber abzuhängen, zum Teil aber auch von der Absicht. Im neunzehnten Jahrhundert wird die Frage noch schwieriger. Wie steht es mit Tschechows *Kirschgarten* und *Möwe*, mit Ibsens *Gespenstern, Rosmersholm, Baumeister Solness?* Sind sie Tragödien? Das Medium hat vom Vers zur Prosa hinübergewechselt; die Auffassung des »tragischen Helden« hat sich verändert.

Diese Probleme führen uns zu der Frage über das Wesen einer Gattungsgeschichte. Einerseits wurde behauptet, es sei unmöglich, eine kritische Geschichte zu schreiben (denn wollte man Shakespeares Tragödien als Norm annehmen, so wäre dies ungerecht gegenüber der griechischen und französischen, und umgekehrt) und andererseits, daß eine Geschichte ohne eine Philosophie der Geschichte eine bloße Chronik sei.[34] Beiden Argumenten fehlt es nicht an Schlagkraft. Die Antwort scheint zu sein, daß die Geschichte der elisabethanischen Tragödie im Sinne einer Entwicklung auf Shakespeare zu und des Niedergangs nach ihm geschrieben werden kann, daß sich aber eine allgemeine Geschichte der Tragödien einer doppelten Methode bedienen muß. Das heißt, sie muß die »Tragödie« im Sinne eines gemeinsamen Nenners definieren und dann nach der Weise einer Chronik den Bindegliedern zwischen der tragischen Schule einer Periode und einer Nation und ihren Nachfolgern nachgehen. Dann aber muß zu diesem Kontinuum noch ein Sinn für kritische Reihenfolgen hinzukommen (z. B. die französische Tragödie von Jodelle zu Racine und von Racine zu Voltaire).

Das Problem der Gattung wirft zweifellos zentrale Fragen für die Literaturgeschichte und die Literaturkritik sowie für deren Wechselbeziehung auf. Es stellt philosophische Fragen in einen spezifisch literarischen Zusammenhang, Fragen über die Klasse und die Individuen, aus denen sie sich zusammensetzt, über das eine und die vielen, über das Wesen der Allgemeinbegriffe.

18. Bewertung

Es ist geraten, zwischen den Begriffen der »Wertschätzung« und der »Bewertung« zu unterscheiden. Im Verlauf der Geschichte hat die Menschheit mündliche und schriftliche Dichtung »wertgeschätzt«, das heißt, sie hat sich für sie interessiert, hat ihr positiven Wert zuerkannt. Kritiker und Philosophen aber, die die Literatur oder besondere literarische Werke »bewerten«, können durchaus zu einem negativen Urteil kommen. Jedenfalls gehen wir vom Erlebnis des Interesses zu dem Akt des Urteils über. Durch Bezugnahme auf eine Norm, durch Anwendung von Kriterien, durch den Vergleich dieses mit anderen Objekten und Interessen schätzen wir den Rang eines Objekts oder eines Interesses ein.

Wer den Versuch macht, die Beschäftigung der Menschheit mit der Literatur konkret zu beschreiben, wird sich bald Schwierigkeiten der Definition gegenübersehen. Nur sehr allmählich bildet sie die Literatur in einem modernen Sinne aus der kulturellen Dreiheit von Lied, Tanz und religiösem Ritual heraus, auf die sie zurückzugehen scheint. Und wenn die Liebe der Menschheit zur Literatur dargestellt werden soll, so müssen wir die Tatsache solcher Neigung in ihre Bestandteile zerlegen. Weshalb haben Menschen die Literatur wertgeschätzt? Welche Arten von Wert oder Interesse haben sie in ihr gefunden? Sehr viele, müssen wir darauf antworten. Horaz' Zusammenfassung »dolce et utile« könnte man als »Unterhaltung« und »Erbauung« übersetzen, oder als »Spiel« und »Arbeit« oder »Endwert« und »Zweckwert« oder »Kunst« und »Propaganda« — oder Kunst als Selbstzweck und Kunst als Gemeinschaftsritual und kulturelle Bindung.

Fragen wir nun nach etwas Normativem — wie soll der Mensch

die Literatur wertschätzen und bewerten? — so müssen wir mit einigen Definitionen antworten. Man soll die Literatur dafür wertschätzen, daß sie ist, was sie ist; man soll sie im Sinne und in Graden ihres literarischen Wertes bewerten.[1] Das Wesen, die Funktion und die Bewertung der Literatur müssen notwendigerweise in enger Wechselbeziehung zueinander stehen. Der Gebrauch eines Dinges — sein gewohnheitsmäßiger oder kundigster oder richtiger Gebrauch — muß derjenige sein, zu dem das Ding durch sein Wesen oder seine Struktur bestimmt wird. Sein Wesen ist potentiell das, was aktiv seine Funktion ist. Es ist das, was es verrichten kann, und es kann und sollte das verrichten, was es ist. Wir müssen Dinge wertschätzen für das, was sie sind und verrichten können, und müssen sie bewerten, indem wir sie mit anderen Dingen von gleichem Wesen und von gleicher Funktion vergleichen.

Wir sollen die Literatur im Sinne und in Graden ihres eigenen Wesens bewerten. Was ist ihr eigenes Wesen? Was ist die Literatur als solche? Was ist »reine« Literatur? Die Art der Fragestellung fordert einen analytischen oder reduzierenden Prozeß; Antworten darauf gelangen zu Vorstellungen von »reiner Dichtung« — Imagismus oder Echolalie. Versuchen wir aber, Reinheit auf solche Weise herbeizuführen, so müssen wir die Verschmelzung von visueller Bildwelt und Wohlklang in Malerei und Musik auflösen, und die Dichtung verflüchtigt sich.

Eine solche Auffassung der Reinheit kommt einer Analyse der Elemente eines Werkes gleich. Besser beginnt man mit seiner Anordnung und Funktion. Nicht welche Elemente, sondern wie sie und für welche Funktion sie zusammengesetzt sind, ist ausschlaggebend bei der Frage, ob ein gegebenes Werk Literatur ist oder nicht.[2] In ihrem reformatorischen Eifer erklärten gewisse ältere Verteidiger der »reinen Literatur« (Poe) die bloße Anwesenheit ethischer oder gesellschaftlicher Ideen in einem Roman oder einem Gedicht als »didaktische Ketzerei«. Die Literatur wird jedoch nicht durch die Anwesenheit von Ideen verfälscht, die literarisch als notwendige Bestandteile des literarischen Kunstwerks, als künstlerisches Material, wie die Charaktere und das Milieu verwendet werden. Die Literatur ist, in moderner Definition »rein von« praktischer Absicht (Propaganda, Antrieb zu unmittelbarem Handeln) und wissenschaftlicher Absicht (Vermittlung von Kenntnissen, Fakten, »Ausweitung des Wissens«). Mit »rein von« meinen wir nicht, daß es dem Roman oder dem Gedicht an »Elementen« fehlt, die, wenn aus ihrem Zusammenhang herausgelöst, praktisch oder wissenschaftlich verstanden werden können. Und weiter meinen wir damit nicht, daß ein »reiner« Roman oder ein Gedicht nicht als Ganzes »unrein« gelesen werden kann. Alle Dinge können mißbraucht oder inadäquat gebraucht werden, d. h. in Funktionen, die ihrem eigentlichen Wesen nicht entsprechen. »Wie gewisse Leute in die Kirche gehen, nicht um die Predigt, sondern um die Musik zu hören.« Zu ihrer Zeit wurden Gogols *Der Mantel* und *Tote Seelen* offenbar selbst von sehr verständigen Kritikern falsch gelesen. Die Ansicht, sie seien Propaganda – ein Mißverständnis, das aus der Heraussonderung einzelner Stellen und Elemente erklärt werden kann – läßt sich kaum mit der Sorgfältigkeit ihrer literarischen Anordnung, ihren komplizierten Mitteln der Ironie, Parodie, des Wortspiels, der Mimikry und Burleske in Einklang bringen.

Ist nun mit einer solchen Definition der Funktion der Literatur irgend etwas geklärt? Man darf wohl sagen, daß in gewissem Sinne unser ganzes Problem in der Mitte zwischen zwei Ansichten der Ästhetik liegt. Die eine vertritt den Gedanken der Existenz einer gesonderten, nicht reduzierbaren »ästhetischen Erfahrung«, eines autonomen Bereichs der Kunst. Die andere unterwirft die Künste den Zwecken des Wissens und der Gesellschaft; sie leugnet ein tertium quid wie den »ästhetischen Wert«, ein Mittelding zwischen »Wissen« und »Handeln«, zwischen Wissenschaft und Philosophie einerseits und Ethik und Politik andrerseits.[3] Wer einen letzten, nicht reduzierbaren »ästhetischen Wert« ablehnt, braucht damit natürlich noch nicht den Wert von Kunstwerken überhaupt zu bestreiten. Er mag lediglich die Werte des Kunstwerks oder der Kunst auf das »zurückführen« oder verteilen, was er als die »wahren«, »letztlichen« Wertsysteme anerkennt. Wie manche Philosophen mag er die Künste als primitive und untergeordnete Formen der Erkenntnis betrachten, oder er mißt sie vielleicht, wie manche Reformatoren der Gesellschaft, nach ihrer vermeintlichen Wirksamkeit als Anreger zum Handeln. Er mag den Wert der Künste (besonders der Literatur) gerade in ihrer Einschließlichkeit, ihrer unspezialisierten Einschließlichkeit sehen. Für Dichter und Kritiker ergibt sich daraus ein großartigerer Anspruch als der, ein Könner auf dem Gebiet der Konstruktion oder der Interpretation literarischer Kunstwerke zu sein. Er gibt dem »literarischen Geiste« eine höchste »prophetische« Autorität, das Gefühl, im Besitz einer umfassenderen und tieferen unbedingten »Wahrheit« zu sein als alle Wahrheiten der Wissenschaft und Philosophie. Aber diese großartigen Ansprüche lassen sich gerade wegen ihrer Großartigkeit nur schwer verteidigen, es sei denn durch jene Art intellektuellen Spiels, bei dem jeder Wertbereich — ob Religion, Philosophie, Wirtschaft oder Kunst — den Anspruch erhebt, in seiner eigenen idealen Form alles Beste oder Wahre der anderen in sich einzuschließen.[4] Den Status der Literatur als einen der schönen Künste anzuerkennen, erscheint einigen ihrer Verteidiger gleichbedeutend mit Zaghaftigkeit und Verrat. Die Literatur hat den Anspruch erhoben, eine überlegene Form der Erkenntnis wie auch eine Form ethischen und gesellschaftlichen Handelns zu sein: bedeutet ein Zurücktreten von diesen Forderungen nicht eine Absage an eine Verpflichtung wie auch Verzicht auf ihren Rang? Und muß nicht jeder Bereich (wie jede aufblühende Nation und jedes ehrgeizige, auf sich selbst vertrauende Individuum) immer mehr beanspruchen, als er erwartet, daß seine Nachbarn und Rivalen ihm zugestehen werden?

Einige Ehrenretter der Literatur stehen auf dem Standpunkt, daß dieser als »schöner Kunst«, auf dem Boden der Ästhetik, keine Gerechtigkeit widerfahren kann. Andere machen gegen Begriffe wie »ästhetischer Wert« oder »ästhetisches Erlebnis« insoweit Vorbehalte, als diese sich auf eine einzigartige Kategorie berufen oder sie voraussetzen. Gibt es einen festumrissenen, autonomen Bereich des »ästhetischen Erlebnisses« oder ästhetischer Objekte und Merkmale, die fähig sind, durch ihr Wesen ein solches Erlebnis herbeizuführen?

Die meisten Philosophen seit Kant und die meisten sich ernsthaft mit den Künsten beschäftigenden Menschen stimmen darin überein, daß die schönen Künste, die Literatur eingeschlossen, einen einzigartigen Charakter und Wert besitzen. »Man kann nicht«, sagt zum Beispiel Theodore Greene, »die Qualität des Künstlerischen auf andere, primitivere Qualitäten zurückführen«; und er fährt fort: »der einzigartige Charakter der künstlerischen Qualität eines Werkes kann nur unmittelbar erschaut werden, und obschon er sich herausstellen und aufzeigen läßt, kann er weder definiert noch selbst beschrieben werden.«[5]

Über das Wesen des einzigartigen ästhetischen Erlebnisses herrscht weitgehende Übereinstimmung unter den Philosophen. In seiner *Kritik der Urteilskraft* betont Kant die »zwecklose Zweckmäßigkeit« (den nicht auf Handlung gerichteten Zweck) der Kunst, die ästhetische Überlegenheit der »freien« über die »anhängende« oder angewandte Schönheit, die »Interessenlosigkeit« des Erlebenden (der nicht wünschen darf, jenes zu besitzen oder zu verbrauchen oder in Empfindung oder Bestreben zu verwandeln, was für die

Betrachtung bestimmt ist). Unsere zeitgenössischen Theoretiker sind sich darüber einig, daß das ästhetische Erlebnis die Wahrnehmung einer in sich angenehmen und fesselnden Qualität ist, die einen Endwert und zugleich Probe und Vorgeschmack anderer Endwerte darstellt. Es hängt mit dem Gefühl (Lust-Schmerz, hedonistische Empfänglichkeit) und den Sinnen zusammen; aber es objektiviert das Gefühl und bringt es zur Sprache — das Gefühl findet im Kunstwerk ein »objektives Korrelativ«, und es setzt sich von Empfindung und Bestreben durch den erdichteten Rahmen seines Objekts ab. Das ästhetische Objekt ist dasjenige, welches mich um seiner eigenen Qualitäten willen interessiert, das ich nicht umzuformen, in einen Teil meiner selbst zu verwandeln, anzueignen oder zu verbrauchen versuche. Das ästhetische Erlebnis ist eine Form der Kontemplation, ein liebevolles Betrachten von Qualitäten und qualitativen Strukturen. Ein großer Feind ist die Nützlichkeit, ein anderer wesentlicher die Gewohnheit, die sich in einst von der Nützlichkeit vorgeschriebenen Richtungen auswirkt.

Das literarische Werk ist ein ästhetisches Objekt, das dazu fähig ist, ein ästhetisches Erlebnis hervorzurufen. Können wir ein literarisches Werk aufgrund ästhetischer Kriterien ganz bewerten oder müssen wir, wie T. S. Eliot vorschlägt, das Literarische der Literatur nach ästhetischen Kriterien und die Größe der Literatur nach außerästhetischen Kriterien beurteilen?[6] Der erste Teil der Eliotschen Beurteilung sollte als Zweiheit gesehen werden. Wir klassifizieren bestimmte Wertgebilde als Literatur (d. h. Erzählung, Gedicht, Drama) und dann fragen wir, ob dies »gute Literatur« sei oder nicht, d. h. einen Rang einnimmt, der der Aufmerksamkeit des ästhetisch Geschulten wert ist. Die Frage der »Größe« bringt uns zu Maßstäben und Normen. Moderne Kritiker, die sich auf ästhetische Kritik beschränken, werden — manchmal von sich selber, manchmal (abfällig) von anderen — als »Formalisten« bezeichnet. Zumindest ebenso doppelsinnig ist das stammverwandte Wort »Form«. In dem Sinne, in dem wir es hier gebrauchen werden, bezeichnet es die ästhetische Struktur eines literarischen Werkes, das, was dieses zu Literatur macht.[7] Statt der Doppelheit von »Inhalt-Form« sollte man vom »Stoff« sprechen und dann von der »Form«, eben dem, was seinen Stoff ästhetisch organisiert. In einem gelungenen Kunstwerk ist das Material vollkommen in die Form eingegangen: was »Welt« war, ist »Sprache« geworden.[8] Das »Material« eines literarischen Kunstwerks bildet auf einer Ebene Wörter, auf einer anderen das Erlebnis menschlicher Verhaltensweisen und auf einer weiteren menschliche Ideen und Haltungen. Alle, die Sprache eingeschlossen, existieren auch außerhalb des Kunstwerks, in anderen Seinsweisen. In einem gelungenen Gedicht oder Roman aber werden sie durch die Dynamik des ästhetischen Zwecks in polyphone Beziehungen zueinander gesetzt.

Ist es möglich, Literatur nach rein formalistischen Kriterien adäquat zu bewerten? Wir wollen versuchen, diese Frage in großen Zügen zu beantworten.

Das Hauptkriterium der russischen Formalisten erscheint auch in anderen ästhetischen Bewertungen; es ist das der Neuheit, der Überraschung. Die allzu vertraute sprachliche Prägung oder das »Klischee« wird nicht als unmittelbare Wahrnehmung gehört; die Wörter werden nicht als Wörter beachtet, noch wird ihr gemeinsamer Bezugsgegenstand genau erfaßt. Unsere Reaktion auf abgenutzte Gewohnheitssprache ist eine »Gewohnheitsreaktion«, entweder ein Verhalten im ausgefahrenen Gleise oder Langeweile. Wir »realisieren« die Wörter und das, wofür sie stehen, nur dann, wenn sie frisch und überraschend zusammengestellt sind. Die Sprache muß »deformiert«, d. h. stilisiert werden, und zwar entweder in Richtung auf das Archaische oder sonstwie Entfernte oder in Richtung auf eine »Barbarisierung«, bevor Leser auf sie aufmerksam werden. Viktor Schklowskij spricht davon, daß die Dichtung etwas »neu macht«, etwas »seltsam macht«. Aber dieses Kriterium der Neuheit — jene »Wiedergeburt des Wunders«, wie Watts-Dunton es nannte — ist zumindest seit der Romantik sehr weit verbreitet.

Wordsworth und Coleridge arbeiteten in verschiedener Weise und in Wechselbeziehungen miteinander daran, »es seltsam zu machen«, da der eine darauf bedacht war, dem Bekannten Seltsamkeit zu verleihen und der andere, das Wunderbare heimisch zu machen. Jede jüngere literarische Bewegung hatte seither die gleiche Absicht: jede automatische Reaktion zu beseitigen, eine Erneuerung der Sprache zu fördern (eine »Revolution des Wortes«) und eine Schärfung des Erfassens zu bewirken. Die Romantik überhöhte das Kind wegen seiner frischen, unermüdeten Wahrnehmung; Matisse bemühte sich, so malen zu lernen, wie ein Fünfjähriges die Welt sieht. Die ästhetische Zucht, so mahnte Pater, verbietet Gewohnheiten als ein Versagen der Wahrnehmung. Neuheit ist das Kriterium, aber, so müssen wir bedenken, Neuheit um der »interessenlosen« Wahrnehmung von Qualität willen.[9]

Wie weit können wir mit diesem Kriterium vordringen? In der Anwendung durch die slavischen Formalisten ist es zugestandermaßen relativistisch. Es gibt keine ästhetische Norm, sagt Mukařovský, denn es ist das Wesen der ästhetischen Norm, gebrochen zu werden.[10] Kein dichterischer Stil bewahrt sich seine Seltsamkeit. Daher, so behauptet Mukařovský, können Werke ihre ästhetische Funktion verlieren, sie später aber vielleicht wiedergewinnen, nachdem das allzu Bekannte wieder ungewöhnlich geworden ist. Jeder von uns weiß, wie es ist, wenn man bestimmte Gedichte vorübergehend »satt« hat. Manchmal kommen wir später immer wieder auf sie zurück, manchmal scheinen sie sich wirklich für uns erschöpft zu haben. Desgleichen muten uns, während die Literaturgeschichte sich weiterentwickelt, manche Dichter nach einiger Zeit wieder seltsam an, andere bleiben »bekannt«.[11]

Indem wir von der persönlichen Rückkehr zu einem Werk sprechen, scheinen wir im Grunde genommen schon zu einem anderen Kriterium übergegangen zu sein. Wenn wir immer wieder zu einem Werk zurückkehren, weil wir »jedes Mal Neues darin entdecken«, so meinen wir damit für gewöhnlich nicht mehr Dinge der gleichen Art, sondern neue Bedeutungsebenen, neue Bezugssysteme; wir erkennen die vielfältige Organisation des Gedichts oder des Romans. Das literarische Kunstwerk, das, wie Homer oder Shakespeare, immer weiter bewundert wird, muß (mit George Boas' Ausdruck) eine »Vielwertigkeit« besitzen: sein ästhetischer Wert muß so reichhaltig und umfassend sein, daß es unter seinen Strukturen eine oder mehrere enthält, die jede spätere Periode in hohem Maße befriedigt.[12] Solch ein Werk aber muß, selbst zu des Dichters eigener Zeit, also so reich verstanden werden, daß all seine Schichten und Systeme eher von einer Gemeinschaft als von einem einzelnen Individuum erfaßt werden können. In einem Stück von Shakespeare gibt es »für die einfachsten Zuschauer die Handlung, für die nachdenklicheren die Charaktere und Charakterkonflikte, für die mehr am Literarischen interessierten die Wörter und die Sätze, für die musikalischen den Rhythmus und für Zuschauer von umfassenderem Verständnis und feiner Sensibilität eine sich allmählich herausschälende Bedeutung.«[13] Das Kriterium, um das es uns hier geht, ist das der Einschließlichkeit: »schöpferische Integration« und »Menge (und Vielfalt) integrierten Materials«.[14] Je dichter die Anordnung eines Gedichts, desto höher sein Wert, sagt die formalistische Kritik, die sich übrigens in ihrer Praxis gern auf Werke mit so komplexen Strukturen beschränkt, daß deren Auslegung notwendig und lohnend ist. Diese können auf einer oder mehreren Ebenen gesucht werden. Bei Hopkins zum Beispiel finden sie sich vor allem im Stil, in der Syntax und Prosodie; sie können jedoch auch, oder anstatt dessen, auf der Ebene der Bilder, der Thematik, des Tons oder der Handlung vorhanden sein. Werke von höchstem Wert sind auch komplex in jenen oberen Strukturen.

Mit »Vielfalt der Materialien« können insbesondere Ideen, Charaktere, Typen gesellschaftlichen und psychologischen Erlebens gemeint sein. Hierher gehört Eliots oft zitiertes Beispiel aus »The Metaphysical Poets«. Nachdem er behauptet hat, daß der Dichter »die verschiedensten Erlebnisse ständig miteinander verschmilzt«, stellt er sich ein solches Ganzes vor, das sich aus dem Verliebtsein des Dichters, seiner Lektüre Spinozas, seiner Wahrnehmung des Klapperns einer Schreibmaschine und des Geruchs von etwas Gekochtem zusammensetzt. Diese gleiche Verschmelzung war von Dr. Johnson als eine »discordia concors« bezeichnet worden. Er dachte dabei weniger an Gelungenes als an Versager der Methode und kam zu dem Schluß, daß von den metaphysischen Dichtern »die heterogensten Ideen mit Gewalt zusammengejocht werden«. Ein späterer Kritiker der »Metaphysiker«, George Williamson, konzentriert sich weitgehend auf die erfolgreichen Beispiele. Wir vertreten in diesem Punkt die Ansicht, daß — vorausgesetzt eine echte »Verschmelzung« hat stattgefunden — der Wert des Gedichts sich in unmittelbarem Verhältnis zur Vielfältigkeit seines Materials erhöht.

In *Three Lectures on Aesthetic* unterscheidet Bosanquet »leichte Schönheit« von »schwieriger Schönheit« mit ihrer »Verwobenheit«, »Spannung« und »Weite«. Mit anderen Worten könnten wir diese Unterscheidung als die zwischen einer aus fügsamem Material (Wohlklang, leicht eingehende, anschauliche Bilder, ein »poetisches Sujet«) sich ergebenden Schönheit und einer solchen bezeichnen, die einem Material abgerungen wurde, das, als Material, widerspenstig ist: das Schmerzliche, das Häßliche, das Didaktische, das Praktische. Diese Unterscheidung wurde durch das achtzehnte Jahrhundert in seinem Kontrast zwischen dem »Schönen« und dem »Erhabenen« (»schwierige Schönheit«) vorweggenommen. Das »Erhabene« und das »Charakteristische« ästhetisieren, was als »unästhetisch« erscheint. Die Tragödie übernimmt das Gebiet des Schmerzlichen und gibt ihm expressive Form; in ähnlicher Weise meistert die Komödie das Häßliche. Die leichteren Schönheiten sind unmittelbar zugänglich und angenehm in ihrem »Material« und ihren plastischen »Formen«; der schwierigen Schönheit entspricht eine expressive Form.

»Schwierige« Schönheit und künstlerische »Größe« sollten, wie es scheint, miteinander gleichgesetzt werden, nicht dagegen »vollkommene« Kunst und »große« Kunst. Das Element des Umfangs oder der Länge ist wichtig, nicht um seiner selbst willen natürlich, sondern da es eine Steigerung der Verwobenheit, Spannung und Weite eines Werkes ermöglicht. Ein »größeres« Werk oder eine »größere« Gattung werden auf Grund ihres Umfangs als solche bezeichnet. Wenn wir auch mit diesem Faktor nicht so einfach fertig werden können wie die klassizistischen Theoretiker, so können wir ihn doch auch nicht übergehen. Wir können nur verlangen, daß der Umfang ökonomisch sei, daß ein langes Gedicht heute mehr für den von ihm eingenommenen Raum »geben« muß als das einst der Fall war.

Manche Ästhetiker nehmen bei der Bestimmung des Begriffs der »Größe« Zuflucht bei außer-ästhetischen Kriterien.[15] So verteidigt L. A. Reid »die Auffassung, daß Größe sich aus der inhaltlichen Seite der Kunst ergibt und daß, in groben Umrissen gesagt, Kunst insoweit ›groß‹ ist, als sie den ›großen‹ Werten des Lebens Ausdruck verleiht«; und T. M. Greene macht »Wahrheit« und »Größe« als zwar außerästhetische, aber notwendige Maßstäbe für Kunst geltend. In ihren Beispielen gehen Greene und besonders Reid jedoch kaum über Bosanquets Kriterien für schwierige Schönheit hinaus. So sind zum Beispiel »die großen Werke der großen Dichter, Sophokles, Dante, Milton, Shakespeare, durchorganisierte Verkörperungen einer großen Vielfalt menschlichen Erlebens.« Die »Zeichen« oder Kriterien von Größe scheinen in jedem Bereich der Theorie oder Praxis »ein Erfassen des Komplexen, zusammen mit einem Sinn für Proportion und Bedeutsamkeit« gemeinsam zu haben. Aber diese gemeinsamen Merkmale für Größe müssen, wenn sie in einem Kunstwerk vorkommen, in einer »verkörperten Wertsituation« erscheinen, als ein »verkörperter Wert, an dem man sich erfreuen, den man genießen soll.« Reid stellt nicht die Frage: Ist das große Gedicht das Werk eines Dichters, der ein großer Mensch ist (oder Geist oder Persönlichkeit), oder ist es als Gedicht groß? Anstatt dessen macht er den Versuch, die darin enthaltenen Antworten miteinander zu versöhnen. Obschon er das große Gedicht auf Grund von dessen Reichweite und Bedeutsamkeit als groß beurteilt, wendet er diese Kriterien doch nur auf das Gedicht in seiner poetischen Gestalt und nicht auf irgendein hypothetisches »Erlebnis« an.[16]

Gute Prüfsteine für eine Behandlung in der formalistischen Methode sind Dantes *Göttliche Komödie* und Miltons *Verlorenes Paradies.* Benedetto Croce, der die *Göttliche Komödie* nicht als ein einziges Gedicht anerkennen will, reduziert sie auf eine Reihe lyrischer Extrakte, die von pseudowissenschaftlichen Abhandlungen unterbrochen werden. Die Ausdrücke »langes Gedicht« und »philosophisches Gedicht« sind für ihn Widersprüche in sich selbst. Der Ästhetizismus der vorigen Generation, wie er sich in einem Schriftsteller wie Logan Pearsall Smith darstellt, sieht das *Verlorene Paradies* als eine Zusammensetzung aus überholter Theologie und akustischem Genuß; die gefeierten »Orgel-Harmonien« sind alles, was Milton uns noch zu geben hat.[17] Den »Inhalt« müssen wir übersehen, die Form läßt sich herauslösen.

Solche Urteile darf man unserer Ansicht nach nicht als befriedigende Fassungen des »Formalismus« anerkennen. Sie vertreten eine atomistische Auffassung des Kunstwerks, indem sie das relativ Dichterische seines Materials anstatt des Dichterischen des Gesamtwerks in Betracht ziehen, das unter Umständen vieles seinen Zwekken unterwirft, was außerhalb dieses Zusammenhanges abstrakte Abhandlung wäre. Dante wie auch Milton schrieben neben ihren Gedichten auch Abhandlungen und verwechselten die beiden nicht miteinander. Milton, ein theologisch unabhängig Denkender, schrieb ungefähr zur gleichen Zeit, als er das *Verlorene Paradies* schuf, einen Traktat *De Doctrina Christiana.* Aber als was man auch das Wesen seines Gedichts bezeichnen mag (Epos, christliches Epos oder philosophisches — und — episches Gedicht), und trotz seiner bekundeten Absicht, »die Wege Gottes zu rechtfertigen«, so hatte es doch einen anderen Zweck als die Abhandlung: sein Wesen wird durch die literarischen Traditionen, auf die es sich beruft, und durch seine Beziehung zu Miltons eigener früherer Dichtung bestimmt.

Miltons Theologie im *Verlorenen Paradies* ist die eines orthodoxen Protestantismus, oder einer solchen Deutung zumindest zugänglich. Es nimmt dem Gedicht als solchem jedoch nichts, wenn der Leser diese Theologie nicht teilt. Tatsächlich vertrat schon Blake die Auffassung, daß durch Miltons unbewußte »Absicht« Satan der Held des Gedichts sei; und bei Byron und Shelley gab es ein romantisches *Verlorenes Paradies*, das Satan und Prometheus zusammen sah und das, wie in Anfängen schon vorher bei Collins, den »Primitivismus« von Miltons Eden besonders beifällig hervorhob.[18] Gewiß gibt es auch, wie Denis Saurat nachgewiesen hat, eine »humanistische« Auslegung des Miltonschen Gedichts. Sein Schwung, seine komischen Ausblicke, seine Landschaft — düster oder von unklarer Großartigkeit — gehen auch bei einer abweichenden Meinung über seine Theologie oder Geschichte nicht verloren.

Daß das *Verlorene Paradies* allein auf Grund seines Stils ein großes Gedicht bleibt, auch wenn seine Lehre als überholt angesehen wird, ist sehr zweifelhaft. Solch eine Auffassung führt die Trennung eines Werkes in seine »Form« und seine »Bedeutung« ad absurdum: »Form« wird hier »Stil« und »Bedeutung« wird »Ideologie«. Die Trennung wird der Ganzheit des Werkes bei weitem nicht gerecht. Sie läßt alle Strukturen »über« Metrik und Diktion unberücksichtigt. Die »Bedeutung« ist in dieser Aufteilung das, was L. A. Reid als »sekundären Stoff« bezeichnet (Stoff noch außerhalb des Kunstwerks). Ferner berücksichtigt die Trennung nicht die Handlung oder Erzählung, die Charaktere (oder besser, die »Charakterisierung«) und die »Welt«, das Ineinandergreifen von Handlung, Atmosphäre und Charakteren, die »metaphysische Qualität« (gesehen als die aus dem Werk erwachsende Weltansicht, nicht als die Ansicht, die vom Dichter im oder außerhalb des Werkes didaktisch geäußert wird).

Ganz besonders muß man sich der Auffassung widersetzen, daß die »Orgel-Harmonien« vom Gedicht losgelöst werden könnten. In einem eingeschränkten Sinne besitzen sie wohl »formale Schönheit«, phonetische Resonanz; aber in der Literatur, die Verskunst eingeschlossen, steht die formale Schönheit fast immer im Dienste des Ausdrucks, d. h. man muß danach fragen, wieweit die »Orgel-Harmonien« der Handlung den Charakteren und dem Thema angemessen sind. Wenn kleinere Dichter Miltons Stil auf Lehrgedichte über triviale Themen anwandten, dann wurde dieser ungewollt lächerlich.

Eine formalistische Kritik muß annehmen, daß zwischen unseren eigenen Überzeugungen und Anschauungen und denen eines Dichters oder Gedichts keine Übereinstimmung zu bestehen braucht, ja sich sogar völlig erübrigt, da wir sonst nur die Dichtungen bewundern könnten, deren Weltanschauung wir zustimmen. Spielt die Weltanschauung für die ästhetische Beurteilung eine Rolle? Die in einem Gedicht zum Ausdruck kommende Weltanschauung muß, sagt Eliot, von einem Kritiker als »zusammenhängend, reif und auf Erfahrungstatsachen beruhend anerkannt werden können.«[19] Eliots Ausspruch über Zusammenhang, Reife und Lebenswahrheit geht in dieser Formulierung über jeden Formalismus hinaus. Zusammenhang ist zwar ein ästhetisches wie auch ein logisches Kriterium; aber »Reife« ist ein Kriterium der Psychologie und »Lebenswahrheit«, beruft sich auf Welten außerhalb des Kunstwerks, fordert den Vergleich zwischen Kunst und Realität. Wir möchten Eliot erwidern, daß die Reife eines Kunstwerks in seinem Umfassendsein liegt, in seinem Bewußtsein der dichten Verwobenheit der Welt, in seinen Ironien und Spannungen. Auch kann die Entsprechung zwischen einem Roman und der Erfahrung nicht nach einer einfachen Gegenüberstellung einzelner Punkte gemessen werden. Zu Recht können wir dagegen die gesamte Welt eines Dickens, Kafka, Balzac oder Tolstoi mit unserer Gesamterfahrung, das heißt mit unserer eigenen gedachten und gefühlten »Welt« vergleichen. Und unsere Beurteilung einer solchen Entsprechung schlägt sich in ästhetischen Begriffen nieder wie denen der Lebendigkeit, Intensität, Kontrastfügungen, Weite oder Tiefe, statischen oder kinetischen. »Lebenswahr« könnte fast als »kunsthaft« paraphrasiert werden, da die Analogien zwischen Leben und Literatur dort am greifbarsten werden, wo die Kunst stark stilisiert ist. Dichter wie Dickens, Kafka und Proust sind es, die ihre »persönliche« Welt über weite Bereiche unserer eigenen Erfahrung legen.[20]

Vor dem neunzehnten Jahrhundert standen in Diskussionen über die Bewertung im allgemeinen der Rang und die Hierarchie der Dichter im Mittelpunkt — die Klassiker, die »stets bewundert wurden und stets bewundert werden«. Die dabei vor allem angeführten Beispiele waren natürlich die alten griechischen und römischen Dichter, deren höchste Verehrung die Renaissance brachte. Mit dem Ende des neunzehnten Jahrhunderts war solch früherer »Klassizismus« durch das inzwischen erweiterte Wissen über literarische Entwicklungsreihen wie die mittelalterliche, keltische, nordische, hindustanische und chinesische veraltet. Wir sind uns dessen bewußt, daß Werke aus dem Gesichtsfeld verschwinden und dann wiederkehren, und daß Werke zeitweilig ihre ästhetische Wirksamkeit verlieren, sie aber zurückgewinnen, wie z. B. Donne, Langland und Pope, Maurice Scève und Gryphius. Durch Reaktion auf autoritäre Systeme und ihre kanonischen Vorschriften neigt die moderne Auffassung zu einem übertriebenen, unnötigen Relativismus, der auf den ewigen »Kreislauf des Geschmacks« verweist, wie frühere Skeptiker auf »De gustibus non est disputandum«.

Der Fall ist jedoch komplizierter, als er dem absolutistischen Humanisten oder dem relativistischen Skeptiker erscheinen mag.

Der Wunsch, sich in irgendeiner Form der Objektivität literarischer Werte zu vergewissern, erfordert keine Überantwortung an irgendeinen statischen Kanon, dem keine neuen Namen hinzugefügt und innerhalb dessen keine Wechsel in der Rangordnung vorgenommen werden dürfen. Allen Tate greift zu Recht die Annahme, daß das Ansehen eines Dichters jemals festgelegt sei, als »Illusion« an und wendet sich damit gegen den »merkwürdigen Glauben«, daß »die Hauptfunktion der Kritik die Einstufung von Dichtern anstatt der Bestimmung ihres Nutzens« sei.[21] Wie Eliot, auf dessen Ausspruch über die durch die Gegenwart veränderte Vergangenheit er sich bezieht, ist Tate ein Dichter, der ebensowohl an die Gegenwart und Zukunft der englischen Dichtung als an ihre Vergangenheit glauben muß. Der Rang innerhalb einer Klasse ist sozusagen immer relativ und der Konkurrenz offen. Solange beständig Neuaufnahmen erfolgen, besteht immer die Möglichkeit für einen neuen Besten. Aber durch jede Neuaufnahme verschiebt sich, auch wenn nur um ein Geringes, der Rang der anderen Werke. Waller und Denham gewannen und verloren zugleich an Rang, als Pope seine Stellung eingenommen hatte. Sie waren jenes doppeldeutige Phänomen: Vorgänger. Sie führten zu Pope hin, wurden jedoch auch von ihm im Rang herabgesetzt.

Bei Nichtakademikern innerhalb und außerhalb der Universitäten trifft man gelegentlich auf das entgegengesetzte Bemühen, die Tyrannei des ewigen Fließenden zu bekräftigen.[22] Es gibt Fälle — wie den Cowleys — in denen der Geschmack einer Generation von keiner nachfolgenden bestätigt wird. Doch scheint dies nur selten vorzukommen. Vor dreißig Jahren hätte man in der Einschätzung Skeltons vielleicht einen Parallelfall sehen können, heute nicht mehr. Wir empfinden ihn als geistreich, »aufrichtig«, modern. Das Ansehen der Größten überlebt unterdessen alle Geschmacksrichtungen der verschiedenen Generationen: Chaucer, Spenser, Shakespeare, Milton — selbst Dryden, Pope, Wordsworth und Tennyson — nehmen einen bleibenden, wenn auch nicht »festgelegten« Rang ein.

Die ästhetischen Strukturen solcher Dichter sind so komplex und reichhaltig, daß sie das Empfindungsvermögen aufeinander folgender Zeitalter befriedigen. Es gibt den klassizistischen Milton, der von Addison in seinen *Spectator*-Aufsätzen und von Pope bewundert wurde, und den romantischen Milton Byrons, Wordsworths, Keats', Shelleys. Es gab den Shakespeare Coleridges, und heute haben wir den Shakespeare Wilson Knights. Jede Generation wird einigen Elementen des großen Kunstwerks nicht gerecht, findet in bestimmten Ebenen oder Schichten einen Mangel an »Schönheit« oder sieht sie sogar als ausgesprochen häßlich an (wie die Klassizisten Shakespeares Wortspiele), empfindet aber das Ganze als ästhetisch befriedigend.

So weit sind wir zu einer Art »Generationismus« gelangt, der die

Relativität des individuellen Geschmacks bestreitet, aber in der Literaturgeschichte das umschichtige Auftreten mehr oder minder gegensätzlicher ästhetischer Kriterien erkennt (wie in Wölfflins Gegensatz von Renaissance und Barock) und keinen Vorschlag macht, ob und wie man über solche umschichtige Folgen hinaus gemeinsame Prinzipien finden könnte. Wir sind ferner bei einer »Vielwertigkeit« angelangt,[23] der Auffassung, daß bleibende Kunstwerke verschiedene bewundernde Generationen aus verschiedenen Gründen ansprechen. Größere Werke, die »Klassiker« behalten ihren Platz, behalten ihn aber auf Grund einer Reihe wechselnd ansprechender Merkmale oder »Gründe«, während originale, sehr besondere Werke (z. B. Donne) und unbedeutendere Werke (gut nur innerhalb eines Periodenstils, wie z. B. Prior oder Charles Churchill) dann an Ansehen gewinnen, wenn die Gegenwartsliteratur irgendwelche verwandten Züge zur Literatur jener Tage aufweist, und umgekehrt an Ansehen verlieren, wenn diese Beziehung auf Gegensätzlichkeiten beruht.[24]

Es ist vielleicht schwierig, aber nicht unmöglich, über diese Position hinauszukommen. Zunächst einmal brauchen wir die Anerkennung, die frühere Zeitalter ihren Klassikern (Homer, Vergil, Milton u. a.) zollten, nicht auf die von ihren Kritikern angeführten Argumente beschränken. Wir dürfen bezweifeln, daß die frühere Kritik den schöpferischen Werken ihrer eigenen Gegenwart oder sogar ihrer eigenen ästhetischen Erfahrung gerecht werden konnte.[25] Auch läßt sich behaupten, daß eine wirklich angemessene literarische Theorie das Entweder-Oder des Generationismus vermeiden kann. So ist George Williamson[26] der Meinung, daß die besten Gedichte der »metaphysischen Dichter« eben einfach gute Dichtung sind. Es besteht kein Grund, alle metaphysischen Gedichte zu bewundern oder alle zu verdammen; auch sind die besten Gedichte dieser Schule nicht die »metaphysischsten«. So wurde Pope in unserer Zeit als ein — wenigstens zum Teil — »metaphysischer« Dichter gepriesen, das heißt, als ein guter und echter Dichter, nicht nur der »Dichter eines Zeitalters der Prosa«.[27] Und so verschiedene Theoretiker wie I. A. Richards in *Practical Criticism* und Cleanth Brooks und R. P. Warren (*Understanding Poetry*) vertreten ganz klar einen einzigen Maßstab für die Dichtung und betonen, man solle nicht versuchen, das Gedicht nach Verfasser, Periode oder Schule einzuordnen, bevor man es beurteilt. Man kann natürlich einwenden, daß sich diese Kritiker und Herausgeber von Anthologien auf einen Maßstab berufen (grob gesagt, den Eliotschen), dem viele Leser wohl nicht beipflichten können. Ihre Maßstäbe ermöglichen ihnen jedoch die Rechtfertigung eines weiten Bereichs der Dichtung. Den Romantikern am wenigsten geneigt, retten sie jedoch wenigstens Keats und Blake.

Kein Literaturkritiker kann sich unserer Meinung nach ernsthaft entweder auf den Generationismus beschränken (der das Vorhandensein einer ästhetischen Norm bestreitet) oder sich an einen so unfruchtbaren und lehrhaften Absolutismus wie die Auffassung vom »festgelegten Rang« binden. Er mag gelegentlich aus reinem Protest wie ein Generationist klingen oder aus dem Wunsch heraus, sich den früheren Dichter mit Hilfe des durchaus angemessenen Mittels einer Analogie zu irgendeinem Dichter der Gegenwart zu erschließen und zu verstehen. Er will damit jedoch nur bestätigen, daß der auf diese Weise entdeckte Wert tatsächlich oder potentiell im Kunstgegenstand enthalten ist — also nicht »hineingelesen« oder assoziativ damit verknüpft, sondern, mit Hilfe eines besonderen Antriebs zur Einsicht, darin erkannt wird.

Was ist, so muß der Kritiker fragen, der Ort ästhetischer Werte? Ist er das Gedicht, der Leser des Gedichts, oder die Beziehung zwischen den beiden? Die zweite Antwort ist subjektivistisch. Sie nimmt zu Recht an, daß jemand das Gewertete werten muß, setzt jedoch nicht das Wesen der Aufnahme mit dem Wesen des Objekts in Wechselbeziehung. Sie ist psychologistisch in dem Sinne, daß sie die Aufmerksamkeit von dem Objekt der Kontemplation oder des Vergnügens abzieht und sie auf die Reaktionen, gefühlsmäßigen Schwingungen des Selbst, sogar des privaten, verallgemeinerten Selbst hinlenkt. Ob man nun die erste oder die dritte Antwort gibt, ist eine Sache der Interpretation. Die erste deutet den Philosophen notwendig auf den Platonismus oder irgendein anderes System absoluter Maßstäbe hin, deren Dasein ohne Bezug auf menschliches Bedürfen oder Erkennen gedacht wird. Selbst wenn man, wie dies von seiten der Theoretiker der Literatur im allgemeinen geschieht, den objektiven Charakter der literarischen Struktur, von den »Mitteln« bis zur »Bedeutung«, verteidigen will, bietet sich in der ersten Antwort eine weitere Schwierigkeit in der Andeutung, daß die literarischen Werte für jedermann da seien, ebensogut gegenwärtig wie Röte oder Kälte. In Wirklichkeit hat jedoch noch kein Kritiker jene Art unbedingter Objektivität für ein Gedicht beanspruchen wollen. Longinus und andere Klassizisten, die sich auf das Stimmrecht aller Menschen zu allen Zeiten und an allen Orten berufen, beschränken ihr »alle« stillschweigend auf »alle kompetenten Richter«.

Der Formalist verficht den Gedanken, daß das Gedicht nicht nur eine Ursache oder eine mögliche Ursache des »poetischen Erlebnisses« des Lesers ist, sondern eine besondere, in hohem Maße organisierte Kontrolle des Erlebnisses des Lesers, so daß das Erlebnis am besten als ein Erlebnis des Gedichts bezeichnet werden kann. Die Bewertung des Gedichts ist das Erleben und Realisieren ästhetisch wertvoller Qualitäten und Beziehungen, die für jeden kompetenten Leser im Gedicht strukturell vorhanden sind. In einer Darlegung dessen, was er als »objektiven Relativismus« oder »perspektivischen Realismus« bezeichnet, definiert Eliseo Vivas seine Auffassung von der Schönheit. Sie ist »ein Kennzeichen bestimmter Dinge und in ihnen anwesend; aber in dem Ding nur für jene anwesend, die die Fähigkeit und die Schulung besitzen, auf Grund deren allein sie wahrgenommen werden kann.«[28] Die Werte sind potentiell in den literarischen Strukturen enthalten; sie werden jedoch nur dann erfaßt und angemessen bewertet, wenn sie von Lesern betrachtet werden, die den geforderten Bedingungen genügen. Es besteht zweifellos eine Tendenz, sich (im Namen der Demokratie oder der Wissenschaft) jedem Anspruch auf Objektivität oder »Wert« zu widersetzen, der sich nicht im vollständigsten Sinne öffentlich beweisen läßt. Man kann sich jedoch nur schwer irgendwelche »Werte« vorstellen, die sich derartig bedingungslos anbieten.

In älteren Handbüchern wurde häufig die »wertende« Kritik der »impressionistischen« gegenübergestellt. Die Bezeichnungen in dieser Unterscheidung waren jedoch irreführend. Die erstere Art berief sich auf Regeln oder Prinzipien, die man als objektiv ansah; die letztere strich theoretisch gern ihren Mangel an allgemein bekannten Bezügen noch besonders heraus. In der Praxis aber war die letztere eine uneingestandene Form der Beurteilung durch einen Kenner, dessen Geschmack Lesern mit weniger verfeinerter Aufnahmefähigkeit eine Norm anbieten wollte. Auch kann es nicht viele Kritiker der letzteren Art gegeben haben, die sich nicht um das bemühten, was Remy de Gourmont als das Streben jedes aufrichtigen Menschen bezeichnete, nämlich »seine persönlichen Eindrücke zu Gesetzen zu erheben.«[29] Heute beschäftigen sich viele als »Kritik« bezeichnete Aufsätze exegetisch mit bestimmten Gedichten oder Dichtern und geben keine abschließende Beurteilung. Gelegentlich werden Einwände dagegen laut, daß solcher Exegese überhaupt die Bezeichnung »Kritik« zuerkannt wird (die im Griechischen ursprünglich »Beurteilung« bedeutete). Gelegentlich wird auch zwischen einer »interpretierenden« und einer »wertenden« Kritik als alternativen kritischen Typen unterschieden.[30] Aber obschon eine solche Unterscheidung zwischen »Deutung« und »Wertung« sicher gemacht werden kann, wird sie doch in der »Literaturkritik« nur selten durchgeführt und ist auch kaum durchführbar. Was unüberlegt als »wertende Kritik« gefordert oder angeboten wird, ist nichts als eine grobe Einstufung von Dichtern und Gedichten, die von der Berufung auf Autoritäten oder auf einige Dogmen der literarischen Theorie begleitet wird. Alles, was darüber hinausgeht, muß sich notwendig der Analyse und analytischer Vergleiche bedienen. Andererseits muß ein scheinbar rein deutender Aufsatz ganz zwangsläufig irgendeine, wenn auch noch so sehr eingeschränkte Wertung enthalten, und zwar, wenn es sich um die Deutung eines Gedichts handelt, die Beurteilung eines ästhetischen, nicht eines historischen, biographischen oder philosophischen Wertes. Allein schon die Verwendung von Zeit und Aufmerksamkeit auf einen Dichter oder ein Gedicht ist eine Art Wertung. Doch nur wenige deutende Aufsätze werten lediglich durch den Akt ihrer Themenwahl. »Verstehen der Dichtung« geht ohne große Schwierigkeiten in »Wertung der Dichtung« über, nur muß dieses Werten in den Einzelheiten und im Verlauf der Analyse anstatt in einer Feststellung im Schlußsatz vorgenommen werden. Die Neuheit der Eliotschen Essays lag seinerzeit eben darin, daß sie keine Schlußzusammenfassung oder ein einziges Urteil abgaben, sondern durchgehend werteten. Die Wertung erfolgte durch konkrete Vergleiche und Nebeneinanderstellungen zweier Dichter im Hinblick auf irgendein Kennzeichen wie auch durch gelegentliche vorläufige Verallgemeinerungen.

Die notwendige Unterscheidung scheint doch wohl die zwischen offener und implizierter Wertung zu sein, was nicht mit der Unterscheidung zwischen bewußten und unbewußten Wertungen gleichgesetzt werden darf. Es gibt eine aus der Sensibilität kommende Wertung wie auch eine solche, die der Vernunft, vernünftigen Beweisführung entspringt. Sie stehen nicht in notwendigem Widerspruch zueinander. Eine Sensibilität kann ohne die Fähigkeit zu erheblich verallgemeinerter, theoretischer Äußerung kaum zu wesentlicher kritischer Überzeugungskraft gelangen; und eine vernunftgemäße Wertung kann im Bereich der Literatur nur auf der Grundlage einer unmittelbaren oder abgeleiteten Sensibilität formuliert werden.

19. Literaturgeschichte

Ist es möglich, Literaturgeschichte zu schreiben, das heißt, etwas zu schreiben, das zugleich literarisch und eine Geschichte ist? Man muß zugeben, daß die meisten Literaturgeschichten entweder Sozialgeschichten, Geschichten des in der Literatur zum Ausdruck kommenden Denkens oder mehr oder minder chronologisch angeordnete Eindrücke und Urteile über einzelne Werke sind. Ein kurzer Überblick über die Geschichte der englischen Literaturgeschichtsschreibung wird diese Ansicht bestätigen. Thomas Warton, der erste »formale« Historiker der englischen Dichtung, gab als Grund für seine Untersuchungen alter Literatur an, daß in ihr »die Merkmale der Zeiten getreulich aufgezeichnet und die malerischsten und ausdrucksvollsten Darstellungen der Sitten bewahrt« seien; auch »überliefert sie der Nachwelt echte Schilderungen des Lebens«.[1] Henry Morley verstand unter Literatur »die nationale Biographie« oder die »Geschichte des englischen Geistes«.[2] Leslie Stephen betrachtete sie als »eine besondere Funktion des gesamten gesellschaftlichen Organismus«, »eine Art Nebenerzeugnis« gesellschaftlicher Wandlungen.[3] W. J. Courthope, Verfasser der einzigen englischen Geschichte der Dichtung, die auf einer einheitlichen Auffassung ihrer Entwicklung beruht, bezeichnete das »Studium der englischen Dichtung im Grunde genommen als das Studium des fortschreitenden Wachstums unserer nationalen Einrichtungen wie es sich in unserer Literatur wiederspiegelt.« Er sah die Einheit seines Gegenstandes »eben dort, wo der politische Historiker sie sucht, nämlich im Leben einer Nation als Ganzem.«[4]

Während diese und viele andere Historiker die Literatur als bloßes Dokument zur Illustration der National- oder Gesellschaftsgeschichte betrachten, erkennt eine andere Gruppe, daß die Literatur zuallererst Kunst ist, scheint jedoch dabei nicht fähig, Geschichte zu schreiben. Sie warten mit einer unzusammenhängenden Reihe von Aufsätzen über einzelne Dichter auf und versuchen, diese durch »Einflüsse« miteinander zu verbinden, doch fehlt ihnen dabei jeder Begriff für echte historische Entwicklung. In seiner Einleitung zu einer *Short History of Modern English Literature* (1807) machte Edmund Gosse allerdings den Anspruch die »Bewegungen der englischen Literatur« zu zeigen, um »ein Gefühl für ihre Entwicklung« zu geben,[5] doch war dies lediglich ein Lippenbekenntnis zu einem Ideal, das sich zu dieser Zeit von Frankreich aus verbreitete. Tatsächlich stellen Gosses Bücher eine Reihe kritischer Bemerkungen über Dichter und einige ihrer Werke in chronologischer Anordnung dar. Später bestritt er mit Recht jegliches Interesse an Taine und betonte seine Verpflichtungen gegenüber Saint-Beuve, dem Meister der biographischen Portraitkunst.[6] Mutatis mutandis gilt das gleiche für George Saintsbury, dessen kritische Anschauung Walter Paters Theorie und Praxis der »Würdigung« am nächsten stand,[7] und für Oliver Elton, dessen *Survey of English Literature* in sechs Bänden — die beachtlichste Leistung der jüngeren Literaturgeschichte in England — ganz offen bekundet, »recht eigentlich eine Besprechung, eine direkte Kritik« und keine Geschichte zu sein.[8] Diese Aufzählung ließe sich fast unendlich erweitern; und eine Untersuchung französischer und deutscher Literaturgeschichten würde, von einigen Ausnahmen abgesehen, zu fast den gleichen Ergebnissen führen. So war Taine offensichtlich vor allem an seinen Theorien über den Nationalcharakter und seiner Philosophie des »Milieus« und der Rasse interessiert; Jusserand untersuchte die Geschichte der Sitten, wie sie sich in der englischen Literatur darstellte, und Cazamian erfand eine ganze Theorie der »Schwingungen des geistigen Rhythmus der englischen Volksseele«.[9] Die meisten führenden Literaturgeschichten sind entweder Kulturgeschichten oder Sammlungen kritischer Aufsätze. Die eine Art ist keine Geschichte der *Kunst*, die andere keine *Geschichte* der Kunst.

Warum hat es kaum einen Versuch gegeben, auf einer breiten Basis die Entwicklung der Literatur als Kunst zu verfolgen? Ein Grund dafür liegt gewiß in der Tatsache, daß die vorbereitende Analyse der Kunstwerke bisher noch nicht in konsequenter und systematische Weise durchgeführt worden ist. Entweder gibt man sich mit den alten rhetorischen Kriterien zufrieden, die in ihrer vorwiegenden Beschäftigung mit offenbar oberflächlichen Kunstmitteln viel zu wünschen übriglassen, oder man nimmt zu einer gefühlsbetonten Sprache Zuflucht und beschreibt die Wirkungen eines Kunstwerks auf den Leser in einer Art und Weise, die eines echten Bezuges auf das Werk selber nicht fähig ist.

Eine andere Schwierigkeit bietet sich durch das Vorurteil, daß eine Literaturgeschichte nicht möglich ist, außer im Sinne ursächlicher Erklärung durch irgendeine andere menschliche Tätigkeit. Eine dritte Schwierigkeit liegt in der gesamten Anschauung von der Entwicklung der Dichtkunst. Nur wenige bezweifeln wohl die Möglichkeit einer inneren Geschichte der Malerei oder der Musik. Es genügt schon, irgendeine chronologisch oder nach »Schulen« angeordnete Gemäldesammlung zu besuchen, um zu erkennen, daß es eine Geschichte der Malkunst gibt, die sich sowohl von einer Geschichte der Maler als auch von der Würdigung oder Beurteilung einzelner Bilder ganz erheblich unterscheidet. Es genügt ferner, ein Konzert anzuhören, in dem die Kompositionen chronologisch aufeinander folgen, um zu wissen, daß es eine Geschichte der Musik gibt, die fast nichts mit den Biographien der Komponisten, den gesellschaftlichen Verhältnissen, unter denen die Werke hervorgebracht wurden, oder der Würdigung einzelner Stücke zu tun hat. Seit Winckelmanns *Geschichte der Kunst im Altertum* (1764) sind solche geschichtlichen Darstellungen der Malerei und Plastik immer wieder unternommen worden, und die meisten Musikgeschichten haben seit Burney der Geschichte der musikalischen Formen Beachtung geschenkt.

Die Literaturgeschichte sieht sich dem analogen Problem gegenüber, die Geschichte der Literatur als einer Kunst in verhältnismäßiger Isolierung von ihrer Sozialgeschichte, dem Leben der Dichter oder der Würdigung einzelner Werke zu verfolgen. Natürlich macht die Aufgabe der Literaturgeschichte (in diesem eingeschränkten Sinne) besondere Schwierigkeiten. Im Vergleich mit einem Gemälde, das sich auf einen Blick übersehen läßt, ist uns ein literarisches Kunstwerk nur in einer Zeitfolge zugänglich und kann daher nur schwer als zusammenhängendes Ganzes erfaßt werden. Aber die Analogie zur musikalischen Form beweist, daß es möglich ist, Gestalten herauszuarbeiten, selbst wenn sich diese nur in zeitlicher Reihenfolge erfassen lassen. Ferner gibt es spezielle Probleme der Literatur. In ihr findet sich ein allmählicher Übergang von einfachen Aussagen zu in hohem Maße durchorganisierten Kunstwerken, da das Medium der Literatur, die Sprache, auch das Medium alltäglicher Mitteilung und insbesondere das der Wissenschaften ist. Es ist daher schwieriger, die ästhetische Struktur eines Kunstwerks herauszusondern. Wir haben jedoch etwa in der Illustration eines medizinischen Lehrbuchs und in einem Militärmarsch zwei Beispiele, die beweisen, daß auch die anderen Künste ihre Grenzfälle besitzen und daß die Schwierigkeiten der Unterscheidung zwischen Kunst und Nicht-Kunst bei literarischen Äußerungen nur quantitativ größer sind.

Es gibt jedoch auch Theoretiker, die einfach bestreiten, daß die Literatur überhaupt eine Geschichte hat. W. P. Ker zum Beispiel behauptete, wir brauchten keine Literaturgeschichte, da ihre Objekte immer gegenwärtig, »ewig« seien und daher im eigentlichen Sinne keine Geschichte hätten.[10] Auch T. S. Eliot bestreitet die Vergangenheit eines Kunstwerks. »Die Gesamtheit der europäischen Literatur von Homer an«, so sagt er, »hat ein gleichzeitiges Dasein und bildet eine gleichzeitige Ordnung.«[11] Die Kunst, so könnte man mit Schopenhauer sagen, ist über allem Ziel. Sie wird niemals besser, kann nicht überholt oder wiederholt werden. In der Kunst brauchen wir nicht herauszufinden, »wie es eigentlich gewesen« — wie es Ranke als das Ziel der Geschichtsschreibung formulierte — da wir ganz unmittelbar erleben können, wie es mit den Dingen beschaffen ist. Daher ist die Literaturgeschichte keine richtige Geschichte, da sie die Erkenntnis der Gegenwart, der Allgegenwart, der ewigen Gegenwart ist. Es läßt sich natürlich nicht bestreiten, daß zwischen der politischen Geschichte und der Geschichte der Kunst ein echter Unterschied besteht. Man muß unterscheiden zwischen dem, was historisch und vergangen und dem, was historisch und doch irgendwie gegenwärtig ist.

Wie wir an anderer Stelle nachgewiesen haben, bleibt ein einzelnes Kunstwerk im Laufe der Geschichte nicht unverändert. Es ist zwar eine wesentliche Identität der Struktur vorhanden, die durch alle Zeiten dieselbe geblieben ist. Aber diese Struktur ist dynamisch; sie verändert sich im Verlauf der Geschichte, während sie durch Geist und Gemüt ihrer Leser, Kritiker und anderer Künstler hindurchgeht. Der Prozeß der Interpretation, Kritik und Würdigung ist niemals vollkommen unterbrochen worden und wird wahrscheinlich unendlich fortgesetzt werden, oder zumindest solange, wie es keine völlige Unterbrechung der kulturellen Überlieferung gibt. Eine der Aufgaben des Literarhistorikers ist die Beschreibung dieses Prozesses. Eine andere liegt im Aufzeigen der Entwicklung von Kunstwerken, die in kleineren oder größeren Gruppen nach gemeinsamem Verfasser, nach Gattungen, Stiltypen oder sprachlicher Tradition und schließlich innerhalb eines Schemas der universalen Literatur angeordnet werden.

Aber diese Auffassung von der Entwicklung einer Reihe von Kunstwerken scheint auf außergewöhnliche Schwierigkeiten zu stoßen. In gewissem Sinne ist jedes Kunstwerk auf den ersten Blick eine Struktur, die in keinem der angrenzenden Werke weitergeführt wird. Man kann auf dem Standpunkt stehen, daß es von einer Individualität zur anderen keine Entwicklung gibt. Man findet sogar den Einwand, es gäbe keine Geschichte der Literatur, sondern nur eine Geschichte dichtender Menschen.[12] Auf Grund der gleichen Behauptung müßten wir jedoch auch auf eine Geschichte der Sprache verzichten, da schließlich nur Menschen Wörter hervorbringen, oder auch auf eine Geschichte der Philosophie, da nur Menschen denken. Ein extremer »Personalismus« dieser Art muß zu der Anschauung führen, daß jedes einzelne Kunstwerk vollkommen isoliert dastehe, was praktisch bedeutete, daß es nicht-mitteilbar und unverständlich wäre. Wir müssen die Literatur eher als ein ganzes System von Werken auffassen, das, mit dem Zuwachs neuer Werke, ständig seine Beziehungen verändert und als ein sich veränderndes Ganzes wächst.

Aber die bloße Tatsache, daß sich die literarische Situation einer Zeit im Vergleich zu einem Jahrzehnt oder einem Jahrhundert vorher gewandelt hat, genügt noch nicht, um einen Prozeß tatsächlicher historischer Entwicklung zu beweisen, da der Begriff der Veränderung auf jede beliebige Reihe von Naturerscheinungen zutrifft. Es könnte sich lediglich um immer neue, jedoch sinnlose und unverständliche Umgruppierungen handeln. So würde das von F. J. Teggart in seiner *Theory of History*[13] empfohlene Studium von Veränderungen nur zur Aufhebung aller Unterscheidungen zwischen geschichtlichen und natürlichen Vorgängen führen und es dem Historiker überlassen, von Anleihen bei den Naturwissenschaften zu zehren. Wenn solche Veränderungen mit absoluter Regelmäßigkeit wiederkehrten, so müßten wir zu einem Begriff der Gesetzmäßigkeit gelangen, wie ihn der Physiker hat. Trotz der glänzenden Spekulationen Spenglers und Toynbees sind solche vorherbestimmbaren Veränderungen noch in keinem historischen Prozeß entdeckt worden.

Entwicklung bedeutet etwas anderes und mehr als Veränderung oder gar regelmäßige und vorherbestimmbare Veränderung. Es scheint auf der Hand zu liegen, daß der Begriff in dem Sinne gebraucht werden sollte, den die Biologie herausgearbeitet hat. Bei genauerem Zusehen kennt die Biologie zwei sehr verschiedene Entwicklungsbegriffe: erstens den Vorgang, der durch das Wachstum eines Eies zu einem Vogel exemplifiziert wird, und zweitens die Entwicklung, für die die Veränderung vom Gehirn des Fisches zu dem des Menschen beispielhaft ist. In Wirklichkeit entwickelt sich hier niemals irgendeine Reihe von Gehirnen, sondern nur eine begriffliche Abstraktion, »das Gehirn«, das sich im Sinne seiner Funktion bestimmen läßt. Die einzelnen Entwicklungsstufen werden als so und so viele Annäherungen an ein vom »menschlichen Gehirn« abgeleitetes Ideal begriffen.

Können wir von einer literarischen Entwicklung in einem dieser beiden Sinne sprechen? Ferdinand Brunetière und John Addington Symonds wollten sie beide angewandt sehen. Sie nahmen an, man könne die literarischen Gattungen in Analogie zu den Spezies der Natur betrachten.[14] Nach der Lehre Brunetières müssen literarische Gattungen, wenn sie erst einen bestimmten Grad an Vollkommenheit erreicht haben, welken, verfallen und schließlich verschwinden. Und ferner werden Gattungen in höhere und differenziertere Gattungen umgewandelt, genau wie die Spezies in der Darwinistischen Entwicklungstheorie. Der Gebrauch des Begriffs der »Entwicklung« in seiner ersten Bedeutung ist offensichtlich kaum mehr als eine geistreiche Metapher. Laut Brunetière wurde zum Beispiel die französische Tragödie geboren, wuchs, verfiel und starb. Aber das tertium comparationis für die Geburt der Tragödie liegt hier lediglich in der Tatsache, daß es vor Jodelle im Französischen keine Tragödien gibt. Und die Tragödie starb nur in dem Sinne, daß, an Brunetières Ideal gemessen, nach Voltaire keine bedeutenden Tragödien mehr geschrieben wurden. Doch bleibt immer die Möglichkeit offen, daß in Zukunft eine große französische Tragödie gedichtet wird. Nach Brunetière steht Racines *Phädra* am Anfang des Verfalls der Tragödie, nah bei deren Greisenalter. Auf uns macht sie jedoch einen jungen und frischen Eindruck im Vergleich mit den gelehrten Renaissance-Tragödien, die nach dieser Theorie die »Jugend« der französischen Tragödie darstellen. Noch weniger läßt sich die Idee verteidigen, daß sich Gattungen in andere Gattungen verwandeln, wie laut Brunetière die französische Kanzelrede der klassischen Jahrhunderte allmählich in die romantische Lyrik übergegangen sein soll. Es fand jedoch keine wirkliche »Transmutation« statt. Allerhöchstens könnte man sagen, daß die gleichen oder ähnliche Gefühle früher in einer Rede und später in der Lyrik zum Ausdruck kamen, oder daß möglicherweise beide den gleichen oder ähnlichen gesellschaftlichen Zwecken dienten.

Während wir also die biologische Analogie zwischen der Entwicklung der Literatur und dem geschlossenen entwicklungsmäßigen Vorgang von der Geburt bis zum Tod ablehnen müssen — eine keineswegs überwundene Idee, die erst kürzlich von Spengler und Toynbee zu neuem Leben erweckt wurde — scheint doch der Begriff der Entwicklung in seiner zweiten Bedeutung dem wahren Begriff historischer Entwicklung weit näher zu kommen. Er geht davon aus, daß keine bloße Serie von Veränderungen, sondern anstatt dessen ein Ziel postuliert werden muß, auf das sich diese Serie zubewegt. Die verschiedenen Bestandteile der Serie müssen die notwendigen Bedingungen für das Erreichen des Endzwecks sein. Der Begriff der Entwicklung auf ein bestimmtes Ziel zu (z. B. das menschliche Gehirn) macht aus einer Serie von Veränderungen eine wirkliche Verkettung mit einem Anfang und einem Ende. Und doch besteht noch ein wichtiger Unterschied zwischen dieser zweiten Bedeutung biologischer Entwicklung und der »historischen Entwicklung« im eigentlichen Sinne. Um historische Entwicklung im Unterschied zur biologischen erfassen zu können, muß es uns irgendwie gelingen, die Individualität des historischen Ereignisses zu bewahren, ohne den historischen Prozeß zu einer Sammlung von aufeinander folgenden, aber nicht miteinander verknüpften Ereignissen zu reduzieren.

Die Lösung liegt in der Bindung des historischen Prozesses an einen Wert oder eine Norm. Nur dann kann die scheinbar sinnlose Folge von Geschehnissen in ihre wesentlichen und unwesentlichen Elemente aufgeteilt werden. Nur dann können wir von einer historischen Entwicklung sprechen, die doch die Individualität des Einzelgeschehens unbeeinträchtigt läßt. Indem wir eine individuelle Realität auf einen allgemeinen Wert beziehen, setzen wir das Individuelle nicht zu einem bloßen Musterstück eines allgemeinen Begriffs herab, sondern verleihen ihm statt dessen eine eigene Bedeutung. Die Geschichte individualisiert nicht einfach allgemeine Werte (noch ist sie natürlich nur ein unzusammenhängender, sinnloser Fluß), sondern der historische Prozeß bringt immer neue, bisher noch unbekannte und nicht vorherbestimmbare Wertformen hervor. Die Bindung eines Einzelkunstwerks an eine Wertskala ist daher nichts anderes als die notwendige Entsprechung einer Individualität. Die Folge der Entwicklungen wird in Bezugnahme auf ein Wert- oder Normenschema entworfen, aber diese Werte selber ergeben sich allein aus der Betrachtung dieses Prozesses. Man muß hier allerdings einen logischen Zirkel eingestehen: der historische Prozeß soll nach Werten beurteilt werden, während die Wertskala selber der Geschichte entnommen wird.[15] Dies scheint jedoch unvermeidlich, da wir uns sonst entweder mit dem Gedanken eines sinnlosen Flusses von Veränderungen bescheiden oder irgendwelche außer-literarischen Maßstäbe an ein dem literarischen Prozeß nicht zugehöriges Absolutum herantragen müßten.

Diese Erörterung des Problems der literarischen Entwicklung mußte notwendigerweise abstrakt sein. Sie hat zu beweisen versucht, daß die Entwicklung der Literatur eine andere ist als die der Biologie und daß sie nichts zu tun hat mit der Idee eines geradlinigen Fortschritts auf *ein* ewiges Vorbild zu. Geschichte kann nur mit Bezugnahme auf veränderliche Wertsysteme geschrieben werden, und diese Systeme müssen aus der Geschichte selber abstrahiert werden. Dieser Gedanke möge nun durch einige der Probleme, denen sich die Literaturgeschichte gegenübersieht, illustriert werden.

Die offensichtlichsten Beziehungen zwischen Kunstwerken –

Quellen und Einflüsse — sind außerordentlich häufig behandelt worden und stellen einen Hauptgegenstand der traditionellen Wissenschaft dar. Obschon keine Literaturgeschichte im engen Sinne, bildet die Feststellung literarischer Beziehungen zwischen Dichtern offensichtlich eine sehr wichtige Vorbereitung für das Schreiben einer solchen Literaturgeschichte. Wollten wir zum Beispiel die Geschichte der englischen Dichtung im achtzehnten Jahrhundert schreiben, so müßten wir unbedingt die genauen Beziehungen der Dichter des achtzehnten Jahrhunderts zu Spenser, Milton und Dryden kennen. Ein Buch wie Raymond Havens' *Miltons' Influence on English Poetry,*[16] eine im wesentlichen literarische Untersuchung, enthält eine Menge eindrucksvollen Materials über den Einfluß Miltons. Es stellt nicht nur von Dichtern des achtzehnten Jahrhundets über Milton geäußerte Meinungen zusammen, sondern untersucht auch die Texte und analysiert Ähnlichkeiten und Parallelen. Die Jagd nach Parallelen ist in den letzten Jahrzehnten weitgehend in Mißkredit geraten. Nicht ganz zu Unrecht, denn besonders, wenn von einem Unerfahrenen unternommen, hat diese Methode ihre offensichtlichen Gefahren. Vor allem müssen Parallelen echte Prallelen sein und keine vagen Ähnlichkeiten, die durch bloße Häufung zu Beweisen erhoben werden sollen. Vierzig Nullen sind immer noch Null. Ferner müssen es ausschließliche Parallelen sein, das heißt, es muß begründete Sicherheit darüber herrschen, daß sie nicht aus einer gemeinsamen Quelle erklärt werden können, eine Sicherheit, die sich nur dann erreichen läßt, wenn der Untersuchende ein umfassendes literarisches Wissen besitzt oder wenn die Parallele eher ein sehr komplexes Gefüge als ein isoliertes »Motiv« oder ein Wort ist. Arbeiten, die diese elementaren Regeln verletzen, finden sich nicht nur in erschreckend hoher Zahl, sondern sind sogar manchmal das Werk bekannter Gelehrter, die eigentlich fähig sein sollten, die Gemeinplätze oder topoi einer Periode zu erkennen — Klischees, stereotype Metaphern, Ähnlichkeiten, die sich aus einem gemeinsamen Thema ergeben.[17]

Trotz ihres Mißbrauches ist die Methode jedoch rechtmäßig und darf nicht in toto abgelehnt werden. Eine überlegte, abwägende Untersuchung der Quellen macht es möglich, literarische Bezüge herzustellen. Unter ihnen sind Zitate, Plagiate, bloße Echos die weniger interessanten; durch sie wird höchstens die bloße Tatsache des Verhältnisses bestätigt, obschon es auch Schriftsteller wie Sterne und Burton gibt, die Zitate sehr wohl für ihre eigenen künstlerischen Zwecke zu verwenden wissen. Die meisten Fragen literarischer Bezüge sind offenbar weit komplizierter und erfordern für ihre Lösung eine kritische Analyse, für die das Zusammenstellen von Parallelen lediglich ein untergeordnetes Werkzeug ist. Die Mängel vieler Untersuchungen dieser Art liegen eben darin, daß sie diese Wahrheit nicht erkannt haben. In ihren Versuchen, einen Einzelzug zu isolieren, zerbrechen sie das Kunstwerk in kleine Mosaiksteine. Die Beziehungen zwischen zwei oder mehreren literarischen Werken können nur dann gewinnbringend erörtert werden, wenn man sie an der ihnen zukommenden Stelle innerhalb des literarischen Entwicklungsschemas sieht. Beziehungen zwischen Kunstwerken werfen das kritische Problem des Vergleichs von zwei Ganzheiten auf, von zwei Gestalten, die außer für vorbereitende Untersuchungen nicht in isolierte Bestandteile aufgebrochen werden dürfen.

Wenn sich der Vergleich wirklich auf zwei Ganzheiten konzentriert, können wir zu Schlüssen über ein grundlegendes Problem der Literaturgeschichte, dem der Originalität, gelangen. Der Begriff der Originalität wird heute leicht falsch verstanden und als bloßer Bruch mit der Tradition aufgefaßt; oder man sucht danach an falscher Stelle, im bloßen Stoff des Kunstwerks oder in einem bloßen Gerüst, der traditionellen Handlung, dem konventionellen Rahmen. Frühere Zeiten bewiesen ein gesünderes Verständnis des Wesens einer literarischen Schöpfung; sie erkannten, daß der künstlerische Wert einer lediglich originalen Handlung oder eines Stoffes nur gering war. Die Renaissance und der Klassizismus maßen zu Recht dem Übersetzen große Bedeutung zu, vor allem dem Übersetzen von Versdichtungen, ferner auch der »Nachahmung« in dem Sinne, in dem Pope die Satiren des Horaz oder Dr. Johnson die Juvenals nachahmte.[18] Ernst Robert Curtius hat in seiner *Europäischen Literatur und lateinisches Mittelalter* (1948) überzeugend die ungeheure Bedeutung der Gemeinplätze oder topoi (wie er sie nennt) für die Literaturgeschichte nachgewiesen — wiederkehrende Themen und Bilder, die vom Altertum ins Mittelalter überliefert wurden und alle neueren Literaturen durchziehen. Kein Dichter fühlte sich deswegen unterlegen oder unoriginal, weil er Stoffe und Bilder benutzte, bearbeitete und umformte, die von der Überlieferung ererbt und durch das Altertum sanktioniert waren. Vielen Arbeiten dieser Art liegen Mißverständnisse des künstlerischen Schaffensprozesses zugrunde, z. B. den vielen Untersuchungen von Sir Sidney Lee über elisabethanische Sonette. Die Parallelen beweisen die tiefgehende Konventionalität der Form, aber nicht, wie Sidney Lee annahm, die Unaufrichtigkeit und Wertlosigkeit der Sonette.[19] Innerhalb einer gegebenen Tradition zu arbeiten und ihre Techniken zu übernehmen, ist durchaus mit Kraft des Gefühls und künstlerischem Wert vereinbar. Die wirklichen kritischen Probleme dieser Art Untersuchungen tauchen dann auf, wenn die Stufe des Abwägens und Vergleichens erreicht ist, wenn nachgewiesen werden soll, wie der eine Künstler sich die Errungenschaften eines anderen zunutze macht, wenn wir die Kraft der Umformung beobachten. Die Festsetzung der genauen Position eines jeden Werkes innerhalb einer Überlieferung ist die erste Aufgabe der Literaturgeschichte.

Die Untersuchung der Beziehungen zwischen zwei oder mehreren Kunstwerken führt dann zu weiteren Problemen in der Entwicklung der Literaturgeschichte. Die erste und offensichtlichste Reihe von Kunstwerken ist die der von einem Dichter verfaßten Werke. Hier ist es am wenigsten schwierig, ein Wertschema, ein Ziel aufzustellen. Wir können ein Werk oder eine Gruppe als seine reifste Leistung beurteilen und alle anderen Werke vom Gesichtspunkt ihrer Annäherung an diesen Typus aus analysieren. Viele Monographien haben sich um solch eine Untersuchung bemüht, jedoch nur selten im klaren Bewußtsein der damit verbundenen Probleme und häufig in unentwirrbarer Vermengung mit Problemen aus dem Privatleben des Dichters.

Eine andere Art von Entwicklungsreihe läßt sich durch die Heraussonderung eines bestimmten Zuges in Kunstwerken aufstellen, dessen Fortschreiten auf irgendeinen idealen (auch wenn nur vorübergehend idealen) Typus zu verfolgt wird. Dies kann innerhalb der Werke eines einzelnen Dichters durchgeführt werden, wenn zum Beispiel, wie bei Wolfgang Clemen,[20] die Entwicklung der Shakespeareschen Bilder untersucht wird. Es läßt sich ebenso innerhalb einer Periode oder innerhalb der Ganzheit einer Nationalliteratur durchführen. Bücher wie die von George Saintsbury über die Geschichte der englischen Prosodie und des Prosarhythmus[21] sondern ein solches Element ab und verfolgen seine Geschichte. Saintsburys Bücher mit ihren hochgesteckten Zielen haben jedoch alle Gültigkeit verloren durch die unklaren und veralteten Auffassungen über Metrum und Rhythmus, die ihnen zugrunde liegen. Dadurch wird deutlich, daß eine gültige Geschichte nicht ohne ein adäquates Bezugsschema geschrieben werden kann. Die gleiche Art von Problemen ergibt sich in einer Geschichte der englischen poetischen Diktion, für die bisher nur die statistischen Untersuchungen von Josephine Miles vorliegen, oder in einer Geschichte der englischen dichterischen Bilder, zu der noch nicht einmal ein Ansatz vorhanden ist.

Man könnte vielleicht erwarten, daß unter diese Art von Untersuchungen auch die vielen historischen Studien von Themen und Motiven wie Hamlet oder Don Juan oder der Ewige Jude eingereiht werden sollten; dies sind jedoch andere Probleme. Die verschiedenen Fassungen einer Erzählung haben keinen so notwendigen Zusammenhang oder Kontinuität wie Metrum und Diktion. All den unterschiedlichen Fassungen der, sagen wir, Maria-Stuart-Tragödie nachzugehen, dürfte für eine Geschichte der politischen Meinungen ein interessantes Problem darstellen und würde natürlich nebenbei Wandlungen in der Geschichte des Geschmacks verdeutlichen, und sogar Wandlungen in der Auffassung der Tragödie. Aber in sich selber besitzt es weder echten Zusammenhang noch eine Dialektik. Es stellt kein einzelnes Problem und ganz gewiß kein kritisches Problem dar.[22] Die »Stoffgeschichte« ist die am wenigsten literarische aller Geschichten.

Eine andere Problemgruppe ergibt sich aus der Geschichte der literarischen Gattungen und Arten. Aber diese Probleme sind nicht unlösbar. Trotz Croces Versuch, den gesamten Gattungsbegriff in Mißkredit zu bringen, gibt es viele vorbereitende Untersuchungen für solch eine Theorie, in denen schon die theoretischen Einsichten umrissen werden, die für das Nachzeichnen einer klaren Geschichte notwendig sind. Das Dilemma der Gattungsgeschichte ist das Dilemma aller Geschichte: d. h. um das Bezugsschema zu entdecken (in diesem Falle die Gattung), müssen wir die Geschichte studieren; wir können jedoch nicht die Geschichte studieren, ohne dabei irgendein Auswahlprinzip im Sinn zu haben. Dieser logische Zirkel läßt sich jedoch in der Praxis einigermaßen überwinden. In einigen Fällen, wie in dem des Sonetts, bildet ein ganz offensichtliches äußeres Einteilungsschema (das vierzehnzeilige Gedicht, das nach einem bestimmten Muster gereimt wird) den notwendigen Ausgangspunkt. In anderen Fällen, wie bei der Elegie oder der Ode, kann man zu Recht bezweifeln, ob die Geschichte der Gattung durch mehr als nur die gemeinsame sprachliche Bezeichnung zusammengehalten wird. Ben Jonsons »Ode to Himself«, Collins' »Ode to Evening« und Wordsworths »Intimations of Immortality« scheinen nur sehr wenig miteinander gemeinsam zu haben. Bei schärferem Zusehen wird man jedoch die gemeinsame Abstammung von der horazischen und pindarschen Ode erkennen und die Verbindungsglieder, die Kontinuität zwischen scheinbar unvereinbaren Traditionen und Zeitaltern nachweisen können. Die Geschichte der Gattungen ist zweifellos eine der vielversprechendsten Gebiete für das Studium der Literaturgeschichte.

Diese »morphologische« Methode kann und sollte in weitem Ausmaß auf die Volkskunde angewandt werden, wo die Gattungen häufig klarer zum Ausdruck kommen und bestimmt werden als in der späteren Kunstliteratur, und wo diese Methode zumindest ebenso sinnvoll erscheint als die gewöhnlich bevorzugten Untersuchungen bloßer Wandlungen von »Motiven« und Stoffen. Gute Ansätze in dieser Methode sind bereits vorhanden, vor allem in Rußland.[23] Die neuere Literatur, zumindest bis zur romantischen Revolution, ist ohne Wissen über die klassischen Gattungen wie auch die im Mittelalter hinzugekommenen neuen nicht zu verstehen; ihre Vermischung und Verschmelzung, ihr Kampf um Erhaltung stellen einen großen Teil der Literaturgeschichte zwischen 1500 und 1800 dar. Was immer auch das Zeitalter der Romantik unternommen haben mag, um ihre Unterscheidungen zu verwischen und Mischformen einzuführen, es wäre ein Irrtum, wollte man die Mächtigkeit des Gattungsbegriffs selbst in der jüngsten Literatur unterschätzen. Die frühen Gattungsgeschichten von Brunetière und Symonds sind wegen ihrer übermäßigen Anwendung der biologischen Parallele unbrauchbar. In den letzten Jahrzehnten kamen jedoch Untersuchungen heraus, die sehr viel vorsichtiger vorgehen. Solche Arbeiten laufen Gefahr, sich ganz auf Beschreibungen von Arten oder auf eine zusammenhanglose Folge von Einzelerörterungen zu beschränken, ein Schicksal, das vielen Büchern, die sich als Geschichten des Dramas oder des Romans bezeichnen, begegnet ist. Doch gibt es auch Werke, die das Problem der Entwicklung einer Gattung klar erfaßt haben. Es läßt sich kaum übersehen, wenn man die Geschichte des englischen Dramas bis Shakespeare schreibt, innerhalb derer die Aufeinanderfolge von Arten wie den Mysterienspielen und Moralitäten und der Aufstieg des neueren Dramas in auffallenden Mischformen wie John Bales *King John* verfolgt werden kann. Ein frühes Beispiel guter Gattungsgeschichte ist, trotz eines Mangels an Einheitlichkeit, W. W. Gregs Buch über *Pastoral Poetry and Pastoral Drama* (1906).[24] Später liefert C. S. Lewis in *Allegory of Love* (1936)[25] das Musterbeispiel eines klar erfaßten Entwicklungsschemas. Im Deutschen gibt es mindestens zwei sehr gute Bücher, Karl Viëtors *Geschichte der deutschen Ode* (1923) und Günther Müllers *Geschichte des deutschen Liedes* (1925).[26] Beide Verfasser haben sich sehr scharfsinnig mit den Problemen der Gattungsgeschichte auseinandergesetzt.[27] Viëtor erkennt klar den logischen Zirkel, läßt sich jedoch nicht dadurch entmutigen: der Historiker muß intuitiv, obschon nur vorläufig, das Wesentliche der Gattung erfassen, mit der er sich beschäftigt; er muß dann den

Ursprüngen der Gattung nachgehen, um seine Hypothese zu bestätigen oder zu korrigieren. Obschon die Gattung in der geschichtlichen Darstellung als durch die Einzelwerke belegt erscheint, sind doch nicht alle Züge dieser Werke für sie bezeichnend. Wir müssen die Gattung als einen »regulativen« Begriff verstehen, als ein zugrundeliegendes Gefüge, eine Konvention, die Realtität besitzt, d. h. wirksam ist, da sie tatsächlich das Dichten konkreter Werke formt. Eine Gattungsgeschichte braucht niemals ein bestimmtes Ziel in dem Sinne zu erreichen, daß es keine weitere Entwicklung oder Differenzierung einer Gattung mehr geben könne; um aber eine gültige Geschichte zu schreiben, muß man irgendein zeitweiliges Ziel oder einen bestimmten Typus im Auge behalten.

Genau analoge Probleme werden durch eine Geschichte einer Periode oder einer Bewegung aufgeworfen. Die Erörterung der Entwicklung hat deutlich gemacht, daß wir zwei extremen Auffassungen nicht zustimmen können: einerseits der metaphysischen Ansicht, daß eine Periode eine Wesenheit ist, deren Natur intuitiv erfaßt werden muß, oder andererseits der extrem nominalistischen Ansicht, daß »Periode« ein rein sprachliches Etikett für irgendeinen zum Zweck der Beschreibung in Betracht gezogenen Zeitabschnitt ist. Der extreme Nominalismus nimmt an, der Periodenbegriff werde willkürlich irgendeinem Material auferlegt, das in Wirklichkeit ein fortlaufender, richtungsloser Fluß sei. Diese Theorie überläßt uns so einem Chaos konkreter Ereignisse auf der einen Seite und rein subjektiven Etiketten auf der anderen. Folgt man dieser Anschauung, dann spielt es offensichtlich keine Rolle, an welcher Stelle man einen Einschnitt durch eine Realität zieht, die in ihrer unendlichen Vielfalt im Grunde genommen gleichförmig ist. Dann wäre es unwichtig, welches Periodenschema, wie willkürlich und mechanisch auch immer, wir übernehmen. Wir könnten danach Literaturgeschichte nach Kalender-Jahrhunderten, Jahrzehnten oder Jahren nach dem annalistischen Prinzip schreiben. Wir könnten sogar ein Kriterium übernehmen, das Arthur Symons' Buch *The Romantic Movement in English Poetry* zugrunde liegt.[28] Er bespricht nur die Dichter, die vor 1800 geboren wurden und unter ihnen nur die, welche nach 1800 starben. Periode ist dann lediglich ein bequemes Wort, eine Notwendigkeit bei der Unterteilung eines Buches oder bei der Wahl eines Themas. Obschon häufig unbeabsichtigt, unterliegt diese Auffassung solchen Büchern, die ehrfürchtig die Datumsgrenze zwischen den Jahrhunderten beachten oder die ein Thema genau durch Daten begrenzen (z. B. 1700–1750), die keine andere Rechtfertigung besitzen als das praktische Erfordernis irgendwelcher Grenzen. In rein bibliographischen Zusammenstellungen ist diese Achtung vor Kalenderdaten natürlich gerechtfertigt, wo sie in ähnlicher Form zur Orientierung dienen wie Deweys Dezimalsystem in einer Bibliothek, aber solche chronologischen Einteilungen haben nichts mit der eigentlichen Literaturgeschichte zu tun.

Die meisten Literaturgeschichten richten sich mit ihrer Periodeneinteilung jedoch nach den politischen Veränderungen. Damit wird die Literatur als völlig von den politischen oder gesellschaftlichen Umwälzungen innerhalb einer Nation bestimmt verstanden, und das Problem der Festsetzung von Perioden wird den politischen und Gesellschaftshistorikern übertragen, deren Einteilungen und Perioden im allgemeinen unangezweifelt übernommen werden. Ein Blick in ältere englische Literaturgeschichten wird uns zeigen, daß ihnen entweder eine zahlenmäßige Einteilung oder ein einfaches politisches Kriterium zugrunde liegt, nämlich die Regierungszeiten der englischen Herrscher. Es erübrigt sich der Nachweis, wie verwirrend es wäre, wollte man die spätere Geschichte der englischen Literatur nach den Todesdaten der Könige einteilen. Niemandem kommt es ernsthaft in den Sinn, in der Literatur des frühen neunzehnten Jahrhunderts zwischen der Regierung Georgs III., Georgs IV. und Wilhelms IV. zu unterscheiden; aber die genauso künstlichen Unterscheidungen zwischen den Regierungen Elisabeths, Jakobs I. und Karls I. sind immer noch nicht völlig überwunden.

Der Durchsicht neuerer englischer Literaturgeschichten läßt sich entnehmen, daß die alten Einteilungen nach Jahrhunderten oder Regierungszeiten weitgehend verschwunden und durch eine Reihe von Perioden ersetzt worden sind, deren Namen wenigstens von den verschiedensten Tätigkeiten des menschlichen Geistes abgeleitet sind. Obschon die Begriffe »elisabethanisch« und »viktorianisch« noch als Überreste der alten Unterscheidungen benutzt werden, haben diese doch einen neuen Sinn innerhalb eines Schemas der Geistesgeschichte angenommen. Sie werden beibehalten, weil wir die beiden Königinnen als Repräsentantinnen ihres Zeitalters empfinden. Wir bestehen nicht länger auf starren, chronologischen Perioden, die durch die Thronbesteigung und den Tod des Monarchen begrenzt werden. Für uns schließt der Begriff »elisabethanisch« auch noch Dichter ein, die vor der Schließung der Theater schrieben (1642), fast vierzig Jahre nach dem Tode der Königin; und auf der anderen Seite spricht dann einer von einem Mann wie *Oskar Wilde* als von einem Viktorianer, obschon sein Leben durchaus in die chronologischen Grenzen der

Regierungszeit Königin Viktorias fällt. Die ursprünglich politischen Begriffe haben also eine bestimmte Bedeutung in der Geistes- und selbst in der Literaturgeschichte angenommen. Und doch ist die buntscheckige Abstammung unserer allgemein üblichen Schlagworte ein wenig verwirrend. »Reformation« kommt aus der Kirchengeschichte; »Humanismus« hauptsächlich aus der Geschichte der Gelehrsamkeit; »Renanissance« aus der Kunstgeschichte; »Commonwealth« und »Restauration« von ganz bestimmten politischen Geschehnissen her. Das »achtzehnte Jahrhundert« ist ein alter Zahlbegriff, der einige der Funktionen literarischer Begriffe wie »augustäisch« und »klassizistisch« übernommen hat. »Vorromantik« und »Romantik« sind in erster Linie literarische Begriffe, während viktorianisch, eduardisch und georgisch von den Regierungen der Monarchen abgeleitet sind. Das gleiche verwirrende Bild bietet sich in fast jeder anderen Literatur. So ist in der amerikanischen Literatur die »Kolonialperiode« ein politischer, »Romantik« und »Realismus« ein literarischer Begriff.

Zur Verteidigung dieser Mischung von Begriffen darf natürlich angeführt werden, daß die scheinbare Verwirrung durch die Geschichte selber gestiftet wurde. Als Literarhistoriker müssen wir, so sagt man, in erster Linie auf die Ideen und Anschauungen, Programme und Bezeichnungen der Dichter selber achtgeben und uns daher mit der Annahme ihrer eigenen Einteilungen zufriedengeben. Der Wert des Materials, das uns bewußt formulierte Programme, Parteibildungen und Selbstinterpretationen in der Literaturgeschichte liefert, soll natürlich nicht geschmälert werden; doch dürfen wir uns eher den Begriff der »Bewegung« für solche sich ihrer selbst bewußten und selbstkritischen Tätigkeiten vorbehalten, um diese in einer Weise darzustellen, wie wir jede andere historische Folge von Ereignissen und Äußerungen beschreiben würden. Aber solche Programme sind bloßes Material für unsere Studien über eine Periode, genau wie die gesamte Geschichte der Kritik jeder Literaturgeschichte einen laufenden Kommentar bietet. Die Programme können uns Anregungen und Hinweise geben, sie sollen uns jedoch nicht unsere eigenen Methoden und Einteilungen vorschreiben, nicht weil unsere Ansichten notwendigerweise tiefer dringen als die ihren, sondern weil wir in der vorteilhaften Lage sind, die Vergangenheit im Lichte der Gegenwart betrachten zu können.

Außerdem muß man bedenken, daß diese Begriffe von verwirrend verschiedener Herkunft nicht zu ihrer eigenen Zeit festgelegt wurden. Im Englischen tritt der Begriff »Humanismus« zum erstenmal

1832 auf, »Renaissance« 1840, »elisabethanisch« 1847, »augustäisch« 1819 und »Romantik« 1844. Diese dem *Oxford Dictionary* entnommenen Daten sind wahrscheinlich nicht ganz zuverlässig, denn der Begriff »augustäisch« taucht sporadisch bereits 1690 auf; Carlyle spricht 1831 von »Romantik«.[29] Aber die Daten lassen doch die zeitliche Verzögerung erkennen, die zwischen den Namen und den von ihnen bezeichneten Perioden liegt. Die Romantiker wandten dieses Wort, zumindest in England, nicht auf sich selber an. Anscheinend erst um 1849 wurden Coleridge und Wordsworth mit der romantischen Bewegung in Verbindung gebracht und zusammen mit Shelley, Keats und Byron eingereiht.[30] In ihrer *Literary History of England between the End of the Eighteenth and the Beginning of the Nineteenth Century* (1882) braucht Margaret Oliphant den Begriff kein einziges Mal; auch faßt sie die »See«-Dichter, die »Cockney«-Schule und den »satanischen« Byron nicht als eine Bewegung auf. Es gibt also keine historische Rechtfertigung für die gegenwärtig fast allgemein anerkannten Perioden der englischen Literatur. Man kann nur zu dem Schluß kommen, daß sie ein unhaltbares Durcheinander von politischen, literarischen und kunstgeschichtlichen Etiketten darstellen.

Aber selbst wenn wir eine Reihe von Perioden hätten, die die Kulturgeschichte des Menschen, Politik, Philosophie, die anderen Künste usw. säuberlich unterteilen, so darf sich doch die Literaturgeschichte nicht mit dem zufriedengeben, wozu man aufgrund verschiedenen Materials mit verschiedenen Zielen im Sinn gelangt ist. Die Literatur darf nicht als eine lediglich passive Widerspiegelung oder Kopie der politischen, gesellschaftlichen oder auch intellektuellen Entwicklung der Menschheit verstanden werden. Die literarischen Perioden sollten daher aufgrund rein literarischer Kriterien festgesetzt werden.

Sollten unsere Ergebnisse mit denen der politischen, Sozial-, Kunst- und Philosophiehistoriker übereinstimmen, so wäre nichts dagegen einzuwenden. Unser Ausgangspunkt muß jedoch die Entwicklung der Literatur als Literatur sein. Die Periode ist dann nur eine Unterabteilung der universalen Entwicklung. Ihre Geschichte kann nur mit Bezugnahme auf ein veränderliches Werteschema geschrieben und dieses Werteschema muß aus der Geschichte selber abstrahiert werden. Eine Periode ist also ein Zeitabschnitt, der durch ein System von literarischen Normen, Maßstäben und Konventionen beherrscht wird und dessen Beginn, Ausbreitung, Veränderung, Integration und Verschwinden verfolgt werden kann.

Dies bedeutet natürlich nicht, daß wir dieses Normensystem als für uns selber bindend anzusehen haben. Wir müssen es aus der Geschichte selber gewinnen, müssen es dort in der Realität entdekken. »Romantik« zum Beispiel ist keine einheitliche Qualität, die sich wie eine ansteckende Krankheit oder eine Seuche ausbreitet, noch ist sie natürlich nur eine rein verbale Aufschrift. Sie ist vielmehr eine historische Kategorie oder, wenn man den Kantischen Begriff vorzieht, eine »regulative Idee« (oder besser: ein ganzes Ideensystem), mit deren Hilfe wir den historischen Prozeß interpretieren. Aber dieses Ideenschema haben wir im Prozeß selber gefunden. Diese Auffassung des Begriffs der »Periode« unterscheidet sich von einer häufig vorkommenden, die den Begriff zu einem psychologischen Typus ausdehnt, der von seinem historischen Zusammenhang ablösbar ist. Ohne unbedingt den Gebrauch allgemein anerkannter historischer Begriffe als Bezeichnungen für solche psychologischen oder künstlerischen Typen zu verurteilen, müssen wir doch darauf achten, daß eine solche literarische Typologie sich stark von dem hier zur Diskussion stehenden Gegenstand unterscheidet, daß sie nicht der Literaturgeschichte im engen Sinne zugehört.

Eine Periode ist also kein Typus oder eine Klasse, sondern ein Zeitabschnitt, der durch ein Normensystem definiert wird, das im historischen Prozeß eingebettet liegt und sich nicht daraus entfernen läßt. Aus den vielen vergeblichen Definitionsversuchen des Begriffs der »Romantik« geht hervor, daß eine Periode kein Begriff ist, der sich einer Klasse in der Logik vergleichen ließe. Wenn es so wäre, könnten ihr alle Einzelwerke subsumiert werden. Dies ist jedoch offenbar unmöglich. Ein einzelnes Kunstwerk ist kein Einzelfall in einer Klasse, sondern ein Glied, aus dem sich, zusammen mit all den anderen Werken, der Begriff der Periode überhaupt erst ergibt. Das einzelne Kunstwerk selber modifiziert so den Begriff des Ganzen. Die Unterscheidung verschiedener »Romantiken«[31] mit einer Vielzahl von Definitionen scheint — so wertvoll diese auch sein mögen als Hinweise auf die Kompliziertheit des Schemas, auf das sie sich beziehen — ein theoretischer Irrtum. Man muß erkennen, daß eine Periode kein idealer Typus, kein abstraktes Gefüge oder eine Reihe von Klassenbegriffen ist, sondern ein Zeitabschnitt, der von einem ganzen Normensystem beherrscht wird, das in seiner Ganzheit von keinem einzelnen Kunstwerk je realisiert wird. Die Geschichte einer Periode besteht darin, daß wir dem Wandel von einem Normensystem zum anderen nachgehen. Obschon also eine Periode ein Zeitabschnitt ist, dem wir eine gewisse Einheitlichkeit zuschreiben, ist es doch ganz offensichtlich, daß diese Einheit nur relativ sein kann. Sie bedeutet lediglich, daß während dieser Periode ein bestimmtes Normenschema am weitgehendsten verwirklicht wurde. Besäße irgendeine Periode eine absolute Einheit, so lägen die Perioden wie Steinblöcke ohne Kontinuität der Entwicklung nebeneinander. Daher ist das Nachwirken eines vorhergehenden Normensystems und die Vorwegnahme eines folgenden ganz unvermeidlich.[32]

Das Problem der Geschichtsschreibung einer Periode ist zunächst eines der Beschreibung: wir müssen den Niedergang der einen Konvention und das Aufkommen einer neuen herausarbeiten. Warum aber diese Wandlung einer Konvention in einem besonderen Augenblick eintrat, das ist ein historisches Problem, das sich mit allgemeinen Begriffen nicht lösen läßt. Eine der vorgeschlagenen Lösungen nimmt an, daß innerhalb der literarischen Entwicklung ein Erschöpfungszustand eingetreten ist, der nach dem Aufkommen neuer Bindungen verlangt. Die russischen Formalisten stellen diesen Prozeß als einen Vorgang der »Automatisierung« dar, d. h. zu ihrer Zeit wirkungsvolle dichterische Techniken werden nun so alltäglich und abgenutzt, daß neue Leser immer mehr gegen sie abgehärtet werden und nach etwas anderem, nach etwas, wie man annimmt, zu dem vorigen Gegensätzlichen verlangen. Das Entwicklungsschema ist eine Pendelbewegung, eine Folge von Revolten, die immer wieder zu neuen »Aktualisierungen« des Stils, der Themen und aller anderen dichterischen Mittel führen. Diese Theorie erklärt jedoch nicht, warum die Entwicklung jene besondere von ihr eingeschlagene Richtung genommen hat. Ein bloßes Pendelschema reicht offenbar doch nicht aus, um die ganze Kompliziertheit des Vorgangs zu beschreiben. Eine Erklärung dieser Richtungsänderungen möchte von außen kommende Störungen und Druck von seiten des sozialen Milieus dafür verantwortlich machen. Danach würde jede Veränderung einer literarischen Konvention durch das Aufkommen einer neuen Klasse oder zumindest einer Gruppe von Menschen, die sich ihre eigene Kunst schaffen, verursacht. Im vorrevolutionären Rußland mit seinen klar umgrenzten Klassenunterschieden und politischen Sympathien läßt sich allerdings häufig eine enge Wechselbeziehung zwischen gesellschaftlichen und literarischen Wandlungen nachweisen. Im Westen sind solche Beziehungen jedoch sehr viel unklarer und mißlingen völlig, sobald man über die offensichtlichsten gesellschaftlichen Unterschiede und historischen Katastrophen hinausgeht.

Eine andere Antwort sieht die Erklärung im Aufkommen einer neuen Generation. Diese Theorie hat seit Cournots *Considérations sur la marche des idées* (1872) viele Anhänger gefunden und wurde vor allem in Deutschland durch Julius Petersen und Eduard Wechssler ausgearbeitet.[33] Man kann jedoch dagegen einwenden, daß der Begriff der Generation, als biologische Wesenheit verstanden, keinerlei Lösung bietet. Wenn wir drei Generationen in einem Jahrhundert voraussetzen, z. B. 1800—1833, 1834—1869, 1870—1900, so müssen wir mit dem gleichen Recht Serien wie 1801—1834, 1835—1870, 1871—1901 etc, etc. anerkennen. Biologisch gesehen sind diese Reihen vollkommen gleichwertig. Die Tatsache, daß eine um 1800 geborene Gruppe literarische Veränderungen vielleicht tiefgehender beeinflußt hat als eine um 1815 geborene Gruppe, muß aus anderen als rein biologischen Ursachen erklärt werden. Es stimmt zweifellos, daß in einigen geschichtlichen Augenblicken literarische Veränderungen durch eine Gruppe annähernd gleichaltriger junger Menschen (»Jugendreihe«) bewirkt werden. Naheliegende Beispiele dafür sind der Sturm und Drang und die Romantik. Eine gewisse »generationsmäßige« Einheit mag sich wohl aus solchen gesellschaftlichen und historischen Tatsachen ergeben, daß nur Menschen einer bestimmten Altersgruppe ein bedeutendes Ereignis wie die französische Revolution oder die beiden Weltkriege in einem für Eindrücke besonders empfänglichen Alter erlebt haben können. Hier haben wir aber einfach den Fall eines mächtigen gesellschaftlichen Einflusses. In anderen Fällen läßt es sich kaum bezweifeln, daß literarische Veränderungen tiefgehend durch reife Werke alter Männer beeinflußt wurden. Im ganzen gesehen ist der bloße Wechsel von Generationen oder gesellschaftlichen Klassen keine hinreichende Erklärung der literarischen Veränderungen. Sie sind ein komplizierter, sich von Gelegenheit zu Gelegenheit verändernder Prozeß. Zum Teil erklären sie sich aus inneren Ursachen, aus Erschöpfung und dem Verlangen nach Veränderung, zum Teil aber auch aus äußeren Ursachen, aus gesellschaftlichen, geistigen und anderen kulturellen Wandlungen.

Die Hauptperioden der neuen Literaturgeschichte sind immer und immer wieder erörtert worden. Die Begriffe »Renaissance«, »Klassik«, »Romantik«, »Symbolismus« und, etwas später, »Barock« wurden definiert, neudefiniert und angegriffen.[34] Es ist unwahrscheinlich, daß irgendeine Art von Übereinstimmung erreicht werden kann, solange die theoretischen Fragen, die wir zu klären versuchten, noch verworren bleiben, solange die an der Diskussion Beteiligten auf Definitionen nach Klassenbegriffen bestehen, »Perioden«-Begriffe mit »Typen«-Begriffen und die semantische Geschichte der Begriffe mit den eigentlichen Stilwandlungen verwechseln. Man kann durchaus verstehen, warum A. O. Lovejoy und andere sich für die Abschaffung solcher Begriffe wie »Romantik« einsetzten. Bei der Erörterung einer Periode kommen aber zumindest alle möglichen Fragen der Literaturgeschichte zur Sprache: die Geschichte des Begriffs und die kritischen Programme wie auch die eigentlichen stilistischen Veränderungen; die Beziehungen der Periode zu allen anderen menschlichen Tätigkeiten; die Beziehungen zu den gleichen Perioden in anderen Ländern. Der Name der Romantik kommt allerdings erst spät nach England, aber die Theorien Wordsworths und Coleridges enthalten ein neues Programm, das in bezug auf deren eigenes dichterisches Schaffen sowie auf das Schaffen anderer zeitgenössischer Dichter betrachtet werden muß. Ein neuer Stil bildet sich heraus, dessen erste Vorboten sich sogar bis ins frühe achtzehnte Jahrhundert verfolgen lassen. Wir können die englische Romantik mit den verschiedenen Romantiken in Deutschland und Frankreich vergleichen und die Parallelen oder angeblichen Parallelen zu der romantischen Bewegung in den bildenden Künsten untersuchen. Zu jeder Zeit und an jedem Ort werden sich verschiedene Probleme ergeben; es erscheint unmöglich, allgemeine Regeln aufzustellen. Cazamians Vermutung, daß das Alternieren der Perioden immer schneller wird, bis die Schwingung in unserer Gegenwart zum Stillstand gekommen ist, geht zweifellos fehl. Das gleiche gilt für Theorien, die dogmatisch festzulegen versuchen, welche Kunst einer anderen oder welche Nation einer anderen bei der Einführung eines neuen Stils vorausgeht. Wir dürfen offensichtlich nicht zuviel von den bloßen Periodenbezeichnungen erwarten: ein Wort kann nicht ein Dutzend Nebenbedeutungen klar im Bewußtsein halten. Die skeptische Folgerung aber, die zur Abschaffung des ganzen Problems rät, hat ebensowenig recht, denn der Periodenbegriff ist gewiß eines der Hauptwerkzeuge historischer Erkenntnis.

Das weitere, umfassendere Problem einer nationalen Literaturgeschichte als Ganzes läßt sich noch schwerer begreifen. Es ist schwierig, der Geschichte einer Nationalliteratur als Kunst nachzugehen, wenn der ganze Rahmen zu im Grunde unliterarischen Bezügen einlädt, zu Spekulationen über Nationalcharakter und nationale Ehtik, die nur wenig mit der Literatur als Kunst zu tun haben. Im Falle der amerikanischen Literatur, die sich sprachlich nicht von einer anderen Nationalliteratur unterscheidet, vervielfachen sich diese Schwierigkeiten noch, da die Entwicklung der Dichtkunst in Amerika notwendigerweise unvollständig und zum Teil von einer älteren und stärkeren Tradition abhängig ist. Es ist deutlich, daß jede nationale Entwicklung der Dichtkunst ein Problem aufwirft, das zu ignorieren der Historiker sich nicht leisten kann, obschon es bisher noch kaum je in systematischer Weise untersucht worden ist. Es braucht kaum erwähnt zu werden, daß Gesamtgeschichten mehrerer Literaturen ein noch entfernteres Ideal darstellen. Die vorhandenen Beispiele wie Jan Máchals *Slavische Literaturen* oder Leonardo Olschkis *Die romanischen Literaturen des Mittelalters* sind nicht sehr gelungen.[35] Die meisten Geschichten der Weltliteratur sind Versuche, die Haupttradition der europäischen Literatur, zusammengehalten durch ihre gemeinsame Abtsammung von Griechenland und Rom, darzustellen. Keine geht jedoch über ideologische Allgemeinheiten oder oberflächliche Zusammenstellungen hinaus, vielleicht mit Ausnahme der glänzenden Abrisse der Brüder Schlegel, die allerdings kaum den heutigen Ansprüchen genügen. Eine allgemeine Geschichte der Dichtkunst endlich ist noch ein ganz entferntes Ideal. Die Ansätze dazu, wie John Browns *History of the Rise and Progress of Poetry* aus dem Jahr 1763, sind zu spekulativ und schematisch oder auch, wie die drei Bände über *The Growth of Literature* der Chadwicks, zu ausschließlich Fragen über statische Typen mündlicher Dichtung gewidmet.[36]

Wir müssen bedenken, daß wir ja schließlich erst zu lernen beginnen, wie ein Kunstwerk in seiner Ganzheit analysiert werden kann; unsere Methoden sind noch recht ungeschickt und ihre theoretische Grundlage verschiebt sich ständig. Es liegt also noch viel vor uns. Es besteht gar kein Grund zum Bedauern, daß die Literaturgeschichte eine Zukunft und auch eine Vergangenheit hat, eine Zukunft, die nicht nur daraus bestehen kann und sollte, die Lücken in dem von älteren Methoden entdeckten Schema auszufüllen. Wir müssen versuchen, ein neues Ideal der Literaturgeschichte auszuarbeiten, sowie neue Methoden, die dessen Verwirklichung möglich machen werden. Wenn das hier umrissene Ideal ungebührend »puristisch« in seiner Betonung der Geschichte der Literatur als Kunst erscheinen sollte, so können wir uns darauf berufen, daß keine andere Methode für ungültig erklärt wurde und daß ferner Konzentration jetzt ein notwendiges Gegengewicht zu der Ausdehnungspolitik erscheint, durch die die Literaturgeschichte in den letzten Jahrzehnten hindurchgegangen ist. Auch wenn der einzelne sich dazu entschließen sollte, verschiedene Methoden miteinander zu verbinden, so ist doch eine klare Einsicht in ein Beziehungsschema schon ein Heilmittel gegen den heutigen Wirrwarr der Methoden.

ANMERKUNGEN

1. Literatur und Literaturwissenschaft

1 Befürwortet in Stephen Potters *The Muse in Chains,* London 1937.
2 Vgl. Bibliographie, 19. Kap., Abtlg. IV.
3 I. A. Richards: *Principles of Literary Criticism.* London 1924, S. 120, 251.
4 Wilhelm Dilthey: *Einleitung in die Geisteswissenschaften,* Berlin 1883.
5 Wilhelm Windelband: *Geschichte und Naturwissenschaft,* Straßburg 1894; wieder abgedruckt in: *Präludien,* 4. Aufl., Tübingen 1907, 9. Aufl. 1924. 2. Bd. S. 136–60.
6 Heinrich Rickert: *Die Grenzen der naturwissenschaftlichen Begriffsbildung.* Tübingen 1913; auch: *Kulturwissenschaft und Naturwissenschaft,* Tübingen 1921.
7 A. D. Xénopol: *Les Principes fondamentaux de l'histoire.* Paris 1894; 2. Aufl. unter dem Titel: *La Théorie de l'histoire,* Paris 1908; Benedetto Croce: *Die Geschichte als Tat und Gedanke,* Bern 1944.
8 Ausführlichere Besprechung dieser Probleme bei Maurice Mandelbaum: *The Problem of Historical Knowledge,* New York 1938; Raymond Aron: *La Philosophie critique de l'histoire,* Paris 1938.
9 Louis Cazamian: *L'Évolution psychologique de la littérature en Angleterre,* Paris 1920, und die zweite Hälfte von E. Legouis und L. Cazamian: *Histoire de la littérature anglaise,* Paris 1924.
10 Vgl. W. K. Wimsatt jr.: »The Structure of the ›Concrete Universal‹ in Literature«, in: *PMLA,* LXII (1947), S. 262–80 (wieder abgedruckt in: *The Verbal Icon,* Lexington, Ky, 1954, S. 69–83); Scott Elledge: »The Background and Development in English Criticism of the Theories of Generality and Particularity«, *ebenda,* S. 147–82.
11 R. G. Collingwood: »Are History and Science Different Kinds of Knowledge?«, in: *Mind,* XXXI (1922), S. 448–50, und Pitirim Sorokin: *Social and Cultural Dynamics,* Cincinnati 1937, Bd. I, S. 168–74 etc.

2. Das Wesen der Literatur

1 Edwin Greenlaw: *The Province of Literary History,* Baltimore 1931, S. 174.
2 Mark van Doren: *Liberal Education, New York 1943.*
3 Thomas C. Pollock: *The Nature of Literature,* Princeton 1942.

4 Die meisten Arbeiten E. E. Stolls gehören hierher. Siehe auch L. L. Schücking: *Charakterprobleme bei Shakespeare,* Leipzig 1919, und L. C. Knights: *How Many Children Had Lady Macbeth?,* Cambridge 1933 (wieder abgedruckt in: *Explorations,* London 1946, S. 15–54). Neuere Erörterungen von Konventionalismus vs. Naturalismus im Drama sind S. L. Bethell: *Shakespeare and the Popular Dramatic Tradition,* Durham, N. C. 1944, und Eric Bentley: *The Playwright as Thinker.* New York 1946.

5 Für Äußerungen über die Zeit im Roman vgl. Edwin Muir: *The Structure of the Novel.* London 1928. Für die Behandlung der Zeit in anderen Gattungen vgl. T. Zielinski: »Die Behandlung gleichzeitiger Vorgänge im antiken Epos«, in: *Philologus,* Supplementband, VII (1899–1901), S. 405–99; Leo Spitzer: »Über zeitliche Perspektive in der neueren französischen Lyrik«, in: *Die neueren Sprachen,* XXXI (1923), S. 241–66 (wieder abgedruckt in *Stilstudien,* II, München 1928, S. 50–83); Oskar Walzel: »Zeitform im lyrischen Gedicht«, in *Das Wortkunstwerk,* Leipzig 1926, S. 277–96. In den letzten Jahren ist (zum Teil durch den Einfluß der Existenzphilosophie) dem Problem der Zeit in der Literatur erhebliche Aufmerksamkeit geschenkt worden. Vgl. Jean Pouillon: *Temps et roman,* Paris 1946; Georges Poulet: *Études sur le temps humain,* Paris 1952, und *La Distance intérieure,* Paris 1952; A. A. Mendilow: *Time and the Novel,* London 1952; Hans Meyerhoff: *Time in Literature,* Berkeley, Cal., 1955. Vgl. ferner Emil Staiger: *Die Zeit als Einbildungskraft des Dichters,* Zürich 1939, 2. Aufl. 1953; Günther Müller: *Die Bedeutung der Zeit in der Erzählkunst,* Bonn 1946.

6 Adolf von Hildebrand: *Das Problem der Form in der bildenden Kunst,* 3. Aufl. Straßburg 1901. Vgl. auch Hermann Konnerth: *Die Kunsttheorie Conrad Fiedlers,* München 1909; Alois Riehl: »Bemerkungen zu dem Problem der Form in der Dichtkunst«, in: *Vierteljahrschrift für wissenschaftliche Philosophie,* XXI (1897), S. 283–306, XXII (1898), S. 96–114 (eine Anwendung des Begriffs der reinen Sichtbarkeit auf die Literatur); Benedetto Croce: »La Teoria dell'arte come pura visibilità«, in: *Nuovi Saggi di estetica,* Bari 1920, S. 239–54. Dt. Übers. in: *Kleine Schriften zur Ästhetik,* Tübingen 1929, Bd. 2.

7 Theodor A. Meyer: *Das Stilgestz der Poesie,* Leipzig 1901.

8 Vgl. die Bibliographie dieses Kapitels wegen der Bücher, auf denen diese Erörterung fußt.

3. *Die Funktion der Literatur*

1 Horaz gibt (*Ars Poetica,* Zeile 333–44) tatsächlich drei Alternativ-Zwecke der Dichtung an:
Aut prodesse volunt aut delectare poetae
Omne tulit punctum qui miscuit utile dulci,
Lectorem delectando pariterque monendo . . .

Die »polaren Häresien« – das Für-sich-Nehmen jedes Alternativ-Zweckes – werden in R. G. Collingwoods *Principles of Art*, Oxford 1938, widerlegt (in den Kapiteln über »Art as Magic« und »Art as Amusement«).

2 Mortimer Adler: *Art and Prudence*, New York 1937, S. 35, und durchgehend; K. Burke: *Counterstatement*, New York 1931, S. 151.

3 G. Boas: *Primer for Critics*, Baltimore 1937; T. S. Eliot: *Use of Poetry*, Cambridge, Mass. 1933, S. 113, 155.

4 W. T. Stace: *The Meaning of Beauty*, London 1929, S. 161.

5 »Flach« und »rund« sind Begriffe aus Forsters *Aspects of the Novel*, London 1927, S. 103 ff. Dt. Übers. *Ansichten des Romans*. Frankfurt a. M. 1949.

6 Karen Horney: *Self-Analysis*, New York 1942, S. 38–9; Forster a. a. O., S. 74.

7 Max Eastman: *The Literary Mind: Its Place in an Age of Science*, New York 1935, bes. S. 155 ff.

8 Vgl. Bernard C. Heyl: *New Bearings in Esthetics and Art Criticism*, New Haven 1943, S. 51—87.

9 Vgl Dorothy Walsh: »The Cognitive Content of Art«, in: *Philosophical Review*, LII (1943), S. 433–51.

10 Eliot: *Selected Essays*, New York 1932, S. 115–7 (vgl. dt. Übers. *Ausgewählte Essays*, Berlin und Frankfurt a. M. 1950, S. 58 ff): »Der ›denkende‹ Dichter ist lediglich der Dichter, der das Gefühlsäquivalent eines Gedankens auszudrücken vermag. ... Alle große Dichtung erweckt die Illusion einer Weltanschauung. Wenn wir in die Welt Homers, Sophokles', Vergils, Dantes oder Shakespeares eintreten, so neigen wir zu dem Glauben, wir erfaßten etwas, das sich auch gedanklich ausdrücken ließe; denn jede bestimmte Empfindung drängt nach gedanklicher Formulierung.«

11 Susanne K. Langer: *Philosophy in a New Key*, Cambridge, Mass. 1942, »Discursive Forms and Presentational Forms«, S. 79 ff.

12 a. a. O., S. 288.

13 Die Tatsache, daß bestimmte Bücher in Bibliotheken verschlossen werden und ihr Verkauf von der Zensur verboten ist, beweist allein noch nicht, daß nur diese Bücher, selbst im volkstümlichen Sinne, Propaganda sind. Sie beweist vielmehr, daß die verbotenen Bücher auf Grund von Ursachen, die von der herrschenden Gesellschaft abgelehnt werden, Propaganda sind.

14 Eliot, »Poetry and Propaganda«, in *Literary Opinion in America* (hg. von Zabel), New York 1937, S. 25 ff.

15 Stace, a. a. O., S. 164 ff.

16 Goethe: *Dichtung und Wahrheit*, 13. Buch. Collingwood (a. a. O., S. 121–4) unterscheidet »ausdrückliche Empfindung« (Kunst) von »verratender Empfindung« (eine Form von Nicht-Kunst).

17 Plato: *Republik*, X, § 606 D; Augustinus: *Bekenntnisse*, I; A. Warren,

»Literature and Society«, in: *Twenthieth Century English* (hg. v. W. S. Knickerbocker), New York 1946, S. 304–14.

18 Spingarns *History of Literary Criticism in the Renaissance* (New York, rev. Aufl. 1924) stellt seiner Betrachtung unseres Themas die Begriffe »Funktion« und »Rechtfertigung« der Dichtung voran.

19 A. C. Bradley: »Poetry for Poetry's Sake«, in: *Oxford Lextures on Poetry*, Oxford 1909, S. 3–34.

4. Literarische Theorie, Kritik und Geschichte

1 Philip August Boeckh: *Encyklopädie und Methodologie der philologischen Wissenschaften*, Leipzig 1877; 2. Aufl. 1886.

2 F. W. Bateson: »Correspondence«, in: *Scrutiny*, IV (1935), S. 181–85.

3 Ernst Troeltsch: *Der Historismus und seine Probleme*, Tübingen 1922; *Der Historismus und seine Überwindung*, Berlin 1924.

4 Hardin Craig: *Literary Study and the Scholary Profession*, Seattle, Wash., 1944, S. 70. Vgl. auch: »Die vergangene Generation hat sich verhältnismäßig überraschend dazu entschlossen, daß sie die von den alten Dichtern ihren eigenen Werken unterlegten Bedeutungen und Werte entdecken will. Sie stützt ihren Glauben auf den Gedanken, daß z. B. die Bedeutung, die Shakespeare seinen eigenen Werken unterlegte, die größte aller möglichen Shakespeare-Bedeutungen sei.« S. 126–7.

5 Z. B. in: *Poets and Playwrights*, Minneapolis 1930, S. 217; und *From Shakespeare to Joyce*, New York 1944, S. IX.

6 Z. B. in Lily Campbell; *Shakespeare's Tragic Heroes: Slaves of Passion*, Cambridge 1930; auch Oscar J. Campbell; »What is the Matter with Hamlet?«, in: *Yale Review*, XXXII (1942), S. 309–22. Stoll vertritt eine andere Abart des Historismus, die zwar auf die Rekonstruktion der Bühnenkonventionen besteht, aber die Rekonstruktion psychologischer Theorien ablehnt. Siehe: »Jaques and the Antiquaries«, in: *From Shakespeare to Joyce*. S. 138–45.

7 »Imagery and Logic: Ramus and Metaphysical Poetics«, in: *Journal of the History of Ideas*, III (1942), S. 365–400.

8 F. A. Pottle: *The Idiom of Poetry*, Ithaca, N. Y. 1941; 2. Aufl. 1946.

9 Das Beispiel stammt aus Harold Cherniss: »The Biographical Fashion in Literary Criticism«, in: *University of California Publications in Classical Philology*, XII (1943), S. 279–93.

10 R. G. Collingwood: *Principles of Art*, Oxford 1938, S. 4. Allen Tate sagt dazu: »Der Gelehrte, der behauptet, er verstehe Dryden, mache sich aber nichts aus Hopkins oder Yeats, sagt damit lediglich, daß er Dryden nicht versteht.« In: »Miss Emily and the Bibliographer« (*Reason in Madness*, New York 1941, S. 115).

11 Norman Foerster: *The American Scholar*, Chapel Hill 1929, S. 36.

5. Allgemeine, vergleichende und nationale Literatur

1 Vgl. Fernand Baldensperger: »Littérature comparée: Le Mot et la chose«, in: *Revue de littérature comparée,* I (1921), S. 1–29.
2 F. C. Green: *Minuet,* London 1935.
3 Hans Naumann, *Primitive Gemeinschaftskultur,* Jena 1921.
4 Ganz irrelevant für das Studium Shakespeare sind die weltumfassenden Parallelen zur Hamlet-Geschichte, die in Schicks *Corpus Hamleticum,* 5 Bde., Berlin 1912–38, zusammengetragen sind.
5 Dies gilt für das Werk von Alexander Weselowskij, das bis in die siebziger Jahre des vergangenen Jahrhunderts zurückreicht; für die späteren Arbeiten von J. Políwka über russische Märchen; und für die Schriften Gerhard Gesemanns über die jugoslawische Epik (z. B. *Studien zur südslavischen Volksepik,* Reichenberg 1926). Siehe den instruktiven Bericht von Margaret Schlauch: »Folklore in the Soviet Union«, in: *Science and Society,* VII (1944), S. 205–22.
6 Vgl. P. Bogatyrew und Roman Jakobson: »Die Folklore als eine besondere Form des Schaffens«, in: *Donum Natalicium Schrijnen, Nijmegen,* Utrecht, 1929, S. 900–13. Dieser Aufsatz scheint die Unterscheidung zwischen Volksdichtung und höherer Literatur zu stark zu betonen.
7 Vgl. die Bibliographie.
8 Vgl. Benedetto Croces »La Letteratura Comparata«, in: *Problemi di Estetica,* Bari 1910, S. 73–9, (dt. Übers. in: *Kleine Schriften zur Ästhetik,* Tübingen 1929, Bd. 2), ursprünglich angeregt durch die erste Nummer von George Woodberrys kurzlebigem *Journal of Comparative Literature,* New York 1903.
9 Goethe: *Gespräche mit Eckermann,* 31. Januar 1827; *Kunst und Altertum* (1827); Werke, Jubiläumsausgabe, Bd. XXXVIII, S. 97 (eine Besprechung von Duvals *Le Tasse*).
10 Paul Van Tieghem: »La synthèse en histoire littéraire: Litérature comparée et littérature générale«, in: *Revue de synthèse historique,* XXXI (1921), S. 1–27; Robert Petsch: »Allgemeine Literaturwissenschaft«, in: *Zeitschrift für Ästhetik,* XXVIII (1934), S. 254–60.
11 August Wilhelm Schlegel: *Über dramatische Kunst und Literatur,* 3 Bde. Heidelberg 1809–11; Friedrich Schlegel: *Geschichte der alten und neuen Literatur,* Wien 1815; Friedrich Bouterwek; *Geschichte der Poesie und Beredsamkeit seit dem Ende des dreizehnten Jahrhunderts, 13. Bde.* Göttingen, 1801–19; Simonde de Sismondi: *De la Littérature du midi de l'Europe,* 4 Bde., Paris 1813; Henry Hallam: *An Introduction to the Literature of the Fifteenth, Sixteenth, and Seventeenth Centuries,* 4 Bde. London 1836–9.
12 In Deutschland scheint H. Steinthal, der Gründer der *Zeitschrift für Völkerpsychologie* (seit 1860), der erste gewesen zu sein, der Entwicklungsprinzipien systematisch auf die Literaturwissenschaft anwandte. A. Weselowsky, der in Rußland einen außerordentlich gelehrten Versuch einer

»entwicklungsmäßigen Poetik« machte, war Steinthals Schüler. In Frankreich werden entwicklungstheoretische Begriffe häufig angewandt, z. B. in Edélestand du Mérils *Histoire de la comédie,* 2 Bde., 1864. Brunetière wendet sie auf moderne Literaturen an, wie John Addington Symonds in England (s. Bibliographie, 19. Kap., Abtl. IV).

13 *Europäische Literatur und Lateinisches Mittelalter,* Bern 1948, 2. Aufl. 1954; *Mimesis.* Dargestellte Wirklichkeit in der abendländischen Literatur, Bern 1946. S. Besprechungen von René Wellek, in: *Kenyon Review,* XVI (1954), S. 279—307, und Erich Auerbach, »Epilegomena zu Mimesis«, in: *Romanische Forschungen* LXV (1953), S. 1–18.

14 Leonardo Olschki: *Die romanischen Literaturen des Mittelalters,* Wildpark-Potsdam 1928 (ein Band von O. Walzels *Handbuch der Literaturwissenschaft).*

15 Andreas Heusler: *Die altgermanische Dichtung,* Wildpark-Potsdam 1923, 3. Aufl. Darmstadt 1957 (auch in Walzels *Handbuch*), ist eine hervorragende Skizze.

16 Jan Máchal: *Sovanské Literatury,* 3 Bde., Prag 1922–29 (unvoll.), bildet den jüngsten Versuch, eine Geschichte aller slawischen Literaturen zu schreiben. Die Möglichkeit einer slawischen vergleichenden Literaturgeschichte wird in der *Slavischen Rundschau,* Bd. IV, erörtert. Einen überzeugenden Beweis für das gemeinsame Erbgut der slawischen Literaturen erbrachte Roman Jakobson in: »The Kernel of Comparative Slavic Literature«, in: *Harvard Slavic Studies* (hg. v. H. Lunt) Bd. I, S. 1–71, Cambridge, Mass. 1953.

17 Z. B. B. A. O. Lovejoy: »On the Discrimination of Romanticism«, in: *PMLA,* XXXIX (1924), S. 229–53; (wiederabgedruckt in: *Essays in the History of Ideas,* Baltimore 1945, S. 228–53.) Henri Peyre (*Le Classicisme français,* New York 1942) verficht die scharfe Unterscheidung des französischen Klassizismus von allen anderen Arten des Klassizismus. Erwin Panofsky (»Renaissance und Renascences«, in: *Kenyon Review,* VI [1944], S. 201–36) bevorzugt die traditionelle Auffassung der Renaissance.

18 Josef Nadler: *Literaturgeschichte der deutschen Stämme und Landschaften,* Regensburg, 3 Bde., 1912–18 (2. Aufl., 4 Bde., 1923–28; eine vierte, nationalsozialistische Ausg. unter dem Titel *Literaturgeschichte des deutschen Volkes,* 4 Bde., Berlin 1938–40). Vgl. *Berliner Romantik,* Berlin 1921, und die theoretische Erörterung »Die Wissenschaftslehre der Literaturgeschichte«, in: *Euphorion,* XXI (1914), S. 1—63. Vgl. auch H. Gumbel: »Dichtung und Volkstum«, in: *Philosophie der Literaturwissenschaft* (hg. v. E. Ermatinger), Berlin 1930, S. 43–49, eine verschwommene Deutung.

6. *Zusammenstellen und Sichten des Materials*

1 Henry Medwall: *Fulgens and Lucrece* (hg. v. Seymour de Ricci), New York 1920 (Kritische Ausg. von F. S. Boas und A. W. Reed, Oxford 1926); *The Book of Margery Kempe*, 1436 (Moderne Fassung von W. Butler-Bowden. London 1936. Der Originaltext ist von Sanford B. Meech herausgegeben. Bd. I wurde von der Early English Text Society herausgegeben, London 1940); Christopher Smart: *Rejoice in the Lamb* (hg. v. W. S. Stead), London 1939.

2 Leslie Hotson: *The Death of Christopher Marlowe*, London 1925; *Shakespeare versus Shallow*, Boston 1931; *The Private Papers of James Boswell from Malahide Castle* (hg. v. Geoffrey Scott und F. A. Pottle), 18 Bde., Oxford 1928–34; *The Yale Edition of the Private Papers of James Boswell* (hg. v. F. A. Pottle u. a. m.), New York 1950 ff.

3 Vgl. den vernünftigen Rat von J. M. Osborn: »The Search for English Literary Documents«, *English Institute Annual*, 1939, New York 1940, S. 31–35.

4 Für englische Literaturwissenschaftler am brauchbarsten sind J. W. Spargo: *A Bibliographical Manual für Students, Chicago 1939* (2. Aufl. 1941); Arthur G. Kennedy: *A Concise Bibliography for Students of English*, 2. Aufl. Stanford University Press 1945.

5 Z. B. W. W. Greg: *A Bibliography of the English Printed Drama to the Restoration*, Bd. I, London 1939; F. R. Johnson: *A Critical Bibliography of the Works of Edmund Spenser Printed before 1770*, Baltimore 1933; Hugh Macdonald: *John Dryden: A Bibliography of Early Editions and Drydeniana*, Oxford 1939; vgl. James M. Osborn: »Macdonald's Bibliography of Dryden«, in: *Modern Philology*, XXXIX (1942), S. 312–19; R. H. Griffith: *Alexander Pope: A Bibliography*, 2 Teile, Austin, Texas, 1922–27.

6 R. B. McKerrow: *An Introduction to Bibliography for Literary Students*, Oxford 1927.

7 Vgl. Bibliographie, Abtlg. I.

8 Über die Paläographie englischer literarischer Dokumente s. Wolfgang Keller: *Angelsächsische Paläographie*, 2 Bde., Berlin 1906 (*Palaestra*, 43, a und b). Über elisabethanische Handschriften, siehe Muriel St. Clare Byrne: »Elizabethan Handwriting for Beginners«, in: *Review of English Studies*, I (1925), S. 198–209; Hilary Jenkinson: »Elizabethan Handwritings«, in: *Library*, 4. Reihe, III (1922), S. 1–34; McKerrow, a. a. O. (für Anhang zu elisabethanischen Handschriften); Samuel A. Tannenbaum: *The Handwriting of the Renaissance*, New York 1930. Technische Hilfsmittel zur Untersuchung von Handschriften (Mikroskope, ultraviolette Strahlen usw.) werden in R. B. Haselden: *Scientific Aids for the Study of Manuscripts*, Oxford 1935, beschrieben.

9 Gut ausgearbeitete Stammbäume finden sich in solchen Büchern wie R.

K. Roots *The Textual Tradition of Chaucer's Troilus, Chaucer Society,* London 1916.

10 Vgl. Bibliographie, Abtlg. I.

11 Vgl. Bibliographie, Abtlg. I.

12 W. S. MacCormick und J. Haseltine: *The MSS of the Canterbury Tales,* Oxford 1933; J. M. Manly: *The Text of the Canterbury Tales,* 8 Bde., Chicago 1940; R. W. Chambers und J. H. Grattan: »The Text of Piers Plowman: Critical Methods«, in: *Modern Language Review,* XI (1916), S. 257–75, und »The Text of Piers Plowman«, *ebenda,* XXVI (1926), S. 1–51.

13 Für eingehendere Unterscheidungen s. Kantorowicz, angeführt in der Bibliographie, Abtlg. I.

14 Vgl. Sculley Bradley: »The Problem of a Variorum Edition of Whitman's Leaves of Grass«, in: *English Institute Annual,* 1941, New York 1942, S. 129–58; A. Pope: *The Dunciad* (hg. v. James Sutherland), London 1943.

15 Sigurd B. Hustvedt: *Ballad Books and Ballad Men, Cambridge, Mass.,* 1930.

16 Vgl. Bibliographie, Abtlg. II.

17 *Shakespeare's Hand in The Play of Sir Thomas More, Cambridge 1923* (Beiträge von A. W. Pollard, W. W. Greg, Sir E. M. Thompson, J. D. Wilson und R. W. Chambers); S. A. Tannenbaum: *The Booke of Sir Thomas More,* New York 1927.

18 *The Tempest* (hg. v. Sir A. Quiller-Couch und J. D. Wilson), Cambridge 1921, S. xxx.

19 E. K. Chambers: »The Integrity of *The Tempest*«, in: *Review of English Studies,* I (1925), S. 129–50; S. A. Tannenbaum: »How Not to Edit Shakespeare: A Review«, in: *Philological Quarterly,* X (1931), S. 97–137; H. T. Price: »Towards a Scientific Method of Textual Criticism in the Elizabethan Drama«, in: *Journal of English and Germanic Philology,* XXXVI (1937), S. 151–67 (behandelt vor allem Dover Wilson, Robertson etc.).

20 Michael Bernays: *Zur Kritik und Geschichte des Goetheschen Textes,* München 1866, war der Anfang der »Goethe-Philologie.« Vgl. auch R. W. Chapman: »The Textual Criticism of English Classics«, in: *The Portrait of a Scholar,* Oxford 1922, S. 65–79.

21 Vgl. Bibliographie, Abtlg. III.

22 Michael Bernays: »Zur Lehre von den Zitaten und Noten«, in: *Schriften zur Kritik und Literaturgeschichte, Berlin 1899, Bd. IV,* S. 253–347; Arthur Friedman: »Principles of Historical Annotation in Critical Editions of Modern Texts«, in: *English Institute Annual,* 1941, New York 1942, S. 115–28.

23 Edmond Malone, »An Essay on the Chronological Order of Shakespeare's Plays«, George Steevens' Ausgabe von Shakespeares *Plays* (2. Aufl. 1788, Bd. I, S. 269–346) war der erste erfolgreiche Versuch.

Metrische Tabellen, die auf den Werken von Fleay, Furnivall und König fußen, in T. M. Parrotts *Shakespeare: Twenty-three Plays and the Sonnetts,* New York 1938, S. 94.

24 James Hurdis: *Cursory Remark upon the Arrangement of the Plays of Shakespeare,* London 1792.

25 Wincenty Lutoslawski: *The Origin and Growth of Plato's Logic with an Account of Plato's Style and the Chronology of His Writings,* London 1897; für Kommentar vgl. John Burnet: *Platonism,* Berkeley 1928, S. 9–12.

26 Giles Dawson: »Authenticity and Attribution of Written Matter«, in: *English Institute Annual,* 1942, New York 1943; S. 77–100; G. E. Bentley: »Authenticity and Attribution of the Jacobean and Caroline Drama« ebenda, S. 101–18; vgl. E. H. C. Oliphant: »Problems of Authorship in Elizabethan Dramatic Literature«, in: *Modern Philology,* VIII (1911), S. 411–59.

27 August Wilhelm Schlegel, »Anhang über die angeblich Shakespear'n unterschobenen Stücke«, in: *Über dramatische Kunst und Literatur,* Heidelberg 1811, Zweiter Theil, Zweite Abtheilung. S. 229–42.

28 J. M. Robertson: *The Shakespeare Canon,* 4 Teile, London 1922–32; *An Introduction to the Study of the Shakespeare Canon,* London 1924; E. K. Chambers: »The Disintegration of Shakespeare«, in: *Proceedings of the British Academy,* XI (1925), S. 89–108 (wiederabgedruckt in: *Shakespearean Gleanings,* Oxford 1944, S. 1–21).

29 E. N. S. Thompson: »Elizabethan Dramatic Collaboration«, in: *Englische Studien,* XL (1908), S. 30–46, W. J. Lawrence: »Early Dramatic Collaboration«, in: *Pre-Restoration Stage Studies,* Cambridge, Mass. 1927; E. H. C. Oliphant: »Collaboration in Elizabethan Drama: Mr. W. J. Lawrence's Theory«, in *Philological Quarterly,* VIII (1929), S. 1–10. Für gute Beispiele an Erörterungen über Diderot und Pascal vgl. André Morize: *Problems and Methods of Literary History,* Boston 1922, S. 157–93.

30 E. H. C. Oliphant: *The Plays of Beaumont and Fletcher: An Attempt to Determine Their Respective Shares and the Shares of Others,* New Haven 1927; »The Authorship of *The Revenger's Tragedy*«, in: *Studies in Philology,* XXIII (1926), S. 157–68.

31 *New Essyas by Oliver Goldsmith (hg. v. R. S. Crane),* Chicago 1927.

32 G. Udny Yule: *The Statistical Study of Literary Vocabulary,* Cambridge 1944.

33 J. S. Smart: *James Macpherson,* London 1905; G. M. Fraser: »The Truth about Macpherson's Ossian«, in: *Quarterly Review,* CCXLV (1925), S. 331–45; W. W. Skeat (Hg.): *The Poetical Works of Thomas Chatterton with an Essay on the Rowley Poems,* 2 Bde., London 1871; Thomas Tyrwhitt: Appendix to *Poems supposed to have been written ... by Thomas Rowley,* 2. Aufl. London 1778, und *A Vindication of the Appendix to the Poems called Rowley's,* London 1782; Thomas

Warton: *An Enquiry into the Authenticity of the Poems attributed to Thomas Rowley,* London 1782; J. Mair: *The Fouth Forger,* London 1938; George Chalmers: *An Apology for the Believers in the Shakespeare Papers,* London 1797.

34 Zoltán Haraszti: »The Works of Hroswitha«, in: *More Books,* XX (1945), S. 87–119, S. 139–73; Edwin H. Zeydel: »The Authenticity of Hroswitha's Works«, in: *Modern Language Notes,* LXI (1946), S. 50–55; André Jakobson u. a. (Hg.): *La Geste du Prince Igor,* New York 1948.

35 Der beste Bericht im Englischen ist Paul Selvers *Masaryk: A Biography,* London 1940.

36 John Carter und Graham Pollard: *An Enquiry into the Nature of Certain Nineteenth Century Pamphlets,* London 1934; Wilfried Partington: *Forging Ahead: The True Story of . . . T. J. Wise,* New York 1939; *Letters of Thomas J. Wise to J. H. Wrenn* (hg. v. Fannie E. Ratchford), New York 1944.

7. Literatur und Biographie

1 S. T. Coleridge in einem Brief an Thomas Poole, Febr. 1797, in: *Letters,* (hg. v. E. H. Coleridge), London 1895, Bd. I, S. 4.

2 Vgl. Bibliographie, Abtlg. I.

3 Georg Brandes: *William Shakespeare,* 2 Bde., Kopenhagen 1896, deut. München 1896; Frank Harris: *The Man Shakespeare,* New York 1909, deut. Ausg.: *Der Mensch Sh. u. seine tragische Lebensgeschichte,* Berlin 1928.

4 C. J. Sisson: *The Mythical Sorrows of Shakespeare,* British Academy Lecture, 1934; E. E. Stoll: *The Tempest, Shakespeare and other Masters,* Cambridge, Mass., 1940, S. 182–316.

5 John Keats, Brief an Richard Woodhouse, 27. Okt. 1818, in: *Letters* (hg. v. M. B. Forman), 4. Aufl., Oxford 1952, S. 226–27. Vgl. W. J. Bate: *Negative capability: The Intuitive Approach in Keats,* Cambridge, Mass., 1939; T. S. Eliot: »Tradition and the Individual Talent«, in: *The Sacred Wood,* London 1920, S. 42–53.

6 Brandes, a. a. O. S. 425; H. Kingsmill: *Matthew Arnold,* London 1928, S. 147–9.

7 Ramon Fernandez: »L'Autobiographie et le Roman: l'Exemple de Stendhal«, in: *Messages,* Paris 1926, S. 78–109; George W. Meyer: *Wordsworth's Formative Years,* Ann Arbor, Mich., 1943.

8 Wilhelm Dilthey: *Das Erlebnis und die Dichtung,* Leipzig 1907, 13. Aufl. 1957; Friedrich Gundolf: *Goethe,* Berlin 1916 (hier wird die Unterscheidung zwischen »Urerlebnis« und »Bildungserlebnis« gemacht).

9 V. Moore: *The Life and Eager Death of Emily Brontë,* London 1936; Edith E. Kinsley: *Pattern for Genius,* New York 1939 (eine Biographie,

die Zitate aus den Romanen der Brontës zusammensetzt und fiktive Namen durch wirkliche ersetzt); Romer Wilson: *The Life and Private History of Emily Jane Brontë*, New York 1928 (*Wuthering Heights* wird als reine Biographie betrachtet).

10 Das Beispiel stammt aus C. B. Tinker: *The Good Estate of Poetry*, Boston 1929, S. 30.

8. Literatur und Psychologie

1 Vgl. Alfred Adler: *Studie über Minderwertigkeit von Organen*, München 1927; Wayland F. Vaughan: »The Psychology of Compensation« in: *Psych. Review*, XXXIII (1926), S. 467–79; Edmund Wilson: *The Wound and the Bow*, New York 1941; auch L. MacNeice: *Modern Poetry*, London 1938, S. 76; L. Trilling: »Art and Neurosis«, in: *Partisan Review*, XII (1945), S. 41–9 (wieder abgedruckt in: *The Liberal Imagination*, New York 1950, S. 160–80).

2 Vgl. Bibliographie.

3 W. H. Auden: *Letters from Iceland*, London 1937, S. 193; vgl. L. MacNeice: *Modern Poetry*, London 1938, S. 25–6; Karen Horney: *The Neurotic Personality of our Time*, New York 1937, deut. *Der neurotische Mensch unserer Zeit*, Stuttgart 1951; Erich Fromm: *Escape from Freedom*, New York 1941, deut. *Die Furcht vor der Freiheit*, Zürich 1945; und *Man for Himself*, New York 1947, deut. *Psychoanalyse und Ethik*, Zürich, 1954.

4 Vgl. W. Silz, »Otto Ludwig and the Process of Poetic Creation«, in: *PMLA*, LX (1945), S. 860–78, das die meisten der in der neueren deutschen Forschung untersuchten Themen der Dichter-Psychologie wiedergibt; Erich Jaensch: *Eidetic Imagery and Typological Methods of Investigation*, London 1930; auch »Psychological and Psychophysical Investigation of Types . . .«, in: *Feelings and Emotions*, Worcester, Mass., 1928, S. 355 ff.

5 Über Synästhesie vgl. Ottokar Fischer: »Über Verbindung von Farbe und Klang: Eine literar-psychologische Untersuchung«, in: *Zeitschrift für Ästhetik*, II (1907), S. 501–34; Albert Wellek: »Das Doppelempfinden in der Geistesgeschichte«, in: *Zeitschrift für Ästhetik*, XXIII (1929), S. 14–42; »Renaissance- und Barock-Synästhesie«, in: *Deutsche Vierteljahrschrift für Literaturwissenschaft*, IX (1931), S. 534–84; E. V. Erhardt-Siebold: »Harmony of the Senses in English, German and French Romanticism«, in: *PMLA*, XLVII (1932), S. 577–92; W. Silz: »Heine's Synaesthesia«, in: *PMLA* LVII (1942), S. 469–88; S. de Ullman: »Romanticism and Synaesthesia«, in: *PMLA*, LX (1945), S. 811–27; A. G. Engstrom: »In Defense of Synaesthesia in Literature«, in: *Philological Quarterly*, XXV (1946), S. 1–19.

6 Vgl. Richard Chase: »The Sense of the Present«, in: *Kenyon Review*,

VII (1945), S. 218 ff. Die Zitate aus T. S. Eliots *The Use of Poetry* finden sich auf S. 118–9, 155 und 148, und in Anm. Der Essay, auf den Eliot sich beruft, »Le Symbolisme et l'âme primitive«, erschien in *der Revue de littérature comparé, XII* (1932), S. 356–86. Vgl. auch Emilie Cailliets *Symbolisme et âmes primitives,* Paris 1936, dessen »Schluß« ein Gespräch mit Eliot wiedergibt.

7 Carl G. Jung: »Über die Beziehungen der analytischen Psychologie zur Dichtkunst«, in: *Beiträge zur analytischen Psychologie,* London 1928, letzte Aufl. Zürich 1950, und *Psychologische Typen,* Zürich 1921, letzte Auflage Zürich 1950. Zu den englischen Philosophen, Psychologen und Ästhetikern, die sich öffentlich als Jung verpflichtet bekannten, gehören: John M. Thorburn: *Art and the Unconscious,* 1925; Maud Bodkin: *Archetypal Patterns in Poetry: Psychological Studies of Imagination,* 1934; Herbert Read: »Myth, Dream, and Poem«, in: *Collected Essays in Literary Criticism,* London 1938, S. 101–16; H. G. Baynes: *Mythology of the Soul,* London 1940; M. Esther Harding: *Women's Mysteries,* London 1935.

8 Über Charaktertypologien vgl. für eine historische Zusammenfassung A. A. Roback: *The Psychology of Character with a Survey of Temperament,* New York 1928; Eduard Spranger: *Lebensformen. Geisteswissenschaftliche Psychologie und Ethik der Persönlichkeit,* Halle 1927, 8. Aufl. Tübingen 1950; Ernst Kretschmer: *Körperbau und Charakter,* Berlin 1922, 20. Aufl. 1951; *Geniale Menschen,* Berlin 1929, 4. Aufl. 1948. Über den, der das Gedicht »macht«, und den »Besessenen« vgl. W. H. Auden: »Psychology and Art«, in: *The Arts Today* (hg. v. Grigson), London 1935, S. 1–21.

9 F. Nietzsche: *Die Geburt der Tragödie,* 1871; Th. Ribot: *Essay sur l'imagination créatice,* Paris 1900; Liviu Rusu: *Essai su la création artistique,* Paris 1935. Das »Dämonische« stammt von Goethe (zuerst in den »Urworten«, 1817) und ist ein oft gebrachter Begriff in der modernen deutschen Theorie; vgl. M. Schütze: *Academic Illusions in the Field of Letters,* Chicago 1933, S. 91 ff.

10 C. S. Lewis: *The Personal Heresy ...,* London 1939, S. 22–3; W. Dilthey: *Das Erlebnis und die Dichtung,* Leipzig 1906, 13. Aufl. 1957; vgl. Schütze, a. a. O. S. 96 ff.

11 Norah Chadwick: *Poetry and Prophecy,* Cambridge 1942 (über den Schamanismus); Ribot, a. a. O.

12 Elisabeth Schneider: »The ›Dream‹ of Kubla Khan«, in: *PMLA,* LX (1945) S. 784—801; weiter ausgeführt in: *Coleridge, Opinion and Kubla Khan,* Chicago 1953. Vgl. auch Jeanette Marks: *Genius and Disaster: Studies in Drugs and Genius,* New York 1925.

13 Aelfrida Tillyard: *Spiritual Exercises and Their Results ...,* London 1927; R. van Gelder: *Writers and Writing,* New York 1946; Samuel Johnson: *Lives of the Poets,* »Milton«.

14 Über Hemingway und die Schreibmaschine: R. G. Berkelman: »How

to Put Words on Paper«, in: *Saturday Review of Literature*, 29. Dezember 1945. Über Diktat und Stil: Theodora Bosanquet: *Henry James at Work* (Hogarth Essays), London 1924.

15 So zitieren deutsche Ästhetiker hauptsächlich Goethe und Otto Ludwig; die Franzosen Flaubert (den Briefwechsel) und Valéry; amerikanische Kritiker Henry James (die Vorworte zu der New Yorker Ausgabe) und Eliot. Ein ausgezeichnetes Muster der französischen Auffassung ist Valéry über Poe (P. Valéry: »Situation de Baudelaire«, in: *Variété* II, Paris 1937, S. 155–60).

16 Über Zeichen und Symbole vgl. S. K. Langer: *Philosophy in a New Key*, Cambridge, Mass., 1942, S. 53–78, und Helmut Hatzfeld: »The Language of the Poet«, in: *Studies in Philology*, XLIII (1946), S. 93–120.

17 J. L. Lowes: *The Road to Xanadu: A Study in the Ways of the Imagination*, Boston 1927.

18 W. Dibelius: *Charles Dickens*, Leipzig 1926, S. 347–73.

19 Albert R. Chandler: *Beauty and Human Nature: Elements of Psychological Aesthetics*, New York 1934, S. 328; A. Thibaudet: *Gustave Flaubert*, Paris 1935, S. 93–102; Frederick H. Prescott: »The Formation of Imaginary Characters«, in: *The Poetic Mind*, New York 1922, S. 187 ff, A. H. Nethercot: »Oscar Wilde on His Subdividing Himself«, in: *PMLA*, LX (1945), S. 616–7.

20 *The Letters of John Keats* (hg. v. M. B. Forman), 4. Ausg., New York 1935, S. 227. Die Textverbesserung geht auf die Anregung in Formans Anmerkung zurück.

21 A. Feuillerat: *Comment Proust a composé son roman*, New Haven 1934; vgl. auch die Essays von Karl Shapiro und Rudolf Arnheim in: *Poets at Work* (hg. v. C.D. Abbott), New York 1948.

22 Vgl. James H. Smith: *The Reading of Poetry*, Boston 1939 (vom Herausgeber erfundene Varianten stehen anstelle von solchen, die vom Autor abgetan wurden).

23 Lily B. Campbell: *Shakespeare's Tragic Heroes: Slaves of Passion*, Cambridge 1930; Oscar J. Campbell: »What is the Matter with Hamlet?«, in: *Yale Review*, XXXII (1942), S. 309–22; Henri Delacroix: *La Psychologie de Stendhal*, Paris 1918; F. J. Hoffman: *Freudianism and the Literary Mind*, Baton Rouge 1945, S. 256–88.

24 Vgl. L. C. T. Forest: »A Caveat for Critics against Invoking Elizabethan Psychology«, in: *PMLA*, LXI (1946), S. 651–72.

25 Vgl. die nachfolgenden Werke von E. E. Stoll, besonders *From Shakespeare to Joyce*, New York 1944, S. 70 ff.

9. Literatur und Gesellschaft

1 Vgl. Bibliographie, Abtlg. I.

2 Vgl. Morris R. Cohens hervorragende Erörterung: »American Literary Criticism and Economic Forces«, in: *Journal of the History of Ideas, I* (1940), S. 369–74.

3 Über De Bonald vgl. Horatio Smith: »Relativism in Bonald's Literary Doctrine«, in *Modern Philology*, XXXII (1934), S. 193–210; B. Croce: »La Letteratura come ›espressione della società‹«, in: *Problemi di Estetica*, Bari 1910, S. 56—60.

4 Einleitung zu *Histoire de la littérature anglaise* (1863): »Si elles fournissent des documents, c'est qu'elles sont des monuments«, S. XLVII Bd. I der 2. Aufl., Paris 1866.

5 Vgl. z. B. Havelock Ellis: *A Study of British Genius*, London 1904 (rev. Ausg. Boston 1926); Edwin L. Clarke: *American Men of Letters: Their Nature and Nurture*, New York 1916 (»Columbia Studies in History, Economics, and Public Law«, Bd. 72); A. Odin: *Genèse des grands hommes*, 2 Bde., Paris 1895.

6 Sakulin, N. P: *Die russische Literatur*, Wildpark-Potsdam 1927 (in Oskar Walzels *Handbuch der Literaturwissenschaft)*.

7 Z. B. D. Blagoy: *Sotsiologiya tvorchestva Pushkina* (Die Soziologie des Puschkinschen Schaffens), Moskau 1931.

8 Herbert Schöffler: *Protestantismus und Literatur*, Leipzig 1922. Fragen des gesellschaftlichen Standards sind offenbar eng verwandt mit solchen der frühen Eindrücke, des frühen physischen und sozialen Milieus eines Dichters. Wie Schöffler nachgewiesen hat, trugen die Söhne von Landgeistlichen viel dazu bei, die englische vorromantische Dichtung und den Geschmack des achtzehnten Jahrhunderts hervorzubringen. Da sie auf dem Lande, ja fast wörtlich auf dem Kirchhof aufwuchsen, mag ihnen durchaus eine Vorliebe für Landschafts- und Kirchhofpoesie, für Betrachtungen über Tod und Unsterblichkeit gegeben gewesen sein.

9 L. C. Knights: *Drama and Society in the Age of Jonson*, London 1937.

10 Lily Campbell: *Shakespeare's Histories: Mirrors of Elizabethan Policy*, San Marino 1947; Sir Charles Firth: »The Political Significance of Swift's ›Gulliver's Travels‹«, in: *Essays: Historical and Literary*, Oxford 1938, S. 210–41.

11 Prosper de Barante: *De la littérature française pendant le dix-huitième siècle*, Paris, 3. Aufl. 1822, S. v. Das Vorwort findet sich nicht in der ersten Ausg. von 1809. Barantes Theorie wird glänzend dargestellt von Harry Levin in »Literature as an Institution«, in: *Accent*, VI (1946), S. 159–68. Wiederabgedruckt in: *Criticism* (hg. v. Schorer, Miles, MacKenzie), New York 1948, S. 546–53.

12 Ashley H. Thorndike: *Literature in a Changing Age*, New York 1921, S. 36.

13 Q. D. Leavis: *Fiction and the Reading Public*, London 1932.

14 Einige Werke über diese Probleme: Alfred A. Harbage: *Shakespeare's Audience,* New York 1941; R. J. Allen: *The Clubs of Augustan London,* Cambridge, Mass., 1933; Chancey B. Tinker: *The Salon and English Letters,* New York 1915; Albert Parry: *Garrets and Pretenders: a History of Bohemianism in Amerika,* New York 1933.

15 Vgl. Grace Overmyer: *Government and the Arts,* New York 1939. Über Rußland vgl. die Bücher von Freeman, Max Eastman, W. Frank usw.

16 Georgie V. Plekhanov: *Art and Society,* New York 1936, S. 43, 64, usw. Erörterungen hauptsächlich ideologischer Art sind die folgenden: A. Cassagne: *La Théorie de l'art pour l'art en France,* Paris 1906; Rose F. Egan: *The Genesis of the Theory of Art for Art's Sake in Germany and England,* 2 Teile, Northampton 1931–4; Louise Rosenblatt: L'idée *de l'art pour l'art dans la littérature anglaise,* Paris 1931.

17 L. L. Schücking: *Die Soziologie der literarischen Geschmacksbildung,* München 1923 (2. Aufl. Leipzig 1931); vgl. Schücking: *Die Familie im Puritanismus,* Leipzig 1929.

18 Vgl. T. A. Jackson: *Charles Dickens, The Progress of a Radical,* London 1937.

19 Vgl. Mrs. Leavis, s. Anm. 13; K. C. Link und H. Hopf: *People and Books,* New York 1946; F. Baldensperger: *La Littérature: création, succés, durée,* Paris 1913, P. Stapfer: *Des Réputations littéraires,* Paris 1893; Gaston Rageot: *Le Succès: Auteurs et public-Essai de critique sociologique,* Paris 1906; Emile Henniquin: *La critique scientifique,* Paris 1882. Die gesellschaftlichen Auswirkungen einer anderen Kunst, des Films, werden von Mortimer Adler in *Art and Prudence,* New York 1937, untersucht und beurteilt. Ein brillantes dialektisches Schema der »ästhetischen Funktion, Norm und Wertung als soziale Fakten« findet sich in Jan Mukařovský: *Estetická funkce, norma i hodnota jako sociální fakt,* Prag 1936.

20 Thomas Warton: *History of English Poetry,* London 1774, Bd. I, S. 1.

21 E. Kohn-Bramstedt: *Aristocracy and the Middle Classes in Germany,* London 1937, S. 4.

22 Vgl. André Monglond: *Le Héros préromantique, Le Préromantisme français,* Bd. I, Grenoble 1930; R. P. Utter und G. B. Needham: *Pamela's Daughters,* New York 1937. Auch die Werke von E. E. Stoll, z. B.: »Heroes and Villains: Shakespeare, Middleton, Byron, Dickens«, in: *From Shakespeare to Joyce,* Garden City 1944, S. 307–27.

23 Charles Lamb: »On the Artifical Comedy«, in: *Essays of Elia,* 1821; T. B. Macaulay: »The Dramatic Works of Wycherley, Congreve, Vanbrugh, and Farquhar«, in: *Edinburgh Review,* LXII (1841); J. Palmer: *The Comedy of Manners,* London 1913; K. M. Lynch: The Social Mode *of Restoration Comedy,* New York 1926.

24 E. E. Stoll: »Literature and Life«, in: *Shakespeare Studies,* New York

1927, und verschiedene Aufsätze in: *From Shakespeare to Joyce*, Garden City 1944.

25 John Maynard Keynes: *A Treatise on Money*, New York 1930, Bd. II, S. 154.

26 Lunacharsky, angeführt bei L. C. Knights, a. a. O., S. 10, aus: *The Listener*, 27. Dezember 1934.

27 Karl Marx, *Zur Kritik der politischen Ökonomie*, Berlin 1930, 11. Aufl., S. XLVII f. Diese Stelle scheint die marxistische Position gänzlich aufzugeben. Es gibt ferner wichtige andere Stellungnahmen, so zum Beispiel Engels' Brief an Starkenburg vom 25. Januar 1894: »Die politische, rechtliche, philosophische, religiöse, literarische, künstlerische etc. Entwicklung beruht auf der ökonomischen. Aber sie alle reagieren auch aufeinander und auch auf die ökonomische Basis« (Karl Marx/Friedrich Engels, *Ausgewählte Briefe*, Moskau-Leningrad 1934, S. 411). In einem Brief an Joseph Bloch vom 21. September 1890 gibt Engels zu, daß er und Marx den ökonomischen Faktor überschätzt und die an der Wechselwirkung beteiligten Momente unterbewertet hätten; und in einem Brief an Mehring vom 14. Juli 1893 sagt er, daß sie die formelle Seite »vernachlässigt« hätten – die Art und Weise, wie die Vorstellungen zustande kommen (a. a. O., S. 405).

28 Aus: »Die Deutsche Ideologie«, in Karl Marx und F. Engels: *Historisch-kritische Gesamtausgabe* (hg. v. V. Adoratskij), Berlin 1932, Bd. V, S. 21, 373.

29 A. S. Smirnow: *Shakespeare: A Marxist Interpretation*, New York 1936, S. 93.

30 Max Scheler: »Probleme einer Soziologie des Wissens«, in: *Versuch zu einer Soziologie des Wissens* (hg. v. Max Scheler), München und Leipzig 1924, Bd. I, S. 1–146, und »Probleme einer Soziologie des Wissens«, in: *Die Wissensformen und die Gesellschaft*, Leipzig 1926, S. 1–226; Karl Mannheim: *Ideologie und Utopie*, Freiburg 1952. Einige Untersuchungen: H. Otto Dahlke: »The Sociology of Knowledge«, in H. E. Barnes, Howard Becker und F. B. Becker: *Contemporary Social Theory*, New York 1940, S. 64–99; Robert K. Merton: »The Sociology of Knowledge«, in: *Twentieth Century Sociology* (hg. v. Georges Gurvitch und Wilbert E. Moore), New York 1945, S. 366–405; Gerard L. De Gré: *Society and Ideology: an Inquiry into the Sociology of Knowledge*, New York 1943; Ernst Gruenwald: *Das Problem der Soziologie des Wissens*, Wien 1934; Thelma Z. Lavine: »Naturalism and the Sociological Analysis of Knowledge«, in: *Naturalism and the Human Spirit* (hg. v. Yervant H. Krikorian), New York 1944, S. 183–209; Alexander C. Kern: »The Sociology of Knowledge in the Study of Literature«, in: *Sewanee Review*, L (1942), S. 505–14.

31 Max Weber: *Gesammelte Aufsätze zur Religionssoziologie*, 3 Bde., Tübingen 1920–21; R. H. Tawney: *Religion and the Rise of Capitalism*, London 1926 (neue Aufl. mit Vorwort 1937); Joachim Wach: *The Socio-*

logy of Religion, Chicago 1944, deut. *Religionssoziologie,* Tübingen 1951.

32 Vgl. die Kritik von Pitirim A. Sorokin: *Contemporary Sociological Theories,* New York 1928, S. 710.

33 P. A. Sorokin: *Fluctuations of Forms of Art, Social and Cultural Dynamics,* Bd. I, New York 1937, bes. das 1. Kapitel.

34 Edwin Berry Burgum: »Literary Form: Social Forces and Innovations«, in: *The Novel and the World's Dilemma,* New York 1947, S. 3–18.

35 Fritz Brüggemann: »Der Kampf um die bürgerliche Welt- und Lebensauffassung in der deutschen Literatur des 18. Jahrhunderts«, in *Deutsche Vierteljahrschrift für Literaturwissenschaft und Geistesgeschichte,* III (1925), S. 94–127.

36 Karl Bücher: *Arbeit und Rhythmus,* Leipzig 1896; J. E. Harrison: *Ancient Art and Ritual,* New York 1913; *Themis,* Cambridge 1912; George Thomson: *Aeschylus and Athens, A Study in the Social Origins of the Drama,* London 1941, und *Marxism and Poetry,* London 1945 (eine kleine, sehr interessante Schrift mit Anwendung auf irisches Material); Christopher Caudwell: *Illusion and Reality,* London 1937; Kenneth Burke: *Attitudes toward History,* New York 1937; Robert R. Marett (Hg.): *Anthropology and the Classics,* Oxford 1908.

10. Literatur und Ideen

1 Hermann Ulrici: *Über Shakespeares dramatische Kunst,* 1839.

2 George Boas: *Philosophy and Poetry,* Wheaton College, Mass., 1932, S. 9.

3 T. S. Eliot: *Selected Essays,* New York 1932, S. 115–6.

4 Z. B. »God's in his Heaven: all's right with the world« stellt die Behauptung auf, daß Gott notwendig die beste aller Welten geschaffen habe. »On earth the broken arch; in heaven, a perfect round« ist der Gedanke des Übergangs vom Begrenzten zum Unendlichen, vom Bewußtsein der Unvollkommenheit zu der Möglichkeit der Vollkommenheit, etc.

5 Vgl. Bibliographie.

6 Vgl. Bibliographie.

7 Leo Spitzer: »Milieu and Ambiance. An Essay in Historical Semantics«, in: *Philosophy and Phenomenological Research,* III (1942), S. 1–42, S. 169–218 (wiederabgedruckt in: *Essays in Historical Semantics,* New York 1948, S. 179–316); »Classical and Christian Ideas of World Harmony: Prolegomena to an Interpretation of the Word ›Stimmung‹«, in: *Traditio: Studies in Ancient and Medieval History, Thought and Religion,* II (1944), S. 409–464, und III (1945), S. 307 bis 364.

8 Etienne Henri Gilson: *Les Idées et les lettres,* Paris 1932.

9 Paul Hazard: *La Crise de la conscience européenne*, 3 Bde., Paris 1934; *La Pensé européenne au XVIIIe siècle de Montesquieu à Lessing*, 3. *Bde.*, Paris 1946.

10 M. O. Gershenzon: *Mudrost Puschkina (Puschkins Weisheit)*, Moskau 1919.

11 Für »metaphysische« Untersuchungen Dostojewskijs vgl. Nicolai Berdjajew: *Mirosozertsanie Dostoerskogo*, Prag 1923, deut. *Die Weltanschauung Dostojewskijs*, München 1925; Wjatscheslaw Iwanow: *Freedom and the Tragic Life: A Studiy in Dostoevsky*, New York 1952; D. Mereschkowskij: *Tolstoi i Dostoevsky*, 2 Bde., St. Petersburg 1912, deut. 3. Aufl. Berlin 1924; V. Rosanow: *Dostojewskij und seine Legende vom Großinquisitor*, deut. Berlin 1924; Leo Schestow: *Dostojewskij und Nietzsche, Philosophie der Tragödie*, deut. Berlin 1931), und *On Job's Balances*, London 1932.

12 Hermann Glockner: »Philosophie und Dichtung: Typen ihrer Wechselwirkung von den Griechen bis auf Hegel«, in: *Zeitschrift für Ästhetik*, XV (1920–21), S. 187–204.

13 Vgl. René Wellek: »Literary Criticism and Philosophy: A Note on Revaluation«, in: *Scrutiny*: V (1937), S. 375–83, und F. R. Leavis: »Literary Criticism and Philosophy: A Reply«, ebenda, VI (1937), S. 59–70 (wiederabgedruckt in: *The Importance of Scrutiny* (hg. v. E. Bentley) New York 1948, S. 23–40).

14 Rudolf Unger: *Philosophische Probleme in der neueren Literaturwissenschaft*, München 1908; *Weltanschauung und Dichtung*, Zürich 1917; *Literaturgeschichte als Problemgeschichte*, Berlin 1924; »Literaturgeschichte und Geistesgeschichte«, in: *Deutsche Vierteljahrschrift für Literaturwissenschaft und Geistesgeschichte*, IV (1925), S. 177–92. Alle vorhergenannten Aufsätze sind gesammelt in: *Aufsätze zur Prinzipienlehre der Literaturgeschichte*, 2 Bde., Berlin 1929.

15 Rudolf Unger: *Herder, Novalis, Kleist: Studien über die Entwicklung des Todesproblems*, Frankfurt 1922; Walter Rehm: *Der Todesgedanke in der deutschen Dichtung*, Halle 1928; Paul Kluckhohn: *Die Auffassung der Liebe in der Literatur des achtzehnten Jahrhunderts und in der Romantik*, Halle 1922.

16 Mario Praz: *La Carne, la morte e il diavolo nella letteretura romantica*, Mailand 1930.

17 C. S. Lewis: *The Allegory of Love*, Oxford 1936; Theodore Spencer: *Death and Elizabethan Tragedy*, Cambridge, Mass., 1936.

18 Hoxie Neale Fairchild: *Religious Trends in English Poetry*, 3 Bde., New York 1939–43.

19 André Monglond: *Le Préromantisme français*, 2 Bde., Grenoble 1930; Pierre Trahard: *Les Maîtres de la sensibilité française au XVIIIe siècle*, 4 Bde., Paris 1931–33.

20 Vgl. einen hervorragenden Forschungsüberblick über »The Use of Color in Literature« von Sigmund Skard, in: *Proceedings of the Ameri-*

can Philosophical Society, XC (3. Nr., Juli 1946), S. 163–249. Die Bibliographie, die 1183 Werke aufführt, umfaßt auch die umfangreiche Literatur über das Landschaftsgefühl.

21 Balzac: *Cousine Bette*, Kap. IX.

22 Gellert, Brief an Hans Moritz Graf von Brühl, 3. April 1755.

23 Dr. Johnson, Prayers and Meditations, Letters to Miss Boothby, etc.

24 Vgl. Diltheys erste Fassung seiner Typentheorie in »Die drei Grundformen der Systeme in der ersten Hälfte des 19. Jahrhunderts«, in: *Archiv für Geschichte der Philosophie*, XI (1898), S. 557–86 (wiederabgedruckt in: *Gesammelte Schriften*, Leipzig 1925, Bd. IV, S. 528–54). Später Fassungen kann man in »Das Wesen der Philosophie« finden, in Paul Hinnebergs *Die Kultur der Gegenwart* (Teil I, Abteilung VI, »Systematische Philosophie«, Berlin 1907, S. 1—72, wiederabgedruckt in: *Gesammelte Schriften*, a. a. O., Bd. V, Teil I, S. 339–416), und »Die Typen der Weltanschauung und ihre Ausbildung in den philosophischen Systemen«, in: *Weltanschauung, Philosophie, Religion* (Hg. Max Frischeisen-Köhler) Berlin 1911, S. 3–54 (wiederabgedruckt a. a. O., Bd. VIII, S. 75–120).

25 Hermann Nohl: *Die Weltanschauung der Malerei*, Jena 1908; *Typische Kunststile in Dichtung und Musik*, Jena 1915.

26 Unger in »Weltanschauung und Dichtung«, in: *Aufsätze ..., a. a. O.*, S. 77 ff.

27 O. Walzel: *Gehalt und Gestalt im dichterischen Kunstwerk*, Wildpark-Potsdam 1923, 3. Aufl. Darmstadt 1957, S. 77 ff.

28 H. W. Eppelsheimer: »Das Renaissanceproblem«, in: *Deutsche Vierteljahrschrift für Literaturwissenschaft und Geistesgeschichte*, XI (1933), S. 497.

29 H. A. Korff: *Geist der Goethezeit: Versuch einer ideellen Entwicklung der klassisch-romantischen Literaturgeschichte*, 4 Bde., Leipzig 1923–53; Neuauflage mit einem 5. (Register-) Band, Leipzig 1954–57; Herbert Cysarz: *Erfahrung und Idee*, Wien 1921; *Deutsche Barockdichtung*, Leipzig 1924; *Literaturgeschichte als Geisteswissenschaft*, Halle 1926; *Von Schiller bis Nietzsche*, Halle 1928; *Schiller*, Halle 1934; Max Deutschbein: *Das Wesen des Romantischen*, Cothen 1921; Georg Stefansky: *Das Wesen der deutschen Romantik*, Stuttgart 1923; Paul Meissner: *Die geisteswissenschaftlichen Grundlagen des englischen Literaturbarocks*, Berlin 1934.

30 Ernst Cassirer: *Freiheit und Form*, Berlin 1922; *Idee und Gestalt*, Berlin 1921. Vgl. Cysarz, a. a. O.

31 B. Croce: *La Poesia di Dante*, Bari 1920; dt. von J. V. Schlosser: *Dantes Dichtung*, Wien 1921.

32 B. Croce: *Goethe*, Bari 1919.

11. Die Literatur und die anderen Künste

1 Émile Legouis: *Edmund Spenser,* Paris 1923; Elizabeth W. Manwaring: *Italian Landscape in Eighteenth Century England,* New York 1925; Sir Sidney Colvin: *John Keats,* London 1917.

2 Stephen A. Larrabee: *English Bards an Grecian Marbles: The Relationship between Sculpture and Poetry especially in the Romantic Period,* New York 1943.

3 Albert Thibaudet: *La Poésie de Stéphane Mallarmé,* Paris 1926.

4 Vgl. Bibliographie, Abtlg. I.

5 Vgl. Bruce Pattison: *Music and Poetry of the English Renaissance,* London 1948; Germaine Bontoux: *La Chanson en Angleterre au temps d'Elizabeth,* Paris 1938; Miles M. Kastendiek: *England's Musical Poet: Thomas Campion,* New York 1938.

6 Erwin Panofsky: *Studies in Iconology,* New York 1939. Vgl. auch die Veröffentlichung des Warburg Instituts, das Werk Fritz Saxls, Edgar Winds und anderer. Es gibt viele Arbeiten über bildliche Darstellungen (auf Vasen) Homers und der griechischen Tragödien, z. B. Carl Robert: *Bild und Lied,* Berlin 1881; Louis Séchan: *Études sur la tragédie grecques dans ses rapports avec la céramique,* Paris 1926.

7 Larrabee, a. a. O., S. 87. Eine ausführlichere Erörterung von R. Wellek in einer Besprechung, *Philological Quarterly,* XXIII (1944), S. 382–3.

8 W. G. Howard: »Ut Pictura Poesis«, in: *PMLA,* XXIV (1909), S. 40–123; Cicely Davies: »Ut Pictura Poesis«, in: *Modern Language Review,* XXX (1935), S. 159–69; Rensselaer W. Lee: »Ut Pictura Poesis: The Humanistic Theory of Painting«, in: *Art Bulletin,* XXII (1940), S. 197–269.

9 Unna Ellis-Fermor gibt solch eine eingehende »musikalische Analyse« von Jonsons *Volpone* in ihrem *Jacobean Drama,* London 1936; und George R. Kerodle bemühte sich um die »Symphonic Form of ›King Lear‹ « in: *Elizabethan Studies and Other Essays in Honor of George C. Reynolds,* Boulder, Colorado, 1945, S. 185–91.

10 Siehe Erwin Panofsky, »The Neoplatonic Movement and Michelangelo«, in: *Studies in Iconology,* New York 1939, S. 171 ff.

11 Charles de Tolnay: *Pierre Breugel l'Ancien,* 2 Bde., Brüssel 1935; vgl. auch *Die Zeichnungen Peter Breugels,* München 1925; Carl Neumanns Kritik in: *Deutsche Vierteljahrschrift,* IV (1926), S. 308 ff.

12 Vgl. das vorige Kapitel, »Literatur und Ideen«.

13 Benedetto Croce: *Aesthetik* (übers. v. K. Federn) Leipzig 1905, passim.

14 John Dewey: *Art As Experience,* New York 1934, S. 212.

15 T. M. Greene: *The Arts and the Art of Criticism,* Princeton 1940, S. 213 ff., besonders S. 221–26; John Dewey, a. a. O., S. 175 ff, Argumente gegen die Anwendung des Rhythmus in den plastischen Künsten finden sich bei Ernst Neumann: *Untersuchungen zur Psychologie und Aesthetik des Rhythmus,* Leipzig 1894; und bei Fritz Medicus: »Das

Problem einer vergleichenden Geschichte der Künste«, in: *Philosophie der Literaturwissenschaft* (hg. v. E. Ermatinger), Berlin 1930, S. 195 ff.

16 George David Birkhoff: *Aesthetic Measure*, Cambridge, Mass., 1933.

17 Z. B. in John Hughes's Vorwort zu seiner Ausg. der *Faerie Queene* (1715) und in Richard Hurds *Letters on Chivalry and Romance* (1762).

18 Oswald Spengler: *Der Untergang des Abendlandes*, München 1923, Bd. I, S. 151, 297, 299, 322, 339.

19 Vgl. R. Welleks in der Bibliographie, Abtlg. I, angeführter Aufsatz, und sein »The Concept of Baroque in Literary Scholarship«, in: *Journal of Aesthetics and Art Criticism*, V (1946), S. 77–108. Darin sind viele konkrete Beispiele und weitere Hinweise enthalten.

20 H. Wölfflin: *Kunstgeschichtliche Grundbegriffe*, München 1915.

21 Vgl. Hanna Lévy: *Henri Wölfflin, Sa théorie. Ses prédécesseurs*, Rottweil 1936 (einer Pariser Diss.).

22 H. Wölfflin: »Kunstgeschichtliche Grundbegriffe: Eine Revision«, in: *Logos*, XXII (1933), S. 210–24 (wiederabgedruckt in: *Gedanken zur Kunstgeschichte*, Basel 1941, S. 18–24)

23 O. Walzel: »Shakespeares dramatische Baukunst«, in: *Jahrbuch der Shakespearegesellschaft*, LII (1916), S. 3–35, (wieder abgedruckt in: *Das Wortkunstwerk; Mittel seiner Erforschung*, Leipzig 1926, S. 302 bis 25).

24 Ebenda (Berlin 1917), bes.: *Gehalt und Gestalt im Kunstwerk des Dichters*, Wildpark-Potsdam 1923, 3. Aufl. Darmstadt 1957, S. 265 ff und 282 ff.

25 Fritz Strich: *Deutsche Klassik und Romantik, oder Vollendung und Unendlichkeit*, München 1922, 3. Aufl. 1949. Vgl. auch die Kritik bei Martin Schütze: *Academic Illusions*, Chicago 1933, S. 13, 16.

26 Vgl. Christopher Hussey: *The Picturesque: Studies in a Point of View*, London 1927, S. 5.

27 Jacob Burckhardt: *Die Kultur der Renaissance in Italien*, (hg. v. W. W. Kaegi) Bern 1943, S. 370.

28 Eine gute Erörterung dieser Theorien findet sich in Pitirim Sorokins *Social and Cultural Dynamics*, Bd. I, Cincinnati 1937. Vgl. auch W. Passarge: *Die Philosophie der Kunstgeschichte in der Gegenwart*, Berlin 1930.

29 É. Legouis und L. Cazamian: *Histoire de la littérature anglaise*, Paris 1924, S. 279.

EINLEITUNG ZUM VIERTEN TEIL

1 Sir Sidney Lee: *The Place of English Literature in the Modern University*, London 1913 (wieder abgedruckt in: *Elizabethan and Other Essays*, London 1929, S. 7).

2 Vgl. Bibliographie, Abtlg. II.

3 Z. B. Oskar Walzel: *Wechselseitige Erhellung der Künste*, Berlin 1917;

Gehalt und Gestalt im Kunstwerk des Dichters, Potsdam 1923, 3. Aufl. 1957; *Das Wortkunstwerk*, Leipzig 1926.

4 Für die russische Bewegung vgl. Victor Erlich: *Russian Formalism*, Den Haag 1955.

5 Vgl. bes. William Empson: *Seven Types of Ambiguity*, London 1930; F. R. Leavis: *New Bearings in English Poetry*, London 1932; Geoffrey Tillotson: *On the Poetry of Pope*, 1938.

6 Vgl. Bibliographie, Abtlg. IV.

7 L. C. Knights: *How many Children had Lady Macbeth?*, London 1933, S. 15–54 (wieder abgedruckt in *Explorations*, London 1946, S. 15–54) richtet sich gegen die Vermengung von Drama und Leben. Die Werke von E. E. Stoll, L. L. Schücking u. a. m. betonen besonders die Rolle der Konvention und die Lebensferne im Drama.

8 Die Bücher von Joseph Warren Beach und Percy Lubbocks *The Craft of Fiction*, London 1921, sind hervorragend. In Rußland wenden Viktor Schklowskijs *O Teoriyi prozy* (*Die Theorie der Prosa*), 1925, und viele Veröffentlichungen von V. V. Winogradow und B. M. Eichenbaum die formalistische Methode auf den Roman an.

9 Jan Mukařowský, Einleitung zu Máchův Máj (Máchas Mai), Prag 1928, S. IV–VI.

10 Vgl.: »Die eigentliche Geschichte eines Romans entzieht sich einer zusammenfassenden Darstellung ebenso vollkommen wie die Charaktere ... nur als Beschwörungen des Gedächtnisses lassen sich Handlung oder Charaktere überhaupt fassen; doch nur in der Auflösung haben beide irgendeinen gefühlsmäßigen Wert.« (C. H. Rickword, »A Note on Fiction«, in: *Toward Standards of Criticism* (hg. v. F. R. Leavis), London 1935, S. 33).

12. Die Seinsweise eines literarischen Kunstwerkes

1 Vgl. Bibliographie, Abtlg. I.

2 Ernest Fenollosa: *The Chinese Written Character as a Medium for Poetry*, New York 1936; Magaret Church: »The First English Pattern Poems«, in: *PMLA*, LXI (1946), S. 636–50; A. L. Korn: »Puttenham and the Oriental Pattern Poem«, in: *Comparative Literature*, VI (1954), S. 289–303.

3 Vgl. Alfred Einstein: »Augenmusik im Madrigal«, in: *Zeitschrift der internationalen Musikgesellschaft*, XIV (1912), S. 8–21.

4 I. A. Richards: *Principles of Literary Criticism*, London 1929, S. 349.

5 Richards: *Principles*, S. 225–7.

6 Vgl. Bibliographie, Abtlg. V.

7 Goethe: *Gespräche mit Eckermann*, 3. Januar 1830.

8 Beispiele aus Walzels Aufsatz, angeführt in der Bibliographie, Abtlg. V.

9 Wie Spingarn sagt: »Das Ziel des Dichters muß im Moment schöpferi-

scher Kunst beurteilt werden, will sagen, auf Grund der Kunst des Gedichts selber.« (»The New Criticism«, in: *Criticism and America*, New York 1924, S. 24–5).

10 E. M. Tillyard und C. S. Lewis: *The Personal Heresy: A Controversy*, London 1934; Tillyards *Milton*, London 1930, S. 237.

11 In seiner *Biographie de l'oeuvre littéraire*, Paris 1925, behauptete Pierre Audiat, das Kunstwerk stelle »eine Periode im Leben des Dichters« dar und geriet daher folgerichtig in eben solche unmöglichen und ganz unnötigen Dilemmas.

12 Jan Mukařowský, »L'art comme fait sémiologique« (ein Vortrag, der vor dem Internationalen philosophischen Kongreß in Prag im September 1934 gehalten wurde).

13 Roman Ingarden: *Das literarische Kunstwerk*, Halle 1931.

14 Bes. in De Saussures *Cours de Linguistique Générale*, Paris 1916.

15 Vgl. E. Husserls *Cartesianische Meditationen und Pariser Vorträge*, Den Haag 1950, S. 83.

16 Vgl. Anm. 7 in der Einleitung zum vierten Teil.

17 Vgl. Bibliographie, Abtlg. II.

18 Vgl. Louis Teeter: »Scholarship and the Art of Criticism«, in: *ELH*, V (1938), S. 173–93.

19 Vgl. Ernst Troeltschs »Historiography«, in: Hastings *Encyclopaedia of Religion and Ethics*, Edinburgh 1913, Bd. VI, S. 722.

20 Dieser Begriff wird, obschon in anderer Bedeutung, von Ortega y Gasset benutzt.

13. Wohlklang, Rhythmus und Metrik

1 Birkhoff: *Aesthetic Measure*, Cambridge, Mass., 1933.

2 Vgl. die experimentelle Arbeit von Carl Stumpf: *Die Sprachlaute*, Berlin 1926, bes. S. 38 ff.

3 W. J. Bate: *The Stylistic Development of John Keats*, New York 1945.

4 Osip Brik: »Zvukovie povtory« (Klangfiguren), in: *Poetika*, St. Petersburg 1919.

5 Für eine ausführlichere Erörterung s. das Kapitel »Die Literatur und die anderen Künste«.

6 Henry Lanz: *The Physical Basis of Rime*, Palo Alto 1931.

7 W. K. Wimsatt: »One Relation of Rhyme to Reason«, in: *Modern Language Quarterly*, V (1944), S. 323–38 (wieder abgedruckt in: *The Verbal Icon*, Lexington, Ky., 1954, S. 153–66).

8 H. C. Wyld: *Studies in English Rhyme from Surrey to Pope*, London 1923. Vgl. auch Frederick Ness: *The Use of Rhyme in Shakespeare's Plays*, New Haven 1941.

9 V. Zhirmunsky: *Rifma, ee istoria i teoriya* (Der Reim, seine Gedichte und Theorie), Petrograd 1923; Valery Bryusov: »O rifme« (Über den

Reim), *Pechat i revolutsiya* 1924 (I, S. 114–23) bespricht Zhirmunskys Buch und weist auf viele weitere Probleme bei der Untersuchung des Reims hin. Charles F. Richardson: *A Study of English Rhyme,* Hannover, N. H., 1909, ist ein bescheidener Anfang in der rechten Richtung.

10 Wolfgang Kayser: *Die Klangmalerei bei Harsdörffer,* Leipzig 1932 (Palaestra, Bd. 179); I. A. Richards: *Practical Criticism,* London 1929, S. 232–3.

11 J. C. Ransom: *The World's Body,* New York 1938, S. 95–7. Man könnte jedoch die Behauptung aufstellen, daß die von Ransom vorgenommene Änderung nur *scheinbar* gering sei. Indem das »m« durch »d« in »murmuring« ersetzt wird, wird das Klanggefüge »m-m« zerstört, wodurch wiederum das Wort »innumerable« isoliert wird, das vorher in das Gefüge einbezogen war. Isoliert ist »innumerable« von der Lautmalerei her natürlich ganz wirkungslos.

12 M. Grammont: *Le Vers français, ses moyens d'expression, son harmonie,* Paris 1913.

13 René Etiemble, »Le Sonnet des Voyelles«, in: *Revue de littérature comparée,* XIX (1939), S. 235–61, erörtert die vielen Vorausnahmen bei A. W. Schlegel und anderen.

14 Albert Wellek: »Der Sprachgeist als Doppelempfinder« in: *Zeitschrift für Ästhetik,* XXV (1931), S. 226–62.

15 Vgl. Stumpf, zit. in Anm. 2, und Wolfgang Köhler: »Akustische Untersuchungen«, in: *Zeitschrift für Psychologie,* LIV (1910), S. 241–89, LVIII (1911), S. 59–140, LXIV (1913), S. 92–105, LXXII (1915), S. 1 bis 192. Roman Jakobson: *Kindersprache, Aphasie und allgemeine Lautgesetze,* Upsala 1941, stützt diese Resultate durch Material, das aus der Kindersprache und Aphasie gewonnen wurde.

16 Vgl. z. B. E. M. Hornbostel: »Laut und Sinn«, in: *Festschrift Meinhof,* Hamburg 1927, S. 329–48; Heinz Werner: *Grundfragen der Sprachphsyiognomik,* Leipzig 1932. Katherine M. Wilson: *Sound and Meaning in English Poetry,* London 1930, ist ein ziemlich allgemein gehaltenes Buch über Metrik und Klanggefüge. Roman Jakobson bereitet ein Buch über »Klang und Bedeutung« vor.

17 Gute neuere Übersichten sind: A. W. de Groot: »Der Rhythmus« in: *Neophilologus,* XVII (1932), S. 81–100, 177–97, 241–65; und Dietrich Sekel: *Hölderlins Sprachrhythmus,* Leipzig 1937 (Palaestra 207), ein Buch, das eine allgemeine Erörterung des Rhythmus und eine umfangreiche Bibliographie enthält.

18 Z. B. in W. K. Wimsatts *The Prose Style of Samuel Johnson,* New Haven 1941, S. 5–8.

19 Joshua Steele: *Prosodia Rationalis, or an Essay towards Establishing the Melody and Measure of Speech,* London 1775.

20 Eduard Sievers: *Rhythmisch-melodische Studien,* Heidelberg 1921; Ottmar Rutz: *Musik, Wort und Körper als Gemütsausdruck,* Leipzig 1911,

Sprache, Gesang und Körperhaltung, München 1911, *Menschheitstypen und Kunst,* Jena 1921; Günther Ipsen und Fritz Karg: *Schallanalytische Versuche,* Heidelberg 1938, führt die Literatur, die zu diesen Fragen vorhanden ist, auf.

21 O. Walzel, *Gehalt und Gestalt im dichterischen Kunstwerk,* Potsdam 1923, 3. Aufl. Darmstadt 1957, S. 96–105, 391–94. Gustav Becking, *Der musikalische Rhythmus als Erkenntnisquelle,* Augsburg 1923, 2. Aufl. Stuttgart 1958, ist ein bewunderungswürdiger, aber phantastischer Versuch, Sievers Theorien zu benutzen.

22 W. M. Patterson: *The Rhythm of Prose,* New York 1916.

23 G. Saintsbury: *A History of English Prose Rhythm,* London 1913.

24 Oliver Elton: »English Prose Numbers«, in: *A Sheaf of Papers,* London 1922; Morris W. Croll: »The Cadence of English Oratorical Prose«, in: *Studies in Philology,* XVI (1919), S. 1–55.

25 B. Tomaschewskij: »Ritm prozy (po Pikovey Dame)« (Prosarhythmus nach der Pikovey Dame), in: *O Stikhe. Statyi.* (Essays über den Vers), Leningrad 1929.

26 Eduard Norden: *Die antike Kunstprosa,* Leipzig 1898, 5. Aufl. Stuttgart 1958, 2 Bde., ein Standardwerk. Vgl. auch Albert de Groot: *A Handbook of Antique Prose Rhythm,* Groningen 1919.

27 Vgl. William K. Wimsatts *The Prose Style of Samuel Johnson,* New Haven 1941.

28 Saintsbury: *History of English Prosody,* 3 Bde., London 1906–10.

29 Bliss Perry: *A Study of Poetry,* London 1920, S. 145.

30 T. S. Omond: *English Metrists,* Oxford 1921; Pallister Barkas: *A Critique of Modern English Prosody,* Halle 1934 (in: *Studien zur englischen Philologie,* hg. v. Morsbach und Hecht, LXXXII).

31 Vgl. bes. M. W. Croll: »Music and Metrics«, in: *Studies in Philology,* XX (1923), S. 388–94; G. R. Stewart, jr.: *The Technique of English Verse,* New York 1930.

32 Diese Notierung stammt von Morris W. Croll: *The Rhythm of English Verse* (mimeographierte Schrift, Princeton 1929), S. 8 erscheint mir als eine sehr künstliche Auslegung, anstatt einer Erstbetonung eine Pause einzusetzen.

33 Ein sehr ausführliches Buch mit hunderten von Beispielen ist William Thomsons *The Rhythm of Speech,* Glasgow 1923. Ein gutes Buch jüngeren Datums ist John C. Pope: *The Rhythm of Beowulf,* New Haven 1942.

34 Z. B. Donald Stauffer: *The Nature of Poetry,* New York 1946, S. 203 bis 4.

35 George R. Stewart, jr.: *Modern Metrical Technique as Illustrated by Ballad Meter* (1700–1920), New York 1922.

36 Vgl. Bibliographie, Abtlg. III, 2.

37 W. L. Schramm: University of Iowa Studies, Series on Aims and Progress of Research, Nr. 46, Iowa City, Ia., 1935.

38 Vgl. die Titelseite von Henry Lanz: *The Physical Basis of Rime*, Stanford Press 1931.
39 Vittorio Benussi: *Psychologie der Zeitauffassung*, Heidelberg 1913, S. 215 ff.
40 G. R. Stewart: *The Technique of English Verse*, New York 1930, S. 3.
41 Saran: *Deutsche Verslehre*, a. a. O., S. 1; Verrier: *Essai* ..., Bd. I, S. I. S. IX.
42 Stewart muß den Begriff »Phrase« einführen, der auf ein Verständnis der Bedeutung hinweist.
43 Vgl. Bibliographie und Victor Erlich: *Russian Formalism*, Den Haag 1955.
44 Jan Mukařovský: »Intonation comme facteur de rhythme poétique«, in: *Archives néerlandaises de phonétique expérimentale*, VIII–IX (1933), S. 153–65.
45 Eduard Fraenkel: *Iktus und Akzent im lateinischen Sprechvers*, Berlin 1928.
46 Einige Anfänge finden sich bei Albert H. Licklider: *Chapters on the Metric of the Chaucerian Tradition*, Baltimore 1910.
47 A. Meillet: *Les Origines indoeuropéennes des mètres grecs*, Paris 1923.
48 Roman Jakobson: »Über den Versbau der serbokroatischen Volksepen«, in: *Archives néerlandaises de phonétique expérimentale*, VIII–IV (1933, S. 135–53.
49 Thomas MacDonagh (*Thomas Campion and the Art of English Poetry*, Dublin 1913) unterscheidet zwischen Lied-, Sprech- und Kirchengesangvers.
50 Boris E. Eichenbaum: *Melodika lyricheskogo stikha* (Die Melodie des lyrischen Verses), St. Petersburg 1922.
51 Siehe die Kritik an Eichenbaum in Viktor Zhirmunskys *Voprosy teorii literatury* (Fragen der Literaturtheorie), Leningrad 1928.

14. Stil und Stilistik

1 F. W. Bateson: *English Poetry and the English Language*, Oxford 1934, S. VI.
2 K. Vossler: *Gesammelte Aufsätze zur Sprachphilosophie*, München 1923, S. 37.
3 Vossler: *Frankreichs Kultur im Spiegel seiner Sprachentwicklung*, Heidelberg 1913 (neue Aufl. 1929, als *Frankreichs Kultur und Sprache)*, Viktor Winogradow: *Yazyk Pushkina* (Puschkins Sprache), Moskau 1935.
4 Dies sind die Ergebnisse der sorgfältigen Untersuchungen P. Verriers, wie sie in *Essai sur les principes de la métrique anglaise*, Paris 1909–10, Bd. I, S. 113, veröffentlicht wurden.
5 A. H. King: *The Language of Satirized Characters in Poetaster: A So-*

cio-Stylistic Analysis, 1597–1602, *Lund Studies in English*, Bd. X, Lund 1941; William Franz: *Shakespearegrammatik*, Halle 1898—1900 (neue Aufl. Heidelberg 1924); Lazare Sainéan: *La Language de Rabelais*, 2 Bde., Paris 1922–3. Für eine ausführliche Bibliographie s. Guerlin de Guer: »La Langue des écrivains«, in: *Qu'en sont les études de Francais?* (hg. v. A. Dauzat), Paris 1935, S. 227–337.

6 Siehe Bibliographie, Abtlg. I.

7 Goethe, *Faust I* »Straßenszene«. Eine stark historische Erörterung des Problems enthält das Vorwort zu Geoffrey Tillotsons *Essays in Criticism and Research*, Cambridge 1942.

8 Marvells »To His Coy Mistress.«

9 Louis Teeter, »Scholarship and the Art of Criticism«, in: ELH, V (1938), S. 183.

10 Charles Bally: *Traité de la stylistique française*, Heidelberg 1909. Auch Leo Spitzer identifizierte, zumindest in seinen früheren Essays, Stilistik und Syntax: vgl. »Über syntaktische Methoden auf romantischem Gebiet«, in: *Die neueren Sprachen*, XXV (1919), S. 338.

11 Über den »Großen Stil« vgl. Matthew Arnolds *On Translating Homer* und G. Saintsburys »Shakespeare and the Grand Style«, »Milton and the Grand Style« und »Dante and the Grand Style«, in: *Collected Essays and Papers*, London 1923, Bd. III.

12 Friedrich Kainz: »Höhere Wirkungsgestalten des sprachlichen Ausdrucks im Deutschen«, in: *Zeitschrift für Ästhetik*, XXVIII (1934), S. 305–57.

13 Wimsatt, a. a. O., S. 12

13 Wilhelm Schneider: *Ausdruckswerte der deutschen Sprache: Eine Stilkunde*, Leipzig 1931, S. 21.

15 Siehe Bibliographie, Abtlg. V.

16 Vgl. Morris W. Crolls Einleitung zu Harry Clemons' Ausg. von Lylys *Euphues*, London 1916.

17 Vgl. Henry C. Wyld: *Spenser's Diction and Style*, London 1930; B. R. McElderry, jr.: »Archaism and Innovation in Spenser's Poetic Diction«, in: *PMLA*, XLVII (1932), S. 144–70; Herbert W. Sudgen: *The Grammar of Spenser's Fairie Queene*, Philadelphia 1936.

18 Vgl. Austin Warren: »Instress of Inscape«, in: *Gerard Manley Hopkins, By the Kenyon Critics*, Norfolk, Conn., 1945, S. 72–88, und in: *Rage for Order*, Chicago 1948, S. 52–65.

19 J. M. Robertson: *The Shakespeare Canon*, 4 Bde., London 1922–32.

20 Vgl. Bibliographie Abtlg. II.

21 Josephine Miles: »The Sweet and Lovely Language«, in *Gerard Manley Hopkins, By the Kenyon Critics*, Norfolk, Conn., 1945, S. 55–71.

22 Geoffrey Tillotson: *Essays in Criticism and Research*, Cambridge 1942, S. 84

23 Friedrich Gundolf: *Goethe*, Berlin 1915.

24 Herman Nohl: *Die Kunststile in Dichtung und Musik,* Jena 1915, und *Stil und Weltanschauung,* Jena 1920.

25 *Motiv und Wort, Studien zur Literatur- und Sprachpsychologie;* Hans Sperber: *Motiv und Wort bei Gustav Meyerink;* Leo Spitzer: *Die groteske Gestaltungs- und Sprachkunst Christian Morgensterns,* Leipzig 1918; Josef Körner: *Arthur Schnitzlers Gestalten und Probleme,* München 1921. Vgl. auch Josef Körner: »Erlebnis-Motiv-Stoff«, in: *Vom Geiste neuer Literaturforschung: Festschrift für Oskar Walzel,* Wildpark-Potsdam 1924, S. 80—9; Leo Spitzer: *Studien zu Henri Barbusse,* Bonn 1920.

26 Leo Spitzer: »Zu Charles Péguys Stil«, in: *Vom Geiste neuer Literaturforschung: Festschrift für Oskar Walzel,* Wildpark-Potsdam 1924, S. 162–183 (wieder abgedruckt in: *Stilstudien,* a. a. O., Bd. II. S. 301–64); »Der Unanimismus Jules Romains' im Spiegel seiner Sprache«, in: *Archivum Romanicum,* VIII (1924), S. 59–123 (wieder abgedruckt in: *Stilstudien,* a. a. O., II, S. 208–300). Über Morgenstern vgl. Anm. 25.

27 L. Spitzer: *Die Wortbildung als stilistisches Mittel* (bei Rabelais), Halle 1910; »Pseudo-objektive Motivierung bei Charles-Louis Philipe«, in: *Zeitschrift für französische Sprache und Literatur,* XLVI (1923), S. 659–85 (wieder abedruckt in: *Stilstudien,* a. a. O., Bd. II, S. 166–207).

28 L. Spitzer: »Zur sprachlichen Interpretation von Wortkunstwerken«, in: *Neue Jahrbücher für Wissenschaft und Jugendbildung,* VI (1930), S. 632–51 (wieder abgedruckt in: *Romantische Stil- und Literaturstudien,* Marburg 1931, Bd. I); vgl. auch »Wortkunst und Sprachwissenschaft«, in: *Germanisch-romanische Monatsschrift,* XIII (1925), S. 169–86 (wieder abgedruckt in: *Stilstudien,* a. a. O., Bd. II, S. 498–536; »Linguistics and Literary History«, in: *Linguistics and Literary History,* Princeton 1948, S. 1–40.

29 L. Spitzer: »Klassische Dämpfung in Racine«, in: *Archivum Romanicum,* XII (1928), S. 361—472 (wieder abgedruckt in: *Romantische Stil- und Literaturstudien,* Marburg 1931, Bd. I, S. 135–270. Vgl. dort auch Aufsätze über Quevedo, Góngora, Voltaire).

30 Z. B. Fritz Strich, »Der lyrische Stil des siebzehnten Jahrhunderts«, in: *Abhandlungen zur deutschen Literaturgeschichte, Franz Muncker ... dargebracht,* München 1916, S. 21–53, bes. S. 37.

31 Vgl. Morris W. Crolls hervorragenden Essay »The Baroque Style in Prose«, in: *Studies in Englisch Philology: A Miscellany in Honor of F. Klaeber,* Minneapolis 1929, S. 427–56; auch George Williamson: *The Senecan Amble,* Chicago 1951.

32 Vgl. Bibliographie, Abtlg. IV.

33 Vgl. Bibliographie, Abtlg. IV.

15. Bild, Metapher, Symbol, Mythus

1 Max Eastman: *The Literary Mind in an Age of Science*, New York 1931, S. 165.

2 Über »Typen der Aussageweise« vgl. Charles Morris: *Signs, Languages, and Behavior*, New York 1946, S. 123 ff. Morris unterscheidet zwölf Arten der Aussageweise. Für unser Kapitel – und unsere vier Begriffe – kommen davon »fiktiv« (die Welt des Romans), »mythologisch« und »poetisch« in Betracht.

3 *Monosign* und *plurisign* werden von Philipp Wheelwright benutzt, in »The Semantics of Poetry«, in: *Kenyon Review*, II (1940), S. 263–83. Das »Plurizeichen« ist »semantisch reflexiv in dem Sinne, daß es ein Teil dessen ist, was es bedeutet. Das soll heißen, das Plurizeichen, das dichterische Symbol, wird nicht nur benutzt, sondern man erfreut sich daran; sein Wert liegt nicht ausschließlich in seiner Zweckbestimmtheit, sondern ist weitgehend ästhetischer Natur, ein Wert an sich.«

4 Vgl. E. G. Boring: *Sensation and Perception in the History of Experimental Psychology*, New York 1942; June Downey: *Creative Imagination: Studies in the Psychology of Literature*, New York 1929; Jean-Paul Sartre: *L'Imagination*, Paris 1936.

5 I. A. Richards: *Principles of Literary Criticism*, London 1924, Kap. XVI, »The Analysis of a Poem«.

6 Ezra Pound: *Pavannes and Divisions*, New York 1918; T. S. Eliot: »Dante«, in: *Selected Essays*, New York 1932, S. 204; T. S. Eliot: »A Note on the Verse of John Milton«, in: *Essays and Studies by Members of the English Association*, XXI, Oxford 1936, S. 34.

7 »Die moderne Psychologie hat uns gelehrt, daß sich diese zwei Bedeutungen des Begriffs ›Bild‹ überschneiden. Man kann sagen, daß jedes spontane geistige Bild bis zu einem gewissen Grade symbolisch ist.« Charles Baudoin: *Psychoanalysis and Aesthetics*, New York 1924, S. 28.

8 J. M. Murry: »Metaphor«, in: *Countries of the Mind*, 2. Reihe, London 1931, S. 1–16; L. MacNeice: *Modern Poetry*, New York 1938, S. 113.

9 Eine hervorragende Untersuchung einer literarischen Bewegung und ihres Einflusses auf eine andere ist René Taupins *L'Influence du symbolisme français sur la poésie américaine . . .*, Paris 1929.

10 Für die hier benutzte Terminologie vgl. Craig La Drière: *The American Bookman*, I (1944), S. 103–4.

11 S. T. Coleridge: *The Statesman's Manual: Complete Works* (hg. v. Shedd), New York 1853, Bd. I, S. 437–8. Diese Unterscheidung zwischen Allegorie und Symbol wurde zum erstenmal von Goethe ganz klar gemacht. Vgl. Curt Richard Müller: *Die geschichtlichen Voraussetzungen des Symbolbegriffs in Goethes Kunstanschauung*, Leipzig 1937.

12 J. H. Wicksteed: *Blake's Innocence and Experience . . .*, London 1928, S. 23; W. B. Yeats: *Essays*, London 1924, S. 95 ff., über Shelleys »herrschende Symbole«.

Wann werden Metaphern zu Symbolen? (a) Wenn die »Anschauungssphäre« der Metapher konkret-sinnlich ist, wie z. B. das Lamm. Das Kreuz ist keine Metapher, sondern ein metonymisches Symbol, das für den steht, der daran starb, wie der Bratrost des St. Lorenz und das Rad der St. Katharina; oder es steht für das Leiden, in welchem Falle das *Werkzeug* für das steht, was es tut, für die Wirkung seines Tuns. (b) Wenn die Metapher immer wiederkehrt und im Mittelpunkt steht, wie bei Crashaw, Yeats und Eliot. Der normale Vorgang ist das Übergehen von Bildern in Metaphern und von Metaphern in Symbole, wie bei Henry James.

13 Die »Blakesche Heterodoxie«, so sagt M. O. Percival *(Blake's Circle of Destiny,* New York 1938, S. 1) »bildete ebenso eine Tradition wie Dantes Orthodoxie«. Mark Schorer sagt (in: *William Blake,* New York 1946, S. 23): »Blake, wie Yeats, fand metaphorische Unterstützung für seine dialektische Anschauung in ... dem System der Übereinstimmungen von Swedenborg und Boehme, in den analogen Bestrebungen der Kabalisten und in der Alchemie des Paracelsus und Agrippa.«

14 Vgl. die Bemerkungen zu Frost von Cleanth Brooks: *Modern Poetry and the Tradition,* Chapel Hill 1939, S. 110 ff.

15 Vgl. Nietzsche: *Die Geburt der Tragödie:* Leipzig 1872.

16 Für eine typische Reihe von Definitionen vgl. Lord Raglans *The Hero ...,* London 1937.

17 Vgl. Fritz Strich: *Die Mythologie in der deutschen Literatur von Klopstock bis Wagner,* 2 Bde., Berlin 1910.

18 S. H. Hooke: *Myth and Ritual,* Oxford 1933; J. A. Stewart: *The Myths of Plato,* London 1905; Ernst Cassirer: *Philosophie der symbolischen Formen,* Bd. II, »Das mythische Denken«, Berlin 1925, S. 271 ff.

19 Georges Sorel: *Reflexions on Violence* (übers. v. T. E. Hulme), New York 1914; Reinhold Niebuhr: »The Truth Value of Myths«, in: *The Nature of Religious Experience ...,* New York 1937.

20 Vgl. bes. R. M. Guastalla: *Le Mythe et le livre: essai sur l'origine de la littérature,* Paris 1940.

21 Vgl. Donald Davidson: »Yeats and the Centaur«, in: *Southern Review,* VII (1941), S. 510–16.

22 Arthur Machens *Hieroglyphics,* London 1923, verteidigt geschickt (wenn auch untechnisch und in einer höchst romantischen Art und Weise) die Auffassung, daß die Religion (d. h. Mythos und Ritual) das umfassendere Klima hervorbringt, in dem allein die Dichtung (d. h. Symbolismus, ästhetische Kontemplation) atmen und gedeihen kann.

23 Die Standardeinteilung der Schemata und Tropen des Altertums ist Quintilians *Institutio oratoria.* Für die eingehendste elisabethanische Untersuchung vgl. Puttenhams *Arte of English Poesie* (hg. v. Willcock und Walker), Cambridge 1936.

24 Karl Bühler: *Sprachtheorie,* Jena 1934, S. 343; Stephan J. Brown: *The World of Imagery,* S. 149 ff.; Roman Jakobson: »Randbemerkungen

zur Prosa des Dichters Pasternak«, in: *Slavische Rundschau*, VII (1935), S. 357—73.

25 D. S. Mirsky: »Walt Whitman: Poet of American Democracy«, in: *Critics Group Dialectics*, Nr. 1, 1937, S. 11–29.

26 G. Campbell: *Philosophy of Rhetoric*, London 1776, S. 321, 326.

27 Richards: *Philosophy of Rhetoric*, London 1936, S. 117, bezeichnet Campbells ersten Typ als die »verbale Metapher«. Er ist der Ansicht, daß die literarische Metapher kein verbales Bindeglied, sondern eine Transaktion zwischen Textzusammenhängen ist, eine Analogie zwischen Objekten.

28 Vgl. Milman Parry: »The Traditional Metaphor in Homer«, in *Classical Philology*, XXVIII (1953), S. 30—43. Parry legt Aristoteles' unhistorische Identifikation der Metaphern Homers mit denen späterer Dichter dar; er vergleicht Homers »festgelegte Metaphern« mit denen altenglischer Dichter und (eingeschränkter) mit denen augustäischer Dichter des achtzehnten Jahrhunderts.

29 Vgl. C. Bally: *Traité de stylistique française*, Heidelberg 1909, Bd. I, S. 184 ff.: »Le language figuré.« Auf S. 194—5 klassifiziert Bally, der hier nicht als Literaturtheoretiker, sondern als Linguist spricht, die Metapher folgendermaßen: »Images concrètes, saisies par l'imagination, images affectives, saisies par une opération intellectuelle . . .« Seine drei Kategorien möchte ich bezeichnen als (1) poetische Metapher; (2) rituelle (»festgelegte«) Metapher; und (3) linguistische (etymologische oder verschüttete) Metapher.

30 Für eine Verteidigung der rituellen Metapher und Zunft-Bildern im Stile Miltons vgl. C. S. Lewis: *Preface to Paradise Lost*, London 1942, S. 39 ff.

31 Vgl. Heinz Werner: *Die Ursprünge der Metapher*, Leipzig 1919.

32 Hermann Pongs: *Das Bild in der Dichtung*, I: *Versuch einer Morphologie der metaphorischen Formen*. Marburg 1927. II: Voruntersuchungen *zum Symbol*. Marburg 1939.

33 L. B. Osborn (Hg.): *The . . . Writings of John Hoskyns*, New Haven 1937, S. 125; George Campbell: *Philosophy of Rhetoric*, S. 335–7; A. Pope: *The Art of Sinking;* A. Dion: *L'Art d'écrire*, Quebec 1911, S. 111–2.

34 Thomas Gibbons: *Rhetoric . . .*, London 1767, S. 15–16.

35 John Dryden: *Essays* (hg. v. W. P. Ker), Oxford 1900, Bd. I, S. 247 (»Dedication of ›The Spanish Friar‹ «).

36 Vgl. I. A. Richards: *Philosophy of Rhetoric*, London 1936, S. 117–18: »Man kann eine sehr scharfe Trennungslinie ziehen zwischen Metaphern, die durch irgendeine unmittelbare Ähnlichkeit zwischen Begriff und Anschauungssphäre wirken, und denen, die durch irgendeine gemeinsame Haltung wirken, die wir... ihnen gegenüber einnehmen können.«

37 Der spätere Shakespeare ist überreich an schnell aufeinander folgenden

Bildern, was ältere Pädagogen als »gemischte Metaphern« bezeichnet hätten. Man könnte sagen, Shakespeare denkt schneller als er spricht, so meint Wolfgang Clemen in: *Shakespeares Bilder* . . ., Bonn 1936, S. 144.

38 H. W. Wells: *Poetic Imagery,* New York 1924, S. 127. Die zitierte Stelle ist aus Donnes *The First Anniversary: An Anatomy of the World* . . ., V. 409–12.
Als Dichter, für die die Benutzung des »radikalen Bildes« charakteristisch ist, bezeichnet Wells Donne, Webster, Marston, Chapman, Tourneur und Shakespeare; ferner aus dem späten neunzehnten Jahrhundert George Meredith (dessen *Modern Love* er als einen »ungewöhnlich gedrängten und interessanten Komplex symbolischen Denkens« bezeichnet), und Francis Thompson.

39 Die Bildwelt des *Macbeth* wird von Cleanth Brooks glänzend untersucht in »The Naked Babe and the Cloak of Manliness«, in: *The Well Wrought Urn,* New York 1947, S. 21–46.

40 Schon bei Quintilian (*Institutio oratoria,* Buch VIII, Kap. 6) findet sich die Erkenntnis, daß eine grundlegende Unterscheidung zwischen verschiedenen Arten der Metapher der Unterscheidung zwischen organisch und unorganisch entspricht. Quintilians vier Arten sind: eine Art von lebendigem Geschöpf für eine andere; ein unbeseeltes Ding für ein anderes; das Unbeseelte anstelle des Beseelten; und das Beseelte anstelle des Unbeseelten.
Pongs nennt den ersten seiner Typen den »Beseeltypus« und den zweiten den »Erfühltypus«. Der erste beseelt oder vermenschlicht, der zweite fühlt sich ein.

41 Für Ruskin hinsichtlich der »Vermenschlichung« vgl.: *Modern Painters,* London 1856, Bd. III, Teil 4. Die angeführten Beispiele nehmen das Gleichnis aus, weil dieses das natürliche Faktum von der gefühlsmäßigen Auswertung getrennt hält.
Über die polaren Heresien von Anthropomorphismus und Symbolismus vgl. M. T.-L. Penidos ausgezeichnetes Buch: *Le Rôle de l'analogie en théologie dogmatique,* Paris 1931, S. 197 ff.

42 M. A. Ewer: *Survey of Mystical Symbolism,* London 1933, S. 164–6.

43 Vossler, Spengler, T. E. Hulme (*Speculations,* London 1924) und Yeats, wie eben auch Pongs, wurden durch Wilhelm Worringers *Abstraktion und Einfühlung,* Berlin 1908, angeregt.
Unser erstes Zitat stammt aus Joseph Franks bewundernswürdiger Untersuchung »Spatial Form in Modern Literature«, in: *Sewanee Review,* LIII (1945), S. 645; unser zweites kommt von Spengler, der Worringer in seiner Betrachtung der Magier-Kultur zitiert in: *Der Untergang des Abendlandes,* 1923, Bd. I, S. 249 ff.

44 Vgl. Ernest Kris: »Approaches to Art«, in: *Psychoanalysis Today* (Hg. S. Lorand), New York 1944, S. 360–2.

45 W. B. Yeats: *Autobiography,* New York 1938, S. 161, 219–25.

46 K. Vossler: *Geist und Kultur in der Sprache*, Heidelberg 1925, S. 4. Vossler bemerkt richtig, daß Magier und Mystiker beständige und einander entgegengesetzte Typen sind. »Zwischen der Magie, die in der Sprachform als einem Werkzeug so viel wie möglich, sogar Gott zu bannen strebt, und der Mystik, die alle Formen entwertet, zerbricht und verwirft, ist ein ewig Hin und Her ...«

47 Hermann Pongs: *Das Bild ...*, Bd. I, S. 296.

48 Emily Dickinson: *Collected Poems*, Boston 1937, S. 192, 161; vgl. auch S. 38 (»I laughed a *wooden* laugh«) und S. 215 »A clock stopped – not the mantel's«).

49 Für die Bedeutung Byzanz' vgl. Yeats' *A Vision*, London 1938, S. 278–81.

50 Herman Nohl: *Stil und Weltanschauung*, Jena 1920.

51 Vgl. Emile Cailliet: *Symbolisme et âmes primitives*, Paris 1936, für eine bemerkenswert dreiste, unkritische Annahme einer Entsprechung zwischen dem prälogischen Denken primitiver Völker und der Ziele der Symbolisten.

52 MacNeice, a. a. O., S. 111.

53 Vgl. Harold Rosenberg: »Myth and Poem«, in: *Symposium*, II (1931), S. 179 ff.

54 Gladys Wade: *Thomas Traherne*, Princeton 1944, S. 26–37). Vgl. die kritische Besprechung des Buches von E. N. S. Thompson in: *Philological Quarterly*, XXIII (1944), S. 383–4.

55 Dr. Johnson: *Lives of the Poets*, »Thomson«.
Über das Argument vom bildhaften Schweigen, die von uns zitierten Beispiele eingeschlossen, vgl. L. H. Hornsteins eingehende »Analysis of Imagery«, in: *PMLA*, LVII (1942), S. 638–53.

56 Mario Praz: *English Studies*, XVIII (1936), S. 177–81, bespricht sehr witzig Caroline Spurgeons *Shakespeare's Imagery and What It Tells Us* (Cambridge 1935), besonders dessen ersten Teil, »The Revelation of the Man«, mit seiner »Täuschung, in Shakespeares Bilder seine Sinne, seinen Geschmack und seine Interessen hineinlesen zu wollen« und lobt zu Recht Clemen (dessen Buch 1936 erschien) für dessen Überzeugung, daß »Shakespeares Anwendung und Wahl der Bilder nicht so sehr von seinem persönlichen Geschmack abhängt als in jedem Falle von seinen künstlerischen Absichten ...«

57 C. Spurgeons Essay ist wieder abgedruckt in Anne Bradbys *Shakespeare Criticism*, 1919–35, London 1936, S. 18–61.
Über Autobiographie und *Hamlet* vgl. C. J. Sisson: *The Mythical Sorrows of Shakespeare*, London 1936.

58 T. S. Eliot: »Hamlet«, in: *Selected Essays*, London 1932, S. 141–6.

59 G. Wilson Knight: *Myth and Miracle: An Essay on the Mystic Symbolism of Shakespeare*, London 1929; The Wheel of Fire, London 1930; *The Imperial Theme*, London 1931; *The Christian Renaissance*, Toronto

1933; *The Burning Oracle*, London 1939; *The Starlit Dome*, London 1941.

60 Wolfgang Clemen: *Shakespeares Bilder*, Bonn 1936.

16. Erzählende Dichtung: Eigenart und Darstellungsweisen

1 Sidney: »Now for the poet, he nothing affirmeth, and therefore never lieth.«

2 Wilson Follett: *The Modern Novel*, New York 1918, S. 29.

3 Die Ermahnung des Lesers, daß der Romanschriftsteller sich »mit dem Leben befassen« möge, ist häufig, »eine Ermahnung, gewisse Konventionen der Prosadichtung des neunzehnten Jahrhunderts auch ja aufrechtzuerhalten«. Aus Kenneth Burke: *Counterstatement*, New York 1931, S. 238; vgl. auch S. 182 und S. 219.

4 D. McCarthy: *Portraits*, London 1931, S. 75, 156.

5 J. Frank: »Spatial Form in Modern Literature«, in: *Sewanee Review*, LIII (1945), S. 221—40, 433–56. Wieder abgedruckt in: *Criticism* (Schorer, Miles, McKenzie), New York 1948, S. 379–92.

6 Die ersten beiden Kapitel von *Pride and Prejudice* sind fast ausschließlich in Dialogform geschrieben, während das dritte Kapitel mit einer erzählenden Zusammenfassung beginnt und dann zur »szenischen« Methode zurückkehrt.

7 Clara Reeve: *Progress of Romance*, London 1785.

8 Hawthorne, Vorworte zu *The House of the Seven Gables* und *The Marble Faun*.

9 Poes »Philosophy of Composition« beginnt mit einem Zitat aus Dickens: »Sind Sie sich darüber klar, daß Godwin seinen *Caleb Williams* rückwärts schrieb?« Früher schon, in einer Besprechung von *Barnaby Rudge*, hatte Poe Godwins Roman als ein Meisterstück dichter Handlungsführung bezeichnet.

10 *Motif* wird in der englischen Kritik für gewöhnlich benutzt; doch A. H. Krappe: *Science of Folklore*, London 1930, dringt vernünftigerweise darauf, daß man das englische *motive* statt der französischen Form benutzen solle. Das französische Wort erhielt seinen Sinn wiederum erst unter dem Einfluß des deutschen *Motiv*.

11 Vgl. Aarne-Thompson: *Types of the Folk-Tale*, Helsinki 1928.

12 Vgl. G. Polit: *Thirty-six dramatic Situations*, New York 1916; P. Van Tieghem: *La littérature comparée*, Paris 1931, S. 87 ff.

13 Sir Walter Scott, zitiert bei S. L. Whitcomb: *Study of a Novel*, Boston 1905, S. 6. Whitcomb nennt *motivation* »einen technischen Begriff, der die Begründung der Handlungsbewegung bezeichnet, besonders im Hinblick auf deren bewußte künstlerische Anordnung«.

Der erste Satz von *Pride and Prejudice* ist ein gutes Beispiel einer ausdrücklich (sogar parodistisch) festgestellten »Motivation«: »It is a truth universally acknowledged, that a single man in possession of a good fortune must be in want of a wife.«

14 Dibelius: *Dickens*, 2. Aufl., Leipzig 1926, S. 383.

15 Wir beziehen uns hier besonders auf Tomaschewskijs Behandlung der »Thematologie« in seiner *Teoriya literatury*, Leningrad 1931.

16 Vgl. die Erörterung von »Tempo« in Carl Grabos *Technique of the Novel*, New York 1928, S. 214–36, und »Zeit« in Petschs *Wesen und Formen der Erzählkunst*, Halle 1934, S. 92 ff.

17 Vgl. E. Berend: »Die Namengebung bei Jean Paul«, in: *PMLA* LVII (1942), S. 820–50; E. H. Gordon, »The Naming of Characters in the Works of Dickens«, in: *University of Nebraska Studies in Language*, etc., 1917; auch John Forsters *Life of Dickens*, Buch IX, Kap. 7, zitiert Namenslisten aus den Notizbüchern des Dichters.
Henry James spricht über die Benennung seiner Charaktere in den Notizbüchern, die am Ende seiner unvollendeten Romane, *The Ivory Tower* und *The Sense of the Past* (beide 1917) gedruckt sind. Vgl. auch James' *Notebooks* (hg. v. Matthiessen und Murdock), New York 1947, S. 7–8 und passim.
Über die Namensgebung Balzacscher Charaktere vgl. E. Faguet: *Balzac*, S. 120; und über die Gogols vgl. V. Nabokows *Gogol*, New York 1944, S. 85 ff.

18 Flache und runde Charakterisierung: vgl. E. M. Forster: *Aspects of the Novel*, London 1927, S. 103–4, dt. unter dem Titel: *Ansichten des Romans*, Frankfurt a. M. 1949.

19 Über die Typologie englischer Heldinnen vgl. R. P. Utter und G. B. Needham: *Pamela's Daughters*, New York, 1936. Über die Polarität blonder und brünetter Heldinnen vgl. F. Carpenter: »Puritans Preferred Blondes«, in: *New England Quarterly*, IX (1936), S. 253–72; Philip Rahv: »The Dark Lady of Salem«, in: *Partisan Review*, VIII (1941), S. 362–81.

20 Dibelius: *Dickens*, Leipzig 1916.

21 Mario Praz: *The Romantic Agony*, London 1933.

22 Vgl. Arthur Sewell: »Place and Time in Shakespeare's Plays«, in: *Studies in Philology*, XLII (1945), S. 205–24.

23 Vgl. P. Lubbock: *Craft of Fiction*, London 1921, S. 205–35.

24 Otto Ludwig: »Romanstudien«, in: *Gesammelte Schriften*, VI (1891), S. 59 ff.; Maupassant: Einleitung zu *Pierre et Jean* (1887); H. James, Vorworte zu der New Yorker Ausg. (gesammelt als *The Art of the Novel*, New York 1934). Vgl. auch Oskar Walzels »Objektive Erzählung«, in: *Das Wortkunstwerk*, Leipzig 1926, S. 182 ff., und J. W. Beach: *The Twentieth Century Novel*, New York 1932.

25 Ludwig, a. a. O., S. 66–7: Die Struktur der Romane von Dickens ist der von Dramen analog. »Seine Romane sind erzählte Dramen mit Zwischenmusik, d. i. erzählter«.

Über James und Ibsen vgl. Francis Fergusson: »James' Idea of Dramatic Form«, in: *Kenyon Review*, V (1943), S. 495—507.

26 Über »Bild« und »Szene« vgl. James' *Art of the Novel*, S. 298–300, 322–3.

27 Ebenda, S. 320–1, 327–9. James greift die Erzählung in der ersten Person an wie auch die »ganz verschwommene Majestät unverantwortlicher ›Autorschaft‹ « (der allwissende Erzähler).

28 R. Fernandez: »La méthode de Balzac: Le récit et l'esthétique du roman«, in: *Messages*, Paris 1926, S. 59 ff.

29 Oskar Walzel, »Von ›erlebter Rede‹ «, in: *Das Wortkunstwerk*, Leipzig 1926, S. 207 ff.; Albert Thibaudet: *Flaubert*, Paris 1935, S. 229–32; E. Dujardin: *Le monologue intérieur . . .*, Paris 1931; William James: *Principles of Psychology*, New York 1890, Bd. I, S. 243: Kap. IX, in dem der Ausdruck vorkommt, heißt »The Stream of Thought«.

30 Lubbock, a. a. O., S. 147. »Wenn Strethers Geist dramatisiert wird, wird nichts gezeigt als die vorüberziehenden Bilder, die irgend jemand entdecken könnte, der in einen sichtbar gewordenen Geist hineinsieht.« (Ebenda, S. 162).

31 Vgl. D. E. Bowling: »What Is the Stream of Consciousness Technique?«, in: *PMLA*, LXV (1950), S. 337–45, und Melvin Friedman: *Stream of Consciousness: A Study in Literary Method*, New Haven 1955.

17. Die literarischen Gattungen

1 B. Croce: *Aesthetik* (übers. v. K. Federn), Leipzig 1905, Kap. IX und XV.

2 N. H. Pearson: »Literary Forms and Types . . .«, in: *English Institute Annual*, 1940 (1941), S. 59 ff., bes. S. 70.

3 W. P. Ker: Form and Style in Poetry, London 1928, S. 141.

4 Harry Levin: »Literature as an Institution«, in: *Accent*, VI (1946), S. 159–68 (wieder abgedruckt in: *Criticism*, New York 1948, S. 546–53).

5 A. Thibaudet: *Physiologie de la Critique*, Paris 1930, S. 184 ff.

6 Aber vgl. C. E. Whitmore: »The Validity of Literary Definitions«, in: *PMLA*, XXXIX (1924), S. 722–36, bes. S. 734–5.

7 Karl Viëtor: »Probleme der literarischen Gattungsgeschichte«, in: *Deutsche Vierteljahrschrift für Literaturwissenschaft . . .*, IX (1931), S. 425—47 (wieder abgedruckt in: *Geist und Form*, Bern 1952, S. 292–309): eine bewundernswerte Betrachtung, die Positivismus auf der einen Seite sowie »Metaphysizismus« auf der anderen vermeidet.

8 Goethe bezeichnet die Ode, Ballade und ähnliches als »Dichtarten«, Epik, Lyrik und Drama dagegen als »Naturformen der Dichtung«: »Es gibt nur *drei echte* Naturformen der Poesie: die klar erzählende, die enthusiastisch aufgeregte und die persönlich handelnde: Epos, Lyrik

und Drama« – (*Anmerkungen zum Westöstlichen Divan,* Goethes *Werke,* Jubiläumsausgabe, Bd. V, S. 223–4).

Das Wort *genre* bürgert sich im Englischen erst spät ein. Im N. E. D. kommt es in seinem literarischen Sinne noch nicht vor (auch *kind* nicht); Schriftsteller des achtzehnten Jahrhunderts wie z. B. Johnson und Blair benutzen im allgemeinen *species* als den Begriff für die »literarische Art« (literary kind). 1910 spricht Irving Babbitt (Vorwort zu *The New Laokoon)* davon, daß *genre* sich im englischen kritischen Gebrauch einbürgere.

9 »Plato ist sich der ethischen Gefahren der Verpersönlichung genau bewußt. Denn ein Mensch schädigt seinen eigenen Beruf, wenn er die Geschäfte anderer nachahmen darf.« James J. Donohue: *The Theory of Literary Kinds . . .,* Dubuque, Iowa 1943, S. 88. Für Aristoteles ebenda, S. 99.

10 Hobbes in: *Critical Essays of the Seventeenth Century* (hg. v. J. E. Spingarn), Oxford 1908, S. 54–5.

11 E. S. Dallas: *Poetics: An Essay on Poetry,* London 1852, S. 81, 91, 105.

12 John Erskine: *The Kinds of Poetry,* New York 1920, S. 12.

13 Roman Jakobson: »Randbemerkungen zur Prosa des Dichters Pasternak«, in: *Slavische Rundschau,* VII (1935), S. 357–73.

14 In bezug auf die mündliche Rezitation von Dichtung weist John Erskine (*The Elizabethan Lyric,* New York 1903, S. 3) darauf hin, daß sich die Tradition bis zu Wordsworth erhielt, der im »Vorwort« zu seinen Gedichten (1815) sagt: »Einige dieser Stücke sind ihrem Wesen nach ganz lyrisch und können daher nicht zu ihrer vollen Wirkung ohne eine angenommene musikalische Begleitung kommen. Für den weitaus größten Teil der Gedichte aber fordere ich, als einen Ersatz für die klassische Lyra oder die romantische Harfe, nichts mehr als einen beseelten oder leidenschaftlichen Vortrag, der dem Gegenstande angemessen ist.«

15 Während Shaw und Barrie sich durch ihre Vorworte und durch ihre episch detaillierten, die Phantasie anregenden Bühnenanweisungen ein doppeltes Publikum zu sichern suchten, neigt die dramaturgische Doktrin heutzutage doch stark gegen jede Beurteilung eines Stückes, die nicht eine Beachtung der Bühnen- oder Theaterwirksamkeit ganz wesentlich in sich einschließt. Zumindest die französische Tradition (Coquelin, Sarcey) und die Russen (Stanislawskij – Moskauer Kunsttheater) stimmen darin überein.

16 Auch Veit Valentin (»Poetische Gattungen«), in: *Zeitschrift für vergleichende Literaturgeschichte,* Bd. V, 1892, S. 34 ff). stellt, aus anderen Gründen, die kanonischen Drei in Frage. Man müsse, so sagt er, »die epische, die lyrische und die reflektierende Gattung unterscheiden . . . die Dramatik ist keine poetische Gattung, sondern eine poetische Form.«

17 Thibaudet, a. a. O., S. 186.

18 Aristoteles: *Poetik*, Kap. 14: »Man sollte nicht jedes Vergnügen von der Tragödie erwarten, sondern nur das ihr angemessene.«

19 Genauer betrachtet besitzt das achtzehnte Jahrhundert zwei achtsilbige Reihen – eine komische (die auf *Hudibras* zurückgeht und sich über Swift und Gay fortsetzt) und eine meditativ-beschreibende (die auf »L'Allegro« und besonders auf »Il Penseroso« zurückgeht).

20 Erst 1849 wurden die »Seendichter« anscheinend zum erstenmal ganz entschieden mit Shelley, Keats und Byron als englische Romantiker zusammengruppiert. Vgl. Wellek: »The Concept of Romanticism in Literary History«, in: *Comparative Literature*, Bd. I (1949), bes. S. 16.

21 Paul Van Tieghem: »La Question des genres littéraires«, in: *Helicon*, I (1938), S. 95 ff.

22 Es gibt schon viele Monographien über die Gattung des Schauerromans – z. B. Edith Birkhead: *The Tale of Terror . . .*, London 1921; A. Killen: *Le Roman Terrifiant ou Roman Noir . . .*, Paris 1923; Eino Railo: *The Haunted Castle*, London 1927; Montague Summers: *The Gothic Quest . . .*, London 1938.

23 *Poetik*, Kap. 24.

24 Vgl. Arthur Mizeners Erwiderung an Ransom: »The Structure of Figurative Language in Shakespeare's Sonnets, in: *Southern Review*, V (1940), S. 730–47.

25 Vgl. Irving Babbitt: *The New Laokoon*, 1910.
Der französische Dichter André Chénier hielt die Unterscheidung zwischen den Gattungen für ein Naturphänomen. In »L'Invention« schreibt er:
»La nature dicta vingt genres opposés
D'un fil léger entre eux chez les Grecs divisés;
Nul genre, s'écartant de ses bornes prescrites,
N'aurait osé d'un autre envahir les limites.«

26 Die gesellschaftlichen Implikationen der Gattungshierarchie der Renaissance werden, obschon lange bekannt, einer genauen Untersuchung in Vernon Halls *Renaissance Literary Criticism*, New York 1945, unterzogen.

27 Van Tieghem, a. a. O., S. 99.

28 Vgl. zum Beispiel Warner F. Patterson's *Three Centuries of French Poetic Theory*, Ann Arbor 1935, Teil III, für eine Liste mittelalterlicher Vers-Gattungen und Unter-Gattungen.

29 Vgl. Bibliographie.

30 Für die »Rebarisation« der Literatur vgl. den ausgezeichneten Artikel »Literature« von Max Lerner und Edwin Mims jr., in: Encyclopaedia of the Social Sciences, IX (1933), S. 523–43.

31 André Jolles: *Einfache Formen*, Halle 1930, 2. Aufl. Tübingen 1958. Jolles' Liste entspricht annähernd der Reihe von Volk-Typen oder »Formen volkhafter Literatur«, die Alexander Krappe in seinem Buch: *Science of Folk-Lore*, London 1930, untersucht: Fairy Tale, Merry Tale

(oder Fabliau), Animal Tale, Local Legend, Migratory Legend, Prose Saga, Proverb, Folk-Song, Popular Ballad, Charms, Rhymes und Riddles.

32 Ferdinand Brunetière: *L'Évolution des genres dans l'histoire de la littérature . . .*, Paris 1890.

33 Van Tieghem, in: *Helicon*, I (1938), S. 99.

34 Viëtor hat beide Auffassungen vertreten: vgl. seine *Geschichte der deutschen Ode* (München 1923) und den in Anm. 7 angeführten Aufsatz; vgl. auch Günther Müller: »Bemerkungen zur Gattungspoetik«, in: *Philosophischer Anzeiger*, III (1929), S. 129–47.

18. Bewertung

1 S. C. Pepper: *Basis of Criticism*, Cambridge, Mass., 1945, S. 33: »Definition – als das *qualitative* Kriterium ästhetischer Beurteilung, durch das festgelegt wird, was ein ästhetischer Wert ist oder nicht ist, und ob dessen Wert positiv oder negativ ist. Innere Maßstäbe – als *quantitative* – Kriteria, die die Höhe des ästhetischen Wertes festlegen . . . Daher werden Maßstäbe von Definitionen abgeleitet: die quantitativen Kriteria von den qualitativen.«

2 Wir benutzen das Wort »Literatur« jetzt als ein »qualitatives Kriterium« (also seinem Wert nach literarisch – Literatur im Gegensatz zu Naturwissenschaft, Geisteswissenschaft, oder Philosophie); wir benutzen das Wort nicht in seinem auszeichnenden, vergleichenden Sinne, im Sinne »großer Literatur«.

3 Peppers Auffassung läuft hierzu parallel (a. a. O., S. 87 Anm.): »Ein böswilliger Schriftsteller wird mit aller Wahrscheinlichkeit auf das Dilemma hinweisen: entweder ein ausgesprochen praktischer Zweck mit einem bestimmten gedanklichen Ziel, auf das zugegangen und das vielleicht erreicht wird, oder passives Vergnügen ohne Ziel. Die Kantische Antinomie und Bertram Morris' Paradox eines ästhetischen Zweckes, der doch kein festgelegter Zweck ist, führen aus dem Dilemma heraus und legen treffend jene dritte Art geistigen Seins frei, weder *conation* noch *sensation* ist, sondern eine *bestimmte ästhetische Aktivität*«.

4 Wer die einschließliche Auffassung vertritt, leugnet nicht den ästhetischen Wert der Literatur, besteht aber auf anderen, daneben existierenden Werten. In seiner Beurteilung der Literatur paart er entweder das ethisch-politische und das ästhetische Moment miteinander, oder er vollzieht eine doppelte Beurteilung. Vgl. N. Foerster: »The Aesthetic Judgement and the Ethical Judgment«, in: *The Intent of the Critic*, Princeton 1941, S. 85.

5 T. M. Greene: *The Arts and the Art of Criticism*, Princeton 1940, S. 389.

6 »Die ›Größe‹ von Dichtung kann nicht ausschließlich auf Grund litera-

rischer Maßstäbe bestimmt werden, obschon man nicht vergessen darf, daß die Frage, ob wir es mit Literatur zu tun haben oder nicht, wiederum nur auf Grund literarischer Maßstäbe bestimmt werden kann.« *Essays Ancient and Modern*, New York 1936, S. 93.

7 Über Form vgl. W. P. Ker: *Form and Style in Poetry*, London 1928, bes. S. 95–104 und S. 137–45; C. La Drière: »Form«, in: *Dictionary of World Literature*, S. 250 ff.; R. Ingarden: *Das literarische Kunstwerk*, Halle 1931; »Das Form – Inhalt Problem im Literarischen Kunstwerk«, in *Helicon*, I (1938), S. 51–67.

8 Emil Luckas ausgezeichneter Aufsatz »Das Grundproblem der Dichtkunst«, in: *Zeitschrift für Ästhetik*, XXII (1928, S. 129–46, untersucht, »wie sich Welt in Sprache verwandelt...« In einem nicht gelungenen Gedicht oder Roman fehlt, so sagt Lucka, »die Identität von Welt und Sprache«.

9 Vgl. Dorothy Walsh: »The Poetic Use of Language«, in: *Journal of Philosophy*, XXXV (1938), S. 73–81.

10 J. Mukařovský: *Ästhetische Funktion, Norm und Wert als soziale Fakten*, Prag 1936, auf tschechisch.

11 Peppers Idee der Kritik, die vom Zusammenhang ausgeht, trifft hierauf weitgehend zu; denn ihr erstes Kriterium ist Lebendigkeit, und ihre Betonung liegt auf der zeitgenössischen Kunst, die dieser Prüfung am ehesten standhält: »... wenn die Kunst einer früheren Zeit bei einer späteren Widerhall findet, so häufig aus anderen Gründen, als dies ursprünglich der Fall war. In jedem Zeitalter müssen die Kritiker also die ästhetischen Beurteilungsweisen eben dieses Zeitalters registrieren.« (a. a. O., S. 68).

12 George Boas: *A Primer for Critics*, Baltimore 1937, S. 136 und passim.

13 T. S. Eliot: *Use of Poetry*, Cambridge, Mass., 1933, S. 153.

14 Dies ist Peppers »organistische Kritik« (a. a. O., S. 79 bes.), die die schon früher in Bosanquets *Three Lectures on Aesthetic*, London 1915, vertreten wurde.

15 Vgl. Lascelles Abercrombies *Theory of Poetry* (1924) und sein *Idea of Great Poetry* (1925).

16 L. A. Reid: *A Study in Aesthetics*, London 1931, S. 225 ff., »Subject matter, Greatness, and the Problem of Standards.«

17 T. M. Greene: *The Arts and the Art of Criticism*, Princeton 1940, S. 374 ff., 461 ff.

18 Vgl. bes. E. E. Stolls »Milton a Romantic«, in: *From Shakespeare to Joyce*, New York 1944, und Mario Praz' *The Romantic Agony*, London 1933.

19 Eliot, a. a. O., S. 96.

20 Vgl. Jacques Barzun: »Our Non-Fiction Novelists«, in: *Atlantic Monthly*, CLXXVIII (1946) S. 129–32, und J. E. Baker: »The Science of Man«, in: *College English*, VI (1945), S. 395–401.

21 Tate: *Reason in Madness*, New York 1941, S. 114–6.

22 E. E. Kellett: *The Whirligig of Taste,* London 1929, und *Fashion in Literature,* London 1931; F. P. Chambers: *Cycles of Taste,* Cambridge, Mass., 1928, und *The History of Taste,* New York 1932; Henri Peyre: *Writers and Their Critics: a Study of Misunderstanding,* Ithaca 1944.
23 »Multivalenz«: vgl. Boas: *A Primer for Critics,* Baltimore 1937.
24 F. Pottle: *The Idiom of Poetry,* Ithaca 1941; neue Aufl. 1947.
25 Die Kritiker des achtzehnten Jahrhunderts »konnten die Vorzüge der Dichtung früherer Perioden nicht erklären und daher ebensowenig die ihrer eigenen Zeit.« (Cleanth Brooks: »The Poem as Organism.«, in: *English Institute Annual,* 1940, New York 1941, S. 24.)
26 »Dr. Johnson versuchte, Donnes Dichtung auf Grund ihrer Mängel zu beschreiben ...« »Wir können ihren Nachteilen (denen der »metaphysischen« Dichtung) am ehesten Gerechtigkeit widerfahren lassen, wenn wir sie nach den normalen Maßstäben guter Dichtung beurteilen und sie nicht im Namen der Seltsamkeit und des intellektuellen Blendwerks in Schutz nehmen. Nimmt man Johnson als solch einen Maßstab, so ... wird man in der Donne-Tradition eine ganze Reihe von Versen entdecken, die die üblichen Forderungen englischer Dichtkunst erfüllen, zu Zeiten sogar auf gleicher Höhe wie das Beste.« (George Williamson: *The Donne Tradition,* Cambridge, Mass., 1930, S. 21, 211.)
27 F. R. Leavis: *Revaluation: Tradition and Development in English Poetry,* London 1936, S. 68 ff.
28 E. Vivas: »The Esthetic Judgement«, in: *Journal of Philosophy,* XXXIII (1936), S. 57–69. Vgl. Bernard Heyl: *New Bearings in Esthetics and Art Criticism,* New Haven 1943, S. 91 ff., bes. S. 123. Heyl scheidet die Extreme des »Objektivismus« und (sehr viel einfacher) des »Subjektivismus« aus, um einen »Relativismus« darzulegen, den er als einen vernünftigen Mittelweg aufgefaßt wissen will.
29 »Eriger en lois ses impressions personnelles, c'est le grand effort d'un homme s'il est sincére.« Eliot zitiert dies aus de Gourmonts' *ettres è L'Amazone* als Motto zu seinem Essay: »The Perfect Critic«, in: *The Sacred Wood,* 1920.
30 Wie bei Bernard Heyl (*New Bearings,* S. 91).

19. Literaturgeschichte

1 Thomas Warton: *History of English Poetry,* I (1774), S. II. Eine ausführlichere Besprechung ist in René Welleks *Rise of English Literary* enthalten, Chapel Hill 1941, S. 166–201.
2 Henry Morley, Vorwort zu *English Writers,* I, London 1864.
3 Leslie Stephen: *English Literature and Society in the Eighteenth Century,* London 1904, S. 14, 22.
4 W. J. Courthope: *A History of English Poetry,* London 1895, Bd. I, S. XV.

5 Edmund Gosse: *A Short History of Modern English Literature*, London 1897, Vorwort.

6 Vgl. Brief an F. C. Roe, 19. März 1924, zitiert bei Evan Charteris: *The Life and Letters of Edmund Gosse*, London 1931, S. 477.

7 Vgl. die Zitate in Oliver Eltons Vorlesung über Saintsbury: *Proceedings of the British Academy*, XIX (1933), und Dorothy Richardson: »Saintsbury and Art for Art's Sake, in: *PMLA*, LIX (1944). S. 243–60.

8 Oliver Elton: *A Survey of English Literature*, 1780–1830, London 1912, Bd. I. S. VII.

9 L. Cazamian: *L'Évolution psychologique de la littérature en Angleterre*, Paris 1920, und die zweite Hälfte von E. Legouis und L. Cazamian: *Histoire de la littérature anglaise*, Paris 1924.

10 W. P. Ker: »Thomas Warton« (1910), in *Essays*, London 1922, Bd. I, S. 100.

11 T. S. Eliot: »Tradition and the Individual Talent«, in: *The Sacred Wood, London 1920, S. 42.*

12 R. S. Crane, »History Versus Criticism in the University Study of Literature«, in: *The English Journal*, College Edition, XXIV (1935), S. 645–67.

13 F. J. Teggart: *Theory of History*, New Haven 1925.

14 Vgl. Bibliographie Abtlg. IV.

15 Vgl. Bibliographie, Abtlg. IV.

16 R. D. Havens: *Milton's Influence on English Poetry*, Cambridge, Mass., 1922.

17 Vgl. die folgenden Untersuchungen: R. N. E. Dodges: »A Sermon on Sourcehunting«, in: *Modern Philology*, IX (1911–12), S. 211–23; Hardin Craig: »Shakespeare and Wilson's ›Arte of Rhetorique‹: An Inquiry into the Criteria for Determining Sources«, in: *Studies in Philology*, XXVIII (1931), S. 86–98; George C. Taylor: »Montaigne-Shakespeare and the Deadly Parallel«, in: *Philological Quarterly*, XXI (1943), S. 330–37 (macht eine merkwürdige Aufstellung der 75 Typen an Beweismaterial, das tatsächlich in solchen Untersuchungen benutzt wird); David Lee Clark: »What was Shelley's Indebtedness to Keats?«, in: *PMLA*, LVI (1941), S. 479–97 (eine interessante Widerlegung von Parallelen, die von J. L. Lowes gezogen worden waren).

18 Vgl. H. O. White: *Plagiarism and Imitation during the English Renaissance*, Cambridge, Mass. 1935; Elizabeth M. Mann: »The Problem of Originality in English Literary Criticism, 1750–1800«, in: *Philological Quarterly*, XVIII (1939), S. 97–118; Harold S. Wilson: »Imitation«, in: *Dictionary of World Literature* (hg. v. J. T. Shipley), New York 1943, S. 315–17.

19 Sidney Lee: *Elizabethan Sonnets*, 2 Bde., London 1904.

20 Wolfgang Clemen: *Shakespeares Bilder, ihre Entwicklung und ihre Funktionen im dramatischen Werk*, Bonn 1936.

21 George Saintsbury: *A History of English Prosody*, 3 Bde., 1906–1910; *A History of English Prose Rhythm*, Edinburgh 1912.

22 Benedetto Croce: »Storia di temi e storia letteraria«, in: *Problemi di Estetica*, Bari 1910, S. 80–93.

23 Z. B. André Jolles: *Einfache Formen*, Halle 1930, 2. Aufl. Tübingen 1958; A. N. Weselowskij, *Istoricheskaya Poetika* (hg. v. V. M. Zhirmunsky), Leningrad 1940 (eine Auswahl aus Werken, die z. T. in die siebziger Jahre des 19. Jhs. zurückgehen); J. Jarcho: »Organische Struktur des russischen Schnaderhüpfels (častuška)«, in: *Germano-Slavica*, III (1937 S. 31–64 (ein sorgfältiger Versuch, die Wechselbeziehung zwischen Stil und Thema durch statistische Methoden festzustellen, wobei das Beweismaterial einer volkstümlichen Gattung entnommen wird).

24 W. W. Greg: *Pastoral Poetry and Pastoral Drama*, London 1906.

25 C. S. Lewis: *The Allegory of Love*, Oxford 1936.

26 Karl Viëtor: *Geschichte der deutschen Ode*, München 1923; Günther Müller: *Geschichte des deutschen Liedes*, München 1925.

27 Vgl. Bibliographie, Kap. XVII.

28 Arthur Symons: *The Romantic Movement in English Poetry*, London 1909.

29 Vgl. J. Isaacs im Londoner *Times Literary Supplement*, 9. Mai 1935, S. 301.

30 Als Erster tat das anscheinend Thomas Shaw in: *Outlines of English Literature*, London 1849.

31 Vgl. A. O. Lovejoy: »On the Discrimination of Romanticisms«, in: *PMLA*, XXXIX (1924), S. 229–53. Wieder abgedruckt in: *Essays in the History of Ideas*, Baltimore 1948, S. 228–53.

32 Vgl. Bibliographie, Abtlg. I.

33 Wilhelm Pinder: *Das Problem der Generation*, Berlin 1926; Julius Petersen: »Die literarischen Generationen«, in: *Philosophie der Literaturwissenschaft* (hg. v. Emil Ermatinger), Berlin 1930, S. 130–87; Eduard Wechssler: *Die Generation als Jugendreihe und ihr Kampf um die Denkform*, Leipzig 1930; Detlev W. Schumann: »The Problem of Cultural Age-Groups in German Thought: a Critical Review«, in: *PMLA*, LI (1936), S. 1180–1207, und »The Problem of Age-Groups: A Statistical Approach«, in: *PMLA*, LII (1937), S. 596–608; H. Peyre: *Les Générations littéraises*, Paris 1948.

34 Vgl. Bibliographie, Abtlg. II.

35 Jan Máchal: *Slovanské literatury*, 3 Bde., Prag 1922–29, und Leonardo Olschki: *Die romanischen Literaturen des Mittelalters*, Wildpark-Potsdam 1928) in: *Handbuch der Literaturwissenschaft*, Hg. Oskar Walzel).

36 H. M. und N. K. Chadwick: *The Growth of Literature*, 3 Bde., London 1932, 1936, 1940.

BIBLIOGRAPHIE

1. *Literatur und Literaturwissenschaft*

I. Allgemeine Erörterungen der literarischen Theorie und der Methoden der Literaturwissenschaft.

Baldensperger, Fernand: *La Littérature: création, succès, durée.* Paris 1913; neue Aufl. Paris 1927.

Billeskov, F. J. Jansen: *Esthétique de l'oeuvre d'art littéraire.* Kopenhagen 1948.

Croce, Benedetto: *La Critica litteraria: Questioni teoretico.* Rom 1894; wieder abgedruckt in: *Primi Saggi.* 2. Aufl. Bari 1927, S. 77–199.

Daiches, David: *A Study of Literature.* Ithaca 1948.

Dragomirescou, Michel: *La Science de la littérature.* 4 Bde. Paris 1928/29.

Eckhoff, Lorentz: *Den Nye Litteraturforskning: Syntetisk Metode.* Oslo 1930.

Elster, Ernst: *Prinzipien der Literaturwissenschaft.* 2 Bde. Halle 1897 und 1911.

Ermatinger, Emil (Hg.): *Die Philosophie der Literaturwissenschaft.* Berlin 1934.

Foerster, Norman; McGalliard, John C.; Wellek, René; Warren, Austin; Schramm, Wilburg Lang: *Literary Scholarship: Its Aims and Methods.* Chapel Hill 1941.

Guérard, Albert L.: *A Preface to World Literature.* New York 1940.

Hytier, Jean: *Les Arts de littérature.* Paris 1945.

Kayser, Wolfang: *Das sprachliche Kunstwerk.* Eine Einführung in die Literaturwissenschaft. Bern 1948; 3. Aufl. Bern 1954.

Kridl, Manfred: *Wstep do badań nad dzietem literackiem.* Wilno 1936.

—: »The Integral Method of Literary Scholarship«, in: *Comparative Literature* III (1951), S. 18–31.

Marckwardt, A.; Peckham, M.; Wellek, R.; Thorpe, J.: »The Aims, Methods, and Materials of Research in the Modern Languages and Literatures«, in: *PMLA* (1952), Nr. 6, S. 1–37.

Michaud, Guy: *Introduction à une science de la littérature.* Istanbul 1950.

Momigliano, Attilio (Hg.): *Problemi ed orientamenti critici di lingua e di litteratura Italiana.* Tecnica e Teoria letteraria. Mailand 1948.

Moulton, R. G.: *The Modern Study of Literature.* Chicago 1915.

Oppel, Horst: *Die Literaturwissenschaft in der Gegenwart: Methodologie und Wissenslehre.* Stuttgart 1939.

—: »Methodenlehre der Literaturwissenschaft«, in: *Deutsche Philologie im Aufriß* (Hg. Wolfgang Stammler). Berlin 1951, Bd. I, S. 39–78.

Petersen, Julius: *Die Wissenschaft von der Dichtung: System und Methodenlehre der Literaturwissenschaft.* Bd. I: Werk und Dichter. Berlin 1939.

Reyes Alfonso: *El Deslinde: Prolegómenos a la teoria literaria.* Mexico City 1944.

Shipley, Joseph T. (Hg.): Dictionary of World Literature: Criticism-*Forms-Technique.* New York 1943; 2. Aufl. 1954.

Tomashevsky, Boris: *Teoriya literatury: Poetika.* Leningrad 1925; 2. Aufl. 1931.

Torre, Guillermo de: *Problemática de la literatura.* Buenos Aires 1951.

Walzel, Oskar: *Gehalt und Gestalt im dichterischen Kunstwerk.* Berlin 1923; 3. Aufl. Darmstadt 1957.

Wosnessensky, A. N.: »Der Aufbau der Literaturwissenschaft«, in: *Idealistische Philologie.* III (1928), S. 337–68.

II. *Einige Erörterungen der Geschichte der Literaturwissenschaft*

Gayley, Charles Mills: »The Development of Literary Studies during the Nineteenth Century«, in: *Congress of Arts and Science: Universal Exposition.* St. Louis 1904, Bd. III; Boston 1906, S. 323–53.

Getto, Giovanni: *Storia delle storie letterarie.* Mailand 1942.

Klemperer, Viktor: »Die Entwicklung der Neuphilologie«, in: *Romanische Sonderart,* München 1926, S. 388—99.

Lempicki, Sigmund von: *Geschichte der deutschen Literaturwissenschaft bis zum Ende des 18. Jahrhunderts.* Göttingen 1920.

Mann, Maurycy: »Rozwój syntezy literackiej od jej poczatków do Gervinusa«, in: *Rozprawy Akademii Umiejetności Serja* III, Tom III. Krakau 1911, S. 230–360. (Eine Geschichte der literarischen Historiographie von der Antike bis zu Gervinus).

O'Leary, Gerard: *English Literary History and Bibliography.* London 1928.

Rothacker, Erich: *Einleitung in die Geisteswissenschaften.* Tübingen 1920; 2. Aufl. 1930. (Enthält einen Abriß der Geschichte der deutschen Literaturgeschichte im 19. Jh.)

Unger, Rudolf: »Vom Werden und Wesen der neueren deutschen Literaturwissenschaft«, in: *Aufsätze zur Prinzipienlehre der Literaturgeschichte.* Berlin 1929, Bd. I, S. 33–48.

Wellek, René: *The Rise of English Literary History.* Chapel Hill 1941. (Eine Geschichte der engl. literarischen Historiographie bis zu Warton, 1774.)

—: *A History of Modern Criticism,* 1750–1950. 4 Bde. Bd. I: *The Later Eighteenth Century.* Bd. II: *The Romantic Age.* New Haven 1955. Diese 2 Bde. erschienen übtr. v. E. u. M. Lohner, in einem Band unter dem Titel: *Geschichte der Literaturkritik von 1750–1830.* Darmstadt 1959.

III. Erörterungen über den gegenwärtigen Stand der Literaturwissenschaft.

a) Allgemeines

Lunding, Erik: *Strömungen und Strebungen der modernen Literaturwissenschaft.* Aarhus 1952.

Richter, Werner: »Strömungen und Stimmungen in den Literaturwissenschaften von heute«, in: *Germanic Review.* XXI (1946), S. 81–113.

Van Tieghem, Philipe: *Tendances nouvelles en histoire littéraire.* (Études françaises Nr. 22). Paris 1930.

Wehrli, Max: *Allgemeine Literaturwissenschaft.* Bern 1951.

Wellek, René: »The Revolt against Positivism in Recent European Literary Scholarship«, in: *Twentieth Century English* (Hg. William S. Knickerbocker). New York 1946, S. 67–89.

b) Einige englische Erörterungen

Holloway, John: *The Charted Mirror. Literary and Critical Essays,* London 1960

Knights, L. C.: »The University Teaching of English and History: A Plea for Correlation«, in: *Explorations,* London 1946, S. 186–99.

Leavis, F. R.: *Education and the University.* London 1944.

—: »The Literary Discipline and Liberal Education«, in: *Sewanee Review,* LV (1947), S. 586–609.

Lee, Sir Sidney: »The Place of English Literature in the Modern University«, in: *Elizabethan and other Essays.* Oxford 1929, S. 1—19. (Dieser besondere Essay stammt aus dem Jahre 1911.)

McKerrow, Ronald B.: *A Note on the Teaching of English Language and Literature.* (English Association Pamphlet Nr. 49.) London 1921.

Potter, Stephen: *The Muse in Chains: A Study in Education.* London 1937.

Sutherland, James: *English in the Universities.* Cambridge 1945.

Tillyard, E. M. W., *The Muse Unchained: An Intimate Account of the Revolution in English Studies at Cambridge,* London 1958

c) Einige Erörterungen über die deutsche Forschung

Benda, Oskar: *Der gegenwärtige Stand der deutschen Literaturwissenschaft.* Wien 1928.

Bruford, W. H.: *Literary Interpretation in Germany.* Cambridge 1952.

Mahrholz, Werner: *Literaturgeschichte und Literaturwissenschaft.* Berlin 1923; 2. Aufl. 1933.

Merker, Paul: *Neue Aufgaben der deutschen Literaturgeschichte.* Leipzig 1921.

Oppel, Horst: *Die Literaturwissenschaft in der Gegenwart.* Stuttgart 1939.

Rössner, H.: *Georgekreis und Literaturwissenschaft.* Frankfurt 1938.

Schütze, Martin: *Academic Illusions in the Field of Letters and the Arts.* Chicago 1933.
Schultz, Franz: *Das Schicksal der deutschen Literaturgeschichte.* Frankfurt a. M. 1929.
Viëtor, Karl: »Deutsche Literaturgeschichte als Geistesgeschichte: ein Rückblick«, in: *PMLA.* IX (1945), S. 899–916.

d) Material zum russischen Formalismus

Erlich, Victor: *Russian Formalism: History-Doctrine.* Mit einem Vorwort von René Wellek. Den Haag 1955.
Gourfinkel, Nina: »Les nouvelles méthodes d'histoire littéraire en Russie«, in: *Le Monde Slave,* VI (1929), S. 234–63.
Kridl, Manfred: »Russian Formalism«, in: *The American Bookman* I (1944), S. 19–30.
Neumann, F. W.: »Die formale Schule der russischen Literaturwissenschaft«, Deutsche Vierteljahrschrift für Literaturwissenschaft und Geistesgeschichte, XXIX (1955), pp. 99–121.
Setschkareff, Vsevolod: »Zwei Tendenzen in der neuen russischen Literaturtheorie«, Jahrbuch für Ästhetik, III (1955–57), pp. 94–107.
Tomashevsky, Boris: »La nouvelle école d'histoire littéraire en Russie«, in: *Revue des études slaves,* VIII (1928), S. 226–40.
Van Tieghem, Philipe und Gourfinkel, Nina: »Quelques produits du formalisme russe«, in: *Revue de littérature comparée,* XII (1932), S. 425–34.
Voznesensky, A.: »Die Methodologie der russischen Literaturforschung in den Jahren 1910–25«, in: *Zeitschrift für slavische Philologie,* IV (1927), S. 145–62, and V (1928) S. 175–99.
–: »Problems of Method in the Study of Literature in Russia«, in *Slavonic Review,* VI (1927), S. 168–77.
Zhirmunsky, Viktor: »Formprobleme in der russischen Literaturwissenschaft«, in: *Zeitschrift für slavische Philologie,* I (1925), S. 117–52.

IV. *Amerikanische Erörterungen über den Stand der Literaturwissenschaft und Kritik.*

Babbitt, Irving: *Literature and the American College.* Boston 1908.
Crane, Ronald S.: *The Languages of Criticism and the Structure of Poetry.* Toronto 1953.
Foerster, Norman: *The American Scholar: A Study in Litterae Inhumaniores.* Chapel Hill 1929.
–: »The Study of Letters«, in: *Literary Scholarship: Its Aims and Methods.* Chapel Hill 1941, S. 3–32.
Foster, Richard: *The New Romantics: A Reappraisal of the New Criticism,* Bloomington, Indiana 1962.

Gauss, Christian: »More Humane Letters«, in: *PMLA*, LX (1945), S. 1306–12.

Hyman, Stanley Edgar: *The Armed Vision: A Study in the Methods of Modern Literary Criticism*. New York 1948; neue Aufl. 1955.

Jones, Howard Mumford: »Literary Scholarship and Contemporary Criticism«, in: *English Journal* (College edition), XXIII (1934), S. 740–66.

Krieger, Murray, *The New Apologists for Poetry*, Minneapolis 1957.

La Drière, James Craig: *Directions in Contemporary Criticism and Literary Scholarship*, Milwaukee, Wis. 1953.

Leary, Lewis (ed.), *Contemporary Literary Scholarship: A Critical Review*, New York 1958.

Levin, Harry, »Criticism in Crisis«, *Contexts of Criticism*, Cambridge, Mass. 1957, pp. 251–66.

Millett, Fred B.: *The Rebirth of Liberal Education*. New York 1946.

O'Connor, William Van: *An Age of Criticism. 1900–1950*. Chicago 1952.

Peyre, Henri: *Writers and Their Critics*. Ithaca 1944.

—: »Towards a Modern Humanism«, in: *PMLA*, LI (1936), S. 284–99.

Sherman, Stuart P.: »Professor Kittredge and the Teaching of English«, in: *Nation*, XCVII (1913), S. 227–30; wieder abgedruckt in: *Shaping Men and Women*. Garden City, N. Y., 1928, S. 65–68.

Shorey, Paul: »American Scholarship«, in: *Nation*, XCII (1911), S. 466–69; wieder abgedruckt in: *Fifty Years of American Idealism*. Boston 1915, S. 401–13.

Spitzer, Leo: »A New Programm for the Teaching of Literary History«, in: *American Journal of Philology*, LXIII (1942), S. 308–19.

—: »Deutsche Literaturforschung in Amerika«, in: *Monatshefte für deutschen Unterricht*, XXXVIII (1946), S. 475–80.

Stallman, Robert W.: »The New Critics«, in: *Critiques and Essays in* Criticism, XII (1962), pp. 1–17.

Tate, Allen: »Miss Emily and the Bibliographer«, in: *Reason in Madness*. New York 1942, S. 100–16.

Wellek, René: »Literary Scholarship«, in: *American Scholarship in the Twentieth Century* (Hg. M. Curti). Cambridge, Mass. 1953, S. 111–45.

Wimsatt, W. K.: »Chariots of Wrath: Recent Critical Lessons«, Essays in Criticism, xii (1962) pp. 1–17.

Wimsatt, Willian K., Jun. and Brooks, Cleanth: *Literary Criticism: A Short History*, New York 1957.

Zabel, Morton D.: »Introduction: Criticism in America«, in: *Literary Opinion in America*. Revidierte Aufl. New York 1951, S. 1–43.

—: »Summary in Criticism«, in: *Literary History of the United States*. (Hg. R. Spiller u. a.) New York 1948. Bd. II, S. 1358–73.

2. *Das Wesen der Literatur*

Einige Erörterungen über das Wesen der Literatur und der Dichtung

Beardsley, Monroe C.: *Aesthetics: Problems in the Philosophy of Criticism*, New York 1958.
Blanchot, Maurice: *L'Espace littéraire*. Paris 1955.
Brooks, Cleanth, Jr.: *Modern Poetry and the Tradition*. Chapel Hill 1939.
—: *The Well Wrought Urn*. New York 1947.
Bühler, Karl: *Sprachtheorie*. Jena 1934.
Christiansen, Broder: *Philosophie der Kunst*. Hanau 1909.
Croce, Benedetto: *Estetica come scienza dell' espressione e linguistica generale*. Bari 1902. Deutsch erschienen 1930 unter dem Titel *Ästhetik als Wissenschaft vom Ausdruck und allgemeine Sprachwissenschaft*, übtr. v. K. Federn.
—: *La Poesia*. Bari 1936.
—: »La Teoria dell'arte come pura visibilità«, in: *Nuovi Saggi di Estetica*. Bari 1920, S. 239–54.
Dessoir, Max: *Aesthetik und allgemeine Kunstwissenschaft*. Stuttgart 1906; 2. Aufl. 1923.
Eastman, Max: *The Literary Mind*. New York 1931.
Eliot, T. S.: *The Use of Poetry and the Use of Criticism*. Cambridge, Mass. 1933.
Frye, Northrop: *Anatomy of Criticism: Four Essays*, Princeton 1957. Deutsche Übertragung von E. Lohner und H. Clewing unter dem Titel *Analyse der Literaturkritik*, Stuttgart, 1964.
Greene, Theodore Meyer: *The Arts and the Art of Criticism*. Princeton 1940.
Hamburger, Käthe: *Die Logik der Dichtung*, Stuttgart 1967.
Ingarden, Roman: *Das literarische Kunstwerk*. Halle 1931.
James, D. G.: *Scepticism and Poetry*. London 1937.
Lützeler, Heinrich: *Einführung in die Philosophie der Kunst*. Bonn 1934.
Meyer, Theodor A.: *Das Stilgesetz der Poesie*. Leipzig 1901.
Morris, Charles: »Aesthetics and the Theory of Signs«, in: *Journal of Unified Science*. VIII (1940), S. 131–50.
—: »Foundations for the Theory of Signs«, in: *International Encyclopedia of Unified Science*. Bd. I, Nr. 2
—: *Signs, Language and Behavior*. New York 1946.
Mukařovský, Jan: »La dénomination esthétique et la fonction esthétique de la langue«, in *Actes du quatrième congrès international des linguistes*. Kopenhagen 1938, S. 98–104.
Ogden, C. K., und Richards, I. A.: *The Meaning of Meaning: A Study of the Influence of Language upon Thought and of the Science of Symbolism*. London 1923; 7. Aufl. New York 1945.
Osborne, Harold: *Aesthetics and Criticism*. London 1945.

Pollock, Thomas C.: *The Nature of Literature*, Princeton 1942.
Pottle, Frederick A.: *The Idiom of Poetry.* Ithaca 1941; neue erweiterte Aufl. 1946.
Press, John: *The Fire and the Fountain. An Essay on Poetry*, London 1955.
Ransom, John Crowe: *The New Criticism.* Norfolk, Conn. 1941.
—: *The World's Body.* New York 1938.
Richards, Ivor Armstrong: *Principles of Literary Criticism.* London 1924.
Sartre, J.-P.: »Qu'est-ce que la littérature?«, in: *Situations II.* Paris 1948. Deutsche Übertragung von H. G. Brenner unter dem Titel *Was ist Literatur?* Hamburg 1958.
Sewell, J. P., Elizabeth: *The Structure of Poetry.* New York 1952.
Skelton, Robin: *The Poetic Pattern*, London 1956.
Smith, Chard Powers: *Pattern and Variation in Poetry.* New York 1932.
Stauffer, Donald: *The Nature of Poetry.* New York 1946.
Tate, Allen (Hg.): *The Languages of Poetry.* Princeton 1942. (Essays von Philip Wheelwright, I. A. Richards, Cleanth Brooks und Wallace Stevens.)
—: *Reason in Madness: Critical Essays.* New York 1941.
Warren, Robert Penn: »Pure and Impure Poetry«, in: *Critiques and Essays in Criticism* (Hg. R. W. Stallman). New York 1949. S. 85–104.
Wimsatt, William K., Jr.: *The Verbal Icon: Studies in the Meaning of Poetry.* Lexington, Ky., 1954.

3. Die Funktion der Literatur

Einige Erörterungen über die Literatur als Erkenntnis

Aiken, Henry David: »Some Notes Concerning the Aesthetic and the Cognitive«, Journal of Aesthetics and Art Criticism, XIII (1955), pp. 378–94 (reprinted in *Aesthetics Today*, ed. Morris Philipson, Cleveland 1961, pp. 254–74).
Eastman, Max: *The Literary Mind: Its Place in an Age of Science.* New York 1935.
Harap, Louis: »What is Poetic Truth?«, in: *Journal of Philosophy.* XL (1933), S. 477–88.
Hospers, John: *Meaning and Truth in the Arts.* Chapel Hill 1946.
Meyer, Theodor A.: »Erkenntnis und Poesie«, in: *Zeitschrift für Ästhetik* XIV (1920), S. 113–29.
Morris, Charles W.: »Science, Art, an Technology«, in: *Kenyon Review.* I (1939), S. 409–23.
Ransom, John Crowe: »The Pragmatics of Art«, in *Kenyon Review.* II. (1940), S. 76–87.
Roellinger, F. X. Jr.: »*Two Theories of Poetry as Knowledge*«, in: *Southern Review.* VII (1942), S. 690–705.

Tate, Allen: »Literature and Knowledge«, in: *Reason in Madness.* New York 1941, S. 20–61.
Vivas, Eliseo: »Literature and Knowledge«, in: *Creation and Discovery: Essays in Criticism and Aesthetic.* New York 1955, S. 101–28.
Walsh, Dorothy: »The Cognitive content of Art«, in: *Philosophical Review.* LII (1943), S. 433–51.
Wheelwright, Philip: »On the Semantics of Poetry«, in: *Kenyon Review.* II (1940), S. 263–83.

4. Literarische Theorie, Kritik und Geschichte

Erörterungen über die Beziehungen zwischen Literaturwissenschaft und Kritik

Brooks, Cleanth: »Literary Criticism«, in: *English Institute Essays 1946.* New York 1947, S. 127–58.
—: »The New Criticism and Scholarship«, in: *Twentieth Century English.* (Hg. William S. Knickerbocker), New York 1946, S. 371–83.
Crane, Ronald S.: »History versus Criticism in the University Study of Literature«, in: *English Journal.* (College Edition), XXIV (1935), S. 645–67.
Gardner, Helen: *On the Limits of Literary Criticism,* Oxford 1957.
Feuillerat, Albert: »Scholarship and Literary Criticism«, in: Yale Review. XIV (1924), S. 309–24.
Foerster, Norman: »Literary Scholarship and Criticism«, in: *English Journal* (College Edition), XXV (1936), S. 224–32.
Jones, Howard Mumford: »Literary Scholarship and Contemporary Criticism«, in: *English Journal.* (College Edition), XXIII (1934), S. 740–66.
Peyre, Henri: *Writers and their Critics.* Ithaca 1944.
Spiegelberg, Herbert: *Antirelativismus,* Zürich 1935.
Teeter, Louis: »Scholarship and the Art of Criticism«, in: *ELH,* V (1938), S. 173–94.
Warren, Austin: »The Scholar and the Critic: An Essay in Meditation«, in: *University of Toronto Quartely.* VI (1937), S. 267–77.
Wellek, René: »Literary Theory, Criticism, and History«, *Sewanee Review,* LXVIII (1960), pp. 1–19 (auch in *English Studies Today:* Second Series, ed. G. A. Bonnard, Bern 1961, pp. 53–65).
Wimsatt, William K., Jr.: »History and Criticism: A Problematic Relationship«, in: *The Verbal Icon,* Lexington, Ky. 1954, S. 253–66.

5. *Allgemeine, vergleichende und nationale Literatur*

Baldensperger, Fernand: »Littérature comparée: le mot et la chose«, in: *Revue de littérature comparée.* I (1921), S. 1–29.

Beil, E.: »Zur Entwicklung des Begriffs der Weltliteratur«, in: *Probefahrten.* XXVIII, Leipzig 1915.

Betz, L.-P.: »Kritische Betrachtungen über Wesen, Aufgabe und Bedeutung der vergleichenden Literaturgeschichte«, in: *Zeitschrift für französische Sprache und Literatur.* XVIII (1896), S. 141–56.

—: *La littérature comparée.* Essai bibliographique. 2. Aufl. Straßburg 1907.

Brunetière, Ferdinand: »La Littérature européene«, in: *Revue des deux mondes.* CLXI (1900), S. 320–55; wieder abgedruckt in: *Variétés littéraires.* Paris 1904, S. 1–51.

Campbell, Oscar J.: »What is Comparative Literature?«, in: *Essays in Memory of Barrett Wendell. Cambridge,* Mass. 1926, S. 21–40.

Croce, Benedetto: »La Letteratura comparata«, in: *Problemi di estetica.* Bari 1910, S. 73–9.

Étiemble, René: »Littérature comparée, ou comparaison n'est pas raison« Hygiène des lettres, Paris 1958, vol. III, pp. 154–73.

Farinelli, Arturo: *Il sogno di una letteratura mondiale.* Rom 1923.

Friedrich, Werner P.: »The Case of Comparative Literature«, in: *American Association of University Professors Bulletin.* XXXI (1945), S. 208–19.

Guyard, M. F.: *La Littérature comparée.* Paris 1951.

Hankiss, Jean: »Littérature Universelle?«, in: *Helicon.* I (1938), S. 156–71.

Höllerer, Walter: »Methoden und Probleme der vergleichenden Literaturwissenschaft«, in: *Germanisch-romanische Monatsschrift.* II (1952), S. 116–31.

Holmes, T. Urban Jr.: »Comparative Literature: Past and Future«, in: *Studies in Language and Literature.* (Hg. G. C. Coffman), Chapel Hill (1945), S. 62–73.

Jones, Howard Mumford: *The Theory of American Literature.* Cambridge, Mass. 1949.

Merian-Genast, E. W.: »Voltaires Essai sur la poésie épique und die Entwicklung der Idee der Weltliteratur«, in: *Romanische Forschungen.* XL, Leipzig 1926.

Partridge, Eric: »The Comparative Study of Literature«, in: *A Critical Medley.* Paris (1926), S. 159–226.

Peyre, Henri: *Shelley et la France.* Kairo 1935, Einleitung und S. 7–19.

Posnett, Hutchison Macaulay: *Comparative Literature.* London 1886.

—: »The Science of Comparative Literature«, in: *Contemporary Review.* LXXIX (1901), S. 855–72.

Remak, Henry, H. H.: »Comparative Literature at the Crossroads«, *Yearbook of Comparative and General Literature,* IX (1960), pp. 1–28.

Texte, Joseph: »L'Historie comparée des littératures«, in: *Études de littérature européenne.* Paris 1898, S. 1–23.
Van Tieghem, Paul: *La Littérature comparée.* Paris 1931.
Van Tieghem, Paul: »La synthèse en histoire littéraire: Littérature comparée et littérature générale, in: *Revue de synthèse historique.* XXXI (1921), S. 1–21.
Wais, Kurt (Hg.): *Forschungsprobleme der vergleichenden Literaturgeschichte.* Tübingen 1951.
Wellek, René: »The Concept of Comparative Literature«, in: *Yearbook of Comparative Literature.* (Hg. W. P. Friedrich), Bd. II, Chapel Hill 1953, S. 1–5.
Will, J. S.: »Comparative Literature: Its Meaning and Scope«, in: *University of Toronto Quarterly.* VIII (1939), S. 165–79.

6. Zusammenstellen und Sichten des Materials

I. Textkritik

Bowers, Fredson: *Textual and Literary Criticism,* New York 1959.
Bédier, Joseph: »La tradition manuscrite du *Lai de L'Ombre*: réflexions sur l'art d'éditer les anciens textes«, in: *Romania.* LIV (1928), S. 161–96, 321–56.
Birt, Theodor: »Kritik und Hermeneutik«, in Iwan von Müller's *Handbuch der Altertumswissenschaft.* Bd. I, Teil 3, München 1913.
Chapman, R. W.: »The Textual Criticism of English Classics«, in: *Portrait of a Scholar.* Oxford 1922, S. 65–79.
Collomp, Paul: *La Critique des textes.* Paris 1931.
Dearing, Vinton A.: *A Manual of Textual Analysis,* Los Angeles 1959.
Greg, Walter Wilson: *The Calculus of Variants.* Oxford 1927.
–: »Principles of Emendation in Shakespeare«, in: *Shakespeare Criticism.* 1919–35 (Hg. Anne Bradby), Oxford 1930, S. 78–108.
–: »Recent Theories of Textual Criticism«, in: *Modern Philology.* XXVIII (1931), S. 401–04.
Havet, Louis: *Manuel de Critique verbale: Appliqué aux textes latins.* Paris 1911.
Kantorowicz, Hermann: *Einführung in die Textkritik: Systematische Darstellung der textkritischen Grundsätze für Philologen und Juristen.* Leipzig 1921.
Maas, Paul: »Textkritik«, in Gercke-Norden: *Einleitung in die Altertumswissenschaft.* Bd. I, Teil 2, Leipzig 1927.
Pasquali, Giorgio: *Storia della tradizione e critical del testo.* Florenz 1934.
Quentin, Dom Henri: *Essais de Critique textuelle* (Ecdotique). Paris 1926.
Severs, J. Burke: »Quentin's Theory of Textual Criticism«, in: *English Institute Annual,* 1941. New York 1942, S. 65–93.

Shepard, William: »Recent Theories of Textual Criticism«, in: *Modern Philology*. XXVIII (1930), S. 129–41.
Witkowski, Georg: *Textkritik und Editionstechnik neuerer Schriftwerke*. Leipzig 1924.

II. Bibliographie

Greg, Walter Wilson: »Bibliography an Apologia«, in: *The Library* XIII (1933), S. 113–43.
—: »The Function of Bibliography in Literary Criticism Illustrated in a Study of the Text of King Lear«, in: *Neophilologus*. XVIII (1933), S. 241–62.
—: »The Present Position of Bibliography«, in: *The Library*. XI (1930), S. 241–62.
—: »What is Bibliography?«, in: *Transactions of the Bibliographical Society*. XII (1912), S. 39—53.
Hinman, Charles: *The Printing and Proof-reading of the First Folio of Shakespeare*, Oxford 1962.
McKerrow, Ronald B.: *An Introduction to Bibliography for Literary Students*. Oxford 1927.
Simpson, Percy: »The Bibliographical Study of Shakespeare«, in: *Oxford Bibliographical Society Proceedings*. I (1927), S. 19–53.
Wilson, F. P.: »Shakespeare and the ›New Bibliography‹«, in: *The Bibliographical Society, 1892–1942; Studies in Retrospect*. London 1945, S. 76–135.
Wilson, John Dover: »Thirteen Volumes of Shakespeare: a Retrospect«, in: *Modern Language Review*. XXV (1930), S. 397–414.

III. Über die Herausgabe von Werken

Greg, W. W.: *The Editorial Problem in Shakespeare: A Survey of the Foundations of the Text*. Oxford 1942.
Leach, MacEdward: »Some Problems in Editing Middle English Manuscripts«, in: *English Institute Annual. 1939*. New York 1940, S. 130–51.
McKerrow, Ronald B.: *Prolegomena for the Oxford Shakespeare. A Study in Editorial Method*. Oxford 1939.
Stählin, Otto: *Editionstechnik*. Leipzig–Berlin 1914.
—, Fritz: »Über die Herausgabe gesammelter Werke«, in *Festschrift Edouard Tièche*. Bern 1947, S. 103–24.
Witkowski, Georg: siehe unter Textkritik.

7. *Literatur und Biographie*

I. *Einige Theoretische Erörterungen*

Bush, Douglas: »John Milton«, in: *English Institute Essays.* 1946, New York 1947, Teil eines Symposiums, »The Critical Significance of Biographical Evidence«, S. 5–11.

Cherniss, Harold: »The Biographical Fashion in Literary Criticism«, in: *University of California Publications in Classical Philology.* XII (1933–34), S 279–92.

Dilthey, Wilhelm: *Das Erlebnis und die Dichtung.* Leipzig 1907; 13. Aufl. 1957.

Fernandez, Ramon: »L'Autobiographie et le roman: L'exemple de Stendhal«, in: *Messages.* Paris 1926, S. 78–109.

Fiedler, Leslie, A.: »Archetype and Signature: A Study of the Relationship between Biography and Poetry«, in: *Sewanee Review,* XL (1952), S. 253–73.

Gundolf, Friedrich: *Goethe.* Berlin 1916, Einleitung.

Lee, Sir Sidney: *Principles of Biography.* Cambridge 1911.

Lewis, C. S., und Tillyard, E. N. W: *The Personal Heresy in Criticism.* Oxford 1934.

Maurois, André: *Aspects de la biographie.* Paris 1928.

—: »The Ethics of Biography«, in: *English Institute Annual.* 1942, New York 1943, S. 6–28.

Oppel, Horst: »Grundfragen der literaturhistorischen Biographie«, in: *Deutsche Vierteljahrschrift für Literaturwissenschaft und Geistesgeschichte.* XVIII (1940), S. 139–72.

Romein, Jan: *Die Biographie.* Bern 1948.

Sengle, Friedrich: »Zum Problem der modernen Dichterbiographie«, in: *Deutsche Vierteljahrzeitschrift für Literaturwissenschaft und Geistesgeschichte.* XXVI (1952), S. 100–111.

Sisson, C. J.: *The Mythical Sorrows of Shakespeare.* British Academy Lecture, 1934, London 1934.

Stanfield, James Field: *An Essay on the Study and Composition of Biography.* London 1813.

White, Newman I.: »The Development, Use and Abuse of Interpretation in Biography«, in: *English Institute Annual.* 1942, New York, 1943, S. 29–58.

8. *Literatur und Psychologie*

I. *Allgemeines, die Einbildungskraft, der schöpferische Vorgang*

Arnheim, Rudolf, u. a.: *Poets at Work.* New York 1948.

Auden, W. H.: »Psychology and Art«, in: *The Arts Today* (Hg. Geoffrey Grigson). London 1935, S. 1–21.

Béguin, Albert: *L'Âme romantique et le rêve: essais sur le romantisme allemand et la poésie française, 2 Bde.,* Marseille 1937; neue Aufl. 1 Bd., Paris 1946.

Berkelman, Robert G.: »How to put Words on Paper«, in: *Saturday Review of Literature.* XXVIII (Dez. 29, 1945), S. 18–19. (Über die Arbeitsmethoden des Schriftstellers).

Bühler, Charlotte: »Erfindung und Entdeckung: Zwei Grundbegriffe der Literaturpsychologie«, in: *Zeitschrift für Ästhetik.* XV (1921), S. 43–87.

Busemann, A.: »Über lyrische Produktivität und Lebensablauf«, in: *Zeitschrift für angewandte Psychologie,* XXVI (1926), S. 177–201.

Chandler, Albert R.: *Beauty and Human Nature: Elements of Psychological Aesthetics.* New York 1934.

Delacroix, Henri: *Psychologie de l'art.* Paris 1927.

de Vries, Louis Peter: *The Nature of Poetic Literature.* Seattle 1930.

Dilthey, W.: »Die Einbildungskraft des Dichters«, in: *Gesammelte Schriften,* Bd. VI, Leipzig 1924, 3. Aufl. Göttingen 1958, S. 103–241.

Downey, June: *Creative Imagination,* London 1929.

Frey, Dagobert: »Das Kunstwerk als Willensproblem«, in: *Zeitschrift für Ästhetik,* XXV (Beilage) (1931), S. 231–44.

Ghiselin, Brewster (Hg.): *The Creative Process: A symposium.* Berkeley, Calif. 1952; neue Aufl. New York 1955.

Hargreaves, H. L.: »The ›Faculty‹ of Imagination«, in: *British Journal of Psychology,* Monograph Supplement. III, 1927.

Hill, J. C.: »Poetry and the Unconscious«, in: *British Journal of Medical Psychology,* IV (1924), S. 125–33.

Koffka, K.: »Problems in the Psychology of Art«, in: *Art, A Symposium, Bryn Mawr Notes and Monographs,* IX (1940), S. 180–273.

Kretschmer, E.: *Körperbau und Charakter.* 1921; 20. Aufl. 1951.

Kroh, E.: »Eidetiker unter deutschen Dichtern«, in: *Zeitschrift für Psychologie,* LXXXV (1920), S. 118–62.

Lee, Vernon: »Studies in Literary Psychology«, in *Contemporary Review,* LXXXIV (1903), S. 713–23 and 856–64; LXXV (1904), 386–92.

Lowes, J. L.: *The Road to Xanadu: A Study in the Ways of the Imagination,* Boston 1927.

Lucas, F. L.: *Literature and Psychology.* London 1951.

Malraux, André: *Psychologie de l'art. 3 Bde. Genf 1947–50;* neue Fassung: *Les Voix du silence.* Paris 1951; deut. *Stimmen der Stille.* Baden-Baden 1956.

Maritain, Jacques: *Creative Intuition in Art and Poetry.* New York 1953; neue Aufl. 1955.
Marrett, R. R.: *Psychology and Folk-lore.* London 1920.
Moog, Willy: »Probleme einer Psychologie der Literatur«, in: *Zeitschrift für Psychologie und Physiologie der Sinnesorgane,* CXXIV (1932), S. 129–46.
Morgan, Douglas N.: »Psychology and Art Today: A Summary and Critique«, in: *Journal of Aesthetics,* X (1950), 81–96; wieder abgedruckt in: *The Problems of Aesthetics,* X, (hg. v. E. Vivas und M. Krieger).
Müller-Freienfels, R.: *Psychologie der Kunst.* 2 Bde., 2. Aufl. Leipzig 1923.
—: »Die Aufgaben einer Literaturpsychologie«, in: *Das literarische Echo,* XVI (1913–14), S. 805–11.
Munro, Thomas: »Methods in the Psychology of Art«, in: *Journal of Aesthetics,* VI (1948), S. 225–35.
Nixon, H. K.: *Psychology for the Writer,* New York 1928.
Perky, C. W.: »An Experimental Study of Imagination«, in: *American Journal of Psychology,* XXI (1910), S. 422–52.
Plaut, Paul: *Psychologie der produktiven Persönlichkeit.* Stuttgart 1929.
Pongs, Hermann: »L'image poétique et l'inconscient«, in: *Journal de Psychologie,* XXX (1933), S. 120–63.
Reicke, Ilse: »Das Dichten in psychologischer Betrachtung«, in: *Zeitschrift für Ästhetik,* X (1915), S. 290–345.
Ribot, Th.: *L'imagination créatrice.* Paris 1900.
Rusu, Liviu: *Essai sur la création artistique.* Paris 1935.
Sartre, Jean-P.: *L'Imagination.* Paris 1936.
Sterzinger, Othmar H.: *Grundlinien der Kunstpsychologie.* Bde. I und II. Graz 1938.
Tsanoff, Radoslv A.: »On the Psychology of Poetic Construction«, in: *American Journal of Psychology,* XXV (1914), S. 528–37.

II. Psychiatrische und psychoanalytische Untersuchungen

Basler, Roy P.: *Sex, Symbolism, and Psychology in Literature.* New Brunswick, N. J. 1948.
Baudouin, Charles: *Psychoanalysis and Aesthetics* (übtr. d. *Le symbole chez Verhaeren).* New York 1924.
Bergler, Edmund: *The Writer and Psychoanalysis.* New York 1950.
Boeschenstein, Hermann: »Psychoanalysis in Modern Literature«, in: *Columbia Dictionary of Modern Literature* (Hg. H. Smith). New York 1947, S. 651–7.
Bonaparte, Marie: *Edgar Poe: étude psychoanalytique . . .* Paris 1933.
Burchell, S. C.: »Dostoevsky and the Sense of Guilt«, in: *Psychoan. Rev.* XVII (1930), S. 195–207.
—: »Proust«, in: *Psychoan. Rev.* XV (1938), S. 300–3.
Burke, Kenneth: »Freud and the Analysis of Poetry«, in: *Philosophy of Literary Form.* Baton Rouge 1941, S. 258–92.

Coleman, Stanley: »Strindberg: the Autobiographies«, in: *Psychoan. Rev.* XXIII (1936), S. 248–73.

Davis, Robert Gorham: »Art and Anxiety«, in: *Partisan Review.* XIV (1945), S. 310–21.

Freud, Sigmund: »Dostojewski und die Vatertötung«, 1928; in: *Gesammelte Werke.* XIV, London 1948.

–: »Der Dichter und das Phantasieren«, 1908; in: *Gesammelte Werke.* VII, London 1941; 2. Aufl. 1947.

Hoffman, Frederick J.: *Freudianism and the Literary Mind.* Baton Rouge 1945.

Hoops, Reinhold: *Der Einfluß der Psychoanalyse auf die englische Literatur.* Heidelberg 1934.

Hyman, Stanley E.: »The Psychoanalytical Criticism of Literature«, in: *Western Review.* XII (1947–8), S. 106–15.

Jaspers, Karl: »Strindberg und Van Gogh«, in: *Arbeiten zur angewandten Psychiatrie.* Leipzig, V (1922); 3. Aufl. Bremen 1949.

Jones, Ernest: »A Psycho-analytic Study of Hamlet«, *Essays in Applied Psycho-analysis.* London 1923.

–: *Hamlet and Oedipus.* Garden City, N. Y. 1954.

Jung, C. G.: »Über die Beziehung der analytischen Psychologie zum dichterischen Kunstwerk«, in: *Seelenprobleme der Gegenwart.* 5., völlig revidierte Aufl., Zürich (1950), S. 35–64.

–: »Psychology and Literature« in: *Modern Man in Search of his Soul* (Übers. Dell and Baynes). New York 1934, S. 175–99.

Kris, Ernst: *Psychoanalytic Explorations in Art.* New York 1952.

Lewis, C. S.: »Psychoanalysis and Literary Criticism«, in: *Essays and Studies of the English Association.* XXVII (1941), S. 7–21.

Muschg, Walter: *Psychoanalyse und Literaturwissenschaft.* Berlin 1930.

Oberndorf, Clarence: Psychoanalytic Insight of Hawthorne«, in: *Psychoan. Rev.* XXIX (1942), S. 373–85.

–: *The Psychiatric Novels of O. W. Holmes.* New York 1943.

Pongs, H.: »Psychoanalyse und Dichtung« *Euphorion.* XXXIV (1933), S. 38–72.

Prinzhorn, H.: »Der künstlerische Gestaltungsvorgang in psychiatrischer Beleuchtung«, in: *Zeitschrift für Ästhetik.* XIX (1925), S. 154–81.

Pruette, Lorine: »A Psycho-analytic Study of E. A. Poe«, in: *American Journal of Psychology,* XXXI (1920), S. 370–402.

Rank, Otto: *Art and Artist: Creative Urge and Personality Development* (C. F. Atkinson). New York 1932.

Rosenzweig, Saul: »The Ghost of Henry James«, in: *Partisan Review.* XI (1944), S. 436–55.

Sachs, Hanns: *Creative Unconscious.* Cambridge Mass. 1942; 2. Aufl. 1951.

Squires, P. C.: »Dostoevsky: A Psychopathological Sketch«, in: *Psychoan. Rev.* XXIV (1937), S. 365–88.

Stekel, Wilhelm: »Poetry and Neurosis«, in: *Psychoan. Rev.* X (1923), S. 73–96, 190–208, 316–28, 457–66.

Trilling, Lionel: »A Note on Art and Neurosis«, in: *Partisan Review.* XII (1945), S. 41–9 (wieder abgedruckt in *The Liberal Imagination.* New York 1950, S. 43–57, 160–80).

–: »The Legacy of Freud: Literary and Aesthetic«, in: *Kenyon Review.* II (1940), S. 152–73 (wieder abgedruckt in *The Liberal Imagination.* New York 1950, S. 34–57, 160–80); »Psychoanalyse und Literatur«, in: *Der Monat.* III, 35 (1951), S. 477–489 (übers. v. Edgar Lohner).

9. Literatur und Gesellschaft

I. Allgemeine Erörterungen über Literatur und Gesellschaft und einige Bücher über Einzelprobleme

Bruford, W. H.: *Theatre, Drama and Audience in Goethe's Germany.* London 1950.

Daiches, David: *Literature and Society.* London 1938.

–: *The Novel and the Modern World.* Chicago 1939.

–: *Poetry and the Modern World.* Chicago 1940.

Duncan, Hugh Dalziel: *Language and Literature in Society, with a Bibliographical Guide to the Sociology of Literature.* Chicago 1953.

Escarpit, Robert: *Sociologie de la littérature (Que sais-je?),* Paris 1958.

Guérard, Albert Léon: *Literature and Society.* New York 1935.

Guyau, J.: *L'art au point de vue sociologique.* Paris 1889.

Hennequin, Émile: *La critique scientifique.* Paris 1888.

Kallen, Horace M.: *Art and Freedom.* 2 Bde., New York 1942.

Kern, Alexander C.: »The Sociology of Knowledge in the Study of Literature«, in: *Sewanee Review.* L (1942), S. 505–14.

Knights, L. C.: *Drama and Society in the Age of Jonson.* London 1937.

Kohn-Bramstedt, Ernst: *Aristocracy and the Middle Classes in Germany: Social Types in German Literature, 1830–1900.* London 1937. (Enthält Einleitung: »The Sociological Approach to Literature«)

Lalo, Charles: *L'art et la vie sociale.* Paris 1921.

Lanson, Gustave: »L'histoire littéraire et la sociologie«, in: *Revue de Métaphysique et morale.* XII (1904), F. 621–42.

Leavis, Q. D.: *Fiction and the Reading Public.* London 1932.

Lerner, Max und Mims, Edwin: »Literature«, in: *Encyclopedia of Social Sciences* IX (1933), S. 523–43.

Levin, Harry: »Literature as an Institution«, in: *Accent.* VI (1946), S. 159–68. Wieder abgedruckt in *Criticism* (Hg. Schorer, Miles, McKenzie), New York 1948, S. 546–53.

Lowenthal, Leo: *Literature and the Image of Man, Sociological Studies of the European Drama and Novel, 1600–1900,* Boston 1957.

Niemann, Ludwig: *Soziologie des naturalistischen Romans.* Berlin 1934 Germanische Studien 148).
Read, Herbert: *Art and Society.* London 1937; 3. Aufl. London 1956.
Schücking, Levin: *Die Soziologie der literarischen Geschmacksbildung,* München 1923 (2. erweiterte Aufl., Leipzig 1931).
Sewter, A. C.: »The Possibilities of a Sociology of Art«, in: *Sociological Review* (London), XXVII (1935), S. 441–53.
Sorokin, Pitirim: *Fluctuations of Forms of Art.* Cincinnati 1937 (Bd. I der *Social and Cultural Dynamics).*
Tomars, Adolph Siegfried: *Introduction to the Sociology of Art.* Mexico City 1940.
Witte, W.: »The Sociological Approach to Literature«, in: *Modern Language Review.* XXXVI (1941), S. 86—94.
Ziegenfuß, Werner: »Kunst«, in: *Handwörterbuch der Soziologie.* (Hg. Alfred Vierkandt), Stuttgart 1931, S. 301—48.

II. Einige Abhandlungen über den wirtschaftsgeschichtlichen Hintergrund

Beljame, Alexandre: *Le Public et les Hommes des Lettres en Angleterre au XVIIIe siècle: Dryden, Addison et Pope.* Paris 1883.
Collins, A. S. *Authorship in the Days of Johnson.* New York 1927.
—: *The Profession of Letters (1780–1832).* New York 1928.
Holzknecht, Karl J.: *Literary Patronage in the Middle Ages.* Philadelphia 1923.
Lévy, Robert: *Le Mécénat et l'organisation du crédit intellectuel.* Paris 1924.
Martin, Alfred von: *Soziologie der Renaissance.* Stuttgart 1932; 2. Aufl. Frankfurt 1949.
Overmeyer, Crace: *Government and the Arts.* New York 1939.
Sheavyn, Phoebe: *The Literary Profession in the Elizabethan Age.* Manchester 1909.

III. Einige marxistische Abhandlungen und Erörterungen der marxistischen Methode

Bukharin, Nikolai: »Poetry, Poetics, and Problems of Poetry in the U.S.S.R.«, in: *Problems of Soviet Literature.* New York o. J., S. 187–210 (wieder abgedruckt in *The Problems of Aesthetic.* Hg. v. E. Vivas and M. Krieger, New York 1953, S. 498–514).
Burgum, Edwin Berry: *The Novel and the World's Dilemma.* New York 1947.
Burke, Kenneth: *Attitudes towards History,* 2 Bde., New York 1937.
Caudwell, Christopher: *Illusion and Reality.* London 1937.
Cohen, Morris R.: »American Literary Criticism and Economic Forces«, in: *Journal of the History of Ideas.* I (1940), S. 369–74.

Demetz, Peter: *Marx, Engels und die Dichter. Zur Grundlagenforschung des Marxismus*, Stuttgart 1959.
Farrell, James T.: *A Note on Literary Criticism*. New York 1936.
Finkelstein, Sidney: *Art and Society*. New York 1947.
Fréville, Jean (Hg.): *Sur la littérature et l'art*. 2 Bde., Paris 1936 (enthält sachdienliche Texte aus Marx, Engels, Lenin und Stalin).
Grib, V.: *Balzac* (aus dem Russ. übers.; Critics' Group Series), New York 1937.
Henderson, P.: *Literature and a Changing Civilization*. London 1935.
—: *The Novel of Today, Studies in Contemporary Attitudes*. Oxford 1936.
Iskowicz, Marc: *La littérature à la lumière du materialisme historique*. Paris 1926.
Jackson, T. A.: *Charles Dickens, The Progress of a Radical*. New York 1938.
Klingender, F. D.: *Marxism and Modern Art*. London 1943.
Lifshitz, Mikhail: *The Philosophy of Art of Karl Marx* (aus dem Russ. übers.; Critics' Group Series), New York 1938.
Lukačs, Georg: *Balzac und der französische Realismus*. Berlin 1951.
—: *Beiträge zur Geschichte der Ästhetik*. Berlin 1954.
—: *Der historische Roman*, Berlin 1955.
—: *Schriften zur Literatursoziologie* (hg. v. Peter Ludz, Neuwied 1961).
—: *Der russische Realismus in der Weltliteratur*. Berlin 1949.
—: *Essays über Realismus*. Berlin 1948; 2. verm. Aufl. u. d. Titel *Probleme des Realismus*. Berlin 1955.
—: *Deutsche Realisten des 19. Jahrhunderts*. Bern 1951; 2. Aufl. Berlin 1952.
—: *Goethe und seine Zeit*. Bern 1947; 3. Aufl. Berlin 1955.
—: *Karl Marx und Friedrich Engels als Literaturhistoriker*. Berlin 1948.
—: *Thomas Mann*. Berlin 1949.
Marx, K., und Engels, F.: *Über Kunst und Literatur* (Hg. M. Lifschitz). Berlin 1948.
Novitsky, Pavel J.: *Cervantes and Don Quixote* (aus dem Russ. übers.; Critics' Group Series). New York 1936.
Plekhanov, Georgi: *Art and Society* (aus dem Russ. übers.; Critics' Group Series). New York 1936; neue erweiterte Aufl. 1953.
Sakulin, N. P.: *Die russische Literatur*. Potsdam 1930 (in *Handbuch der Literaturwissenschaft*, Hg. O. Walzel). (Aus dem Russ übers.)
Smirnov, A. A.: *Shakespeare* (aus dem Russ. übers.; Critics' Group Series). New York 1936.
Smith, Bernard: *Forces in American Criticism*. New York 1939.
Thomson, George: *Aeschylus and Athens: A Study in the Social Origin of the Drama*. London 1941.
—: *Marxismus and Poetry*. London 1945.
Trotsky, Leon: *Literatur und Revolution*. Wien 1924. (Aus d. Russ. übtr.)

10. Literatur und Ideen

Theoretische Erörterungen

Boas, George: »*Some Problems of Intellectual History*«, *Studies in Intellectual History*. Baltimore 1953, S. 3–21.

Crane, Ronald S.: »Literature, Philosophy, and Ideas«, in: *Modern Philology*. LII (1954), S. 78–83.

Gilson, Étienne: *Les idées et les lettres*. Paris 1932.

Glockner, Hermann: »Philosophie und Dichtung: Typen ihrer Wechselwirkung von den Griechen bis auf Hegel«, in *Zeitschrift für Ästhetik*. CV (1920–21), S. 187–204.

Jockers, Ernst: »Philosophie und Literaturwissenschaft«, in: *Germanic Review*. X (1935), S. 73–97, 166–86.

Laird, John: *Philosophical Incursions into English Literature*. Cambridge 1946.

Lovejoy, Arthur O.: *Essays in the History of Ideas*. Baltimore 1948.

—: *The Great Chain of Being*. Cambridge Mass. 1936.

—: »The Historiography of Ideas«, in: *Proceedings of the American Philosophical Society*. LXXVII (1937–8), S. 529–43.

—: »Present Standpoint and Past History«, in: *Journal of Philosophy*. XXXVI 1939), S. 471–89.

—: »Reflections on the History of Ideas«, in: *Journal of the History of Ideas*. I (1940), S. 1–23.

—: »Antwort an Professor Spitzer«, in: *Ebenda*. V (1944), S. 204–19.

Lützeler, Heinrich: »Gedichtsaufbau und Welthaltung des Dichters«, in: *Euphorion*. NF, XXXV (1934), S. 247–62.

Nicolson, Majorie: »The History of Literature and the History of Thought«, in: *English Institute Annual*. 1939, New York 1940, S. 56–89.

Nohl, Hermann: *Stil und Weltanschauung*. Jena 1923.

Santayana, George: »Tragic Philosophy«, in: *Works* (Triton Ausg.). New York 1936, S. 275–88 (wieder abgedruckt in M. D. Zabel (Hg.) *Literary Opinion in America*. New York 1937, S. 129–41).

Spitzer, Leo: »Geistesgeschichte vs. History of Ideas as applied to Hitlerism« in: *Journal of the History of Ideas*. V (1944), S. 191–203.

Stace, W. T.: The Meaning of Beauty: *A Theory of Aesthetics*. London 1929, bes. S. 164 ff.

Taylor, Harold A.: »Further Reflections on the History of Ideas«, in: *Journal of Philosophy*. XL (1943), S. 281–99.

Trilling, Lionel: »The Meaning of a Literary Idea«, in: *The Liberal Imagination*. New York 1950, S. 281–303.

Unger, Rudolf: Aufsätze zur *Prinzipienlehre der Literaturgeschichte*. 2 Bde. Berlin 1929 (Bd. I enthält: *Literaturgeschichte*. »Philosophische Proble-

me der neueren Literaturwissenschaft«, »Weltanschauung und Dichtung«).
Walzel, Oskar: *Gehalt und Gestalt im dichterischen Kunstwerk*. Berlin-Potsdam 1923; 3. Aufl. Darmstadt 1957.
Wechssler, Eduard: »Über die Beziehung von Weltanschauung und Kunstschaffen«, in: *Marburger Beiträge zur romantischen Philologie*. IX (1911), 46 S.

11. Die Literatur und andere Künste

I. Allgemeine Erörterungen

Binyon, Laurence: »English Poetry in its Relation to Painting and the Other Arts«, in: *Proceedings of the British Academy*. VIII (1918, S. 381–402.
Brown, Calvin S.: *Music and Literature: A Comparison of the Arts*. Atlanta 1948.
Combarieu, Jules: *Les Rapports de la musique et de la poésie*. Paris 1894.
Greene, Theodore Meyer: *The Arts and the Art of Criticism*. Princeton 1940.
Hatzfeld, Helmut A: »Literary Criticism Through Art and Art Criticism Trough Literature«, in: *Journal of Aesthetics*. VI (1947), S. 1–21.
Hourticq, Louis: *L'Art et littérature*. Paris 1946.
Maury, Paul: *Arts et littérature comparées: État présent de la question*. Paris 1933.
Medicus, Fritz: »Das Problem einer vergleichenden Geschichte der Künste«, in: *Philosophie der Literaturwissenschaft* (Hg. Emil Ermatinger). Berlin 1930, S. 188–239.
Read, Herbert: »Parallels in English Painting and Poetry«, in: *In Defence of Shelley and other Essays*. London 1936, S. 233–48.
Sachs, Curt: *The Commonwealth of Art: Style in the Arts, Music and the Dance*. New York 1946.
Souriau, Etienne: »La Correspondance des arts«, in: *Eléments d'esthétique comparée*. Paris 1947.
Vossler, Karl: »Über wechselseitige Erhellung der Künste«, in: *Festschrift Heinrich Wölfflin zum 70. Geburtstag*. Dresden 1935, S. 160–67.
Walzel, Oskar: *Gehalt und Gestalt im Kunstwerk des Dichters*. Berlin-Potsdam 1923, bes. S. 265 ff. und 282 ff.; 3. Aufl. Darmstadt 1957 .
—: *Wechselseitige Erhellung der Künste*. Berlin 1917.
Wais, Kurt: *Symbiose der Künste*, Stuttgart 1936.
—: »Vom Gleichlauf der Künste«, in: *Bulletin of the International Committee of the Historical Sciences*. IX (1937), S. 295–304.

II. Einige Arbeiten über die historischen Beziehungen zwischen der Literatur und den anderen Künsten

Baldensperger, F.: *Sensibilité musicale et romantisme.* Prais 1925.

Bontoux, Germaine: *La Chanson en Angleterre au temps d'Elizabeth.* Paris 1938.

Fairchild, Arthur H. R.: *Shakespeare and the Arts of Design (Architecture, Sculpture, and Painting).* Columbia Miss. 1937.

Fehr, Bernhard: »The Antagonism of Forms in the Eighteenth Century«, in: *English Studies.* XVIII (1936), S. 115–21, 193–205; XIX (1937), S. 1–13, 49–57 (wieder abgedruckt in: *Von Englands geistigen Beständen.* Frauenfeld 1944, S. 59–118).

Hatzfeld, Helmut A.: *Literature Through Art: A New Approach to French Literature.* New York 1952.

Hautecœur, Louis: *Littérature et peinture en France du XVII au XX siècle.* Paris 1942.

Hautmann, Max: »Der Wandel der Bildvorstellungen in der deutschen Dichtung und Kunst des romanischen Zeitalters«, in: *Festschrift Heinrich Wölfflin.* München 1924, S. 63—81.

Hollander, John: *The Untuning of the Sky: Ideas of Music in English Poetry 1500–1700,* Princeton 1961.

Larrabee, Stephan A.: *English Bards und Grecian Marbles: The Relationship between Sculpture and Poetry.* New York 1943.

Manwaring, Elizabeth W.: *Italian Landscape in Eighteenth Century England.* New York 1925.

Meyer, Herman: »Die Verwandlung des Sichtbaren. Die Bedeutung der modernen bildenden Kunst für Rilkes späte Dichtung«, *Deutsche Vierteljahrschrift für Literaturwissenschaft und Geistesgeschichte,* XXXI (1957), pp. 465–505.

Pattison, Bruce: *Music and Poetry of the English Renaissance.* London 1948.

Seznec, Jean: »Flaubert and the Graphic Arts«, in: *Journal of the Warburg and Courtauld Institutes.* VIII (1945), S. 175–90.

Smith, Warren H.: *Architecture in English Fiction.* New Haven 1934.

Tinker, Chauncey Brewster: *Painter and Poet: Studies in the Literary Relations of English Painting.* Cambridge Mass. 1938.

Webster, Thomas B. L.: *Greek Art and Literature* (530–400 B. C.). Oxford 1939.

Wind, Edgar: »Humanitätsidee und heroisches Porträt in der englischen Kultur des sechzehnten Jahrhunderts«, in: *Vorträge der Bibliothek Warburg,* 1930–31. Leipzig 1932, S. 156–229.

12. *Die Seinsweise eines literarischen Kunstwerkes*

I. Erörterungen der Seinsweise, Ontologie der Literatur

Bilsky, Manuel: »The Significance of Locating the Art Object«, in: *Philosophy and Phenomenological Research.* XIII (1935), S. 531–36.

Bonati, Félix Martínez: *La estructura de la obra literaria,* Santiago de Chile 1960.

Conrad, Waldemar: »Der aesthetische Gegenstand«, in: *Zeitschrift für Ästhetik.* III (1908, S. 71–118, and IV (1909), S. 400–55.

Dufrenne, Mikel: *Phénoménologie de l'objet esthétique,* Paris 1950

Hartmann, Nicolai: *Das Problem des geistigen Seins* (Untersuchungen zur Grundlegung der Geschichtsphilosophie und der Geisteswissenschaften). Berlin 1933; 2. Aufl. 1949.

Hirsch, E. D., Jun.: »Objective Interpretation«, PMLA, LXXV (1960), pp. 463–79.

Husserl, Edmund: *Cartesianische Meditationen und Pariser Vorträge.* Den Haag 1950 (Hg. und eingel. von S. Strasser).

Ingarden, Roman: *Das literarische Kunstwerk* Halle 1931.

Joad, C. E. M.: *Guide to Philosophy.* New York 1935, S. 267—70.

Kahn, Sholom J.: »What Does a Critic Analyze?« in *Philosophy and Phenomenological Research.* XIII (1952), S. 237–45.

Lalo, Charles: »The Aesthetic Analysis of a Work of Art: An Essay on the Structure and Superstructure of Poetry«, in: *Journal of Aesthetics.* VII (1949), S. 278–93.

Mukařovský, Jan: »L'Art comme fait sémiologique«, Actes de huitième congrès international de philosophie à Prague, 1936, pp. 1065–72.

Müller, Günther: »Über die Seinsweise von Dichtung«, in: *Deutsche Vierteljahrschrift für Literaturwissenschaft und Geistesgeschichte.* XVII (1939), S. 137–53.

Souriau, Etienne: »Analyse existentielle de l'œuvre d'art«, Abschnitt aus *La Correspondance des arts.* Paris 1947.

Vivas, Eliseo: »What Is a Poem?«, in: *Creation and Discovery.* New York 1955, S. 73–92.

Ziff, Paul: »Art and the ›Object of Art‹ «, in: *Mind.* LX (1951), S. 466–80.

II. Erörterungen und Anwendungen der »Explication de textes«

Brunot, F.: »Explications françaises«, in: *Revue universitaire.* IV (1895) S. 113–28, 263–87.

Hatzfeld, Helmut: *Einführung in die Interpretation neufranzösischer Texte.* München 1922.

Lanson, Gustave: »Quelques mots sur l'explication de textes«, in: *Méthodes de l'histoire littéraire.* Paris 1925, S. 38–57.

Roustan, M.: *Précis d'explication française.* Paris 1911.

Rudler, Gustave: *L'explication française.* Paris 1902.
Vigneron, Robert: *Explication de Textes and Its Adaptation to the Teaching of Modern Languages.* Chicago 1928.

III. Erörterungen des »Genauen Lesens« und methodische Beispiele

Blackmur, Richard P.: *The Double Agent.* New York 1935.
—: *Language as Gesture* (Essays in Poetry). New York 1952.
—: *The Lion and the Honeycomb.* New York 1955.
Bloom, Harold: *The Visionary Company. A Reading of English Romantic Poetry.* New York 1961.
Brooks, Cleanth: *Modern Poetry and the Tradition.* Chapel Hill 1939.
– und Robert Penn Warren: *Understanding Poetry.* New York 1939.
—: *The Well Wrought Urn.* New York 1947.
Brower, Rueben A.: *The Fields of Light: An Experiment in Critical Reading.* New York 1951.
Burger, Heinz Otto (Hg.): *Gedicht und Gedanke.* Halle 1942.
Burnshaw, Stanley (Hg): *The Poem Itself,* New York 1960.
Cohen, Gustave: *Essai d'explication du »Cimitière marin«.* Paris 1933.
Crane, Ronald S.: »Interpretation of Texts and the History of Ideas«, in: *College English.* II (1941), S. 755–65.
Empson, William: *Seven Types of Ambiguity.* London 1940 (neue Aufl. New York 1948).
—: *Some Versions of Pastoral.* London 1935 (Amerikanischer Titel: *English Pastoral Poetry.* New York 1938).
—: *The Structure of Complex Words.* Norfolk Conn. o. J. (1951).
Etienne, S.: *Experiences d'analyse textuelle en vue d'explication littèraire.* Paris 1935.
Goodman, Paul: *The Structure of Literature.* Chicago 1954.
Hartman, Geoffrey H.: *The Unmediated Vision: An Interpretation of Wordsworth, Hopkins, Rilke, and Valèry.* New Haven 1954.
Kommerell, Max: *Gedanken über Gedichte,* Frankfurt 1943; 2. Aufl. 1956.
—: *Geist und Buchstabe der Dichtung.* Frankfurt 1940; 4. Aufl. 1956.
Leavis, F. R.: *New Bearings in English Poetry.* London 1932.
—: *Revaluation, Tradition and Development in English Poetry.* London 1936 (wieder gedruckt, New York 1947).
Martini, Fritz: *Das Wagnis der Sprache: Interpretationen deutscher Prosa von Nietzsche bis Benn.* Stuttgart 1954 (2. Aufl. 1956).
Olson, Elder: »Rhetoric and the Appreciation of Pope«, in: *Modern Philology.* XXXVII (1939), S. 13–35.
—: »Sailing to Byzantium: Prolegomena to a Poetics of the Lyric«, in: *University Review.* (Kansas City), VII (1942), S. 209—19.
Ransom, John Crowe: *The World's Body.* New York 1938.
Richards, I. A.: *Practical Criticism.* London 1929; New York 1955.
Spitzer, Leo: Cf. Verzeichnis der Arbeiten in Kp. XIV, Teil I.

Staiger, Emil: »Die Kunst der Interpretation«, in: *Neophilologus* XXXV (1951), S. 1–15.
—: *Meisterwerke deutscher Sprache aus dem neunzehnten Jahrhundert.* Zürich 1943; 3. Aufl. 1957.
Tate, Allen: *Reactionary Essays on Poetry and Ideas.* New York 1936.
—: *Reason in Madness.* New York 1941.
Unger, Leonard: »Notes on *Ash Wednesday*«, in: *Southern Review,* IV (1939), S. 745–70.
Wain, John (ed.): *Interpretations: Essays on Twelve English Poems,* London 1955.
Walzel, Oskar: *Gehalt und Gestalt im dichterischen Kunstwerk.* Berlin 1923. (Teil d. Reihe: *Handbuch der Literaturwissenschaft.* Hg. O. Walzel); 3. Aufl. Darmstadt 1957.
—: *Das Wortkunstwerk: Mittel seiner Erforschung.* Leipzig 1926.
Wasserman, Earl R.: *The Finer Tone.* Baltimore 1953. (Über Keats).

IV. Erörterungen der »Absicht« in einem literarischen Werk

Coomaraswamy, Amanda K.: »Intention«, in: *American Bookman.* I (1944) S. 41–8.
Walcutt, Charles Child: »Critic's Taste and Artist's Intention«, in: *The University of Kansas City Review.* XII (1946), S. 278–83.
Walzel, Oskar: »Künstlerische Absicht«, in: *Germanisch-romanische Monatsschrift.* VIII (1920), S. 321–31.
Wimsatt, W. K., Jr., und Beardsley, Monroe C.: »Intention«, in: *Dictionary of World Literature* (Hg. J. T. Shipley). New York 1944, S. 326–29.
—: »The Intentional Fallacy«, in: *Sewanee Review* LIV (1946), S. 468–88 (wieder gedruckt in *The Verbal Icon.* Lexington, Ky. 1954, S. 3–18).

13. Wohlklang, Rhythmus und Metrik

I. Wohlklang, Klangmuster, Reim etc.

Bate, Walter Jackson: *The Stylistic Development of Keats.* New York 1954.
Brik, Osip: »Zvokovie portory« (Klangmuster), in *Poetica.* Petersburg 1919.
Chapin, Elsa, und Russell, Thomas: *A New Approach to poetry.* Chicago 1929.
Ehrenfeld, A.: *Studien zur Theorie des Reims,* 2 Bde.; Zürich 1897, 1904.
Frye, Northrop (Hg): *Sound and Poetry. English Institute Essays 1956,* New York 1957.
Gabrielson, Arnid: *Rime as a Criterion of the Pronunciation of Spenser, Pope, Byron, and Swinburne.* Uppsala 1909.
Knauer, Karl: »Die klangaesthetische Kritik des Wortkunstwerks am Beispiel französischer Dichtung, in: *Deutsche Vierteljahrschrift für Literaturwissenschaft und Geistesgeschichte.* XV (1937), S. 69–91.

Lanz, Henry: *The Physical Basis of Time.* Stanford University Press 1931.
Masing, W.: *Sprachliche Musik in Goethes Lyrik.* Straßburg 1910.
Oras, Ants: »Lyrical Instrumentation in Marlowe«, in: *Studies in Shakespeare* (Hg. A. D. Matthews und C. M. Emery). Coral Gables, Florida 1953.
—: »Surrey's Technique of Phonetic Echoes«, in *Journal of English and Germanic Philology.* L (1951), S. 289–308.
Richardson, Charles F.: *A Study of English Rhyme.* Hannover N. H. 1909.
Servien, Pius: *Lyrisme et structures sonores.* Paris 1930.
Snyder, Edward D.: *Hypnotic Poetry: A Study of Trance-Inducing Technique in Certain Poems and its Literary Significance.* Philadelphia 1930.
Vossler, Karl: »Stil, Rhythmus und Reim in ihrer Wechselwirkung bei Petrarca und Leopardi«, in: *Miscellanea di studi critici ... in onore die Arturo Graf.* Bergamo 1903, S. 453–481.
Wilson, Katharine M.: *Sound and Meaning in English Poetry.* London 1930.
Wimsatt, W. K., Jr.: »One Relation of Rhyme to Reason«, in: *Modern Language Quarterly.* V (1944), S. 232–38 (wieder abgedruckt *The Verbal Icon.* Lexington Ky. 1954, S. 153–66).
Wyld, Henry C.: *Studies in English Rhymes from Surrey to Pope.* London 1923.
Zhirmunsky, Viktor: *Rifma, ee isotira i teorya* (Reim, seine Geschichte und Theorie). Petrograd 1923.
Zschech, Fritz: *Die Kritik des Reims in England.* Berlin 1917 (»Berliner Beiträge zur germanischen und romanischen Philologie«, Bd. 50).

II. Rhythmus und Prosarhythmus

Baum, Paul F.: *The Other Harmony of Prose.* Durham N. C. 1952.
Blass, fr.: *Die Rhythmen der antiken Kunstprosa.* Leipzig 1901.
Chérel, A.: *La Prose poétique française.* Paris 1940.
Clark, A. C.: *The Cursus in Medieval and Vulgar Latin.* Oxford 1910.
—: *Prose Rhythm in English.* Oxford 1913.
Classe, André: *The Rhythm of English Prose.* Oxford 1939.
Croll, Morris W.: »The Cadence of English Oratorical Prose«, in: *Studies in Philology.* XVI (1919), S. 1–55.
Elton, Oliver: »English Prose Numbers«, in: *A Sheaf of Papers.* London 1922, S. 130—63.
Fijn van Draat, P.: »Rhythm in English Prose«, in: *Anglia.* XXXVI (1912), S. 1–58.
—: »Voluptas Aurium«, in: *Englische Studien.* XLVIII (1914–15), S. 394–428.
Groot, A. W. de.: *A Handbook of Antique Prose-Rhythm.* Groningen 1919; Bd. I.
—: »Der Rhythmus«, in: *Neophilologus.* XVII (1931), S. 81–100, 177–97, 241–65.

Martin, Eugène-Louis: *Les Symmétries du français littéraire.* Paris 1924.
Norden, Eduard: *Die antike Kunstprosa.* 2 Bde. Leipzig 1898; 5. Aufl. Stuttgart 1958.
Patterson, W. M.: *The Rhythm of Prose* (Columbia University Studies in English, Nr. 27). New York 1916.
Scott, John Hubert: *Rhythmic Prose* (University of Iowa Studies. Humanistic Studies, III, Nr. 1). Iowa City 1925.
Sekel, Dietrich: *Hölderlins Sprachrhythmus.* Leipzig 1937.
Servien, Pius: *Les rhythmes comme introduction physique à l'esthétique.* Paris 1930.
Vinogradov, Viktor: »Ritm prozy (po *Pikovej dame*)« (Prosarhythmus gezeigt an *Pique Dame*), in: *O Stiche, Statyi (Über Verse, Essays).* Leningrad 1929.
Williamson, George: *The Senecan Amble. A Study of Prose Form from Bacon to Collier.* Chicago 1951.

III. Verslehre

a) englische Arbeiten

Barkas, Pallister: *A Critique of Modern English Prosody,* 1880–1930 (Studien zur englischen Philologie, Hg. Morsbach und Hecht, Nr. 82). Halle 1934.
Baum, P. F.: *The Principles of English Versification.* Cambridge 1922.
Croll, Morris W.: »Music and Metrics«, in: *Studies in Philology.* XX (1923), S. 388–94.
Dabney, I. P.: *The Musical Basis of Verse.* New York 1901.
Hamm, Victor M.: »Meter and Meaning«, in *PMLA.* LXIX (1954), S. 695 —710.
Jacob, Cary T.: *The Foundation and Nature of Verse.* New York 1918.
Lanier, Sidney: *Science of English Verse.* New York 1880 (neue Aufl. mit Einleitung von P. F. Baum in *Centennial Edition,* Hg. Charles Anderson. Baltimore 1945, Bd. II, S. VII–XLVIII).
Omond, T. S.: *English Metrists.* Oxford 1921.
Pope, John C.: *The Rhythm of Beowulf.* New Haven 1942.
Schramm, Wilburg Lang: *Approaches to a Science of Verse* (University of Iowa Studies, Series on Aims and Progress of Research, Nr. 46). Iowa City 1935.
Stewart, George R., Jr.: *Modern Metrical Techniques as Illustrated by Ballad Meter.* 1700–1920; New York 1922.
—: *The Technique of English Verse.* New York 1930.
Thompson, John: *The Founding of English Metre,* London 1961.
Wimsatt, W. K. und Beardsley, M. C.: »The Concept of meter: an exercise in abstraction«, PMLA, LXXIV (1959), S 585–98.

b) französische, deutsche, russische und tschechische Arbeiten

Benoist-Hanappier, Louis: *Die freien Rhythmen in der deutschen Lyrik.* Halle 1905.

Eichenbaum, Boris: *Melodika lyricheskogo stikha* (Die Melodie der lyrischen Verse). St. Petersburg 1922.

Fraenkel, Eduard: *Iktus und Akzent im lateinischen Sprechvers.* Berlin 1928

Grammont, Maurice: *Le Vers français. Ses moyens d'expression, son harmonie.* Paris 1913 (4. Aufl. 1937).

Heusler, Andreas: *Deutsche Versgeschichte,* 3 Bde. Berlin 1925–29; 2. Aufl. 1956.

—: *Deutscher und antiker Vers.* Straßburg 1917 (Quellen und Forschungen, Nr. 123).

Jakobson, Roman: *O cheschkom stikhe* (über tschechische Verse). Berlin 1923.

—: »Über den Versbau der serbokroatischen Volksepen«, in: *Archives néerlandaises de phonétique expérimentale.* VII–IX (1933), S. 135–53.

Lote, G.: *L'alexandrin français d'après la phonétique experimentale.* Paris 1913.

Meillet, Antoine: *Les origines indo-européenes des mètres grecs.* Paris 1923.

Morier, Henri: *Le rhythme du vers libre symboliste étudié chez Verhaeren, Henri de Regnier, Villé-Griffin et ses relations avec le sens.* 3 Bde. Genf 1943–44.

Muka řovský, Jan: »Dejinv českého verše (Tschechische Versgeschichte), in: *Ceskoslovenská vlastivěda,* Prag 1934; Bd. III.

—: »Intonation comme facteur de rhythme poétique«, in: *Archives neerlandaises de phonétique expérimentale.* VII–IX (1933), S. 153–65.

Saran, Franz: *Deutsche Verslehre.* München 1907.

—: *Der Rhythmus des französischen Verses.* Halle 1904.

Scripture, E. W.: *Grundzüge der englischen Verswissenschaft.* Marburg 1929.

Sievers, Wilhelm: *Rhythmisch-melodische Studien,* Heidelberg 1912.

—: *Altgermanische Metrik.* Leipzig 1893.

Spoerri, Theophil: *Französische Metrik.* München 1929.

Tomashevsky, Boris: *Ruskoe stikhoslozhenye: Metrika* (Russische Verslehre: Metrik). St. Petersburg 1923.

—: *O Stikhe: Statyi,* (Über Verse: Essays). Leningrad 1929.

Tynayanov, Yuryi N.: *Problemy stikhotvornago yazyka* (Probleme der dichterischen Sprache). St. Petersburg 1924.

Verrier, Paul: *Essai sur les principes de la métrique anglaise.* 3 Bde. Paris 1909.

—: *Le vers français.* 3 Bde. Paris 1931–2.

Zhirmunsky, Viktor: *Kompozitsiya lyricheskikh stikhotovorenii* (Die Komposition des lyrischen Gedichts). Petrograd 1921.
—: *Vvedenie v metriku: Teoriya stikha* (Einführung in die Metrik, Theorie des Verses). Leningrad 1925.

14. *Stil und Stilistik*

I. Theoretische Erörterungen und allgemeine Darstellungen

Alonso, Amado: »The Stylistic Interpretation of Literary Texts«, in: *Modern Language Notes.* LVII (1942), S. 489–96.
Bally, Charles: *Le Language et la vie.* Paris 1926 (auch Zürich 1945).
—: *Linguistique générale et linguistique française.* 3. Aufl. Bern 1950.
Bateson, F. W.: *English Poetry and the English Language.* Oxford 1934.
Bertoni, Giulio: *Lingua e Poesia.* Florenz 1937.
—: *Lingua e Cultura.* Florenz 1939.
Brunot, Ferdinand: *La Pensée et la langue.* 3. Aufl. Paris 1936.
Castle, Eduard: »Zur Entwicklungsgeschichte des Wortbegriffs Stil«, in: *Germanisch-romanische Monatsschrift.* VI (1914), S. 153–60.
Cooper, Lane: *Theories of Style.* New York 1907.
Cressot, M.: *Le style et ses techniques.* Paris 1947.
Elster, Ernst: *Prinzipien der Literaturwissenschaft.* Bd. II; Halle 1911 (behandelt auch die Stilistik).
Gerber, Gustav: *Sprache als Kunst.* 2 Bde.; Bromberg 1871; 2. Aufl. 1885.
Gourmont, Remy de: *Le Probléme du style.* Paris 1902.
Hatzfeld, Helmut: *A Critical Bibliography of the New Stylistics Applied to the Romance Literatures,* 1900–1952. Chapel Hill 1953.
—: »Stylistic Criticism as Art-minded Philology«, in: *Yale French Studies.* II (1949), S. 62–70.
Jouilland, Alphonse G.: »Review of Charles Bruneau, L'Époque réaliste«, in: *Language.* XXX (1954), S. 313–38 (enthält Überblick über die jüngste Forschung).
Kainz, Friedrich: »Vorarbeiten zu einer Philosophie des Stils«, in: *Zeitschrift für Ästhetik.* XX (1926), S. 21–63.
Leo, Ulrich: »Historie und Stilmonographie: Grundsätzliches zur Stilforschung«, in: *Deutsche Vierteljahrschrift für Geistesgeschichte und Literaturwissenschaft.* IX (1931), S. 472–503.
Lunding, Erik: *Wege zur Kunstinterpretation.* Aarhus 1953.
Mapes, E. K.: »Implications of Some Recent Studies on Style«, in: *Revue de littérature comparée,* XVIII (1938), S. 514–33.
Marouzeau, J.: »Comment aborder l'étude du style«, in: *Le Français moderne.* (XI (1943), S. 1–6.
—: »Les Tâches de la stylistique«, in: *Mélanges J. Rozwadowski.* Krakau, I (1927), S. 47–51.

Murry, John Middleton: *The Problem of Style.* Oxford 1922.
Ohmann, Richard M.: »Prolegomena to the Analysis of Prose Style«, *Style in Prose Fiction: English Institute Essays 1958* (Hg. Harold Martin), New York 1959, S. 1–24.
Pongs, Hermann: »Zur Methode der Stilforschung«, in *Germanisch-romanische Monatsschrift.* XVII (1929), S. 264–77.
Raleigh, Sir Walter: *Style.* London 1897.
Schiaffini, Alfredo: »La stilistica letteraria«, in *Momenti di storia della lingua italiana.* Rom 1953, S. 166–86.
Sebeok, Thomas S. (Hg): *Style in Language,* Cambridge, Mass. 1960.
Spitzer, Leo: *Linguistics and Literary History: Essays in Stylistics.* Princeton 1948.
—: *A Method of Interpreting Literatur.* Northampton Mass. 1949.
—: *Stilstudien.* 2 Bde. München 1928.
—: *Romanische Literaturstudien 1936–56.* Tübingen 1959.
—: *Romanische Stil- und Literaturstudien.* 2 Bde. Marburg 1931.
Vossler, Karl: *Gesammelte Aufsätze zur Sprachphilosophie.* München 1923.
—: *Introducción a la estilistica romance.* Buenos Aires 1932 (neue Aufl. 1924).
—: *Positivismus und Idealismus in der Sprachwissenschaft.* Heidelberg 1904.
Wallach, W.: *Über Anwendung und Bedeutung des Wortes Stil.* München 1919.
Wellek, René: »Leo Spitzer (1887–1960)«, *Comparative Literature,* XII (1960), S. 310–334.
Winkler, Emil: »Die neuen Wege und Aufgaben der Stilistik«, in: *Die neueren Sprachen.* XXXIII (1923), S. 407–22.
—: *Grundlegung der Stilistik.* Bielefeld 1929.

II. Musterabhandlungen über den Stil

Alonso, Amado: *Poesía y estilo de Pablo Neruda.* Buenos Aires 1940 (1951).
Alonso, Dámaso: *La lengua poética de Góngora,* Madrid 1935.
—: *La poesía de San Juan de la Cruz.* Madrid 1942.
—: *Poesía española: Ensayo de métodos y límites estílicos.* Madrid 1950.
Auerbach, Erich: *Mimesis: Dargestellte Wirklichkeit in der abendländischen Literatur.* Bern 1946.
Croll, Morris W.: *Introduction to Harry Clemons' edition of Lyly's Euphues.* London 1916.
Dyboski, Roman: *Tennysons Sprache und Stil.* Wien 1907.
Hatzfeld, Helmut: *Don Quijote als Wortkunstwerk: Die einzelnen Stilmittel und ihr Sinn.* Leipzig 1927.
Leo, Ulrich: *Fogazzaros Stil und der symbolische Lebensroman.* Heidelberg 1928.
Jirást, Vojtěch: *Platens Stil.* Prague 1933.

Mukařovský, Jan: *Máchuv Máj*. Estetiká studie (Macha's May: Eine ästhetische Untersuchung mit einer französischen Zusammenfassung). Prag 1928.
Sayce, R. A.: *Style in French Prose*. Oxford 1963.
Ullmann, Stephen: *Style in the French Novel*. Cambridge 1957.
Vinogradov, Viktor: *Stil Pushkina*. Moskau 1941.
Wimsatt, William K.: *The Prose Style of Samuel Johnson*. New Haven 1941.

III. Abhandlungen über dichterische Sprache und Diktion

Barfield, Owen: *Poetic Diction: A Study in Meaning*. London 1925.
Berry, Francis: *Poet's Grammar: Person, Time, and Mood in Poetry*, London 1958.
Davie, Donald: *Purity of Diction in English Verse*. New York 1953.
Groom, Bernard: *The Diction of Poetry from Spenser to Bridges*. Toronto 1956.
Hatzfeld, Helmut: »The Language of the Poet«, in: *Studies in Philology*. XLIII (1946), S. 93–120.
Hungerland Isabel C.: *Poetic Discourse*. Berkeley, Calif. 1958.
Miles, Josephine: *The Vocabulary of Poetry*. Berkeley Calif. 1946.
–: *The Continuity of Poetic Language*. Berkeley Calif. 1951.
Nowottny, Winifred: *The Language Poets Use*. New York 1962.
Quayle, Thomas: *Poetic Dictoin A Study of Eighteenth Century Verse*. London 1924.
Raymond, Marcel: »Le poète et la langue«, in: *Trivium: Schweizerische Vierteljahrschrift für Literaturwissenschaft und Stilistik*. II (1944), S. 2–25.
Rubel, Veré L.: *Poetic Diction in the English Renaissance from Skelton through Spenser*. New York 1941.
Rylands, George: *Words and Poetry*. London 1928.
Tate, Allen (Hg.): *The Language of Poetry*. Princeton 1942.
Tillotson, Geoffrey: »Eighteenth Century Poetic Diction«, in: *Essays in Criticism and Research*. Cambridge 1942, S. 53–85.
Wheelwright, Philip: »On the Semantics of Poetry«, in: *Kenyon Review*. II (1940), S. 263–83.
Wyld, H. C.: *Some Aspects of the Diction of English Poetry*. Oxford 1933.

IV. Einige stilistische Arbeiten über Periodenstile

Bally, Charles; Richter, Elise; Alonso, Amado; Lida, Raymondo: *El impresionismo en el lenguaje*. Buenos Aires 1936.
Barat, Emanuel: *Le Style poétique et la révolution romantique*. Paris 1904.
Croll, Morris, W.: »The Baroque Style in Prose«, in: *Studies in English Philology: A. Miscellany in Honor of F. Klaeber* (Hg. K. Malone and M. B. Ruud). Minneapolis 1929, S. 427–56.

Gautier, René: *Deux Aspects du style classique: Bossuet, Voltaire.* La Rochelle 1936.
Hatzfeld, Helmut: »Der Barockstil der religiösen klassischen Lyrik in Frankreich«, in: *Literaturwissenschaftliches Jahrbuch der Görresgesellschaft.* IV (1929), S. 30–60.
—: »Die französische Klassik in neuer Sicht«, in: *Tijdschrift voor Taal en Letteren.* XXVII (1935), S. 213–82.
—: »Rokoko als literarischer Epochenstil«, in: *Studies in Philology.* XXXIII (1938), S. 532–65.
Heinzel, Richard: *Über den Stil der altgermanischen Poesie.* Straßburg 1875.
Petrich, Hermann: *Drei Kapitel vom romantischen Stil.* Leipzig 1878.
Raymond, Marcel: »Classique et Baroque dans la poésie de Ronsard«, in: *Concinnitas: Festschrift für Heinrich Wölfflin.* Basel 1944, S. 137–73.
Strich, Fritz: »Der lyrische Stil des 17. Jahrhunderts«, in *Abhandlungen zur deutschen Literaturgeschichte: Festschrift für Franz Muncker.* München 1916, S. 21–53.
Thon, Luise: *Die Sprache des deutschen Impressionismus.* München 1928.

15. Bild, Metapher, Symbol, Mythus

I. Bilder, Metaphern

Aish, Deborah: *La Métaphore dans l'œuvre de Mallarmé.* Paris 1938.
Brandenburg, Alice S.: »The Dynamic Image in Metaphysical Poetry«, *PMLA.* LVII (1942), S. 1039–45.
Brooke-Rose, Christine: *A Grammar of Metaphor.* London 1958.
Brooks, Cleanth: »Shakespeare as a Symbolist Poet«, in: *Yale Review.* XXXIV (1945), S. 642–65 (wieder abgedruckt als »The Naked Babe and the Cloak of Manliness«, in: *The Well Wrought Urn.* New York 1947, S. 21–46.
Brown, Stephen J.: *The World of Imagery: Metaphor and Kindred Imagery.* London 1927.
Burke, Kenneth: »Four Master Tropes« (Metapher, Metonymie, Synekdoche und Ironie), *A Grammar of Motives.* New York 1946, S. 503–17.
Clemen, Wolfgang: *Shakespeares Bilder: Ihre Entwicklung und ihre Funktionen im dramatischen Werk* ... Bonn 1936.
Fogle, Richard H.: *The Imagery of Keats and Shelley.* Chapel Hill 1949.
Foster, Genevieve W.: »The Archetypal Imagery of T. S. Eliot«, in: *PMLA.* LX (1945), S. 567–85.
Goheen, Robert F.: *The Imagery of Sophocles' Antigone.* Princeton 1951.
Heilman, Robert B.: *This Great Stage.* Baton Rouge 1948 (über King Lear).
—: *Magic in the Web. Action and Language in Othello,* Lexington, Ky 1956.
Hornstein, Lilian H.: »Analysis of Imagery: A Critique of Literary Method«, in: *PMLA.* LVII (1942), S. 638–53.

Jakobson, Roman: »Randbemerkungen zur Prosa des Dichters Pasternak«, in: *Slavische Rundschau*. VII (1935), S. 357–74.
Konrad, Hedwig: *Étude sur la métaphore*. Paris 1939.
Lewis, Cecil Day: *The Poetic Image*. London 1947.
Marsh, Florence: *Wordworth's Imagery: A Study in Poetic Vision*. New Haven 1952.
Murry, J. Middleton: »Metaphor«, in: *Countries of the Mind*. 2. Serie, London 1931, S. 1–16.
Parry, Milman: »The Traditional Metaphor in Homer«, in: *Classical Philology*. XXVIII (1933), S. 30–43.
Pongs, Hermann: *Das Bild in der Dichtung*, I: *Versuch einer Morphologie der metaphorischen Formen*. Marburg 1927; II: *Voruntersuchungen zum Symbol*. Marburg 1939.
Praz, Mario: *Studies in Seventeeth Century Imagery* (»Studies of the Warburg Institute«, III). London 1939.
Rugoff, Milton: *Donne's Imagery: A Study in Creative Sources*. New York 1939.
Spurgeon, Caroline: *Shakespeare's Imagery and What it Tells Us*. Cambridge 1935.
Stanford, William B.: *Greek Metaphor: Studies in Theory and Practice*. Oxford 1936.
Tuve, Rosemond: *Elizabethan and Metaphysical Imagery: Renaissance Poetic and Twentieth-Century Critics*. Chicago 1947.
–: *A Reading of George Herbert*. London 1952.
Wells, Henry W.: *Poetic Imagery: Illustrated from Elizabethan Literature*. New York 1924.
Werner, Heinz: *Die Ursprünge der Metapher*. Leipzig 1919.
Wheelwright, Philip: *Metapher and Reality*. Bloomington, Indiana 1962.

II. Symbolismus, der Mythus

Allen, Don Cameron: »Symbolic Color in the Literature of the English Renaissance«, in: *Philological Quarterly*. XV (1936), S. 81–92.
Bachelard, Gaston: *L'eau et les rêves* ... Paris 1942.
–: *La Psychoanalyse de feu*. 4. Aufl.; Paris 1938.
Block, Haskell M.: »Cultural Anthropology and Contemporary Literary Criticism«, in: *Journal of Aesthetics*. XI (1952), S. 46–54.
Bodkin, Maud: *Archetypal Patterns in Poetry*. Oxford 1934.
Bush, Douglas: *Mythology and the Renaissance Tradition in English Poetry*. Minneapolis 1932.
–: *Mythology and the Romantic Tradition in English Poetry*. Cambridge Mass. 1937.
Cailliet, Emile: *Symbolisme et âmes primitives*. Paris 1936.
Caillois, Roger: *Le Mythe et l'Homme* (Collection »Les Essais«). Paris 1938.

Cassirer, Ernst: *Die Philosophie der symbolischen Formen.* II: *Das mythische Denken.* Berlin 1924; 3. Aufl. Oxford 1958.

–: *Wesen und Wirkung des Symbolbegriffs,* Darmstadt 1956.

Chase, Richard: *Quest for Myth.* Baton Rouge 1949.

Danielou, Jean: »The Problem of Symbolism«, in: *Thought.* XXV (1950), S. 423–40.

Dunbar, Helen Flanders: *Symbolism in Mediaeval Thought and its Consummation in the Divine Comedy.* New Haven 1929.

Emrich, Wilhelm: *Die Symbolik von Faust II.* Berlin 1943; 2. Aufl. 1957.

–: »Symbolinterpretation und Mythenforschung«, in: *Euphorion.* XLVII (1953), S. 38–67.

Feidelson, Charles, Jr.: *Symbolism and American Literature.* Chicago 1953.

Foss, Martin: *Symbol and Metaphor in Human Experience.* Princeton 1949.

Friedman, Norman: »Imagery: From Sensation to Symbol«, in: *Journal of Aesthetics.* XII (1953), S. 24–37.

Frye, Northrop: »Three Meanings of Symbolism«, in: *Yale French Studies.* Nr. 9 (1952), S. 11–19.

–: *Fearful Symmetry: A Study of William Blake.* Princeton 1947.

Guastalla, René M.: *Le Mythe et le livre: essai sur l'origine de la littérature.* Paris 1940.

Hungerford, Edward: *Shores of Darkness.* New York 1941.

Hunt, Herbert J.: *The Epic in Nineteenth Century France: A Study in Heroic and Humanitarian Poetry from Les Martyrs to Les Siècles Morts.* Oxford 1941.

Kerényi, Karl, und Mann, Thomas: *Romandichtung und Mythologie, Ein Briefwechsel.* Zürich 1945.

Knigth, G. Wilson: *The Wheel of Fire: Essays in Interpretation of Shakespeare's Sombre Tragedies,* mit einer Einführung von T. S. Eliot. London 1930.

Langer, Susanne K.: *Philosophy in a New Key: A Study in the Symbolism of Reason, Rite, and Art,* Cambridge Mass. 1942.

–: *Feeling and Form. A Theory of Art Developed from Philosophy in a New Key.* New York 1953.

Niebuhr, Reinhold: »The Truth Value of Myths«, in: *The Nature of Religious Experience: Essays in Honor of Douglas C. Macintosh.* New York 1937.

O'Donnell, G. M.: »Faulkner's Mythology«, in: *Kenyon Review,* I (1939), S. 285–99.

Prescott, Frederick C.: *Petry and Myth.* New York 1927.

Raglan, Lord: *The Hero: A Study in Tradition, Myth, and Drama.* London 1937; New York 1956.

Schorer: Mark: *William Blake.* New York 1946.

Stewart, John A.: *The Myths of Plato.* London 1905.

Strich, Fritz: *Die Mythologie in der deutschen Literatur von Klopstock bis Wagner.* 2 Bde. Berlin 1910.

Troy, William: »Thomas Mann: Myth and Reason«, in: *Partisan Review*, V (1938), S. 24–32, 51–64.
Wheelwright, Philip: »Poetry, Myth, and Reality«, in: *The Language of Poetry* (Hg. Tate). Princeton 1942, S. 3–33.
—: *The Burning Fountain: A Study in the Language of Symbolism*. Bloomington Ind. 1954.
Wimsatt, W. K., Jr.: »Two Meanings of Symbolism: A Grammatical Exercise«, in: *Catholic Renascence*. VIII (1955), S. 12–25.

16. Erzählende Dichtung: Eigenart und Darstellungsweisen

I. Epos, Roman und Erzählung

Aarne, A. und Thompson, S.: *Types of the Folktale*. Helsinki 1928.
Aldridge, J. W. (Hg.): *Critiques and Essays in Modern Fiction, 1920–1951*. New York 1952.
Ames, van Meter: *Aesthetics of the Novel*. Chicago 1928.
Beach, Joseph Warren: *The Twentieth Century Novel: Studies in Technique*. New York 1932.
Booth, Wayne C.: *The Rhetoric of Fiction*,. Chicago 1961.
Bonnet, H.: *Roman et poésie. Essai sur l'esthétique des genres*. Paris 1951.
Brooks, Cleanth, und Warren, R. P.: *Understanding Fiction*. New York 1943.
Caillois, Roger: *Sociologia de la Novela*. Buenos Aires 1942.
Dibelius, Wilhelm: *Englische Romankunst: Die Technik des englischen Romans im achtzehnten und zu Anfang des neunzehnten Jahrhunderts*. Bde. I und II (Palaestra, Nr. 92 und 98); Berlin und Leipzig 1922.
—: *Charles Dickens*. Leipzig 1916 (2. Aufl. 1926); Kap. 12, »Erzählungskunst und Lebensbild«; Kap. 11, »Dickens als Menschendarsteller«.
Follett, Wilson: *The Modern Novel: A Study of the Purpose and Meaning of Fiction*. New York 1918.
Forster, E. M.: *Aspects of the Novel*. London 1927; deutsch: *Ansichten des Romans*. Frankfurt 1949.
Frank, Joseph: »Spatial Form in Modern Literature« (bes. im Roman), in: *Sewanee Review*. LIII (1945), S. 221–40, 433–56 (wieder abgedruckt in *Criticism* Hg. Schorer, Miles und McKenzie. New York 1948, S. 379–92).
Friedemann, Käte: *Die Rolle des Erzählers in der Epik*. 1911.
Hamilton, Clayton: *Materials and Methods of Fiction*, Norwood, Mass, and London 1909.
Hatcher, Anna G.: »Voir as a Modern Novelistic Device«, in: *Philological Quarterly*. XXIII (1944), S. 354–74.
Irwin, William R.: *The Making of Jonathan Wild: A Study in the Literary Method of Henry Fielding*. New York 1941.

James, Henry: *The Art of the Novel: Critical Prefaces.* New York 1934.
Keiter, Heinrich, und Keller, Tony: *Der Roman: Geschichte, Theorie, und Technik des Romans und der erzählenden Dichtkunst.* 3. Aufl.; Essen-Ruhr 1908.
Koskimies, R.: »Theorie des Romans«, in: *Annals of the Finnish Academy.* Serie B, XXXV (1935), Helsinki.
Lämmert, Eberhard: *Bauformen des Erzählens.* Stuttgart 1955.
Leavis, F. R.: *The Great Tradition: George Eliot, Henry James, Joseph Conrad.* London 1948 (neue Aufl. New York 1955).
Levin, Harry: »The Novel«, in: *Dictionary of World Literature* (Hg. J. T. Shipley). New York 1943, S. 405–7.
Lubbock, Percy: *The Craft of Fiction.* London 1929.
Ludwig, Otto: *Studien* (enth. »Romanstudien«), in: *Gesammelte Schriften.* VI, Leipzig 1891.
Lukács, Georg: *Die Theorie des Romans: Ein geschichtsphilosophischer Versuch über die Formen der großen Epik.* Berlin 1920.
Mauriac, François: *Le Romancier et ses personnages.* Paris 1933.
Meyer, Herman: *Das Zitat in der Erzählkunst.* Stuttgart 1961.
Muir, Edwin: *The Structure of the Novel.* London 1929.
Myers, Walter L.: *The Later Realism: A Study of Characterization in the British Novel.* Chicago 1927.
O'Connor, William V. (Hg.): *Forms of Modern Fiction.* Minneapolis 1948.
Ortega y Gasset: *Ideas sobra la novela.* Madrid 1925; deutsch: »Gedanken über den Roman«, in: *Gesammelte Werke,* II. Stuttgart 1955.
Petsch, Robert: *Wesen und Formen der Erzählkunst.* Halle 1934.
Praz, Mario: *La crisi dell'eroe nel romanzo vittoriano.* Florenz 1952.
Prevost, Jean (Hg.): *Problèmes du roman.* o. J. Paris.
Rickword, C. H.: »A Note on Fiction«, in *The Calendar, A Quarterly Review.* III (1926–27), S. 226–33 (wieder abgedruckt in O'Connor, *op. cit.,* S. 294–305).
Riemann, Robert: *Goethes Romantechnik.* Leipzig 1902.
Spielhagen, Friedrich: *Beiträge zur Theorie und Technik des Romans.* Leipzig 1883.
Stanzel, Franz: *Die typischen Erzählsituationen im Roman.* Wien 1955.
Tate, Allen: »Techniques of Fiction«, in *Sewanee Review.* LII (1944), S. 210–25 (wieder abgedruckt in O'Connor, *op. cit.,* S. 30–45).
Thibaudet, Albert: *Le liseur de romans.* Paris 1925.
–: *Réflexions sur le Roman.* Paris 1938.
Tillotson, Kathleen: *The Tale and the Teller.* London 1959.
Wenger, J.: »Speed as a Technique in the Novels of Balzac«, in: *PMLA.* LV (1940), S. 241–52.
Wharton, Edith: *The Writing of Fiction.* New York 1924.
Whitcomb, Selden L.: *The Study of a Novel.* Boston 1905.
Whiteford, R. N.: *Motives in English Fiction.* New York 1918.

17. *Die literarischen Gattungen*

Behrens, Irene: *Die Lehre von der Einteilung der Dichtkunst: Beihefte zur Zeitschrift für Romanische Philologie.* XCII, Halle 1940.
Beissner, Friedrich: *Geschichte der deutschen Elegie.* Berlin 1941.
Böhm, Franz J.: »Begriff und Wesen des Genre«, in: *Zeitschrift für Ästhetik,.* XXII (1928), S. 186–91.
Bond, Richmond P.: *English Burlesque Poetry.* Cambridge Mass. 1932.
Brie, Friedrich: *Englische Rokoko-Epik (1710–30).* München 1927.
Brunetière, Ferdinand: *L'Evolution des genres dans l'histoire de la littérature . . .* Paris 1890.
Burke, Kenneth: »Poetic Categories«, in: *Attitudes toward History.* New York 1937, Bd. I, S. 41–119.
Crane, Ronald S. (Hg.): *Critics and Criticism: Ancient and Modern.* Chicago 1952 (enthält Elder Olson, »An Outline of Poetic Theory«).
Donohue, James J.: *The Theory of Literary Kinds;* I: *Ancient Classifications of Literature;* II: *The Ancient Classes of Poetry.* Dubuque, Iowa 1943, 1949.
Ehrenpreis, Irwin: *The »types« Approach to Literature.* New York 1945.
Fubini, Mario: »Genesi e storia dei generi letterari«, in: *Tecnica e teoria letteraria* (ein Band von A. Momigliano [Hg.], *Problemi ed Orientamenti critici di lingua e di letterature italiana.* Mailand 1948).
Grabowski, T.: »La question des genres littéraires dans l'étude contemporaine polonaise de la littérature«, in: *Helicon.* II (1939), S. 211–16.
Hankiss, Jean: »Les genres littéraires et leur base psychologique«, in: *Helicon.* II (1939), S. 117–29.
Hartl, Robert: *Versuch einer psychologischen Grundlegung der Dichtungsgattungen.* Wien 1923.
Jolles, André: *Einfache Formen:* Legende, Sage, Mythe, Rätsel, Spiel, Kasus, Memorabile, Märchen, Witz. Halle 1930; 2. Aufl. Tübingen 1958.
Kayser, Wolfang: *Geschichte der deutschen Ballade.* Berlin 1936.
Kohler, Pierre: »Contribution a une philosophie des genres«, in: *Helicon.* I (1938), S. 233–44; II (1940), S. 135–47.
Kridl, Manfred: »Observations sur les genres de la poésie lyrique«, in: *Helicon.* II (1939), S. 147–156.
Mautner, Franz H.: »Der Aphorismus als literarische Gattung«, in: *Zeitschrift für Ästhetik.* XXXII (1938), S. 132–75.
Müller, Günther: »Bemerkungen zur Gattungspoetik«, in: *Philosophischer Anzeiger.* III (1929), S. 129–47.
—: *Geschichte des deutschen Liedes . . .* München 1925.
Pearson, N. H.: »Literary Form and Types« . . ., in: *English Institute Annual, 1940.* New York (1941), S. 61–72.
Petersen, Julius: »Zur Lehre von den Dichtungsgattungen«, in: *Festschrift für August Sauer.* Stuttgart (1925), S. 72–116.
Staiger, Emil: *Grundbegriffe der Poetik.* Zürich 1946; 3. Aufl. 1956.

Valentin, Veit: »Poetische Gattungen«, in: *Zeitschrift für vergleichende Literaturgeschichte.* V (1892), S. 35–51.
Van Tieghem, P.: »La Question des genres littéraires«, in: *Helicon.* I (1938), S. 95–101.
Viëtor, Karl: *Geschichte der deutschen Ode.* München 1923 (Bd. I in *Geschichte der deutschen Literatur nach Gattungen . . .*).
—: »Probleme der literarischen Gattungsgeschichte«, in: *Deutsche Vierteljahrschrift für Literaturwissenschaft und Geistesgeschichte.* IX (1931), S. 425–47 (wieder abgedruckt in *Geist und Form.* Bern 1952, S. 292–309).
Whitmore, Charles E.: »The Validity of Literary Definitions«, in: *PMLA.* XXXIX (1924), S. 722–36.

18. Bewertung

Alexander, Samuel: *Beauty and Other Forms of Value.* London 1933.
Beriger, Leonhard: *Die literarische Wertung.* Halle 1938.
Boas, George: *A Primer for Critics.* Baltimore 1937 (revidierte Aufl.: *Wingless Pegasus.* Baltimore 1950).
Dingle, Herbert: *Science and Literary Criticism.* London 1949.
Garnett, A. C.: *Reality and Value.* New Haven 1937.
Heyde, Johannes: *Wert: eine philosophische Grundlegung.* Erfurt 1926.
Heyl, Bernard C.: *New Bearings in Esthetics and Criticism: A Study in Semantics and Evaluation.* New Haven 1943.
Laird, John: *The Idea of Value.* Cambridge 1929.
Osborne, Harold: *Aesthetics and Criticism.* London 1955.
Pell, Orlie A.: *Value-Theory and Criticism.* New York 1930.
Pepper, Stephen C.: *The Basis of Criticism in the Arts.* Cambridge Mass. 1945.
Perry, Ralph B.: *General Theory of Value.* New York 1926.
Prall, David W.: *A Study in the Theory of Value* (University of California Publications in Philosophy, Bd. III, Nr. 2). 1921.
Reid, John R.: *A Theory of Value.* New York 1938.
Rice, Philip Blair: »Quality and Value«, in: *Journal of Philosophy.* XL (1943), S. 337–48.
—: »Towards a Syntax of Valuation«, in: *Journal of Philosophy.* XLI. (1944), S. 331–63.
Shumaker, Wayne: *Elements of Critical Theory.* Berkeley Calif. 1952.
Stevenson, Charles L.: *Ethics and Language.* New Haven 1944.
Urban, Wilbur: *Valuation: Its Nature and Laws.* New York 1909.
Vivas, Eliseo: »Note on Value«, in: *Journal of Philosophy.* XXXIII (1936), S. 568–75.
—: »The Esthetic Judgment«, in: *Journal of Philosophy.* XXXIII (1936), S. 57–69.

Walsh, Dorothy: »Literature and the Literary Judgment«, in: *University of Toronto Quarterly*. XXIV (1955), S. 341–50.
Wimsatt, William K.: »Explication als Criticism«, in: *The Verbal Icon*. Lexington Ky. 1954, S. 235–52.
Wutz, Herbert: *Zur Theorie der literarischen Wertung*. Tübingen 1957.

19. Literaturgeschichte

I. Allgemeine Erörterungen der Literaturgeschichte

Curtius, Ernst Robert: *Europäische Literatur und lateinisches Mittelalter*. Bern 1948; 2. Aufl. 1954.
Cysarz, Herbert: *Literaturgeschichte als Geisteswissenschaft*. Halle 1926.
Greenlaw, Edwin: *The Province of Literary History*. Baltimore 1931.
Lacombe, Paul: *Introduction a l'histoire littéraire*. Paris 1898.
Lanson, Gustave: »Histoire littéraire«, in: *De la méthode dans les sciences*. Paris (2. Reihe 1911), S. 221–64.
–: *Méthodes de l'histoire littéraire*. Paris 1925.
Morize, André: *Problems and Methods of Literary History*. Boston 1922.
Renard, Georges: *La Méthode scientifique d'histoire littéraire*. Paris 1900.
Rudler, Gustave: *Les Techniques de la critique et d'histoire littéraire en littérature française moderne*. Oxford 1923.
Sanders, Chauncey: *An Introduction to Research in English Literary History*. New York 1952.
Wellek, René: »The Theory of Literary History«, in: *Travaux du Cercle Linguistique de Prague*. IV (1936), S. 173–91.

II. Theoretische Erörterungen der Periodisierung

Cazamian, Louis: »La Notion de retours périodiques dans l'histoire littéraire«, in: *Essais en deux langues*. Paris 1938, S. 3–10.
–: »Les Périodes dans l'histoire de la littérature anglaise moderne«, in: *Ebenda*, S. 11–22.
Cysarz, Herbert: »Das Periodenprinzip in der Literaturwissenschaft«, in: *Philosophie der Literaturwissenschaft* (Hg. E. Ermatinger). Berlin 1930, S. 92–129.
Friedrich, H.: »Der Epochebegriff im Lichte der französischen Préromantismeforschung«, in: *Neue Jahrbücher für Wissenschaft und Jugendbildung*. X (1934), S. 124–40.
Meyer, Richard Moritz: »Prinzipien der wissenschaftlichen Periodenbildung«, in: *Euphorion*. VII (1901), S. 1–42.
Miles, Josephine: »Eras in English Poetry«, in: *PMLA*. LXX (1955), S. 853–75.
»Le Second Congrés International d'histoire littéraire. Amsterdam 1935; Les Periodes dans l'histoire littéraire depuis la Renaissance«, in:

Bulletin of the International Committee of the Historical Sciences. IX (1937), S. 255—398.

Teesing, H. P. H.: *Das Problem der Perioden in der Literaturgeschichte.* Groningen 1949.

Wellek, René: »Periods and Movements in Literary History«, in: *English Institute Annual, 1940.* New York 1941, S. 73–93.

Wiese, Benno von: »Zur Kritik des geisteswissenschaftlichen Periodenbegriffes«, in: *Deutsche Vierteljahrschrift für Literaturwissenschaft und Geistesgeschichte.* XI (1933), S. 130–44.

III. Einige Erörterungen wesentlicher Periodenbegriffe

a) Renaissance:

Borinski, Karl: *Die Weltwiedergeburtsidee in den neueren Zeiten.* I. *Der Streit um die Renaissance und die Entstehungsgeschichte der historischen Beziehungsbegriffe »Renaissance« und »Mittelalter«.* München 1919.

Burdach, Konrad: »Sinn und Ursprung der Worte Renaissance und Reformation«, in: *Reformation, Renaissance, Humanismus.* Berlin 1926, S. 1–84.

Eppelsheimer, H. W.: »Das Renaissanceproblem«, in: *Deutsche Vierteljahrschrift für Literaturwissenschaft und Geistesgeschichte.* II (1933), S. 477–500.

Ferguson, Wallace K.: *The Renaissance in Historical Thought.* Boston 1948.

Fife, R. H.: »The Renaissance in a Changing World«, in: *Germanic Review.* IX (1934), S. 73–95.

Huizinga, J.: »Das Problem der Renaissance«, in: *Wege der Kulturgeschichte (übers. v. Werner Kaegi). München 1930, S. 89–139.*

Panofsky, Erwin: »Renaissance and Renascences«, in: *Kenyon Review.* VI (1944), S. 201–36.

Philippi, A.: Der Begriff der Renaissance: *Daten zu seiner Geschichte.* Leipzig 1912.

b) Klassik

Moreau, Pierre: »Qu'est-ce qu'un classique? Qu'est-ce qu'un romantique?«, in: *Le Classicisme des Romantiques.* Paris 1932, S. 1–22.

Peyre, Henri: *Le Classicisme français.* New York 1942 (enthält Kap. »Le Mot Classicisme« und kommentierte Bibliographie).

Levin, Harry: »Contexts of the Classical«, Contexts of Criticism Cambridge, Mass. 1957, S. 38–54.

Luck, Georg: »Sriptor Classicus«, Comparative Literature, X (1958) S. 150–58.

Van Tieghem, Paul: »Classique«, in: *Revue de synthèse historique.* XLI (1931), S. 238—41.

c) Barock:

Calcaterra, C.: »Il Problema del barocco«, in: *Questioni e correnti di storia letteraria* (ein Band der *Problemi ed Orientamenti critici di lingua e de letterature italiana*, Hg. A. Momigliano. Mailand 1948, S. 405–501.

Coutinho, Afrânio: *Aspectos da literatura barroca*. Rio de Janeiro 1950.

Getto, Giovanni: »La polemica sul Barocco«, Letteratura e critica nel tempo. Milano 1954, S. 131–218.

Hatzfeld, Helmut: »A Clarification of the Baroque Problem in the Romance Literatures«, in: *Comparative Literature*. I (1949), S. 113–39.

–: *Der gegenwärtige Stand der romanistischen Barockforschung*. München 1961. »The Baroque from the Viewpoint of the Literary Historian«, in *Journal of Aesthetics and Art Criticism*. XIV (1955), S. 156–64.

Kurz, Otto: »Barocco: storia di una parola«, *littere italiane*, XII (1960), S. 414–44.

Macrí, Oreste: *La historiografía del barroco literario español*. Bogotà 1961.

Migliorini, Bruno: »Etimologia e storia del termine Barocco«, in *Manierismo, Barocco, Rococò: Concetti e termini. Convegno internazionale*. Accademia dei Lincei, Rom 1962, S. 39–49.

Mourgues, Odette de: *Metaphysical, Baroque and Précieux Poetry*. Oxford 1953.

Nelson, Lowry, Jun.: »Baroque: Word and Concept«, in *Baroque Lyric Poetry*. New Haven 1961, S. 1–17.

Sayce, R. A.: »The Use of the Term ›Baroque‹ in French Literary History«, Comparative Literature. X (1958), S. 246–53.

d) Romantik:

Aynard, Joseph: »Comment définir le romantisme?«, in: *Revue de littérature comparée*. V (1925), S. 641–58.

Baldensperger, Frenand: »Romantique-ses analogues et equivalents«, in: *Harvard Studies and Notes in Philology and Literature*. XIV (1937), S. 13—105.

Barrère, Jean-Bertrand: »Sur quelques définitions du Romantisme«, Revue des sciences humaines. LXII–LXIII (1951), S. 93–110.

Borgese, G. A.: »Romanticism«, in: *Encyclopedia of the Social Sciences*. XIII (1934), S. 426–34.

Croce, Benedetto: »Le Definizioni del romanticismo«, in: *La Critica*. IV (1906), S. 241–45 (wieder abgedruckt in *Problemi di estetica*. Bari 1910, S. 287–94).

François, Alexis: »De Romantique à romantisme«, in: *Bibliothèque universelle et Revue Suisse*. CXLI (1918), S. 225–33, 365–76.

–: »Ou en est Romantique?«, in: *Mélanges offerts à F. Baldensperger*. Paris 1930, Bd. I, S. 321–31.

–: »Romantique«, in: *Annales Jean-Jaques Rousseau*. V. (1909), S. 199–236.

Kaufman, Paul: »Defining Romanticism: A Survey and a Program«, in *Modern Language Notes.* XL (1925). S. 193–204.

Lempicki, Sigmund von: »Bücherwelt und wirkliche Welt«, in: *Deutsche Vierteljahrschrift für Literaturwissenschaft und Geistesgeschichte.* III (1925), S. 339–86.

Lovejoy, Arthur O.: »On the Discrimination of Romanticism«, in: *Publications of the Modern Language Association.* XXXIX (1924), S. 229–53 (wieder abgedruckt in *Essays in the History of Ideas.* Baltimore 1948, S. 228–53).

Peckham, Morse: »Toward a Theory of Romanticism«, in: *PMLA.* LXVI (1951), S. 5–23; »Toward a Theory of Romanticism: II. Reconsiderations«, in: *Studies in Romanticism,* I (1961), S. 1–6.

Petersen, Julius: *Die Wesensbestimmung der deutschen Romantik.* Leipzig 1926.

Remak, Henry, H. H.: »West European Romanticism: Definition and »Scope«, in: *Comparative Literature: Method and Perspective* (Hg. Newton P. Stallknecht and Horst Frenz), Carbondale, Ill. 1961, S. 223–59.

Schultz, Franz: »Romantik und Romantisch als literaturgeschichtliche Terminologie und Begriffbildungen«, in *Deutsche Vierteljahrschrift für Literaturwissenschaft und Geistesgeschichte.* II (1924), S. 249–66.

Smith, Logan P.: *Four Words: Romantic, Originality, Creative, Genius* (Society for Pure English Tract, Nr. 17). Oxford 1924 (wieder abgedruckt in *Words and Idioms.* Boston 1925).

Ullmann, Richard, und Gotthard, Helene: *Geschichte des Begriffs »Romantisch« in Deutschland.* Berlin 1927.

Wellek, René: »The Concept of Romanticism in Literary Scholarship«, in: *Comparative Literature.* I (1949), S. 1–23, 147—72.

e) Realismus:

Borgerhoff, E. B. O.: »Réalisme and Kindred Words: Their Use as a Term of Literary Criticism in the First Half of the Nineteenth Century«, in: *Publications of the Modern Language Association.* LIII (1938), S. 837–43.

Brinkmann, Richard: *Wirklichkeit und Illusion: Studien über Gehalt und Grenzen des Begriffs Realismus.* Tübingen 1957.

Levin, Harry (Hg.): »A Symposium on Realism«, in: *Comparative Literature.* III (1951), S. 193–285.

Watt, Ian: »Realism and the Novel Form«, in: *The Rise of the Novel: Studies in Defoe, Richardson and Fielding.* London 1960, S. 9–34.

Weinberg, Bernard: *French Realism: The Critical Reaction, 1830–70.* Chicago 1937.

Wellek, René: »The Concept of Realism in Literary Scholarship« *Neophilologos.* XL (1960), S. 1–20.

f) Symbolismus

Barre, André: *Le Symbolisme.* Paris 1911.
Lehmann, A. G.: *The Symbolist Aesthetic in France 1885–1895.* Oxford 1950.
Martino, Pierre: *Parnasse et symbolisme: 1850–1900.* Paris 1925, S. 150–55.

IV. Erörterungen über die Entwicklung in Literatur und Geschichte

Abercrombie, Lascelles: *Progress in Literature.* London 1929.
Brunetière, Ferdinand: »*L'Évolution des genres dans l'histoire de la littérature.* Paris 1890.
Cazanuan, Louis: *L'Evolution psychologique de la littérature en Angleterre.* Paris 1920.
Croce, Benedetto: »Categorismo e psicologismo nella storia della poesia«, in: *Ultimi Saggi.* Bari 1935, S. 373–79.
—: »La Riforma della storia artistica e letteraria«, in *Nuovi Saggi di Estetica.* 2. Aufl. Bari 1927, S. 157–80.
Curtius, Ernst Robert: *Ferdinand Brunetière.* Straßburg 1914.
Driesch, Hans: *Logische Studien über Entwicklung* (Sitzungsberichte der Heidelberger Akademie, Philosophisch-historische Klasse, 1918, Nr. 3).
Kantorowicz, Hermann: »Grundbegriffe der Literaturgeschichte«, in: *Logos.* XVII (1929), S. 102–21.
Kautzsch, Rudolf: *Der Begriff der Entwicklung in der Kunstgeschichte* (Frankfurter Universitätsreden, Nr. 7). Frankfurt 1917.
Manly, John Mathew: »Literary Forms and the New Theory of the Origin of Species«, in: *Modern Philology.* IV (1907), S. 577–95.
Mannheim, Karl: »Historismus«, in: *Archiv für Sozialwissenschaft und Sozialpolitik.* LII (1925), S. 1–60.
Meinecke, Friedrich: »Kausalitäten und Werte in der Geschichte«, in: *Historische Zeitschrift.* CXXXVII (1918), S. 1–27 (wieder abgedruckt in *Staat und Persönlichkeit.* Berlin 1933, S. 28–53).
Rickert, Heinrich: *Die Grenzen der naturwissenschaftlichen Begriffsbildung.* Tübingen 1902; 5. Aufl. 1929.
Rickert, Heinrich: *Kulturwissenschaft und Naturwissenschaft.* Tübingen 1921; 7. Aufl. 1926.
Riezler, Kurt: »Über den Begriff der historischen Entwicklung«, in: *Deutsche Vierteljahrschrift für Literaturwissenschaft und Geistesgeschichte.* IV (1926), S. 193–225.
Symonds, John Addington: »On the Application of Evolutionary Principles to Art an Literature«, in: *Essays Speculative and Suggestive.* London 1890, Bd. I, S. 42–84.
Troeltsch, Ernst: *Der Historismus und seine Probleme.* Tübingen 1922.
Wellek, René: »The Concept of Evolution in Literary History«, in: *For* Roman Jakobson, The Hague 1956, S. 653–61.

NAMEN- UND SACHREGISTER

Das Register zeigt mit geraden Ziffern (z. B. 230) Stellen im *Textteil* an, die Ziffern in (Klammern) betreffen *Anmerkungen* und *Bibliographie*. – Da das vorliegende Buch systematisch aufgebaut ist, konnte das *Sachregister* knapp gehalten werden.

INHALTSVERZEICHNIS